A Bala Perdida
Memórias

Guilherme Figueiredo

A Bala Perdida
Memórias

TOPBOOKS

Copyright © Espólio de Guilherme Figueiredo, 1998

Composição e fotolitos
Art Line Produções Gráficas Ltda.

Revisão
Christine Ajuz
Homero Senna

Preparação dos originais e
Índice Onomástico
Christine Ajuz

Capa
Vitor Burton

Todos os direitos reservados pela
TOPBOOKS EDITORA E DISTRIBUIDORA DE LIVROS LTDA.
Rua Visconde de Inhaúma, 58 / gr. 203 — Rio de Janeiro — RJ
CEP 20091-000 Tels.: (021) 233-8718 e 283-1039

Impresso no Brasil

À MEMÓRIA DE MEUS PAIS

Euclides de Figueiredo
Valentina Figueiredo

A MEUS IRMÃOS

Doliza, João, Euclides,
Luiz Felipe (*in memoriam*)
e Diogo

PARA

Alba
Luiz Carlos
Marcelo

À MEMÓRIA DE

Vladimir Hvízdala
Ênio Silveira
Abgar Renault
Antônio Carlos Bandeira de Figueiredo

Le souvenir est un poète, n'en faites pas un historien.

PAUL GÉRALDY

"Críton", disse Sócrates, "devo um galo a Asclépio. Não te esqueças de pagar essa dívida".

PLATÃO, *Críton.*

Não contei nem a metade do que vi.

MARCO POLO

Ite, vita est.

GUILHERME FIGUEIREDO

Sumário

Guilherme — Pedro Bloch	13
Prefácio e posfácio	17
Memórias	19
Aurora de minha vida	27
Losango cáqui	43
A moça caiu no mar	54
Prenda minha	105
Paulicéia desvairada	118
O palco iluminado	135
O fim da democracia	149
Mundo, mundo, vasto mundo	190
As primaveras do tango	247
O turismo de Esopo	259
Villa-Lobos	319
A vaca no telhado	323
A guerra das lagostas	325
Gilberto ou o elogio da vaidade	327
Juca Mulato	330
Onde anda o balé brasileiro?	333
De Confúcio a Mao Tsé-Tung	335
A antecessora de Brasília	360
This other side of Paradise	364
Entre Moscou e Leningrado	373
Douce France	401
O poeta dos poetas	416
Um sonho de Tartufo	423
As vicissitudes de *Monsieur le Maire*	431
Aprender e ensinar a ensinar	441
A mão na maçaneta	463
A sombra de um sonho de mármore	492
A oração da Acrópole	501
O promontório de Andrômeda	519
Os pombos de Hiroxima	549

Apêndice

Adeus às armas	565
Curriculum Vitae	569
Nota do editor	577
Índice onomástico	579

GUILHERME*

Pedro Bloch

"Para você ler na viagem."

E o velho general Euclides Figueiredo me entregou (deslocando-se até o distante Galeão) um livro primoroso, caro como edição e conteúdo, grato por eu aliviar seu castigante zumbido mais com palavras que com medicamentos, que, naquele tempo, tinham efeito duvidoso. E em cada viagem o ritual se repetia. Não sei como ele adivinhava as minhas partidas para congressos internacionais. O mais tocante é que, mal me entregava o volume, saía logo, esquivando-se dos agradecimentos.

Guilherme viveu com ele prolongado exílio e dele herdou esses requintes humanos. Deixou-nos suas memórias: *A bala perdida*. Passamos dias e mais dias a recordar episódios e as incríveis coincidências que tanto marcaram nossas vidas.

Diariamente, nossos telefones nos uniam para diálogos infindáveis. E eu ouvia o quanto esse fabuloso amigo tinha de cultura verdadeira, daquela cultura tridimensional que vem do sânscrito "kult". Sabia tudo de tudo. Poliglota, devorador dos livros mais impossíveis e profundos, conversador sem igual em humor e sabedoria, riso à flor dos lábios, cordialidade permanente, dono de uma linguagem rica e só sua, transformava cada tarde em que ele falava e eu ouvia em espantosa erudição. Vivia cercado de música de todos os lados. Sem conhecer na prática nenhum instrumento, dissecava qualquer obra, sabia ouvir como um grande maestro Bach ou Mozart, Stravinsky ou Prokofiev, de Copland a Béla Bartók, de Villa-Lobos a Debussy. Saltava de um para outro com a maior desenvoltura, o que o levou, até, a escrever uma *História da música*. Respirava ar e música. Mais música.

Éramos, os dois, irmãos de Mignone, e ambos tínhamos sido provocados pelo maestro a escrever textos para óperas, que ele compunha com uma fluência e uma brasilidade únicas. Guilherme teve a sua. A minha, ainda

---
* Publicado na *Folha de São Paulo*, 29.5.1997.

inédita, é um musical infantil para qualquer idade (*Godó, o bobo alegre*), com quase 20 composições de Mignone, que ninguém ainda conhece. Algumas delas são obras-primas.

Mas nossas grandes coincidências se multiplicam principalmente nas peças de teatro: *A raposa e as uvas* (dele) e *As mãos de Eurídice* (minha), as duas peças nacionais que mais correram mundo, por todos os continentes e em idiomas e dialetos impossíveis. Fomos a muitos países para ver as encenações. No Japão, a princesa lia, em aula, *A raposa e as uvas*. Na China, espectadores acompanhavam em livro o espetáculo que transcorria, conferindo teatro e emoção. Guilherme era consagrado em todos os cantos.

Um dia, na China, jantamos ao lado de Mao Tsé-Tung, Chou En-Lai e Kruschov. Fazíamos a cobertura das festividades da revolução. Guilherme, diante daquela realidade quase absurda, só dizia: "Quem é que vai acreditar quando a gente contar isso?" Em Moscou, quase provoco uma revolução, nos bastidores da *Raposa*, quando, como costumamos fazer no Brasil, beijei nas faces a estrela da companhia. Não era hábito. A amizade com Guilherme era tanta que, quando se estreou no Rio *A raposa e as uvas*, a comemoração do sucesso foi em minha casa. Seu êxito me tocava como se fosse meu.

Quando na Argentina se comemoravam os milhares de representações de *As mãos de Eurídice*, surgiu, simultaneamente, o estrondoso êxito da obra de Guilherme, que eu, de brincadeira, sempre chamei de William, em função da tradução que lhe haviam feito para Guilhermo. À noite, nas homenagens carinhosas que recebemos, estavam os exilados Alejandro Casona, Miguel Ángel Asturias (Prêmio Nobel), Jacinto Grau, Pitigrilli e não sei quantas celebridades mais, que ouviam fascinados Guilherme, com sua verve sem fim, com sua espantosa cultura, que parecia conhecer mais do que eles as obras que haviam criado.

Na mesma ocasião nossas peças saíram publicadas, no mesmo dia pela mesma editora.

Mas as coincidências prosseguiam através dos anos. Agora mesmo, por ocasião do centenário Brasil-Japão, saiu edição primorosa com as duas peças. Quando a *Provincetown Play-house*, de Nova York, escolheu duas peças para um espetáculo, que peças calculam que elegeram? *Um Deus dormiu lá em casa* e *Os inimigos não mandam flores*. No livro *Teatro moderno*, do maior crítico de Estocolmo, lá estamos de novo, como únicos representantes do teatro latino-americano.

As mãos de Eurídice foi escolhida como tema de exame e espetáculo pela *Royal Academy of Dramatic Arts* e ganhou o primeiro lugar em concurso de literatura (tese), em Bruxelas. *A raposa e as uvas* não perdia vez. Os prêmios se acumulavam em toda parte.

Quando Guilherme soube que Ingmar Bergman aprovara duas peças minhas para o teatro que dirigiu em Malmö, *A raposa e as uvas* era vivida, ao mesmo tempo, na Bulgária, na Romênia, na Hungria etc.

Guilherme sempre se manteve digno e honesto em tudo. Proibiu que suas peças fossem representadas no Brasil quando seu irmão foi presidente. Não queria vantagens nem bajulação. Como reitor da Uni-Rio, fez dos cursos e da biblioteca centros de qualidade maior.

Condecorado, ovacionado, querido, admirado, tinha em Alba, a mulher que foi pianista premiada, uma companheira sem par. Dois filhos de valor: Luiz Carlos e Marcelo.

Fato recente: não entrarei em detalhes para contar que, na partida de Darcy Ribeiro, já sem poder respirar e andar direito, Guilherme se sentou à entrada do São João Batista e esperou, gelado de emoção, a passagem do cortejo, que durou horas. Darcy merecia!

Um episódio de quando era adido cultural em Paris e promovia eventos e difusão cultural com um entusiasmo fabuloso: casal de um país do Leste Europeu, sem conhecê-lo, apelou para ele, para poder escapar de seu país. Queriam vir para o Brasil, mas precisavam ter parente por aqui. Passam dias, e Guilherme me avisa, feliz da vida: "Sabe, Pedro? Consegui. Você agora tem novos parentes. Dei teu nome".

Guilherme era um ser único. Reconciliava a gente com o resto da humanidade, mostrando que, apesar de tudo, nem tudo está perdido neste mundo do absurdo e da propaganda.

Prefácio & Posfácio

Fui só erros de amar o semelhante.
Fui só crimes, paixão de compaixão,
Não fui mais que ninguém, menos que nada,
Solidão à procura de um irmão.

Deus de misericórdia e de castigo,
Deus de blandícia dentro da oração,
Leva-me por escolhos que eu escolha
À morte que me estenda o teu perdão.

Terra de minha infância, abre teus braços,
No teu porão gelado me apodreças,
Faze justos, felizes, os teus filhos
E em teu sopro de vermes tu me esqueças.

Se no amanhã da vida uma criança
Puder ter teto, embalo, canto e amor,
Consente, Deus de infâmias e fraquezas,
Que toque a mim tua ração de dor.

MEMÓRIAS...

Ênio Silveira talvez tenha sido o único editor a cutucar os seus editados, dando-lhes tarefas: *Os dez mandamentos, Os sete pecados capitais*, e com isso vai a gente sonhando compor obras-primas e até esquecendo o pão nosso de amanhã. Afinal, no Brasil não se vive de escrever, porque não se vive de ler. Impossível contar nos dedos, nesses últimos trinta anos, os ministros que tenham lido um livro. Um desses heróis, mais publicitário, fazia-se retratar nas livrarias, aos sábados, em mangas de camisa, e assim recebia o pasmo dos colegas: os jornais o fotografavam. Outro comprava às seis da tarde, quando o pessoal do Judiciário ciscava os sebos, e dessa forma ganhou fama de ilustrado. Conheci sua biblioteca, de livros raros e caros, intactos; por detrás vinham os de aventuras e de safadezas amenas; dentro deles, escondidos, postais vendidos na Rue de Lappe, em Paris a turistas assanhados: a coleção tem à frente uma *Maja Desnuda*, para atração geral; os seguintes são também de nus clássicos do Louvre.

Devo a Ênio Silveira uma idéia satânica: "Por que não escreve suas memórias?" É como anunciar já estar pronto o pelotão de fuzilamento. Não que não me sobrem razões para ir ao muro, mas que diabo farei do resto da vida depois de lhe ter posto um ponto final? Não sei quem espalhou: sou engraçado e devo reunir a antologia das minhas gracinhas. Há dias Mário Lago saiu-se com esta; e no entanto suas *Remembranças* têm o tom do memorialista, até mesmo quando mostra o retrato do bloco carnavalesco *Sodade do Cordão*, inventado por Villa-Lobos. Todos empenachados de índios amazônicos; entre eles, Artur Rubinstein, jovem, fagueiro, com cara de judeu-polaco, a lançar beijos às mulatas. O pianista por ali andava a viver suas futuras memórias em dois volumes, após os oitenta anos, no auge do vigor dos dedos mágicos. Pois bem: o primeiro volume, *Mes années de jeunesse*, é uma pândega repleta de aventuras músico-amorosas nos quatro cantos do mundo, Don Juan de mãos ágeis no teclado e em fraldas femininas. O segundo, aparecido em inglês, *My many years*, é uma chatice, não porque navegasse até à velhice, mas porque se casou, maduro e seguro, mergulhou no cordão das glórias respeitáveis, catalogou longo inventário de aplausos com a patroa vigiando por sobre o ombro. Que graça teve? Só é belo quando pede, sério e compungido, que nas cerimônias fúnebres em sua homenagem, e de corpo presente, lhe toquem o *Quinteto póstumo op. 163* de Schubert, onde, num adágio lancinante, dialogava a Morte e o Moribundo. Por que esse adágio? Desconfio: nele não há participação do piano vivo de Rubinstein: são dois violinos, viola, dois violoncelos. Rubinstein escutaria tudo sozinho, um Grão-Senhor.

Catando aqui e ali, na estante de Memórias ao meu alcance, descubro uma primeira exigência para serem consideradas tremendamente boas. O autor pode ser um anjo em vida, como Pedro Nava, mas fazia-se implacável ao contar sua vida e a vida alheia. É preciso destacar uma boa dose de maldade, de desprezo pelo semelhante, de vingança injusta, de covardia para com os indefesos, uma certa coragem para a infâmia. Trata-se de um regalo do autor. E é disso que o leitor gosta. O leitor de memórias é um tripudiador. Não quer deliciar-se com amores que lhe causem inveja, nem saudades que o envelhecem, não quer fazer turismo na vida alheia, não quer exatidões históricas. Traz consigo às vezes um remorso da própria vida chata. É um criminoso sem provas, ao gosto dos nossos maiores magistrados. Gosta, como eles, de absolver patifes, e isto lhe deixa a consciência tranqüila. Rodrigo Octavio livrou-se da receita: *Minhas memórias dos outros* são saudades de benfeitorias. *Contagem regressiva*, de Cândido Mota Filho, cujo título é um achado, representa a gloriosa ambição de poder e de literatura em patuá forense. As memórias de Hermes Lima e de Hugo Gouthier pecam um só pecado: vivendo ambos numa época de mesquinharias e injustiças, esquecem-se delas por pura bondade: omitem suculentos e vis capítulos da história do Brasil. As de Mário Gibson Barboza possuem os méritos do estilo da verdade e um certo ar despretensiosamente didático, a tornar *O traço da vida* uma leitura tão útil para o comportamento ético dos diplomatas e políticos quanto as páginas do inspirador do título, Joaquim Nabuco.

Pensando assim, a chegada do fim me faz estremecer, moribundo consciente. Não teria coragem de propor, para as minhas exéquias, música tão sublime quanto o *Quinteto* de Schubert. Modestamente preferiria o alegre *Quinteto da truta*, para chegar ao Hades entre borbulhas sonoras, tão refrescantes aos calores do inferno, e mais convincentes do que o Inferno dantesco nesta cidade cheia de bons propósitos entre bandidos, traficantes e balas perdidas. Esperemos a morte com a galante bravura de Cyrano, sem sustos, só:

Elle vient. Je me sens déjà botté de marbre,
Ganté de plomb.

que Carlos Porto Carreiro traduziu nos melhores versos brasileiros:

Vem. Já me calça os pés de mármore dormente,
Enluva-me de chumbo.

É só o que guardo para ser bem lembrado.

* * *

A menina não devia ter treze anos. Abraçava a filhinha recém-nascida, enquanto ia pela calçada. Do alto do edifício eu olhava pela janela e imaginava comigo que determinismo teria feito nascer aquele serzinho, que frêmito de amplexo o gerou, querido e bem-vindo como o próprio amor? De repente, ouvi longe um estampido; e a meninazinha cobriu-se de sangue e de gritos animalescos. Ninguém esperava aquilo; a bala poderia ter entrado pela minha janela, teria encontrado a outrem — e eu teria morrido. Por que com a criança que mal entrando na existência vinha? Por que não eu, que trago na retina oitenta anos de mundo onde a bala perdida que nos acerta é o determinismo e a bala disparada de um revólver pode ser a minha vontade, o meu livre arbítrio, e ao mesmo tempo pode ser o determinismo a escolher aquela criatura? Quem é o livre arbítrio, quem é o determinismo? A sedução da maçã e a da serpente, ou o ódio de Caim e a bondade de Abel? Ahn? O sábio Schrödinger disse: "O reconhecimento do erro é a única prova da existência do livre arbítrio". E agora? Disse melhor que Erasmo e Lutero.

Há oitenta anos me atormenta esse problema, das balas perdidas a rodar — moscas varejeiras que pensamos mesmo enxotar para ferir o alheio? O homem é muito menos dono de seu nariz que de um revólver. E, afinal, nada conhece por dentro de si e do próximo.

Tive um revólver aos dezessete anos. Imagine leitor: tomei parte numa revolução, o Movimento Constitucionalista. Talvez fosse até o menor dos soldados. Fardado, cabia-me a função de mensageiro, de levar ordens escritas para um ou outro comando. O que continham, nem sei. Nem o que comandavam, balas cheias de vontade, de *animus belli*, a se perderem nos matagais do Túnel, de Queluz, de Vila Queimada, de Caraguatatuba, lugares para onde me mandavam dirigindo um arriscado fordeco repleto de determinismos, meus e alheios, e de livres arbítrios, meus e dos senhores comandantes. Às vezes passava sobre mim, no alto, um avião vermelhinho, contendo o seu determinismo ou o livre arbítrio do piloto. Muitos anos mais tarde conheci o piloto, já brigadeiro, o brigadeiro Nero Moura; senhor do meu determinismo em suas mãos, falhou; por pouco teria sido meu assassino. Seria mais tarde o comandante da esquadrilha *Senta a pua*, da Força Aérea Brasileira, ministro de Vargas quando Vargas renunciou. Nero, solidário, pediu reforma; meu pai, seu adversário acostumado a estimá-lo em casa de nossa tia Candê, chamou-o:

— Você é um herói nacional. O Brasil precisa de você. Não se reforme.

E Nero a meu pai:

— O senhor já esteve na mesma situação e pediu reforma. Agora é a minha vez, sigo o seu exemplo.

Pediu o boné, foi para casa.

Na nossa Revolução Constitucionalista havia dias de folga; dei-me ao luxo, num desses dias, de ir à margem do rio Paraíba onde, diziam, havia um trecho piscoso. De mosquitos, principalmente, a despejarem-se sobre mim como o avião vermelhinho. Os mosquitos me atormentavam as mãos e o rosto enquanto meus dedos fisgavam o determinismo das minhocas destinadas ao determinismo dos lambaris. Assim estava em paz, servindo de pasto aos insetos, quando, na outra margem, um galho suspeito de arbusto me acordou. Alguma patrulha, algum espião: a coisa que na guerra aprendemos a chamar de inimigo. Estava para armar-se uma batalha entre os nossos livres arbítrios e os nossos determinismos, como os deuses a se colocarem a favor de gregos e troianos. Colado ao capim, pareceu-me desabotoar o coldre, como faziam os mocinhos do cinema mudo. Apontei, atirei. O Vale do Paraíba inteiro parecia ter ressoado ao meu tiro. E o arbusto não emitiu um só grito. Faltava uma bala no tambor do revólver. Nada. O silêncio ao redor me levou a pensar nos lambaris inermes. Se algum deles andasse armado, a sua bala perdida teria voejado em busca de exercer sua fatalidade. Nenhuma me tocaiou. Podia ter sido o Destino, a Moira, a Parca, o determinismo contra mim.

Desse dia em diante, sempre que me arvorei em pescador me via convertido ao determinismo dos peixes, porque para eles o esporte é violento, e eu os saboreava, fritos, com a Fatalidade com que certos deuses devoram seus próprios filhos ou seus inimigos. Pelo simples prazer de serem deuses. Pelo simples determinismo de serem deuses. Sempre me preocupou essa imagem ao espalmar com ira uma mosca num prato ou pisotear uma barata. Há dias, na televisão, observei o rosto sereno, meticuloso, enquanto o dono do rosto esmagava com os punhos o nariz alheio, até que o alheio se achatou no tablado enquanto o vencedor erguia as luvas e empinava o peito. Em seguida veio a imagem da Bósnia, onde as crianças mais lindas do mundo pareciam nos olhar, bestificadas, enquanto outras eram trituradas, despedaçadas, com bombas de determinado destino. Em seguida, os autores dessas façanhas, às gargalhadas, tomavam cerveja. A celebração das balas perdidas. Fechei a janela, para que nenhuma escapasse da tela da televisão e invadisse o meu quarto, sem saber se provinham de meliantes ou polícias. Em seguida surgiu o presidente da nossa república a assinar a decisão pela qual anistiava quinze patifes legislativos autorizando-os a continuar saboreando o erário público, chupando os impostos que pagamos e que receberão durante mais oito anos de legislatura. E logo, numa sala de aula, o presidente dava aos meninos a primeira lição de cidadania, para se comportarem como seus eleitores do passado, sabendo escolhê-los com o digno livre arbítrio dos cidadãos a terem o magro direito à cesta básica, à merenda de cada vinte e quatro horas.

Lembro-me: há muito tempo recebi uma carta do falecido amigo embaixador Jorge Maia; ele se lamentava, com justa razão, da bala perdida que o lançara aos confins da Ásia: "De que me serviu trabalhar tanto, esfalfar-me de dedicação à carreira, para estar agora aqui condenado à velhice, depois de tão esforçada ascensão? Aqui estou, comendo com dois pauzinhos, sorrindo para todos porque todos gostam de sorrir para a infelicidade, rindo às mesmas anedotas diplomáticas que datam do tempo do Barão, longe da pátria e do sol de Copacabana..." Então indaguei ao meu amigo se já teria calculado quantos brasileirinhos morreram até que ele chegasse àquela embaixada indonésia; quantas balas teriam raspado o seu chapéu sem que ao menos sentisse o seu sopro, e quantos milhões de toneladas de grãos apodreceram sem um só grão esquecido na gamela de arroz de todos os dias. Talvez tivesse preferido ficar trancado nos paralelepípedos de cimento de Brasília a sorrir para os companheiros de prisão. Leitor, acrescente a essa fatalidade, à pobreza, às enfermidades, o desapontamento de jamais ter comido caviar, e viver sob um céu de anil de neoliberalismo, de balas perdidas.

Mais de uma razão existe
Para achar no vinho a vida
Se estou alegre, se triste,
Perto ou longe da querida,
Se o Demônio em mim assiste
Se busco em Deus a guarida.

Se sou pobre, se sou rico,
Se os amigos vêm e vão
Se parto daqui, se fico,
Se moro em toca ou mansão,
Se por pão me sacrifico,

> *Se em vinho molho meu pão,*
> *Senhor, minha fome e sede*
> *São o que tenho, só isto,*
> *Só isto mendigo, crede:*
> *O pão e o sangue de Cristo.*

* * *

Visitas turísticas são como namoradas de juventude: nunca mais devemos revê-las, sob pena de nos submetermos a uma desoladora sensação. Terei vibrado ao ouvir a cantora de *Broadway Melody* vinte e cinco anos depois? Recuperei o paladar da *madeleine* ao tentar encontrar o tempo perdido nas canções de Madame Barbe e reincidir no seu invariável *coq au vin* da Place de Tertre? E no seu encanto de anfitriã com vinte quilos mais no íngreme talvegue do decote a sugar o colar de pérolas? Onde o mugir dos bois dos meus sete anos? Onde as minhas neves de ontem, desaparecidas na cabeça de hoje?

Ah, a primeira sopa no La Coupole, quando o olhar provinciano se deslumbrava no claro farfalhar de plumas de Mistinguett, alquebrada, ou no riso que Clark Gable ostentava sobre os dentes postiços a encantar todas as donas, e eu a saber, porque me disseram, que aqueles dentes guardavam um mau hálito de estarrecer Scarlett O'Hara? A chegada inesperada de Marcel Achard, uma sensação, a de Sartre tornava inteligentes todos os fregueses. O fatal imitador de Maurice Chevalier, geralmente americanóide falando inglês com sotaque rascante e nasal, inversão do charme americanês do cantor, contrafação até aceitável mas indigna de um bis. E como fatigam os caricaturistas de Edith Piaf e de Bing Crosby, de Sinatra ou da Patachou... E como desaponta a repetição dos pratos célebres, a *bouillabaisse*, que asseguram superior à do Charlot Premier, o pé-de-porco melhor que o dos Halles, a *tarte au tatin* superior à de St. Philippe du Roule às quatro da tarde, ou o descendente do pato numerado do Tour d'Argent duro na dentadura e no bolso.

Ver Nápoles e depois morrer é o certo. Rever é tornar-se fantasma ignorado dos vivos, outros tantos fantasmas sem olhos para os nossos, olhos sem paisagem para o nosso antigo pasmo ao se acenderem as torres da Notre Dame. A *Triste Venise* de Aznavour é mais desesperante que a sua saudade do ainda ontem, mais pungente que o namoro quarentão da Barbara pelo meninote, o namoro sexagenário do velho professor de *Morte em Veneza*.

Não se deve visitar a casa paterna. Não porque em cada canto soluce uma saudade, mas porque aqui ou ali pode esperar-nos um fragmento de esqueleto. Ou ainda um odor inexpulsável do cachorrinho morto, ou o berro súbito do papagaio inexistente. Não se deve voltar ao lugar dos mais belos crimes de ontem — o primeiro cigarro, o primeiro beijo, a primeira música, a primeira lágrima, o primeiro casamento, a primeira dor-de-cotovelo, a primeira conta mais alta que o bolso, o primeiro legítimo *chantilly*, o primeiro palavrão. Tais instantes se relegam à mala de guardados esfumada na lembrança, coleção nunca mais inspecionada mas ressuscitada na alma, empoeirada de reticências como um álbum impressionista. Alencar d'Alenquer nunca deveria ter voltado a Sintra.

As coisas da infância se apequenam hoje: agora o portão é acanhado, o quintal é sem *far west*. Meu vale verde está enrugado de miopia e catarata. E a mão que se arredondava para um seio da prima parece apenas engradá-lo: e ele próprio se esguelha e pende, peco, não colhido. Eras assim, musa? E por que não te cristalizaste no tempo, ectoplasma de estátua? Jazeste carimbada no filme da memória, velada. Ou eu te afugentei com o sopro da minha taquicardia?

Assim revisitei as coisas mais belas e breves: um roseiral da Bulgária, o pôr do sol em Chung-King por cima do Yang-Tsé dourado, Chartres como um *bouquet* de hóstias preciosas nas mãos do Padre Eterno, a música plebéia vazada das calçadas úmidas da Dársena Norte. A lucarna escura da Rue du Four de onde tatalou um adeus como um pombo. O ferver do *champagne* no nariz, no minutíssimo de se olhar os olhos-nos-olhos.

A solidão de Riverside Drive, como o céu carminado das janelas, floresta de árvores de Natal despejadas em cacos no rio. E os passos imprecisos no mistério da Rua dos Alquimistas, do bêbado Brouchka caindo da lua povoada de deusas nuas, ou de Mozart inventando um andante.

Há dias levei um susto num bar. Voltei para aplacar sozinho a minha velhice (ela tem sede de solidão, a Parca!) e lhe dei a ouvir apenas o ruído do gelo no copo. Quantas vezes passei ali, repetindo-me, envelhecendo-me. A um lado, dois importunos se trocavam confidências como selos em duplicata, ambos chupando a espuma da Pilzen; e um deles, cheio de nadas:

— Você acredita em Deus?

Outro, depois de esticar o silêncio:

— Depende...

Nenhum disse palavra. Deus ficou suspenso naquela dependência apavorante. Bem podia ter feito um milagre: acender o isqueiro, derrubar um caneco, assobiar, arrastar um cometa na ponta aguda da torre de São Vito. Nada. Os dois estavam muito conscientes de si, estufados de espuma. Súbito surgiu uma figurinha circundada de risos, atirou-lhes os risos, o olhar.

— Estão me esperando há muito tempo?

Eu, solitário, teria respondido: "Há toda a vida..."

Ali estava o milagre. Os dois ébrios não perceberam. Deus tinha visitado ali sua brisa sem alarmas. Não viram. Eu vi como Deus gosta de espelhos côncavos e convexos, suas linhas tortas de escrever. E se foi, e se foram, sem assustar crentes e incréus. Ou terei apenas cochilado no meu vômito dispéptico?

— A Kavarka vai fechar, senhor.

Acabei de acordar. Não reconheci o garçom, não me reconheceu. Quis gritar. Cuidado, todos os bares vão fechar! Ao nosso encalço vem o carrasco. Ou será que o perseguimos, fugindo, de oásis em oásis? Gostaria de rever aquele riso de andorinha. Nunca mais. Há outras emboscadas. Enveredei, aos trambolhões, pela Rua dos Alquimistas, onde moraram Kepler, Copérnico, Tycho Brahe, e nunca nenhum deles me caçou um riso de estrela no céu.

AURORA DE MINHA VIDA

Vá escrevendo, vá escrevendo. As Memórias não pertencem ao calendário, nada têm a ver com as histórias datadas, do berço ao túmulo, como os países e as civilizações. Memórias são arquipélagos de coral de catedrais submersas, de barcos entre algas do abismo, das nuvens cujo efêmero se refugia em nossos olhos já meio gagos. São os vagos despertares dos bêbedos e dos anestesiados. Nem chegam a adeuses: farrapos de gesto e som, às vezes mentirosos, porque não se fixam em diários de páginas escritas todas as noites à hora de dormir. São lembranças enferrujadas de um escrínio perdido, são a ressurreição da Vênus de Milo, já sem braços, com o mármore tisnado das escrófulas do tempo. Mas que torso feito de reticências, que pernas que aprenderam a rolar nas águas, que seios sem proveito! Que beleza de invenção da saudade, de seus restos ainda aproveitáveis, para outros mirarem e pasmarem de amor inalcançado... Destroços do campo de batalha, nas memórias só se encontram pedaços de película revelada e queimada, celulóide deslambido do hipossulfito da saudade.

Talvez seja, sim, o furioso desejo esclerosado de recuperar a vida com seus safanões. Mas são apenas memórias... Que restam nelas de roçar de peles, de beijos em ruínas e a traidora ressurreição de ansiedades contidas na gaiola do corpo, como asas de pássaros mortos de tanto se estraçalharem nas grades?

Ninguém espere encontrar nestas memórias os nomes de todas as pessoas conhecidas com quem convivi, amei ou desamei, tudo catalogado num álbum com índice remissivo, onde o leitor possa procurar-se e exclamar: "Aqui estou eu!" Palavra, de certo modo, estas memórias são o apagar da minha paisagem, de onde expulsei, por imeritórias, as figuras da minha amnésia ingrata ou da minha vingança certeira. O prazer de escorregar, a cortesia de convidar, isto sim são memórias. Porque não se condensam em compêndio, mas em pura e simples literatura de amor e ódio, num conúbio um tanto vil de uma dança que, embora desejando-se bela, pode ser obscena e mesmo criminosa. Lamento desapontar a quem não foi convidado ao meu baile de lembranças: não lhes ofereço inferno ou paraíso, mas a terra gelada que me agasalha e me desfolha. Verão meus ossos, os dentes dos risos perdidos, poderão tocar nas pontas dos dedos que lhes neguei, ou utilizados para simplesmente sublinhar nomes vazios. No mais, estas memórias são um velho cemitério de lápides partidas, à volta de cujos fragmentos talvez ainda vicejem gramíneas, talvez acumulem apenas o pó de meu pó.

Que longo e frio adeus já sopra enquanto escrevo, que imenso e último gozo impotente, apenas sonhando, apenas aflorado como uma libélula transparente, que roça e já lá se vai, leve, friorenta, trêmula.

> *Um dia eu não serei. No travesseiro*
> *Durma apenas um resto de cabelo*
> *Monograma da vida que o barbeiro*
> *Plantou, carta sem falas e sem selo*
>
> *Ninguém à mesa chegará primeiro*
> *Para o café gelado — e nesse gelo*
> *Tu provarás o paladar e o cheiro*
> *Da solidão a te eriçar o pêlo*
>
> *Não erguerás os olhos do bordado*
> *Não mais à porta o susto da esperança*
> *Em vão cintilarás o teu mistério*
>
> *Trautearás um canto descuidado*
> *E balbuciarás tua vingança*
> *Como um despertador num cemitério.*

* * *

O folclore familiar materno guarda a lembrança do dia em que nasci, um sábado de carnaval. Me fantasiaram de palhaço. Escrevo estas linhas oitenta anos depois, num sábado de carnaval. E conto a história porque certamente há de ter tido importância na minha formação e em toda a minha vida. Pelo menos uma voz me segreda cá dentro, a cada pensamento; a cada atitude me previne: "Não seja palhaço". O "não ser palhaço" policia-me a todo instante. É meu livre arbítrio em luta com meu determinismo.

Começou quando minha mãe, Valentina, que me trazia no ventre, decidiu que seria campineiro. E se transferiu comigo de Curitiba para a Praça Luís de Camões nº 2 de Campinas, mansão familiar já em início de decadência, onde moravam minha segunda avó, Hermínia (Quequena para os que tiveram a felicidade do seu convívio), minhas tias Luizita (Zita, do primeiro casamento de meu avô Guilherme, médico visitante dos colonos italianos nas fazendas ao redor, onde ia em lombo de burro), mais os tios Guilherme e Bento; Lavínia, Victor, Pedrinho e José Manuel, os últimos do segundo casamento. O último, tio Lé, criança, assim chamava porque uma meningite o retardara nos inícios da vida. Seria o meu primeiro amigo, um tanto intrigado com a minha presença naquele casarão infestado de mulheres, pois meu avô morrera dois anos antes, e os filhos, bigodudos como convinha na época, estudavam — um Medicina no Rio, outro Direito, em São Paulo.

Essa história da roupa de palhaço partiu da melhor amiga de minha mãe, também Valentina, ambas cultoras do bom francês do Colégio de Itu, como outra amigona de toda a vida, Henriqueta, que certamente o leitor conhecerá mais tarde. Meu avô, ao formar-se no Rio, partiu de Campos, cidade natal, para Campinas, com diploma debaixo do braço, a tentar a aventura da vida em cidade que lhe disseram ser próspera. E era. Tanto que sua medicina o colocou entre os médicos ilustres da cidade. Bigodeira empinada e lustrada em pontas, cavanhaque aparado e luzidio, sobrecasaca do Raunier do Rio, polainas de São Paulo, e uma calva de lâmpada elétrica sempre acesa. Ao ver da porta da Farmácia Salles, de seu amigo farmacêutico, onde fazia ponto depois do consultório, minha avó segunda, sua esposa, grávida, passar do outro lado da praça, disse à roda de amigos: "Lá vai Quequena, *remplie de moi-même*". Todos entendiam todos, paulistas quatrocentões, falavam francês, iam mais a Paris que ao Rio, na cidade havia dezoito barões, terra de monarquistas, a acolher com sincero carinho Dom Pedro II a distribuir baronatos. Meu avô não aceitou o baronato porque era republicano como os republicanos de Itu e considerando-se poeta amador-humorista, por conta própria. Sua irmã, Alexandrina da Silva Couto, ao enviuvar, agregou-se ao casarão, de onde expedia versos cômicos mas enxutos para os jornais locais e do Rio, e versos atrevidos, a comentar, com desembaraço de linguagem, os fatos do dia. Os versos, como os pensamentos seus e alheios, escrevia-os num grosso caderno. Mais tarde, já às portas da morte, ao saber que o sobrinho-neto andava infectado de rimas, legou-me o precioso manuscrito. Ali descobri sua sensibilidade, a doçura de sua solidão, os achados de suas leituras. Mais de uma vez escrevi sobre Tivó Tenem, como a chamávamos, embora usasse pseudônimos: Mademoiselle Alex, Quincas Sodré, Marquesa de Marilá, onde escondia suas gozações e sua alma:

> *On s'enlace*
> *Puis, un jour,*
> *On s'en lasse:*
> *C'est l'amour.*

Meiga como uma ave friorenta, acolchoada sempre numa mantilha preta, seu ninho. Mas, ao se encrespar, o pio era piada de gralha insolente. Quando Medeiros de Albuquerque propôs sua reforma ortográfica na Academia Brasileira de Letras, Mademoiselle Alex glosou:

> *Está na ordem do dia,*
> *Causando a todos surpresa,*
> *Um membro da Academia*
> *Da mais rara sutileza*
>
> *Detesta a língua francesa,*
> *À alemã renuncia,*
> *Não quer saber mais da inglesa,*
> *A portuguesa o enfastia.*
>
> *Usa outras línguas, portanto:*
> *Para falar, o Esperanto*
> *Que com amor aprofunda.*
>
> *E para assombro do mundo*
> *Nos seus artigos de fundo*
> *Só se utiliza da bunda.*

Ao Centro de Ciências de Campinas enviou apoio a uma medida presidencial:

> *Do Centro o bom presidente*
> *Vedou aos sócios a entrada.*
> *Por isso está descontente*
> *A bela rapaziada.*
>
> *Por que fica tão zangada?*
> *Não tem razão essa gente*
> *Pois a medida tomada*
> *É bem sensata e prudente.*

> *Em pormenores não entro,*
> *Mas o Ponciano Cabral*
> *Teve razão afinal.*
>
> *Temendo que o pessoal*
> *Pilhando moças lá dentro*
> *Fosse meter-se no Centro.*

Essa descendente espiritual de Gregório de Matos gostava dos recitativos, dos saraus de piano e cantarolagem, e tinha seu repertório satírico para os íntimos:

> *Um homem sorumbático*
> *Agacha-se na grama*
> *De um jardim de fama*
> *De bairro aristocrático.*
>
> *E um perfume exótico*
> *Voou pelo canteiro*
> *E nisto o jardineiro*
> *Gritou todo pletórico:*
>
> *— Desta patifaria*
> *Eu vou enquanto é dia*
> *Dar parte ao seu Barão!*
>
> *— Dar parte? Tal não digo!*
> *Dê tudo ao seu amigo!*
> *E sai pelo portão.*

Circulando no Rio entre as feministas do tempo — Chiquinha Gonzaga, Berta Lutz — era também aparentada da escultora Nicolina Vaz. Muito pequeno, fui com minha mãe visitá-la, em seu *atelier*-galpão em Jacarepaguá. A escultora deu-me um punhado de argila para fazer bonecos enquanto as damas tagarelavam. No centro do vasto hangar de sapê havia um modelo de cavalo, em tamanho natural. Pareceu-me estranho que esculpisse tão vastos cavalos. De volta, no trem, soube: tia Nicolina recebia encomendas de cidades do Rio Grande do Sul onde sempre havia homenagens aos heróis eqüestres das guerras sulinas; para abreviar trabalho, bastava-lhe esculpir cada indômito cavaleiro, enganchá-lo na sela e fundir no bronze o resultado final, de espadagão em carga. Deve haver bom número desses heróis nas praças gaúchas. Não levem a mal tia Nicolina: talvez tenha dotado nossos varões de mais um sopro de bravura. Tia Nicolina passou à história da arte, foi quem ornamentou o Palácio Tiradentes; Tivó Tenem não ganhou tão grande fama, mas posso assegurar ter sido a primeira poetisa pornográfica do Brasil. Do seu caderno extraio este soneto de piedosa chave de ouro:

> *Não tenho a alma tão desiludida*
> *Que veja no viver uma tortura*
> *E julgo preferível longa vida*
> *A uma triste morte prematura.*
>
> *O que é necessário à criatura*
> *É de toda vaidade ser despida*
> *E viver sempre honesta, sempre pura,*
> *No afã de bem fazer sempre entretida.*
>
> *Se eu dominar pudesse a natureza*
> *E, suportando embora desenganos,*
> *Não deixasse a bondade e a gentileza.*
>
> *Se não tivesse instintos desumanos,*
> *Se de obrar bem pudesse ter certeza*
> *Não se me dava de viver cem anos.*

Tais poesias se recitavam às cinco, seis horas, à porta da Farmácia Salles, com o sábio farmacêutico Theodor Langaard de Menezes, avô do acadêmico Rodrigo Octavio Filho, com o velho Hercule Florence, que tomou parte na expedição Langsdorf e inventou a fotografia, cochichada a visitantes ilustres de Campinas, Coelho Netto, Basílio de Magalhães, Rui Barbosa, que gostavam de contemplar a coleção de pássaros de Seu Salles, e repetir a paródia intitulada *Episódio das Baronesas*, em que a Marquesa de Marilá divertia a sociedade narrando a disputa de genros entre a Baronesa de Ataliba e a Baronesa de Resende, paródia do canto terceiro de *Os Lusíadas*.

Pena, não cheguei ao mundo a tempo de conhecer meu avô Guilherme, poeta, parteiro do filho de Estêvão de Almeida, batizado em homenagem ao médico, futuro príncipe dos poetas que me mandava seus livros com dedicatória ao xará em tinta verde. Mas chegou-me a tradição de Hercule Florence, tal como a contava meu avô: inventara a fotografia, e não encontrou nenhuma espécie de fixador para os seus retratos. Uma vez revelados, o sol os apagava e lá se ia embora o orgulho do fotografado. Até que Hercule descobriu: a urina. Bastava mijar na foto e ela se fixava. Daí concluí que o mijar dos cães num poste é uma opinião que emitem e fixam do ser humano. E sempre achei que o urinar é um apagar de vaidades, uma barrela de limpeza da alma. O mijo, meu caro Hercule, é um ato de absolvição.

Se conheci o casarão da Praça Luís de Camões? Ali nasci enquanto meu pai, tenente do Exército, tomava parte na chamada Campanha do Contestado, luta contra os jagunços do Paraná, e minha mãe, recém-casada, esperava-o — e a mim — em Curitiba. Meu avô tinha morrido de câncer, após uma viagem à Europa, cheia de vãs esperanças nas águas de Vichy. E de melhores esperanças de pescar meu tio Bento, jovem bacharel e cantor de canções napolitanas, que lá se fora de São Paulo pra Marecchiare nos braços duma napolitaninha para quem memorizava a *Carniè, tu nun mi vuo chiu bene!* Cantava, tomava parte nas peças teatrais napolitanas, recitava o poema *A San Francesco*, descrição do cárcere de Nápoles por Pasquale Gambardella, e dançava nas ruas a *tarantella*, de gorro e cinta vermelhos, ou *Funiculì, Funiculà*, a alegre canção com que os napolitanos celebraram a instalação do trenzinho funicular que levava os turistas ao Vesúvio. Assim meu avô surpreendeu o tio Bento e o recambiou para o Brasil, onde o resto da vida foi recordar Nápoles, a poesia italiana, as óperas, e assistir a elas nos Teatros Municipais de São Paulo e do Rio. O que meu avô não sabia era da dor moradora naquele jovem aparentemente folgazão: quando universitário, quis casar-se com uma Edith, para quem serenateava a *Maria, Mari*:

> *Arapete, fenesta,*
> *Fam'a faccia a Maria,*
> *Che son n'mezz' a via*
> *Speruto pa' vedé...*

Mas a *'ngrata* pertencia a uma família quatrocentona, que não cederia a filha a um campineiro de primeira geração. O pobre partiu para a Itália, em desgosto mas já nos braços da *canzonetista napulitana*.

Tirou seu diploma, no Largo de São Francisco, nunca mais trabalhou, meu avô faleceu, deixou para a família o casarão da Praça Luís de Camões repleto de pássaros e umas casas no centro do Rio, a serem administradas pelo outro tio, o bom tio Nhonhô. Corre a lenda de que tais bens e seus frutos desapareceram nas roletas do Rio, com seu companheiro, o amigo estudante Oswaldo Aranha, gaúcho de raízes campineiras. Assim, todos nascemos pobres, e ainda tinha meses quando a pobreza me invadiu. Meu pai, quando alferes, regressara da Imperial Alemanha, para onde partiu a servir no Imperial Exército Alemão com outros brasileiros. O lado literário e artístico de minha mãe passou mais em mim do que o lado literário de meu pai. Lembro-me de haver dormido embalado por canções francesas e até mesmo por falas francesas, vestígios da educação recebida da governanta Madame Gibert, viúva importada da França para ensinar bons modos. Devo-lhe uma herança: o ser incapaz até hoje de pôr os cotovelos sobre a mesa de refeição. De meu pai recordo uma só canção que sabia cantar, a *Malongo von Kongo*, muito em moda na cidade de Ohlau, onde serviu durante dois anos, assim como em Hanover o meu padrinho, tenente Augusto de Lima Mendes. De ambos ganhei o amor pelos cavalos, o que nunca pude cultivar porque filho de militar pobre. Da casa de meu avô materno recordo, creiam-me ou não, a varanda recheada de gaiolas de pássaros. Meu avô materno se dava ao luxo de importar vinhos franceses, bastante bem recebidos nos melhores lares de Campinas, e latas de alimento para um rouxinol europeu que só comia minhocas européias importadas. Cultivei pássaros como criança, até chegar a uma conclusão subitamente estética e delicada: são mais belos ao ar livre, aliás como todos os animais, racionais e irracionais. Nada mais belo que um tiziu saltando em vertical e cantando, ou um cavalo com as narinas em disparada no campo. Mas essas coisas não nasceram no recém-nascido de Campinas. Desse meu tempo parece-me que rondam os meus olhos virgens uns crisântemos a dançar nos canteiros da praça e que, disseram-me mais tarde, provinham de sementes francesas ali plantadas por minha mãe. E, mais forte impressão, o espetáculo de chuva cantante que envolvia Campinas às seis da tarde: os milhões de andorinhas a se precipitarem de todos os céus ao redor, para se aninharem no Mercado Municipal, do qual expulsaram os comerciantes como mensageiros de Jesus aos vendilhões do tempo. Eles voltaram. Mas, muito, muito tempo mais tarde, um prefeito dedetizou o Mercado, genocídio de andorinhas, em nome de perigos que traziam para a saúde da cidade. Talvez a higiene lhe desse razão, mas faltou-lhe a alma de poeta moradora até no conselheiro Rui Barbosa, autor de uma página sobre as nossas andorinhas. Quanto ao prefeito, a fúria sanitária o levou também a deitar abaixo o Teatro Municipal de Campinas, pequena jóia da arquitetura italiana, para ceder o lugar a um estacionamento de automóveis e de engraxates. Quando vou a Campinas, subo à sacada do Clube Campineiro, de onde via a chegada triunfal das andorinhas e a tocaia dos gatos nos telhados. Jamais tive a menor consideração pelos gatos. Quanto ao teatro, ainda erecto, recebeu a visita de Procópio Ferreira, que ali me honrou com minha primeira peça, *Lady Godiva*. Depois do espetáculo, quis abraçá-lo e não encontrei passagem entre a platéia e o palco. Explicaram-me então: os campineiros de boas raízes jamais se rebaixariam a ir a um camarim para cumprimentar um cômico, uma cômica. Alguns anos mais, foi a vez de Tônia Carrero e Paulo Autran: lá estiveram com minha peça *Um deus dormiu lá em casa*. Exigi de meus parentes que agenciassem para meus atores freqüentarem o Tênis Clube e sua piscina; ao meu cunhado Raphael Pereira da Silva pedi que recebesse em sua casa a companhia teatral e a sociedade campineira. Assim se quebrou um tabu; os velhos campineiros puderam olhar de perto e diante das esposas os olhos de Tônia e as senhoras conversaram com o elegante Paulo Autran. Hoje Campinas é uma cidade quatrocentona, italiana, árabe, nipônica. Orgulha-se de sua orquestra, de Carlos Gomes, universidades que se projetam fora do país, orgulha-se de Anna Stella Schic, de Valéria Monteiro, de Regina Duarte, de Cláudia Raia. E Campos Salles. E eu também.

Mas voltemos à família de meu pai. Retorno às lendas. São da cidadezinha que tem o nome catita de Figueiredo das Damas, rótulo dado na Idade Média por um suserano abismado quando uns rapazes puseram a correr um bando de árabes que pretendiam exercer ali o rapto das Sabinas. Desses Figueiredos, segundo um *Tratado dos Figueiredos* que o escritor Antônio Olinto desencavou na papelada da Torre do Tombo, em Lisboa, o *Tratado* conta: eram três Figueiredos, vindos de Portugal, ficando um no Recife, outro em Minas Gerais, outro no Rio Grande do Sul. E proliferaram valentemente, embora sem contactos fraternos. O ramo gaúcho sediou em São Sepé, junto de Bagé. Lá têm terras, suas relíquias, retratos que se parecem com os Figueiredos do Rio. Estes provêm de João Baptista Figueiredo de Oliveira, funcionário federal gaúcho, transferido de Porto Alegre para o Rio, a fim de participar da Guerra do Paraguai, onde fundou o Serviço de Intendência do Exército. Morreu pobre, como é do nosso hábito. Teve um primo mais notório, o marechal Simeão de Oliveira, que, quando major, recebeu a incumbência de trazer para o imperador a espada de Solano Lopez, assassinado pelo cabo Chico Diabo. Contam que o imperador, ao receber a espada de Solano, teria dito:

— *Preferia tê-lo vivo!*

Não sei se a frase exprime a generosidade para com o inimigo vencido ou o desejo de ter ele próprio mandado degolar o prisioneiro. Prefiro a primeira versão, onde parece haver melhor julgamento do primo major Simeão de Oliveira. Morreu ele em Chicago, representando o Brasil durante alguma exposição, já na República.

* * *

Não sei de gente mais divertida que a de Campinas do Mato Dentro, onde os desbravadores bandeirantes deixaram um pouso seco, frio e bom. Ali começaram a se aglomerar os que formaram a vila e a tornaram município, e logo cidade, tão importante cidade que deu ao Brasil uma coleção de barões. Isto porque era monarquista, visitada por Pedro II, ao passo que sua vizinha e rival era a republicana Itu, berço do manifesto contra o Império.

Não conheci meus avós. Recordemos: avô Guilherme Bastos da Silva, nascido em Campos, médico da cidade próspera, para onde trouxe a noiva, também campista, Maria Luiza. Meu avô era fazedor de frases de espírito, usava uma calva lisa como um ovo, cavanhaque e bigodes bem encerados, sobrecasa impecável, tradutor de versos franceses; casou-se em segundas núpcias com a cunhada que, esta sim, conheci, a pessoa mais encantadora e suave, de cabelos prateados e olhar prateado.

Tia Zita casou-se com tio Totó, Totosão, Tosão de Ouro, para todos os campineiros, capataz de fazendas, mestre de obras de estradas, grande, de vigoroso nariz impositivo, calva respigada de arbustos de cabelos, pele tisnada de sol, músculos enérgicos, ventre farto. Contratado para construir estradas, olhava de um ponto ao outro no horizonte, por cima de todos os acidentes geográficos, e calculava mentalmente: vai durar um mês, preciso de vinte enxadas, um vagonete sobre trilhos, quatro burros, dois caixotes de dinamite, a madeira local para a ponte. E em um mês ali ficava, por cima de montes e vales, morando em tapera, tomando banho nos charcos e riachos, acordando às cinco da manhã, fazendo a sesta às margens dos rios, onde gelava um jacá de cervejas para depois das refeições; e no fim do mês inaugurava a empreitada. Não tinha contabilidade. Seu dinheiro, salários de empregados, ferramentas, tudo comprava e despejava em deves e haveres na máquina registradora de seu amigo Jacinto, dono do Restaurante Jacinto, à Rua da Quitanda em São Paulo. A registradora marcava os números, pagava, cobrava, e no fim tudo dava certo, inclusive a conta de refeições, suas, dos engenheiros, dos empregados, e mais os adiantamentos a empreiteiras que não cobrava. Quando veio a Revolução de 30, os vencedores, por maldade, suspenderam o que lhe devia o Estado pelos trabalhos da estrada Rio-São Paulo. Não lhe pagaram durante uns quatro anos, até que meu pai conseguiu que o quitassem. Desembarcou em Campinas com uma mala carregada de dinheiro, e foi perguntando, ao vendeiro, ao padeiro, ao sapateiro, ao dono da loja de fazendas, o quanto ele devia ao mercado, e cada credor por alto, dizia de boca. Tio Totó abria a mala, pagava sem discutir, até chegar à casa, de mala vazia:

— Pronto, Zita; não devemos nada. Podemos começar tudo outra vez.

Quando se casou, depois da igreja foi ao Bar Universo, despedir-se dos amigos, e lá chegou às seis da tarde, como de costume. A noiva, os sogros, a família, todos se apavoraram com o desaparecimento de Totó; à meia-noite, chegou, bateu na janela, a mãe surgiu:

— Abra, mamãe, esqueci a chave...

— Mas meu filho, você se casou hoje, não mora mais aqui, sua mulher está desesperada, já mandou dois colonos à sua procura...

— Ah, é mesmo, mamãe, desculpe. Boa-noite.

O incidente não teve conseqüências fatais, tanto assim que tiveram quatro sólidos filhos. Um de seus sócios, o engenheiro Homero, lhe perguntou certa vez:

— Totó, a Zita, sua mulher, não se zanga quando você chega bêbado, de madrugada?

— Fica, sim, fica safada da vida, mas eu me deito de botinas e tudo, porque raio não dá em pau deitado.

Quando me formei, Paulo Duarte, amigo e companheiro de 1932, arranjou-me um lugar de estagiário na Prefeitura; como a portaria demorasse, o procurador da Justiça Militar, Washington Vaz de Melo, designou-me para substituir um promotor da Circunscrição Militar de São Paulo, que entrara em férias. Deixa que havia uma manobra entre o procurador e seu vice: um entrava em férias, o outro o substituía e rachavam os proventos. Ninguém sabia disto, mas o procurador geral o soube e me mandou substituir o que assumira. O colega ficou furioso mas nada podia fazer; e eu tratei de mostrar meus minguados conhecimentos bacharelescos. Veio de Mato Grosso um processo: um soldado matara um civil. A Circunscrição abrangia o Estado de Mato Grosso. Cabia-me fazer a acusação ante os juízes, um togado e três militares, sendo que um coronel presidia os demais. Galguei a tribuna, falei que se tratava de crime civil, logo aquele tribunal era incompetente. O coronel me interrompeu, indignado:

— Doutor, vê-se que o senhor é muito jovem! Como ousa chamar de incompetente um tribunal militar, presidido por um oficial superior?

Engasguei. O juiz togado, Doutor Henrique d'Ávila Melo, suspendeu a sessão, trancou-se noutra sala com o coronel, e de fora só se ouviam urros hidrófobos. Por fim, a porta abri-se, o coronel convocou a sessão, e me comandou:

— Pode continuar!

O crime era bárbaro, mas a tolice jurídica tão bárbara que os juízes meteram os pés pelas mãos e o criminoso foi absolvido. Minha primeira intervenção de bacharel. Depois, assumi o lugarzinho na Prefeitura. Mandaram-me redigir a minuta de uma escritura de vendas ao município de uns terrenos à margem do Tietê. Era só redigir. Mas, por curiosidade, meti o nariz nas plantas de localização dos terrenos e vi que tinham áreas diferentes; uma quando medida de um ponto fixado à margem do rio; outra, maior, quando o rio se enchia e o ponto mudava de lugar. Deitei minha cabeça de agrimensor pelo Colégio Militar. Escândalo! Alguns engenheiros achavam que o meu dever era prosseguir na escritura já designada, e não entrar no mérito do negócio. Entrei. O terreno engordava ou emagrecia conforme a localização do ponto de partida da localização das medidas. Não se fez a venda. Mas fui transferido para o Departamento Administrativo. Lá descobri, num armário, centenas de executivos fiscais contra comerciantes; os processos paravam quando chegava a ocasião de se tomar bens à penhora. Quase tudo bens de terceiros, vendedores de geladeiras penhoradas, de balcões, de cacarecos, tudo de má-fé com os oficiais de justiça ou por erro. Inventei rodar em papel vegetal um só modelo de penhora, dei de acompanhar os oficiais de justiça. E aí o tio Totó me disse, na mesa do Jacinto:

— Cuidado, soube que vão pedir a sua cabeça!...

Minha cabeça já estava pedida: meu pai tinha sido preso no Rio, mais uma vez, por conspiração... O engenheiro da mesa, um pândego, propôs:

— Vamos comemorar! Vamos à Dadá!

A Dadá era a mais famosa pensão alegre de São Paulo. Na Rua Guaianases, dirigida por uma negra elegante que, dizia-se, se casara com um príncipe. Mas tio Totó teve escrúpulos:

— Levar meu sobrinho à Dadá...

— Qual nada, seu sobrinho é um homem!

Fomos. Eu à ré, encabuladíssimo. A porta da casa se abriu, a dona veio nos receber, atirou-se nos braços de meu tio Totó, aos beijos. E o tio me apresentou:

— Meu sobrinho, esta é a Dadá, minha irmã de criação, desde nossos tempos de criança... Lembra-se, Dadá? Bons tempos... Olhe: quero que trate esse menino bem. É da família.

Assim passei a ser da família da Dadá.

Quando meu tio Totó morreu, o Restaurante Jacinto cerrou as portas, de luto. Dizem também que a casa de boliche onde ele ia apostar rodadas de chope. Não pude ir ao seu enterro, mas metade do comércio de Campinas fechou nesse dia. No cemitério estavam todos os amigos do Restaurante Jacinto. E a Dadá com seu príncipe.

Com tio Bento era diferente. Não casou por causa de uma paixão contrariada. Após ser tenor em Nápoles, voltou, tornou-se jogador de pôquer, apostador em rinhas, atirador ao alvo e apaixonado pela música. Devo-lhe e ao piano que minha mãe ganhou quando eu tinha dez anos esta voracidade musical que enfeita democraticamente as minhas solidões. Nunca pude gostar de quem não gosta de música. Nas minhas amizades há ao menos uma gota de música, como uma gota de licor ou de *eau-de-vie* ou como a gota de perfume que súbito se desprende de um simples gesto, de um simples olhar. Devo-o ao meu tio Bento, com sua voz sonora nas noites de Campinas, seu bengalão batendo o compasso na calçada e sua súbita exclamação dongiovanesca no escuro silêncio frio da cidade:

— *Mi pare sentir odor di femmina*!

Ou quando conversava com alguma dama e lhe murmurava o mais perfeito *understatement* que Mozart e Lorenzo da Ponte inventaram:

— *La ci darem la mano...*

— Seu Guilherme, se uma mulher não percebe essas sutilezas, pode defenestrá-la da janela do Clube Campineiro!

Admiráveis tios, que me sopraram o zéfiro da precocidade, e me ensinaram que os amores se engaiolam mais dentro da alma e do sonho do que dentro da vida... Graças porque me afugentaram para o melhor da minha solidão e não para a tristeza de amores desgarrados.

Mas tio Bijuca, Luiz para os cerimoniosos, chamava-me para seu casarão bulhento, de grasnares de aves, de primas cantando sambas, de minha tia Alzira repenicando polcas e maxixes ao piano, enquanto o genro, casado com a graciosa prima Léa, atacava a *zamacueca* ao violoncelo, a prima Ady alongava os olhos para o tenente Zé Carlos Pinto, o primo Luiz me ensinava a colecionar selos até eu vender a coleção por uma ninharia, os caros olhos-de-boi, para levar minha namorada Alba ao cinema, e o outro primo, Moacir, sempre a querer comerciar alguma coisa lucrativa, a coleção de Júlio Verne à de Conan Doyle. No jardim ao lado do casarão havia um viveiro: tio Bijuca, além do maxixe e das empadas da Colombo, gostava de ouvir pássaros ao redor. O viveiro era tão alto quanto os dois andares da casa, e os pássaros batiam bigornas de arapongas e goteiras de bicos-de-lacre em escalas de cavaquinho, e a gente já chegava dançando, louca pela hora do bufê: chope de barril para os marmanjos, na varanda, groselhas em enormes ânforas prateadas e laranjadas previamente espremidas. Jamais verei gente tão dançarina, tão cantante, tão sapateante, tão repleta de anedotas, de carioquices políticas, de caricaturas e máscaras carnavalescas. Por que se dispersaram, por que se foram, e silenciaram? O céu devia ser assim, diabolicamente celeste como a casa de tio Bijuca... Num canto, só havia um parente, triste, talvez envergonhado, mas sempre solitário: o meu tio Alberto. Dele dizia que, em casa de tia Emília, onde morava, olhou para uma mulata doméstica e não pôde mais dormir; tia Emília, a matriarca, e mais as suíças do coronel Luiz Antônio de Medeiros quiseram saber:

— Quem foi que fez isto?

Havia oito rapazes na casa, todos irmãos e primos; se ninguém se acusasse, todos seriam expulsos. Tio Alberto, o único feliz, baixou a cabeça, sumiu-se, foi para os lados de São Gonçalo, com a mulata em punho. Só ele procurava meu pai, sozinho; gostava de me oferecer um sorvete de creme na Sorveteria do Anjo, no Largo de São Francisco; e me contemplava a minha felicidade do sorvete como se ele próprio fosse feliz. E era, tio Alberto, por sua causa. Sabia adivinhar a minha felicidade e não sabia falar de sua felicidade ou infelicidade. Até que, anos e anos passados, meu pai disse a mamãe:

— Vamos visitar o Alberto!

E foram: pareciam crianças com um boneco novo; meus pais fizeram festa nas cabeças dos meninos, das meninas. De vez em quando iam lá e voltavam de alma pura, com uma vontade melhor de gostar de todos nós. Os sorvetes de tio Alberto ficaram muito mais queridos. E que homem bom meu pai me fez descobrir!

E o mais abastado da tribo dos Figueiredo, o tio Leopoldo, preferiu trabalhar na cidade de Santos, fez-se despachante da Alfândega e era a nossa caixa de socorro e de dádivas. Suas melhores dádivas consistiam em reunir-nos com os seus filhos, João, Leopoldo, Regina, Jorge, Alberto, sob o comando da mais doce das tias, sua esposa, tia Iaiá, e soltar toda a tribo na Praia de José Menino, e nos deixar na praia e no mar sem ondas, por onde entravam os grandes navios para as docas. Em Santos tio Leopoldo fazia-se de Papai Noel dos nossos Natais, equânime, com generosos presentes para filhos e sobrinhos: bicicletas, bonecas falantes; e nas árvores natalinas havia também os presentes para todos os empregados. Jamais se esquecia do aniversário de qualquer um de nós e, já desconfiando de meus entusiasmos teatrais, me levou à temporada santista, onde pude ver, aos oito anos, *O pulo do gato* com Leopoldo Fróes e um recital múltiplo de Chaby Pinheiro, onde o gordo flutuante declamava *O melro* de Guerra Junqueiro, e ele próprio, vasto como um alentado peru, se transformava em meigo pássaro canoro pousado no ninho leve de sua manopla. Não faltou *A ré misteriosa* de Itália Fausta, não faltaram as transformações de Fátima Miris. E nos carnavais o tio Leopoldo nos enfeitava de *pierrots* alvinegros, as cores do seu glorioso Santos Futebol Clube, onde dançávamos nas matinês. Ao lado da casa de praia, separada apenas por um renque de bambus, moravam os Frias: o mais velho seria gerente da Kibon no Rio; logo abaixo o Carlos, futuro locutor da Rádio e da Televisão Tupi, e sua voz poderosa empolava os meus textos; e Maria, querida Maria, companheira e secretária da embaixada brasileira em Paris, criatura fantástica, amiga de todos, que me apresentou num restaurante a Farah Diba, e em seu apartamento a nada mais que Edwige Feuillère, o casal Marcel Achard e um bando de talentos perigosos e inatingíveis, Marlene Dietrich e Maria Félix. Entrar pelo braço de Maria Frias em qualquer estréia, qualquer concerto, qualquer restaurante da moda era ter-se a certeza de daí em diante *ser conhecido*, o amigo de Mademoiselle Marriá Frriás.

Tal era o nosso grupo de férias de Santos, que ia da natação com o primo Leopoldo às leituras de Menotti del Picchia com o primo João. Mas o mais extraordinário em tudo era a extrema parecença física de meu pai com o mano Leopoldo: pimpavam-se de passear juntos, alegravam-se juntos com as reuniões dos Figueiredos, Monteiros, Medeiros e Silvas, música, convocação do tio quando vinha visitar a parentela carioca. A parecença era qüiproquó e anedotário. E desses o melhor foi na Revolução de 1932: quando meu pai partiu como comandante com as tropas no trem da Central rumo a Queluz, as populações das cidades exigiam paradas do comboio para que o coronel ouvisse os esperançosos discursos dos oradores locais. O trem parava, cercado de bandeiras, chapéus, multidões; mas quem surgia à janela era o tio Leopoldo, fardado, heróico, e discursava sobre a democracia, a futura Constituição e a bravura paulista, enquanto o coronel Figueiredo se esgueirava até a sala do telégrafo de cada estação para saber onde estava o inimigo e onde andava o demorado general Klinger. Tio Leopoldo se submetia com bonomia ao disfarce e à oratória; com isto, afirmava, contribuía para o nosso êxito. Quando, anos depois, meu pai foi novamente preso e condenado, o tio Leopoldo mandava sua fundamental ajuda para que minha família se sustentasse no exílio de Buenos Aires. Faleceu antes de ver meu pai solto e deputado. Seria, para ele, um orgulho.

* * *

Gente pobre esses Figueiredos, órfãos de mãe, Leopoldina. Ao perderem o pai, os meninos mais velhos usaram do direito de ingressar no Colégio Militar, que o conselheiro Tomás Coelho criara justamente para acolher os órfãos da guerra. Assim aconteceu com meus tios Leopoldo, Alberto e Luiz, que tiveram como responsável perante o colégio o então coronel Luiz Antônio de Medeiros, casado com nossa tia Emília. O caçula ficaria com a irmã pobre e viúva Emerenciana, a tia Emerência, ou Lindinha para os íntimos. Morava em São Cristóvão, fornecia pensão para fora. O irmão Euclides, com seis anos, era o entregador das marmitas. E aos dez anos ingressou no Colégio Militar. Cadete na Escola da Praia Vermelha, gostava de nadar, baía adentro, com alguns colegas, para a proeza de tomar café em casa do coronel Medeiros, em Botafogo. Ou escalar o Pão de Açúcar, o que fizeram certa vez em homenagem a Santos Dumont, ao chegar ao Rio depois de seus primeiros sucessos aeronáuticos em Paris. Ocorreu que meu avô materno, depois da malograda viagem a Vichy na tentativa de curar seu câncer, transferiu-se para o Rio: pretendia exercer uma clínica menos árdua. Os Figueiredos, os Bastos da Silva, os Medeiros freqüentavam-se, principalmente na casa do coronel, depois marechal, ampla casa que conheci cedo, e cujas janelas do andar térreo davam para a Rua São Clemente fronteira à casa do conselheiro Rui Barbosa. De uma dessas janelas, aos oito anos, assisti ao enterro de Rui. Nessa época eu já lia Júlio Verne em francês graças aos ensinamentos de minha mãe e aos vestígios nela deixados pela governanta Madame Gibert. Minhas primeiras leituras foram numa escolinha de Campinas, aos seis anos, onde conheci os meninos Tarquínio José e Américo, os Barbosa de Oliveira, que vim a reencontrar já na idade do chope e dos primeiros cigarros. Pouco tempo estive na escola campineira. Meu pai foi servir na Escola Militar, mudamo-nos para o Realengo, e os meus seis ou sete anos aconteceram na escolinha do Padre Miguel, segura figura de sacerdote incumbido de catequizar os rapazes da Escola Militar e os filhos dos soldados. Diante do portão da escola passava, todos os dias, no seu jegue. Distribuía bom-dias e era vaiado pelos alunos doutrinados pelo positivismo republicano dominante entre os militares. Perseverou até conseguir seus fiéis. Seu nome hoje é o da estação onde aprendi a ler; e onde sambam os integrantes da escola de samba que tem seu nome e minhas inclinações de torcida carnavalesca. No fim do curso do Colégio Militar, me fizeram comandante-aluno, como uma espécie de homenagem a meu pai. Decidi dar cumprimento ao título, como um agradecimento. Depois, iria ser paisano, bacharel, escritor. E ajudar meu pai na conspiração que ele tramava. As noitadas de violão adolescente em serenata na Tijuca e no Grajaú acabaram, como acabaram os prolongamentos pândegos no bar do Largo da Segunda-Feira. Os amigos da Tijuca, o primo Eurico Campos, o Noel Rosa, as emboladas do Almirante desapareceram. Minha inepta adolescência extinguiu-se por outra, responsável, aflita. Quem ainda não conspirou não sabe das emoções da conspiração. O amor, o jogo, a droga, a vitória esportiva, nada iguala uma conspiração.

LOSANGO CÁQUI

— Leve este bilhete ao general Isidoro; entregue esta carta ao João Neves; procure o general João Gomes Ribeiro; veja se já chegou de São Paulo o Julinho... Amanhã o Palimércio está à espera...
Tudo isso é uma série de emoções comparáveis ao jogo, ao rapto, ao seqüestro... Assim pensava e assim tratava de exercer as incumbências graças ao Ford de bigodes que meu pai comprara com suas últimas economias e lhe servia para sua nova profissão, de agricultor e criador de galinhas em Campo Grande, e carro de estafeta durante as noites. O início das aulas da Faculdade, as aperreações dos professores, a eloqüência do professor Alcibíades Delamare e a meticulosa competência jurídica do professor Hahnemann Guimarães, tudo era desprezível. É verdade que, na classe de Direito Penal, o professor Ary Franco resultara num desastre para o meu engajamento militar; após a aula, o professor, cercado de alunos, convidou:
— Vamos ao bar do outro lado da rua tomar um trago.
Um trago? Em sete anos de Colégio Militar nunca professor algum dissera isto a um aluno; e raro um aluno, entre risadas gerais, contava uma anedota! Só o professor Hahnemann Guimarães a ouvia, sério, e perguntava, no desfecho, cada vez mais sério:
— E daí?
Quanto a Alcibíades Delamare, gostava de ditos anticomunistas e patrióticos, o que lhe deixou o apelido de Pátria Amada. O professor Eusébio de Queiroz não consentia que o interrompessem: só uma vez permitiu um aparte durante a exposição de uma teoria matemática do Direito Constitucional. Os professores chegavam, davam a aula, desapareciam. Delamare fazia chamada: 1, 2, 3, 4,... Íamos respondendo. Éramos uns trezentos em turmas de cinqüenta. Logo, sessenta alunos por aula, o que mal dava tempo para ingressar na matéria. Os alunos reclamavam, gritavam seu apelido, soltavam bombas de São João, e urravam de fora ofensa suprema para um mestre:
— Cala a boca, burro!

Ele continuava, esbravejava, distribuía seu último livro *A bandeira de sangue*. Eu sofria com suas humilhações, achava-as indignas; e me enojava com a vocação histriônica de certa mocidade brasileira, a que um amigo recente e amigo toda a nossa vida, Evandro Pequeno, caracterizava num anúncio imaginário: "Não deixe que os outros o façam de palhaço! Seja você mesmo o seu próprio palhaço!"

A conspiração continuava. Era falar com um militar aqui, um civil ali, saber dos ânimos de cada um, conhecer a que ponto se enfureceram com a ocupação do Rio pelos cavalarianos gaúchos, pelas perseguições, pela voracidade de poder com que surgiam os vitoriosos, arrogantes, imponentes, e trufados de frases feitas aprendidas pelos quatro ou cinco líderes que possuíam. O 3 de outubro, além de levar meu pai à prisão, em Santana do Livramento e depois no navio Pedro I ao largo de Porto Alegre, assassinara o irmão de uma colega de minha irmã, na Paraíba, atacado a tiros enquanto dormia, e depois sufocado com uma ducha de pano na boca, tudo na conivência de seus amigos revolucionários, o major Juarez Távora, o tenente Agildo Barata Ribeiro, o político José Américo de Almeida, e do mais fraterno amigo do morto, o tenente Juracy Magalhães. Tudo premeditadamente revoltante, sem um só gesto de bravura. Dir-se-ia que os ensinamentos da carreira militar não lhes tinham valido de nada: agora, de norte a sul, como bandidos de cinema. Para maior dor de minha mãe, seu irmão, tenente Vitor Bastos da Silva, fora seduzido pelos revolucionários e, embora criado como um filho por meu pai, que o levara para o Exército e tinha sido seu explicador para o exame de admissão ao Realengo, veio do Alegrete ao Rio com os revolucionários. De lenço vermelho ao pescoço e a dar desculpas esfarrapadas de sua atitude. No colégio, em fim de curso, alguns professores e alunos me olhavam com desdém. E isto era mais uma razão para que eu dobrasse as minhas tarefas de mensageiro. Desapareci da Faculdade, vesti meu primeiro e único traje civil e me armei de ódio.

Por medida de economia, meu pai, quando instrutor da Escola no Realengo, depois de sofrer violentos antrazes que o obrigavam a uma assistência permanente de minha mãe, decidiu morar no Engenho Novo. Por causa da enfermidade, a família dispersou-se, mudou de agregados. Minha avó de Campinas veio ajudar minha mãe, com quem ficou minha irmã Maria Luiza, para quem eu inventara um apelido que lhe colou a vida inteira, Doliza. À empregada para toda obra, Manuela, agregou-se uma portuguesa, ama-seca. Sua voz cantarolava:

— Santa Clara, dai as falas à Dolizinha.

O tio Victor, irmão de minha mãe, veio como soldado ingressar na Escola Militar. O tenente Figueiredo, já senhor de dois rebentos, ia diariamente do Engenho Novo ao Realengo, de bicicleta. De mudança para a Fortaleza de Gragoatá, do outro lado da entrada da Baía de Guanabara, o trajeto do instrutor da Escola Militar complicava-se: diariamente da Fortaleza à estação das barcas de Niterói, de bicicleta; da estação das barcas à Praça Quinze, desembarcadouro no Rio, tempo de ler jornal, conversar, estudar; do desembarcadouro à estação da Estrada de Ferro Central do Brasil, novamente a bicicleta, então guardada numa padaria amiga; depois do expediente militar, às 17 horas, regresso à casa pelo mesmo caminho; à noite, passava pela praiazinha da fortaleza, e, logo após o jantar, aulas ao tio Vítor e alguns alunos para sustentar o fim do mês. Mas a carga de antrazes de meu pai obrigou-o a mandar-me para uns parentes em Friburgo, os Éboli, um deles com filha casada com o meu tio do segundo casamento de minha avó, tio Pedrinho, dentista. O clã Éboli não tinha como me abrigar em sua casa movimentada; fui cedido às duas tias solteironas da família, "as meninas Éboli", velhotas de chinó e buço que tomavam conta do sacerdote local, Monsenhor Miranda. Ali tive uma dose altíssima de catecismo, rezas, treinamento de anjo das missas, eu de joelhos de um lado do altar, segurando uma enorme vela, e ao lado o outro anjo, um negrinho, com as mesmas funções. A vela pingava na minha cabeça, eu me afligia, agitavame, e Monsenhor Miranda interrompia o seu latim para ralhar com o menino indisciplinado. Depois disso, com as meninas Éboli, aulas de leitura e redação caprichada de um diário, espécie de boletim para mostrar a meus pais. Depois dessa tarefa vinha a minha hora de glória: caçar insetos, borboletas, ao redor da praça; e uma bicicleta alugada, que adquirira o mau hábito de me despejar no lago do interior da praça. A queda não era violenta, havia só dois palmos de água, e lá ia lavar a camisa do dia; ou não havia água alguma e eu me esborrachava na lama ressecada do fundo. Mau aprendizado do catecismo e das orações, no dizer de Monsenhor Miranda e suas governantas, é que provocava o castigo daquelas quedas. Era o determinismo divino contra o meu livre arbítrio de ciclista. Até hoje essa luta me deixa pasmo: nunca soube se é Papai do Céu ou o menino de Friburgo que sempre fui e sou quem decide minhas quedas e meus desejos na vida. Eles se cruzam na encruzilhada dos tempos como balas perdidas ao redor, ora buscando-me como alvo, ora disparadas de mim sem que eu saiba se a bala zumbiu, se acertei. O Criador é volúvel, tanto quanto sua Criatura. Viver, já dizia Guimarães Rosa, é muito perigoso. E quase sempre inútil, acrescento.

* * *

Sem o livre arbítrio, inútil escrever Memórias. Quem as escreve não sou eu, é a mão divina, ou pelo menos a voz divina que as dita. Às vezes erra na ortografia, nas concordâncias. Mas se há o livre arbítrio, ganha-se o pecado original, ganha-se a maçã do Paraíso ou o Pão Nosso. Perde-se o Paraíso, ganha-se o Pomar da Terra pejado de frutos doces e amargos. Ganha-se o cotidiano. Talvez nos tenha tocado (tivesse decidido) ficar com a liberdade ou ficar com o determinismo dos acasos. Andar por todos os lugares, mar e terra. Travar a minha batalha, cheia de decisões minhas, flechas e projéteis que buscam meus candidatos. Toda bala perdida pode ser a que partiu ao teu encontro, no hoje, no amanhã, à caça de todas as esperanças. Mas as esperanças não se buscam: súbito, morrem. A vida é isto, o espaço e o tempo enquanto a bala perdida não te encontra. O meu recado. Terminadas estas memórias, quando o dedo suspender-se da máquina, serei eu, serás tu, será uma voz divina que diz: "Chega!". Olha aquela andorinha, que navega no céu de tua janela: pode ser a bala perdida que, súbito, avança. Pode ser o destino, estridente, exato, contra ti, contra mim. No campo de batalha, no sereno descanso, no momento do sono e do amor. Pode dizer-te, ou a mim: "Escreve, porque estou no teu encalço!" Oh, Deus, quantos obstáculos em tua gincana!

Com os olhos purgados de oitenta anos de ver, e os ouvidos sombrios de nuvens de sons perdidos, evoco a primeira imagem das coisas fixas dos meus seis anos de idade, as mais longínquas e nítidas que aparecem na memória, como balançando no hipossulfito a foto invisível no escuro; ela pouco a pouco se desenha. Esse retrocesso me traz cheiros: o do quarto onde meu tio revela e copia fotografias, o pregão do mineiro dos doces na rua, e o seu assobio soprado entre duas folhas de oitis, a marca do seu artesanato. E vejo, com gula, o pote de barro cinzento posto no vão do guarda-louças, naquilo que chamávamos "o buraco do armário". Nesse buraco estava o potezinho, um rosto egípcio em baixo relevo. Ali havia guardados segredos meus conhecidos: eram moedas, de quatrocentos réis, de mil-réis, de tostão. As moedas, trocos, às vezes, de compras feitas pela janela: os doces de batata, as mariolas, os doces de coco, os sonhos. Com aquelas moedas se pagava a minha gula, se silenciava a minha impertinência. E de dentro do pote se tirava o que se dava ao mendigo semanal em todas as portas da vila: ele batia, nem se mostrava, só dizia: "Sou eu, *Siá* dona", e minha mãe retirava a moeda e lhe dava pelo vão do portão. Ele dizia "Obrigado, *Siá* dona" e seus pés inchados se arrastavam até o silêncio. No buraco do armário havia um objeto de louça amarelo-rosa, uma bola torta onde o artista tinha desenhado dois olhos, duas manchas das narinas, uma boca entreaberta. Era uma cabeça de boneco. Minha irmã e eu o chamávamos "o pera". De fato, era uma pera mascarada, brinquedo para se pôr no chão, junto a ele os descansos de talheres, de metal com cruzes que engatávamos e puxávamos como um trenzinho, enquanto imitávamos o apito da locomotiva, que se ouvia de longe, para os lados da Quinta, ou de perto, quando viajávamos para São Paulo.

Havia retratos na parede: um rosto de senhor enegrecido pelo fundo da pintura, a luz batendo de lado, e ele olhava com olhos malvados, debaixo da cabeleira enrolada e empoada. Era o Frederico, estampa que meu pai trouxera ao voltar de sua estada de alferes em Ohlau. Era Frederico da Prússia, por quem o jovem alferes desenvolveu especial estima quando serviu no regimento imperial para onde o mandaram. Estas informações, claro, não são de meus seis anos, são já de adulto, mas se sobrepõem à imagem que eu olhava na parede e guardava uma ameaça: "Ou você pára de chorar ou eu chamo o Frederico!" Muito mais tarde, soube que aquele rei Frederico tocava flauta e uma vez suspendeu uma reunião ministerial com estas palavras, depois que o pajem lhe sussurrou alguma coisa ao ouvido:

— Senhores, Bach está aqui!

E os cavalheiros se levantaram, saudaram o recém-chegado, que entregou ao rei um rolo de papel; o rei o abriu, chamou outras pessoas que se sentaram com instrumentos na mão e começaram a tatear a *Oferenda musical*. O rei apanhou sua flauta, ao lado, e começou a tatear também. Depois de saber desta história, passei a gostar do rei Frederico e de seu amor por aquela obra, e meu pasmo dura até hoje quando recordo que houve um rei capaz de mandar os negócios de Estado às favas porque Johann Sebastian Bach lhe trouxera uma composição, na qual a parte da flauta era tão fácil que qualquer rei chegaria a tocar. Mamãe tinha no quarto uma gravura piedosa, que estimo e é minha até hoje: são duas crianças à beira de um abismo e, atrás delas, asas abertas, o anjo da guarda. Sempre pensei que minha mãe fosse um anjo da guarda e até hoje acredito neles, quer dizer, nela. Já meu pai enganchara outra recordação na parede. Disseram-me que é a reprodução de um quadro muito admirado pelos oficiais de cavalaria da Alemanha Imperial: um oficial deitado no leito de morte, tendo a um lado os medicamentos inúteis; do outro lado um ordenança ergue o travesseiro do moribundo, e diante deste outro militar traz um cavalo pela brida. O cavalo parece reconhecer o oficial, que lhe estende a mão num afago; por debaixo da gravura, uma legenda: *Ich haben eine Kameraden*. O adeus eu julgava tolo, depois de uma certa idade: aos seis anos, me dava medo, medo de meu pai morrendo e a despedir-se do cavalo; depois, com o tempo, compreendi que o adeus era mais que uma alegoria: cavalo e cavaleiro se entendiam; nenhum dos dois possuía outra paixão na vida senão o outro. Seria assim? Sentir-se-á a morte assim, de um homem a morrer e de um animal sabedor do que está acontecendo? Pode parecer ridículo esse amor por um cavalo, obedecendo mas sem saber o que é a inteligência; é estúpido amar um cavalo a esse ponto; mas o cavalo talvez pressinta que lhe vai faltar alguma coisa a seu lado, na sua garupa, a palma da mão que lhe afaga a pala do pescoço, o pedaço de açúcar que lhe põe nos beiços, a elegância com que carrega um homem no ar e leva-o a saltar um obstáculo e ganhar palmas, e a brutalidade desse homem a lhe cravar as esporas nas ilhargas, e lampeja ante seu olhar delirante a espada desembainhada e lhe grita, como a todos os cavaleiros ao redor: "Carga!" E ele, o cavalo, fiel inconsciente, desaba e morre primeiro, sem saber por que razão aquele ser inteligente o domina, esmaga e sacrifica... A gravura me enche de piedade da estúpida condição humana e da servil condição cavalar. Talvez por isso Aristóteles disse do cavalo: "o mais belo animal da natureza". Mais belo que o homem, o filósofo se esqueceu de acrescentar. Anos e anos mais tarde, quando ouvi Atahualpa Yupanqui cantar uma *baguala*, a canção que o *gaucho* solitário do altiplano canta para o cavalo, o bagual seu confidente enquanto passa meses tomando conta do gado, quando ouvi pela primeira vez aquela confissão de amor e solidão para o *pingo*, acreditei que o homem inventa uma alma para o cavalo e o envolve de poesia e gratidão. *Ich haben eine Kameraden...* depois de explorá-lo como faz de homem para homem. Meu pai levou um tombo de seu cavalo. O cavalo pisoteou-lhe o rosto. Meu pai ficou surdo daquele lado, por toda a vida.

  Do outro lado da parede, bem em frente à minha cama, não sei que parente mandou para meu pai um enorme quadro a óleo, largo de quase metro e meio, alto de quase dois. Feio, assustador, representava, diante do "pardo de *atelier*", uma senhora gorda, em meio corpo; seus bandós puxavam-se em coque invisível, suas mechas de cabelo eram tripas de cinza, o rosto de abadessa de pele rubra de vinho e severidade; o olhar distribuía-se por todos os cantos do quarto, de modo que, onde o espectador se encontrasse, em pé, deitado, sentado na cama, de frente, de esguelha, lá estava o olhar parado no olhar do contemplador, de dia, de noite à luz da lua quando varava a janela, ou salpicando de uma varíola molhada quando a chuva se esfarelava na vidraça. O pescoço pousado em dobras, e as dobras desciam até pousar no mais tremendo decote que mulher alguma exiba, um decote como derramado para fora da moldura, obsceno, dividido por um talvegue a cortar os seios em duas melancias. Alguém tinha mandado o quadro a meu pai. Retrato de não sei quem da família, mas o certo é que o doador não queria ficar com ele, porque inspirava tudo de malévolo a se esperar da carne humana. Não sei quem era, eu a odiava, não me deixava dormir, não me deixava pensar, até porque o seu buço fortemente lusitano, visível no escuro, era tudo que tinha de móvel: ele se mexia, felino, me hipnotizava. E para fugir daquela carne, daqueles olhos, daquele buço, eu me refugiava nos olhos inocentes dos dois meninos à beira do precipício, nos olhos de anjo de minha mãe, e sabia que, se algum dia a vida me lançasse em algum grotão de carne viscosa e suarenta, minha boa mãe viria, de asas abertas, e me salvaria. Numa mudança de minha família para o Rio Grande do Sul, junto com os móveis, o vasto quadro permaneceu num porão de amigos; e graças a Deus desapareceu. Um temporal, uma enchente estragara os livros alemães de meu pai, uns móveis e totalmente o retrato.

* * *

Cada um tem sua, suas cidades, cuja aproximação se adivinha por um olfato diferente, dentro do avião, uma luz especial, mesmo no escuro do céu ainda sem horizontes, mesmo quando só estrelas ou relâmpagos as anunciam dentro de nós. As minhas cidades, que me dão essa alegria de viver, ou de reviver, são Buenos Aires, Paris e Praga. Era lá por fevereiro ou março de 1963, eu voltava de ser festejado e adulado em Praga, e meu amigo, o professor Vladimir Hvízdala, me tinha feito circular pelos encantos da Nové Miesto e da Mala Strana que me enriqueciam de arte. Deslumbrante personagem na minha vida esse jovem mestre universitário, de cavanhaque lenineano e de olhar eslavo, que uma vez mandara uma carta aos editores Irmãos Pongetti pedindo-lhes que me entregassem uma curiosa carta em espanhol perfeito. Nela me dizia que de mim só sabia da peça *A raposa e as uvas*. Ele a assistira em Moscou e queria traduzi-la para o tcheco. Dava credenciais: professor universitário de língua e literatura espanholas; falava o tcheco, o eslovaco, o russo, o inglês, o francês, dominava o grego e o latim clássicos e queria traduzir *A raposa* para o teatro tcheco. Para tanto, e por pura honestidade de tradutor, contava-me a impressão que tivera mas queria fazer a tradução do original português, idioma que não dominava. Por isso, se eu confiasse na sinceridade do seu desejo, lhe mandasse um original brasileiro, um dicionário recomendável e uma gramática. Lá foi tudo: a peça, o Aurélio, a gramática de Celso Cunha. Em 1957 enchi-me de cartas em espanhol e por fim uma em português digno dos melhores acadêmicos. Um erro apenas, erro de quem sabe demais os idiomas parentes, escrevia: "Espero terminar a tradução nas minhas próximas *vacações*". Mandou-me livros, álbuns com beleza da paisagem tcheca, com a inventividade dos teatros de Praga. Por que confiei nele? Gostei de seu retrato quarentão, o cavanhaque universitário e tcheco, do encanto de sua poesia epistolar nos mil assuntos que abordavam e nas perguntas que me fazia. Percebi: o homem tinha visto a peça em russo, provindo do tradutor Paulo Liminik, que para tanto usara a tradução espanhola de Eduardo Borrás, exilado em Buenos Aires e autor de textos cinematográficos; e sentira que os diálogos russos não russificavam a minha Grécia e o meu Esopo. Dito de outra maneira: aquele russo estava um tanto ruço. Em novembro de 1957, o Teatro Gorki, de Leningrado, ganhou o primeiro prêmio de representação com *Lisá i vinograd*, na montagem de V. Tovstonogov, a minha *Raposa*, nascida da *Bios tou Aesopou*, do monge bizantino Maximus Planudes, que La Fontaine pôs em francês como prefácio de suas *Fables*, e de onde eu extraíra a raposa brasileira como maneira de levar os alunos nas aulas de História do Teatro a gostar de mitologia grega (truque usado na fantasiosa adaptação do mito de Anfitrião e Alcmena em *Um deus dormiu lá em casa*), tudo numa época em que Louis Jouvet e Jean-Louis Barrault nos recitavam La Fontaine e Molière, e meus alunos, melhores que os de hoje, tomavam parte nas comparsarias de suas companhias no Teatro Municipal. Obrigado, Jouvet, obrigado, Barrault, e obrigado pela grande herança clássica que nos legaram: Madame Henriette Morineau, e o professor francês Michel Simon-Brésil. O fato é que eu estava razoavelmente equipado para as minhas greguices, ajudado pelo professor helenista Felisberto Carneiro. Depois do sucesso de *Um deus dormiu lá em casa* — e quem resistiria ao encanto de Tônia Carrero e Paulo Autran, à brejeirice de Vera Nunes e Armando Couto, à direção esfuziante de Silveira Sampaio, e ao cenário aéreo e marmóreo de Carlos Thiré? — Procópio Ferreira, que recusara minha comédia (como fazer o papel atlético de Júpiter-Anfitrião?), encomendou-me:

— Quero uma comédia *grega*!

Aí é que me surgiu o feio escravo Esopo com suas fábulas e seu amor à liberdade... Procópio, depois de uma semana de ensaios, me disse, triste:

— Não posso fazer sua peça...

— Por quê?

— Porque não posso deixar de fumar em cena, e na Grécia antiga ninguém fumava.

O guarda-roupa, de autoria de um jovem, Sérgio Cardoso, acabou sambando na Avenida, no carnaval. Mas aí apareceu Henrique Pongetti, encarregado de organizar uma companhia oficial de teatro que procurava peças. Leu a minha *Raposa*, chamou Bibi Ferreira, e começaram os ensaios sob a maior miséria: o governo, como todos, não dava as míseras verbas prometidas, a peça se superensaiou nos salões do High Life; e quando se estreou, meu *Esopo*, e mais Nídia Lícia, Leonardo Vilar, Sônia Oiticica, eram os meus personagens. A minha Grécia-carioca começou a correr mundo, por uma razão que só mais tarde vim a descobrir: não há, em todo o fabulário popular, figura mais popular do que Esopo. Em todos os países do mundo, em todas as cidades por onde andei, existe na cultura popular um Esopo, um contador de histórias de animais que falam, e falam de maneira moralizante, repleta de ensinamentos que ridicularizam os ridículos e ajudam o homem comum a repetir sua zoologia carregada de um código de comportamento humano. Os Esopos, os Till Eulenspiegel, Hary Janos, os Sacys, os escravos sábios estão na Grécia do nunca e no mundo de todos os dias. Ezop, Issop na China e no Japão, os mil recantos de bichos africanos, aí está a riqueza multinacional e multitemporal de Esopo. A Tchecoslováquia o adotou, a Bulgária fixou-o no retrato a óleo do ator Konstantin Kissimov pelo pintor Dmitar Ponaiatov, a União Soviética o recolheu na estátua do ator Vladimir Politseimako, pelo escultor Goldman, no Museu do Teatro do Ermitage, o judeu George Kossovsky passeou com ele no seu "carro de Téspis" pelos *kibutzim* de Israel, o embaixador da Turquia no Brasil traduziu-o, a princesa Michiko, do Japão, hoje imperatriz, representou-o na sua Universidade. O meu Esopo me fazia viajar para vê-lo, discuti-lo, levá-lo em conferência pelos *kolkhoses*, foi roubado na Inglaterra e recitado em inglês e em português nas universidades americanas graças à divulgação do professor e crítico Wilson Martins, e foi incluído nas comemorações do quadragésimo aniversário da Revolução Soviética e no décimo aniversário da Revolução Chinesa. Apertou a mão de Mao Tsé-Tung e Chou En-Lai, do presidente Frondisi, do narrador infantil polonês Jan Brzechva, e do presidente do PEN Club da Polônia, o famoso Jan Parendewsky.

Pois foi na volta de uma dessas viagens a Praga, onde quis ir ver mais uma vez o ator Joseph Krm e a atriz Zdenka Proasková, e mais a homenagem que me reunia com o autor russo Abbusov de *Aconteceu em Irkutsk*, e Alejandro Casona, de *As árvores morrem de pé*, que vi Praga, a Dourada, desaparecer com seus fantasmas de santos e profetas do Aleijadinho e, no aeroporto de Paris, disse mais uma vez meu adeus à Torre Eiffel. Havia brasileiros que entupiam o avião. Uns vinham de beber, comer, vestir-se e cometer gafes em Paris, outros vinham de um Congresso Internacional Comunista em Moscou, outros eram diplomatas, como Vasco Mariz. No avião, um ex-novamente amigo, Álvaro Lins, que, depois de sua experiência de embaixador, travara conhecimento ideológico com Marx, Engels e Lenin; Álvaro Lins, que asilara o general Humberto Delgado na embaixada brasileira em Lisboa, criara um entrevero transatlântico na diplomacia e na política luso-brasileira, e regressava em triunfo porque mandara às favas o amigo Juscelino e o inimigo Salazar. No avião, Vasco Mariz, nosso homem da FAO e da música em Roma, e autoridade cultural no Itamaraty, me perguntou:

— Você quer ser adido cultural em Paris?

Ora, não se recusa nada, tratando-se de Paris. Poderia eu ser o mais galardoado *petit Brésilien* depois que Offenbach o inventou? Quem seria o meu embaixador? — e isto é importante, porque um embaixador pode ser útil a um adido cultural, ou vice-versa... Aquilo me remexia por dentro como o ronco do avião. Nem senti que dentro da noite ele ia baixando, velejando as asas, piscando para a terra e por fim raspando as rodas no cimento. Aquela aterrissagem não estava prevista em Lisboa e já uma voz ao alto-falante avisava: havia um problema técnico qualquer, o avião teria de sofrer reparos, isto duraria umas oito horas. Oito horas no aeroporto de Sacavém, onde uma vez eu já tinha ficado engaiolado sob os olhos da Pide, a polícia política portuguesa. O alfo-falante do aeroporto anunciava que os passageiros da Panair seriam transportados para um hotel no centro da cidade. Álvaro Lins não era *persona grata* em Portugal, depois do alarido do caso Delgado; e eu, humildemente, também não seria, porque era o vice-presidente da Sociedade dos Amigos da Democracia Portuguesa, entidade fundada pelos brasileiros anti-salazaristas para dar assistência aos grandes portugueses que Portugal nos mandava de presente. Que maná para a Pide! Alertei os brasileiros; unanimemente afirmaram que, se qualquer um de nós fosse molestado, os outros abririam o bico... Não nos fizeram mal. Álvaro Lins recolheu-se ao quarto; fui passear com o médico Mauro Lins e Silva, que me apresentou aos monumentos lisboetas numa noite clara e fria, que eu bem desejara que fosse mais uma noite em Paris. Enfim, cheguei ao Rio com o zumbido da voz canora de Vasco Mariz a me seduzir como o Mefistófeles que ele canta tão bem. Em casa, já me sentia parisiense e involuntariamente respondia às perguntas em francês.

Logo que soube, passei um telegrama para o embaixador Antônio Mendes Vianna, que seria o meu embaixador em Paris: *Votre attaché très attaché.*

Como seria eu metamorfoseado em adido cultural? Desde logo, adotei proibições: nada de oferecer peças minhas, nada de tentar publicar livros meus, nada de afligir gente de teatro, jornalistas, leitores: o adido não deve ser mais do que um camelô de seu país. Fugir do papel do agente de si mesmo. Ajudar o compatriota, na música, na literatura, nas conferências, nos atos públicos, em tudo que significasse uma amostra do país. Fugir dessa praga que ataca o brasileiro quando se pilha em Paris, sobretudo o literatelho: a gafe, a violação das menores etiquetas que tornam a França um país de professores, de críticos, de gente que sabe julgar a mão que aperta, a boca que fala, a tolice que ouve. Pode brilhar com espírito à vontade, contanto que não tente suplantar o superior ou o pedante tabaréu pelo simples fato de ser senador ou pelo simples fato de estar em Paris. Em certa ocasião, o departamento de Cultura do Itamaraty me oficiou, e creio que a outros adidos, perguntando como deveria ser o adido ideal. Dei sinceramente minha opinião, desde logo afirmando: o adido não deveria ser um diplomata de carreira, porque este, além de afastado das atividades culturais e artísticas no Brasil, tenderia a cometer erros; e o principal desses erros seria orientar mal o próprio Itamaraty, e submeter-se a pistolões, conselhos, ordens de proteção e lançamento de autores e artistas que não mereciam tais amparos. Não adiantou nada: fui substituído por um acadêmico deseducado, Josué Montello; depois veio outro que nem mesmo sabia onde era a França e fazia coleção de garrafas de diversas marcas de uísque; outro que só freqüentava boates de brasileiros e outro que queria vender seus quadros e outro que sonhava editar seus livros usando as verbas oficiais. Foi assim que subitamente as livrarias de Paris se viram inundadas de livros de acadêmicos e outros, todos, parece, financiados por um fabricante de vinhos que, para abrir as portas do mercado brasileiro, chegou a criar um vinho chamado Sarney. Em todos esses casos, os adidos ou beneficiários de adidos surgiam em Paris, apresentados a escritores e intelectuais franceses. Estes procediam com o brasileiro da maneira mais cruelmente francesa: colocavam-no num círculo de franceses, a envolver o néscio patrício em perguntas e frases de irônica homenagem: *Je sais que vous êtes un auteur très estimé chez vous... Vous faites de la prose ou des vers?*, pergunta a ser dirigida a Monsieur Jourdain, *Acceptiez-vous un peu de glaçons dans votre vin?, Que pensez-vous de Foucault et de Sartre?...* E tome risadas e risinhos, piscares de olhos, admirações simuladas, e o pobre brasileiro a crer estar brilhando... Eu tratava de evitar essas ocasiões; mas não pude evitar estar presente quando a *Télévision française* entrevistou o jovem Edu Lobo e lhe indagou: *Que pensez-vous de la musique populaire française?* O intérprete traduziu para o entrevistado: "*Que é que você pensa da música popular francesa?*" E o Edu, no auge da sua superioridade, respondeu: "Muito chata!" Feita a tradução para o locutor, Edu estava em desgraça. Paulo Carneiro me ensinava:

— Ponha brasileiros conversando com brasileiros...!

Com isto evitava o pior estigma nacional: a gafe, com a qual o acadêmico acredita poder concorrer ao Prêmio Nobel e Dona Mariquinhas pensa lançar suas modas no salão. Por espantoso que pareça, um dos raros brasileiros que vi conversar correta e civilizadamente com franceses e francesas foi o marechal Castelo Branco: o seu sotaque, um tanto cearense, falava perfeitamente francês. Reuni alguns retratos de brasileiros na França, no meu romance *14 Rue de Tilsitt, Paris*. Para espanto meu, o livro não teve o esperado sucesso no Brasil. Erro: esqueci de traduzir certas frases ditas em francês. Cá entre nós: um dos maiores *gaffeurs* de minha temporada na França foi o embaixador Olavo Bilac Pinto, excelente homem se traduzindo em mineirês.

A MOÇA CAIU NO MAR

Remexo velhos papéis, cadernos de criança, cartas amareladas, e me convenço de que nada é tão útil e nada tão triste do que ter amigos mais velhos. O quanto nos ensinam e o quanto nos desamparam quando se vão... De minha coleção de amigos mais velhos — e não são poucos — detenho-me num desbotado retrato de um amigo em primeiro uniforme, dos criados nos primeiros anos da República. É um preto. De feições negróides, o quepe colocado sob o braço direito, a mão esquerda apoiada no copo da espada de oficial. Não sorria. Encarava o fotógrafo. E seu retrato me encarava.

Eu o conhecia de fama, antes de conhecê-lo pessoalmente, talvez porque o Exército o tivesse destinado a alguma zona de fronteira antes de chegar ao Rio, e já fosse o melhor companheiro de meu pai. Nascera em Rio Pardo, no Rio Grande do Sul, lá se fizera soldado, lá chegara a sargento, já trazendo consigo os primeiros traços ilustres de uma biografia jovem.

Era o que eu ouvia contar nas conversas de casa quando já me cabia algum entendimento ganho no lar e na escola. Chamava-se Palimércio de Rezende, mas nunca pude saber as origens do seu prenome que me soava como o Palinurus mitológico. Sei que, quando aluno da Escola Militar, numa aula do temido professor coronel Trompowsky, ousou interromper o mestre, levantando-se, pedindo licença e dizendo:

— Coronel, o senhor queira me desculpar mas naquele desenvolvimento de cálculo parece que há um engano.

O cálculo era uma diferencial desenvolvida no largo quadro negro, que se podia percorrer graças a uma escada móvel, para melhor desenrolar as igualdades. O coronel olhou para o aluno e lhe disse:

— Sente-se. Preto não reclama.

O aluno continuou calado todo o ano. À hora das provas o cadete aguardava sua vez. Chamado, pareceu-lhe que o coronel teria cochichado alguma zombaria aos outros componentes da banca examinadora.

— Cadete, qual o seu ponto?

— Preto não reclama. Preto não tem ponto.

A Bala Perdida

    Pela Escola inteira correu a notícia da resposta. A sala de exame se encheu. A questão dada obrigava o aluno a subir e descer rapidamente a escada, em igualdades furiosas, e umas duas horas depois saltou sem escrever os raciocínios finais, lançou o resultado do problema. E falou:
    — Acabou-se o giz e com ele a matéria.
    Estava famoso. Tio Paly, nós o chamávamos em casa, tocava piano, recitava clássicos. No meu primeiro ano de colégio, levava sobre colegas o luxo de aprender francês, graças a minha mãe, boa aluna no Colégio de Itu, e a uma professora, Madame Bozon, mãe de um tenente médico, tomada como professora e que tinha o seu próprio método didático: num sábado, levava-me à matinê do Cinema Fluminense para ver Tom Mix ou Buster Keaton; no sábado seguinte eu devia entregar-lhe uma redação sobre o filme do sábado anterior. O tio Paly me trouxe um precioso presente: um original francês do *Cyrano de Bergerac* de Rostand, e a respectiva tradução de Carlos Porto Carreiro:
    — Leia os dois livros ao mesmo tempo. Quando terminar terá recebido a melhor aula de tradução que lhe poderia ser dada.
    E assim foi daí por diante. História Universal eram os quatro volumes de Albert Mallet; a álgebra era a de Comberrousse, e depois a de Nievenglowsky; a História Natural era a de Pinzon; a Geografia vinha do Atlas de Vidal-Lablache; a tábua de logaritmos era a de Callet. E tio Paly me deu um amigo para toda a vida, seu filho Apolinário, que se formou em engenharia. Aos dezesseis anos, quando me levantei da mesa do Bar da Brahma para fumar, tio Paly explodiu para meu pai:
    — Oh, Figueiredo, você deixa o seu filho beber em sua presença, por que diabo tem ele de se levantar para fumar? Garçom, traga um charuto para esse jovem.
    Eu lhe levava livros para ler. Disse:
    — Não estou mais em idade de ler, mas de reler. Quando você reler Aristóteles vai apreciá-lo melhor.
    Tomou parte com meu pai na Revolução de 32; ao terminar a luta, exilou-se em Buenos Aires. O primeiro amigo que lá fez foi o dono de um restaurante, que o tomou por um saxofonista contratado em Cuba. Perdoada a gafe, o amigo o convidava para almoçar e jantar. Grátis, porque sabia que não existem (ou existiam) exilados prósperos. Os demais exilados brasileiros tio Paly os classificava a seu modo: um era um troglodita fugido do Museu Antropológico de La Plata: outro, pequeno mas longo de conversa, dizia que era um Binômio de Newton; de outro afirmava: "Ele sabe toda a ignorância de cor". De Miss Melissa Hull, mestra de inglês, especialista em Shakespeare, esguia solteirona, reta como um poste, disse que devia usar sempre um broche, para se saber onde era a frente.

De sua coletânea: "As melhores mulheres são as que sabem a hora de chegar e a hora de ir embora"; "As mulheres ou cozinham bem e fazem más sobremesas ou vice-versa"; "A musa do soneto de Anvers poderia ter simplificado muito as coisas"; "A grande vantagem de Shakespeare é que você pode atribuir a ele qualquer frase de espírito ou sem espírito"; " Um preto deve dizer logo uma palavra que o torne respeitável".

Quando lhe mostrei meus primeiros versos, rasgou-os: "Estão uma merda, mas continue". Quando Apolinário ia falar pelo telefone com a namorada, o que acontecia sempre depois do almoço, o pai murmurava:

— L'après-midi d'un phone...

Quando tomei algum gosto pela equitação, me preveniu: "Um cavalo é mais caro do que uma francesa".

Uma das minhas maiores tristezas é a de não ter apresentado tio Paly a Mario de Andrade: moravam na mesma Rua Santo Amaro, em apartamentos fronteiros. Gostava dos bailes do High Life. Num desses meus primeiros bailes, numa mesa do primeiro andar estavam sentados dois *clowns*, de carantonhas de papelão enterradas até o pescoço; um me acenou, aproximei-me, fez-me sentar, ergueu a máscara, era tio Paly; o outro se mantinha mascarado: era o amigo e adversário, coronel Góes Monteiro; só assim podiam encontrar-se ali; se descobrissem, seria um escândalo nacional.

Diabético. Quando me chamaram às pressas para vê-lo enfermo, já estava em coma. Sua mão, ainda quente.

No velório, no pequeno apartamento, o capitão Benedito Dutra conseguiu do chefe de polícia Felinto Muller uma permissão para ir buscar meu pai na Casa de Correção e dar adeus ao amigo. No meio do silêncio, meu pai pôs a mão em sua mão. Na sala entrou de repente o general Góes Monteiro, o companheiro que prometeu acompanhar-nos e acabou preferindo ser o comandante das tropas adversárias no Vale do Paraíba. Meu pai levantou-se discretamente e pediu ao capitão Dutra que o reconduzisse à Penitenciária. No próprio velório correram murmúrios de que meu pai se retirara como uma afronta ao general. Procurei Góes Monteiro, que se sentara à cabeceira do morto. Falei-lhe: "O coronel Figueiredo me encarregou de representá-lo". Góes abanou afirmativamente para mim sua cabeça triste, bovina. Tinha lágrimas nos olhos. De noite, ali perto, na Taberna da Glória, encontrei, como de costume, Mario de Andrade e lhe contei o acontecido. Mario também tinha lágrimas nos olhos.

Entre outros conselhos, Palimércio deu um fundamental: *De vez em quando é bom sacudir a árvore das amizades, para caírem as podres*.

Quando os escritores do Rio foram num trem leiteiro a São Paulo, para o Primeiro Congresso Brasileiro de Escritores, Mario de Andrade nos esperava na Estação da Luz. Dizia que sua mãe me convidara para hospedar-me em casa deles. Eu era o tesoureiro, tinha de estar ao lado do presidente Aníbal Machado. Entreguei a Mario o *Poema da moça caída no mar*, que depois Manuel Bandeira incluiu na sua *Antologia dos poetas bissextos*:

> *Mario de Andrade, depressa,*
> *A moça caiu no mar,*
> *A MOÇA CAIU NO MAR!*
> *Não estão ouvindo vocês?*
> *Vamos todos, vamos todos,*
> *Venha quem quer ajudar,*
> *Murilo, põe na vitrola*
> *Um concerto de Mozart!*
> *Sobral Pinto, mande cartas,*
> *Brigadeiro, desça do ar,*
> *General, chame os amigos*
> *Que a moça caiu no mar!*
> *A moça caiu no mar,*
> *Já sente gosto de sal.*
> *Seus cabelos estão frios,*
> *Chamai Tristão pra rezar.*
>
> *Vêm os peixes fluorescentes*
> *Comer-lhe os dedos da mão,*
> *Vem doutor Getúlio Vargas*
> *Devorar-lhe o coração:*
> *Vêm os peixinhos do DIP,*
> *Os peixes dos Institutos,*
> *Peixões da Coordenação,*
> *Chico Campos, Góes Monteiro*
> *Receitam Constituição*
> *De trinta e sete — não, não!*
> *Se ela não morre afogada*
> *Morrerá dessa poção.*
> *Marcondes Filho oferece*
> *Uma complementação.*
> *Ah, que vontade que eu sinto*
> *De dizer um palavrão!*
>
> *Amigos, por que esperais?*
> *A moça caiu no mar!*

Palimércio, Palimércio,
Traze a tua legião.
Ressuscita, Castro Alves,
Vejam todos quantos são,
João que chame Maria,
Maria, chame João
Venha o homem pequenino
Que mora numa prisão:
Venha também, meu irmão,
Meu pai, você nem precisa
Fazer mais revolução.

Chamem todos os meninos,
Homens, feras, militares,
Doutores, gênios, muares,
Professores, funcionários,
Sujeitos que não têm carne,
Mulheres que não têm pão,
Pretos, brancos e mulatos,
Venham todos, venham todos
Aqueles que têm razão,
Prostitutas, engraxates,
Estudantes, marinheiros,
Carpinteiros, fazendeiros,
Operários, bailarinas,
Donzelas, estivadores,
Pobres e ricos, pois não,
Vamos todos dar a mão
Que a moça caiu no mar!
Chiquinha, toque o abre-alas,
Que nós queremos passar:
Não posso esperar mais não,
A moça caiu no mar,
Ah, quem a pode salvar?
Santo Onofre, São João,
Venham todos ajudar,
Que a moça está se afogando,
A moça caiu no mar!

Mario guardou no bolso; no dia seguinte me disse:
— Gostei.

Na posse de Afonso Pena Júnior na Academia Brasileira de Letras, para surpresa maior, Tristão de Athayde recitou esse poema.

Antes da primeira reunião do Primeiro Congresso de Escritores, reunimo-nos numa chopada cívica — Genolino Amado, Galeão Coutinho, Di Cavalcanti (a quem fui apresentado na hora) — e lhes li o poema. Gostaram. Ou disseram que gostaram. A conversa fugiu da poesia, do Congresso, caiu na banalidade do anedotário, Di Cavalcanti se levantou:

— Vou ao telefone, chamar minha amiga Maria, portuguesa de zarzuelas, engraçadíssima, amiga do prefeito, vocês vão ver e ouvir...

Desapareceu, voltou logo depois e em poucos minutos ela chegava de volta e a conversa continuou, porque Di Cavalcanti e Galeão Coutinho eram íntimos da *prefeita*, que falava um português de palco lisboeta, gostoso...

— Maria, qual foi a melhor trepada que você já deu?

Eu nunca tinha ouvido uma pergunta destas dirigida a uma mulher; nem imaginava que pudessem fazê-la a uma senhora desconhecida dos demais presentes. A dama retrucou imediatamente, serenamente:

— Meninos, ouçam lá. Foi em Lisboa. Eu tinha ido visitar minha mãe, que morava num prédio de quatro andares, sem elevadores, com uma longa escada escura de dar medo. Fui subindo, e lá pelo segundo andar ouvi passos de um gajo que descia. Tive medo, esperei. Ele me atracou, me agarrou, deitou-me ao chão, e foi ali mesmo. Depois, levantou-se e se foi. Até hoje não sei quem seja.

Sempre me arrepiei com obscenidades e palavrões ditos por mulheres. Depois, houve um tempo em que era de bom tom deixar pingar um palavrão ou uma escabrosidade servida com a melhor doçura de voz. Quando vim de Paris em férias, anos depois, a moda estava no auge. E a moda era a peça *Navalha na carne*, que eu não tinha visto e fazia a delícia das conversas de salão. Numa recepção chique, fui acolhido com alegria: discutia-se o mérito do palavrão, Tônia Carrero liderava o grupo, e súbito me perguntou:

— Você é contra ou a favor do palavrão?

Respondi:

— Acho do c...

Escândalo. A palavra ainda não alcançara as glórias do lugar-comum. Depois, em minha casa, uma amiga levou uma intelectual farfalhante, que me perguntou, louca para ser notada:

— Na sua casa não se pode dizer palavrão?

— Penetra pode, respondi.

* * *

Eu tinha saudades do Colégio Militar. Fui transferido para o do Rio Grande do Sul, ganhei novos colegas, aprendi a amar o frio, a gostar de cavalos, embora o coronel Palimércio, que era de infantaria, me tivesse advertido: "um cavalo é mais caro do que uma francesa". Não as francesas, mas o custo dos arreios, me fez afastar-me, no Rio, do Tom Mix, e no Alegrete, do Dom Magriço. Com este descobri galopadas sem horizontes e sem destino, lambendo o vento da liberdade que nos envolve, o arranco de suas testas nobres, o rufar de suas patas sobre o qual se ouve música. O dono da *Gazeta do Alegrete*, Celestino Prunes, me publicou o primeiro soneto; e sua sobrinha, Lygia, filha do coronel-médico Manuel Fonseca, viria a ser na vida uma de minhas melhores amigas, linda, culta, alegre, minha aluna que poderia ter sido a maior atriz do teatro brasileiro se um guapo argentino, Norberto Ras, atleta, sociólogo, não a tivesse transformado na mãe das cinco filhas mais bonitas e do filho mais amigo que conheci. Alegrete deu-me contato com a língua castelhana, com o falar do gaúcho do pampa e portenho poético e inventivo. Meus treze anos no Alegrete, na Várzea de Porto Alegre, em Santana do Livramento, em Uruguaiana foram minha aventura de criança livre, de banhos no Rio Ibirapuitã, de churrascos nos Milanos, de tangos e rancheras, de mate amargo chupado da cuia e ouvindo *causos* de galpão, o rastreado do violão do Pinhão, a ingenuidade leve do piano do Manuelito Silvera, o resfolegar do bandoneón do Mário Herrera. E certas coragens inimagináveis: tomar banho frio de chuveiro às seis da manhã no inverno e correr à volta do pátio do Colégio para esquentar, e o primeiro cigarro de palha de milho e fumo de Cachoeira dado pelo Brandão. Para sair de tarde às quintas-feiras, inventei-me tocador de bombardino na banda de música; emprestava minha longa pelerine para quem quisesse colar com o livro escondido em suas dobras e enfrentava os tremendos carrapatos do alojamento. Um dos fregueses da minha pelerine era o Lutero Vargas.

* * *

Na confusão mental dos meus dez a treze anos, duas disciplinas se apossaram de mim: o catecismo cristão e a disciplina militar. Admitida sem cogitações a existência de Deus, necessidade para minha proteção, de meus pais, meus irmãos, meus amigos, não podia entender os inícios do aprendizado de matar, que é o adestramento físico e mental com essa única finalidade. Matar o próximo tornado inimigo por amor à minha pátria, criar dentro de mim uma concepção de pátria que envolve bravos e acanhados, opulentos e famintos, sãos e enfermos, e ao mesmo tempo salvar na minha compreensão infantil a justiça do pão, da saúde, da vida de cada um, tudo me baralhava a cabeça, que ora rolava em firmezas cruéis, ora se inundava de sentimentos generosos, impossíveis de pôr em ação. Pensei em ser padre quando li a história de Cláudio Lightfoot, que protegeu a hóstia da igreja, roubando-a do sacrário, e comendo-a para que os gatunos, assustados, fugissem sem levar as paramentas, os santos, os cálices. Cheguei a assinar provas com o nome de Cláudio Lightfoot, o menino americano santificado num romancezinho; cheguei a ofender-me quando colegas mais velhos faziam piadas em torno da religião. Mas invadia-me de vez em quando a piedade contra as injustiças de todas as horas, civis e militares. E, em torno desses sentimentos, como um perfume indefinível, constante e cada vez mais intenso, um amor por jovens personagens de romances, de Alencar, de Machado de Assis, das piegas donas da ficção romântica brasileira, até que me assaltaram, pouco a pouco, senhoras mais bem desenhadas, mais argutas, mais sumarentas, a Luiza do *Primo Basílio*, a Maria Eduarda de *Os Maias,* e pouco a pouco — por que não? — as deusas perigosas de Flaubert, de Maupassant, de Zola, a *Sapho* de Alphonse Daudet, que lhe dedicou *à mes fils, quand ils auront vingt ans*. Daí por diante, numa precocidade amorosa de sonho lúbrico e carnavalesco, me perdi entre os vultos de Milady, da mulher de trinta anos, no odor imaginário de *L'assomoir*. A minha vida onírica era quase um paraíso, a minha vida em vigília andava em discretos faros caninos, e num terrível sofrimento da presença do Pecado. A meu lado um senhor coxo, bigodudo e corrupto me repetia constantemente a pergunta que Teodorico ouvia: "Então, Teodorico, vais tocar a campainha?", e eu rezava para afugentá-lo.

Afugentando-o, mergulhando em mitologia grega, parti para a Revolução de 1932, onde as primeiras aulas de Direito me asseguravam uma dolorosa decência, e de onde regressei virgem, de barba espinhenta no rosto, um revólver macho à cinta, a idéia de ter matado alguém, a tristeza de uma revolução perdida e o dever de lutar por seus princípios. E o firme desejo de alcançar uma namorada, uma só, primeira e única, para com ela casar-me e ser um escritor sem aventuras, ou seja, uma só: a de ganhar o pão de cada dia. Aprendi que amar é não fazer outra coisa senão amar. Éramos muitos em casa: minha mãe, tornada viúva por ser mulher de condenado, ganhava um escasso montepio; minha irmã, que o Instituto Lafayette aceitara como aluna gratuita; meus irmãos, no Colégio Militar como alunos órfãos, e um no Colégio São José, por benemerência dos padres. Mas quem daria ganha-pão a um inimigo da ditadura? Encontrei na Biblioteca do Ministério das Relações Exteriores um bibliotecário, o diplomata Manuel Moreira de Barros, que me contratou por trezentos mil réis mensais para traduzir o livro de Mário de Lima Barbosa, também diplomata, *Les français dans l'histoire du Brésil*. Todos os dias, depois das aulas matinais, para lá ia, e retomava a escrita em papel almaço até as cinco da tarde. O pagamento demorava, era incerto: só ao fim da tarefa vim a saber que o Itamaraty não me contratara para coisa alguma, e eram jovens diplomatas admiradores de meu pai que se cotizaram para me dar um trabalho: Manuel Moreira de Barros, Antônio Mendes Vianna (que mais tarde seria meu embaixador em Paris), e outros dois que faço a injustiça de esquecer. Sustentaram-me, convidaram à tarde para a indefectível empadinha no balcão da Casa Colombo, e só me dispensaram quando meu pai, de volta do exílio em Buenos Aires, me conseguiu com Geraldo Rocha um lugar de *foca* no jornal *A Nota*, por ele fundado. Ali fiz amizades preciosas: o secretário-poeta Leal de Souza, que me deixava rimar de vez em quando na coluna das *Sociais*, o veterano jornalista Aníbal Fernandes, que me corrigia os versos, e o jovem redator Antônio Vieira de Melo. Quem diria que eu, quando reitor da Universidade do Rio de Janeiro, meio século depois, viria a adquirir da viúva de Vieira de Melo, para a Universidade, a preciosa coleção shakespeareana, a melhor do Brasil, que até hoje lá está? E lá está (cá para nós) para que algum dos seus seiscentos volumes seja folheado com ar de quem sabe inglês. Devo dizer que, como universitário, me habituei a ir às tardes e noites à Biblioteca Nacional, onde encontrei os livros de Direito citados pelos professores. Ali trocávamos tolices sobre política e sociologia mal mastigadas; e Hugo, e Baudelaire, e Rimbaud, e surgiu Jacinto Aben Attar Netto, leitor de Spengler, Mussolini e Hitler, me fez conhecer autores latinos-americanos, Sarmiento, Rodó, Ricardo Rojas, um *puchero* de pensamentos que me tornavam pedante. Grande, admirável Biblioteca, então aberta até as dez da noite e permitindo guardar separados os volumes para continuação da leitura no dia seguinte... Se os governos sucessivos do Brasil soubessem os méritos da Biblioteca Nacional e de suas obras compartilhassem, estou certo, nossos homens públicos e nossos professores seriam de melhor qualidade. Quando passo pelo belo edifício rendo minhas homenagens ao Regente Dom João, que a trouxe de Portugal, e a mim mesmo afirmo que esse primeiro rei foi um grande rei... que no entanto pôs sentinelas contra a leitura de Voltaire, Rousseau e os Iluministas.

* * *

Apesar da disciplina rígida, apesar de uma certa violência ou rigor da vida militar implantada em crianças de dez a doze anos, sentia-se logo nos novatos um orgulho de pertencer *àquele* colégio; a tomar conta da criança como se fosse uma brincadeira, que primeiro assiste de fora, depois dela participa. Pouco a pouco a gesticulação, até a maneira de falar tomam conta do iniciado; a obediência começa a dar um certo prazer de obedecer, que se transforma, vida afora, numa perigosa volúpia de ser obedecido. Dir-se-ia que uma pirâmide de comportamentos se ergue, dos dez anos de idade em diante, e os *dos e don'ts* constroem uma segunda natureza, cujo nome genérico é *Estado*. Uma ditadura, como uma democracia, se constrói com esses componentes do Estado; e, de acordo com que leis o descrevam e *constituam*, essa pirâmide pode erguer-se em ditadura ou democracia, porque cada célula humana está pronta para exercer o seu papel na sociedade. Amolda-se o contrato social, o contratante nem percebe ao longo dos anos; assinou um documento que o retrata. Vendeu seu livro artístico.

Será assim? O que descrevo aqui é também, claro, conseqüência de minha moldagem. Mas, no meu caso, já veio de antes, do ensino público, isto é, comandado pelo próprio Estado desde o dia em que balbuciei a primeira página da cartilha e tive a alegria de participar do uso do quadro negro, da marcha em ordem unida, de ir crescendo em mim a outra vida a me arrastar a participar do contrato. No Colégio Militar, os meninos de dez anos já vêm com um início dessa vida vivente. Nas escolas, colégios, liceus particulares, administrados por outros indivíduos de outra formação, as organizações confessionais, religiosas, étnicas, postas de diferentes panoramas especiais, à chegada ao curso secundário (como se dizia no meu tempo) na segunda série, os neófitos vinham com um mínimo de conhecimento e um máximo de desconhecimento, heranças das condições de vida razoável ou de miséria. Posso afirmar com segurança: as crianças do curso primário, aos sete anos de idade, em seis meses de aula sabem mais que seus pais; sabem ler ou ao menos soletrar, sabem noções de higiene, sabem o nome e o gosto do que mastigam, sabem da urgência da água para o corpo e da limpeza da alma para a sobrevivência. Os pais nada sabem disto, são analfabetos por culpa de meio milênio de civilização miserável, de subnutrição, de trabalho escravo, de crendices. São animais domésticos mais mal educados do que qualquer animal doméstico; são primatas domesticados por primatas que só sabem ensinar-lhes a aprender para comer. Jean-Jacques Rousseau, que jamais pensou nos descobrimentos conseqüentes das navegações, no entanto afirmou: o cidadão de posses está trinta anos à frente do pobre; faltou-lhe a submissão ao "contrato social" feito entre o homem animal e o animal homem. Aos dez anos de idade eu sentia essa incômoda defasagem entre a desgraça do menino pobre e a felicidade do menino rico. Desde muito cedo acreditei que as escolas devem ser públicas, gratuitas, obrigatórias: o exército não conseguiu fardar-me de modo *uniforme* dentro de mim mesmo. Há um instante na vida em que eu me freqüentei; e me freqüento; por isso sempre amei a espécie de solidão que nos leva a buscar a companhia da obra de arte. Toda arte precisa dessa solidão. O resultado dela é aquilo que o homem cultivado usa para evitar pior solidão e para convidar o próximo à arte.

Minha vida foi sempre, assusto-me em dizê-lo, povoada de instantes de solidão, mal ou bem utilizados para povoar o vácuo da solidão do meu semelhante. Não fui previsor de nada, fui presente ao passado e por isso conto as minhas memórias, e nelas falo das pessoas que as povoaram, sombras como um desfile de burgueses de Calais, fantasmas que se arrastaram com suas dádivas de mãos, de vozes, de perfumes aspirados na selva da vida, de beijos que eu, burro, não soube degustar. É óbvio, este desfile abreviado em linhas se desdobrará em capítulos ou histórias, na sombria galeria por onde caminho já trôpego.

* * *

O lado campineiro da família, lado de minha mãe, forneceu-me parentes divertidos: o tio Bento, solteirão, tenor de ópera e canções napolitanas, bom no pôquer do clube campineiro, e que um dia fuzilou um galo perdedor na rinha; o tio Totó, Antônio Pompeu de Camargo, o Tosão de Ouro, que pagou de uma vez só seis anos de despesas no comércio da cidade, e chegou ao lar, de mãos vazias, dizendo a minha tia:

— Paguei tudo que devíamos, podemos começar tudo outra vez.

E tio Augusto, de quem guardo a melhor lembrança: veio de Campinas de trem ao Rio para ver Friedenreich jogar, no campo do Fluminense, e levou pela mão o sobrinho de sete anos de idade; tia Lavínia, sua mulher, irmã de minha mãe, tinha a doçura das esposas de pândegos.

O pessoal do Rio possuía uma janela célebre, à Rua São Clemente, residência do cunhado de meu pai, marechal Luiz Antônio de Medeiros. Dali assisti ao enterro de Rui Barbosa, levado ao espetáculo para enfibrar o ardor civilista dos meus oito anos. O tio Bijuca, casado com a pianista amadora tia Alzira, tijucano festeiro, morava numa casa onde, no quintal, num viveiro alto como a jaqueira e a mangueira que o adornavam, coabitavam centenas de pássaros; ali aprendi a gostar de passarinhos, como minha tia me ensinou a dançar samba e ouvir o genro, Adamor, tocar sua bisada *zamacueca* ao violoncelo; o primo Luizinho (o Magro, para não confundir com outro, o Gordo) me ensinou o mistério dos selos, me ajudou a fazer uma boa coleção de olhos-de-boi e olhos-de-cabra, que vendi aos dezessete anos para levar a namorada Alba ao cinema, loucura que repeti pondo no prego o relógio de ouro de meu pai preso para levar a noiva Alba a aplaudir Toscanini. Tia Edith, irmã de meu pai, casada com tio Mário, contabilista das Docas de Santos, e seu filho único, Estácio, juntavam-me à família enquanto os meus moravam no Alegrete. Levavam-me a sessões de cinema mudo no recém-inaugurado Odeon; na estréia de *O fantasma da ópera*, de Lon Chaney, o monstro derrubava o enorme candelabro da ópera de Paris sobre os elegantes espectadores apavorados, e isto recheado de música tremenda, tocada pela primeira vez ao vivo por uma orquestra inteira num cinema mudo; nunca o trecho me saiu dos ouvidos, toda vez que a vida me atacava com alguma coisa apavorante; depois vim a descobrir: a música sinistra era do baile da ópera *Il ballo in maschera* de Verdi. Com Estácio, em casa dos Leão de Aquino, ouvia os cantores italianos das temporadas do Teatro Municipal desfilar árias e árias, canções e canções, enquanto eu esperava nossa hora de todos sitiarem a famosa mesa de salgados e docinhos, empadas e olhos-de-sogra, porque a família, os Figueiredos, os Medeiros, os Monteiros eram bons de quitutes, de fazer e devorar. Quando, anos depois da infância, tive de tirar uma radiografia no doutor Rosa e Silva, ele olhou para o meu nome na ficha de consultório e me falou:

— Figueiredo? Parente dos Medeiros? Morrem todos pela boca.

Um dos primos, Miguel, tornou-se o Magnífico "por sua culinária".

Dos Medeiros havia o pagé, marechal, que conservava suíças prussianas; tinha cinco filhos: Eulina, única moça, o caçula Luiz, mais Flávio e Octavio, que chegaram a almirantes, e Alcides, vasto engenheiro, portador de um enorme relógio Patek de bolso colocado no pulso, que suava num capacete de cortiça gênero explorador da África. Seus filhos com a simpática tia Ritinha eram o Luiz Antônio, oficial de Marinha, que meteu um monóculo num olho, só para deixar cair o vidro e espatifar no mármore do Palácio das Necessidades para impressionar o presidente Carmona; Jorge, que partiu a trabalhar em São Paulo; Emília, opulenta beleza dos salões, e Cléa, tão linda que, ao dançar comigo num baile do Clube Militar, um colega mais velho, já cadete da Escola, Fernando Bethlem, me deteve pelo braço:

— Esta moça é sua namorada?

— É minha prima, respondi com orgulho de calouro.

— Pois apresente-me. Vou me casar com ela.

E foi assim que minha prima chegou a generala e embaixatriz no Paraguai. Nunca a família teve criatura mais linda.

Seu irmão mais jovem, Alcides, Cidoca, era o mais divertido, com seus casos de médico ortopedista, especialidade em que o lado trágico quase sempre se alia ao cômico.

O pai Alcides, nos dias de festa dessa família festeira, inventou um processo especial para afastar as crianças dos adultos que conversavam entre si: a habilidade no manejo de coisas de carpintaria e prendas artesanais o levava, na sua oficina caseira de *do it yourself*, a fabricar enormes papagaios de papel, mais altos que qualquer um dos meninos; e, ao chegarmos para a reunião, turbulentos e vorazes, éramos amarrados cada um ao cordão de um papagaio, que se soltava no ar; eram seis a dez papagaios voando, coloridos, soprados por um vento vigoroso; e nós, presos pela cintura a cada um deles, estávamos atados até o momento voraz dos quindins e dos bons-bocados de tia Ritinha. E do exímio primo Miguel, que se tornava o Magnífico.

Uma irmã de meu pai, Emerenciana, tia Emerência, tia Lindinha, era a mãe do Luizinho, o Gordo, capaz de comer uma lata de goiabada e um quilo de queijo de Minas, ou uma edição de empadas e mães-bentas se chegasse a tempo. E o mano Fernando, enfeiado por uma corcunda de Rigoletto, foi trabalhar no Recife, para lá levou a mãe, e ambos morreram sem que tivéssemos notícias. Havia o primo Moacir, especialista em vender cacarecos aqui e ali; acabou usando o nome do meu pai para levantar dinheiro num banco paulista, juntamente com um coronel Torres Homem, e a falar tatibitate para tomar dinheiro, dizendo: "É para combater os comunistas".

Uma filha de tia Emerência casou-se com o meu futuro padrinho de casamento, Renato Campos, escrivão de um cartório forense. Cultivador de quadrinhas, trocava-as com o poeta, também quadrinheiro jurídico, Adelmar Tavares. Renato conhecia dos presidentes de tribunais aos contínuos no palácio de justiça, e mais os desembargadores, promotores, juízes, advogados, oficiais de justiça, fauna com inatos e inabdicáveis pendores literários. Todos eram, e devem ser até hoje, escritores especializados, romancistas, poetas. O foro é um Parnaso mais de Morfeus que de Orfeus, com obras prontas, no prelo, no bolso, todos autores de volumes carregados de proparoxítonos jurídicos, de sonetos com catorze muletas. E às vezes de obras de apreciável ou perdoável leitura. Renato Campos, além de três belas filhas e um filho bom no violão e no samba, compositor furtado pelos colegas da época inaugural do rádio, acabou contabilista, acertou na loteria, fez voto de celibatário para não desperdiçar amores, contador de anedotas e autor de pequenas jóias que cantava para Noel Rosa, Almirante, Jaime de Brito. Fazíamos serenatas tijucanas. Fazíamos sessões de samba com as primas Zenith, Gilda, Regina e o primo Renato, na ilha de Paquetá, ao lado da casa da Moreninha, frente a uma praia que ainda não era navegada por latas de sardinha, copos descartáveis e coliformes turísticos. Ah, o *Luar de Paquetá* existia mesmo, e nós urrávamos como um bando de gralhas, quase sempre afinadas, chorosas, a prima Regina atacando um bom piano, Eurico exigindo silêncio para um novo samba, em que chorava: "Quero morrer no Carnaval, na Avenida Central"; eu ousava um tango aprendido em Buenos

Aires ao visitar meu pai no exílio. De meus parentes eram os mais queridos, e devo dizer queridos porque Renato visitava meu pai na Casa de Correção, levava e trazia recados, me punha a trabalhar como estagiário no Escritório Gomes de Matos. Não tinha medo de denúncias. Tinha a serena e rara coragem da amizade. Seus discos de música eram dos melhores. A esposa, a prima Nair, contava que meu pai lhe dera lições, quando menina. Renato Campos, que convidei para meu padrinho de casamento, me ensinou a sua fórmula de agradecimento ao receber os livros da usina forense de literatura: "Fulano (ponto de exclamação)! Recebi seu livro (ponto de exclamação)! Obrigado (ponto de exclamação)! De você não esperava outra coisa (ponto de exclamação)! Sinceramente seu Renato Campos." Costumava sentar-se diante de sua escrivaninha no fundo da sala, voltada para a porta, inclinado sobre os dois cotovelos abertos, despachando processos e ouvindo algum interlocutor ao lado, vigiando a entrada. Quando eu passava no corredor, arregalava os olhos papudos para me atrair; mas se na cadeira ao lado achava-se um maçante, me dava um sinal com a pena, para me afugentar, rápido, ou então sacudia a mão com aflição e urgência, e dizia ao peroba:

— O senhor me desculpe, tenho que dar um recado urgente àquele senhor!

Quase o jogava pela janela, por mais ilustre que fosse o doutor.

E, evacuada a área, começava a desfiar o seu repertório cotidiano de tolice humana. Renato Campos foi o verdadeiro autor do meu *Tratado geral dos chatos*. Depois de sua morte, as reedições não têm a mesma graça. Deixou-me uma quadra:

> *A desgraça do pau verde*
> *É ter o pau seco ao lado:*
> *Vem o fogo, queima o seco,*
> *Fica o verde sapecado.*

* * *

Súbito, acabara-se a minha aventura gaúcha, o Colégio Militar gelado, divertido, onde eu era o Carioca, mas um carioca desejoso de apreciar uma vida mais aventurosa, a vida dos campos do Alegrete, dos passeios dos sábados na Rua da Praia, dos recreios de violão, bandoneón e piano, que me inocularam a música das estâncias e das fronteiras. Deitei um soneto na revista *Hyloea*, órgão oficial dos alunos; meu irmão João, no primeiro ano, iniciava a sua gauchização; eu, nas margens do Ibirapuitã, os banhos de rio a cavalo, as disparadas com um cão belga batizado de Brutus, os bailes. No

Colégio, quando chovia e o frio soprava intenso, não havia futebol na Várzea: recreios, nas salas de aula. Num deles inventei uma *Ceia dos cardeais*, paródia de Júlio Dantas, conversa de rancho entre três alunos; os alunos eram os cardeais por causa das gola vermelha na túnica cáqui. Fui mais além: uma paródia das *Máscaras* de Menotti del Picchia, um exercício de confissões amorosas e escatológicas. O poeta primava no diálogo entre Pierrot e Arlequim, no poema que se situava entre Júlio Dantas e Rostand na paixão por Colombina:

PIERROT
    Falaste-lhe?

ARLEQUIM
    Falei.

PIERROT
    E a voz?

ARLEQUIM
    Vaga e fugace...
    Tinha a voz de uma flor se acaso a flor falasse...

A fluida confissão de Arlequim a Pierrot ficou assim:

PIERROT
    Comeste-a?

ARLEQUIM
    Comi.

PIERROT
    E o cu?

ARLEQUIM
    Vago e fugace...
    Tinha o cu de uma flor se acaso a flor peidasse.

* * *

Acompanhando o ministro da Guerra, marechal Setembrino de Carvalho, ao Rio Grande do Sul, quando tentou a pacificação do Estado e a aproximação entre o presidente Borges de Medeiros e o doutor Assis Brasil, isto é, a pacificação entre chimangos e maragatos, coube a meu pai uma intervenção decisiva na "guerra" gaúcha; já decidida a impossibilidade de pacificação, meu pai tomou uma iniciativa: procurou cada um dos chefes e convenceu-os a um cessar-fogo que passou a se chamar Tratado de Pedras Altas. Meu pai tinha antes apaziguado a Escola Militar do Realengo, porque ali fora um instrutor querido e respeitado. Isto lhe valeu um lugar no gabinete do ministro e, para a família, uma mudança para a Vila Souza Cabral, fronteira ao 1º Regimento de Cavalaria; e dali para a Rua Valparaíso, o que facilitaria meu trajeto diário de aluno do Colégio Militar. Na pequena casa da vila nasceram meus irmãos Maria Luiza (Doliza) e João, e numa casa pequena da Avenida Pedro Ivo, perto da Rua Figueira de Melo, meu irmão Euclides. A família aumentava, as condições de vida melhoravam com modéstia. Meu pai ganhou um ordenança, o cearense Rômulo de Barros, cujas histórias das gentes do estado natal me fizeram conhecedor de coisas hilariantes do folclore do Ceará. Depois veio a vez de outro cearense, Gonçalo Corrêa; e mais tarde o gaúcho Camerino. Esses soldados se tornaram agregados à família, acompanhando-a com dedicação de verdadeira amizade. Rômulo, tendo deixado a tropa, tornou-se pintor operário da organização Behring; Gonçalo, nordestino alourado, baixo e forte, de risos claros e altos, sempre alegre e prestativo, preferiu acompanhar a família que se transferia para a cidade de Alegrete, meu jardim e quintal de criança. Os gaúchos do Alegrete não gostavam dos nordestinos, aos quais chamavam, em ampla generalização, de "baianos", talvez pela presença destes nos entreveros locais, herança datada da época das lutas pela Província Cisplatina... Gonçalo foi o alvo dessa desavença: era uma constante zombaria em torno de seus fracos talentos hípicos, seu desdém pelos jogos nos terreiros das estâncias, o horror ao chimarrão. Gonçalo, solteiro, decidiu morar num barraco nos arredores da cidade, perto do regimento onde servia meu pai. E à noite sua casa sofria: cercavam-na desafios de luta, gritos de provocação, gargalhadas de dúvida da bravura "baiana".

Um dia os "guascas" do regimento lhe trouxeram um cavalo chucro, a empinar na ponta da guia:

— Chê, baiano, vamos ver se tu és homem; vamos ver se domas esse pingo brabo!

Gonçalo só, cercado pelos desafiantes, prontos para as puteadas que gostavam de fazer.

— Vamos, baiano, queremos ver se tu és homem: dome o pingo!

O alazão escabriava, esticava-se, corcoveava, escoiceava na ponta da guia. À aproximação de Gonçalo, o matungo dobrou de ferocidade. Gonçalo postou-se diante do animal até sentir-lhe o sopro furioso das narinas. A gauchada ria; um deles trouxera uma sela e os cabrestos, como a esperar e ver se Gonçalo se atrevia a selar e encabrestar o garanhão. Gonçalo aproximou-se da fera, ergueu o braço, desfechou um tamanho murro na testa do matungo que o bicho se dobrou e desabou no chão. A platéia já não ria. Gonçalo selou e encabrestou o animal desmaiado. O bicho, tonto, se recuperava, até se erguer nas quatro patas; imediatamente Gonçalo saltou em cima da sela, tomou os freios nas mãos, esporeou o pingo que nem podia caminhar. Gonçalo apeou, estendeu as rédeas a um dos desafiantes:

— Agora tu pode montar. Tá manso.

Desde esse momento Gonçalo deixou de ser completamente baiano. Já o consideravam quase um conterrâneo. Mas outros entenderam de continuar o desafio: cercaram o barracão de Gonçalo e lhe deram alguns tiros de provocação. Gonçalo, no escuro, enquanto atiravam, subiu pelos paus que sustentavam o telhado de sapé; e de cima saltou sobre um dos adversários, derrubou-o, tomou-lhe a arma.

— Corre, fio duma égua!

E passou a ser gaúcho. Alfabetizou-se no regimento, arranjou namorada, uma professora, casou-se, lá se deixou ficar no Alegrete, cearense cercado de boas gargalhadas. Veio a revolução de 30, Gonçalo deixou o quartel, tendo antes o cuidado de entregar o cavalo de meu pai e o meu cavalinho, o camoneano Dom Magriço, aos cuidados do colega Camerino. Decidiu mudar-se para Campinas, para ficar perto dos nossos parentes, aos quais se afeiçoara. Passaram-se anos, veio a guerra, Gonçalo me escreveu: convidava-me e à minha irmã para sermos padrinhos do caçula recém-nascido. Trouxe ao Rio toda a família, já de data marcada com monsenhor MacDowell, da Igreja de São Francisco, para o batismo. Era bonito o gesto de Gonçalo de dar a batizar um filho ao filho de um prisioneiro, considerado o inimigo número um do "estado novo". Minha irmã carregava o pequenote; todos nos cercavam e nos colocamos ao redor da pia batismal. O padre perguntou:

— Como é o nome da criança?

Todos nos olhamos. Tínhamos esquecido de perguntar esse pormenor essencial. Gonçalo bradou, fixando o padre:

— Hitler!

Espanto geral. No meio do espanto gritei para o padre:

— Ítalo!

E ficou Ítalo, hoje cidadão campineiro e advogado. Quanto ao Gonçalo, ao sairmos da igreja me explicou:

— Eu queria Hitler porque esse Hitler é quem vai derrubar esse Getúlio, gaúcho de merda!

A Bala Perdida

* * *

De volta ao Rio, perdidas as galopadas nos campos do Alegrete, perdidos os cavalos requisitados pelos revolucionários de 30, os bailes dos clubes, os churrascos na estância dos Dornelles, os banhos de mar e as pescarias no Ibirapuitã que cercava os Milanos, o meu cão Brutus, belga negro atilado e festivo, os cardeais nas gaiolas, as melancias comidas em enormes talhadas à beira dos moirões, o céu azul do Alegrete como símbolo da liberdade, o sorriso das gauchinhas de voz alta e riso escondido, perdi minha infância da amplidão dos pampas. No Colégio Militar do Rio de Janeiro, éramos sete "paisanos" com certos privilégios que não tinham os trezentos alunos partidos para a Escola Militar com seus novos uniformes azul-dourados; perdi um contentamento de vida. Fizeram-me comandante-aluno por gentileza dos colegas de meu pai. Ganhei o direito de não entrar em forma, de usar botas do Mallerme, de receber continências. Ganhei um corneteiro, que me obedecia: "Corneteiro, toque reunir! Corneteiro, toque sentido! Corneteiro, toque ordinário, marche!" E aí minha voz de comando comandava a banda de música. Não, a prisão de meu pai desiludira-me de tudo, queria ser civil, fazia versos. Mas às quintas-feiras era tarde de visita para os alunos internos: havia mais futebol, mais carniça, mais escaladas ocultas nas pedras da Babilônia, para fugir até a rua, e havia os cigarros mercadejados a um por tostão para fumar nas latrinas. Só às quintas-feiras me sentia feliz, à hora das visitas aos internos, quando, entre famílias a subir a alameda de coqueiros do Colégio, um táxi também subia, parava a um canto e dele saltava a irmã do corneteiro. Devia ter menos de vinte anos, era o sonho geral. Cessava o futebol, cessavam as carniças. E eram uns quatrocentos olhos para a menina, que além de tudo trazia balas e biscoitos para o irmão. Ah, inveja! Naquele instante eu não podia dar ordens ao meu felizardo corneteiro, que a irmã beijava com lábios suculentos. Todos nos sentíamos frustradamente beijados. Os oitis do recreio respiravam desejo. Ela era artista de teatro, colhia aplausos na Praça Tiradentes, tinha retratos nos jornais. Nós a amávamos como crianças amam um doce na vitrina. Meu pai tinha inventado para o Primeiro Regimento de Cavalaria, que comandava, a reprodução do uniforme de gala dos Dragões da Independência, guarda imperial por ocasião do Grito do Ipiranga; a banda de música ostentava o guapo uniforme; e meu pai a cedia, com clarins e penachos, para a apoteose final das revistas do Teatro Recreio e Teatro Carlos Gomes; e por isso ganhava um camarote, para as matinês de domingo. Era a apoteose da irmã do corneteiro. Depois das chulices da comicidade e dos sambas enrolados da mulata e do português, o quadro final estendia-se numa escadaria de cima abaixo do palco. Nela, dos dois lados, em ala, as beldades com seus *maillots* e suas coxas promissoras. Traziam faixas a tiracolo, cada qual com os dizeres que simbolizavam: a *Glória,* a *Democracia,* a *Ordem,* o *Progresso* (que também era feminino), a *Independência,* todas as aspirações nacionais a atirar beijos à platéia; e, no alto da escada, para descer olhando o público e confeteando-o de beijos, a irmã do corneteiro, paixão da platéia e dos meninos do Colégio, que com ela sonhávamos pecados à noite, no alojamento; risonha, dadivosa, padrão de aspirações gerais, a *Pátria.* Soavam clarins, desabavam serpentinas, cintilavam confetes, e ela, a *Pátria,* nossa amada, graças à sua inatingível beleza me fez patriota, chamava-se Olga Navarro. Não é, corneteiro Mário Saladini, que nós amávamos a sua irmã dando-te biscoitos e balas no recreio, e lançando beijos do mais puro civismo a todos os corações! E eu recitava baixinho, como uma reza: *Pátria, latejo em ti, no teu lenho, por onde circulo.* Em ti, Pátria inatingível, meu primeiro frêmito de civismo e pecado...

Anos depois, quando a Câmara dos Vereadores concedeu o título de Cidadão Carioca a um grupo de escritores — Barbosa Lima Sobrinho, Francisco de Assis Barbosa, Marcos Almir Madeira e este seu carioca — tocava a cada um dizer, da tribuna, as possíveis razões pelas quais julgavam merecer a homenagem. Chegada a minha vez, contei essa minha história, omitindo os nomes. Quando falei da bela atriz que inspirara meus ardores patrióticos, fiz uma pausa, voltei-me para o presidente da assembléia, o corneteiro Mário Saladini, e lhe confessei e a todos. "Era a irmã de Vossa Excelência". E nos olhamos com profunda amizade.

* * *

Não sei se memórias devem contar amores. O leitor gosta dessas indiscrições, mas amores em geral se partem ao menos por dois amorosos, e não será justo dizer deles a metade que não nos cabe. Retribuído ou desprezado, meu amor é meu, a minha parte, e nem sempre deve levantar o véu a esconder o objeto do sentimento enxovalhado ou da bela que até o ignorou ou o ignore. Por isso, o mínimo de amores no confessionário, onde nos fica sempre a pergunta: "Que entendem de tais coisas esses senhores, que em nome de Deus nos cobram dízimos a nos assegurar a absolvição e o céu?" Lá está no *Don Giovanni* de Molière: *Sur cettes affaires toujours le meilleur est de ne rien dire.*

Ah, mas o devaneio dos amores passados, mortos ou ainda vivos, brasas dormidas ainda a queimar nossos pés, fumos que ardem ainda nos olhos... Leitor, não volte os olhos atrás! A mulher do passado é sempre a mulher de Lot, estátua salgada ou insossa, assustadora, a nos levar à pergunta: "Você era aquela?" Olhe os versos que lhe fizemos, as asneiras que a vida nos obrigou a praticar por ela, aquelas rugas, aquelas nádegas, os frutos pecos dos seios, os calcanhares cambaios nos sapatos... Não a olhe nunca, é *miseria* sobre *il tempo felice*. A Musa desgrenhada, a dentadura silvante, os restos de carnes oscilantes... Derreteram-se os sóis, as primaveras, as neves d'antanho... Tome a bengala, vá para o seu banco da praça, olhe a fauna humana, carneirada de um mesmo caminho, e chore, chore sozinho, recupere-se, levante-se, a bala perdida deve estar ao redor.

Meu primeiro amor foram dois, Zulmira e Francisca. Para os meus sete anos, eram lindas, sorriam lindo, me tomavam minha mão com o lápis. A Escola Nilo Peçanha, templo onde me comandavam duas professorinhas irmãs, de dezenove e vinte anos, cujas presenças eu saboreava porque falavam com a alegria de ensinar, a mim e aos outros, meninos e meninas, brancos, negros e pardos, e sabiam distribuir-se por todos nós. A diretora, Alice Demillecamps, tinha os cabelos brancos como os de minha avó Quequena; a inspetora, Dona Virgínia, usava uma voz de comando estridente, a nos atingir, um a um, disparar de setas:

— Silêncio!

E nosso inquieto gorgulhar de palavras e risos sumia-se. E dois a dois cruzávamos o pátio de recreio, íamos para as nossas carteiras.

Escrevo hoje, trêmulo:

Na sandália de pobre, a boca pura,
No teu dedo de giz até sabê-lo,
No teu sopro de luz na alma insegura,
Em tua mão mexendo o meu cabelo,

No teu hino à sacada do meu ninho,
Teu vôo a tatalar na sala fria,
O teu riso de mãe e passarinho,
Teu gosto de merenda e Ave Maria.

Teu estalar de palma compassada
Nos recreios repletos de esperança,
Na tua trança ao vento esperdiçada.
Eu, criança, te fiz minha criança.

Me deslumbrei de ti, concha de sonho.
E te galguei teu gesto de pintura,
Desabrochei-te em Vênus no bisonho
Caderno de rabisco e travessura.

Crestaste, flor, minha infância florida...
Por que não me encontraste em meu ciúme?
Nem soubeste se eu te chamei querida,
Por que, minha andorinha e vagalume?

Por que asas de adeus te foste embora,
Por que nunca esperaste o teu menino
Trôpego de viver a vida fora,
Anjo, a quem ensinaste o meu destino?

Dona Zulmira (ou Dona Francisca) chegava-se para o quadro negro, riscava um círculo achatado e começava a contar o mundo em que vivemos. Colégio público pobre, às vezes sem giz, sem instrumentos, ali aprendíamos, enquanto a professora rodava com o apagador no ar para mostrar como o nosso mundo rodava em volta do sol, e nos contava que uma lei nos prende ao chão, como um ímã, e por isso podíamos estar de pé num continente voltado para baixo, sem cairmos. Pensei que alguma coisa me sucederia se alguém me plantasse de cabeça para baixo, a força misteriosa me largaria para cima. Tudo errado. O pássaros, os aeroplanos, nada caía, só o giz da mão da professora. Mas eu pouco me importava, prestava atenção nas pernas de dona Zulmira e de dona Francisca e um apetite estético me percorria a espinha. "Pecado!", acusou-me o padre da igrejinha de São Cristóvão. Eu entendia de pecado mais do que o padre e ele aconselhou minha mãe a me dar aulas suplementares de catecismo. Aí era divertido: minha mãe só sabia rezar e dar aulas em francês, graças ao Colégio Sion e a Madame Gibert, e então, que Deus me perdoe, a Bíblia ficou muito mais interessante, as rezas muito mais comunicativas com o Sobrenatural; eu enchia na imaginação o *Paradis d'Adam et d'Eve* de minhas frutas e doces prediletos que no meu lábio pousavam o gosto e o odor dos lábios de minhas professoras. Muitas vezes na vida, mais tarde, cruzei com elas, na rua, na avenida, sem me reconhecerem. Saberiam que eu era senhor e possuidor desse milagre de converter os lábios em amoras e balas de chocolate? Não sabiam. Se ainda estiverem vivas e lerem estas linhas, talvez percebam o milagre de que foram capazes. A essa imaginária lembrança acrescento: então me acariciava, trêmulo, até a imagem delas se esvair com a minha saciedade. Os lábios de celulóide de minhas heroínas de cinema mudo não eram tão verídicos; e eu os substituía no travesseiro pelos lábios de minhas professorinhas. Creio, nunca tiveram maior glória, nem pecaram com tanta inocência.

Uma delas, Dona Francisca, preparou-me para o Colégio Militar, dando-me aulas na casa de vila em que morávamos. A vila, modesta, onde os habitantes das casas enfileiradas se conheciam, se cumprimentavam, se emprestavam meio quilo de açúcar.

Como era decente a escola pública dos anos vinte, como as jovens professoras ensinavam os alunos de pés descalços, vindos da pobreza do bairro de São Cristóvão e da Cancela... Sabiam guardar um útil procedimento social, o bom-dia, a capacidade de ouvir, de rir, de guardar os escritos do quadro negro, de formar as turmas em colunas por dois e escutar o que nós dizíamos. Devia-se aprender no quadro negro, sob os olhares dos colegas; algumas professoras compravam com seu magro dinheiro cadernos baratos de capa azul, e os distribuíam aos mais pobres. Os mais afortunados pagavam uma cota mensal, dez tostões, para cobrir as despesas sempre atrasadas da Prefeitura. O vasto inspetor escolar, Doutor Paulo Maranhão, não examinava apenas o recreio, as formaturas, as aulas. Subitamente mandava algum aluno ou aluna recitar ou ler em voz alta. E interrogava sobre leituras e recitativos. A diretora, Alice Demillecamps, aprovava com a cabeça branca e parecia aprovar-se a si mesma. Eu gostava de ir à escola, ia acompanhado por um dos ordenanças de meu pai, o soldado cearense Rômulo, contador de anedotas, ou o gaúcho Camerino, de ar solene, militar, cheirando a cavalo. Às quintas-feiras havia matinê no Cinema Fluminense; no dia seguinte cabia-me contar uma aventura de Tom Mix ou *Os perigos de Paulina*, virgem durante doze episódios e sempre raptada por facínoras do *far west*, e sempre salva intacta pelo bravo e educado "mocinho". O primeiro beijo que vi em fita foi o de Pola Negri; depois caí na devassidão de Bebe Daniels e Norma Talmadge. Aos sábados, ia à nossa casa Madame Bozon. Ela me corrigia com espírito e interesse. E cedo eu já sabia dizer:

> *Tu m'as promis ton baiser*
> *Pour ce soir, ma brune,*
> *Et je viens de me griser*
> *Sous un rayon de lune...*

De noite eu recitava em silêncio estes versos para uma figurinha de cinema, paixão secreta por um anjo de celulóide, arrumadinha, risonhinha, quieta, boquinha em bico, sem atrevimentos mas com olhos saltitantes, cabelos lisos e franjinha na testa. Naquele tempo as companhias cinematográficas estimulavam as platéias sonhadoras a escrever cartas para os astros. As revistas *Cena Muda* e *Cinearte* estimulavam essa correspondência: *Dear Miss XXX, l would like to have your picture. Thank you,* nome e endereço. E não é que veio o retrato, risonho, com dedicatória de próprio punho (da secretária, provavelmente): *To my dear friend XXX, love from YYY!* Ah, era a glória! Emoldurei Colleen Moore, pus na mesinha do meu quarto, como meu pai tinha o de mamãe. Colleen Moore, que fortunas gastei por ela de minhas mesadas, como seu rostinho inocente me acompanhou, seus olhinhos me acompanharam por todo o quarto... Eu levantava os olhos do caderno, lá estava ela; baixava-os e encontrava os seus a me prometer venturas que eu ignorava, e assim o seu fantasminha me seguiu, anos e anos, quando tive sarampo, quando quebrei um calcanhar, quando fui à primeira festa e a traí dançando com outra, quando fiz a primeira barba, quando ensaiei no espelho o primeiro cigarro, e quando a primeira ruga, e a segunda, e outra, e outra, até me lanharem a cara, até que na cadeira de balanço de ancião li a notícia, ao lado de seu retrato *marchito*, de que ela tinha sido amante do diretor e produtor Victor King, que a ela reservava os melhores papéis das melhores diabruras, os ais trepidantes de amores; e ali estava ela, sessentona, olhando-me com olhos nevoentos, e parece até que tinha aprendido a falar e me perguntava com voz de avó: "Está vendo como estou agora?" Essas deusas feitas de nada, que borboleteiam e se vão, nunca deviam envelhecer, deviam ser tão moças como a *Pietà* de Michelangelo, que não parece mãe do filho que tem no colo... Diante do meu sonho esclerosado não podia perdoá-la de me ter traído com Victor King, e me surpreendi murmurando no meio-cochilo: "Sua puta!"

* * *

Depois de três dias, tive a intuição de que tudo estava perdido. No dia 9 de julho, pela manhã, meu tio Leopoldo me tirou da cama e me avisou, entusiasmado:
— Vista-se. Seu pai tomou o Quartel General. Vá até lá, está à nossa espera. São Paulo de pé pelo Brasil!
Eu só tinha uma roupa civil, roupa de caroá, invenção nordestina destinada a vestir todos os brasileiros. Era a indústria brasileira salvando o país, assim proclamavam os nordestinos eufóricos com a vitória de 1930. A emancipação do Nordeste, a riqueza do Nordeste! Mal saído do Colégio Militar, acreditei no caroá salvador. E com ele entrei para a Faculdade. E com ele fui para São Paulo, a ajudar a vitória da Constituição e da Democracia. Os paulistanos tremiam nas ruas, aglomeravam-se no centro de São Paulo, enchapelados, solenes e risonhos. São Paulo venceu! Davam vivas a São Paulo, a Pedro de Toledo, e ao desconhecido e já estimado

coronel Figueiredo, que entrara sozinho no Quartel da Rua General Crispiniano, convocara os oficiais, mandara ficassem presos em suas casas os que não aderiam ao Movimento e abraçava os constitucionalistas; batiam-se continências majestosas, misturavam-se aos políticos que iam chegando, fraternos, os Democráticos vencedores de 30 e os Perrepistas perdedores de 30. São Paulo venceu! E eu, metido no meu caroá por onde varava o frio paulistano, eu, eu participara de tudo aquilo, eu ajudara a alegria geral, e parecia que os vivas eram dirigidos a mim. E entrei pelos portões do QG anunciando-me, até chegar ao coronel comandante.

— Você vá se fardar e venha conosco.

E eram ordens de todo lado, oficiais que iam e vinham, e o povo se deslocava da Rua General Crispiniano para o Palácio do Governo, e eu me misturava àquela horda de anônimos felizes e me dava vontade de agarrar cada um pelo braço, e dizer que um pedaço daquela alegria era inventado por mim, eu é que inspirara, eu é que entrelaçara os invisíveis fios do destino para tecer a teia daquele dia de céu azul, sem nuvens e gritalhão. Mas os gritalhões eram outros, que discursavam um a um, dedo para o ar, bocarras entupidas de gordos tropos, a Pátria, o Radioso Porvir, a Liberdade, o Brasil salvo de seus maus filhos, o Brasil sem escravos, sem fome... exatamente as mesmas palavras que eu escutava na campanha eleitoral de 1929, as mesmas cantarolas com que os vitoriosos de 30 se saudavam enquanto seus adversários tinham sido assassinados ou eram presos... O Poder só tem um idioma, inútil tentar raciocinar alguma coisa de novo. O povo espera, boquiaberto, como a receber uma chuva de manás... Mas nestes dois dias de revolução vitoriosa só ouvíamos as esperanças. E eu, mais que ninguém. Onde estava o general Klinger, que viria de Mato Grosso com seis mil furiosos constitucionalistas? Onde o general João Gomes Ribeiro? Onde o Firmino Borba? Onde o Tasso Fragoso? E o Flores, o Flores com seus destemidos gaúchos? E o Góes, que mandara um segredo, tão sério segredo que as primeiras trincheiras da ditadura foram cavadas prudentemente na Vila Militar, à entrada da capital? E os mineiros, os mineiros do interventor Olegário Maciel? E os nordestinos, prontos a confraternizar com os paulistas, e comemorar a vitória churrasqueando com suas peixeiras e seus facões bandeirantes, chupando a uma só boca o mesmo chimarrão? Os bilhetes que levei, os recados que dei, os avisos que transmiti, onde foram? Uns raros, eu veria, um Rubem Paiva, um Agnelo, um Palimércio, um Isidoro? Alguns se faziam vigiar, outros se faziam prender... Uns raros, como João Neves da Fontoura, apareciam... Outros apenas se aquietavam até a hora da prisão: um Firmo Freire, um Lusardo, um Collor... O problema é que ninguém sabia de que lado estava a Vitória, esperavam sua chegada, de braços abertos e dourados como asas sorridentes. Só eu sabia e nada dizia. E meu pai sabia que tinha sido traído, que era impossível marchar para o Rio com um punhado de civis incapazes de vestir uniformes, de *serem* uniformes. Uma revolução que pára está morta. Todos esperavam ser extraordinários, *foras-de-série*, e desde então passei a respeitar o herói fora-de-série, o que exibe sozinho o heroísmo. Percebi, transmitindo ordens nas linhas de frente, num fordeco desabalado, que quase todos esperavam um milagre, o Grande Gaúcho Salvador, o Grande Mineiro Lutador, o Bravo Nordestino Vencedor... Tínhamos sido traídos, estávamos sendo traídos: ao meu redor, no vagão de estrada de ferro que me servia de posto, havia dois partidos em luta, para ver quem chegaria primeiro ao poder: os Democráticos de Julinho de Mesquita Filho, ou os Perrepistas de Coriolano de Góes e Roberto Moreira, sem mãos inocentes no gatilho, mas desde logo disputando quem ficaria com que pasta, quem ganharia com os amigos vitoriosos, quem perderia com os vitoriosos do lado de cá. Senti que meu pai também o percebia mas cabia-lhe buscar a Vitória, a sua, a prometida, a jurada, de comandante; e por isso não se mostraria abatido. Quando, após uns dias de combate, o Batalhão Piratininga, a fina flor da rapaziada paulista, despencou da trincheira e surgiu dentro de um trem em retirada na estação de Cachoeira, era evidente que não queria mais lutar: o cansaço, o despreparo, a falta de convicção, o medo, a desesperança das ajudas prometidas em homens e munição, cada um escondia um motivo íntimo para não prosseguir, a saudade da cama após uma noite de farra, a final descoberta de que a guerra só nos causa dor. Queriam descansar, estavam fartos de vigília, de mosquitos, de barbas compridas, do súbito brilhar de tiros à noite. Meu pai cercou-os na estação. Já nem havia mais sentinelas para essa guarda; éramos uns poucos mandados para cada lado da estação, o José Lobo, o Fournier, o Alexandre Ribeiro, o Paiva, o Menna Barreto, e até eu ganhei o meu postinho de guarda. Os rapazes entraram em forma sem jeito, meio cambaleantes; olhos acesos como bichos espantados, olhos murchos de exaustão, olhos vagos de nada. Meu pai partiu para eles; meu pai tinha um paladar especial para saborear a solidão na hora de ser só:

— Seus covardes! Podem voltar para suas casas, digam às suas mães que eu defendo São Paulo sozinho! Podem ir!

O batalhão balouçava. Uns poucos deram um passo à frente:
— Eu fico!
— Eu fico!
E o brio ressurgido lhes fazia bater os calcanhares.

— Os que quiserem ficar voltarão para as trincheiras. Os outros tomem o trem e vão-se embora!

Eu devia ter guardado os nomes dos que ficaram. Nos cinqüenta e poucos volumes sobre o Movimento Constitucionalista, que meu pai guardou e, quando preso na Casa de Correção, ali fez encadernar, está certamente anotado esse episódio. Doei a pequena e imprescindível biblioteca à Academia Campinense de Letras, porque certamente haveria algum estudioso do movimento de 1932 que pudesse escrever essa história de bravuras e amarguras. A coleção desapareceu. Sou informado, por minha prima Maria Helena Pupo, filha do meu querido primo, o acadêmico Celso Maria de Melo Pupo, que os livros desapareceram, foram furtados e ninguém se dispõe a recuperá-los. Sou membro correspondente dessa Academia.

Na revolução, voltei ao posto de telefonista e estafeta. Era terrível passar a noite em claro, junto ao aparelho telefônico de campanha, a ouvir o toque da manivela, chamando de Piquete, do Túnel, de Vila Queimada, de Caraguatatuba, pedindo chamada do comandante, e ouvir, de um ou de outro ponto:

— Figueiredo, mande-nos munição! Um cunhete é o bastante! Com urgência!

— Figueiredo, estamos precisando de um pelotão para fechar uma abertura! Estamos sendo cercados!

— Figueiredo, faça bombardear Vila Queimada, eles estão vindo!

O meu melhor dia dessa revolução foi quando recebi um convite da família Sebastião Alves de Lima para ir, com outros revolucionários, jantar em seu esplêndido palacete. O coronel Agnelo de Souza, o capitão Alexandre Ribeiro, o tenente Severo Fournier estavam entre os convidados. Recomendação: todos deviam ir com suas fardas de campanha, sujas de lama e pó das trincheiras; ninguém devia fazer a barba. A intenção era homenagear-nos tal como seríamos nas frentes de combate. Eu ainda nem tinha barba que merecesse navalha. Fomos. Enormes limousines nos apanharam, nos levaram ao casarão, onde se chegava por um jardim; subimos a escada de fora, chegamos ao salão de entrada, por onde descia uma escadaria de mármore por toda a volta e recoberta com um enorme chalé. No meio do salão, uma mesa árabe, de cobre, redonda. Pela escadaria desceram as filhas do anfitrião, cada qual mais esfuziante, mais sorridente, inclusive uma menina de uns sete anos de idade. Cumprimentos, pusemo-nos à grande mesa, as damas nos olhavam como se fôssemos ursos. Eu nunca tinha comido daquele patê, nunca tinha bebido daquele vinho, nunca tinha tomado champanha à vitória da revolução. E nos perguntavam sobre as nossas façanhas bélicas. Nós mentíamos, com modéstia. Ao sair ganhei um beijo da meninazinha, que depois se tornou Senhora Baby Pignatari, *patronesse* das artes, mais tarde esposa de Fernando Chateaubriand, e é hoje viúva de meu primo João Batista Leopoldo Figueiredo, um dos melhores primos que já tive. Ela, até hoje, uma das mais encantadoras senhoras que já vi.

    E chegou a hora final, em que meu pai me fez sentar a seu lado, pegou minha mão, disse-me que eu fosse dar assistência a minha mãe, a meus irmãos menores, contou que iria, com outros companheiros, numa lancha, até o Rio Grande do Sul, onde se dizia ainda haver combate entre ditatoriais e constitucionalistas. A lancha, com todos os seus passageiros, foi apreendida na Praia dos Afogados, em Santa Catarina, quando um pescador ouviu um dos tripulantes chamar outro de "Major" — e no entanto era o único a não ter qualquer título militar. Como me dizia meu instinto de dezessete anos, a causa era perdida. Talvez, de todos os adolescentes de minha idade, eu fosse o único a saber por que razão estava lutando. E até hoje o sei. Conheci todos os presidentes da república desde aquela época até hoje. Será que algum deles sabe o que eu sabia aos dezessete anos? Teria eu, aos dezessete anos, matado um homem por minhas convicções? Até hoje, quando estou só comigo mesmo, vejo aquelas folhas de árvore que se mexem, vejo-me sacando o revólver, dando um tiro. E no dia seguinte, no capim, não havia nenhuma mancha de sangue. O remorso é também uma bala perdida.

    No exílio eu me lembrava de uma frase do exilado Ibraim Nobre ao comentar a debandada constitucionalista: "Se assim se atiram ao osso da derrota, que fariam diante do filé da vitória?"

* * *

    O namorado de minha professorinha brigou com ela. Brigou na rua, o calhorda. Dona Zulmira chegou à Escola Nilo Peçanha em prantos; dir-se-ia que todos nós, os alunos, mais moços, mais velhos, meninada abastada da Avenida Pedro Ivo, da Rua Fonseca Teles, meninada paupérrima da Cancela, das incipientes favelas nas encostas da pedreira de São Cristóvão, negrinhos a quem nossos pais davam sapatos e botinas porque uma estúpida ordenança municipal proibia que as crianças freqüentassem as aulas descalças (e muitas usavam só um pé do calçado para economizar o outro e Dona Virgínia nos fazia dar-lhes metade da nossa merenda), a garotada unânime chorava a dor de Dona Zulmira. O namorado desapareceu dos arredores, e nós o xingávamos *in absentia*. Só muitos anos mais tarde adivinhei seu bigodinho e seu chapéu de palha frajola na Galeria Cruzeiro. Aí já não era mais possível reunir a horda da Nilo Peçanha para linchá-lo, esmagá-lo como convinha. Mas sempre guardei, a vida toda, um secreto rancor contra os machos que abandonam suas fêmeas.

    Da Escola Nilo Peçanha guardo a memória das minhas professoras, da terrível Dona Virgínia, do inspetor escolar Paulo Maranhão, um grande fantasma a querer saber se cantávamos e recitávamos. Nele vi o que faltou mais tarde em todo o ensino primário: a obrigação do canto e do recitativo, que nos socializava, como nos socializava a mescla de negros, brancos, mulatos, estrangeiros — portugueses, árabes, italianos — e a mistura de meninos abastados e pobres, cujo contacto e cujas necessidades nos ensinavam uma democracia que as escolas particulares extinguiram. Nós nos sentíamos da mesma raça, da mesma gente, da mesma tribo. Lembro-me de ter visto o rei Alberto, numa visita à escola, acariciando a cabeça de um menino negro; e o gesto me pareceu tão natural quanto o de minha mãe ao acariciar minha cabeça. Na Vila Souza Cabral éramos iguais, até o Manuel, vendedor de bananas, que punha o cesto no chão para apreciar nossa pela-da. Uma vez houve uma briga feia entre mim e um dos filhos do capitão Sisson Tavares (que mais tarde se casaria com a heroína nadadora Piedade Coutinho). Outra visita daquele tempo foi a de quando meu pai anunciou que o jornalista Antônio Torres iria visitá-lo. Meu pai comunicou-nos: "O jornalista Antônio Torres vem hoje à noite aqui". E surgiu um crioulo de ar afradalhado e gestos expansivos, gestos de quem quer agradar. Contava incidentes de fazer rir, entre eles o duelo que tivera no Morro da Viúva com o jovem jornalista Austregésilo de Athayde. O desafio era por brios d'honra num artigo, a chacota da semana; Antônio Torres, embora ex-padre, deu uma tunda de espada no traseiro do confrade e o contava como um feito de D'Artagnan na Porta de Nesle. Era companheiro de meu pai, dos oficiais Palimércio e Lima Mendes, que faziam ponto numa mesa da Brahma para falar de literatura e política. O assunto política se dividia em dois: a marcha da coluna Prestes e o governo Bernardes. No entanto, eram todos bernardistas: os militares por juramento à Constituição, o civil porque a oposição carioca era um fervilhar de anedotas e sambas irreverentes. Meu pai trabalhava então no gabinete do ministro da Guerra; Antônio Torres sonhava, através dele, ser nomeado cônsul; Lima Mendes indignava-se porque o governo lhe dera ordem de presentear o rei Alberto com o seu cavalo famoso, o Hannover, que equitara na Alemanha; e Palimércio porque saboreava como ninguém as vaidades e os ridículos. E me lembro de um engenheiro alemão, que trabalhava na Central do Brasil e tomava seu chope de aposentado, suspirando, de quando em quando:

    — Bom tempo era o do Doutor Frontin!... *Nóis roubava!...*

Outro dia meu pai trouxe uma novidade: o coronel Gamelin, chefe da Missão Militar Francesa, vinha visitá-lo. Eram assuntos estratégicos, onde eu ouvia as palavras Clemenceau, Verdun, minha mãe dava graças de seu francês ao nível dos circunstantes. Eu me preparava para o exame vestibular do Colégio Militar: madame Bozon me dava umas aulas de sua invenção; de manhã era o capitão Américo Fiúza de Castro que me afundava pelos meandros da matemática. Evidentemente meu pai queria que eu seguisse a sua carreira, onde já ostentava medalhas: a de ter salvo um soldado que ia morrer afogado no Contestado, e a medalha do rei Alberto; no entanto eu, por cruel defeito genético, amava a literatura.

Fiz-me tradutor canhestro: tentei colocar a lua morena na ponta do campanário amarelo, "como um ponto sobre um i". Pronto, estava inoculado de literatura, para toda a vida. Os encantos do Colégio Militar, com sua nobre praça central, os mestres ilustres que subiam a alameda à paisana para se fardarem de coronéis à hora da aula, os trotes apavorantes que acabavam por uma confraternização sangrenta, a parada diária aos toques de corneta, a banda rufando tambores e taróis, o dia futuro em que chegaria a ser integrante do esquadrão de cavalaria, tudo isto Musset murchou de um lado e o lago da Quinta da Boa Vista se transformou em *Le lac* de Lamartine; e os ruídos da cidade longínqua reboavam em mim como o mar de Victor Hugo. À entrada no Colégio, no primeiro dia, vi-me solto no recreio, alguém me arrastou para o bebedouro, fez-me beber na ponta do repuxo, deu-me um cascudo, meu dente frontal quebrou-se, botei a boca no mundo. Levaram-me, chorando, banguela, para o gabinete do capitão ajudante, o temível capitão Henrique Pereira, que me exigiu, com outros oficiais e inspetores: eu acusaria o agressor. Eu sabia quem era, o Tatu, um atleta brutamontes. Mas já conhecia o código dos alunos: nada de delatar. Meu pai compareceu, furioso.

Continuei em silêncio. Digo agora que foi o Tatu porque ele morreu, muitos anos depois, de um tiro, na Galeria Cruzeiro, ponto de rapaziada adolescente do Colégio aos sábados. Tornei-me protegido do Tatu e sua turma, o Fournier, o Tavares, o Jamelão, os mais velhos. Meu pai comandava então o Primeiro Regimento de Cavalaria, onde havia retreta na calçada para o povo, e dança, no salão do Cassino dos Oficiais. Os colegas marmanjos quiseram ser convidados, pedi licença a meu pai, que os mandou recolher presos ao colégio por estarem desuniformizados. Na manhã seguinte fui vítima de cascudos. Minha tia Candê me levou ao melhor dentista do Rio de então, o doutor Merrit Fordham, que me martelou um pino por dentro do caco de dente. De tarde, para comemorar, comprei um pirulito. Ao chupá-lo, a trabalhosa arquitetura do dentista veio presa no pirulito. Novo pino, nova ponta de ouro, que me acompanha há setenta anos. Dias depois dos cascudos, os veteranos saíram indagando qual dos bichos, isto é, dos calouros, sabia recitar. Achei de me exibir. O presidente da Sociedade Literária, capitão-aluno Walter Menezes Paes, deu a palavra ao colega 410. Subi à tribuna, cujo balaústre me batia à altura do queixo. E, desgraçadamente, depois das saudações de praxe à mesa presidencial, anunciei o meu sucesso de quando usava calças curtas: "Vou recitar *Ser mãe*...".

O preparo para o exame vestibular do Colégio Militar durou séculos. Diminuiu o futebol de rua, diminuíram os romances policiais; até as férias na casa de meu tio Leopoldo, em Santos, ou na de minha madrinha, em São Paulo, ou de minha avó, em Campinas, encurtavam. Passei, vieram as aulas, e eu, bicho, isto é, calouro, ganhei minha primeira farda, feita pelo alfaiate do Largo da Segunda-Feira. O homem era boa tesoura mas não tinha noção do fardamento regulamentar: plantou-me um par de ombreiras, só existentes nas túnicas de oficiais. Quando cruzei a porta de entrada do pátio de recreio, os veteranos esperavam aos magotes para o trote: "Olhem este aqui, de alcinhas!" Avançaram, cainçalha raivosa, repuxaram-me as ombreiras, que saíram com as mangas da túnica, chutaram-me, vaiaram-me. Voltei para casa roto, humilhado. Minha mãe retirou as ombreiras, costurou a túnica. No dia seguinte chovia, fui para o colégio de guarda-chuva, vaiaram-me. Onde se viu militar de guarda-chuva? E choveram cascudos, e o temido exercício do "barata-voa", que consiste em lançar para o ar o gorro arrancado da cabeça, e atirado a cada marmanjo, diante do qual o bicho corria em vão, até o aparecimento de algum bedel salvador. Havia trotes de toda espécie, uns brutais, os empurrões, os murros, outros apenas demonstrações de paciência, como o de medir a extensão do pátio com um palito de fósforo, ou arriscados, como o deslizar sentado na rocha da Babilônia, a gigantesca pedra de granito, símbolo do próprio colégio.

Mas com o tempo os trotes abrandavam, os alunos se conheciam, ganhavam apelidos a durar o resto da vida (o Xexéu, o Pau-que-dorme, o Sexta-feira, o Abd-el-Krim, o Pola Negri, os Moscas, o Meganha, o Melindrosa, o Cu-de-aço...) Eram estes os nossos nomes, os inspirados nos números de matrícula, no jogo-do-bicho, no futebol, no noticiário, os Febrônios, os Jacarandás... Por ter recitado *Ser mãe*, assim fiquei até esquecerem. Curioso: o colégio misturava filhos de ministros, de generais, de políticos, de praças de pré, de magros funcionários, e nunca se soube de algum — o filho do Zé Américo, o filho do marechal Alcântara, o filho de general Sezefredo — nunca se soube de um só que fosse um protegido, um "empistolado". Nunca se soube de um inspetor que favorecesse um aluno, ou de um professor que tivesse aumentado o grau de outro. Tive lá explicadores, outros os tiveram, porque as matérias eram rigorosas. Tive um explicador de álgebra, o coronel Alonso, que cobrava vinte mil réis. Tive outro grátis, o major Fiúza de Castro. Aos dez anos, entrou-nos pela sala adentro um coronelzinho enfezado, avermelhado, de óculos de aros de ouro. Era o Serra, o temido coronel Joaquim de Almeida Serra, vindo de Barbacena, professor de aritmética teórica. A turma se levantou, como mandava o regulamento; ele fez um sinal, mais um gesto de desprezo do que uma ordem. Não deu bom-dia; sentamo-nos; foi ao quadro negro e começou a esganiçar e escrever: "Suponhamos um número a; e suponhamos um número b". Eu nunca tinha ouvido falar que um "a" pudesse ser um número; e tudo piorou quando o coronel Serrinha atacou o quadro: "Suponhamos que a mais b seja igual a c". Nos meus dez anos Dona Francisca tinha prevenido que não se podem somar quantidades heterogêneas, isto é, não se podem somar bananas com laranjas, e até nosso quitandeiro sabia. Não agüentei: comecei a chorar, veio-me uma convulsão de lágrimas a espirrar pelos olhos e espalhava borrifadas pelo chão: "Que foi, menino? Está doente?" Os colegas acudiram, levaram-me para o passadiço, para o ambulatório, e lá o sargento-enfermeiro entendeu a minha desgraça, a de não poder somar heterogêneos, por exemplo, bananas com laranjas; ele me olhou, raciocinou e me ensinou: "Você tem aqui quatro botinas e dois lápis: quanto dá?" Eu aparvalhado e o sargento: "Seis troços, menino!" A mais b fazem dois c troços que juntos são três troços; e assim compreendi que a roça de feijão com arroz e farofa chama-se grude; o conjunto do cardápio é gororoba; a carteira debaixo do assento, onde se juntam os livros e cadernos, chama-se guarda-peido; a túnica, mais a calça, mais um par de botinas, mais o bibico, chama-se fardamento; se o fardamento está bem posto se diz traquejado; se o fardamento é o garance, o aluno está nos trinques... Todo um vocabulário, toda uma linguagem a aprender entre professores e alunos; com professores, as mãos devem ficar coladas às coxas, os dedos juntos, ou o dedo grande da mão direita deve estar colado ao lóbulo da orelha direita; os calcanhares juntos, as pontas das botinas fazendo um ângulo de quarenta e cinco graus... Este conjunto de mandamentos se entrelaça numa só pessoa e faz dela um ser único, de uma só forma, um cidadão uniforme, e dentro dele outros tantos mandamentos, que o tornam um ser de certas idéias uniformes, pronto a obedecê-las e a morrer por elas. Por isso fui vaiado ao recitar *Ser mãe*: eu estava fora do uniforme, fora da minha nova natureza humana, pois na anterior eu podia declamar o soneto de Coelho Neto sem que ninguém supusesse a mudança da natureza de meu sexo. E outra coisa se impregnou em mim nos sete anos de colégio: a dominação dos gestos, a postura de pés, pernas, tronco, braços, uma absoluta falta de intimidade com o próximo, o que sempre me inibiu na vida e me defendeu dos abraços de barriga empinada, as palmadas folgazãs nas costas, o pendurado abraço fraterno no ombro. Por outras palavras: o Colégio Militar me ensinou o meu desarlequinamento. Um militar tem de ser uniforme. Nunca se pode dizer de um militar que ele é "fora-de-série". E esses modos sóbrios muito me prejudicaram numa sociedade em que há uma mútua esfregação de pessoas, que forma as outras "chapas, do peito", pidões de emprego, sem-cerimônias e reles vitoriosos porque se adulam e se lambem numa eterna festa de carícias. Nunca tive jeito de tirar ninguém para dançar. "Vou recitar *Ser mãe*, de Coelho Neto". Estrugiram risadas, quatrocentas bocas me vaiando. Consegui chegar à chave de ouro: "Ser mãe é padecer num paraíso!" As vaias foram medonhas. Durante algum tempo ganhei o apelido de "Ser mãe". Não lutei contra ele. Só não queria que Mirtes, a menina de minha preferência na Vila Souza Cabral, soubesse desse vexame. O que muito me valeu para esquecerem o apelido foi um cavalinho petiço, batizado no regimento como *Sarrasani*, minha primeira montada. Ganhei sela pequena, rédeas, bridas e não ganhei a simpatia do petiço, que tinha o hábito de encostar-se em qualquer parede e esfregar o cavaleiro contra ela. Um dia um jovem colega apareceu no regimento e disse a meu pai que gostaria de aprender a montar. Licença dada, o cavalinho saiu arrastando o cavaleiro por todos os muros da Avenida Pedro Ivo. Mas o colega insistiu, educou o cavalo, o cavalo educou-o. Meu colega tornou-se um dos melhores equitadores do exército: Rubem Costantino. Ganhei um tubiano, cuja pelugem branca e negra se distribuía pelo focinho e pelas garupas. Por isso chamou-se *Tom Mix*. Ganhei botas pretas, caras, do Mallerme, nova sela de estilo inglês, freios e bridões de eglantine. Todo meu tempo vago era para ler Machado, Alencar e, escondidos no *Atlas Geográfico* de Monteiro, os fascículos de Sherlock Holmes e Nick Carter. Meu francês descobriu melhor: Arsène Lupin e Gaston Léroux. E melhor ainda: descobri as devassidões de Vargas Villa a Victor Margueritte. Hoje, quando ponho os olhos, me surpreendo dizendo: "Santo Deus, como minha juventude foi chata!" E foi. Havia o encanto das matinês dos domingos no cinema Fluminense e no América.

    Mas picou-me nova paixão. Quando meu pai e minha mãe se casaram, perderam, por pobreza, o *status*, o piano da casa de minha avó, em torno do qual havia saraus de música francesa, cançonetas napolitanas, árias de ópera e modinhas do conterrâneo Carlos Gomes. Perderam tudo, só vim a conhecer piano aos dez anos de idade. Mas os colegas militares me amedrontavam: "Piano é instrumento de veado! Instrumentos de macho são corneta e tambor". Perdi meu instante artístico, ficou a inveja de meu primo Eurico, tocador de violão.

O piano me trouxe aos dez anos a descoberta da música de minha mãe. E da música do Teatro Municipal, graças ao rádio de galena e ao meu primo, o benemérito Doutor João Leão de Aquino.

* * *

Aos dezessete anos, na Revolução de 1932, matei um homem. Matei um homem? Não sei, sei que dei o tiro na direção de um arbusto que se agitava à margem do rio Paraíba. Nas águas silenciosas, um martim-pescador tangenciava e erguia mais ao longe o bico onde se batia um lambari. Dói-me na consciência este susto: "Matei um homem". Nem pensei no assassínio que o martim-pescador acabara de praticar na minha presença. Meu pai tinha sido assaltado, preso, arrastado pelas ruas de Santana do Livramento. O irmão de minha futura mulher tinha sido morto a tiros quando dormia. De noite, no vagão-dormitório parado na estação de Cruzeiro, a consciência me mordia: "Matei um homem". O vício da leitura me apanhou cedo, e então tratei de chamar o sono lendo uns contos de Pirandello, *A luz da outra casa*, traduzidos por Francisco Patti. Pirandello não me assustou. Eu tinha matado um homem. Passei a outra tradução, *A l'ouest rien de nouveau*, de Eric Maria Remarque. O final me aflige, quando um soldadinho rimbaudiano recebe dois tiros ao estender o braço para fora da trincheira, procurando colher uma flor. Passei a outro: *L'homme que j'ai tué*, de Jean Rostand, resultado de minha admiração por seu pai, Edmond Rostand. E vinha outro: *L'homme que j'ai fait naître*. Eram o bastante para me tornar pacifista. Voltando ao primeiro ano da Faculdade de Direito, enveredei por leituras marxistas, acabei metendo-me na brutal profecia de Spengler, e o seu terrível vaticínio da vitória da guerra sobre a paz. Misturado a tudo havia até poesia de J. G. de Araújo Jorge, de Odylo Costa Filho, de Henrique Carstens. Hitler assumia o poder. O Reichstag fora incendiado. Mussolini marchara sobre Roma. Stalin esmagava os camponeses. O Brasil caminhava para uma parada fascista e o vasto ridículo de sua imitação simiesca de um Dia da Raça. Os comunistas espremiam suas idéias em *slogans*. Os professores da Faculdade eram perseguidos. Cada vez se distanciava mais de mim a minha disciplina militar. Gostava de ver Alfredo Tranjan tomando cachaça com o professor Ary Franco. Mais vale ser um mau poeta do que um militar mau. O amor adolescente podia fazer versos adolescentes. Eu era a vitória de minha mãe sobre meu pai. E no entanto me solidarizava com sua fé e sua dignidade.

Evidentemente seria pobre e conduziria minha namorada à pobreza. Alba aceitou com doce submissão. E para viver comigo meio afogada a cada fim de mês. Eu suplementava o montepio de viúva, de minha mãe, com algum ganho para as mesadas dos manos. Vivemos. Sobrevivemos. Durante anos iríamos depender do salário pago por Assis Chateaubriand. E me pesava na consciência: eu tinha matado um homem.

* * *

Distingo sua voz, clara como água fresca, adivinho a sombra reclinada sobre mim: eu devia ter menos de um ano, e a sombra, meu *daimon* para toda a vida, uns dezessete anos de idade. E pouco a pouco se fez personagem de todas as horas, fez-se mulher, e irmã, e anjo da guarda. Mais jovem que minha mãe, ambas se trocavam conselhos e ajudas. Ela viera de Newcastle, Inglaterra, onde estudara dos sete aos catorze anos, interna, filha de um oficial de marinha encarregado de aquisições para modernizar a Marinha Brasileira. Ao chegar ao Rio, casou-se, adolescente, com o maior amigo de meu pai, o tenente Augusto de Lima Mendes, atleta, esgrimista, o melhor equitador de seu tempo. Alferes como meu pai, ambos foram designados a servir na Alemanha, que assim eram os tratos da educação militar brasileira antes da Primeira Guerra. Ambos e seus camaradas premiados com esses estudos teriam em comum a missão de modernizar o Exército, herdeiro da vitória sobre o Paraguai e responsável pela criação de uma República laica, porém filosoficamente positivista. Eram os "jovens turcos", seguindo o exemplo dos militares de Kemal Ataturk, criador de uma Turquia ocidentalizada. Reformar o Exército, um exército de nobres do Império, de sargentos como caciques, de escravos liberados, e de quartéis abertos para brancos, negros e mulatos, o rosto inicial da república recém-inaugurada, um Exército a que pertencia a brutalidade de Canudos e a adolescente revolta da "vacina obrigatória", isto é, defensor do direito do sagrado domicílio, o domicílio sagrado dos cidadãos, para matar mosquitos e desinfetar poças d'água. A menina educada à inglesa, entre Shakespeare e o ensino do colégio católico de Newcastle, conhecera o tenente que já trazia consigo um diploma internacional: a foto em que salta uma sebe com o seu cavalo *Brasil* de maneira tão alta e esticada que, no segundo plano, vê-se o Estado Maior germânico, o Kaiser à frente, todos inclinados num pé só como a impulsionar o vôo de Pégaso. A foto de Lima Mendes no *Brasil* já se achava estampada em vários picadeiros militares da Imperial Alemanha. O casal brasílio-anglo-germânico seria o amigo fiel, de toda a vida, do casal positivista-católico, republicano-germânico-francês, de que eu seria o primeiro filho. Tenho nítidas, como primeira recordação de meu pai, as suas perneiras de couro negro; por elas eu passava, quando me erguia do chão e beijava-me com orgulho; e então sentia o odor semelhante, de couro e suor de cavalo, de meu padrinho a me pôr em ombro-armas no seu ombro. Mas volto a recordar as duas amigas, minha mãe que cantava e rezava em francês, e até o fim da vida fazia as contas da casa e deslizava as do terço em francês, e a minha tia postiça, tia Candê, Candelária Coutinho de Lima Mendes, filha caçula do almirante Abreu Coutinho, que me embalava o sono e rezava no seu missal inglês. O seu missal... Tenho-o, e ele guarda uma história numa de suas páginas. Tinha ela sete anos quando Newcastle recebeu a visita de um jovem e já famoso pianista, Wilhelm Backhaus, cujo recital as alunas ouviram, como parte da educação; e tão encantada ficou a menina que nunca esqueceu o jovem mago do piano. Meio século depois, minha tia leu que o velho Backhaus iria tocar no Municipal, e foi à bilheteria, para comprar uma entrada. Os bilhetes não se vendiam ali, mas nos escritórios da Sociedade de Cultura Artística. Voltou-se e um casal estrangeiro parecia estar na mesma situação. Eram alemães mas falavam inglês: minha tia ajudou-os, levou-os aos escritórios da Cultura Artística, onde o velho alemão se fez anunciar: Wilhelm Backhaus. Minha tia trazia consigo o missal de criança sempre na bolsa; abriu-o, pediu que ele autografasse. O pianista, comovido, deu um autógrafo.

Tia Candê, casada e viúva, viveu no mundo da música e da literatura de uma elite intelectual: eram o irmão Fernando de Abreu Coutinho e o grupo de amigos, alunos, escritores que enchiam sua casa, onde dava aulas a Assis Chateaubriand, Odilon Braga, Jaime Guedes, Manuel Bandeira, Abgar Renault, Barreto Leite Filho, Gilberto, Genolino e Giuseppe Amado, Palimércio de Rezende, Evandro Pequeno, grande lista aumentada quando se tornou assistente da primeira professora de inglês clássico vinda ao Brasil, Miss Melissa Hull, da Faculdade de Letras da Universidade do Rio de Janeiro, do Colégio Pedro II, da Cultura Inglesa, e fundadora dos estudos shakespearianos no Brasil. Feia, alta, magra, severa, de corpo reto e sem relevos, de quem Palimércio dizia:

— Candê, diga à sua amiga que ande sempre de broche, para se saber onde é a frente...

Ao chegar ao Rio, instituiu o hábito do chá das cinco no seu pequeno apartamento. Os alunos, as alunas adoraram aquele chá sofisticado, acompanhado de *muffins* e sanduíches de pepino; e exageraram nas visitas, invadindo as tardes em que a professora cultivava sua solidão de solteirona ao lado de Shakespeare e de Emily Dickinson; e então ela pendurou do lado de fora da porta o sagrado cartão de *Don't disturb*, em português, é claro: *Não chateie*. Gostava de ir à Sorveteria Brasileira, da Cinelândia, e pedia, elegantemente, ao garçom: *"Um guarany, please"*. Perturbadora Miss Hull, madrinha de guerra do tenente piloto Lima Mendes, metralhador do Passo de Brenner, que regressou aos vinte e três anos com o peito ajardinado de medalhas de bravura. Enquanto estava na Itália, eu telefonava para o coronel Dulcídio Espírito Santo Cardoso, misto de policial e espião, do gabinete do ministro da Aeronáutica, para saber de alguma ocorrência com os pilotos do esquadrão *Senta a pua*! E depois telefonava para tia Candê, que estava rezando em inglês, para serená-la. Ana, a empregada preta e participante daquela república internacional, disse um dia à tia: "Não se preocupe, Dona Candê, estive ontem na macumba e o pai-de-santo falou que não vai acontecer nada, o tenente Pedrinho está protegido pelo Caboclo Rompe Mato". Na manhã seguinte, uma carta de Pedrinho à mãe: "Recebemos nossos novos aviões, tivemos ordem de cada um escolher um nome para o seu. Para o meu escolhi Rompe Mato". Rompe Mato, terminada a guerra, veio para o Brasil; Pedrinho o pilotava: tinha feito noventa e cinco missões sobre o inimigo. Sua fuselagem estava crivada de furos de metralhadoras. No Campo dos Afonsos, a multidão aclamava o grupo de caça a cabriolar sobre as nossas cabeças como fogos de artifício; tia Candê tinha o missal nas mãos; minha mãe suplicava para o alto: "Desce, Pedrinho, chega de brincadeiras!". Ele nos abraçava e sorria como uma criança após uma travessura bem sucedida. Não tinha a menor jactância de herói. Dias depois a Embaixada de França convocou-o para receber a *Croix de Guerre avec Palmes*. Desceu fardado do apartamento, a criançada do prédio, de quem era o ídolo, envolveu-o; ele se sentou no jardim da praça e começou a brincar com a garotada ali, se esqueceu de receber as condecorações que o embaixador mandou entregar-lhe. Estava jogando bola de gude com os meninos, felizes com seu herói, a sabatinar-lhes: "Por que é que a gente vai para a guerra?" E ele mesmo respondia: "Para salvar as crianças".

Quando acabou a revolução de 1932, meu pai foi preso e exilado. Com ele seguiram de Lisboa para Buenos Aires alguns correligionários: Paulo Duarte, Austregésilo de Athayde, o major Ivo Borges, o tenente José de Figueiredo Lobo, entre outros. Minha mãe, minha irmã, meus irmãos menores, Luiz Felipe e Diogo, foram encontrá-lo. O coronel Palimércio e seu filho Apolinário já lá estavam. Tio Lima e tia Candê montaram casa na Rua Paissandu, abrigaram a mim e a meus irmãos João e Euclides, "órfãos" internos no Colégio Militar. Devolvi ao tio Bento o revólver que me emprestara. As aulas de inglês se redobravam na sala de visitas da pequena casa. Um dia, uma menina acompanhada de um cavalheiro se apresentou, queria aulas de inglês. Ao dar o nome a tia Candê — Alzira Vargas, moradora ali ao lado, no Palácio Guanabara — a tia disse: "Não tenho vagas". Antes da partida de minha mãe, ficamos todos numa pensão, junto ao Largo da Segunda-Feira. A pensão dispunha de uma longa sala de refeições, aberta para a rua, e onde se conversava à noite. Certa noite, súbito, um militar fardado surgiu à porta, bateu continência, dirigiu-se a minha mãe: "Dona Valentina, venho saber notícias de meu amigo Euclides", e tilintou os calcanhares. Minha mãe olhou-o e falou para mim: "Meu filho, diga a esse cavaleiro que se retire". O militar se atordoou e saiu. Minha mãe continuou na mesma voz: "Era o coronel Renato Paquet, que conspirou com seu pai e foi servir no estado-maior do coronel Góes Monteiro". Parte da família, o "grupo de Buenos Aires", embarcou, graças a um denodado amigo, o negociante português Agostinho Vaz. Fiquei em casa da tia, freqüentando as aulas na Faculdade, traduzindo o livro que Manuel Moreira de Barros me encomendara no Itamaraty, visitando a namorada, mergulhando na Biblioteca Nacional. Lima Mendes, além do atleta que impressionara a Alemanha, espadachim, cavaleriano, ginasta, adquirira um hábito germânico a ponto de arruinar-se: gostava da cerveja, que tomava com seus companheiros na Brahma, até que o médico, examinando-o, recomendou, com energia: "Não passe de uma cerveja por dia!" Tia Candê e Pedrinho, então com doze anos, desdobravam-se em cuidados para que eu não visse o estado em que ele chegava, arrastando-se, com o braço direito paralisado. Uma tarde, me encontrou na Avenida, me levou para o bar, onde a mesa de amigos me acolheu. Deu-me pena ver aquele hércules a pedir, humilde: "A minha cervejinha". O garçom trouxe-a, num copo de louça, dos que se chamam "pedra"; e ele esticou a tarde a bicar lentamente o escasso chope; quando nos levantamos, a "pedra" estava vazia. Lima Mendes havia bebido nela mais de meio litro de *cognac*. Morreu. No dia seguinte ao de sua morte, tia Candê fez exame para professora de inglês no Colégio Pedro II. Houve uma anistia, meu pai voltou do exílio. Eu o tinha visitado antes e me enamorei de Buenos Aires para o resto da vida. Dali, da Casa Gath y Chaves, das livrarias, eu recebia livros mandados para o Alegrete. E depois descobri a cidade generosa, grandiosa, embebida em música e falando um idioma que já era meu, da fronteira de Santana do Livramento e de Uruguaiana. Não há maior alegria para uma criança do que esta de descobrir-se dominadora de um idioma, de um teorema, de um poema. Em um mês Buenos Aires me tornou mais seguro. E pedante. O exílio me deu uma convivência preciosa com adultos: com João Neves da Fontoura, com Palimércio, com Ibrahim Nobre, e, ao visitá-lo uma única vez, com Lindolfo Collor, que me apontou uma pilha de livros alemães: "Leia isto".

Impossível, não sabia e não sei alemão. Mas guardei o nome do autor, encontrei seus livros nas livrarias portenhas. Ao regressar à Faculdade, eu era o único aluno conhecedor da obra de Stefan Zweig. Só meses depois meu hoje amigo Abraão Koogan editou-o no Brasil. Eu andava treinando jornalismo em *A Nota*, de Geraldo Rocha. Fui à conferência de Zweig na Escola de Música. Saudou-o mestre Afrânio Peixoto, que me assustou com estas palavras iniciais: *Cet **acontecement**...* Aí vi, senti que eu sabia algum francês correto. Acompanhei Zweig ao Clube Elite, na Praça da República, onde queria ver negros dançando. Dançou com uma das damas. Creio que aí nasceu o seu *Brasil, país do futuro...* Pobre Stefan Zweig, não podia prever que o seu país do futuro seria do seu suicídio.

* * *

Chamava-se Azuir. Azuir Sotero Valente de Menezes. Seu pai, coronel, tinha participado da revolução de 22 ou 24, fora reformado do Exército, era amigo e continuava amigo de meu pai, embora pouco se vissem. Azuir tinha dez anos quando o conheci. Era um menino baixinho, entroncado, com esse ar encardido de certos cearenses de beira-mar. Bom nadador, contador de piadas inventadas, estudante de espírito fogueteiro. Tornamo-nos amigos de carteira para carteira, levou-me à sua casa, em Barão de Mesquita, levei-o à de meus tios, que era perto. Trocamos confidências, dei-lhe cola numa ou noutra sabatina; ele me tinha na conta de cê-dê-efe, divertia-se à custa dos colegas, imitava os professores. Talvez me fosse o mais amigo desde o primeiro ano, quase igual ao Armando Cavalcante, o Mosca, bom ouvido para o piano caseiro, nele batucou anos seguidos, chegou a coronel e autor de sambas famosos: *Lata d'água na cabeça, A mulher que é mulher.*

Mas volto ao Azuir. Foi para a Escola Militar na leva de alunos arrastada pela revolução de 30, enquanto eu ficava mais um ano no Colégio porque ainda tinha matérias a aprovar para a vida civil, sentia um invencível desgosto pela vida militar, rimava versos da primeira conjugação e ia para a Faculdade de Direito. Naquele tempo, diga-se, o ensino secundário nos dois colégios públicos do Rio era tão bom que os finalistas do Militar e do Pedro II entravam para as escolas de ensino superior sem precisar de "cursinhos". Minha namorada, namorada já de caso pensado, morava na Rua Major Ávila; a do Azuir pouco mais adiante. Eu lhe tinha cochichado a conspiração de 1932, e a mais outro colega amigo, o Oto Simas. Não quiseram ir por causa das namoradas e daí em diante, ao meu regresso, mostravam por mim uma ponta de inveja: eu já aprendera a fumar como gente grande, eles ainda se exibiam no futebol e na natação. Azuir se encontrava comigo aos sábados, na Avenida Rio Branco, quando os cadetes militares, de uniforme azul e espadim, deslumbravam as meninas das matinês do Odeon e do Palácio. A mim a Revolução Constitucionalista apaisanara, me pusera chapéu na cabeça; contava lorotas de minha estada em Buenos Aires e tomava chope no calçadão do Café Nice, coisa que os colegas militares fardados não podiam fazer. Cabia-lhes contar vantagens quanto às meninas de Bangu e Realengo, vangloriar-se de estripulias hípicas e bravuras de atleta. Eu lhes falava de Plekhanov, de Marx e Spengler não lidos. Eles me achavam pedante. Azuir passava pelo portão da minha namorada, batia uma continência cômica e dizia: "Irmãos na dor e no prazer!" Às dez da noite, dávamos uma volta juntos pela Praça Saenz Peña e nos despedíamos; domingo eu ia para as matinês do Cinema América, ele para as competições náuticas da Ilha de Paquetá. E segunda-feira, no primeiro recreio do regresso, contava da filha do meu professor de filosofia, o coronel Caio Lustosa Lemos, uma nadadora que era um pecado, mas nadava e não dava bola para ninguém: namorava um gordo, metido a poeta, que discutia catolicismo *versus* Krishnamurti e acabou sendo poeta mesmo e casando com a bela nadadora, Yedda, e se chamava Augusto Frederico Schmidt.

Minhas conversas com Azuir já tinham evoluído para a *Sapho* de Daudet e *L'assomoir* de Zola. Azuir tantas fez que caiu no "carro de fogo", exame de meio de ano da Escola Militar cuja reprovação obrigava o aluno a um ano na tropa. Um ano de vagabundagem, um ano sem ter emprego. Azuir resolveu pedir emprego a um amigo do pai, que lhe perguntou: "Que é que o senhor sabe fazer?" Meu amigo respondeu: "Eu monto e desmonto uma metralhadora em menos de cinco minutos. Serve?" Afinal, voltou à Escola no ano seguinte, e novamente nos encontrávamos nos portões das namoradas, até que veio a revolução de 1935, alguns cadetes foram presos, vastamente interrogados pelos oficiais. No sábado passou diante de mim no portão e me disse: "Não queira ser irmão na dor..." Não respondeu à chamada do domingo à noite. Nem à de segunda-feira. Seu pai, o coronel, telefonou para meu pai. Não, eu não sabia de Azuir, a namorada tampouco, só disse que no sábado de noite ele prolongara um adeus comovido. Descobriram sua farda nas pedras em frente ao Cassino Beira-Mar. Dois dias depois seu corpo, longe. Fui chamado a reconhecê-lo. Roxo, com o rosto estraçalhado por mordidas de peixes. O pai tinha sido informado pouco antes do suicídio do filho. O resto vim a saber por outros colegas. Azuir falava com todos, tomava parte em todos os grupos, discutia futebol, era amigo de todos, do colega Antônio Bento Monteiro Tourinho, que gostava de saber de composições. No inquérito militar interno alguém disse que Azuir sabia alguma coisa, sabia de nomes, de participantes. Interrogaram-no quarenta e oito horas seguidas. Depois, os colegas deram-lhe um "gelo", isto é, um silêncio de repúdio. Azuir despediu-se da namorada, me deu adeus, foi ao cais de pedra diante do Cassino, despiu-se e, campeão de natação, nadou em direção à entrada da baía, até perder o fôlego. Conheci tempos depois o seu inquisidor. Tinha sido capitão-ajudante do Colégio, alcançou o posto de general. Dele não conheço nenhum ato de bravura.

Azuir foi o segundo amigo cujo cadáver vi de perto. Minha família e, creio, nossas famílias não deixavam os meninos assistirem a velórios e enterros. Até o dia em que, como aluno do Colégio, fui designado, com outros, para velar o corpo do professor Alphonse Glenadel, eu nunca tinha encarado um cadáver. Nem de desconhecido. O do professor Glenadel estava sendo velado em casa, perto do Colégio. Designaram seis alunos, em uniforme garance e mosquetão, para prestar honras ao mestre. Eu teria uns doze anos. Passei a noite em claro, a arma colada à coxa, quepe na cabeça, sério, quieto, quase sem pestanejar, nem mesmo quando os soluços redobravam ao redor. Ainda não tinha aprendido a chorar para a morte. Conhecia-a dos livros, mas a literatura não deixa ao redor esse odor bruxuleante de fantasma que não se espanta, não foge. A morte é sádica, se admira no morto, ama sua vitória e nossa derrota. O professor Glenadel era, de todos aqueles mestres com quem tínhamos de falar em posição de sentido, a um metro de distância, olhando nos olhos, sem rir, sem adjetivar, o único a pousar a mão no meu ombro e me falar de Musset, de Lamartine, e sabia de cor trechos e trechos de *Atala*. Minha mãe e ele me tinham aberto as portas de sua estante a mais secreta, a mais íntima, que cheirava a madeira envernizada, a naftalina, àquele cheiro de pão do livro. E agora ali, com o fardamento coberto de flores, o ventre que a vida lhe deixou, as bochechas ainda rubras de alegria de viver, a sua imagem me foi de repente tornando duro e mau, com raiva dos lamentos, raiva do amigo morto, perguntando-lhe, a ele, ao fantasma que aspergia o seu incenso e o seu hálito de flores assassinadas: "Por que fizeste isto comigo?" Seus olhos fechados me ouviam, sua testa pouco a pouco se apagava, e a morte ali, voejando, a ver até quando eu agüentaria ao menos os seus dedos de suor a afagar o meu rosto.

Da segunda vez foi um susto. Em Vila Queimada, na revolução, tinham chegado corpos trazidos da frente, condecorados de sangue e lama. Eu não sabia, abri de rompante a porta do casebre, ou foi ela, a Parca, a me abrir a porta com suas mãos de vento, para me mostrar o que os homens fazem, uns aos outros, e eram trapos pardos mergulhados em sangue e merda, amontoados uns sobre os outros, de faces e membros incompletos, as bocas ainda com palavras escondidas nas línguas. Meu primeiro programa; antes eu já os tinha visto no branco-e-preto do celulóide, e não me arrancavam as lágrimas da ficção do cinema. O avião vermelhinho passava por cima do trem que nos trouxera, e lançava umas bombas ingênuas como confetes. E súbito pensei: "Meu pai fez isso!" Todos os pais nos geram no mundo e nos matam.

O pai de Azuir chorando o filho. Quinze dias depois perdeu outro filho. Fui aprendendo: a única presença é a morte; o rosto estraçalhado de meu amigo, o Laocoonte de cadáveres atirados ao casebre, o meu professor cuja voz moldava os sons. Aos dez anos minha mãe levou-me à minha primeira comunhão, no colégio interno de minha irmã, onde os demais comungantes eram meninas. Fui com fé, a fé do padre Miguel do Realengo, a fé de monsenhor Miranda de Friburgo, a fé com que minha mãe receitava diante da dor: "Reza, meu filho, é bom para o peito..." A vida me acostumou com a morte, com seu véu de nuvem e seu cheiro porco. Assim fui sendo treinado por essa única amante que nunca nos dá adeus.

Meu pai tinha um amigo, o coronel Luiz Felipe Moreira Lima, que, embora tendo tomado parte na revolução de 1930 e sido nomeado interventor no Estado do Ceará, continuou sua amizade com o amigo vencido. Freqüentava nossa casa, e um de seus filhos, também Luiz Felipe, amigo de meus irmãos menores, ingressou na Aeronáutica e morreu quando seu avião se chocou com uma montanha. Um outro filho do coronel, Octavio, seguiu também a carreira de aviador. Foi aluno do capitão Pedro de Lima Mendes, então com 23 anos, piloto de guerra de um P-47 nos céus da Itália. Ao dar instrução ao aluno, o capitão falou ao microfone, de um avião para outro:

— Cadete, afaste-se do meu avião, sua asa vai me bater.

Dito e feito. O avião do aluno bateu no do instrutor, que se projetou no chão. Pedro morreu imediatamente. Coube-me dar a notícia a tia Candê. Não derramou uma lágrima; mandou chamar o rapaz, transtornado: deu-lhe ânimo, disse-lhe que não abandonasse a carreira, deu-lhe todos os fardamentos do filho. Quando meu irmão, general João Figueiredo, deixou a presidência da República, o brigadeiro Octavio Moreira Lima fez-se fotografar enquanto arrancava, da parede do órgão do Ministério da Aeronáutica em que servia, o retrato oficial do presidente que saía. Por esse ato de bravura nomearam-mo ministro da Aeronáutica. Depois do que sua esposa, tida como poetisa, recebeu o cargo de adida cultural em Portugal. O marido acompanhou-a como uma espécie de príncipe consorte. O capitão Pedro de Lima Mendes, derrubado por seu aluno, voltara da guerra com as seguintes condecorações: *Croix de Guerre avec Palmes* (França), *Air Me-*

dal avec Palmes (Estados Unidos), *Distinguished Flying Cross* (Estados Unidos), Medalha das campanhas na Itália (Brasil), Cruz da Aviação CITA com Palmas (Itália), Medalha da Campanha do Atlântico Sul (Brasil), Grau de Mérito da Aeronáutica (Brasil), Medalha do Mérito Santos Dumont (Brasil).

* * *

As comemorações em torno do Primeiro Grupo de Caça da Força Aérea Brasileira e sua atuação na Itália, durante a Segunda Grande Guerra, me trazem à lembrança a nossa tia Candê, tia de todos nós e madrinha de direito dos nossos aviadores militares. Seu filho, Pedro, era piloto, um dos mais condecorados pilotos brasileiros quando ainda não tinha atingido a idade de vinte e quatro anos. Muitas das fotografias de ataques a postos inimigos no Passo de Brenner foram feitas pelas câmeras do avião P-47 de Pedrinho. Para chegar até a guerra, fez o percurso de cadete da Escola de Aviação ao preparo especial nos Estados Unidos, enquanto nós, a enorme família de tia Candê, se reunia em torno dela, em seu apartamento do edifício São Miguel. O apartamento era um acampamento de otimismo que tia Candê mais comunicava do que recebia. Ali vinham, à procura de carinho e solidariedade, soldados das nações aliadas.

Apresentei o bardo Manuel Bandeira à tia, professora de inglês, e de quem um de seus professores, o lingüista Daniel Jones, dizia ser a mais perfeita pronúncia de Oxford já ouvida de um estrangeiro. Para se ter idéia do mérito do elogio, lembrem-se: Daniel Jones, afirmavam, podia distinguir o bairro em que morava um inglês pelo seu sotaque. Verdade ou não, Bernard Shaw retratou-o na peça *Pygmalion*, o professor Higgins capaz de transformar, graças a lições de pronúncia, uma prostituta em *lady*, a *fair lady* da versão musical. E Conan Doyle copiou o talento lingüístico de Daniel Jones fazendo com que Sherlock Holmes levantasse, pelo sotaque, a biografia de criminosos e clientes. *Elementar, meu caro Watson!* Pois tia Candê fez-se tradutora de poemas de Abgar Renault e, em seguida, de Manuel Bandeira. E também, creio, de Murilo Mendes.

Muitas e muitas vezes ouvimos música no apartamento da tia, em silêncio sagrado. Em certa ocasião, um gringo desastrado sentou-se em cima do adágio do *Quarteto 132* de Beethoven, justamente o que se chama *Canto de reconhecimento a Deus de um convalescente no modo lídio*, numa gravação impecável pelos magos de Budapeste. Diante dos olhos estarrecidos do bardo (assim chamávamos Manu), a tia expulsou o ignaro, usando a límpida pronúncia: *Get out!* O bardo aprovou. O bardo era cerimonioso, talvez o único a chamar a tia de Dona, como veio na dedicatória das *Poesias escolhidas* que lhe deu. Mas bardo é bardo e por isso não resistiu à gentileza de oferecer à tia sua *Carta de brasão*, precioso autógrafo à primeira página do volume:

> *Escudo vermelho nele uma Bandeira*
> *Quadrado de ouro*
> *E nele um leão rompente*
> *Azul, armado*
> *Língua, dentes e unhas de vermelho*
> *E a haste da Bandeira de ouro*
> *E a Bandeira com um filete de prata*
> *Em quadro.*
> *Paquife de prata cerrado*
> *Guarnecido de ouro*
> *E a mesma Bandeira por timbre.*
> *Esta é a minha carta de brasão*
>
> *Por isso teu nome*
> *Não chamarei mais Rosa, Teresa*
> *ou Esmeralda.*
> *Teu nome chamarei agora*
> *Candelária.*

E, após o poema: *À dona Candelária, homenagem do bardo*. Com "b" minúsculo, porque maiúsculo só Shakespeare, em atenção à shakespeareana da roda, a professora Melissa Hull. Depois do poema e da dedicatória, só então a tia passou a ser tia para Manuel Bandeira e começaram a se tratar de você. Graças à tia comum, tornei-me primo de Manu.

Quanto ao *Quarteto 132*, ouvi-o da primeira vez com Mario de Andrade e Barreto Leite Filho, pelo *Quarteto de Budapeste*, no auditório da Escola Nacional de Música. Nós três ouvintes, ao acorde final, ficamos quietos, sem aplaudir de tão esmagados. Tia Candê tinha razão ao expulsar de casa o ignaro inglês quebrador do precioso disco. A obra e seu adágio me ficaram na alma, grudados nela. Quando precisei dar uma demonstração de gratidão ao meu médico, Aluízio de Salles Fonseca, por tantos cuidados com que me salvou em três operações milagrosas, convidei-o e a sua mulher, Dalila, para ouvirem o *Canto de agradecimento a Deus de um convales-*

cente, pelo Quarteto Guarneri. Num silêncio negro, onde só a mensagem esvoaçava, que Beethoven surdo nunca ouviu. Imaginei-o velho, sofrido, desgrenhado, de cabelos cor de sarro. Devia cheirar a vinho mau. Era infeliz, porque a infelicidade é uma obrigação do verdadeiro artista. E, escutando-se para dentro de si mesmo, agradecia à divindade por sentir-se convalescer da vida e da morte, como explodiu em solitária exclamação de alegria e fraternidade: "Oh, alegria, filha do Elísio!" O Quarteto Guarneri desfiava os cabelos dos arcos e das entranhas dos instrumentos que abraçavam a essência da vida convalescente em nós mesmos, um segredo de amor a voar sobre os ouvidos como uma nuvem... Estranha sensação essa de ver quatro cabeças encanecidas de tanto viverem juntas dentro de uma oração, olhos fixos na partitura e atentos uns aos outros como um só ser vivo, obedecendo-se, entrelaçando-se, amando-se, enxugando-se as lágrimas, os sangues, rezando-se dentro dos lábios quentes, com os olhos ajoelhados, a nos obrigarem a surpreender a ternura de adeus e de esperança do moribundo que mora em cada um de nós. Será que Beethoven sussurrou o mistério da convalescença de viver, ou só eu me meti a escutar a brisa de sons que eu, só eu, ninguém mais, estava ouvindo, nem ele, o pobre, a nos oferecer a invenção de viver? Depois, andamos pé ante pé, para não assustar o fantasma surdo que nos ensinava a convalescer.

Depois que Pedrinho regressou, surgiu outra figura apaixonante, a cantora francesa Anna Marly, a Musa da Resistência, cuja voz incitadora ouvíamos na BBC de Londres (o *Chant du partisan* de Maurice Druon, a *Complainte du partisan* de Joseph Kessel), e o *Liberté* de Paul Éluard — o poeta companheiro de sanatório de Manuel Bandeira, na Suíça, uns trinta anos antes. Um dia Pedrinho não voltou da instrução que dava no Campo dos Afonsos. A notícia chegou primeiro a mim, cabia-me levá-la à tia. Era uma promessa: se alguma coisa lhe acontecesse, eu é que deveria dizer-lhe. Disse. Tia Candê ouviu em silêncio. Meus pais chegaram. Silêncio. Manuel Bandeira chegou. Ela apenas falou: "Que injustiça!" E recebia as pessoas com a seriedade simples de quem cumprira un dever. Anna Marly desapareceu. Ressurgiu dois dias depois: tinha os cabelos completamente brancos.

É certo que, tanto a Manu quanto a mim, Mario de Andrade recomendou não publicar suas cartas; todas, porém, são um trabalho de "patrialização de nossa terra" (a expressão é de Manu). Ele relia as de Mario como lição, como devem ser lidas por quem quiser verde-amarelizar sua arte e sua consciência social. Aprendia com o professor dez anos mais moço. Eu contei isso nas cartas que compõem *A lição do guru*.

Assim acompanhei o guru e o poeta. Tempos de Mario, tempos de

Manu. Fiz uso, como toda a minha geração o fez, das invenções manuelinas: a nova gnomologia; a rotulação dos artífices bissextos, a invenção da Pasárgada; a explosão regionalista dos anos trinta (*São os do Norte que vêm!*); angústia entre Eros e Tanatos (*Eu quero a estrela da manhã!*); a rebelião estética (*Estou farto de lirismo comedido!*); vivemos no Mangue (que é também o de Segall); no seu Palace Hotel (*Nossa Senhora das Prostitutas!*), suas cidades amoráveis, Belém, Recife, Ouro Preto. E a sua súplica: *Me dá alegria!* Manu nos deu o seu Mozart, o seu Sinhô, como nos deu a sua Elizabeth Browning, o seu Carlitos, a sua condessa de Noailles, seu Shakespeare, seu Schiller, seu Proust, porque durante toda a vida esse amoroso da solidão e fugitivo dela rodeou-a de imagens, de vozes, de pessoas, de livros, de uma dona que muitos namoram sem se casarem com ela: a cultura. Manu é, como Drummond, a pregação de Mario: são todos cumes de uma cordilheira onde se elevam Portinari, Villa-Lobos, Mignone, Lúcio Costa, Oscar Niemeyer, Bruno Giorgi, Burle Marx.

A última visita à solidão de Manu foi quase trinta anos depois do Beco. Morava no edifício São Miguel, onde nos reuníamos no apartamento de nossa tia comum e voluntária. A mesma pobreza, o mundão de livros, em estantes, no quarto, debaixo da cama, na sala: *Aqui é uma biblioteca em que eu durmo*, lecionou. Depois fomos à casa de nossa tia ouvir a heroína da Résistance, Anna Marly, cantar o poema libertário do colega Paul Éluard. Os olhos, os dentes de Manu brilhavam dentro da sua solidão. *A vida inteira que podia ter sido e que não foi*. Poeta? Foi, é, será. *Morrer completamente*, Poeta? Não. Esse é apenas o seu primeiro centenário, Poeta.

* * *

Foi assim que pude freqüentar a solidão de Manu.

Certa manhãzinha de 1939, o poeta Fernando Mendes de Almeida, hóspede em nossa casa no Rio, e a quem eu já devia em São Paulo o tornar-me amigo de Mario de Andrade, me chamou para visitar Manuel Bandeira. Se Fernando tinha o dom do convite, tinha também o da encantadora inoportunidade: gostava de visitar não paulistamente às nove da noite, mas sergipanamente, às sete da manhã. Lá fomos para a Lapa, Rua Moraes e Vale, um beco, o Beco do Poema: assim devia chamar-se o beco que ele via em vez da Glória e do horizonte, visões parnasianas. Condensação denunciatória de injustiça social, o beco me dava um aspecto da alma daquele moribundo e ressuscitado bissexto, cuja poesia entendíamos e nos indignava quando outros não a entendiam. O beco era ali, provavelmente o mesmo onde Simão, personagem de Ribeiro Couto, ouvira com escândalo uma voz de mulher pronunciar o nome de sua mãe.

Entrei "com pé respeitoso". O apartamento, exíguo, mal dava para o sorriso prognata de Manuel Bandeira, seus livros, seus quadros balouçantes. Ganhei sua primeira dedicatória, que por sua vez ganhou outra, quando mandei o livro a meu pai: "Censura — Casa de Correção".

Já então eu freqüentava a boêmia do *dopo lavoro* do jornalismo carioca, às onze da noite. Mario de Andrade na Brahma, Prudente de Morais Neto no Universal, Barreto Leite Filho e Genolino Amado no Russell, e todos, atarantados com a guerra, humilhados pelo "estado novo", acorríamos à Taberna da Glória, onde os notívagos se misturavam em mesas, de Mario e seus pintainhos literários, Mario e seu viveiro musical, Mario e a turma do Patrimônio, Mario e os "mais velhos", fauna resumida no nome de Ronda. Por ela, de vez em quando, surgia Manuel Bandeira, tentado pela madrugada e cauteloso dela, saudoso de sua boêmia, a que substituiu a "Dourada" de parnasianos, simbolistas e trocadilhistas. A de Manuel Bandeira dos anos posteriores à sua "montanha mágica" no sanatório de Clavadel, perto de Davos Platz, na Suíça, reunira o sambista Sinhô, o mitômano Patrocínio Filho, o seresteiro Catulo da Paixão Cearense, a tia Ciata, princesa do samba, e gente humilde, anônima. João do Rio chegou perto dessa gente, para ver-lhe as religiões e os afrescos de botequim, mas preferia fugir para o território do *champagne* e dos charutos. Lima Barreto a ela se entregou, aflito para descobrirem o seu talento e, de vez em quando, voltando em tentativas de cura. Adelino Magalhães retratou-a. Manuel Bandeira, ex-tísico, oscilava na sedução dos ritmos dissolutos e do carnaval, poetando como quem morre, de desalento, e aí permaneceu, numa agonia octogenária, desencantado com um mundo injusto e a ele comparecendo como aluno externo. O aprendizado da solidão ele o iniciou bem cedo, e o cultivou, sincero e fingidor como Fernando Pessoa, *gauche* como o irmão-quase-gêmeo Carlos Drummond de Andrade, amando enganosamente a vida como seu guru mais jovem, Mario de Andrade, todos nietzschianos num ponto: a pátria comum da solidão.

Em termos: a ilha da Solidão, usina de Poesia, exige um arquipélago boêmio, onde o poeta ambulante vai colher e mostrar sua bufarinhagem, até por necessidade, camelô de si mesmo. Aí se multiplica em travessuras de jogral ou em cambalhotas canhestras de *clown* de Shakespeare, *gauche* porque a vida é *gauche* para ele, a vida "que podia ter sido e que não foi", e aquele território é a sua Pasárgada de Liberdade. Manuel Bandeira viveu entre esconder-se da enfermidade e consertar a vida, a enfermidade de viver. Viveu morrendo, fazendo versos como quem morre, de desencanto e desalento, caramelados de ironia. Amou a vida gota a gota, sorveu-a suportando-a, "áspero, intratável" por dentro, *uomo segreto*, mas com um florescer de poesia que sabia desabrochar a cada toque de dedos, cada fala, cada olhar para o cotidiano ao redor. A cada dona.

Assim aparecia no bar, aparição bissexta, perseguindo a solidão que o perseguia, caçador de vagalumes na sarjeta, com a mão da Morte no ombro, a Morte que o acompanhou oitenta e dois anos: a Morte e a Poesia. Parecia envergonhar-se de mostrar seu sofrimento e fugia para a Pasárgada paradisíaca. Hoje esse sofrimento são suas *Obras completas*, com *Poesias escolhidas* (evidente severidade) e *Poesias completas — edição aumentada* (vitória do Hoje sobre o Amanhã), estrelas matinais e vespertinas, piedosas recordações à procura de um tempo recuperado pela Palavra. Seus boêmios não eram mais os parnasianos da Colombo. Eram os simples da Lapa, em doses homeopáticas. Tinha de viver devagarinho, não de versos, mas de crônicas de jornal, do dia-a-dia de escritor só escritor. E assim viveu. Para sempre.

Passei a chamá-lo de Manu, promoção concedida quando Mario nos aproximou. O solitário Manu era um exigente cultural acima de minha geração, vinha de uma formação lingüística e literária mergulhada na Europa, lia colegas como Paul Éluard, fazia música e espírito com Jaime Ovalle, com Luciano Gallet, freqüentava o círculo de jovens instruídos diferentes das "trincas": Ronald de Carvalho, Oswald de Andrade, Sérgio Buarque de Holanda, Osvaldo Orico, Austregésilo de Athayde — onde conheceu Mario. E começaram a cartear-se. Na primeira carta, depois do primeiro encontro, Mario confessa: *Foste o primeiro dos amigos do Rio a nos demonstrar alguma simpatia*. O círculo ampliava-se: Guilherme de Almeida, Menotti del Picchia, Tristão de Athayde, Álvaro Moreyra, gente sonhadora de uma revolução estética e que sonhava *réussir* — e até academizar-se, sem comprometer-se totalmente em lamas baudelairianas. Baudelaire, Verlaine, Rimbaud ficam bem como mestres no papel, não como autobiografias contra o burguês. *Odeio o burguês!*, brandia Mario de Andrade; e Manu, pelo menos de *Ritmo dissoluto* em diante, não esconde esse ódio, ao qual mistura paladares de Mozart, de Debussy, de Schumann, deslumbramentos de leituras, de espetáculos, de arquitetura colonial, de pintura. Nas cartas de Mario (pena que Manu só tenha publicado as que vão de 1922 a 1935, omitindo as dos dez últimos anos de vida do amigo!) vê-se o processo para estabelecer a intimidade e a confiança; o de confessar-se para levar o interlocutor a confessar-se até admitir a crítica: *Estou criança, criancinha duma vez*; *Como mudaste o sentimento de tua dor pessoal!*; ... *erras enormemente quando dizes* (...); *Hoje sou ironicamente, sarcasticamente tísico*; *Não és mais*; *Tu negas Deus. Não és ateu*. E Mario fala na *parte de Deus*, a mesma *parte do Anjo* que transmitiu a Francisco Mignone.

Não conhecemos as cartas de Manu a Mario. Juntas, cronologicamente, seriam, com as de Drummond-Mario, o maior tratado de estética brasileira.

* * *

Acompanhando Manu em sua solidão amorosa, no circo carnavalesco onde sua alegria vivia sempre proibida de tomar parte, eu recordava um soneto feito para mim mesmo e que se adaptava a ele, ao seu triste histrionismo, às mulheres amadas:

> *Para agradar-te, por ganhar teu riso,*
> *Que frases, que caretas, que cambotas!*
> *Hão de dizer-te que perdi o siso*
> *E que sou o maior dos idiotas.*
>
> *Por fazer-te chorar e comover-te,*
> *Que tristezas te conto, que mentiras!*
> *Podem zombar que choro de não ter-te*
> *Que meus gestos provocam tuas iras.*
>
> *Tudo, tudo, essas farsas e misérias*
> *Põe no rol das micagens nada sérias:*
> *Dirão, dirás que sempre fui assim.*
>
> *Mas se me vejo só diante do espelho,*
> *Limpo o alvaiade, as rugas de vermelho*
> *E me ponho a chorar diante de mim.*

Em Londres, tia Candê e eu nos encontramos e mergulhamos num *pub* para olhar a solenidade silenciosa com que os londrinos bebem. Contei-lhe uma história de Fernando Sabino, adido cultural, quando exibiu Newton Freitas aos freqüentadores do *pub*. Entrou um, sério, calça listrada, paletó preto, chapéu coco, guarda-chuva, pasta de documentos, pediu o caneco, pousou-o no balcão; chupava-o molhando uns bigodes louros, revirados de ponta ao lado, bigodes de coronel das Índias ou do Palácio de Buckingham. Newton zombava da grave figura. Sabino disse ao amigo já um tanto oscilante: "Duvido que você puxe o bigode daquele cidadão". Newton levantou-se, postou-se diante do homem, deu-lhe um safanão no bigode. O bigodudo encarou-o e exclamou com indignação:

— *I beg your pardon!*.

Nesses *understatements* que só os britânicos decifram está escondida toda a massa de ofensas que um mortal pode pedir perdão de não dizer a outro em voz alta: "Eu lhe peço perdão de não dizer o que penso de sua mãe, de sua mulher, de sua família, de seus amigos, de seus cães e gatos". Tia Candê riu e todo o *pub* silencioso voltou-se para ela, para mim, curiosos de nossa explosão de riso. E saímos, Londres afora, a respirar a cidade como quem respira um céu.

Entrevada, na cama, tirou de debaixo do lençol a mão entortada como uma árvore sem folhas: *Já estou com mão de filme de terror...* Uma vez, como brigássemos diante dela, Alba e eu, exclamou para minha mulher: *Por que você reclama? O casamento é ótimo para a mulher: tudo grátis!* Mas de outra vez filosofou: *Casamento é como ópera: custa a chegar uma ária que preste!...* Seu confessor ouvia as lamentações da velhice: *A velhice é triste, a velhice é o abandono, a velhice é amarga, a velhice é...* E o monsenhor, concordando piedosamente. E tia Candê: *A velhice é uma merda, monsenhor*. E ele concordou com a piedosa cabeça.

Reclamou que o sobrinho João, alçado à presidência da República, não a visitasse como antes. Reclamei ao João, que retrucou: *Tenho medo de me emocionar...* Enfrente o medo!, eu falei. Decidiu. Daqui em diante é a empregada, gorda, de riso branco nos bochechões pretos, que me conta:

Foi um tal de motocicleta, de homens de roupa escura vigiando em todos os andares. Adivinhei que era o presidente. Chegaram uns automóveis; o general saltou com uma porção de outros, e trazia um ramo de flores na mão... Todos entraram, João beijou a tia, deu-lhes as flores, os oficiais sorriam, a tia falou:

— Muito obrigada, estou contente com a sua visita, meu filho, mas eu gostaria de fazer como quando você era pequeno, depois de suas travessuras, gostaria de lhe dar umas palmadas na bunda, que é o que você está merecendo...

E os militares sérios, até que desabrocharam num riso hierárquico quando o presidente riu.

Algum tempo depois, no aeroporto de Brasília, o salão estava duro de gente importante que vinha receber o João recém-operado em Cleveland. Enquanto esperavam o avião, o ministro Leitão de Abreu conversava comigo e com vários brasilienses, cada um a afirmar, com cuidado, o que julgava faltar em Brasília: faltam calçadas... faltam bancos... faltam cafezinhos... Ousei falar:

— O que falta em Brasília são tias...

— Tias? Que tias?

— Aquelas tias velhas que nos criaram e ficaram pobres porque a vida delas foi criar-nos nas nossas famílias, e têm de morar em nossa casa porque não têm onde morar, e dizem, alto e bom som, para o sobrinho importante: *Você está namorando a secretária... Você entrou numa negociata... Você está se portando mal...* E o dono da casa não pode fazer nada: não pode matar a tia, mandá-la para a casa de outro, metê-la num asilo... Não pode fazer nada contra a tia, e é a tia que salva a moralidade geral, a decência e o bom comportamento de cada um... Cada habitante de Brasília devia ser obrigado a trazer para cá sua tia...

— Você não gosta de Brasília?

— Eu? Cada vez que venho a Brasília sinto saudades da pátria.

Pobre tia... A velhice transformou-a num punhado de ossos cobertos de um tênue encardido; o grande nariz romano afinou-se, encurvou-se, seus lábios enrugaram para dentro da boca... Já não podia falar, já olhava com olhos apertados, como afligidos por uma luz cruel. Assim a levaram para o Hospital da Aeronáutica, e logo para uma sala de tratamento intensivo... Para tratar o quê? Recuperá-la de quê? Fazê-la ressuscitar? Vestiram-me um avental branco, levaram-me aonde estava, um resto vegetal como vi minha sogra e minha mãe. As enfermeiras, os médicos falavam alto, falavam entre si. Atrás de mim uma doutora de aparência chinesa, leve, arrumada, falou alto comigo, eu sussurrei qualquer coisa, e ela gritou:

— Pode falar alto, ela não escuta nada...

Tomei aquela mão que me conduziu na vida para melhorar minha cegueira do mundo, a mão se abandonou na minha, não como a mão de Palimércio, ainda quente, a de meu pai, ainda capaz de um aperto póstumo. Era uma triste mão de pequenos galhos secos, e, sem dar conta do que fazia, comecei a dizer qualquer coisa, eram menos palavras do que gemidos, e a chinesinha me disse:

— Pode falar alto, ela já não ouve nada, não sente nada, não pensa nada.

— Minha tia, minha tia, murmurei para ninguém. E então me pareceu que seus dedos tremiam.

Ou eram os meus? Sim, eram os meus que tangiam seus ossos, porque ela já estava apagada, longe, longe, e olhei para o rosto irreconhecível, caricatura brutal, e de dentro de suas pálpebras nasceram duas lágrimas que deslizaram pelos restos da face, e ela ouvia, ouvia quando eu lhe disse baixinho.

— Adeus...

Ela ainda ouviu, juro que ainda ouviu, porque de sua boca cerrada veio o hálito de uma palavra cujo som se prendeu no meu ouvido, até hoje, para sempre.

Uma das irmãs mais velhas de tia Candê, que chamávamos de tia Alzira, era casada com um médico de enorme coração, Waldemar Dutra, e seus filhos misturavam suas férias com as nossas, Mariazinha, Ana, e Eloi, Waldemar, Maurício... Eloi foi o tremendo opositor a Carlos Lacerda, Waldemar foi inteligente médico psiquiatra. E eram meus amigos. Eram chegados aos Vargas e aos Brizolas mas isto não tinha importância: eram nossos amigos. Mariazinha e Ana vieram ao apartamento da tia, e nos chamaram, a Alba e a mim, para que escolhêssemos alguma lembrança da tia. Fiquei com o missal, o dicionário, e dois ladrilhos trazidos da Itália: um, reprodução do achado em Pompéia, onde se lê *Cave canem*, muito bom para se proteger das visitas; outro com uma exclamação altamente autobiográfica: *Porca miseria*. Ah, e um pequeno sofá de palhinha, para duas pessoas. Tia Candê mencionava-o pelo seu nome inglês: *Love chair*. Tenho tristeza de não ter aproximado de tia Candê mais um sobrinho, Mario de Andrade, que ela não conheceu, e outro, Mário da Silva Brito.

PRENDA MINHA

Se minha infância de filho de pais pobres foi agradável, com idas e vindas entre Rio e Campinas, quando as tarefas de meu pai eram tão árduas e distantes que obrigavam mãe e filho a abrigar-se entre os seus parentes, mais a escolinha do Padre Miguel, a estada em Friburgo, em Santos, e logo a escola pública Nilo Peçanha, que me igualou aos demais meninos paupérrimos e me ensinou a ser deles um amigo e um igual, meus dez anos de idade me contemplaram com o que de melhor eu poderia ter: o Colégio Militar — as disciplinas e a disciplina. As disciplinas com um grupo de professores e instrutores, que iam de generais a sargentos entre colegas uniformes, sem distinção de cor, de raça de origem; a disciplina como um modo de comportamento que, na vida civil, se prolongou num permanente respeito aos mais hierárquicos e mais velhos. Talvez por isso desde a adolescência já me sentisse "mais velho". O Colégio Militar me livrou de vaidades e invejas. Ao terminar o curso, a revolução vitoriosa de 3 de outubro de 1930 eliminou meus orgulhos a ponto de meus comandantes e instrutores quererem recompensar-me da adversidade fazendo-me comandante-aluno. Por estima a meu pai. Talvez para recuperar para a farda o meninote que já buscava o pio pobre de escritor. Cerquei-me cedo de um severo julgamento pelos camaradas de meu pai que tão brutalmente lhe destruíram a carreira. Dele aos quinze anos ouvi:

— Só voltarei ao exército pelas armas. E jurei fidelidade a uma Constituição para cuja existência e respeito quero dar minha vida.

Essa promessa eu a herdei; como estudante de direito achava que toda a justiça social, todo o aprimoramento da cidadania, só deveriam ser feitos dentro daquela lei que guiara a disciplina paterna e a minha. Por isso não tive adolescência de esbanjadora juventude. Os meus por quês não eram respondidos nas aulas frouxas de filosofia do coronel Caio Lustosa, teosofista bondoso e sem inquietações: faltava-lhe um certo arrebatamento doidivanas do coronel Isnar Dantas Barreto, um ensinador de rebeldias. Ocorreu que, a 3 de outubro de 1930, se deu à minha família a humilhação do chefe preso; deu também à família de um colega de minha irmã a brutalidade de ter um irmão assassinado por companheiros de armas em rebeldia.

O tenente Paulo Figueiredo Lobo foi morto a tiros quando repousava, e os responsáveis por sua morte eram seus colegas. Para que não se ouvissem os gemidos da vítima, meteram-lhe pela boca um chumaço de estopa. A meu pai, foi seu amigo, o major Pedro Aurélio de Góes Monteiro, que lhe pediu, da cidade de Santo Ângelo, para encontrá-lo na encruzilhada de trens em Cacequi, por onde meu pai passaria a caminho de Santana do Livramento. Graças a esse expediente soube onde deviam assaltá-lo os sicários civis em emboscada.

Nessa atmosfera de luto conheci a mocinha que seria minha esposa. Meses depois da vitória da revolução, morria de desgosto seu pai, o ex-senador deposto José Joaquim Pereira Lobo. Em seu velório eu disse à menina: "Quero tomar conta de você". Eu pressentia que Alba e eu nos casaríamos. As peripécias da vida prolongaram namoro e noivado, durante oito anos em 1941. Nesse intervalo me formei, tornei-me jornalista, tentei uma impossível advocacia, permaneci escrevendo, embriagando-me do cheiro de tinta e embalado ao chilrear dos linotipos. Foi a maneira encontrada de continuar contra a ditadura e seus disfarces, lutar contra Mussolini, Hitler, Salazar, e ver ruídos os estados totalitários. Filiei-me à Esquerda Democrática porque me pareceu o caminho para um Brasil mais digno. Deixei-a quando se tornou caudatária de grupos infiéis aos seus próprios princípios. Como jornalista tive então alguns momentos de espanto. Um quando Otávio Mangabeira, companheiro de prisão de meu pai, na Assembléia Constituinte da futura lei magna, adiantou-se até a tribuna e beijou a mão do general Dwight Eisenhower que acabara de discursar. Eu me achava na bancada da imprensa, pressenti o gesto, gritei para o meu colega Barreto Leite Filho:

— Santo Deus, ele vai beijar a mão do homem...

Ibrahim Sued, fotógrafo de *O Globo*, registrou com sua câmera.

Na Casa de Correção, meu pai preso, um dia eu disse ao Caneppa, diretor do presídio:

— Me deixe entrevistar o Prestes.

Caneppa, entre assustado e risonho, respondeu:

— Só quando ele for anistiado.

No dia da anistia, corri à Casa de Correção, atravessei a multidão que já se juntava.

Com essa maneira de ser me vi atirado à vida civil. Confesso: durante sete anos houve em volta de mim uma conspiração paterna: queria o filho soldado. Descendente de um tronco de soldados, embora pobres, como ele costumava dizer:

— Soldado deve ser pobre! Militar que enriquece deve ser preso.

Meu pai fez tudo para que eu fosse um seu seguidor. Fardamentos, culotes, botas, arreios, rédeas de couro inglês, bridões de eglantine, e mais os livros que dava a ler, o César Zama, o *Memorial* de Las Casas, as grandes guerras, o *Grandeurs et servitudes de la vie militaire* de Vigny, os manuais de equitação. Aos sete anos fui vê-lo montar guarda ao Rei Alberto: freqüentei paradas e concursos hípicos, acompanhei o entusiasmo com que, junto com Gustavo Barroso, reconstituiu o uniforme dos Dragões da Independência, o uniforme da guarda de Dom Pedro I no Dia da Independência; importou com seu amigo e meu padrinho, Augusto de Lima Mendes, os belos cavalos alemães trazidos de Ohlau e Hannover. Foi ele quem promoveu, no Rio Grande do Sul, o Tratado de Cruz Alta, fim de guerra das cavalarias de Assis Brasil e de Borges de Medeiros, isto é, entre chimangos e maragatos; à frente de seu esquadrão do Primeiro Regimento de Cavalaria, em 1922 tomou a Escola Militar do Realengo, rebelada contra o governo. O episódio merece registro: formou o esquadrão diante do portão da Escola e mandou avisar que ia entrar sozinho; como tinha sido instrutor benquisto pelos cadetes, entrou, gritou pelo corneteiro, ordenou que tocasse reunir, fê-los marchar para o rancho, reuniu os oficiais rebelados no cassino dos oficiais e declarou:

— Os senhores estão presos. Sentem-se. Vamos almoçar.

Em meio do almoço apresentou-se o tenente oficial de dia, que retirou do coldre o revólver e o colocou na mesa, ao lado de meu pai, dizendo:

— Considero-me preso.

E meu pai.

— Sente-se, Odilo, vamos almoçar.

O tenente chamava-se Odilo Denis. Continuaram amigos a vida inteira.

Lembro-me de quando meu pai voltou à nossa casa na Vila Souza Cabral, entusiasmado com a bravura dos Dezoito do Forte. Lamentava estar "do outro lado" mas justificava-se:

— Um militar tem que estar ao lado da legalidade.

* * *

A revolução vitoriosa de 1930 decidira matricular na Escola Militar todos os alunos do Colégio que quisessem ser militares. Foram uns trezentos, dos três Colégios: do Rio, de Barbacena, de Porto Alegre. Sobramos sete, os que desejávamos profissões civis; para eles faltava completar o estudo de matérias consideradas desnecessárias para o início da vida militar: sete "paisanos", que éramos olhados como desertores da Gloriosa Revolução. Faltava-nos a matemática fina, a que chamavam de "revisão de matemática", a física e a agrimensura. Na matemática, o coronel Vitalino Tomás Alves nos dava os princípios de trigonometria esférica, cálculo diferencial, o que exigia o manejo dos cálculos da tábua de logaritmos, a de Callet, o que nos encaminhava para um reestudo mais sério do idioma francês, de que nos tinham deixado bons vestígios o professor Alphonse Glenadel; a álgebra de Comberousse, a física de Brandy, a História Natural de Pinzón, a História Universal de Albert Mallet. E mais o ornamento literário de poesia e prosa francesas. Creio poder dizer, sem erro, que esse foi o último ano em que alunos brasileiros puderam falar francês e enfrentar as aulas da Missão Militar Francesa. Em português e literatura portuguesa e brasileira, dois mestres: Mário Barreto e João da Rocha Maia. O primeiro, filósofo ilustre, surdo, desprezava os alunos desentendidos de suas aulas; mas, para os quatro ou cinco atentos, era emocionante e cinematográfico transformar os versos de Camões, Gonçalves Dias e Castro Alves em verdadeiros filmes cinematográficos. Rocha Maia, mais afável, não deixava passar um pronome incorreto ou uma sintaxe claudicante; e o latim, matéria erradamente facultativa, nos trazia o professor Rosendo Martins, santo latinista cujos olhos se enchiam de lágrimas ao surpreender um aluno colando:

— Não faça isto comigo, meu filho; e não faça com ninguém...

E nos entoava música verbal de Virgílio e Ovídio. O professor de filosofia, coronel Caio Lemos, tinha vindo de Fortaleza. Teosofista, um de seus filhos era seu aluno em nossa turma, ambos gostavam de falar de Krishnamurti, que visitava o Brasil, e o seu coração nos convencia de que os bons pensamentos tinham forma de rosa; os maus, forma de espinhos. O professor de física e química, eleito paraninfo dos sete, também o era da Escola Normal: Djalma Régis Bittencourt vinha feliz das aulas das meninas que o achavam belo; para ele desenhei uma aspiral da tábua de corpos simples de Mendeleiev, recém-aparecida na *France Illustration* e que ele ainda não conhecia. Deixo para o fim a mágica do coronel Vitalino Tomás Alves, que nos dava suas questões de provas e dizia:

— Não precisam consultar a tábua de logaritmos: se precisarem de algum me perguntem que eu digo.

Eu achava maravilhoso alguém poder saber de cor a tábua de logaritmos, até que um dia, adquirindo coragem, perguntei se assim era.

— Não, menino, nada disso... Eu sei de cor os logaritmos de números e ângulos até uma certa quantidade. Quando um de vocês me faz a pergunta que você me fez, apenas decomponho o número em fatores primos, multiplico o logaritmo de cada um pela potência da base, e somo o resultado com sete decimais!

Um prodígio! Calculava de cabeça quaisquer equações e apenas movia os dez dedos como se fossem ábacos. Eu me encantava! O professor Vitalino foi atropelado por um bonde, ao atravessar a rua em frente ao Colégio, porque andava imerso em seus cálculos. Finalmente, o professor coronel Artur Paulino de Souza, de topografia e agrimensura: todos os anos nos obrigava a calcular, de pontos distintos do teodolito, o volume do morro da Babilônia. É provável que o famoso bloco de pedra entre as ruas Almirante Cochrane e Barão de Mesquita tenha sido até hoje o terreno mais medido da cidade do Rio de Janeiro. Quem quiser saber o número de medições que conte o número de alunos que se formaram no Colégio Militar. O exame final de agrimensura era sempre a Babilônia; para os cálculos cada um faria como soubesse; para a planta, eu, mau desenhista, pedi o auxílio de um colega, Milton Carvalho, que ostentava o curioso apelido de Quiuspariu, porque esta era sua interjeição habitual. E havia *A Aspiração*, órgão dos alunos do Colégio, com sede na Sociedade Literária... Ali espirrei meu primeiro soneto, publicado pelo aluno Nelson Werneck Sodré; e a biblioteca da Sociedade me deu toda a literatura que eu pudesse devorar.

Era natural que, assim, não sobrasse tempo para o futebol dos recreios; mas sobrou-me tempo para que as meninas, nos bailezinhos, me considerassem pedante. Recitar Musset, Bilac e Camões já devia ser considerado ato em que a puerilidade dominava a infantilidade. E o papel de comandante-aluno me conferia injustos privilégios: não entrar em forma, ir à Quinta a cavalo e o pecado de fumar escondido. E mais: ao começar a parada diária, era eu quem comandava.

— Corneteiro, toque sentido!

O corneteiro já havia anunciado na corneta a minha presença. Os oficiais-alunos batiam continência, o corneteiro tocava para que a banda colegial tocasse. Desfilavam diante de mim. Faltava-me empáfia, sobrava-me encabulação. O corneteiro era meu amigo. Representávamos nossos respectivos papéis. Mas às quintas-feiras, no recreio da tarde, o corneteiro era o militar mais importante do mundo. É que chegava num táxi, para visitá-lo, a irmã.

Deixa que meu pai e o historiador Gustavo Barroso acharam de ressuscitar o uniforme tradicional do regimento: aquela tropa era a que escoltara Dom Pedro, o regente, em sua viagem a São Paulo; e, nas cercanias de São Paulo, o príncipe achou necessário fazer uma urgência principesca; no meio de um pelotão que surgia, em galopada violenta, da corte a São Paulo, vinha uma mensagem de José Bonifácio: Dom João VI, o Pai, ordenava que o filho deixasse o Brasil, regressasse imediatamente a Lisboa. Aqui me guio pelo quadro de Pedro Américo: grandiosamente eqüestre, Dom Pedro bradou "Independência ou morte!" Estava independente o Brasil; Dom Pedro já tinha na idéia um hino proposital. Os dragões da guarda passaram a Dragões da Independência; um século depois, o coronel e o historiador revestiram os soldados. Tornou-se moda que os soldados de Pedro I servissem de séquito em quaisquer eventos cívicos. Ao comandante do regimento que cedesse pelotões destinados às apoteoses finais. As apoteoses são sempre como nas revistas parisienses: por uma escadaria, ladeada de soldados a cada degrau, todos os soldados empenachados, luzidios nas túnicas e culotes brancos, lanças embaideiradas, abriam as alas do cortejo final, a descer escada abaixo sob chuva de flores. Assim teria visto o teatrólogo em Paris, quando Cécile Sorel, grande dama da comédia, já sexagenária, decidiu enfrentar a prova temida por todas as vedetas: descer a escada, queixo ao alto, tiara à cabeça, um céu de estrelas enrodilhando-lhe braços, pulsos, pescoços, decotes, anéis, descia, sem olhar os degraus, aspergindo uma via láctea, beijos, pela patuléia enlouquecida. E perguntou à platéia: — *L'ai-je bien descendue?*

* * *

Um dia, já andava pelo terceiro ano da Faculdade e deitara umas poesias na *Revista Acadêmica* de Murilo Miranda. Austregésilo de Athayde, visitando meu pai, pediu-me que eu lhe desse alguma coisa capaz de merecer o suplemento dominical de *O Jornal*. Publicou uma *Balada do que não soube esquecer,* e na segunda-feira eu me sentia com o rei na barriga, como se ninguém tivesse feito outra coisa no domingo senão ler meus versos:

Ouvi minha prece, Senhor dos Senhores,
Semblante tranqüilo à dor das próprias dores.

Se o sofrimento em Vós se não remedeia
Como sabeis dar alívio à dor alheia?

Tomei vossas vestes de negra humildade,
Jurei sobre o Livro da Eterna Verdade.

Conduzo um rebanho despido de vício
Que escuta ajoelhado o Santo Sacrifício.

Por minhas palavras só ele descobre
O consolo do aflito, a esmola do pobre.

Mas eu, pastor triste, busquei sem destino,
Debalde a quietude do Verbo Divino.

Senhor, perdoai os meus votos perjuros,
Colai vossa mão nos meus olhos impuros.

Cegai-os com o fogo de viva centelha...
Oh! não permitais que eu veja aquela ovelha,

A tímida ovelha dos olhos de prata
Por cuja lembrança minha alma se mata,

E cuja memória me impede de orar.
Mas cujo desprezo me trouxe a este altar.

Essa pura canastrice incluí em *Um violino, na sombra*, publicado por ocasião de minha formatura, por instâncias de Paschoal Carlos Magno e José da Costa Neves, que o levou aos editores Pongetti.

* * *

Escrevo estas linhas em 1996, decorridos três dias do falecimento de um dos maiores brasileiros que conheci, meu mais antigo e melhor amigo. Os jornais não trouxeram seu necrológio, nem perguntaram quem seria Alfredo Tranjan. Apenas registraram o anúncio de sua morte e o convite para o enterro.

O mais antigo dos meus amigos e o melhor deles, meu colega da turma de 1936 da Faculdade de Direito da Rua do Catete, não o conheci no início das aulas. Ele ficara detido na cidade de Santos, onde fora visitar parentes; quis tomar parte no Movimento Constitucionalista de São Paulo de 1932, mas não houve tempo. Talvez nos tivéssemos encontrado como combatentes voluntários. Mas só terminada a Revolução conheci o ex-aluno do Ginásio Pedro II, e isto porque o professor de direito penal, Ary Franco, jurista sólido e de assustadora memória, nos identificou, por lembrar-se dos números e nomes dos dois faltosos. Essas coincidências e desencontros nos aproximaram. Os grandes grupos de alunos se dividem por predileções inexplicáveis, e foi assim que a nós se juntavam outros colegas: Hamilton Giordano, Humberto Garcez, Carlos Penha, Roberto Carlos Magno; e nos misturamos a outros jovens vindos da engenharia, da música, das escolas militares, para formarmos um clube de confraternização em torno de mesas de chope e conferências, o Clube Universitário. Alfredo Tranjan... um jovem que podia ter sido ator, autor, poeta militante como J. G. de Araújo Jorge. Lá estavam os músicos Aloysio de Alencar Pinto e Rafael Batista, os oradores Alberto Torres, Clóvis Ramalhete, José Ventania Porto, os políticos como Castro Pinto, os futuros juristas como Victor Nunes Leal e Aluízio Maria Teixeira, diplomatas como José Castelo Branco, Jurandir Barroso, Aloísio Napoleão, o mestre-advogado Luiz Gonzaga do Nascimento Silva. Tínhamos de tudo, até o pândego Barreto Pinto, chalaça do Palácio do Catete e deputado classista por nomeação presidencial. E espirituosos como Alfredo Tranjan, grã-finos como Roberto Assunção e Sérgio Bonjean, desbocados como Walter Simões de Almeida... E tínha-mos o pobre Alfredo Tranjan, que não quis ser ator, cantor, embora atraído por essas profissões de brilho desde os primeiros meses na Faculdade, enquanto me convidava para estudarmos direito penal e vendíamos meias na pequena loja de seu pai, Gabriel Tranjan, modesto negociante de meias da Rua Buenos Aires, no "Saara". Com "Seu" Gabriel e filho aprendi os primórdios do negócio de meias e do direito penal. E a personalidade múltipla de Alfredo Tranjan me repetia, ante as atrações da ribalta: "Eu quero ser advogado de causas criminais".

Não lhe faltavam o repertório de tangos argentinos, de canções francesas e paródias melhores que os originais, e mais poemas de Pablo Neruda, de Santos Chocano, de Amado Nervo; os convites para atuações no palco o assustavam: imitava o talento, os cacoetes, a burrice dos professores, dos alunos, de homens públicos sempre à caça de estudantes para misturá-los entre os cabos eleitorais. Tranjan punha tudo de lado: preferia ir ao Foro.

— Ali, dizia, os ricos julgam os pobres.

Fossava a acanhada biblioteca da faculdade, a Biblioteca Nacional. Entusiasmou-se pelas apostilas das aulas de Ary Franco e, graças a elas, o professor publicou seu alentado clássico da matéria. A primeira defesa, no Foro, ainda aluno, estimulou-o, e o mestre estimulou o aluno. Seu nome começou a circular nos corredores do casarão. E ele próprio começou a circular nos distritos policiais, na Casa de Detenção, na de Correção, no júri, na imprensa.

Numa pequena sala cedida pelos advogados Humberto Garcez, pai e filho, Tranjan recebia aflitos de pés descalços, gratuitos, e clientes pagantes, mães e esposas de mãos retorcidas de sofrimento. Os crimes do amor, do dinheiro, do poder, das bravatas, das fraquezas. Naquela sala de quarenta anos, a sua enciclopédia dos males e das dores do gênero humano: "o único animal racional, o homem, o único decididamente desumano". Tranjan tomava conta dos auditórios. Como todos nós, conspirava contra o "estado novo". Afirmava sua fé na democracia vencedora e degradada.

A BALA PERDIDA

Quando preso, meu pai foi julgado pelo Tribunal de Segurança Nacional, hedionda invenção da ditadura, onde representavam de "juízes" o presidente Barros Barreto, os vogais coronel Costa Neto, "juristas" Pereira Braga, Raul Machado, o oficial de marinha Basto, o "procurador" Himalaia Virgulino. Aí tive a oportunidade de exercer uma única vez a função de advogado de uma só causa. Os julgamentos reuniam muitos réus num só processo mas previamente já se conheciam as sentenças, que os "juízes" traziam no bolso, por debaixo das togas. Cada acusado tinha direito a cinco minutos para a defesa; os juízes charlavam e riam. Procurei conselhos de Sobral Pinto e de Alfredo Tranjan, conselhos sábios e inúteis. Na noite da sessão, às onze e meia, o presidente deu-me a palavra. Subi à tribuna cercado de policiais especiais munidos de metralhadoras. No auditório, o colega Alfredo Tranjan arriscava a própria pele naquela sangrenta macumba. Falei. Cinco anos de prisão. Passei no jornal em que trabalhava, para redigir a notícia. A meu lado, Alfredo Tranjan. Fui à casa de minha mãe, já de madrugada, para dar-lhe a notícia. A meu lado, Alfredo Tranjan.

Num dia memorável, 11 de junho de 1941, estávamos com nossos amigos no restaurante Garoto do Mercado; a uns quinhentos metros do cais, o ditador Getúlio Vargas fizera de um navio da Marinha de Guerra sua tribuna fascista para anunciar a morte da democracia, dos "falsos profetas e leguleios em férias", e clangorava um radiante futuro para o Brasil graças a Hitler, Mussolini e Franco. Tranjan buscou um charuto, um chapéu coco, e, como adivinhando em tom irônico e de assuada a oratória oficial, antes mesmo de Chaplin em *O grande ditador* mostrava o ridículo de enaltecer o orgulho nacional num país de miseráveis e flagelados, doentes e moribundos. O tom contundente da voz apalhaçada reuniu fregueses, feirantes, populares, transeuntes, e a perigosa caricatura transformou em patriotas a gente desalentada, cabisbaixa, como envergonhada de lhe oferecerem a promessa de tanta glória. O palanque de fanfarronices misturava-se às gargalhadas vindas do cais. Quem estivesse assistindo ao espetáculo haveria de guardar para sempre o ridículo e o desmascaramento do falso herói em transe de hipocrisia epiléptica. Murmurava-se que Tranjan sairia dali preso e já estávamos dispostos à solidariedade. Porém o comício dissolveu-se em gargalhadas.

Em tudo eu acompanhava o meu amigo, nas aulas e no Foro, na sua técnica de argumentar, na capacidade de desarmar promotores rijos e palavrosos, adversários trêfegos, testemunhas dúbias, juízes empavonados. Um dia esse amigo, já alçado deputado, me apareceu em Paris, justamente com a esposa, quando eu dava em minha casa de adido cultural uma feijoada dançante ao conjunto folclórico da dançarina Mercedes Batista. Minha mãe lá estava. Tranjan e senhora caíram no samba. Uma das bailarinas pediu a minha mãe que falasse a minha mulher para ficar como nossa empregada: estava grávida.

— De quem? perguntou minha mãe para fazer valer seus princípios. E a bailarina:

— Não sei. Foi a bordo.

A notícia chegou a Tranjan.

— Se você quiser, eu adoto a criança, ofereceu-se Tranjan.

E quase o deputado voltaria para o Rio com um bebê no colo do jaquetão.

Sua fama era tanta que o fizeram líder no fim da guerra, elegeram-no deputado e, porque denunciou da tribuna uma falcatrua qualquer que se armava, cassaram-no. O advogado dos perseguidos, dos pobres, o tribuno contra o arbítrio, os arranjos, as negociatas, foi cassado. Quem entregaria uma causa a um advogado cassado? Viu-se pobre, de escritório vazio. Aos seus crimes, acrescentou-se o de ter aceito a defesa de um *habeas corpus* em favor de Benjamin Vargas, o irmão do ditador, apontado como mandante de um crime hediondo: o assassínio do major Rubem Vaz, amigo de Carlos Lacerda. Tranjan defendeu-o. Ganhou. Dizia-me:

— Não me importa o que esse homem tenha feito de mau em toda a sua vida, mas nada tem a ver com os mandantes do atentado contra Carlos Lacerda. Ele tem direito à liberdade.

O advogado que dava forma às razões do cliente viu-se cada vez mais pobre. Seus escassos haveres diminuíram. A seu lado, estava sempre a extraordinária esposa Aurora, de fato a sua aurora. Com a anistia, veio-lhe a justiça, tornou-se juiz de alçada, aposentou-se. A dura insistência minha consegui que escrevesse o seu livro de memórias forenses, *A beca surrada*. Não uma autobiografia, nada de queixas, de autolouvores: apenas a sua vida nos tribunais, nos cartórios, como se apresentasse suas razões diante de um enorme corpo de jurados, o maior deles, o conjunto dos honestos. Foi o seu documento de defesa do defensor, como a dizer:

— Julguem-me e, afinal, imitem-me.

Filho de imigrantes libaneses, legou-nos sua vida de obra-prima. Deixou-me a riqueza de sua alegre, sadia, brava limpeza moral.

* * *

Na cela da prisão, além do faxineiro e do encarregado de trazer as refeições, só entrava o Mangonga. Mulato alto, enrugado, sério, rosnava um "Bom-dia, coronel", e punha na mesa seus instrumentos: a navalha, a tesoura. Os presos considerados periculosos viviam separados, incomunicáveis.

Os outros usavam o Mangonga na barbearia, em dias de licença. A poucos metros da cela de meu pai ficava a de Luís Carlos Prestes, e ambos tinham direito de ler os jornais quando neles não havia notícias que pudessem agitar os presidiários. Em cima da mesinha meu pai tinha uma moringa, um jogo de xadrez para jogar consigo mesmo, uns dicionários, uns livros que a censura da Casa de Correção deixava entrar, e uns cadernos onde meu pai ia fazendo a tradução, a lápis, do romance *Monpti*, do húngaro-alemão Gabor Vásary. E havia um pequeno aparelho receptor de rádio, logo recolhido pelos guardas quando surgia no ar qualquer notícia que considerassem alarmante por uma correspondente censura.

Mangonga, depois do "Bom-dia, coronel", começava seu trabalho. Envolvia o pescoço de meu pai numa toalha, molhava-lhe o rosto, passava nele uma espuma do sabonete mandado pela família, e iniciava a barba todos os dias; o cabelo uma vez a cada quinze dias.

Não se falavam. Era uma espécie de total incomunicabilidade imposta pelo major Caneppa, antigo sargento do 1º Regimento de Cavalaria que meu pai comandara, e para quem pedi o comissionamento do sargento a tenente. E ele, bom de equitação, foi subindo nas promoções, graças às aulas dadas a cavaleiros mais importantes e úteis, graças ao mister de tomar conta e exercitar cavalos para amadores sem tempo ou sem paciência. Assim, no picadeiro do regimento aprendi a montar com Caneppa, quando tinha uns onze anos de idade. Havia um zunzum à boca pequena: Caneppa era natural do Alegrete, lá se fizera soldado e viera para o Rio; e lá deixara a mãe, que matara um caixeiro-viajante, cortara-o em pedaços, colocara-os numa mala e despachara mala e seu conteúdo para a cidade de Uruguaiana. Perversidades, intrigas talvez. O fato é que Vitório Caneppa nunca mais voltara à sua cidade. Especializara-se na guarda de presos, sobretudo presos políticos, possuía sua escolta pessoal na Casa de Correção, e sabia de tudo que se passava.

Mangonga fazia as barbas em silêncio. O cotidiano das barbas levou-o a trocar palavras com meu pai. Um dia, a respeito da severidade da vigilância, comentou:

— O senhor está enganado, coronel. Aqui se faz jogo do bicho diariamente, aqui se escondem coisas roubadas, aqui entra tudo que o preso quiser. É uma questão de dinheiro.

De fato, o doutor Belmiro Valverde, líder integralista, fugira meses antes vestido de guarda, marchando com os outros guardas à hora de rendê-los, e desaparecera, tudo graças a umas notas de quinhentos fabricadas lá dentro por um falsário, usando um desenho feito a lápis de cor em recortes de papel.

— Coronel, é como eu digo: se o senhor quiser a gente bota até uma gaiola com um canarinho aqui dentro.

Mas a vigilância da portaria era minuciosa. O encarregado, inspetor Chagas, esfarelava bolos e doces levados pelos parentes dos presos, desdobrava camisas e cuecas, farejava livros folha a folha, e apalpava visitas, da cabeça aos pés. Destruía os bolos com prazer sádico, e se mostrava desapontado e irritado se não encontrava dentro deles algum punhal ou alguma lima de serrar grades. O diálogo com meu pai continuava. Um dia meu pai perguntou:

— Mangonga, por que você está aqui?

Os presos nunca dão os nomes exatos de seus crimes. Dizem de preferência "crime de sangue".

— Crime de sangue, coronel.

— De sangue? Você matou alguém?

— Não senhor. Eu só segurei a velha. Quem usou a navalha foi o Romualdo, que fugiu e me deixou sozinho.

— Uma velha? Vocês mataram uma velha, Mangonga?

— É que disseram que ela tinha dinheiro escondido. Eu levei a navalha mas quem usou foi o Romualdo.

Nesse momento, o Mangonga barbeiro raspava com uma navalha o pescoço de meu pai.

— Isso já foi há muito tempo, coronel. Estou aqui há dezessete anos, entrei com dezoito. Já fugi duas vezes, mas estava tão acostumado com a prisão que me perdi lá fora. Da primeira vez me pegaram. Da segunda eu voltei sozinho. Não conhecia ninguém, não sabia para onde ir.

— Mas você já deve poder ter livramento condicional, se tem bom comportamento aqui dentro.

— Diz que tenho. Mas cadê? Nem sei escrever.

Meu pai já estava íntimo do Mangonga. Sentiu pena.

— Mande aí alguém escrever seu nome e o que souberem de você na secretaria. Quem sabe meu filho pode dar um jeito...

Eu não advogava. Ou melhor: minha causa única era o processo de meu pai. Eu esperava poder tentar um requerimento no Tribunal de Segurança solicitando a transferência do preso, porque seu crime não era de prisão celular, mas de reclusão, e isto lhe daria direito a uma prisão menos árdua. Um quartel, uma fortaleza... A patente de coronel de meu pai fora anulada pelo governo. Oficialmente, era considerado morto, minha mãe recebia pensão, e nós éramos considerados órfãos, meus irmãos eram alunos-órfãos do Colégio Militar. Meu pai me deu os dados do Mangonga, requeri seu livramento condicional.

Milagrosamente, foi-lhe concedido. Mangonga atestou, assinado com a impressão do polegar, que jamais reincidiria, isto é, jamais ajudaria qualquer pessoa a matar outra velha. E Mangonga não tinha para onde ir.

— Você vai tomar conta de minha casa; vai dormir no quarto da garagem e meu filho vai procurar um emprego para você.

Mangonga tornou-se sentinela de minha família. Como um cão perigoso, rondava o jardim e o quintal de nossa casa. Minha mãe desapavorou-se do Mangonga: mandava-o comprar coisas na venda, na farmácia, e ele cumpria as ordens, devolvia os trocos, era rápido e silencioso, só conhecia o caminho da venda, da farmácia, e de noite ouvíamos suas sandálias rondando a casa, desde a última luz apagada até o primeiro raio de sol no jardim. Fui procurar um amigo de meu pai, o político Georgino Avelino, nomeado diretor da Feira de Amostras. Transmiti o pedido de meu pai, exaltando as virtudes do Mangonga, pessoa ideal para fiscalizar, a noite inteira, a feira da esplanada do Castelo com seus mil instrumentos, peripécias, guichês, carrosséis e rodas-gigantes. O Mangonga lá ficou, perfeito. Mudou-se para a Feira, desapareceu com ela. Soube que andava pelas atividades do Quitandinha. Fui visitar as decorações do hotel, feitas pela famosa Dorothy Draper, importada especialmente para enfeitar o cassino. Tratava-se justamente de uma reportagem gigantesca, para enaltecer a arte da decoradora no Brasil. Imaginei que o Mangonga estaria dos lados da cozinha, dos frigoríficos, de trabalhos pesados de descarregar mantimentos, ou fiscalizar essas operações. Perguntei a um e outro empregado onde encontraria o Mangonga. Não o conheciam, não teria estado lá. Até que um velho operário me esclareceu:

— Um mulato alto, de pele franzida, calado, que dizia que tinha estado na Correção do Rio?

— Este. Deve ser este.

— Deve andar lá por Minas Gerais, pra lá fugiu.

— Fugiu? Ele estava em livramento condicional...

— Mas fugiu, sim senhor. Trabalhava no frigorífico do hotel, onde guardam um mundéu de carne para os hóspedes. Uma vez por semana vinha um caminhão trazer as carnes, o nosso pessoal descarregava, e levava nas costas os quartos de boi pra pendurar nos ganchos. Esse Mangonga teve uma briga feia com um colega, briga de machado e facão. Segurou o outro pelos sovacos, enganchou o homem num gancho do açougue e desapareceu. Só encontraram o morto quando foi descoberto enganchado no frigorífico, escorrendo mais sangue do que as carnes penduradas. A cabeça estava cortada com uma navalha, no chão. Dizem que fugiu pra Minas escondido no caminhão das carnes.

Contei tudo a meu pai.

— Curioso, disse. Foi o melhor barbeiro que já tive.

PAULICÉIA DESVAIRADA

Tudo foi tão rápido, nem sei como aconteceu. O fim do curso, onde o que eu fizera de melhor fora um recital de Berta Singerman para os colegas da Faculdade de Direito, graças à ajuda do empresário Viggiani e de seu filho Dante; as salas, o passadiço, os corredores, tudo recoberto de enormes cartazes da declamadora, e ela a recitar hispano-americanos, brasileiros, e a moçada encantada com a idéia; depois a disputa para a turma decidir quem seria seu orador. Havia cinco concorrentes: o Alberto Torres, irmão do deputado Acúrcio Torres, o José Ventania Porto, o Clóvis Ramalhete, estudioso de Eça de Queiroz, e eu, candidato dos colegas artistas, poetas, beberrões, freqüentadores do Clube Universitário, todos a dar uma amostra de suas possibilidades no salão Leopoldo Miguez, do Instituto de Música. Uma só condição comum: todos contra o governo, esquerda e direita, todos reclamando contra a demissão dos mestres Castro Rebelo, Leônidas de Rezende, Carpenter, Hermes Lima. Todos antevendo o futuro radioso duma pátria de tão delicados bacharéis, os civilistas apoiando Hannemann Guimarães, os criminalistas apoiando Ary Franco. Elegeram-me, saíram em passeata noturna até minha casa, na Tijuca, os táxis a buzinar, meu pai a surgir de pijama na janela, a invasão da sala de jantar, o generoso discurso de Clóvis Ramalhete chamando-me de Guilherme de Almeida, o meu agradecimento chamando-o de Clóvis Bevilácqua, o regresso ao chope na Lapa... À formatura no Municipal, obrigaram-me a vestir a única beca existente, do fotógrafo Medina, para fazer o discurso do orador; e o baile no Hotel Glória, o pessoal de branco e gravatinha negra, como era chique então. Dias depois, fiquei noivo da senhorita Alba Figueiredo Lobo, filha do senador cassado Joaquim José Pereira Lobo, de sua viúva Thereza, e com dois outros irmãos: José de Figueiredo Lobo, tenente, doido para vingar o irmão Paulo e o pai falecido de dor, e Luiz Figueiredo Lobo. Anel de bacharel no dedo, presente de tio Bento, que nunca o usou, e aliança de noivado, e diploma, e o aviso de Paulo Duarte, de São Paulo, dizendo-me que o bacharel estava contratado como estagiário do Departamento Jurídico da Prefeitura. Isto graças a uma lei que dava preferência aos ex-combatentes do Movimento Constitucionalista para as nomeações paulistas. O adeus rápido e choroso na plataforma provisória da Central do Brasil que se eletrificava. No trem esbarro com um colega, Raul Telles Rudge, a seguir o mesmo destino: um tio conseguira que a Companhia Sul-América o contratasse. Decidimos morar juntos, na mesma pensão, no mesmo quarto de janelas para a Rua Condessa de São Joaquim, onde dona e filha estudante eram francesas, e logo para outra pensão, mais adiante, cuja proprietária, Miss Amy, uma velha inglesa, nos polia a conversação. Um problema: na Prefeitura eu só teria posse quando apresentasse um documento, num prazo de trinta dias; aflição, caro telefonema para o Rio, e meu pai consegue na Procuradoria da Justiça Militar que eu substituísse um promotor efetivo licenciado.

A Justiça Militar, Circunscrição de São Paulo, atendia aos processos vindos até de Mato Grosso; o juiz togado me entregou o primeiro processo, o assassínio de um civil por um soldado de Campo Grande. O tribunal compunha-se de um juiz togado, no caso o doutor Henrique d'Ávila, um coronel-presidente e dois juízes militares, capitães. Revirei os autos, consultei leis e comentaristas, lá me fui para o tribunal; o juiz togado relatou o processo, o presidente deu-me a palavra. E eu, frango metido a besta, saudei a uns e outros, e declarei: o tribunal era incompetente para julgar aquele crime. Felizmente chegou o documento exigido pela Prefeitura. Após o meu primeiro dia de trabalho na Prefeitura, um novo colega, Augusto Dalia, me levou à porta da Casa Mappin, no Largo do Patriarca, para me mostrar o desfile de elegâncias que chilreava no "chá das cinco", o chá obrigatório das paulistanas finas, de nome quatrocentão, as de altos nomes italianos e árabes a saltar de seus carros, e mal pisavam o chão quando saíam às compras. Realmente, era um desfile pasmante. Um jovem senhor de cabelos grisalhos cruzou a parada, veio falar com Dalia, e este perguntou:

— Fernando, quando é que você vai para o Departamento Jurídico?

O outro respondeu:

— Nunca, nunca! Sempre que aparece uma vaga, penso que é minha, surge um candidato vitorioso e me passa para trás. Desta vez foi esse filho do coronel Euclides de Figueiredo, por causa do pai e porque tomou parte na Revolução! Eu também tomei, ora!

Enrubesci como lenha ao fogo. E lhe disse:

— Pelo amor de Deus, sou esse de quem o senhor estava falando, mas não sabia ter tomado o lugar de ninguém! Fui nomeado por gentileza do Paulo Duarte, amigo do prefeito...

O outro ficou mais rubro do que eu, deu meia volta, desapareceu na multidão. No dia seguinte, o Dalia me procurou para dizer:

— Aquele meu amigo, o Fernando Mendes de Almeida, está desesperado com a gafe que cometeu. É um poeta sensível, trabalha no Departamento de Cultura, pertence a uma família de juristas, seu sonho é ser advogado e professor da Faculdade de Direito! Me falou pelo telefone, quase em soluços!

Achei que devia procurar o Fernando, dizer-lhe que não me sentia magoado... Fui. Quando me viu, quase se escondeu debaixo da mesa. Estendi-lhe a mão, temeroso de que não a apertasse. Ele me segurou, com força, trêmulo. Naquele momento estava angariando um dos meus maiores amigos. Convidou-me a sentar, gritou pelo café, contou seus sonhos, estava noivo, era poeta surrealista, ali trabalhava com Mario de Andrade. "Venha conhecê-lo!" Me encaminhou para uma porta; por cima de outra mesa estava o sorriso prognata de Mario, a sua mansa voz ciciosa, o seu transbordante calor humano. Mudou o café por chá, que tomamos no boteco ao lado, na Rua Conselheiro Crispiniano, junto ao quartel onde, de madrugada, meu pai entrou de rompão e iniciou o Movimento Constitucionalista. O chá virou chope, o chope virou expediente encerrado. E quando Fernando lhe disse que eu deitara um livrinho de versos, intimou-me:

— Mande-me um exemplar, poeta!

Mandei no dia seguinte, e outro para o Fernando. De tarde, visitei Júlio de Mesquita, no *Estado de São Paulo*. Julinho, como os paulistas o chamavam, falou pelo telefone com Menotti del Picchia, secretário do interventor, Cassiano Ricardo, também secretário, e, ao se comunicar com Guilherme de Almeida, cronista do jornal, este lhe respondeu longamente. Desligando, Julinho me disse:

—O Guilherme é seu xará por causa do pai, Estêvão de Almeida, de Campinas, amigo de seu avô Guilherme da Silva, que foi o parteiro no parto do nosso príncipe dos poetas! Mandou um abraço a você, quer ver você...

O advogado e ex-deputado Roberto Moreira, o tribuno Ibrahim Nobre já eram meus amigos da época da Revolução. Cassiano deu-me seu livro *O Brasil no original*, Menotti se encantou ao saber que eu tinha lido tudo que ele escrevera, apresentou-me aos amigos que o cercavam: Oswaldo Mariano, Osmar Pimentel, e um que seria irmão fraterno por todos os meus dias, Mário da Silva Brito, *arcades ambo*, futuro historiador do modernismo. O círculo de novos amigos se alastrava: o cantor e locutor Túlio de Lemos, o publicitário Edmur de Castro Cotti, e tantos outros que cercavam Mario de Andrade e seus chopes no Bar Franciscano. Surgiu mais um colega de turma, tornado publicitário, David Augusto Monteiro, meu futuro compadre. E havia os companheiros de 32: Paulo Duarte, Reinaldo Saldanha da Gama, o coronel do trem-blindado, e José Paranhos do Rio Branco, advogado e aviador; e os tios campineiros: o Bento que durante a revolução me deu de presente um revólver, e o Antônio Pompeu de Camargo, o Totosão, que me arrastava para o Restaurante Jacinto, em cuja caixa registrava sua contabilidade de empreiteiro de estradas, cercado de engenheiros, mestres de obra, operários e facadistas. São Paulo, apesar do frio, me enleava, recebia-me bem. As noites eram dedicadas à leitura de livros e livros, às cartas e cartas à noiva, e a revisar um romance em que retratava a vida do Foro criminal do Rio tal como a acompanhara como jornalista e como platéia do advogado de defesa Alfredo Tranjan. Chamou-se *Trinta anos sem paisagem*, São Paulo era noite de saudades, de me iniciar em Shakespeare, Proust, Gide, Huxley, em ir aos bailes de Procópio Ferreira na Rua Chile, cantar e dançar com o Bando da Lua, Carmen e Aurora Miranda, e acompanhar ilustres figurões paulistas a cair no samba com as gentes de teatro e rádio. Mais um amigo, colega do Colégio Militar, o estudante de engenharia Otto Simas; e mais dona Teresa de Barros Camargo, a prefeita de Limeira, imperando entre os comensais de Procópio. Quando o dinheiro curto permitia, tomava o trem da Central para o Rio, metia-me no leito do vagão: ia visitar a noiva; e, de manhãzinha, desapontava-me: o trem parava a noite inteira em Mogi das Cruzes, a uma hora da Estação da Luz, por causa da eletrificação da linha da estrada de ferro; e então era só o tempo de ver a noiva, ir com ela ao sorvete e ao cinema na cidade, e retomar o trem para me descobrir de manhãzinha parado em Cascadura. Mario de Andrade gostou-não-gostou de meus versos *Um violino na sombra*, edição paga pelo bolso magro e orgulhoso de meu pai à Editora Irmãos Pongetti, à qual fui apresentado por Paschoal Carlos Magno, apresentado pelo irmão Roberto, também colega de turma. Mario me ouvia contar trechos do romance, me pedia minhas novas poesias, me açulava à literatura, metia-me em discussões, me ensinava "a felicidade de opinar". Curioso, eu freqüentava pessoas que, muito à moda paulista de então, pertenciam a grupos e a matérias diferentes, ao estilo que Claude Lévy-Strauss, jovem professor na Universidade de São Paulo, registraria em *Tristes tropiques* zombando do provincianismo-cosmopolita. Antes dele um jovem e já terrível repórter, Joel Silveira, registrava esse mesmo aspecto com verve sergipo-carioca. Eu lia, escrevia, nas horas vagas bailava com a nova tribo ao meu redor, e numa noite de São João, na inauguração do Clube de Campo ao lado da represa da Light, cheio de bandeirinhas caipiras, fogueiras, a sociedade fantasiada, sanfonas, violões e Cornélio Pires a contar anedotas, conheci uma menina de dezessete anos, vestidinha de sinhazinha de fazenda, a declamar, linda como uma flor de quintal: seria a futura romancista e acadêmica Lygia Fagundes

Telles. Se não fosse a saudade do Rio, o meu campineirismo me teria feito regressar ao meu bairrismo além do meu civismo constitucionalista. Porque São Paulo me tinha renovado "as enfibraduras do Ipiranga"; já usava sapatos Zug, paletó de casimira marrom e calça cinza, colaborava no jornal *Anhangüera* de apoio à candidatura de Armando Salles de Oliveira, dera uns piparotes num redator da *Gazeta* de Casper Líbero, e já andava indeciso entre o Corínthians e o Palestra. Descobri as pizzas do Braz e as feijoadas do Ferramenta; comia um prato de macarrão na Adega do Estado e ia saber das intrigas da sociedade que a madrinha bairrista, solteirona, sempre empobrecida pelos parentes, colecionava para mim. São Paulo me catequizava, já era cumprimentado na Rua Direita, já me sentava na roda do Jacinto como na do Franciscano, já pedia dinheiro emprestado ao tio Leopoldo, o tio rico e mão aberta desde a minha infância. Eu descobria São Paulo quase como um pau-de-arara, e torcia para que o meu casamento tornasse paulistana a minha noiva carioca.

Salvou-me de me apaulistar, por incrível que pareça, o Doutor Getúlio Vargas. Preparava ele a guinada totalitária que o ministro da Justiça Francisco Campos tecia. O tecido era um plágio da Constituição Polonesa, a nossa "polaca", cópia desencavada das antologias das constituições européias reunidas por Mirkine Guetzevich. Meu pai foi "convidado" a comparecer à Ordem Política e Social. Acompanhou-o meu irmão Euclides, então com catorze anos de idade: meu pai foi dominado por agentes policiais; meu irmão foi espancado e largado na rua. Meu pai desapareceu; minha mãe, recém-operada, não sabia o que fazer; larguei a Prefeitura, voltei para o Rio, e daí por diante tive como advogado um único cliente: o cidadão desaparecido, depois levado para o Hospital da Polícia Militar, onde já se achavam presos o doutor Octavio Mangabeira e o capitão Ruy Presser Bello. O meu incipiente jornalismo de universitário tomou ares adultos; vi-me redator de *O Jornal* e colaborador de vários jornais e revistas.

Poucos dias antes desses sucessos, tinha mandado um conto para a revista *Vamos ler!*, que premiava com cinqüenta mil réis a melhor ficção de cada semana. Publicaram meu o conto com o pseudônimo de Nair Veltri, a noiva do poeta e advogado municipal Fernando Mendes de Almeida. E havia uma carta dirigida à pseudo-autora. Clóvis Ramalhete, secretário da revista, entendeu que a carta me era destinada; Nair nada tinha com a brincadeira. Abri a carta no restaurante em que gastávamos o prêmio. Era uma declaração de amor, de abjeto estilo delirante e imberbe. Assinava-a um certo Lêdo Ivo, que vim a conhecer depois, quando atracou no Rio, no seu navio do Exército do Pará à procura de Nair.

***

Era uma vida dura, de amigos desaparecidos de nossa casa, e outros que "fingiam não me ver", como fazem velhas tagarelas quando "trocam de mal". Júlio de Mesquita Filho, numa comemoração de 9 de julho, fizera um discurso em que falava que a frente Norte das tropas paulistas de 1932 recuava "com o eufemismo de retificar linhas", sentença injuriosa a seu amigo, que sempre chamara intimamente de Euclides. Magoara-se porque meu pai tinha sido homenageado com um enorme almoço promovido por Ademar de Barros no estádio do Pacaembu. No dia seguinte a esse almoço, *O Estado de São Paulo*, nos "a pedidos", publicara uma nota de acusação a meu pai, de estar metido numa negociata de venda de caminhões para o governo estadual, isto é, para o governo Ademar de Barros. Lendo a nota ao chegar ao Rio, meu pai tomou um avião de volta a São Paulo; lá chegando telefonou para a redação do jornal, chamou Júlio de Mesquita, disse que ia vê-lo imediatamente. Assim fez: entrou na redação do jornal, encontrou o diretor, agrediu-o. Os jornalistas da redação correram, afastaram meu pai enfurecido, Paulo Duarte conseguiu levá-lo de volta ao hotel. Surgiram jornalistas, pois a notícia logo se espalhara. Meu pai declarou-lhes que de fato agredira o ex-amigo e o faria tantas vezes o jornal tentasse qualquer nova infâmia. Pronto, estava desfeita a amizade que tinha sido a impulsionadora do Movimento Constitucionalista de 1932. *O Estado de São Paulo* publicou a notícia da agressão minimizando-a como uma simples "altercação", com as assinaturas dos redatores que assistiram à cena... Paulo Duarte tentara acalmar os ânimos, com generosas explicações de tratar-se de um malentendido. Mas a inimizade estava feita. Mais tarde, muito mais tarde, vim a saber que o "a pedido" injurioso era de autoria de um certo Leven Vampré, político freqüentador de Júlio de Mesquita, mas sem o conhecimento deste, e com a intenção de levar o comandante de 1932 a romper com Ademar de Barros. *Calomniez, calomniez, il en reste toujours quelque chose*. De todo esse *imbroglio* levei a minha sobra. Uma peça minha, *A muito curiosa história da virtuosa matrona de Éfeso*, logo que estreada, recebeu uma violenta e grosseira crítica de um jovem ex-freqüentador de minha casa e de meu uísque, que conseguira chegar a crítico do *Estado*. Sua crítica era visivelmente para agradar o patrão. Retruquei num puxão de orelha numa crônica; ele me escreveu uma carta injuriosa e mal-palavrosa, dessas que certas pessoas escrevem para mostrar cópia aos amigos. Esperei minha vez de retrucar. Quando, na Livraria São José, do Rio, houve o festivo lançamento de *Gabriela, cravo e canela*, de Jorge Amado, lá estava o crítico, vindo de São Paulo. Ao ver-me, escondeu-se. Eu tinha luxado meu pé num acidente. Amparava-me numa bengala. Aproximei-me, atirei-lhe a bengala, puxei-o pela gravata, amaciei-lhe a bochecha, ele escafedeu-se. Dias depois, numa missa de um amigo, Austregésilo de Athayde aproximou-se, me perguntou:

— Por que você está usando bengala?

Respondi, com razoáveis intenções:

— Athayde, bengala não se usa *por quê*, usa-se *pra quê*.

* * *

José Paranhos do Rio Branco me convidara para uma noitada num cabaré da moda no alto do Edifício Martinelli. Levava a noiva e outros amigos. E volta e meia levantava-se e ia ao telefone. Até voltar uma vez para dizer: "Tudo falhado. Vamos embora". Deixamos em casa a noiva do amigo e só então ele me explicou: planejara-se um assalto ao Palácio Guanabara, Severo Fournier seria o comandante, era uma mistura conspiratória de oficiais do exército, da marinha, uns partidários de Armando Salles de Oliveira, candidato à presidência da República, e uns integralistas frustrados porque esperavam que Getúlio Vargas os acolhesse ao novo governo. Tudo falhara, nada sabíamos. Fomos à casa de Ibrahim Nobre, tido como bem informado. O tribuno apareceu à porta, estremunhado, fazendo-nos gestos de que havia pessoas dentro de casa e que fôssemos imediatamente embora. Eram já os policiais. Tinham ido prender Ibrahim. Deixamos chegar a madrugada, o dia acender-se, a Praça do Patriarca encher-se. E se enchia de gente em torno das bancas de jornais. Neles se anunciava, em primeira página, uma nova Constituição. Havia prisões, constava a mudança de ministros. Paranhos achou prudente esconder-se. Fui ao escritório de meu amigo Gilberto Sampaio. Ele e outras pessoas se assustaram ao ver-me. Só então soube do boato segundo a qual meu pai teria sido assassinado na prisão do Hospital da Polícia Militar. Dirigi-me ao quartel da Segunda Região Militar, o mesmo quartel que meu pai invadira e tomara em 9 de julho de 1932. Movimento inusitado, sentinelas, multidão curiosa, fiz-me anunciar ao coronel Firmo Freire, que se comprometera com a revolução constitucionalista, escondera-se e era então chefe do Estado Maior do general Deschamps Cavalcanti, chegado nas vésperas. O coronel não apareceu, um capitão me levou a outra sala e me deu ordem de prisão. Pouco depois entrava um aparentado e amigo da família de minha noiva, João Azevedo, que como eu fora procurar notícias graças a um filho do general Deschamps, um tenente, ajudante de ordem do pai. Presos ficamos, João Azevedo e eu, até a noite, lendo e relendo, no jornal que ele trouxera, a "Nova Constituição Brasileira". À noite soltaram-nos sem explicações. Só depois soubemos: éramos suspeitos do seqüestro do filho do general. Seqüestro nenhum. O bravo militar aproveitara uma noite paulistana para deixar-se seduzir numa pensão da Rua Goitacazes, a Pensão da Dadá, e com tanto azar o fizera justamente na noite em que a Região Militar e o general seu pai o convocavam para consolidar o "estado novo". Soltaram-me; o amigo Firmo Freire, ausente no 9 de julho, continuou ausente. Ademar de Barros tinha sido nomeado interventor. Tinha carreira de prefeito "militar" de Guarantinguetá durante o Movimento Constitucionalista e posava de anti-getulista. Um de seus secretários, meu primo, Armando Figueiredo de Oliveira, estava no Palácio dos Champs Elysées, e me fez a gentileza de me dar uma passagem para que eu fosse descobrir o paradeiro de meu pai, desaparecido do Hospital da Polícia Militar. Localizei meu pai, incomunicável numa cela da Casa de Correção. Não pude vê-lo. Um grupo de doidos tinha tentado tomar de assalto o Palácio Guanabara. Os boatos eram atrozes. Nossa casa cercada de tiras. Meus irmãos vigiados. A polícia descobrira, numa das ruas perto do Palácio Guanabara, um automóvel abandonado. Era de um Falcão, cunhado de Severo Fournier. Dentro do carro, os planos do assalto ao Palácio Guanabara, com anotações marginais da letra de meu pai, Severo Fournier mandara-o para ser examinado; nada dissera de sua associação revolucionária com os dissidentes integralistas do médico Belmiro Valverde. Meu pai, por essas anotações, estava implicado no assalto integralista, a menos que eu seguisse o conselho de Sobral Pinto, a quem consultei: obter uma carta do clandestino e desaparecido Fournier, declarando tratar-se de um vago plano submetido a meu pai antes da associação com os integralistas, um plano ainda sem executantes e sem datas. Mas onde estaria Fournier, então a pessoa mais procurada do Brasil? Eu não sabia a quem me dirigir. Talvez Paranhos... Voltei a São Paulo, Paranhos me deu uma pista: procurasse, nos cassinos do Rio, na Urca ou no Atlântico, uma dama a jogar junto às roletas, uma dama com uma mecha de cabelos brancos na testa. Passei a ser notívago de cassinos, sem saber como explicar minhas andanças: explicar os passeios do filho de um coronel preso, envolvido nos planos do assalto ao Guanabara? Por favor, voltem à continuação deste filme.

    Era simplesmente idiota estar eu a passear, de salão em salão, de roleta em roleta, os rostos aflitos e angustiados dos jogadores, enquanto os *croupiers* seguiam em seus bailados profissionais, e as roletas saltitavam suas bolinhas, e os dados se lançavam, e as cartas de baralho subiam e desciam; vagavam perfumes no ar, as pessoas andavam leves para não assustar esperanças, e vinha do *grill* o cheiro de gordura e de vozes alcoolizadas. Foram umas três noites de passeio sozinho, só comprava a entrada de dez mil réis, arriscada em vão na roleta, e o renovado passeio com medo de me reconhecerem. Até que, na terceira meia-noite, vi a dama do topete. Fumava e jogava. Seria ela? Como abordá-la? Lembrei-me de que Severo Fournier, desde que me formei, achava graça de meu anel de bacharel, pedia-o emprestado, enfiava em seu próprio dedo e cantarolava: *Não tenho medo de bamba, na roda do samba, eu sou bacharel...* Cheguei perto da moça, com meu anel na mão e falei:

— A senhora me desculpe, acho que a senhora perdeu este anel...

Ela me olhou, espantada, eu a olhei, abrindo a mão adiante de seus olhos:

— Veja... Há uma inscrição dentro...

Intrigada, ela tomou o anel, olhou-o, leu dentro o meu nome e o de Alba, me olhou longamente e sussurrou: *Avenida Calógeras, 15, 4º andar. Boa-noite.* E assim, como num filme policial, lá fui, na manhã seguinte, ao apartamento onde se escondera o homem mais procurado do Brasil, cujo rosto se estampava em todos os jornais. Subi pelo elevador, bati na porta sem usar a campainha, o visor da porta escureceu, a porta se abriu e diante de mim estava Severo Fournier, de cuecas, risonho, dentro de um apartamento de janelas abertas e cheio de sol. Ria-se, divertido da aventura, porque Severo amava todas as aventuras, todas as disputas, todas as brigas, por puro exercício de valentia.

— Você foi inteligente e a garota também foi.

À mesa, sentado, rindo-se também, estava o tenente Rubem Paiva, que seis anos antes tomara o Quartel da Região Militar na noite de 9 de julho de 1932. E um outro, meio gordo, desconhecido, que Severo me apresentou: *Capitão Maneco Aranha.* Sim, eu já tinha ouvido aquele nome, capitão Manuel Aranha, irmão de Oswaldo Aranha. Eram três amigos, em pouco tempo chegava outro, velho conhecido de 1932:

— Flodô, esse é o...

Já o conhecíamos. Abraçamo-nos. Era o capitão Flodoardo Maia, que o interventor Ademar de Barros tinha nomeado para a direção da VASP, a Viação Aérea de São Paulo. Foram todos para a varanda, abrir a porta larga por cima da Avenida a deixar ver o Clube de Regatas da Rua Santa Luzia, de onde saíram remadores matinais carregando seus barcos para a Praia das Virtudes.

— Você é louco, Severo, esse pessoal todo são atletas da Polícia Especial, todos conhecem você, não se exponha...

— Qual, são uns bobocas, nem olham para cima...

E apontou um nome, um apelido... entrou na sala, me perguntou o que eu queria. Contei-lhe a sugestão de Sobral Pinto: uma carta declarando que os planos anotados por meu pai nada tinham a ver com o assalto ao Guanabara. Sentou-se, disse:

— Melhor eu escrever umas três cartas diferentes, e o Sobral escolhe...

Assim fez, como se escrevesse quaisquer bilhetes inócuos.

— Não venha mais aqui. Esqueça que me viu. Não diga a ninguém: os meus amigos vão me esconder num automóvel e me meter dentro da Embaixada da Itália. Vai ser uma bomba!

Despedi-me. Ao apertar minha mão, lembrou-se:

— Olhe o anel.

Devolveu-o. Dias depois, Severo Fournier foi levado por três oficiais do Exército devidamente fardados que invadiram o portão da Embaixada: de dentro do porta-malas Severo Fournier saltou, em cuecas. O carro saiu. Os policiais que guardavam a Embaixada com seus fuzis e metralhadoras nada puderam fazer. Severo fez-lhes um gesto de gloriosa gozação. O Embaixador, em pânico, deu asilo, e tremia. Estava feita sua desgraça. Mas Mussolini preferiu proceder melhor: entregar o asilado à polícia brasileira, mediante o cancelamento de uma dívida ao Brasil. Severo Fournier foi vendido, levado à Fortaleza da Lage, colocado num cubículo úmido, onde sua tuberculose incipiente se agravou. Transferiram-no para a Casa de Correção. Um médico o examinou, mas a lâmpada de raio-X da Casa estava quebrada. O pai de Severo, coronel e professor, comprou uma lâmpada, levou-a ao diretor da Casa, major Caneppa, que a soltou no chão:

— Que pena, coronel, quebrou-se!

O estado de Severo Fournier agravara-se. Transportaram-no para um Hospital da Marinha, fora do Rio. Lá, de cama, foi desacatado por um médico; esperou, munido de um sarrafo, nova visita médica, deu de cima da cama uma surra no médico. Mandaram o condenado para o Rio, onde ficou preso até a anistia de 1945. Fui encontrá-lo uma última vez, na Avenida Rio Branco, defronte ao Palace Hotel; apoiava-se numa bengala, magro, arrastava uma perna. Duas jovens passaram por ele, olharam-no com provável saudade:

— Vai, Severo, estão te olhando...

Ele riu para mim:

— Noutros tempos... Agora estou inutilizado...

Ali ficou, contemplando o movimento da Avenida, até que vieram buscá-lo. Só o vi depois no seu enterro, o amigo cuja bravura admirei desde criança. Bravura por bravura, bravura sem causa, D'Artagnan pelo gosto de ser D'Artagnan. No seu enterro havia umas dez pessoas. Entre elas meu pai, os três capitães, eu. E a moça da mecha branca. Disseram-me que ela o tinha denunciado na polícia. Não acredito.

* * *

    Aqui vale um comentário de como cheguei mentalmente a uma adolescência e uma juventude de convicções embaralhadas. Formado por mãe católica de grande influência em minha infância, cumpri cedo os deveres da missa dominical e um aprendizado de perguntas e respostas do catecismo pregado às crianças pelo padre Miguel; e o padre Miranda, de Friburgo, e suas governantas, as irmãs Éboli, solteironas afáveis, de visíveis bigodes, que me conduziam ao dever de segurar a vela da missa, de um dos lados do altar, enquanto um meninozinho preto e risonho sustinha a do outro lado. Só nos olhávamos, e ríamos quando uma de nossas velas pingava uma gota de espermacete em nossas cabeças; então, monsenhor Miranda deixava de olhar o sacrário, voltava-se para um de nós e saía do latim para o português:
    — Quieto, menino!
    Depois da missa eu tinha direito a uma bicicleta de aluguel para rodar pela praça, ou andar até a Ponte dos Suspiros, onde o monsenhor me fazia caçar borboletas e besouros com uma rede. Eram exercícios salutares, dizia, bons para respirar o ar da natureza, o doce frio da manhã ensolarada por entre árvores ainda envoltas em neblina. Depois, voltávamos para casa e eu tinha o dever de, nos meus parcos seis anos, rabiscar, em letra redonda e lápis mordido, um diário que só cessou quando meu pai se livrou do antraz e voltei para o Rio.
    Matricularam-me na Escola Nilo Peçanha, junto à Quinta da Boa Vista, para onde me levava e buscava, diariamente, uma empregada, a preta Helena, orgulhosa de saber ler e escrever, ou o ordenança de meu pai, Rômulo, que seguiu na vida sempre chegado à nossa família, que crescia: minha irmã, Maria Luiza, a quem dei o apelido de Doliza; meu irmão João, três anos mais moço; outro, Euclides, o Kido, cinco anos mais moço, Luiz Felipe, dez anos depois de eu ter nascido, e Diogo, caçula, único nascido fora do Rio, na fazenda de Monte Belo, de Juiz de Fora, paraíso de banhos de rio e caçada de passarinhos, o que eu praticava com o Eloi, sobrinho legítimo de tia Candê e de tio Lima, o capitão Lima Mendes, comandante do Depósito de Remonta do Exército em Monte Belo. O Depósito de Remonta teve grande influência nos meus dez anos: ali espiei como os cavalos e éguas se amam, exatamente como os cães de rua, só que ajudados pelas bridas guiadas pelos soldados. Era um soberbo e misterioso espetáculo, sacrílego na opinião de minha mãe. Ao ir às matinês do cinema Fluminense para ver fitas de *cowboy*, não compreendia por que os namorados apenas se beijavam, e os cavalos ficavam quietos ao lado das éguas, sem manifestações de afeto. Só soube que tais manifestações existiam

• *O autor aos cinco meses.*

• *A família Figueiredo às vésperas de embarcar para o Rio Grande do Sul, onde o pai iria servir em Alegrete, em 1928.*

• *A irmã Doliza e Guilherme aos cinco e seis anos de idade.*

• *Quando aluno do Colégio Militar do Rio de Janeiro, usando, por brincadeira, o uniforme dos Dragões da Independência, 1927.*

• *Os irmãos Guilherme, Euclides e Diogo, na Quinta da Boa Vista, 1926.*

• *Valentina, futura esposa do tenente Euclides de Figueiredo, em Vichy, França, 1902.*

• *Coronel Euclides de Figueiredo quando comandante do 1.º Regimento de Cavalaria, Rio, 1928.*

• *Durante o Movimento Constitucionalista de 1932: coronel Euclides de Figueiredo, Guilherme e o capitão José de Figueiredo Lobo, que viria a ser cunhado do autor.*

• *Como orador da turma de bacharéis da Faculdade de Direito da Universidade do Rio de Janeiro, 1936.*

• *Durante o Movimento Constitucionalista de São Paulo de 1932: os coronéis revolucionários Euclides de Figueiredo e Palimércio de Rezende, na Estação de Cachoeira.*

• *Alba e Guilherme no dia do casamento, 19 de março de 1941, na Igreja dos Capuchinhos, no Rio.*

• *Dona Valentina de Figueiredo, mãe do autor.*

• *General Euclides de Figueiredo, pai do autor.*

• *Com os pais, na Rua Martins Pena, n.º 76, Rio, 1963.*

• Com a mulher e o filho Luiz Carlos contemplando a coleção de cachimbos iniciada na primeira viagem à Europa.

• Com Alba e os filhos Luiz Carlos e Marcelo, em 4 de julho de 1957.

• *Com Alba no Palácio de Inverno da Rainha Viúva, em Pequim.*

• *Da esquerda para a direita: Euclides, o presidente João, Guilherme, Diogo e Luiz Felipe, em Nogueira, Estado do Rio, 1979.*

• *Ao embarcar no Rio para Pequim, em 1959, com seu ex-professor de topografia, coronel Artur Paulino de Souza. À despedida, o coronel Euclides de Figueiredo e os filhos do coronel Paulino.*

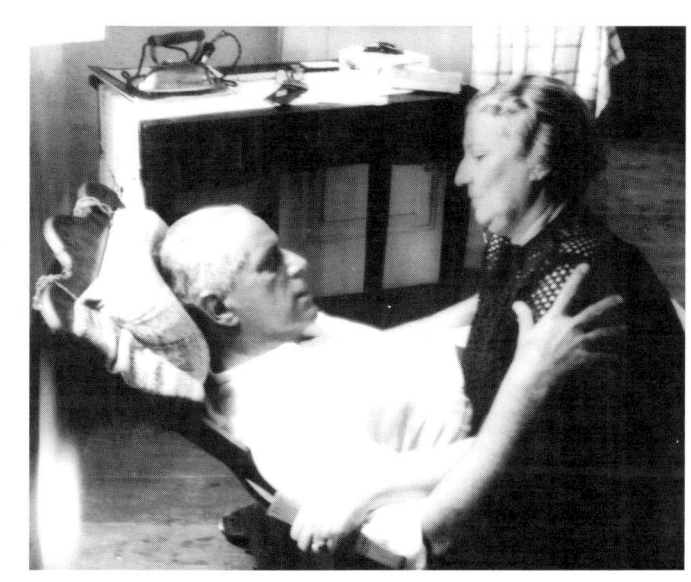

• *O general e ex-deputado Euclides de Figueiredo com a esposa em 1963, último retrato do casal.*

• A família Figueiredo saúda o Papa João Paulo II em Brasília.

• Com os músicos Aloísio de Alencar Pinto, Francisco Mignone, Irany Leme e Camargo Guarnieri combinando os festejos dos 70 anos do Teatro Municipal do Rio.

• O autor (à esquerda) e Alba Figueiredo (à direita) como padrinhos de casamento da pianista Maria Josephina com o compositor Francisco Mignone, na Igreja de São Paulo Apóstolo, Rio de Janeiro. Mignone tinha então 84 anos.

• *Guilherme (à direita) em roda de amigos, onde se destacam, ao centro, a mulher do autor, Alba, e o escritor Érico Veríssimo.*

• *Com Alba, um casamento de 56 anos.*

• *Em Paris,
maio de 1952.*

• *Em Paris, na Avenue Friedlend, esquina de 14 Tilsitt.*

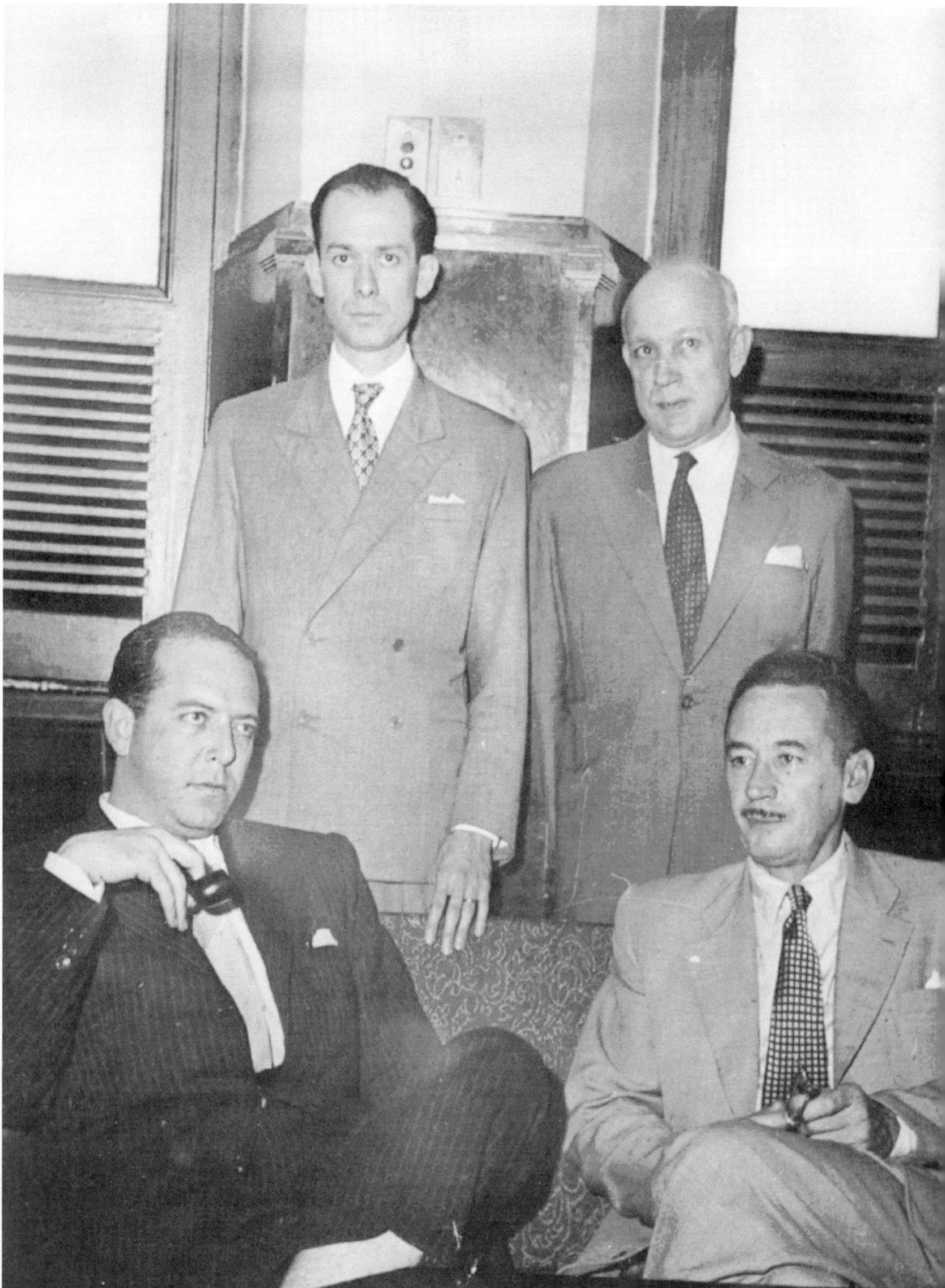

O BAILE DAS QUATRO ARTES

• Dedicatória de Mario de
Andrade ao autor.

• Com Antonio Candido, José
Geraldo Vieira e Sergio Milliet
no II Congresso Brasileiro de
Escritores, Belo Horizonte, 1948.

• Com Beatriz Costa
e Dias Gomes na
Legação da
Romênia, 1960.

• No Théâtre de la
Huchette, Paris,
maio de 1951, na
véspera da estréia
francesa de Un dieu
a dormi dans
la maison.

quando, ao galgar o petiço na fazenda de Ipiabas, em novas férias, o garanhão disparou atrás de uma égua fujona, levando-me à garupa, eu aos gritos de medo. Ele me atirou no chão e só parou longe, junto da fêmea, que se deixou cavalgar, trêmula de pele, as narinas afoitas soprando o ar. Meu pai não se preocupava com esses pecados; sua formação positivista datava dos inícios do Colégio Militar e da revolta da vacina obrigatória, em que tomou parte com os demais cadetes da Escola Militar, todos defendendo a inviolabilidade dos lares contra a invasão dos "mata-mosquitos", os guardas sanitários inventados por Oswaldo Cruz. Se a revolta tivesse vencido, o cientista heróico teria perdido sua batalha, e o Rio de Janeiro seria o paraíso da febre amarela.

No primeiro ano do Colégio Militar, minha mãe me levou à Primeira Comunhão fardado de uniforme garance, no meio de cem meninas de branco, as colegas de minha irmã do Colégio Regina Coeli. Ao contá-lo no Colégio Militar, levei meu trote mais brutal, de um grupo de mais velhos. Quebraram-me um dente da frente; e como me recusei a dizer quem foi, ganhei protegidos, que me desviaram da simbiose materno-paterna, Igreja e Positivismo, para um diálogo que criam másculo e um anedotário que julgavam castrense. A administração do Colégio me fez comandante-aluno. Deliciosa prebenda, com regalias de toques de corneta, vozes de comando, continências, uniformes galardoados, a obrigação de passar revista às tropas diariamente, tudo dentro de uma disciplina que me enfastiava e me parecia desproporcionada. Logo após a vitória da revolução, em 15 de novembro, Getúlio Vargas ganhou sua primeira continência de chefe de estado. Não pude fugir a ela; mas como os cavalos do esquadrão, entre os quais eu devia escolher um para minha montada, eram feios, mal equitados, viciados, pedi emprestado ao capitão Mariath, que servia no Regimento do Andaraí, o seu belo cavalo alazão para nele desfilar. Era uma ingênua idéia para mostrar meu desprezo ao ditador: o cavalo do capitão Mariath era um animal equitado em alta escola; assim, montado nele, empunhando a espada que os oficiais dos Dragões da Independência deram a meu pai, bela espada de prata com as assinaturas dos doadores, abati a durindana em continência enquanto fazia o cavalo dançar o passo espanhol, de patas fronteiras erguidas à altura do peito, enquanto a multidão punha os olhos em mim mais do que no ditador.

Meu belo cavalinho do Alegrete foi furtado pelos revolucionários, como os de meu pai. Nunca mais montei. Recebi os colegas gaúchos vindos com as tropas do Rio Grande e acampadas na grama do Colégio Militar. Abracei-os. No curso prévio da Faculdade de Direito, em que me matriculei, ainda sem trajes civis, eu parecia um corpo estranho. Contemplava os colegas já íntimos dos professores, uma intimidade desconhecida para mim: durante seis anos eu aprendera a falar com um superior em posição de sentido, as palmas das mãos coladas ao lado das coxas, o peito saliente, barriga encolhida, a voz treinada para anunciar só o essencial; na Faculdade, mestres e alunos punham-se as mãos nos ombros, davam-se palmadas nas costas, contavam e ouviam anedotas. Até hoje, creio, sou incapaz de umbigadas eleitorais, e jamais atravessei a rua para ir ao bar tomar um trago com o professor camarada. Talvez essas intimidades me faltem para vencer na vida. Ouvi aulas, afundei-me em matérias jurídicas. Comecei a encher os ocos do meu queijo suíço da cultura. Meti-me na Biblioteca Nacional, na biblioteca da Faculdade, pedi a meu pai exilado que me comprasse livros, acompanhei a entrevista dada por Luigi Pirandello quando passou pelo Rio, atirei-me em suas obras completas, como nos artigos de Salvador de Madariaga e Gregório Marañon em *La Prensa* e *La Nación*. Sonhei fazer concurso para o Itamaraty: mas o ditador jamais nomearia o filho do seu mais firme adversário. Pouco a pouco eu me tornava jornalista, fazedor de contos, de poesia.

Assim me casei. Pai preso, mas duas orquestras na Igreja de São Sebastião disputando a alegria de tocar no meu casamento: a Orquestra do Clube Universitário, que nós fundáramos, regida por Rafael Batista, e a Orquestra Sinfônica Brasileira, que eu ajudara a fundar, dirigida por José Siqueira. Lua-de-mel na Ilha de Itacuruçá, no sítio de Austregésilo de Athayde, e na Fortaleza de Santa Cruz, onde meu pai estava preso. Tive de abandonar minha São Paulo que já se tornava minha querida. Sobrava-me o jornalismo carioca, no qual fiz a impossível defesa de meu pai. Mario de Andrade veio para o Rio, enxotado pelos donos do "estado novo". Com ele começaram minhas tertúlias da Brahma, na Lapa, acrescentadas de novos amigos jornalistas e escritores, e à espera de que um milagre me aumentasse os tostões para o casamento, e para a parca mesada que eu entregava a minha mãe. Virgílio de Melo Franco encostou-me num escritório subsidiário da Light, com função de cobrar postes quebrados e evitar que os atropelamentos fossem registrados sempre como atropelamentos pelos bondes elétricos. Um dia, um amigo de meu pai me levou ao banqueiro Corrêa e Castro, que me apresentou a um cavalheiro amável. Desejava levar-me ao presidente. Pensei que fosse o presidente de alguma organização ligada ao Lar Brasileiro, em cujo edifício estávamos, e tanto falou no presidente que perguntei como se chamava.

— O presidente Vargas, que deseja conhecê-lo. Eu sou seu parente, Florêncio de Abreu.

Expliquei o mais rápido e delicadamente possível: não iria visitar o presidente. Despedi-me. Meses depois o coronel Jonas Corrêa, então

nomeado secretário de Educação do Distrito Federal, e meu conhecido das bancas examinadoras do Colégio Militar, chamou-me:
— Você vai dirigir a Discoteca Municipal. Você vai fundá-la.
Despedi-me, jurando total incompetência. Pouco depois, o chefe do escritório da Light pediu-me que eu apresentasse um jovem a Assis Chateaubriand. Tratava-se de um candidato a cantor de rádio. Chateaubriand mandou dizer que o jovem o procurasse no jornal às 11 da noite. O jovem intimidou-se diante da chegada intempestiva de Chateaubriand; em suas loucuras esquecera-se de receber o rapaz. No dia seguinte o meu chefe da Light me recebeu possesso:
— O senhor me fez de palhaço!
Respondi-lhe:
— Palhaço é você!
Na rua, encontrei Francisco de Assis Barbosa. Contristado me acompanhou, para consolar-me. Almoçou em meu modesto apartamento, despedimo-nos, saí logo que ele saiu. Fui vagar pela rua, desabafar com algum amigo. Esbarrei com Carlos Lacerda, companheiro das rodas de Mario.
— Estou à sua procura! Você fala inglês?
— Dá para o gasto:
— Então venha comigo, você vai trabalhar numa empresa de publicidade, a Agência ADA!
Eu não tinha a menor idéia do que fosse a publicidade, nome dado, durante a guerra, à propaganda, cheirando a Hitler. E lá me vi, com Tomás Santa Rosa, Octávio Tyrso Lúcio Cabral de Andrade, Teófilo de Vasconcelos, a fazer anúncios para o Cassino da Urca. Nosso chefe era um cavalheiro, distante, quieto, e parecia sempre envergonhado de fazer publicidade para uma casa de jogos. Nós também. Tornou-se meu excelente amigo Mário Rolla, irmão de Joaquim Rolla. O dono de tudo era Joaquim Rolla, um dos mais curiosos seres humanos que conheci. Quase totalmente analfabeto, cercava-se de associados fiéis a anotar tudo que uns e outros diziam, para ter a certeza da exatidão dos contratos. Tinha esperteza luminar, uma memória elefantina, uns rompantes e ditos inesquecíveis. Dele se contavam histórias: convenceram-no a ampliar a orquestra do cassino, foi a um ensaio, notou que alguns músicos estavam parados enquanto outros tocavam. Interrompeu:
— Quero todos tocando! Têm que tocar, aqui não é lugar de vagabundo!
— Para se aturar esta gente é preciso ter uma paciência de jóquei!
— Está com dor de cabeça? Tome uma cápsula de celofane!
A uma senhora, a quem mostrou o recém-construído Quitandinha e ela exclamou:

— Seu Rolla, esse lago é lindo! Deve botar nele umas gôndolas!
— Já tivemos: morreram todas!

O anedotário era enorme. Dizia-se que Joaquim Rolla, vaqueiro da Serra da Bocaina e partidário de Artur Bernardes, fora encarregado de ir a São Paulo, durante a Revolução Constitucionalista, para trazer dinheiro com que os revolucionários do Rio pudessem ir em barcos clandestinos até a costa paulista. De São Paulo para o Rio, Rolla tivera a idéia de esconder o dinheiro dentro dos pneumáticos do automóvel com o qual o vaqueano cruzaria a serra. No meio do caminho, soube que a Revolução terminara, os paulistas se tinham rendido. A quem prestar contas? O capital era suficiente para associar-se a alguns figurões e assim montar um cassino: o Cassino da Urca. Logo outros felizardos fundaram mais cassinos: o Atlântico, o de Icaraí, o da Sociedade Sul-Riograndense, o High-Life... Nós, da Agência ADA, não gostávamos de jogo, a começar por Mário Rolla... E lá não ficamos muito tempo, até mesmo quando Assis Chateaubriand, numa cerimônia de batismo de aviões que inventara, ao tentar atirar num desafeto atingiu seu superintendente, o ex-ator Olímpio Guilherme, com um tiro na boca. Foi o início da decadência dos cassinos no Rio de Janeiro. E foi a ocasião em que assumi a sessão de crítica teatral e musical de *O Jornal* porque o crítico efetivo escrevera que uma bailarina do Municipal dançava na ponta do joanete. O crítico musical e teatral tinha aflitivos prazeres durante a guerra: com a falta de táxis, criaram-se os "bondes de celoura", para levar os freqüentadores do Municipal com seus *smokings* e vestidos de gala, como mandava a etiqueta. A remuneração do crítico não dava para tais luxos. Mas, em plena guerra, apesar dos submarinos na costa brasileira, uma função de gala contava com excelentes companhias, excelentes óperas, excelentes recitais. Foi a época faustosa do Municipal.

Consumi quinze ou mais anos de minha vida como publicista e jornalista na empresa de publicidade, que me caíra dos céus por milagre de meu colega de jornal Emil Farhat. Quando larguei a Light, me proporcionou várias viagens ao estrangeiro: para aprender a redigir e montar anúncios para a incipiente televisão, para discutir com magnatas da indústria e do comércio americanos, para elaborar campanhas publicitárias como a de introdução de Coca-Cola no Brasil, para pesquisar as futuras vendas de aparelhos de rádio e televisão após a guerra, para elaborar campanhas para a Panair do Brasil, para levantar as atividades do "Ponto quatro" de Harry Truman para o Congresso Americano. Era divertido, imaginativo e cansativo. O teatro, o cinema, os restaurantes, os museus eram o meu paraíso em Nova York, Washington, aos sábados, domingos, nas horas de almoço, dos jantares que compensavam as oito horas de estúdios de televisão e de montanhas de papéis, livros, revistas a examinar. As minhas constantes viagens aos países latino-americanos e aos Estados Unidos explicavam-se: entre os dez funcionários da McCann Erickson, eu, por acaso, era o único a falar, além do português, o espanhol, o inglês, para tratar de assuntos desde Washington à Argentina, desde a Comissão do Senado americano de averiguação das atividades do Ponto Quatro nos países hispânicos, até... o francês, para poder dialogar com o minúsculo Haiti. Mas bons museus, boa música, bons teatros, boas lagostas, bons coquetéis, boas gravatas não preenchem o tédio da distância da família e dos amigos. Aprendi tudo que podia aprender na televisão de um tempo quando ainda não havia as gravações prévias, os cortes de celulóide, a dialogação ao vivo, a pobreza e a grossura dos efeitos sonoros. O fundador da agência de publicidade no Brasil, Henry Clark, brasileiro, lá se fora para dirigir a seção latino-americana da próspera empresa. Seu pai foi o fundador da Associação Cristã de Moços do Rio de Janeiro, seu lugar exigiu um substituto. Armando Sarmento substituiu-o no Brasil. Por causa das minhas quatro línguas, o candidato a substituir Clark em Nova York era eu. Automóvel, apartamento em Manhattan, colégios para os filhos, todos os eletrodomésticos possíveis, férias anuais no Rio ou no Caribe... E ficar longe de meus pais, e meus filhos a se tornarem mais e mais americanos, e as constantes viagens de avião, e meus livros, e meus rabiscos, a minha literatura que sempre me remexeu na alma e na ponta dos dedos... Desistir de tudo, e o mar de Copacabana, aprender a rir em inglês, chorar em inglês, e a esposa meio mãe, e os que morrem na minha ausência, e a saudade da própria tolice nacional: como explicar tudo isto a Mister McCann que esperava, diante de mim, a resposta, com os olhos azuis de quem já tem todos os trunfos na mão, e, para comparar-se, já se colocando na minha situação de cidadão de mundo subdesenvolvido a quem oferecem, como um bombom, o paladar, os paladares de todo o primeiro mundo, onde todas as dificuldades são facilidades... então, tolo, que mais você quer da vida? Tudo fácil: se sua mulher o cansa, troque-a aqui por outra, que o espera com um martini já pronto e o avental para enxugar os pratos, e a roda de amigos, e você se chamará Bill porque é mais fácil, e terá um iate, e a troca de carros de ano em ano, e você melhorará todos os sabores, as roupas, os sapatos, os amigos de aperto forte de mão, e as amigas de dois beijos perfumados nas faces, que é que você quer mais, fale, vamos... E ele seria capaz de rir se eu lhe dissesse que desejava ser escritor na minha terra, que pretendia contribuir com um mínimo de elevação cultural, intelectual, moral, solidária de minha gente, que para tanto tomei parte numa revolução democrática aos dezessete anos, e que as esperanças desses dezessete anos ainda moravam dentro de mim...

que responderia ele, o meu sólido interlocutor? Olhei para os seus olhos limpidamente azuis, olhos de quem oferece alguma coisa como um amor, uma amizade, uma dádiva imperdoável de se recusar... e seus lábios me sussurraram: dois mil dólares livres de imposto, dois mil mensais, e tudo mais que já lhe falei... vamos, Bill... e eu só lhe pude dizer, mais com pena dele do que de mim:

— *I am sorry, Mister McCann, I am really sorry...*

A BALA PERDIDA

O PALCO ILUMINADO

Uma semana depois eu estava no Rio, sentava-me na minha mesa d'*O Jornal*; puseram-me a dirigir a parte artística da TV Tupi, onde logo percebi que tudo que eu tinha aprendido de televisão não valia nada, estávamos atrasadíssimos, tínhamos de continuar a rotina dos programas histriônicos, onde cada artista tem que fazer o seu único papel que lhe deu a vida; e os galãs, as jovenzinhas, os anciãos são eles mesmos, cada qual tocando o mesmo repertório no mesmo instrumento, e mesmo sotaque. Durante um ano acompanhei o que pude, inventei o que pude, ousei programas de entrevistas de melhor nível e dos pretensos entrevistados que se julgavam de melhor nível... A televisão funcionava onde exatamente antes funcionava o cassino; só me faltava ver, da minha janela, algum suicida na praia, ou eu próprio me suicidando. Tinha a rotina dos teatros, dos livros a ler e criticar, mas era tudo tão banalmente igual que só me encantei quando Thiers Martins Moreira me deu um sacolejão:

— Você quer ser professor de História do Teatro?

Que tinha eu feito de teatro senão assistir e ler? Pedi a um amigo helenista, Felisberto Carneiro, que me desse aulas de grego clássico; fui ciscar os restos de latim das aulas do professor Rosendo Martins, do Colégio Militar; convidei a companhia Jean-Louis Barrault para "fazer ponto" na nossa escola e discutir com os alunos, remexê-los por dentro, tirar-lhes o ranço precoce de teatro rotineiro e incendiar-lhes internamente o primeiro segredo da Arte, o desejo da Arte, o desejo de ser. Foi o melhor tempo de minha vida fantasiosa: fiz-me autor para aprender a ser autor e ficar observando Procópio Ferreira a me mostrar sem querer o que eu queria saber; fiz-me autor de greguices para comunicar aos alunos a grandeza dos mitos clássicos, do tudo já inventado mas que se pode tentar inventar de novo. *Lady Godiva, Greve geral, Um deus dormiu lá em casa, A raposa e as uvas, Os fantasmas, A muito curiosa historia da virtuosa matrona do Éfeso, Don Juan, Procópio,* foram todas experiências bem ou malsucedidas de uma tentativa de ensino aos alunos para utilizá-los ensinando as platéias. Diverti-me com Procópio e

Ruggero Jacobbi, com Silveira Sampaio, com Bibi Ferreira, diverti-me descobrindo Tônia Carrero, Paulo Autran, Nathalia Timberg, Leonardo Vilar, Sérgio Cardoso, Nídia Lícia, todos aqueles que quisessem ou ao menos admitissem entrar no meu jogo... Com isto pude adquirir pelo menos o prazer de uma conversa mais estimulante: a de Jouvet, de Barrault, de Pierre Bertin, de quantos ao meu redor, atores ou público, me fornecessem essa sensação pirandelliana que encontro ao ler *Le maschere nude*, ou quando as palavras assumem significados inventados que inventam a minha invenção, como em Jean Giraudoux e Jean Anouilh. Esse prazer verbal quase orgásmico das palavras eu o descobri na declinação dos gregos, nas conversas imaginárias entre Pirandello, Giraudoux, Anouilh, e as fui reinventar quando penetrei em Shakespeare e, finalmente, ouvindo peças minhas em idiomas inatingíveis para mim: o hebraico, o tcheco, o chinês, o japonês.

* * *

Disseram-me que se eu tivesse continuado na Procuradoria Municipal de São Paulo estaria hoje aposentado com mordomias de marajá. Preferi voltar para o Rio: pai preso, mãe enferma, irmãos em colégios, e a noiva, a preciosa noiva cuja saudade me fazia derreter meus proventos em passagens na Estrada de Ferro Central do Brasil, sempre interrompida com a eletrificação, ou na Vasp, luxo de paulistanos ricos. Tornei-me múltiplo colaborador de jornais, advogado de um só cliente grátis, acompanhante de minha mãe nas visitas à Casa de Correção. Graças a uma carta de Menotti del Picchia e Cassiano Ricardo, o editor José Olympio recebera bem minha tentativa de romance, *Trinta anos sem paisagem*, com que pretendia disfarçar o ar avelhantado dos versos de *Um violino na sombra*. Mas José Olympio perdera os originais do romance; reclamava cópia, como se eu fosse precavido. Não havia cópia alguma; o jeito era refazer o livro.

— Aqui não se extravia nada, dizia José Olympio. Há de estar por aí, hei de ter dado a ler a alguém. Pergunte lá na livraria ao Graciliano Ramos, talvez ele saiba.

Graciliano meditava, enrolando o cigarrinho de palha. Até que um dia, oh surpresa! Estava com ele, sim, mas pensava que o romance fosse "de velho rato do Foro!" De fato, o romance se baseara num julgamento famoso no Tribunal de Júri; para conhecer o ambiente eu me tinha inspirado no que me contara o colega Alfredo Tranjan. Romance de bacharel velho, assim o classificava mestre Graciliano, embora eu achasse ter mudado muito as minhas idéias de estética literária graças à convivência com Mario de Andrade.

— Faça o leitor *ver* os fatos quando lê, busque a palavra exata, jogue fora adjetivos e advérbios inúteis.

Eu já adotara a freqüentação do *Dom Casmurro*, jornal literário de Brício de Abreu, poleiro obrigatório de todas as aves de arribação do efervescente Nordeste. Meu livro, com capa de Thomaz Santa Rosa, as grades duma prisão com um horizonte de nuvens ao fundo, apareceu. Mario achou-o demasiado encharcado; Tristão de Athayde chamou-o de niilista; Jorge Amado abriu-lhe os braços generosos; os pintainhos literários Emil Farhat, Dante Costa, Nélio Reis o acolheram; Osório Borba e Genolino Amado o abençoaram. Estava eu feito, dizia Menotti, um promissor Radiguet, já com o rei na barriga. Mas o melhor prêmio desse romance foi a aprovação de Graciliano Ramos; mais que tudo, a sua amizade. Pai pobre, pai preso, isolado na sua cela, inventei que ele poderia fazer umas traduções, a pedido de editores. De fato, traduziu, graças a conhecimentos de alemão, um dicionário e uma gramática, o romance de um autor húngaro, Gabor Vásary, que eu pescara por acaso na Livraria Kosmos. Mandado a Érico Veríssimo e aos irmãos Bertaso, foi aceito pela Editora Globo com uma condição: a tradução sairia sem o nome de meu pai, por prudência diante do "estado novo" e sua censura. Meu pai traduziu outro livro, uma biografia alemã de Jomini, general suíço-francês dos exércitos de Napoleão e posteriormente dos exércitos russos, historiador e estrategista. A tradução também se publicou sem o nome do tradutor. Assis Chateaubriand, sabedor dessas traduções e das leituras de meu pai, convidou-o para colaborar n'*O Jornal* com artigos quase diários sobre o desenrolar da guerra na Europa. Para tanto, livros e mapas de meu pai vararam a censura da Casa de Correção, assim como um aparelho de rádio. Na qualidade de advogado do condenado, visitava meu cliente duas vezes por semana, no parlatório, e ele me enfiava no sapato, disfarçadamente, em letras minúsculas, cada um dos artigos; eu os datilografava e entregava ao Frederico Barata, que os publicava sob o pseudônimo de *Um observador militar*, escritos na Casa de Correção, na Fortaleza de Santa Cruz, e posteriormente reunidos em livro pela Câmara dos Deputados. São a análise quase diária das frentes de batalha na Europa, comparando-as com a estratégia das guerras napoleônicas, a de 1870, a de 14-18, feitas com um mínimo de material de auxílio e pesquisa: um rádio, um dicionário, uma gramática, umas velhas cartas geográficas, e uns livros militares que meu pai estudara quando alferes no Exército Imperial Alemão em 1910-12.

Meu pai já tivera sua experiência de autor: durante o exílio em Buenos Aires, em 1933, redigira o cotidiano da Revolução Constitucionalista de 1932, valendo-se do arquivo da 2ª Divisão de Infantaria em Operações na frente Norte, arquivo que lhe mandara, da cidade de Aparecida, o padre da paróquia que o escondera ao ser sufocada a revolução. Como revisor dos originais, participou o também exilado Austregésilo de Athayde. No arquivo havia uma carta de Santos Dumont, que se encontrava na cidade de Santos. Na carta solidarizava-se com o Movimento e protestava contra o emprego do avião, invenção sua, como arma de guerra. Santos Dumont tivera essa obcecação; e da janela de sua casa viu quando o navio de guerra *Santos*, da marinha brasileira, que bloqueava a entrada do porto paulista, derrubara o avião constitucionalista pilotado pelos aviadores Mário Machado Bittencourt e João Gomes Ribeiro. Perturbado com o espetáculo, julgando-se responsável pela crescente ferocidade das guerras para a qual acreditava ter contribuído, o Pai da Aviação enforcou-se, pendurando-se numa gravata. O jornalista Gondim da Fonseca quis ver o documento de Santos Dumont, e não o achamos. Julguei que o próprio Gondim o tivesse escondido. Muitos anos mais tarde, num almoço na *Manchete*, de despedida do embaixador Vasco Mariz, de partida para Israel, uns vinte comensais já nas alegrias da sobremesa contavam histórias, e o padrinho Austregésilo de Athayde, já acadêmico, em voz alta afirmou possuir um documento de Santos Dumont em que o inventor se aliava ao Movimento Constitucionalista e protestava contra o uso dos aviões na guerra. Os oficiais do recentemente fundado ministério da Aeronáutica teriam proibido a divulgação da carta que colocava o Pai da Aviação Santos Dumont ao lado dos Constitucionalistas. Senti-me iluminado e gritei-lhe:

— Athayde, você furtou esse documento dos arquivos de meu pai!

E os circunstantes, em coro alegre, lhe gritaram:

— Ladrão! Ladrão!

Presidindo a mesa, Juscelino Kubitschek ria e todos riam. E Athayde baixara a cabeça, encafifado. Então me veio uma incômoda suspeita: desde o exílio em Buenos Aires, Austregésilo de Athayde se desdobrava comigo em gentilezas e coleguismo; convidei-o para testemunha de meu casamento, e me cedeu sua casa de praia para minha lua-de-mel. Tornara-se meu amigo, companheiro de redação. Elegeu-se acadêmico e instigou-me a vencer meu contendor, o doutor Deolindo Couto, naturalmente para não deixar sozinho no prélio o ilustre médico. Desde a minha descoberta ou desconfiança, Athayde deixou de existir para mim. Meu pai já tinha morrido, nunca soube da deslealdade do companheiro de exílio. Quando relembro tudo isto, vem-me à lembrança a frase de Palimércio de Rezende, que aliás tinha Athayde em conta de falso intelectual:

— De vez em quando é bom sacudir a árvore das amizades para que caiam as podres.

Mas vejo a minha narrativa cheia de atalhos, de afluentes, de marchas à ré, e preciso retomar de vez em quando o caminho autobiográfico. Por isso volto aos anos de guerra no Rio, os anos da amizade com os amigos Mario de Andrade, Moacir Werneck de Castro, Carlos Lacerda, Evandro Pequeno, os anos de fraternidade com Genolino Amado e Osório Borba, os dos noctâmbulos da "Ronda", da música no Municipal e no Instituto Nacional de Música, os anos em que aprendi a ser pobre.

* * *

Quando o resultado da papelada cotidiana permitia — cartas, peças teatrais, artiguetes de jornal, traduções —, eram alegres sábados de piano, violão, falar mal de quem o merecia. Os meus apartamentos eram pequenos, na Tijuca e depois em Copacabana, mas permitiam que por eles desfilassem amigos: Mario de Andrade, Barreto Leite Filho, Carlos Lacerda, Osório Borba, Moacir Werneck de Castro, Alfredo Tranjan e mais a gente de teatro e os crescentes penetras, geralmente escritores sem interesse ou medrosos por falta de assunto além da esperança de me deslizar alguma página inédita e alentados originais em busca de padrinho. A casa de Alvaro Moreyra, em Copacabana, era assim: portas abertas acolhedoras e até escrito em alvaiade, no espelho da sala, como nos restaurantes portugueses: DOMINGO FEIJOADA COMPLETA. Ali o comparecimento inchava. Eugênia Álvaro Moreyra se virava para distribuir feijoada por tanta gente. E todos alongavam a visita por um motivo: cada penetra ou visitante temia sair primeiro, porque os demais o estraçalhariam lembrando tolices e gafes.

Depois que Eugênia se foi, a feijoada desapareceu; Alvinho descobriu meu apartamento, perto, e vinha com seu grupo: Onestaldo de Penafort, Luiz Peixoto, Procópio Ferreira, o coronel Luiz Felipe de Albuquerque e damas em transe de tocar piano ou cantar, explorando o talento do acompanhamento à primeira vista de Aloísio de Alencar Pinto e Francisco Mignone.

Os domingos de Aníbal Machado eram a invasão: jovens por causa das filhas jovens de Aníbal e da paciência sorridente de Selma; na biblioteca, garagem de livros no fundo do quintal, a *intelligentzia* na esperança de alguma batidinha de limão. Surgiam como por encanto figuras famosas: no terreiro de Aníbal, ali Jean-Louis Barrault aprendeu a dançar o frevo, que introduziria, de guarda-chuva colorido aberto à cabeça, no *cancan* que o *Petit Brésilien* dançava ao desembarcar em Paris na Gare du Nord, coberto de anéis e chapelão mexicano na opereta de Offenbach, *La vie parisienne*, cercado de coxas de vedetes levantadas à altura das suas imodéstias. Assim nasceu o *cancan*, até hoje de preceito nos teatros de variedades de Paris; assim nasceu, em 1865, o Pequeno Brasileiro *gaffeur* a farejar mulheres com faro donjuanesco. Essas gafes Madame Solange Robin, secretária da nossa embaixada em Paris, contava com tanta graça no *Bal Dansant* de Montmartre, ainda hoje o nosso maior arquivo de anedotas.

Assim a internacional casa de Aníbal Machado. Em certa época, durante a guerra, lá apareceu um polonês navegando pela sala de dança com um cachimbo transatlântico na boca. Nunca ninguém soube quem era. Navegava entre os pares e desaparecia. Conta-se que um dia um desses penetras, depois de contemplar o rebolado, murmurou a alguém:

— Vamos cair fora e tomar uma cervejinha no bar? Isto aqui está muito chato.

E o cavalheiro ao lado:

— Não posso, hoje vou dormir com a dona da casa.

Os meus fregueses aumentavam e melhoravam. Tônia Carrero e Paulo Autran, novinhos em folha depois de estrearem no teatro com minha peça *Um deus dormiu lá em casa*; Tônia aprendeu a entrar como um barco a vela. E silenciar o pianista. Um dia, depois de seu bruto sucesso, me pediu:

— Diga com franqueza: você acha que tenho talento?

— Você não precisa disto, respondi.

Nos ensaios, seu pai, meu ex-professor coronel Hermenegildo Porto Carrero, conhecido como o Barão, sentou-se a meu lado para acompanhar as ordens do diretor Silveira Sampaio e, suspirante:

— Minha filha é linda, não? Se não fosse minha filha...

Chegavam Rita e Pedro Braga, para evoluções de tango; Antônio Carlos Bandeira de Figueiredo e sua mulher, a doutora Helena Bandeira de Figueiredo, ambos com nobre ar zombeteiro; o compadre Paulo Barrabás, cabeleireiro de senhoras e tradutor de peças húngaras, a quem devo ter brilhado uma vez em Budapeste falando sobre o ator-autor Gabor Molnar e os poetas Ady e Petofi, para deslumbrar intelectuais que nada sabiam de Brasil. Felisberto Carneiro, recomendado por Evandro Pequeno como helenista — e era mesmo — me salpicou na memória alguma gramática grega e a tradução de uma ou outra fábula de Esopo; sem ele, minha peça *A raposa e as uvas* não teria nascido; sem ele e sem o prefácio de La Fontaine a *Bios tou Aesopou*, de Maximus Planudes. E chegavam exilados portugueses, porque me fizeram vice-presidente da Sociedade dos Amigos da Democracia Portuguesa; professores ilustres expulsos por Salazar, o que ensinou essa mesma tolice ao ensinar os nossos governantes a despachar para fora do Brasil o melhor da nossa cultura e da nossa ciência. Bendito Salazar, que nos deu um Adolfo Casais Monteiro, um Jaime Cortesão, um Agostinho Silva, um Sidónio Muralha, um Jorge de Sena, um Fidelino de Figueiredo.

Graças a esses homens, Portugal descobriu o Brasil: antes disto, as nossas academias, d'aquém e d'além-mar, trocavam imortais, tudo para discutir onde devíamos colocar nossos acentos. Uma noite, chegou o ensaiador Antônio Pedro, um dos homens mais inteligentes e bem educados de minha fauna. Meus filhos, gente de cinco a dez anos, dançavam furiosamente o *rock'n'roll*, então moderníssimo. Antônio Pedro me disse, usando meu nome inteiro, forma polida de português para desejar evitar o ridículo "excelência" e o íntimo "você":

— Oh, Guilherme Figueiredo, isto é um dançar d'imbecis! Todos com a cara triste e o rabo alegre!

Adotamos Antônio Pedro imediatamente; passamo-lo para a sala do bate-papo. E o Felisberto Carneiro entrou nas anedotas e começou a contar "as de português"; Antônio Pedro, com sua elegância de Jesus Cristo engordado e vestido em Londres, aproveitou um hiato de silêncio para filosofar:

— Vocês aqui contam muitas anedotas de português, mas a melhor anedota de português é o Brasil.

Houve um silêncio inteligente seguido de gargalhadas para camuflar a piada. Mas as gafes são irreversíveis, não têm marcha à ré. Então lembrei uma frase de Raul Solnado, quando lhe perguntaram:

— Vocês portugueses contam muitas anedotas de brasileiro?

— Não é necessário, respondeu Solnado.

Tornamo-nos amigos. E de Alejandro Casona, que Dulcina dera a conhecer com *As árvores morrem de pé*. Pedro Bloch e eu confraternizamos com esse espanhol arrogante e brilhante, amigo de Eduardo Borrás, exilado em Buenos Aires, tradutor para o espanhol de *A raposa e as uvas* — e graças a isto a peça correu mundo. Mas aí já é outra história.

No caminho para o Rio, vinha do Congo Belga um outro português estupendo, Sidónio Muralha, com seus filhos que falavam francês e discutiam entre si no mais puro congolês; e mais um irmão, o guapo galã de teatro Fernando Muralha. Fernando em poucos minutos apaixonou-se por Maria Fernanda e lhe propôs montarem uma companhia teatral e irem estrear em Angola; ao que a atriz Maria Helena Dias exultou, de passagem:

— Vais ser a galinha d'Angola.

Nessa mesma noite, a vizinha do andar de cima atirou uma garrafa de Coca-Cola em nossa janela. O estrondo foi terrível mas os convidados nem se importaram, até que a campainha da entrada soou com autoridade e era mesmo a autoridade à porta: três atletas fardados, municiados, com algemas penduradas nos cinturões. Nunca a delegacia tinha dado conta das nossas perturbações do silêncio noturno. Mas desta vez era sério: a vizinha comandava um coronel tremendo, desses que enfrentam o síndico. Eu devia comparecer à delegacia para tomar conhecimento da queixa registrada. E ordem imediata para silenciar meus arruaceiros, levando dois ou três como cúmplices de violar o sossego alheio. Um coronel é sempre coisa considerável e os meus convidados exilados temiam que a ruidosa batalha de alegria os atingisse com proibições, e estas resultariam em noticiário em jornais, e estes resultariam nalgum choque oficial luso-brasileiro. Nunca apelei para irmãos militares, e eram três, um até com evidências políticas; mas desta vez não pude ter outra atitude senão a de comunicar ao chefe dos latagões que eu tinha um irmão coronel mais coronel que o do andar de cima. As autoridades se entreolharam, ganhei continências de despedida, e por alguns minutos o *rock'n roll* se transformou numa suave serenata do cantor-fotógrafo Paraguaçu. Não houve mais garrafas e o vizinho, daí por diante, ao cruzar comigo na calçada, lascava uma continência e mandava "lembranças aos manos". O sonho dele, me confidenciou uma vez na calçada, era "conhecer Tônia Carrero"; eu podia, até por maldade, dar uma intenção bíblica àquele verbo conhecer. Mas preferi, assim como quem não quer nada, dizer-lhe que o pai de Tônia, também coronel, tinha sido meu professor de esgrima no Colégio. O vizinho confessou apreciar o jogo de esgrima e lamentou ser de artilharia. Os cavalerianos e os artilheiros desdenham-se mutuamente; estes últimos, em razão de suas armas, costumam combater à distância. A coisa serenou, mais ou menos esquecida, e até por ocasião da Páscoa a vizinha nos mandou um bolo de sua autoria. Vinha acompanhado de um cartãozinho com pedido de obtenção de um autógrafo de Sérgio Cardoso. Dei-lhe o autógrafo e duas entradas para a peça, a paz reinou na Rua Santa Clara e as nossas noitadas violentas assumiram caráter legal.

* * *

E havia a casa de Procópio. Decorada como um bar de estilo lusíada, com o nome à parede da sala: FERREIRA & PEIXOTO LTDA. Na prateleira do fundo, entre as garrafas, o retrato do time do Vasco da Gama; ao lado, um busto colorido, de um mocetão bigodudo de barro, mangas de camisa com fortes braços cruzados, uma das mãos energicamente fechada e, debaixo dela, a legenda: "Fiado? Toma!" Mesas quadradas, da Brahma, cobertas com toalhas quadriculadas, e sobre elas saleiro, paliteiro, uma campânula de vidro para proteger das moscas as mães-bentas. Sobre uma porta discreta, ao fundo, um letreiro útil: "É aqui". Sobre o balcão, vistosa máquina registradora prateada com a respectiva campainha. Um cartaz anunciava a ementa, sempre ao gosto do paladar do anfitrião. Dentro de um açucareiro, a necessária farofa. A pimenta malagueta em garrafa para cada mesa. Uma peculiaridade: nesse estabelecimento acolhedor, e nas nossas salas de anfitrião, não reinava o uísque. Além de caro, americano, de gosto de filme de faroeste. Servia-se o invariável repertório de Luiz Peixoto, os graciosos flagrantes urbanos de Álvaro Moreyra, e às vezes explodia no salão uma declamadora de braços tatalantes e suspiros para o alto. Nessas ocasiões, os cachorros da casa escondiam os focinhos entre as patas ou uivavam em nome de Berta Singerman.

Na minha casa, também nada do custoso uísque. Por pobreza e porque descobri: o uísque desenvolve discussões políticas, interrompe Mignone ao piano e as senhoras cavaqueiras pousadas no sofá. Nosso hábito era uma macarronada um tanto retardatária por causa dos artistas de depois do espetáculo. Numa noite de Ano Novo surgiram à porta sete cineastas soviéticos, enormes, louros, de caspas louras, a suar camisas de lã. Conheciam minha existência, o meu endereço, vinham filmar o verão carioca e não sabiam nem mesmo dizer *thank you* em inglês. Por acaso havia uma garrafa de vodca de fim de ano. Perguntei, em saudação:

— *Vodca?*

E os sete, unânimes:

— *Nyet! Coca-Cola!*

Não era, positivamente, uma traição à pátria do socialismo: era, em todos, esse intimíssimo impulso da alma humana de transgredir a lei, de pecar, de cometer algum ato de rebeldia, como o do brasileiro que teima em cruzar as ruas em Londres na mão errada, ou em contar, para os amigos do bar, ao voltar de uma parada de avião no Burundi:

— Acudam-me! Estou sendo devorado por sete canibais de Leningrado!

Pedi socorro, por telefone, ao meu amigo adido Ignatiev, da embaixada da URSS. Ele veio, às pressas, confraternizou com os patrícios, traduziu-os diplomaticamente, e me trouxe uma garrafa de vodca: a que eu tinha, e era também presente seu, já ia no fim, e já o Antônio Carlos Bandeira de Figueiredo me tinha perguntado ao ouvido:

— Você quer que eu procure por esse bairro uma nacional? Ao menos salva a honra brasileira.

Não salvava: a que estava no fim era uma vodca feita em casa pelo Marc Berkowitz, de aprendizado com o cantor Alexander Wolkoff, caucasiano que soluçou na boca e nos ombros de Koussevitzky depois de cantar um canto natalino. Beberam tudo. Depois foram para a praia, assistir às mulatas de Iemanjá, e regressaram descalços, espalhando areia pela casa, e entupidos de batida de limão. Uma noite vieram bailarinas do Bolshoi, trazidas pelo piloto Fernando Rocha, sobrinho de Mario de Andrade. Vinham com suas axilas em gaforinha e olhares como paisagens siberianas. Acompanhadas de um cérbero. Falavam francês demais. Às dez horas o cérbero olhou o relógio e as arrastou para o paraíso soviético.

Procópio, ao ser convidado para encontrar João Villaret em nossa casa, foi logo prevenindo:

— Vou, mas não recito para gente da Pide, a polícia política de Salazar.

Houve cantoria, Bibi Ferreira, Aloísio ao piano, um diplomata farfalhante começou a comandar Aloísio:

— Toque isto! Toque aquilo!

Aloísio tocava, o diplomata botava a boca no mundo, até ser silenciado à força. E num desses silêncios, que às vezes neblinam nas reuniões, Villaret, encostado a uma porta, passou a murmurar:

— *Estavas, linda Inês, posta em sossego...*

E a sala sentiu um arrepio diante da voz magoada, trêmula, pianíssimo, do ator. Quando ele acabou de dizer o episódio de Inês de Castro, dos *Lusíadas*, havia lágrimas em todos os olhos. Os aplausos explodiram. Procópio não agüentou:

— Vou recitar para dar uma lição a esse paneleiro!

E tome Luiz Peixoto. Villaret ganhou nos aplausos. Procópio despediu-se:

— Hoje estou um pouco rouco.

De outra vez, Roberto Marinho tinha em casa uns duzentos convidados para homenagear Jean-Louis Barrault. E me disse: "O músico da companhia quer mostrar aos nossos umas coisas modernas, algumas compostas para as *ondes martenot*, o instrumento eletrônico que trouxe. Aqui não é possível: arranje um grupo de compositores; ele quer conhecer nossa música".

As *ondes martenot* eram o instrumento precursor dos *synthetizers*, e faziam os efeitos sonoros misteriosos do *Hamlet* no aparecimento do fantasma, e de *O Processo*, de Kafka-Gide, nas cenas sobrenaturais. Juntei músicos em torno do modesto piano-armário e desfilaram Villa-Lobos, Mignone, Luiz Cosme, Aloísio de Alencar Pinto, Rafael Batista...

Finalmente o convidado, o jovem dodecafonista: atenção redobrada, testas franzidas, atitudes do *Pensador* de Rodin, aplausos franzinos. Depois ele atacou o *Tico-tico no fubá*. Aplausos maiores, Mignone sentou-se a seu lado e falou:

— *À la manière de Bach.*

Fantástico, à primeira vista, a quatro mãos.
— *Maintenant, Brahms!*
E lá veio Brahms vestindo o *Tico-tico*. Estupendo!
— *À la Chopin!*
E saltou o Tico-tico chopiniano.
— *Essayons Wagner!*
E Wagner-Siegfried-Zequinha de Abreu baixou sobre nós. Assim foi, a noite inteira, um desfile de improvisos a quatro mãos, até de madrugada, só interrompido para um ou outro gole de batida de limão e algum humilde doce de coco. A noite acabou em triunfo. O músico tinha uns vinte e oito anos. Chamava-se Pierre Boulez. Se naquela época já existissem aparelhos gravadores, e eu tivesse um, que disco daria esse Mignone-Boulez!

* * *

Alguns anos mais tarde Violeta e Luiz Heitor Corrêa de Azevedo vieram buscar-me, e a Alba, para assistir ao *Apollon Musagète* regido por Pierre Boulez, no Théâtre des Champs Elysées. O casal brasileiro era recebido com festas pela platéia. Finda a obra, todos se precipitaram pelo palco, a felicitar o regente. Violeta arrastou-me para me apresentar a ele, que abriu os braços, festivos:
— *Mon cher ami!*
São gratas essas emoções. Nos sessenta anos de Leonard Bernstein, no espetacular Wolf Trap, o embaixador João Batista Pinheiro e a embaixatriz me levaram a saudar Mstislav Rostropovich, que com Yehudi Menuhin e André Previn tinha executado o *Triplo concerto* de Beethoven. Rostropovich, ao me ver:
— *My Brazilian friend!*
Todos pasmaram, inclusive Lauren Bacall e Elizabeth Taylor. Ao ouvir a palavra "Brazilian", o velho Aaron Copland, autor de *Saloon Mexico,* que esteve no Brasil em 1938, me perguntou:
— *How is my friend Mario de Andrade?*
Em Campos do Jordão, num almoço após um recital de Rostropovich, Madame Rostropovich, ao ouvir-me falar de meu diretor de *A raposa e as uvas* em Leningrado, voltou-se para mim:
— *Vous l'avez connu? C'était mon professeur, Tovstonogov.*
Minha interlocutora, Madame Rostropovich, era a famosa cantora Galina Vichnevskaya.
Ainda no Wolf Trap, conversando com a cantora e apresentadora Anna Mofo, quando lhe falei que tinha estado no concerto de Toscanini em 1940, no Rio, apresentou-me o marido, Serge Sarnoff.

— *Son of David?*
— *Yes. I was Toscanini's secretary when in Rio.*

Então lhe recordei que um trompetista da orquestra tinha morrido subitamente no Rio, substituído pelo brasileiro Napoleão Tavares, que tinha sua orquestra "Napoleão e seus soldados musicais". Toscanini convidou-o para integrar sua orquestra americana. E o brasileiro:

— Prefiro ser Napoleão aqui do que soldado em Nova York.

* * *

Entrei no parlatório, e lá já se achavam Luiz Carlos Prestes, seu amigo e amigo de meu pai Orlando Leite Ribeiro, meus colegas e amigos Raul Pedroso e Antônio Bento Monteiro Tourinho. Não havia possibilidade de obter entrevistas; fui-lhe apresentado, dei-lhe o original do poema *Acalanto de Luiz Carlos*, de Mario de Andrade, composto para meu filho que recebera o nome de Luiz Carlos. Prestes agradeceu, guardou sem entusiasmo, como sem saber de que se tratava; nesse mesmo momento, um outro visitante aproximou-se, disse o nome, e explicou:

— Sou o presidente da Associação dos Ex-alunos do Colégio Militar. Conhece a Associação, não?

Prestes olhou-o de alto abaixo e falou:

— Conheço. Estou aqui há nove anos e nunca a Associação fez coisa alguma por mim. Pode retirar-se.

Voltou-se e continuou a conversar comigo. Agradeceu o que eu lhe dera.

Octávio Mangabeira tinha voltado; no dia de sua chegada, foi-lhe preparado um comício de recepção em frente ao Teatro Municipal. Meu pai recebeu-o. Maurício de Lacerda, o mais importante orador, saiu-se com esta tirada:

— Estamos repetindo uma data histórica: quando Dom Pedro I disse o seu "Fico!", nós o pusemos para fora!

O público aplaudiu, sem perceber a baralhada. Mangabeira devia, após o comício, jantar em nossa casa, meu pai me pediu que eu levasse um de meus amigos. Chamei Carlos Lacerda, que aceitou e me sussurrou:

— Meu pai estava bom na trapalhada!

O terceiro momento de susto foi mais assustador: na tribuna da Constituinte estava o deputado paulista Aureliano Leite invectivando Vargas que, eleito senador, nunca havia aparecido. Algum de seus amigos avisou-o, por telefone, do que se passava; trouxeram Getúlio, que pediu a palavra, subiu à tribuna e disse umas coisas. Nesse instante avisaram a meu pai, que se achava na sala do café:

— O Getúlio está na tribuna...
Meu pai levantou-se, entrou no plenário gritando:
— Ponha-se lá fora! Aqui não é o seu lugar!

Alguém se interpôs, o deputado Vivaldo Lima; meu pai deu-lhe um pontapé no traseiro. Getúlio desaparecera; a sessão foi suspensa. O plenário, tumultuado, esvaziava-se. Vieram nos avisar: os "queremistas", partidários de Vargas, esperavam a saída de meu pai para espancá-lo. Gilberto Freyre e Joel Silveira apresentaram-se como escolta. Juntei-me a eles; segurei dentro do bolso um cachimbo que andava fumando, agarrei-o à guisa de inútil arma, e o fiz com tanta força que o cachimbo quebrou-se.

— Vamos!

E saímos, intrépidos para apanhar. Engano: não eram queremistas, eram contra Vargas, meu pai foi ovacionado.

* * *

A poesia me fazia cócegas:

> *Ai, não sei se te guardo ou se te perco,*
> *Se te guardo me perco, se me guardas*
> *Te perdes e me perco; e este cerco*
> *Mais se acerca se chegas ou se tardas.*
>
> *Nada perdes, amor, pelo que percas:*
> *Amor, se te perder nada mais guardo,*
> *Porém sei, eu me perco se te acercas*
> *E me perdes de amor, amor, se tardo.*
>
> *Sê, pois, oásis promissor e ao mesmo*
> *Tempo engano intangível de miragem*
> *E deixa-me buscar-te andando a esmo*
>
> *Mas guardando a esperança que se trunca*
> *De nem saber se existe a tua imagem*
> *E assim te guardo sem perder-te nunca.*

Mas eu trazia comigo o micróbrio do parnasianismo:

> *Alberto de Oliveira, Auta de Souza, Júlio*
> *Salusse, Luiz Delfino, Afonso Celso, Lúcio*
> *De Mendonça, Luiz Guimarães, Martins Júnior,*
> *B. Lopes, Luiz Murat, Hemetério dos Santos,*

Alphonsus de Guimaraens, Leão de Vasconcellos,
Zeferino Brasil, Guimarães Passos, Félix
Pacheco, Magalhães de Azeredo, Vicente
de Carvalho, Amadeu Amaral, Martins Fontes.

Porto Carreiro, Luiz Carlos, Antônio Salles,
Goulart de Andrade, Augusto dos Anjos, Belmiro
Braga, Antônio Furtado, Aloysio de Castro,

Olegário Mariano, Emílio de Menezes,
Olavo Braz Martins dos Guimarães Bilac,
Anna Amélia Queiroz Carneiro de Mendonça.

Soneto antológico...

Contornaria essa enfermidade adolescente ao encontrar Mario de Andrade. Sua lição está em *A lição do guru*, coleção de cartas que resumem uma didática do modernismo de uma ética e de uma liberdade do escritor. Antes dessas cartas eu vivia mergulhado em livros de direito, na Faculdade, e na Biblioteca Nacional, onde plantei sede e banco universitário, anos seguidos, das dez da manhã às dez da noite, com escorregadelas por Baudelaire, Verlaine, Rimbaud, Mallarmé e... Paul Géraldy, porque estava amando meu xará das mesmas nossas Campinas do Mato Grosso, Guilherme de Almeida. E Menotti del Picchia, leituras então fesceninas para meninos púberes.

O FIM DA DEMOCRACIA

Eu não sabia a quem dirigir-me quando encontrava esses amigos. E isto me fazia lembrar sempre a manhã de 10 de novembro de 1937, quando me encaminhava para a Prefeitura, e alguns transeuntes da Rua Direita, que geralmente me saudavam — tinham a lembrança do "filho do herói" — agora disfarçavam. Até que dei com os olhos num jornal de uma banca da Praça do Patriarca: noticiava a inauguração de uma nova Constituição, estampada na primeira página, o estabelecimento de uma censura jornalística, a prisão de meu pai, desaparecido na Casa de Correção do Rio e dado como morto. Precisava voltar ao Rio, de qualquer modo. Passei pelo escritório de advocacia de Gilberto Sampaio, acolhedor ponto de conversas. Ele e seus amigos me olharam como se eu fosse um fantasma. Não falavam. Tinham sabido que meu pai tinha sido assassinado.

* * *

Conheci a humilhação de pedir dinheiro emprestado a quem acreditava que eu em São Paulo levava uma boa vida. Ao horror de não pagar, de suplicar que tivessem paciência, acrescentou-se o horror de uma só e magra refeição, ou nenhuma. No Rio, já tendo a notícia de que meu pai se achava incomunicável, caiu-me do céu a oferta do editor Rogério Pongetti, onde eu tinha publicado a versalhada de *Um violinho, na sombra*, edição do autor: passou-me o volume da biografia de Chateaubriand, de André Maurois, por cuja tradução me pagou... exatamente o que paguei ao médico e amigo Guerreiro de Farias para me extirpar um cisto sebáceo no cóccix, coisa côngenita que cresce com o tempo e se torna uma bolsa de dentezinhos de algum irmão gêmeo não nascido comigo, e alguns cabelos, maçaroca retirada a bisturi sem anestesia, pois com a guerra as anestesias eram de impossível importação. Em casa, de cama, de bruços, agüentava o não fazer nada; não podia sentar-me à máquina e inventar colaborações. Um telefonema dos *Diários Associados*: Assis Chateabriand me chamava com urgência para assumir a direção de seu jornal na cidade de Fortaleza. Como aceitar, com a mãe precisando de minha presença, a catação das misérias da freguesia das colaborações, a noiva (porque eu ficara noivo, depois de longo namoro em algum cinema da Praça Saenz Peña, alguma música gratuita no Instituto Nacional de Música, umas escassas moedas para o picolé)? Não aceitei o convite que me transformaria em cearense. Aceitou-o um ex-contemporâneo de Faculdade, que Assis Chateaubriand empregou da maneira mas sutil: certa manhãzinha, foi ao clube de regatas onde costumava dar umas remadas; atletas do remo ainda não haviam chegado; lá havia apenas um rapazote.

— Quer remar comigo? — perguntou Assis Chateaubriand.

E saíram juntos. Chateaubriand remava e monologava assuntos diversos; o outro ouvia, sem falar; de repente, Chateaubriand, no seu delírio recitativo, avançou uma afirmação qualquer de sua lavra; o meninote remador abriu a boca e disse:

— Quem costuma escrever isto é o Assis Chateaubrinad.
— Você o conhece?
— Não. Só de leitura.
— Que acha dele?
— Cá pra nós, um bom filho da ...

E Assis Chateaubriand perguntou:
— Que você faz na vida?
— Procuro emprego.
— Eu sou o Assis Chateaubriand. Você é macho. Apareça hoje de tarde nos *Diários Associados*, me procure. Você vai tomar conta do jornal de Fortaleza.

Assim, sentando-se na cadeira onde eu não podia sentar, João Calmon se tornou o representante dos *Diários* em Fortaleza, virou cearense, seduziu a garotada jornalista, e foi o braço direito de Assis Chateaubriand na sede dos *Diários*, no Rio. Pude sair, sentar-me, levar artigos de colaboração aqui e ali, secretariar Dario de Almeida Magalhães, superintendente dos jornais no Rio. Chateaubriand passava como um raio pela sala, me dava velozmente atribuições: escrever sobre o Padre José de Anchieta, nome de batismo de um dos aviões de sua campanha; convidar o Major (o major Carneiro de Mendonça, do Banco do Brasil); fazer uma nota sobre o museu que inventara (e que pôs de pé). Brigou com Dario de Almeida Magalhães, substituiu-o pelo ator e economista Olímpio Guilherme, acertou-lhe por azar um tiro na boca, e sempre voando só me chamava de Euclides. Eu ressuscitava amigos da Faculdade. E, dinheiro quase invisível, punha um relógio no penhor da Caixa Econômica, presente de ouro de meu pai preso, jóia suiça com *chatelaine* ostentando a medalha que lhe fora conferida por ter salvo um soldado num quase afogamento no Contestado. Era um luxo: serviu para comprar entradas para levar a noiva a ouvir Toscanini. Relógio e medalha me foram furtados num ônibus, o que até hoje me pesa na consciência. E me valia da generosidade de tia Candê para suprir meu bolso vazio graças à sua bolsa vazia. Levei livros da coleção de obras militares de meu pai ao sebo, com carimbo indicando a propriedade do dono; o dono do sebo foi logo dizendo que aquilo não valia nada, que ninguém no Brasil lia Clausewitz e estrategistas no original. A Caixa Econômica me fez uma supresa: o anel de grau, com rubi, presente de meu tio Bento, sangrava um simples caco de vidro.

Muitas vezes, ao buscar o pagamento no caixa, recebia um lamento:

— O patrão passou por aqui, levou tudo. Vamos esperar...

Mas nunca deixei minha mãe perceber minha angústia; havia entre nós dois um silêncio cúmplice: nós nos sabíamos, nós nos enganávamos com hipócrita dignidade. O dono da venda supria a casa, meu irmão Luiz Felipe era gratuito no Colégio São José, meus irmãos Euclides e Diogo gratuitos no Colégio Militar, minha irmã Maria Luiza (Doliza) gratuita no Colégio Regina Coeli. Os duzentos mil réis anuais de minha madrinha pagavam a quitanda durante dois meses.

Os novos amigos, em cuja roda Mario de Andrade me encaixou, não sabiam quanto minha vida de repórter e vagabundo era árdua: Carlos Lacerda, Murilo Miranda, Moacir Werneck de Castro, o pessoal do fundo da Livraria José Olympio, ninguém conhecia minhas aflições. Sabiam que meu pai era um ex-comandante do fracassado Movimento Constitucionalista de 32, ex-exilado, preso e condenado por envolver-se numa conspiração onde se aliaram integralistas desapontados e democratas paulistas logrados; só o ex-tenente Walter Pompeu, comunista de 1935, sabia que meu pai toparia qualquer revolução para derrubar Getúlio Vargas. Curioso: todos olhavam o filho do prisioneiro e o acolhiam por ser amigo de Mario de Andrade. Porque, entre as duas celas, dialogava bilhetinhos com Luiz Carlos Prestes. E sabiam que aquele coronel, dentro da Casa de Correção, com seus livros, seus dicionários, os jornais diários, um receptor de rádio, escrevia comentários da guerra na Europa para *O Jornal*. E que esses bilhetinhos me eram metidos dentro do sapato ou dentro da caixa de fósforos quando eu visitava o preso, e apareciam sob o pseudônimo de *Um observador militar*. Essas crônicas resultaram num volume, publicado em 1983 pela Imprensa da Câmara dos Deputados.

* * *

    Mas quem deu a melhor contribuição para o uso do primeiro cartaz em português não fui eu, foi o poeta J. G. de Araújo Jorge. Deram-lhe a adaptar um enorme cartaz, um *espetacular*: uma beleza jovem, sorridente, mostrando coxas e seios promissores dentro de um *maillot*, reclinada na areia, olhando para quem a contemplasse, e a inscrição *That's it!*, que o poeta interpretou com sutil malícia subliminar, bem ao gosto de uma "associação de idéias" à William James: *Isto faz um bem!!!* Que é que faz um bem? A Coca-Cola ou a belezoca? Aí está o segredo: quem não alcança a belezoca, consola-se com uma Coca-Cola... John Staton, gerente, tinha razão: aquela garrafa é o *champagne* dos pobres, que o publicista ensina a tomar como os soldados heróicos da guerra a sonham depois de esmagar o inimigo, ou como o menino do colégio oferece à coleguinha e ela se crê a beldade do cartaz... Fui aprendendo a inventar a poesia imediatista do consumo, a alegria do *Repórter Esso*, "o primeiro a dar as últimas" na epígrafe do Emil Farhat, ou no suspiro de boca aberta do Arthur Moss ao escovar os dentes com pasta Kolynos e soprar um hálito de saúde: "Ahhhh!" Aprendi a falar com doçura sobre os produtos femininos Revlon, com energia sobre a General Motors, com decente seriedade dos produtos Tampax, da ventura de ir de avião da Panair, de falar do prodígio e promessas da RCA, dos discos e rádios RCA, da televisão RCA que já se antevia num futuro próximo... E tudo, legendas, textos, tudo conciso, tudo com mensagem de venda à qual ninguém resiste. Um mínimo de palavras que *vendam*, de tal modo que se exibe o anúncio ao anunciante assegurando:

— Isto vai aumentar suas vendas em trinta por cento!

E o animal do anunciante toma o *layout*, soletra o texto, rasga tudo e diz, como nenhum crítico literário ousa fazer:

— Isto está uma merda!

E logo:

— Faça outro, e quero para amanhã às nove da manhã! Vou ver o que minha mulher acha do que você trouxer!

E então, meu amigo, introduza mais uma mandamento da arte e ofício publicitário: arrisque até o assédio sexual a qualquer matrona decisória.

Estas coisas sedimentam-se na nossa alma: tornamo-nos humildes, cínicos, ou até com poderosas convicções de genialidade; só que, no meu caso, o talento para vender uma pasta de dente me consumia o possível talento para escrever um conto, um poema, um romance.

O discreto surgimento da televisão, logo após a guerra, me facilitou meter-me em outra mídia, como se diz hoje: o meu teatro me ensinava a dialogar. A McCann Erickson do Rio achou que eu devia fazer um estágio nas recém-nascidas emissoras de televisão dos Estados Unidos. E lá fui eu para Nova York, com alguma convicção de ser dialogador de anúncios em português, adaptador de estoriazinhas, ver como mexer com atores ao vivo diante das câmeras, ao tempo em que não existia o *videotape*. E um dia me vi na NBC de Nova York ensaiando um jogador de golfe a anunciar uma marca de relógio num fundo de paisagem verde, florida. O atleta, vestido com todas as elegâncias de um golfista, surgia por um lado do palco, punha no gramado fictício um bolinha de golfe, rodava o taco para trás do ombro, desfechava uma paulada na bolinha, que voava para os fundos do palco. O galã, risonho, olhava para a câmera, olhava para o próprio pulso, e exclamava para o espectador: *My Bulowa is wonderful!*. Feliz do seu êxito, feliz de comunicar a cada espectador a alegria de possuir um relógio de causar inveja ao vizinho. O nome desse ator, que repetia a tacada até que a elegância, a bola, o taco, o gesto, o riso se considerassem perfeitos, bem iluminados, bem maquilados: Ronald Reagan. E ali estava naquele papel porque era considerado um canastrão no cinema: e no entanto chegou a presidente do mais rico país do mundo, talvez porque sua pífia arte de representar fosse bastante para tamanha vitória, talvez porque para se chegar a presidente da república não é preciso saber dar uma porrada numa bolinha de golfe. A televisão avançava de tal modo que vi o general Eisenhower ser maquilado como um boneco para fazer um pronunciamento que era escrito no chão, diante dele, em enormes dizeres, para que pudesse ler como lhe mandava o seu ensaiador, o ator Robert Montgomery.

Descobri Nova York graças à televisão, e em Nova York descobri pelo menos três amigos de toda a vida: a cônsul brasileira Dora Vasconcellos, doce poetisa de olhos de seda, minha companheira para o teatro; o secretário Sizínio Pontes Nogueira que, me surpreendendo com um velho capote emprestado pelo meu chefe de redação Barreto Leite Filho, fez-me entrar numa alfaiataria londrina, onde um cavalheiro de plastrom e calças listradas me olhou dos pés à cabeça, abriu um dos armários do luxuoso salão, dali tirou o sobretudo perfeito, que me acompanha de 1952 até hoje; e o cônsul geral Hugo Gouthier, que encerrou o expediente ao ver-me e comandou:

— Vamos ali adiante, ao Sherry Netherland, bar onde você verá as mulheres mais lindas e bem vestidas do mundo.

Meus três amigos tinham a mesma arte: o segredo de tornar felizes as pessoas em sua companhia, o segredo de fazer com que os maiores museus se tornassem como propriedades nossas, e as orquestras, e os pianistas, o caviar, o salmão, os suplementos literários, as livrarias. A arte de nos fazer conhecer e conviver com seus amigos, que eram David Silveira da Mota, Roberto Campos, Jaime Bastian Pinto, Sérgio Frazão, Mário

Gibson Barboza. A arte de me apresentar à jovem Elizabeth Taylor, glorinha burrinha.

Eu tinha descoberto Paris por causa de minha peça *Un dieu a dormi dans la maison*; em Paris aprendi a sorrir bestamente para os *muguets* de Primeiro de Maio, para a rosácea da Sainte Chapelle e o seu escrínio de pedras preciosas, o gosto do *escargot* e a conjunção de pães, queijos e vinhos, a fascinação de Albert Médina, diretor da minha peça, e o bom gosto musical de um quase adolescente, Marcel Landowski, filho do escultor do nosso Cristo Redentor, e hoje *sécretaire perpetuel* da Académie Française. Nos Estados Unidos convivi com os negros de Charlotte, North Caroline, para ouvir suas canções e beber o seu bourbon; em Stanford ensinei o dono do The Continental a preparar uma *lobster the Brazilian way,* como increveu no cardápio, e levei Viana Moog para ouvir Stan Getz e Dylan Thomas me pedindo para pagar uísque em troca de me recitar um de seus poemas.

E um dia me chega da matriz da McCann uma instrução estranha. Eu fora escolhido pra fazer um levantamento das atividades do *Point Four* em todos os países latino-americanos. Por que eu? Por incrível que pareça, entre os publicistas da empresa só eu possuía as qualidades (?) para essa tarefa: a de reunir em reportagens e relatórios o uso universitário, cultural, técnico, dos materiais de guerra postos à venda ou oferecidos a entidades particulares pela lei do senador William Fulbright, que autorizava a venda e a doação de todos os utensílios de guerra já inúteis para fins bélicos. Por que eu? Por quê? Por causa da existência do Haiti. Durante um ano circulei, de mala pronta, máquina de escrever na mão, telefones de autoridades, de hotéis, de facilidades de locomoção, para ir do Chile ao México, visitando empreendimentos particulares e públicos em que tivessem sido usados os fundos da Fulbright Comission. Juntei uma mala de cerca de trezentas reportagens, nove mil fotos, inúmeras entrevistas, material a ser transportado para Nova York, em cuja Alfândega de aeroporto fui suspeitado de levar fotos para vender. Da enrascada me tirou a própria empresa com um simples telefonema. Apresentada a vasta muamba, o encarregado de me acompanhar, o educado Grimmes, me informou afinal a finalidade de tudo aquilo: Truman tinha criado a aplicação do *war surplus* (material excedente de guerra) na criação de projetos agriculturais, científicos, universitários em cada país onde existissem esses materiais; terminado o governo democrata de Truman, ascendeu ao poder o governo republicano de Eisenhower. E este queria saber o que tinha feito o primeiro com tão enorme soma de bens. Puseram-me diante de uma comissão de doze senadores em Washington; em cima da vasta mesa estava a minha muamba, já reduzida à tradução inglesa. Mas eu tinha de fazer um relatório geral; e então, palavra, por puro exibicionismo, tomava uma reportagem de país hispano-americano, do Brasil e do Haiti, e traduzia o texto para o inglês, exibindo fotos, descrevendo-as. Eu estava usando o que me ensinara minha mãe, madame Bozon, o professor Glenadel, tia Candê e miss Melina Hull, como qualquer libanês vendedor de linho belga. Agradei, confesso com orgulho, fui aplaudido como no teatro. E o convite para me tornar americano? Que eu voltasse ao Rio e desse minha resposta em quinze dias. Eu estaria longe de meus pais, minha mulher longe de sua mãe, os dois meninos, de onze e sete anos, fatalmente se transformariam em americanos, como eu vi tantos meninos virarem brasileiros torcendo pelo Flamengo, comendo feijão e farofa só porque seus pais preferiram Copacabana, as negras de estimção, esta sedução que o Brasil exerce sobre o menino estrangeiro, igual à que os *ice-creams*, as bicicletas em estradas verdes, os colégios com mil aventuras de recreio, turismo, convivência... E nós dois, Alba e eu, envelhecendo no Brasil e indo, quando possível, visitar uns netos americanos que nos achariam insípidos e incômodos... E a saudade, aquela saudade, aquela saudade que um alemão abrasileirado amigo de meu pai definia: "Esta bagunça, esta incomparável bagunça!"... e até achava o chope da Brahma melhor que o de Munique... Decidi que deveria voltar minha vida para minha modesta literatura, meu humilde jornalismo, meus livros, Mignone e Aloísio Alencar Pinto ao piano, Heleninha e Antônio Carlos Bandeira de Figueiredo, meus amigos de Buenos Aires, os meus portugueses exilados (o maior presente que Salazar deu ao Brasil), a conversa de Pedro Bloch, as aulas do Conservatório de Teatro, meus alunos, minhas alunas... Devia abandonar tanta riqueza para respirar em Nova York o frio da saudade? Todos esses pensamentos duraram uma viagem de avião, de Nova York ao Rio. Chegado, demiti-me da McCann Erickson que tanto me tinha ensinado. Os *Diários Associados* queriam aproveitar a minha experiência de televisão? Quem sabe uma direção artística... Restaram-me destes tempos de caixeiro-viajante alguns amigos, entre eles os jornalistas peruanos Hector Orellana, Manuel Olivares, o satirista Sofocleto, um dos maiores epigramistas do mundo.

Topei. Já sabia que na única televisão brasileira as complicações eram maiores que as da NBC, da CBS... Faltava tudo na infância da TV Tupi, tudo menos um talento inventado, improvisador de truques para saltar por cima de dificuldades... Muitas vezes, para uma atriz como Ioná Magalhães descascar uma batata, numa cena de cozinha em algum "seriado", lá tinha eu de correr à casa para furtar uma batata que as avarezas da empresa não podiam comprar... Inventei programas, redigi a *Pensão da Marinela*, A

Moreninha, o *Esta é a sua vida*, entrevistei graúdos e chatos, pus a ginástica, as escolinhas de canto, os recitativos das cartas imortais na voz de Rodolfo Mayer, dei carona de automóvel às cobras da Luz del Fuego, empreendi a ligação entre as Tupis do Rio e de São Paulo, botei a Orquestra Sinfônica Brasileira no palco da Urca, fiz tremendos concursos de *Misses* com suas violentas e empresárias mamães. Punha a ginástica no ar às sete da manhã e saía dos estúdios depois de vazios e depois de fiscalizá-los. E acabei cansado. O lado entretenimento gaiato da televisão vencia o aspecto educativo e cultural que eu lhe queria dar. Meus patrões gostavam de inventar artistas, de experimentar cantadores sem encanto, o branco-e-preto da televisão chocava-se com o colorido da vida.

Roberto Silva Ramos, uma flor de personalidade no melhor estilo de Eça de Queiroz, ofereceu-me um lugar nas relações públicas da Light. Sua idéia, e a dos diretores de então, era afungentar o ranço da empresa, sofisticá-la com apoio ao turismo para o Corcovado, exaltar as belezas da cidade, voltar a fazer da Light uma propulsionadora de vida, como havia feito ao inventar Copacabana... Cansei.

As minhas peças teatrais, desde o sucesso carioca e paulista de *Um deus dormiu lá em casa* e *A raposa e as uvas*, invadiram os países hispanoamericanos, saltaram para Portugal, e súbito uma delas desabrochou na União Soviética, multiplicou-se por mais de quatrocentos teatros. E mesmo com a impossibilidade de receber direitos autorais e enviá-los para o Brasil, e mesmo sem a convenção de Berna vigorar na União Soviética, dei-me ao luxo de viajar usando os direitos autorais intransportáveis, a possibilidade de comprar passagens nas companhias de avião de cada país, os convites para conferências e debates; fiz amigos em Moscou e Leningrado, na Tchecoslováquia, na Bulgária, na Romênia, na Alemanha Oriental, na Polônia, nos países escandinavos, e então minha Alba e eu passeávamos entre Buenos Aires e a China. Se eu tivesse continuado como advogado, na Prefeitura de São Paulo, estaria hoje com uma formosa aposentadoria. Mas preferi viajar e escrever para jornais. Valeu a pena, até que meus amigos Vasco Mariz, Jorge Maia, Araújo Castro me seduzissem para ser adido cultural em Praga, uma cidade de sonhos, com amigos extraordinários; depois, vagou-se Paris, me convidaram a ser parisiense. Ao sabê-lo, meu amigo Di Cavalcanti reuniu seus boêmios em torno do presidente João Goulart, deu-lhe um quadro, uma noitada de uísque, e Jango ordenou que desfizessem meu contrato parisiense. Veio 1964, Di Cavalcanti foi destituído depois de alguns dias no posto e novamente me restituíram Paris. Eu descobri os quadros seus e de Noêmia, que deixara abandonados em Paris à chegada das tropas de Hitler, em 1940. Chamei-o, dei-lhe os quadros; Di Cavalcanti, em lágrimas, disse que eu escolhesse um.

— Não quero nenhum quadro seu em minha casa, disse-lhe. Estou aqui diante de você cumprindo a minha obrigação de adido. Se quiser, ofereço-lhe a Galérie Debret, que fundei, para expor a sua obra recuperada.

Trouxe tudo para o Rio. Dizem que aqui multiplicou os quadros "parisienses" e os vendeu ainda molhados de tinta. Não voltou mais à minha casa, como gostava de fazer. Mas falávamo-nos com melancolia, ele com visível vergonha. Quando morreu Tarsila do Amaral, em São Paulo, Di Cavalcanti, eu e outros próximos da Semana de Arte Moderna mandamos rezar uma missa para a nossa amiga e musa da Semana. Depois Di não durou muito. Em Paris, tinha convocado seus amigos da imprensa para instigá-los a fazer perguntas maldosas, quando Carlos Lacerda seguiu para lá. Carlos, em seu *Depoimento*, desmentiu tudo, com generosidade. De nada lhe adiantou reaver seus quadros. Di morreu antes. Como todo bom pintor, valorizou-se com a morte. Escreveu suas *memórias*.

* * *

Virgílio de Melo Franco soube que eu andava sem emprego, a desdobrar-me em artigos, e me mandou chamar. Na Casa de Correção, perguntei se devia ir: Virgílio, mensageiro da conspiração de que resultara o êxito da Revolução de 30, tinha contado suas atividades num livro, *Outubro, 1930*, em que afirmava, por falta de informações, que meu pai apoiara o movimento e, ao eclodir a coisa, recolhera-se. Daí resultou que meu pai, logo que solto, mandou uma carta a *O Globo* desmentindo com veemência a afirmação do livro: "Não se refira a pessoas que não conhece". Agora, com pai preso, recebo o convite de Virgílio. Meu pai achou que eu devia ir. Fui recebido por um homem cortês, tímido, de palavras medidas. Soubera de minha situação, perguntava-me se me podia ser útil.

— Procure amanhã o major MacCrimon, na Light. Ele estará à sua espera.

Eu só sabia do major que ele era a cabeça e o tentáculo do "polvo canadense". Paguei para ver: o major me recebeu com um mínimo de palavras secas:

— Vá aqui à Avenida Marechal Floriano, 46, é o escritório de meu secretário, o Dr. Albuquerque Melo. Ele está à sua espera.

Estava. Num sobrado de habitação familiar, onde se agitavam sujeitos sombrios, sempre a avistar, noutra sala, um Dr. Castanheira. Ali não era propriamente uma repartição do "polvo": era uma seção de detetives e informantes, capazes de descobrir quem derrubara um poste, quem furtava luz elétrica, quem testemunhara acidentes de atropelamento capazes de provocar ações de indenização. Os informantes e detetives se encarregavam de descobrir testemunhas que pudessem proteger a companhia das muitas ações de indenização fictícia. O importante era achar as testemunhas, treiná-las a comparecer às delegacias, ao Foro, para dizer verdades ou mentiras. Fiquei encarregado de assustar os portugueses donos de táxis e caminhões que tivessem danificado os veículos da Light; ou quaisquer pessoas que viessem reclamar luz, telefones... Era sórdido. Mas havia advogados que conseguiam registrar nas delegacias fatos inverídicos: ferimentos, fraturas de pernas e braços, danos a terceiros. Ou gentilezas.

— Você que conhece os militares, vá ao Quartel General, quarto andar, procure o major Dilermando de Assis, diga-lhe que a ligação pedida estará feita em uma semana.

Eu ia. No quarto andar, no saguão, um grupo de militares conversava. Perguntei se algum deles era quem eu procurava. O assassino de Euclides da Cunha identificou-se:

— Sou eu.

Ao ouvi-lo, não pude esconder uma exclamação:

— Ah!

O major pôs a mão no meu ombro e me falou:

— Moço, há anos e anos escuto essa exclamação quando alguém me procura.

E me olhou com olhos tristes. Tentei consertar a gafe:

— Perdão, major, eu disse "ah!" porque era o senhor mesmo que eu procurava, para lhe dar um recado...

— Eu sei, eu sei... Mas esse "ah!" me persegue toda a vez que ouvem o meu nome. Faça que não me conhece. Obrigado pelo recado.

Albuquerque Melo sabia de minha vaidade de jornalista. E queria que um jovem, filho de seu médico, cantasse na Rádio Tupi.

— Mande o rapaz falar comigo amanhã, às onze da noite.

O rapaz sentou-se na sala de espera. Chateaubriand entrou em disparada, o pobre não o reconheceu, o outro não parou, e na manhã seguinte Albuquerque Melo me chamou:

— O Chateaubriand nem olhou para o rapaz. O senhor me fez fazer papel de palhaço!

— Você é um palhaço!

Voltei para a sala da minha escrivaninha, despejei minhas coisas na pasta, dei o fora.

Esbarro com o colega jornalista Emil Farhat, cujo romance *Cangerão* nascera em 1939, como o meu *Trinta anos sem paisagem*.

— Você sabe alguma coisa de publicidade?
— Sei recitar o *Veja, ilustre passageiro...*
Levou-me. Quinze anos na McCann Erickson... Desde que meu pai tinha sido condenado e eu rimava:

Senhor alferes, quero ver-te a cara,
Cara escondida no grotão das Minas,
Onde a escara da boca se escancara
E desmascara o horror de nossas sinas.

Quero saber da cara desse cara:
Cara coroa? Cara de homem moço
Por cuja língua afora a vida cara
Baba como uma corda no pescoço?

Cara de marginal, de babaquara,
Cara mais caricata que nem sei
Que mal gritara em vez de encher a cara
A beber, cara moita, a ara do rei.

Vai, cara de palhaço, cara ignara
Que uma alcunha chamara Tiradentes,
É a pátria que te dá tapa na cara:
Quem mete a cara ao sonho perde os dentes.

Será que esquartejaram tua tara,
O amor do vento, o vício do horizonte,
O cara irmão que encara a tua cara,
Ou a cara que a cara te amedronte?

Cara de arara, a declarar **Libertas**
Nem pudeste aclarar: quae sera tamen...
Nós esperamos, caras boquiabertas,
Não que te pintem, cara, mas que te amem.

Não que tenhas a cara que te esboço
Nem a precisa tez que o vento lavra:
Queremos que o teu rosto seja o nosso.
Rosto livre no riso e na palavra.

Minha mãe, esse cara é a nossa cara,
Um olhar, uma ruga, um ricto, um ai:
O mártir que uma lei ressuscitara
Sou eu, meu filho, meu irmão, meu pai.

Afinal, consegui, a duras penas, que o Tribunal de Segurança Nacional reconhecesse que a condenação imposta a meu pai era de reclusão, não de prisão carcerária. Por isso, tiveram de transferi-lo para a Fortaleza de Santa Cruz, onde tinha direito a uma casinha de oficial, onde minha mãe, minha irmã, meus irmãos podiam vê-lo. Casei-me, e ali passei uns dias de lua-de-mel, depois de alguns oferecidos pelo colega Austregésilo de Athayde, em seu sítio na Ilha de Itacuruçá. Tempos depois, o juiz do Tribunal teve de reconhecer o direito de livramento condicional. Cabia ao presidente do Conselho Penitenciário, Lemos Brito, ir ao condenado, ler-lhe a sentença perante testemunhas, fazer com que ele assinasse o termo de liberdade, no qual se comprometia a não mais delinqüir.

— Não assino, disse meu pai ao fim da leitura.

O comandante da Fortaleza, coronel Zeno Estillac Leal, os comandados, ao redor, tiveram um gesto de espanto.

— Não posso cumprir o livramento, disse Lemos Brito.

Temia defrontar o ministro da Guerra, Eurico Gaspar Dutra, que dera ordem ao comandante do Distrito de Costa, general Rego Barros, para fornecer a lancha que traria o preso à liberdade. Um tenente pediu licença para falar. Concedida pelo coronel comandante, disse:

— O coronel Figueiredo não assina coisa nenhuma porque o crime dele é político, logo ele não pode se comprometer a não mais delinqüir. Sugiro que nós todos, oficiais aqui presentes, assinemos um termo em que nos comprometemos a não conspirar com o coronel.

Espanto geral. Assinou-se o termo. O presidente Lemos Brito, aliviado por escapar ao provável choque entre o seu ministro da Justiça, Francisco Campos, e o ministro da Guerra, voltou-se para meu pai:

— Quero ter a honra de conduzi-lo à liberdade.

— Não vou, disse meu pai. Sairei da Fortaleza acompanhado pelos oficiais aqui presentes, na lancha que os leva todas as tardes.

E assim foi. Às oito da noite, eu esperava no cais da Praça Quinze, em companhia de Osório Borba e Austregésilo de Athayde; pedira que me acompanhassem porque o ex-preso, uma vez fora da prisão militar, poderia ser novamente preso na jurisdição do ministro da Justiça. Tal não aconteceu. Meu pai chegou comigo à nossa casa, onde o esperavam minha mãe e meus irmãos menores. Eram mais de quatro anos de ausência. Na noite seguinte, Assis Chateaubriand visitou meu pai. Falou-lhe de seus artigos de comentários da guerra n'*O Jornal* e disse:

— Venho convidá-lo para ser nosso correspondente de guerra no *front* russo. Vosmicê continuará como conselheiro da Behring.

Levou a idéia a Getúlio Vargas, que a vetou. Não queria ter fora do país um personagem que lhe causasse problemas.

Eu tinha ido a Napoleão Alencastro Guimarães, então diretor da Central do Brasil, para lhe pedir uma atividade de trabalho qualquer para meu pai.

— Diga-lhe que registre uma companhia em seu nome, para fornecer madeira de nó de pinho do Paraná que sirva de carvão para as nossas locomotivas.

Getúlio Vargas o soube e lhe indagou:
— Você deu um emprego ao coronel Figueiredo?
— Dei.
— Por quê?
— Porque ele é meu amigo.

Getúlio calou-se. Até depois de anistiado, depois de eleito deputado, meu pai fez comentários de guerra n'*O Jornal*, com o mesmo pseudônimo de *Um observador militar*. Quando meu pai morreu, em 1963, recebi de Assis Chateaubriand um telegrama: "Você não imagina como eu gostava de seu pai".

* * *

Quinze anos na McCann Erickson, desde o neófito que inventou, de brincadeira, dois anúncios para a Coca-Cola: uma garrafa na mão da Estátua da Liberdade, e uma garrafa de Coca-Cola no topo do Kremlin.

Eu sentia saudade dos *Instantâneos Sinfônicos Schenley*, rádio-teatro sobre a liberdade nas Américas, com música composta por Rafael Batista, o criador da Orquestra Universitária, meu compadre e autor de um método de prática de regência de orquestra sinfônica, e Guerra Peixe, milagroso da música dodecafônica e da música baseada no folclore nordestino... *Um milhão de melodias*, música popular em grande orquestra, regida e com orquestrações de Radamés Gnattali... Que brilhante músico, que sensibilidade, que conhecimento do valor dos timbres... Sou capaz de afirmar: Radamés Gnattali foi o criador da "bossa nova", e para tanto contava com músicos como o violonista Garoto, o violinista Corujo, o pianista Arnaldo Estrela... *Os anjos do inferno*, bom conjunto, cujo defeito era apresentar semanalmente o mesmo repertório, o que levou um dia o gerente da Coca-Cola a dizer-me: "*Send them home!*", mande-os para casa... E havia os programas com Ary Barroso, Dorival Caymmi, Chico Alves, Orlando Silva, Sílvio Caldas, Almirante, Mário Reis... E redigir projetos, programas, anúncios de jornal, anúncios de revistas, de rádio...

Quando recusei o convite para trabalhar em Nova York, na direção da seção latino-americana, senti minha posição murchando... Armando Sarmento, presidente no Brasil. não me perdoava minhas investidas no teatro... *Lady Godiva, Greve Geral, Um deus dormiu lá em casa*; a SBAT, a crítica teatral, a conspiração na Associação Brasileira de Escritores, tudo trabalhava contra o publicitário que eu tinha obrigação de ser... *A raposa e as uvas* foi o caldo entornado; *La zorra y las uvas* me mostrou que era o momento de demitir-me ou resignar-me a um cargo de simples enfeite. Pedi demissão, com lamentações de Armando Sarmento e algumas alegrias de outros. Estava na rua. E apareceu o anjo milagroso, Roberto Silva Ramos, advogado da Light elevado a chefe de Relações Públicas. Roberto me tirou para dançar e eu acedi com pudicícias de virgem... Pairava no ar o sucesso de *La zorra y las uvas* como peça antiperonista, aclamada ao final com gritos de "Viva la libertad!"... Passei a dar-me ao luxo de ir visitar cada fim de semana meus amigos, os atores *independientes*. E chegou a notícia de que a peça ganhara o primeiro prêmio de obra estrangeira por ocasião do Quadragésimo Aniversário da Revolução Soviética. Ninguém compreendia, e muito menos os meus amigos comunistas, em Moscou, nos países da Cortina de Ferro. Pedi licença na Light e, valendo-me dos direitos autorais que não me podiam ser pagos fora dos países socialistas, me dei ao luxo maior de, com minha mulher, fazer uma *route rouge*.

Teria perdido meu tempo em quinze anos de publicidade? Digo firmemente que não. A McCann Erickson me foi utilíssima, foi a minha melhor escola para o exercício da literatura. Se exigia de mim uma redação de programa publicitário, os textos de anúncios, uns versos, um diálogo radiofônico, um estilo convincente — eu fazia de tudo com a maior cara-de-pau. Por quê? Porque ali mesmo tinha aprendido a fazer. E aprendido com todas as restrições exigidas pelo cliente, que é quem paga. E paga para vender. Aprendi a concisão: o menor número de palavras para o maior efeito de vendas; aprendi a difícil arte do tratamento quando o anúncio não podia dizer "você". Aprendi a riscar o que poderia achar bom mas o cliente achava "cá pra nós, uma bosta", e rasgava o texto no meu nariz; aprendi a adivinhar as vaidades do leitor e ouvinte (o consumidor); e aprendi que os produtos para serem vendidos a senhoritas devem fazê-las certas de que são bonitas... Madame Bourdillon, técnica de vendas da Revlon, veio ao Rio com incumbências: queria uma lista de duzentas beldades grã-finas; uma lista de diretores de jornais; uma lista de redatores mundanos; o preparo de um coquetel para quinhentas pessoas no Hotel Copacabana, puxado a faisões e *champagne*; e convites por telegrama, chamando-as de queridas e "já ouvi muito de suas amigas a seu respeito, quero conhecê-la, venha". Vinte garçons as esperavam. Apareceram os cronistas Gilberto Trompowsky e Henrique Pongetti porque eram meus amigos: Às seis horas, ninguém. As seis e meia, idem. Madame Bourdillon subiu para o quarto, teve uma crise de nervos, o médico do hotel a acudiu e durante dois dias ela desapareceu. Ressurgiu azeda, de olhos fundos e queria explicações. Tinha feito tudo como fizera em Puerto Rico, e fôra um "exitaço". Eu só lhe pude dar uma explicação, a verdadeira:

— Madame, a senhora tem um nome francês, um nome especial para produtos de beleza. Mas infelizmente o seu telegrama soa como uma mentira: mostra que a senhora não sabe francês. E isto é imperdoável.

Era imperdoável naquele tempo. Hoje pode-se anunciar um produto Chanel e um relógio Boucheron chamando a compradora de "você". Madame Bourdillon falara por telefone com algumas das nossas elegantes: tudo em inglês. E não conhecia as pequenas palavras pelas quais se identificam as grandes elegantes: *S'il vous plaît, Pas de quoi, J'aimerais bien...*

— E, principalmente, Madame, não me leve a mal: não use esse decote à altura do umbigo.

Eu já estava cansado de redigir, corrigir, jogar tudo fora, recomeçar. Chegou um "telegrama-convite" de Pequim. Devia ir? Não? Lembrei-me do que Carmen Miranda respondeu para a irmã Aurora quando Walt Disney a convidou para atuar no filme *Fantasia*: "Mete os peitos".

* * *

Graças à minha amiga Zilá Figueira, da Embaixada dos Estados Unidos no Brasil, anjo da guarda de americanos precisados de coisas brasileiras e de brasileiros às voltas com problemas nos Estados Unidos, ao regressar de minha adidança em Paris fui convidado para secretário da Fulbright Commission, organização binacional a que eu dera minha colaboração para ser criada no Brasil. História simples: o senador americano William Fulbright, preocupado com as montanhas de *war suplus*, tivera uma idéia luminosa: por que não vender esses equipamentos e artefatos bélicos a quem os quisesse aproveitar — caminhões, *jeeps*, tratores, guindastes, aviões, tendas de campanha, vestuário, máquinas diversas, tudo que se tornara inútil, enfim — e transformar o dinheiro apurado num fundo mantenedor de comissões encarregadas de escolher professores e alunos universitários já graduados, para aperfeiçoamento em universidades americanas e nas dos países aderentes a tal projeto? E de alta significação cultural e científica. Era pô-la em prática, em cada país.

Encarregado de instalar a comissão no Brasil, o diplomata José Oswaldo Meira Pena, profissional e intelectual de alto gabarito, pedira minha colaboração, quando eu ainda trabalhava na McCann Erickson, a fim de indicar-lhe secretárias bilíngües. Indiquei duas jovens da McCann que se adaptaram à maravilha, e o futuro secretário-geral, o professor e escritor Fernando Tude de Souza, conhecedor dos problemas educacionais brasileiros e ex-bolsista nos Estados Unidos. A comissão marchara bem até que, por falecimento de seu secretário-geral, estava acéfala. Recém-chegados de Paris, Zilá e o advogado Ilhantino Figueira sugeriram o meu nome para o cargo vago. Para mim, era uma atividade ideal: continuaria em contato com os amigos americanos dos tempos das minhas pesquisas sobre o "Ponto Quatro", com a conveniência de estar instalado em Copacabana, no mesmo edifício do Instituto Brasil-Estados Unidos, a menos de quinhentos metros do apartamento que eu conservara alugado durante todo o período em que morei em Paris. A minha convivência com funcionários americanos, diplomatas americanos, congressistas americanos, durante o tempo em que fui publicitário, e a minha experiência de contactos universitários durante meu período de adido tornaram-me logo uma pessoa aceitável de ambos os lados. Faltava-me substituir o treino adquirido da língua francesa pelo do inglês-americano, de que eu andava esquecido. Em tudo isto tinha três trunfos: Graham French, alto funcionário da embaixada americana, apaixonado pelo Brasil, falando muito bem o carioca; Martin Ackermann, americano de formação francesa, poliglota estudioso do árabe, também infectado pelo Brasil, e Herman Jelinek, logo apaixonado pelo Flamengo e pela música brasileira. As duas secretárias da McCann Erickson que eu indicara, Sara e Yvone, tornaram-se minhas secretárias, além de grandes amigas. A elas juntaram-se Shirley Brown, casada com o diretor da American School, e Mrs. Leda Lippincott, brasileira de grande vivência nos Estados Unidos e na França. Em tudo fui um homem de sorte; do contrário, estaria condenado a viver dos magros vencimentos de jornalista dos *Diários Associados*, de que eu era, como os colegas, um eterno sobrevivente.

* * *

Vasco Mariz, no avião que nos trazia de Roma:
— Você gostaria de ser adido em Paris? O Almeida Salles vai sair, eu sei que você estaria tentado a ir para Praga...

Paris vale bem uma missa... Ah, Henrique IV... Ah, Di Cavalcanti...

Mas Juscelino inventara Brasília, que lhe sairia tão cara, e tão cara a todos nós. Vamos deixar claro que Lúcio Costa e Oscar Niemeyer são gênios, mas os gênios também cometem brincadeiras de mau gosto. Tudo devia ser transferido para Brasília, todos deviam ir para Brasília, todos deviam gostar de Brasília, pelo menos enquanto dependessem do governo. Antes de conhecer Brasília, eu a celebrei no palco do Théâtre Sarah Bernhardt, o Théâtre des Nations, quando ali apresentei Magdalena Tagliaferro, Cacilda Becker, Ziembinsky, Walmor Chagas, Gianfrancesco Guarnieri na comemoração oficial que se fez em Paris à inauguração da Nova Capital. O crítico musical do *Figaro*, René Dumesnil, até elogiou o meu discurso, confundindo-me com Alfredo Mesquita. Um festão. E, anos depois, o Brasil atendeu ao pedido dos Estados Unidos para transferir a Comissão Fulbright para Brasília. Protestei, mandei carta ao chanceler Mário Gibson Barboza. Carta inútil, os Estados Unidos pagavam todas as despesas da comissão binacional, o parceiro brasileiro com a maior cara-de-pau nunca pagou nada... Até fui com o adido cultural Martin Ackermann ao ministro da Educação, Jarbas Passarinho.

— Afinal, o que desejam vocês?, indagou o avoante ministro.

— Queremos que seja paga a contribuição anual brasileira.

— Quanto?

— O preço de um tanque, dos que estão sendo comprados agora de segunda mão.

Passarinho achou graça, voou para outro assunto e nunca, nunca os governos brasileiros, que tanto se aproveitaram da Fulbright Comission, pagaram um tostão... Argumentei também com o ministro que haveria vantagem em deixar a sede da Comissão no Rio, que dispunha de maiores contactos com a vida científica, universitária e cultural do país. Mas essas palavras nunca foram de gosto dos governos: ciência, universidade, cultura servem apenas como assunto oratório. Brasília absorveu a Comissão. Para lá nenhum diretor, secretário, conselheiro quis seguir. Quanto a mim, *quel diable allais-je faire dans cette galère?* Recebi uma carta elogiosa do embaixador americano, despendindo-se e agradecendo meus serviços. A Fulbright derreteu-se em Brasília. Aliás, nada mais natural: seu criador, senador William Fulbright, era democrata, o governo americano era republicano. De qualquer modo, fui a Brasília, despedir-me e cumprimentar o novo chefe do Departamento Cultural do Itamaraty. Hospedou-me, generosamente, o embaixador Sizínio Pontes Nogueira, cujo encontro em Nova York, mais de vinte anos antes, nos fizera amigos de longas cartas e breves mas apetitosos encontros. Ah, os tempos do bar do New Weston Hotel, com Viana Moog para apresentá-lo a *the best Martini in the world*... As nossas idas ao Hotel Pierre, matar saudades da música de *Broadway Melody*... E a descoberta do Sardi's, o restaurante em que os artistas de teatro iam, após as estréias, esperar o *New York Times*, que saía de madrugada já com a crítica violenta de Brooks Atkinson... Ali esbarramos com o sorridente Don Ameche, sentamos à mesa ao lado da de Louis Calhern, da francesa Arletty, da alemã Hildegard Knef, e o primeiro deles nos indagou:

— *What the hell of a language are you talking anyway?*

Espantou-se ao saber que estávamos falando português. E isto me valeu uma camaradagem com a jovem estrela Hildegard Knef, que representava a peça *Silk stockings*, versão teatral da *Ninotchka* de Greta Garbo. Talento promissor importado da Berlim do após-guerra, casou-se com o roteirista David Cameron, foi vítima de câncer e mantém um hospital de crianças. Escreveu uma autobiografia com um título comovente: *The gift horse,* cavalo dado, resumo de tudo que obteve da vida.

No Sardi's assisti a uma noitada extraordinária: o crítico Brooks Atkinson, terror da Broadway, jamais quis conhecer qualquer autor, qualquer artista, qualquer empresário. Dizia que sua função jornalística era ir à estréia e escrever imediatamente o que sentia. Com isso, arrasava um espetáculo ou o consagrava. Mas tinha lido minha peça *A God slept here*, a elogiara, mandando-a à sua agente literária, e, satisfeito, me escreveu: "Sua comédia vem de tão longe que eu li com prazer e recomendei-a à minha agente literária". Quando atingiu os trinta e três anos de crítica, o pessoal de teatro da Broadway quis homenageá-lo no Sardi's, onde nunca entrara. Achei que deveria ir saudá-lo. Dois amigos se encarregaram de arrastá-lo até lá, onde o receberam todas as personalidades do teatro americano. Só nessa noite conheceu Helen Hayes, a Grande Dama do palco, e nessa mesma noite em sua crítica a desancara. Saudaram-se. Os compositores Rodgers & Hammerstein foram para o piano e inventaram uma canção, cujo estribilho todos cantaram e toda a gente de teatro, inclusive os críticos, devia cantar:

A critic is a critic
And not a son of a bitch.

Devo a Sizínio a descoberta da Broadway, de Greenwich Village, dos melhores Martinis de Washington, e a escolha do capote inglês, *vecchia zimarra* que me acompanha toda a vida. E Sizínio me apresentou a Brasília, de que ele tinha a obrigação de gostar. Numa noite, fizemos todo o turismo brasiliense, onde todos se dizem "Alô!" e têm um boato para contar. No dia seguinte, cerimônia da posse do novo chefe do Departamento Cultural, fomos, no mesmo dia, a duas feijoadas. Brasília é assim. O chanceler Mário Gibson Barboza me abordou:

— Está vendo? A gente acaba gostando! Agora ninguém mais pode se livrar de Brasília... Não tem jeito!

— Tem. Você declara guerra à Bolívia, deixa os bolivianos tomarem esta capital, e assina imediatamente o armistício. Eles ficam com ela e nós nos livramos dela.

Um amigo ao lado, de notável ausência de humor, exclamou:

— Mas isto é impatriótico!

— Não, meu caro. Já sei o que acontecerá comigo no futuro e o que acontecerá com vocês: cada vez que eu vier a Brasília sentirei saudades da pátria. E vocês também.

Pois foi Sizínio Pontes Nogueira quem me apresentou a Brasília. Mal saberia eu que, eleito reitor da Universidade que eu mesmo criara, a UniRio, teria de voar a Brasília pelo menos uma vez por mês, para falar com o Senhor ministro, que transferia a audiência para o dia seguinte, e para a outra tarde porque o presidente o chamara, e tudo isto custava e custa ao pobre reitor pelo menos três dias de Brasília, e pelo menos três diárias para cada Universidade. Sou capaz de apostar: Brasília custa mais caro ao Brasil que Washington aos Estados Unidos.

Quando a Fulbright Comission se transferiu para Brasília, pensei que estaria livre dela. Aceitei o convite de Roberto Silva Ramos para integrar o pessoal de Relações Públicas da Light onde, ironia da sorte, eu já tinha sido cobrador dos prejuízos de postes e bondes avariados. A Light e as crônicas n'*O Jornal* eram tudo de que eu precisava para ter tempo de rabiscar meus vícios literários. Livrara-me da TV Tupi, livrara-me de Brasília, agora podia escrever. Nada... Fui seduzido pelo Itamaraty para preparar a viagem do chanceler Macedo Soares ao Chile e ao Peru. A campanha contra Vargas grassava, após o atentado contra Carlos Lacerda; antes de uma dessas viagens, mandei a Carlos um artigo conclamando o povo a levar Vargas à renúncia. Quando estava em Santiago, Vargas renunciou, no mesmo dia em que meu artigo apareceu. Na capital do Chile a nossa embaixada foi apedrejada.

* * *

Procópio foi um menino maior que um menino menor descobriu e amou. E era amado pelas platéias de seu tempo, feitas de meninos que amavam o teatro. Teve rivais: o tonitruante Chaby Pinheiro, gordo Falstaff português a sustentar, na sua mão de cacho de bananas, um leve melro folgazão e invisível, o melro de Guerra Junqueiro, e o fazia piar docemente com sua voz de estentor, de bochechas trêmulas de palavras de sotaque português; e Leopoldo Fróes, galã peralta, ágil no palco, Scapin tornado Don Juan, por quem as damas se apaixonavam; e Jaime Costa, pesado e solene, Dom João VI feito de um barro torneado por Viriato Corrêa e Raimundo Magalhães Júnior.

Mas Procópio... Procópio era feio, miúdo no palco, modulando uma voz de todas as gamas, todos os segredos apanhados no ar pelo sussurro do ponto — porque na época todos os atores se valiam do ponto, soprado com uma arte de ditado quase sem sons; e cabia ao ator apanhar no ar esses balbucios antes que o espectador de primeira fila os adivinhasse, e os trouxesse à tona dos ouvidos já cantados pelas linhas melódicas da interpretação. Todos procediam assim: o ponto de cada um era o pensamento antes de desferido pelos lábios; e estes, vagos, indiferentes, enérgicos, raivosos, suspirantes, apartes dos textos, estouravam de riso ou de aplauso as platéias unânimes.

Não sei de quem escrevesse sobre os mistérios do ponto: eram, na boa tradição do teatro brasileiro dos anos da Primeira Guerra, os únicos empregados com direito de andar em mangas de camisa, pois não apareciam ao público; não se maquilavam, por desnecessário; não subiam ao palco para agradecer as palmas que os ignoravam: e, no entanto, tinham a convicção de serem vozes divinas, porque as soltavam no ar como cochichos sobrenaturais acompanhados apenas pelas mãos diante do texto, como mãos de sábio regente de orquestra, a modelar o nascimento de cada meigo violino ou de cada surra no tímpano.

Quando me foi permitido, ainda criança, penetrar no palco e plantar-me junto às coxias, não eram as sempre apressadas prima-donas, os perfumes por cima de cosmésticos e supra guardados nos vestidos, não eram essas namoradas do futuro que me apaixonavam: era o funcionário magro, barba por fazer, suspensórios, em ar burocrático, a mergulhar no buraco da caixa do ponto, e, ali entocado, apontando com o dedo um e outro personagem, quase dizendo um "Parla!" de Michelangelo, quase mudo, obrigando cada títere a se tornar gente de voz e imagem, isto é, carne e osso. Sem essas figuras menores, partituras secas, sem os *crescendo,* os *allegro*, os *staccato*, sem o grito ou o gemido final, *Morri!, Adeus!, Eu te amo!* e o desabar da cortina da realidade sobre estas palavras que já desaparecem no fundo do palco... E então o autor-leitor desse recitativo seco erguia-se de dentro da cova do ponto, suado, quieto, esquecido de seu próprio milagre. Um deus deposto do seu paraíso, passa por entre os seus fantasmas, dever cumprido, e vai tomar um cafezinho na esquina, com os operários de cada função. Ninguém o elogia, não há de quê; bastará para si mesmo a consciência do dever cumprido. No entanto, nasceu Sófocles, nasceu Shakespeare, nasceu Molière, ou nasceu qualquer bobagem nacional e perecível. Nasceram Garrick, um Gordon Craig, Stanislavski, que assassinaram o pobre ponto. As novas técnicas de memorização, os novos treinos da arte de representar, os novos ensinamentos do ensaiador matam o ponto, como o saber de cor as partituras de Gluck eliminaram de sua mão o bastão com que marcava porrada a porrada a sua ópera, a sua sinfonia. Aquele pequeno deus da obra no palco morreu. O exigente *metteur-en-scène*, o prodigioso decorador de palavras e inflexões mataram aquele *deus ex machina* brotado das profundezas da terra. Quantas vezes, menino apaixonado pelo teatro, terminado o espetáculo eu me sentava no café da esquina, e para a outra mesa lá vinha o homem do ponto, só ou acompanhado de um ou outro amigo. E era geralmente como enfastiado com o que lhe tocara da vida; eu ficava a pensar: por dentro daquele esguio cidadão havia um viveiro de sons, que saíam sílaba por sílaba, baixinho, para que outro lhe entoasse o pentagrama das palavras. Mister secundário, ignorado, sem platéia, moravam dentro de si aquelas almas interiores em conflito, entrechocando-se, repletas de grandezas e baixezas, de ambições e torturas, enquanto remexiam a média de café com leite. Nenhum romancista, nenhum dramaturgo retratou esse personagem feito de uma colagem de retalhos que vão viver noutros homens mais felizes porque as viveram sendo amados, chorados, odiados. Mas viveram! Enquanto eles, os pontos, são os ninguéns e só se mostram quando, como fogueteiros, vêem no alto o brilho dos foguetes que acenderam.

No meu período paulistano, fiz boa camaradagem com Procópio graças a um amigo comum, José Paranhos do Rio Branco, advogado, ex-piloto aviador, que me chamou para auxiliá-lo no meu período de miséria estudantil carioca, em que meu amigo freqüentava as conspirações de Severo Fournier. Depois de minha iniciação bacharelesca na Prefeitura de São Paulo, Paranhos, como o chamávamos, continuou meu amigo: jantávamos juntos quando podíamos, apresentava-me a seus amigos, à sua noiva, aos boêmios da noite. E assim fui levado à casa de Procópio, à Rua Chile, onde o ator, amplo anfitrião, tinha salões abertos a que compareciam o nosso correligionário, Ademar de Barros, o general Deschamps Cavalcanti, fina flor da política em recreio, Carmen Miranda e a irmã Aurora, o Bando da Lua e o primo Osvaldo Éboli, o Vavau, a importante prefeita de Limeira, Dona Teresa de Barros Camargo. Procópio inventava recepções puxadas a *smoking*, esperando-nos no jardim com uma garrafa de *Old Parr* para cada conviva, *para que vocês não fiquem correndo atrás do garçom*. O Bando da Lua cantava, sambava, tamborilava; sambávamos, fazia-se cordão carnavalesco, e havia sempre um *intermezzo* de recitativos de Procópio, repertório repetido com graça.

Mondo cane! E, no entanto, o meu ídolo infantil, Procópio, feio, sempre galante, bem vestido como galã, sempre trajando no Torre, o alfaiate da moda, o engraçado recitador de Luiz Peixoto, o narrador de surpreendentes anedotas, o generoso de mesa farta em casa, jamais dispensou o ponto. Não podia: sua voz de mil pentagramas, seus olhos de mil brilhos e esguelhas, sua postura de pequenino homem sem pescoço e enrolado em fulgurantes gravatas, suas mãos cheias de convites e rechaços, seus dedos flexíveis como num violino invisível, suas calças bem vincadas ao sentar-se, bem avançadas ao marchar, seu todo Procópio no jaquetão de sedutor ou nos andrajos de *Deus lhe pague*, jamais abandonou a sombra grudada a seus passos: o ponto, o fundamental ponto. Jamais disse nada no palco que não fosse insinuado pelo canto — até seus "cacos", que amava. Bastava insinuar, e ele lançava a frase inteira. Quando isso lhe faltava, um gesto de dedos, uma representação das mãos avisavam ao ponto o que este devia iniciar em sussurro — e, pronto!, o milagre estava feito, a frase saía inteira, exata, verdadeira. Que orador seria, que poder de convicção! Vi Louis Jouvet na platéia em *O avarento* de Molière, numa tradução cujo idioma Jouvet não podia avaliar, numa montagem longínqua de qualquer ambiente da Comédie Française, numa comparsaria gritalhona e desequilibrada. Mas os olhos sagazes de Jouvet luziam à interpretação de Procópio... No dia seguinte, Jouvet mandou-lhe uma carta extraordinária, cujo original Procópio me deu e eu ofereci à Escola de Teatro da Uni-Rio. Infelizmente, o sol a desmanchou e Sérgio Gregory, então proprietário da Xerox, refez o seu teor, que se encontra na Biblioteca da Universidade. É um documento edificante e consagrador, que todo estudante de teatro devia ler e decorar; nele, o grande ator francês convidava Procópio Ferreira a ir a Paris representar a seu lado o *Sganarelle* do *Don Juan* de Molière. Procópio, lamentavelmente, declinou do convite. Medo de atuar junto de Jouvet? Medo de deixar sua própria com≠panhia? Só mais tarde desconfiei: Procópio só sabia representar com a ajuda do ponto. Por outras palavras: era incapaz de decorar um papel. E, mais do que isto, um fumante inveterado: só representava quando podia fumar em cena. Para tanto, distribuía, pelos mobiliários, um cinzeiro aqui, um maço de cigarros ali, os fósforos, outro cinzeiro mais além; e aqueles eram seus apoios, as suas maneiras de poder gesticular para o ponto, com mãos habilidosas e eloqüentes, para que o ponto segredasse o início das falas, que o ator completava ou recordava. Procópio sonhou a vida toda em fazer o *Cyrano* de Porto Carreiro; mas como aquele nariz iria decorar dodecassílabos e largas tiradas em versos? Como ser um espadachim se esgrimia um cigarro?

A Bala Perdida

Minha amizade com Procópio foi complicada e atribulada. O crítico de teatro e balé de *O Jornal* cometera um pecado de mau gosto: escrevera que certa bailarina dançava sobre o joanete. Chateaubriand, que nunca deu importância a balés, mandou demitir o crítico infeliz; o secretário, *faute de mieux*, me designou substituto. Comecei a escrever croniquetas de crítica. Numa delas, da comédia *A carta*, de Gabor Molnar, desanquei o tradutor, um jovem cabeleireiro, húngaro de nascimento mas de português duvidoso. Disse na crônica: "Procópio mais uma vez no papel de Procópio". Procópio zangou-se, queixou-se a Chateaubriand, que me transmitiu a queixa mas foi logo dizendo: "Vá fazendo como você achar que deve ser". Continuei. O tradutor, freqüentador das nossas rondas noturnas, fez-se meu amigo, me deu a conhecer a poesia de Petoefi e Addy, os romances de Yolanda Foldes, de Ferenczi, o teatro de Molnar; eu ajudei-o a corrigir traduções para sua compatriota Eva Todor, falei-lhe de Gabor Vásary, que meu pai traduzia na prisão, ficamos amigos a tal ponto que se tornou padrinho de meu segundo filho, Marcelo. Quanto a Procópio, empinávamos nossos narizes, um para o outro, quando nos cruzávamos. Um dia Geysa Bôscoli, então presidente da Sociedade Brasileira de Autores Teatrais, em cuja sede fundáramos a Associação Brasileira de Escritores, me perguntou se eu já tinha experimentado escrever para teatro. Tinha, escondido. Ousara mandar a Louis Jouvet um calhamaço pretensioso, traduzido para o francês, intitulado *Napoléon*: tratava-se de uma transposição moderna extraída das biografias de Napoleão, devaneio antinazista e antifascista. Jouvet me chamou no Hotel Glória e me disse: "Sua peça é má. Tem cinco atos, quarenta personagens. Nenhuma companhia teatral aceitaria. Mas não desista, vá escrevendo..." Essa lição de economia teatral me conduziu a tentar uma peça de três personagens, *Lady Godiva*, triângulo amoroso, bilhar entre a mulher fiel, o marido crédulo, o sedutor desesperado. Geysa Bôscolli leu-a. No dia seguinte, uma voz ao telefone:

— Aqui fala Procópio. Estamos brigados mas eu li sua peça *Lady Godiva*. Quero-a para mim. Venha ver-me no Serrador.

Assim iniciou-se uma amizade, como disse complicada. Mas deliciosa. Procópio não me dava tempo para meus afazeres: chamava-me a qualquer hora da noite e do dia. Convocou Ruggero Jacobbi, diretor italiano, e a ele se submeteu, coisa inédita: Procópio só aceitava ser dirigido por Procópio. Submeteu-se à dicção da atriz convidada Alma Flora, que falava fielmente lusitano, como sua compatriota, a professora Ester Leão; soprou ares de galã elegante no ator Francisco Moreno; e tratou da *réclame*, como então se dizia, da minha comédia. Eu gostava de ouvir Bibi Ferreira cantar, falar, sorrir. Eu fugia do expediente da McCann Erickson para acompanhar os ensaios. Já casado, lá ia com Alba às tertúlias de Procópio à Rua Nascimento Silva, Ipanema, onde ele morava com seu novo amor, Nelly.

A vida de Procópio foi sempre cheia de acidentes de percurso. Sou capaz de jurar que sua primeira esposa, Aida Isquierdo, era uma santa. Só uma santa espanhola, das pintadas por Murilo, aturaria as inesperadas catástrofes, os sustos, as súbitas alegrias, as inesperadas pobrezas desse homem que fez de sua vida real uma série de dramas e comédias de ator. Na fase da Rua Chile, em São Paulo, quando o conheci, só no palco havia visto sua filha Bibi, tão apaixonante quanto o pai. No meu segundo ano de Colégio, a menina Bibi apareceu em público, cantando, de violão em punho. Os jornais contaram: o pai queria matricular a filha num colégio administrado por freiras. Escândalo! Uma filha de cômicos, de gente pecaminosa, de gente até sem direito a sepultura! O caso da menina Bibi dividiu o Rio de Janeiro, o Brasil. Nós, meninos do Colégio, ficamos do lado de Bibi. Venceu o lado antidemoníaco. O lucro foi do Brasil, que ganhou em pouco tempo uma de suas melhores atrizes e uma das maiores diretoras de teatro. Procópio continuou colhendo amores e atrizes. Ao tempo da Rua Chile, surgiu uma como um turbilhão: Regina Maura, alta, desenvolta, bem vestida, soberba. Lá se foi à breca a casa da Rua Chile, que ele pensava ser sua. Voltou para o Rio, recompôs a companhia com parcimônia de repertório e elenco. Minha peça *Lady Godiva* parece que entrou nesse modesto inventário. No lado da vida civil, Nelly fazia as honras da casa, acalmava os incautos, recebia com distinção. Joraci Camargo, Raimundo Magalhães Júnior, Paulo Magalhães, Geysa Bôscoli, Colé e outros amigos, com respectivas senhoras, eram os mais íntimos, com farta distribuição da ceia no botequim instalado na sala, com armário de bebidas, caixa registradora, retrato do time do Vasco da Gama, estatueta de português com a legenda "Fiado? Toma!", cenário de firma comercial, Luiz Peixoto e seus poemas, algum violão mais querido, mesinhas de xadrez vermelho-azul, florinhas de papel, tudo que pudesse desejar como ambiente o feliz convidado à noite alegre, tão alegre que uma boa dezena de cães ao redor do jardim festejava quem chegasse. Cardápio da dona da casa, por seu gosto: feijão, arroz, jiló, maxixe em ensopadinho com carne, cerveja gelada, cachaça sem gelo para não afetar a preciosa garganta do anfitrião. E, a noite toda, interminável anedotário do teatro, o mais abundante, o mais inesperado, o mais exigente de imitadores de fala, gesto, postura. Thiers Martins Moreira, freqüentador da roda com cuidado e prudência, porque tinha sido nomeado diretor do Serviço Nacional de Teatro, me empurrou para dar aulas no Conservatório Nacional, o que me levou a estudar grego, e do meu grego saiu para tentar seduzir os alunos a comédia *Anfitrião*, que Silveira Sampaio batizou de *Um deus dormiu lá em casa* e enfeitou com um ramalhete de artistas inaugurais encantadores: Tônia Carrero, Paulo Autran, Vera Nunes, Armando Couto, cenário grego e trajes gregos de Carlos Thiré, e música ambiental furtada da *Daphne et Cloé* de Maurice Ravel. Procópio, que lera a peça e a recusara, depois da estréia exigiu-me pelo telefone "uma peça grega"; eu andava treinando traduzir as fábulas e a *Vida de Esopo*, de La Fontaine; daí saiu *A raposa e as uvas*, único mito em que eu podia introduzir o meu amigo, o mais anti-helênico, o menos olímpico dos meus atores. Procópio recusou-a com um motivo fundamental, depois de uma semana de ensaios e costurados os primeiros guarda-roupas:

— Não posso fazer esta peça: na Grécia ninguém fumava!

A indumentária foi dada de presente ao desenhista, o jovem Sérgio Cardoso, vindo de um primeiro sucesso estudantil, o *Hamlet* da Casa do Estudante de Paschoal Carlos Magno. No carnaval daquele ano, os meus gregos saíram à rua e se estraçalharam de tanto samba. Foi quando o novo diretor do Serviço Nacional de Teatro, Aldo Calvet, criou uma Companhia de Comédia Brasileira e procurava textos; o próprio Procópio ofereceu a peça desdenhada para o ator Sérgio Cardoso; e, *affaire de famille*, a direção à filha Bibi Ferreira. Um achado! Bibi, além de perturbadora atriz, ia revelar-se a melhor diretora teatral do Brasil. Como sempre acontece neste país elevadamente cultural, a verba ministerial da peça ficou presa durante meses nos canais uretrais sempre competentes. Os atores, o casal Cardoso, Leonardo Vilar, vindos de São Paulo, não tinham o que comer; tampouco o dedicado Armando Couto. As mesmas dificuldades para Sônia Oiticica, a escrava, o escravo etíope Adalberto, o atlético soldado grego. Dormiam em casa de Procópio, que andava em excursão, almoçavam o que Alba lhes levava, jantavam em nossa casa. E esses tremendos três meses de espera resultaram em benditos três meses de ensaios; Bibi pôde trabalhar cada gesto, cada fala, cada inflexão, cada intenção, e o grupo de atores funcionou como um quinteto de câmara, onde cada qual sabia o papel dos outros, onde o texto não tinha ponto, onde cada respiração era um *pont d'orgue*, nenhuma corda vocal se atrevia a beliscar outra que não fosse por um efeito camerístico de corda instrumental. Na noite da estréia, um pavão, emprestado por Yara Sales, devia cruzar o palco do Teatro Municipal trazido por um efebo, mas entendeu de travar os pés. Foi posto de lado. No mais, sentia-se que a platéia em peso não pesava nas cadeiras: flutuava ao som das vozes, passeava no espaço. *A raposa e as uvas*, narrativa de Maximus Planudes, experimentada por franceses, ingleses e pelo nosso Antônio José, o Judeu, existia. E, perdoem-me o que lhes possa doer: existia no Teatro Brasileiro.

Procópio Ferreira foi vê-la, para pasmar ante a obra-prima de sua filha. Por um momento desistiu de fumar em cena:
— Quero fazer esta peça e quero fazê-la dirigido por você.

Poderei dizer que minhas três primeiras peças se devem a três grandes diretores: Ruggero Jacobbi, Silveira Sampaio e Bibi Ferreira. Até agora não encontrei outros diretores que as retomassem e as ressuscitassem.

Os ensaios de *Lady Godiva* eram acidentados. Procóprio não se adaptava às instruções de Ruggero Jacobbi, que pretendiam moldá-lo ao caráter do esposo-amante, confiante na pureza da esposa devotada. Esta, por sua vez, Alma Flora, atriz de formação tradicional do teatro português, além de um sotaque diverso dos dois atores, tendia a deixar o público adivinhar demasiado o que era já óbvio no entrecho. Por sua vez, o amigo, chegado de Paris após longos anos de ausência, entrava em cena já com ímpetos de conquistador. Como resultado, constantes desavenças, tropeções de palavras e gestos, que o diretor preferia aceitar para não criar mais problemas. Mas a principal dificuldade não estava na comédia, nem nos intérpretes. Vinha de fora, de pessoa impetuosa, ciumenta, desconfiada: Nelly. Quase todas as noites o casal Nelly-Procópio recebia amigos em casa: Joraci Camargo, Raimundo Magalhães Júnior, Luiz Peixoto, que se envolviam nos acontecimentos dos ensaios. Meus alunos e alunas do Conservatório, pouco afeitos à mitologia grega, não demonstravam nenhum calor pelos conflitos de Ésquilo, Sófocles, Eurípides, Aristófanes, nem se interessavam pelos olímpicos deuses de Hesíodo. Para soprar-lhes algum entusiasmo, inventei uma comediazinha a servir de texto didático, a história de Anfitrião e Alcmena. Seria o trigésimo oitavo *Anfitrião* após o *Amphytrion 37* de Giraudoux. E uma outra comédia extraída das fábulas de Esopo e da *Vida de Esopo*, tal como contada por Maximus Planudes. Havia entre eles vestígios de admiração pelo *Hamlet* de Sérgio Cardoso. Tudo isto era pouco. Passei a tentar traduzir em alexandrinos os alexandrinos do *Tartuffe* de Molière. Era preciso fazer com que gostassem dos gregos, de Terêncio, de Shakespeare, de Molière, embora quase nada soubessem de História da Literatura. Como chegariam à História do Teatro? E Nelly zumbia ao redor de Procópio...

Zumbia tanto que o zumbido alcançava proporções de bate-boca em voz alta às duas da madrugada, ela a despejar vocabulário do alto da varanda da casa. Procópio em frases de espírito na calçada, à espera de um táxi eternamente tardio. Até que um dia Procópio representou na rua uma cena de Romeu às avessas no balcão de Julieta. E saiu, imprecando, para ir dormir no Hotel OK, perto do Teatro Serrador. À hora do ensaio, chegou estremunhado, de nariz pendurado, como acontecia quando se estremunhava. Chamou o fiel secretário, bradou, a voz embargada:

— Avise aos atores, a todo o mundo, que não vai haver mais ensaio, nem função da noite...

E, para mim:

— Acabou-se a peça, meu caro.

Murmurou, para si mesmo, em bom teatro:

— *La commedia è finita...*

Para maior dissabor, o secretário reapareceu, acompanhado de um porteiro do Hotel OK.

— O que quer?, explodiu meu amigo, no auge do sofrimento.

O porteiro:

— Seu Procópio, dona Nelly mandou entregar as suas roupas no hotel.

Meu amigo olhou-me, desabado, tinha um soluço na garganta:

— Pronto, acabou Procópio!

Olhou-se no espelho. Ali se olhava sempre, duas horas antes do espetáculo, e durante essas duas horas pintava o próprio rosto, traço por traço, ruga a ruga, cor a cor, meticulosamente, amando-se, experimentando trejeitos, espantos, olhares furtivos, surpresos, risos vitoriosos, queixos caídos, todas as gamas de sua própria fisionomia, para saber, tinta por tinta, mexer a fisionomia a cada instante. Desta vez, como não havia mais espetáculo, não havia mais fisionomias, apenas a máscara cinzenta de dor, por sobre a qual corriam duas lágrimas, não de ator, mas sinceras, lentas... E ele se olhava, olhava os próprios olhos apagados, as duas gotas a tremeluzir. O secretário ousou entreabrir a porta do camarim.

— Que é agora?, esbravejou.

— Telefone.

— Está vendo? É a imprensa! Já sabem de tudo esses estafermos!

Levantou-se, pesado, arrastou-se para a bilheteria, onde ficava o telefone.

— Alô!, urrou.

E ouviu.

Ouviu, ouviu.

— Sim. Sim. Sim.

Seu rosto borrado se clareava.

— Sim, Nelly, sim...

Largou o fone, bradou para o secretário:

— Chamem todos! Todos no palco para o ensaio!

O teatro se alvoroçava, a luz do ponto se acendeu, um carpinteiro começou a martelar.

— Silêncio! Estamos ensaiando!

E Procópio, no meio do palco, convocando todos com palmas:

— Vamos, vamos! Primeiro ato, Dona Alma Flora em cena! Ruggero, comece!

E ria como uma criança diante de um brinquedo.

— Seu Procópio, Dona Bibi no telefone!

— Agora não posso, estou ensaiando, que me chame depois!

Voltou-se para mim.

— Seu Guilherme, preciso de dez contos de réis!

Eu ganhava, na agência de publicidade, um conto por mês; mas havia o providencial banqueiro Bagueira Leal, certamente o banco ainda estava aberto.

— Vai lá, pede dez contos, é urgente, uma dívida que eu tinha esquecido... Me ajude, depois eu pago!

Corro para o Bagueira Leal, assino o papagaio, volto às pressas, Procópio põe as notas no bolso do colete.

— Vamos ao ensaio!

Enxuga-se, agita-se.

— Como está a bilheteria?

O secretário vai informar-se.

— Eu não existo mais. Ou melhor: existo.

Ele passa perto de mim:

— Vá depois do espetáculo, à meia-noite, cear comigo no Conceição Trinta e Seis.

Volto à agência, já está fechada. Chamo Alba, vou buscá-la. À meia-noite estamos no restaurante. Chegam convidados: Joraci, Heckel Tavares, Raimundo Magalhães, Paulo Magalhães, respectivas patroas, mesa longa, arrumada, flores. E Procópio em mangas de camisa e avental, na cozinha, preparando a ceia, comandando o cozinheiro. Tudo pronto, põe o casaco, ajeita a gravata no espelho da pia, acerta o cabelo, compõe a fisionomia perturbadora, entra na sala do restaurante, o restaurante é dele, só para ele e convidados, tudo pago, a porta de entrada se abre, e Nelly, deslumbrante numa nuvem loura de perfumes, atira-se nos braços dele, beijam-se, todos se cumprimentam.

— Sentem-se, sentem-se, não façam cerimônia.

O dono sorri triunfante, os garçons servem, os dez contos já estão na caixa, tudo em paz, o táxi leva o par amoroso depois do café.

Procópio vivia num mundo que era um palco, um *World is a stage* de pouco Shakespeare: o seu próprio palco, onde representava, soberano, ora milionário, ora mendigo, sempre Procópio.

Incorporou ao seu repertório outra comédia minha, *Greve geral*, brincadeira conjugal extraída da *Lisístrata* de Aristófanes. Devia levá-la em excursão. Havia então outra primeira atriz, Hamilta, uma santa. Em Curitiba, anunciou-se minha presença. Cheguei no dia marcado, encontrei meu amigo soterrado num capote de lã inimaginável, só nariz de fora.

— Você me perdoe, meu amigo, errei as datas, hoje é o dia de *Encruzilhada* do Joraci Camargo, mas não faz mal, não: mandei apagar o nome dele dos cartazes, pus o seu nome, aqui você fica sendo o autor de *Encruzilhada*, e vai subir no palco quando eu chamar!

Chamou, aplausos.

— O Jora está em São Paulo amanhã à nossa espera. Hoje ceamos no Vagão do Armistício, onde o pai do Poti faz um risoto admirável. Você leva o risoto amanhã para o Jora?

No dia seguinte, lá voei, equilibrando entre os joelhos uma enorme lata de querosene, repleta do famoso risoto. Levo-o ao Procópio e convidados. Um triunfo! Agradece-me, comovido. Vai ao Rio Grande do Sul, de lá me traz uma preciosidade — o poema gauchesco argentino *Fausto*, de Estanislau del Campo, com ilustrações de Molina Campos. Há mais de cinqüenta anos leio-o e releio-o, com saudade.

Pobre grande amigo... No fim da vida e na pobreza, reuniu todos os filhos, de diversas esposas, para que a última, Hamilta, tomasse conta deles, num pequeno sítio, ao lado do de outro amigo, Orígenes Lessa. Quis aposentar-se, indignou-se, com espanto: nada constava, nos arquivos do Instituto de Aposentadorias e Pensões, a seu respeito. Não existia, tinha que provar sua existência, pagar os atrasados, as mensalidades dos artistas que com ele trabalharam. Nada sabia disso. Sabia apenas, com ira e mágoa:

— Este país está farto de saber que sou ator, toda a vida fui ator, não fiz outra coisa na vida senão representar... Representei sua peça em Lisboa, em pleno regime salazarista, porque o embaixador Álvaro Lins, ao saber que estava proibida, mandou dizer ao ministro Antônio Ferro: "Amanhã estarei no Teatro Monumental com toda a minha embaixada para assistir *A raposa e as uvas*, de portas abertas para o povo, e quero ver se a PIDE tem coragem de impedir a função!"

E assim foi: a peça estava proibida porque falava em liberdade e porque o autor era vice-presidente da Sociedade dos Amigos da Democracia Portuguesa. A platéia delirou, saiu aos "Vivas à liberdade!", e outros gritavam: "Que não a temos!..."

— Alguém pode lá dizer que não sou ator profissional?

Não lhe deram a aposentadoria. Procópio, a mulher, os filhos tinham fome. Eu era então diretor do Teatro Municipal, onde a peça estreara.

Contratei Procópio para recitar os poemas de seu repertório, os poemas carioquíssimos de Luiz Peixoto, nas escolas públicas, ao lado dos poemas de Olavo Bilac, o *Ser mãe* de Coelho Neto e o *Existirem mães* de Mario de Andrade. Poucas vezes o fez. Enfermo, fraco, morreu. Teve sua última homenagem: pedi a meu irmão, o presidente João Figueiredo, que declarasse luto nacional pela morte de Procópio. O enterro saiu do Teatro Municipal, o povo lhe dava vivas. Creio que Procópio foi o único ator brasileiro a ser venerado num dia de luto nacional. Para a atriz Henriette Morineau, a quem o nosso teatro tanto deve, e para a poetisa Beatriz Reynal, heroína da Resistência Francesa, consegui uma mísera pensão. A patria é avarenta com suas glórias. Enterra-as; e às vezes as transforma em bonecos de bronze.

Lembro-me sempre de Procópio, em meu apartamento, declamando seu divertido repertório para rivalizar com João Villaret quando este, com voz suave, num silêncio majestoso, nos recitou o episódio de Inês de Castro, dos *Lusíadas* de Camões, enquanto meu amigo, furioso com o sucesso do rival, rosnava:

— Este paneleiro é da PIDE!

E lembro-me de quando ofereceu, em seu botequim, um jantar de gala para Cacilda Becker, por seu êxito na *Dama das Camélias*. Debaixo do prato de Cacilda, Procópio colocara um envelope fechado.

— Que gafe! Que grosseria!, murmuravam todos.

Cacilda abriu o envelope: dentro havia um autógrafo de Alexandre Dumas Filho, com a data da peça — 1852. Procópio era capaz de introduzir um telefone no palco do *Avarento* para economizar um ator; ou transformar *Deus lhe pague*, de Joraci Camargo, num diálogo de porta de igreja entre dois mendigos, quando lhe faltavam atores. Mas foi o único gentil-homem do teatro brasileiro.

* * *

Quando fundamos a Orquestra Sinfônica Brasileira, logo chamada "A Sinfa" pelos íntimos, a idéia foi uma réplica salvadora a uma bobagem e hipocrisia do "estado novo", logo revivida pelos governos que o substituíram. Em todos surge a idéia moralizante e apenas cruel de impedir que o mesmo cidadão exerça seu ofício em mais de uma repartição. E há a patifaria contrária: o mesmo cidadão pode ser ministro das finanças e banqueiro, ou pode ser presidente cercado de parentes nomeados, todos sugando a teta do Estado. No caso do "estado novo" o escândalo era completamente imbecil: um músico funcionário público só poderia tocar seu violino ou sua trombeta mediante pagamento num só guichê. A tolice, que deixou sem um emprego quem tocava na orquestra do Teatro Municipal e dava aulas no Instituto de Música, ou pertencia a uma banda do Estado e também tocava na Rádio Ministério da Educação, deixou à míngua de proventos uma das classes mais roubadas pela nação: a dos músicos, geralmente gente humilde, porque nunca se viu um marajá brasileiro soprar uma flauta ou esfregar razoavelmente um violino. E nem falemos de regentes de orquestras e conjuntos musicais, pessoas só lembradas para beneficiar funções beneficentes oficiais.

Extinguiu-se a duplicidade de empregos, os músicos foram obrigados a uma só atividade musical oficial. E então um grupo deles, aproveitando a estada no Rio do maestro húngaro Eugen Szenkar, reuniu-se para criar a Sinfa. Além dos músicos, comandados por José Siqueira, Antão Soares, Eleazar de Carvalho, e por apenas melômanos, como o fotógrafo Nicolas Alagemovitz, os jornalistas Osório Borba e este seu criado, inventamos a orquestra desligada do Estado. E havia os mecenas, como Arnaldo Guinle. Encarregaram-me de sacudir a imprensa. E de tarefas miúdas, tais como a de instalar o pódio da orquestra no Teatro Municipal com fortes marteladas, e rabiscar os programas informativos para o público. Esta última, tarefa de melômano fanático: tão fanático que, quando levava a noiva às suas aulas com a professora Mima Oswald Marchesini, a filha do ilustre Henrique Oswald consentia que eu ficasse na sala de espera a escutar os ensaios dos pianistas seus amigos, Miécio Horzowsky e Artur Rubinstein. Uma dádiva do céu! E dádiva do céu conviver com os músicos, em geral divertidos narradores de aventuras, porque trafegam juntos no mesmo barco, enquanto os escritores são sempre criadores solitários, logo egocêntricos de natureza.

Assim conheci Nicolas, casado com a filha de uma dona de pensão, onde minha família morou, Dona Neneca, senhora acolhedora, como o marido, oficial de polícia, capitão Faustino; e seu genro, tenente Mário Monteiro; e a senhora Nicolas, Odila e sua filhinha Sônia, Dario, estudante de minha idade, a caçula Edith, casada com o tenente Mário. Família acolhedora, íntima de todos os hóspedes, entusiasta do artista Nicolas, cujo ar rotundo, e cabeleira cardada ao vento da música, reunia-nos todos, à noite, para ouvir seu piano, sobretudo uma "caixinha de música" dedicada à meninazinha Sônia. Eram as noites simples de homem que criara sua importância na vida carioca. Oficial do exército romeno na Primeira Guerra, tomou desgosto por ela, fez-se fotógrafo, veio para o Rio, especializou-se em retratar figurões e figuronas. E a nenhum preço, só por amor à arte, poetas e músicos promissores. Em certo momento de sua vida, Nicolas foi célebre personagem, de imprescindível atuação: cabia-lhe tirar o retrato de presidentes, ministros, deputados, senadores, vaidosos, noivos em transe de casamento, crianças lindas de pais orgulhosos. Tudo começou quando o imigrante romeno Nicolas, fotógrafo incipiente no Rio, presenciou a tremenda ressaca de 1919 na Baía da Guanabara: meteu-se nos borrifos das ondas que atingiam a fachada do Hotel Glória e que obrigaram o prefeito Frontin a escorar a orla do Flamengo com grandes pedras salvadoras. Nicolas tirou da ressaca tão impressionantes fotos que uma delas apareceu na capa da *Ilustration Française*. Era a glória, o instantâneo do mar pavoroso esborrachando-se nas portas e janelas do vasto edifício. Daí por diante, ninguém no Rio podia ter seu instante de celebridade sem celebrá-lo no instantâneo de Nicolas. E Nicolas, em seu estúdio na Cinelândia, voltado para o mar, melhorava rostos e atitudes em salas também usadas para aulas de piano e canto, para conferências, para toda a sociedade carioca. No centro de uma das salas, uma estátua de Carlos Gomes, tamanho natural. No entanto, era modesto, mecenas de estudantes: comprava bilhetes das torrinhas do Municipal e distribuía-os como se os tivesse obtido gratuitamente, para reforçar a "claque". Sentia-se feliz e sorria ao contemplar a cascata de aplausos dedicada a uma ópera, um cantor, uma bailarina, um pianista. Tinha o supremo dom de glorificar a glória alheia. No seu estúdio nasceu a Orquestra Sinfônica Brasileira. Ali, para iniciar a educação musical de um povo musical e torná-lo musicômano, Szenkar pronunciou o seu segredo de educador:

— Vamos começar com muita valsa vienense, e pouco a pouco vamos retirando os Strauss e substituindo por Beethoven e Mozart, até chegar a um programa só de Mozart. Sopa de pedra. Aí terão ouvidos exigentes.

Grande regente, grande Nicolas esquecido... De seus músicos heterogêneos nasceu a Sinfa, de que Stravinsky já não poderia dizer que "o Rio de Janeiro possuía a pior orquestra do mundo". E nasceram maestros-compositores de projeção internacional, como José Siqueira, e regentes respeitáveis, como Eleazar de Carvalho e Isaac Karabtchevsky. Nicolas se sentia feliz. Como artista, conhecia a sua felicidade. Quando o embaixador José Carlos de Macedo Soares foi nomeado ministro das Relações Exteriores, era de preceito que mandasse a foto de gala ministerial às embaixadas, às autoridades, aos amigos. Marcou hora com Nicolas, como se faria com o inatingível Doutor Miguel Couto; chegou antes, com o mordomo trazendo o uniforme: um caramanchão de dourados, uma espada acadêmica, um bicórnio emplumado, d'almirante. Fardou-se sob as instruções de Nicolas, plantou-se diante da objetiva, tendo por detrás, na janela, o céu da Guanabara; e à frente o fotógrafo, que se meteu por debaixo de um pano negro, para olhar os efeitos das luzes. E súbito Nicolas arrebanhou a máquina fotográfica pelo tripé e atirou-se escada abaixo. O freguês espantou-se, intrigado, esperou, impacientou-se, e retirou-se indignado com a afronta. Não voltaria. Mas precisava da foto. Anunciou que não voltaria. Voltou, dois dias depois, uniformizado. E interpelou Nicolas: como ousara abandoná-lo, no instante do futuro, na documentação da imortalidade?

E Nicolas desculpou-se:

— Ah, senhor ministro, no momento em que olhei de dentro do pano preto, atrás de Vossa Excelência, pela janela, vi uma nuvem, no alto do céu, uma nuvem como nunca eu tinha visto. Tive de correr para retratá-la, me desculpe... Ministros eu posso ter aqui sempre, mas aquela nuvem, se eu a tivesse perdido, nunca mais encontraria!

Nicolas era assim, eu o via sempre no fundo da sala do Municipal ou do Instituto de Música, sorrindo, pronto para gozar um ato de amor. Morreu, esse amante de nuvens. Dias depois havia concerto da Sinfa. José Siqueira me pediu que eu fosse ao palco, para dizer umas palavras de adeus e gratidão. Apenas disse que o amor de Nicolas não merecia um adeus de palavras. Apenas, uma salva de palmas. Parece que daí por diante o costume se estabeleceu: em todos os enterros de pessoas queridas dos anônimos, fazemos descê-las, ou melhor, subi-las envoltas numa constelação de palmas.

* * *

A Sinfa, já disse, me deu grandes amigos. José Siqueira, corneteiro do Regimento da Paraíba, professor de harmonia de Alba que sabia como fora o assassínio do seu irmão, Siqueira regente de orquestra, que gravou, com a esposa, em Moscou, a sua prodigiosa cantata *Xangô*; Siqueira cassado como comunista, Siqueira na miséria e na miséria fundando uma nova orquestra porque não lhe permitiam reger na Sinfa que fundara; Siqueira em toda parte levando consigo a esposa, a doce voz de Alice Ribeiro... Osório Borba, sempre irritado, a denunciar as podridões do "estado novo", Borba espionado, corajoso, raro amigo que fiz e que me pediu para me acompanhar à Fortaleza de Santa Cruz para conhecer meu pai; Borba que detestava adjetivos e gostava de música porque a música não os contém... E Antão Soares, clarinetista e compositor, que me pediu uma letra para a marcha que compôs quando o Brasil entrou na guerra. Ganhou o prêmio do ministério da Guerra, queria dividi-lo comigo, não aceitei, e então me deu um presente: um disco da *Chacone* de Bach, um disco que só se dá a um devoto de Bach.

Um dia, Eleazar de Clarvalho, que fora aos Estados Unidos e subjugara o grande Koussevitzky e o convencera a vir reger a *Nona Sinfonia* de Beethoven, pôs a Sinfa em pânico: a *Nona*? A MÁXIMA? Era preciso juntar o coro do Municipal ao da preciosa Cleofe Person de Matos; era preciso recomendar às cordas que levantassem e baixassem os arcos numa mesma precisão; era preciso encher os jornais com notícias da obra, do autor, do maestro. E era preciso encontrar quatro solistas: Isauro Camino, tenor; Maria Henriques, soprano; Hilda Sinnek, contralto. E o baixo? Um baixo para cantar a *Ode à alegria* em português, traduzida por Frei Pedro Sinzing... Marc Berkowitz, louco por música, descobrira um russo, em Campo Grande, que fugira da União Soviética para a Alemanha em guerra, de lá viera dar um recital na Cultura Artística, e, *faute de mieux*, fabricava vodca pra vender aos compatriotas... Surgia o homem, enorme, de gaforinha branca aureolada como um personagem wagneriano. Capaz de sons subterrâneos, de notas de tremer os copos na mesa. Mas não falava português: somente russo e alemão. Marc ficou de obrigá-lo a decorar sílabas: *Oh, alegria, filha do Elísio!* e aquele brado, em português, parecia um insulto à filha do Elísio Condé... Chegou o maestro, Eleazar apresentou-o à orquestra, aplausos, os solistas cantaram, um a um, aplaudidos pelo regente, e chegou a vez do baixo, Alexander Wolkoff, que se exibiria com uma canção caucasiana. Koussevitzky, caucasiano, acendeu olhos e ouvidos. Quando Wolkoff rugiu o grave final, o maestro partiu para ele, ele para o maestro, e se lavaram os rostos de beijos lacrimosos e salivados, quase a se devorarem os dois, aos soluços. Koussevitzky prometeu que o chamaria para Boston. Era a consagração. Koussevitzky morreu antes de cumprir a promessa. Ai, alegria, filha do Elísio Condé...

* * *

E havia dois amigos, feitos nas chopadas comemorativas depois dos concertos dos sábados, quando os músicos remolhavam os sopros nas gargantas. Eu me sentava com dois deles, dois personagens dignos de algum enorme Dostoievski mais algum Tolstoi: Jeremias Warchitz e Mstislav Mitikoff, o Sacha; e às vezes a violinista Carmen Boisson vinha, e Borba, e lá se iam em conversas musicais as noites de sábado. Este aprendizado me valeu uma observação que repito aqui: é estranho que os escritores, os pintores, os arquitetos e em geral os homens públicos do Brasil sintam uma silenciosa aversão à música, durante a música. Porque os músicos não lhes permitem conversar, ouvir e dizer gaiatices, interromper o próximo, inundar-se de sentimentos e pensamentos sem palavras... Em pouco tempo, eu que já era sócio benemérito e honorário da Sinfa e encarregado do fastidioso trabalho de redigir textos informativos de obras desconhecidas, para os programas destinados aos ouvintes, enchi-me de discos, de livros, de folhetos de orquestras. A Sinfa ia mal ou bem, sempre à espera de mecenas musicais. Até que um dia surgiu um, não sei quem seja, mas provavelmente alguém que gostaria de ver seu nome na página dos generosos, ou deduzir a generosidade da folha do imposto de renda. Como resultado, lá encontrei uma carta dispensando os serviços do sócio fundador e benemérito. A carta vinha assinada por um cavalheiro desconhecido, Mário Polo, que, me disseram, era figura importante do Fluminense Football Club — onde eu tinha conseguido que Francisco Mignone regesse a Sétima Sinfonia de Shostakovich com partitura obtida da RCA Victor. Saí lucrando na demissão, ganhei alguns amigos e não me privo de contar a história dos mais chegados, que muito me honraram.

Jeremias Warchitz, o nome o diz, judeu polonês, estudou viola em Berlim, nos bons tempos de Weimar, quando ali não era pequena a colônia judaica. Veio para o Brasil por um impulso estranho que lhe dizia haver aqui um público para violeiros; mas também porque brigara com um compatriota, estudante de medicina, por disputa de amores. Veio, tratou de saber onde tocaria viola, aprendeu português, que acrescentou às cinco ou seis línguas que dominava. Dominava bem o português: quando o conheci, já tinha lido todo o Machado de Assis, lia os jornais diários, tinha predileções políticas em vernáculo. E já era primeiro viola da Sinfa quando desabou sobre a Europa o cataclisma de Hitler. O gueto de Varsóvia, metralhado e liquidado em horas; nesse pogrom desapareceram os judeus fugidos da Alemanha, inclusive o desafeto que, já formado, montara e dirigia uma bela clínica em Berlim... Ao mesmo tempo sabia-se que a Polônia livre desaparecera; soube: com ela sumira-se toda a sua família. Decidiu tornar-se brasileiro de coração, dedicado músico votado às nossas obras, enquanto tratava de lutar, tanto quanto podia, contra os nazistas verde-amarelos. Situação tremendamente perigosa, da qual sobreviveu. Festejou, com lágrimas nos olhos, a vitória aliada. E, companheiro de apartamento de Sacha Mitikoff numa cobertura no Leme, em frente ao mar, dava-se ao luxo de, com seu amigo, ambos nus, em altas noites, tocarem duos para o claro céu de Copacabana. Bach compensava o calor carioca. O conhecimento do polonês e do búlgaro permitia que recitassem poemas de Miskievitch e Elisaveta Bagriana. Eram fraternos. Um pulmão de Sacha foi devorado pelo câncer; depois de operado, impossibilitado de tocar violino, mudou de profissão: já não era mais o intérprete e tradutor de quantos músicos estrangeiros viessem ao Brasil, tornou-se copista da Rádio Globo, excelente copista, mais bem pago que quando violinista com carreira começada com tangos argentinos no Assírio para alcançar arcadas, difíceis, de sua música de quartos-de-tom, sua ópera, seu balé, o quarteto Dimos. Para ver tudo isto não podia valer-me do meu tradutor, Angel lvanov, jornalista esportivo, que falava russo e alemão, além do búlgaro. Ao me encontrar no hotel, diante de um furioso café turco, me fez um sinal, foi ao telefone e dez minutos depois surgiu uma garotinha de seus treze anos, linda como os amores, vestida pobremente, aluna da escola de administração de restaurantes, falando bom francês para usá-lo ao receber turistas. Sua filha. Chamava-se Maria.

— Que é que você deseja da vida, Maria? perguntei -lhe.

— Viajar, ver o mundo...

Ao regressar ao Rio, dei notícias a Sacha de seus irmãos, sem emitir julgamentos e opiniões. Sacha demorou meses falando da família, da criançada, e acabou sonhando rever o país. Para tanto, operou-se de uma catarata, substituiu os grossos óculos por lentes de contato, mandou fazer roupas novas, de lã, e até um sobretudo azul marinho, um desperdício:

— Melhor sobretudo você comprará em Stuttgart, na escala do avião.

Sacha se emocionava com a perspectiva da viagem. Pediu que eu o acompanhasse, e não me foi possível. E partiu, sozinho, empavonado. Para ir a Sófia tomava-se o avião brasileiro até Stuttgart e, na manhã do dia seguinte, o avião búlgaro. E assim foi. Às cinco da manhã o hotel acordou-o. Aflito, ansioso para chegar ao aeroporto, Sacha procurou as lentes, que tirara para dormir. Apalpou a mesa ao lado da cama, as cadeiras, a cama, o fofo tapete do quarto, e concluiu que tinha bebido as lentes no copo d'água onde as mergulhara à cabeceira. Voou para Sófia sem enxergar coisa alguma, um criado do hotel o pôs no avião. Ao chegar, sentiu o odor de rosas da infância, ouviu sons conhecidos e cercou-o a algazarra e o cheiro pesado dos manos, e seus hálitos de coalhada, e os beijos sarrentos na boca, como de costume. Explicou logo: precisava de óculos. Levaram-no à loja do governo, que aí não sabia da existência das lentes de contato, teve de resignar-se: encomendou óculos comuns, prontos em dez dias. E durante dez dias ouviu aquelas sombras ao seu redor, com estranhos cheiros de roupa velha suada e guardada, e mil perguntas sobre dólares, quanto valiam em moeda búlgara, se queria trocá-los. E levaram o mano ao hotel, pois não queria incomodar os coitados; mas com eles bebeu a *slivova*, o bom vinho tinto, comeu pratos antes ignorados, de influência turca. Redescobriu a música de quartos-de-tom, e dez dias depois voltou à loja dos óculos. Estavam prontos, redondos como fundos de garrafa. Colocou-os no nariz, olhou os irmãos, suas auréolas de caspa, seus cabelos falhos e desfiados, identificou todas as vozes que lhe repetiam a ladainha dos dólares.

— Onde é a agência de passagens aéreas?, perguntou.

Era perto, ali do outro lado. Para lá seguiu, acompanhado da irmandade. Tirou do bolso o bilhete:

— Quando é que há avião para Stuttgart, que faz conexão com o avião brasileiro?

— Hoje de tarde.

Estendeu o bilhete, que o funcionário registrou e carimbou. No dia seguinte, à tarde, desembarcou no Galeão. E apareceu em minha casa, com o sobretudo no braço, a mala gorda de discos. Deu-me um abraço estalado, quase me beijou na boca, mas a boca pediu:

— Uma batida de limão, depressa!

Sentou-se no sofá, para silenciar as emoções, respirou fundo e me disse:

— Meu caro, eu sou mesmo é brasileiro!

Quanto a Maria, filha do meu tradutor Angel Ivanov, a coisa mais linda de Sófia, não a viu. Eu sim, uns anos depois, quando Maria, recepcionista dos aviões búlgaros em Copenhague, me visitou em Paris. Estava florida como uma parisiense. Casara-se com um Andersen, da Scandinavian Airlines.

— Ganhou seu Andersen, sercia, aí está seu conto de fadas...

Mais uns dois ou três anos e Maria veio ao Rio com o marido, numa dessas viagens-prêmio que as linhas aéreas dão aos seus bons funcionários. Saudei o marido como a um velho amigo:

— Que alegria conhecê-lo, Sr. Andersen...

Maria olhou rápido para mim, sussurrou no seu francês esplêndido:

— Este não é Andersen, é Nielsen.

Louco por futebol. Levei-o ao Maracanã. Chamei Sacha para vir conhecer a compatriota de quem eu tanto falara. Olhou-a como quem olha a bandeira em dia nacional.

— Agora, sim, vale a pena ser búlgaro... Esse dinamarquês ganhou a sua sereia de Andersen!

Tinha presenteado o nosso amigo Guerra Peixe com o seu precioso violino. A operação no pulmão paralisara seu braço esquerdo, justamente o que encontra os quartos de tom nas cordas. Dias depois o violinista Guerra Peixe lamentou-se enquanto ouvia em minha casa os discos de Sacha:

— Engordei, meus dedos parecem bananas, nunca mais poderei tocar violino. Aqui tem ele, é uma recordação do nosso Sacha, faço doação dele à sua universidade.

Com o amigo Warchitz alugou um apartamento nas Laranjeiras, onde ouviam música, liam livros, e tinham uma governanta portuguesa, que tomava conta deles como de duas crianças. Maria Portuguesa cuidava dos velhos patrões e amigos, em cuja companhia faziam as refeições, recebiam convidados. Almocei com eles várias vezes. Fui uma vez à Bulgária, autor bem recebido, apareceram no hotel os irmãos de Sacha que ele deixara em Sófia ainda crianças. Homens de meia-idade, atarracados, feios, desdentados, olhos sôfregos, a perguntar notícias do irmão da América, próspero como todos os irmãos americanos. Ainda assim gostei da Bulgária, de Sófia, do perfume de suas rosas vermelhas, suas danças coletivas.

Um dia Jeremias soube que seu irmão desaparecido, o único da família, vivia em Israel. Os amigos o ajudaram, ele voou para Tel Aviv, repleto de esperanças. Sem saber para onde se dirigir, sentou-se num dos bancos da Avenida Dizingov. Diante dele parou um *jeep* e uma voz gritou:

— Não é o Jeremias?

Era o médico, o desafeto.

— Tantas coisas se passaram no mundo, desde o nosso tempo de estudante em Berlim, desde a nossa briga, que já não há razão para sermos inimigos. Venha comigo, fale alguma coisa!

Dentro do veículo Jeremias contou a razão da viagem: a esperança de encontrar o irmão perdido.

— Vamos indagar pelos *kibutzim* poloneses. Mas antes tenho que parar uns minutos.

Parou o carro.

— Ajude-me a desembarcar os sacos que estão aí dentro.

Jeremias ajudou. Eram sacos de trigo.

— Você trabalha por aqui?

— Trabalho. Sou o padeiro.

— E a medicina?

— Não, meu caro. Depois de tudo que aconteceu no mundo cheguei à conclusão de que só há uma coisa a fazer pelo próximo: pão. Eu aqui sou o padeiro.

Esta história parece ter um sabor de parábola do Talmud, do Velho Testamento. Jeremias trouxe esta história para o Brasil e aqui a contava com sofrida sabedoria.

* * *

Nunca fui bom leitor, confesso. Desde pequeno pude adivinhar, nos maus livros, o que o autor vai dizer nas palavras seguintes: o exercício leva o leitor a saber o que vai acontecer logo adiante. Um bom livro é sempre uma surpresa de palavras. Dispersei livros, principalmente os enfadonhos, dei-os cruelmente a amigos, mas nunca cheguei ao cúmulo de enviá-los, como um leitor perverso, de donativo aos leprosários.

As páginas de meus livros estão riscadas. Há ali pontos de exclamação, de interrogação; nunca, porém, cheguei ao pedantismo de comentar à margem: *Este Goethe é uma besta*!

Nos meus papéis velhos encontro frangalhos de pensamentos de outros, ou que outros me inspiraram. Não serão maus para conhecer-me.

Uma pequena seleção dessas anotações pode servir para que me conheçam, se nisto têm curiosidade, ou para que repudiem, se é isto um esporte literário. Permitam-me que me exponha um pouco.

• Há uma certa quantidade de talentos vivendo dos meus direitos autorais. Espero não ter feito o mesmo com os outros.

• *Conheci uma senhora que, sabedora de que o marido lhe era infiel, amiga da amante, cobriu-a de favores, a ponto de levar a intrusa, com remorsos, a confessar-lhe tudo; e a outra lhe replicou:*
— *Você conhece tantas coisas de meu marido que pode ficar com ele. Aliás ele é uma boa porcaria.*
(Boa anotação para uma cena de teatro.)

• Sou cruel, não sou malvado. A crueldade é uma forma aguda de justiça; a malvadeza é uma perversidade da justiça.

• *Pensando bem, são teus defeitos que eu amo, ó perfeição!*

• Guimarães Rosa faz crochê com arame farpado e teia de aranha. É inimitável.

• *Nem as traças fazem sua obra entrar na sociedade de consumo.*

• O humor é uma esperançosa homenagem de minha inteligência à sua.

• *O estruturalismo transforma a literatura em palavras cruzadas.*

• Mostra-me a tua língua e te direi quem és. Não é preceito médico, é filológico.

• *Sou capaz de saborear um prato na lembrança como escutar na recordação um quarteto inteiro. Proust poderia ter dito isto.*

• O cãozinho encostou-lhe o focinho da minha inveja.

• *O livro que ele menos escreveu foi o que mais devia ter escrito: o livro do ponto.*

• Despiu a batina e passou o resto da vida estalando as sandálias.

• *Às vezes, quando digo uma banalidade, alguém salva minha reputação, exclamando: "Eu já tinha dito isto!"*

• Cravou-me na alma todos os punhais de todos os senadores de César.

• *Você tem o sorriso de uma pessoinha que eu amei quando tinha sete anos.*

• Macia como um novelo de lã acariciado em Oxford Street.

• — O senhor é escritor? Curioso, nada li de seu.
— Não se aflija, general. Não conheço nenhuma batalha sua.

• Que fiz eu para que ele me mande seus poemas?

• *Eduardo Portella tem um caso com Eduardo Portella. E pensa que ninguém sabe.*

• Que divina inspiração essa de criar uma árvore para nela equilibrar um ninho!

• *Se gosto de telenovelas? Amo! Graças a elas posso ler sem que ninguém me interrompa.*

• É aconselhável atribuir a outros alguma frase de espírito. Faz modéstia e faz erudição.

• *As bibliotecas bilíngües mostram que os donos não sabem uma delas.*

• Sua biografia amorosa era um rosário de secretárias.
— Que me desculpem, mas todas as mulheres me pareceram incompetentes.

• *A rima só é bela quando desabrocha antes que o leitor a adivinhe.*

• Nada estraga mais uma mulher do que outra mulher.

• *Todas as verdades são cínicas. As mentiras, não.*

• F. tem contribuído muito para que se fale mal da mãe (dele).

• *Passei a metade de minha vida na cama. Lendo, naturalmente.*

• A gula é o único pecado durante o qual se pode conversar sobre todos os assuntos. Os demais pecados não são bons interlocutores. Quanto à gula, qualquer assunto ajuda a gula. A preguiça é o mais limpo dos pecados: evita que se pratiquem os outros.

• *De um pracinha: "Meus anos de guerra foram os melhores de minha vida de casado".*

• Santo Deus ! Ela corta o pão como se cortasse um pescoço!

A BALA PERDIDA

- *As mortes muitas vezes nos fornecem surpresas bastante agradáveis.*
- Era um escritor acima de qualquer suspeita.
- *Deus criou o nada e diluiu-se nele.*
- Livro não se joga fora: joga-se dentro.
- *Quando se envelhece, escuta-se o ruído do relógio.*
- Aquele ministro tem muito colarinho e pouco chope.
- *Pecado ou virtude, a covardia não deixa de ter seu lado simpático: pode passar por amor próprio ou amor do próximo.*
- Somos mais um país de espertos que um país de expertos.
- *A História não passa de um rosário de pesadelos.*
- No dia do Juízo Final, o Diabo vai gritar: "A culpa foi sua!"
- *As coisas nunca serão tão piores quanto possam ser nem melhores quanto podiam ter sido.*
- Sempre elogiou o marido. Tinha uma urna entre as pernas.
- *A consciência é a noção de uma ética.*
- Ter razão é terrível. Julgar ter razão é mais terrível. Dúvida é tolerante.
- *Se há vício que exige talento é a maledicência.*
- Pouco a pouco a face do morto se maquila de indiferença.
- *Os exércitos derrotados, mais que os vitoriosos, fazem a história.*
- A bajulação é menos um defeito do que um ofício.
- *Pela música que ouve, meu vizinho justifica a pena de morte.*
- Deixá-la foi tão difícil quanto deixar de fumar.
- *Os brasileiros estão piorando. Têm um ar de quem não tem nada que ver com isto.*
- Não deve ser fácil ser imbecil em tempo integral.
- *A gastronomia, como o amor, não se pratica na solidão.*
- Saber é ter na cabeça o índice do que se quer saber.
- *Jamais sentar-se no lugar comum.*
- O homem é um animal que deixa apodrecer as carnes e guarda os ossos.
- *A Arte, que vasto onanismo!*
- A calçada do outro lado serve para evitar a gente deste lado.

MUNDO, MUNDO, VASTO MUNDO

Amílcar nos ofereceu noite melhor. Uma cantora que descobrira, austríaca, de origem italiana, Liana Augustin, casada com o acordeonista que a acompanhava. Elegante, agradável, dominadora, sentou-se à nossa mesa, falou em italiano, em francês, foi cantar todo o seu enorme repertório, inclusive as canções brasileiras ensinadas por Amílcar, Neném e Ana Maria. Um prodígio de afabilidade, de gestos simples ao cantar, ao conversar. Quando apanhei o copo à minha frente, me disse como uma observação sem sentido:

— *Vous êtes un gentleman.*
— Que idéia? Por que o diz? Por que acha isto?
— *Excusez-moi, madame*, disse para Alba.

E para mim:

— *Vous portez des boutonières sur les poignets de chemise. Ce sont des détails qui font un gentleman.*

E Amílcar:

— Eu também uso. Foi ela quem me ensinou. Antes eu usava botão nos punhos.

Vivendo e aprendendo. Nunca mais usei de noite camisas que não fossem de abotoaduras.

— *Vous ne mettez jamais vos coudes sur la table?*
— *C'est ma mère qui me l'a appris.*
— *Votre mère est une lady.*
— *Je lui dirai.*
— *Non. Elle le sait mieux que vous.*
— *Merci. Tout de même, je lui dirai. Pour parler de vous.*
— *Alors, c'est moi qui vous remercie.*

Suas pálpebras baixaram num leve agradecimento.

Conto aqui este pequeno episódio para que haja quem sinta inveja. A inveja alheia faz bem.

Ao fundo da ampla esplanada, capaz de reunir multidões tão vastas quanto as da praça de São Pedro, ou da Concorde, ergue-se a Basílica, também enorme, ao cimo da escada por onde sobem à missa os peregrinos. No alto da torre, a cruz: no centro, a coluna, e sobre ela a imagem da Virgem marca o lugar onde Ela, há cinqüenta anos, surgiu, precedida de um anjo. E falou a três crianças. Duas já são mortas; a terceira, Lúcia, é hoje irmã carmelita em Coimbra. A cidadezinha inteira vive de um calor de misticismo, de esperanças, e de milhões de artigos religiosos que nós, peregrinos, buscamos para que nos protejam, e aos parentes, aos amigos, sobretudo, na época em que o calor do milagre espanta o frio do grande átrio. E que frio! Ele se intromete pelas vitrinas das ruas, remexe os turistas nos ônibus, desce por entre as árvores altíssimas, gemendo, abre-se num leque de vento onde não falta o cheiro de incenso e das folhas moribundas.

Ao lado esquerdo, uma capela especial, de mármore, convoca a fé em torno da imagem, uma imagem pequena, pouco maior que a Nossa Senhora de Copacabana, porém branca, de mãos postas, vestes alvas e azuis, bordadas de ouro, a coroa de ouro à cabeça, o rosário pendente dos pulsos. Diante dela sentam-se e ajoelham-se os fiéis. Ao redor, num passadiço de mármore, chegam os suplicantes, homens, mulheres, gordos, magros, velhos, jovens, crianças, pela mão, no colo, humildes, empunhando cajados, outros rojando-se ao chão duro, arrastando-se sofridamente de joelhos, murmurando, soluçando. Alguns já vêm ajoelhados desde a larga praça, maltratando as rótulas na pedra gelada; outros se protegem com joelheiras de couro ou trapos. Mães aflitas erguem no ar os filhos enfermos; e crêem com tal força que a fé se distribui por todos, até chegar a mim, ai de mim, que de repente me surpreendo pedindo, implorando: "Virgem Maria, faze um milagre, um só, já que fizeste o de me trazer até a fímbria do teu manto!" Dois papas ali já estiveram a atestar a santidade das aparições, e a história contada pelas crianças afirma que a Virgem sussurrou a uma delas três segredos. O primeiro é a visão do Inferno; o segundo é um pedido, para que rezem, rezem todos, e assim a horrenda Revolução Russa de 1917 converterá o país ao catolicismo, ou a desgraça se espalhará sobre a Terra. Quanto ao terceiro segredo, só o Santo Padre o revelará, chegado o momento.

O nome da Virgem de Fátima — que é o da cidade — me comove. Foi o caso que em priscas eras da Idade Média uns árabes decidiram raptar umas raparigas que por lá andavam, pobres, descuidadas e incautas sabinas. Pois não é que uns cavalheiros portugueses do local, comandados por um traga-moiros, foram-lhes ao encalço, agarraram o bando? Nele havia uma jovem árabe, Fátima de nome. E o traga-moiros pediu, em troca da liberdade dos infiéis, a mão da Sherazade. Assim foi. Pois essa sabotagem, igual à que fundou Roma, a Eterna, deu o nome da moçoila à aldeia, embora a jovem tivesse adotado outro nome, Oureana, com que se batizou a aldeia próxima: Ourém. Tudo isto muito normal. Pois não diz o conto que os Figueiredos devemos nosso apelido a um atrevimento de mouros contra nossas antepassadas, o que não se consumou graças ao rapazes aldeões que, com ramos de figueira, espaldeiraram os horrendos circuncidados de Mafoma? Donde o suserano tirou o toponímico para a localidade que lá está ainda hoje, Figueiredos das Damas. Grande orgulho isto me dá, embora um *Tratado dos Figueiredos*, desencavado na Torre do Tombo por Antônio Olinto e Zora, filhos de orixás mineiros e iugoslavos, ponha os Figueiredos vindos para estes lados do Atlântico, todos, todos como descendentes de bispos... Que importa? Também o são os Azevedos, os Amados, os Francos, os Alencares, os Pedro Moacir, e isto não nos fazem menos santos tradutores da Bíblia, bons gramáticos, bons cristãos anti-racistas, porque no Brasil os racistas só são racistas por parte de pai.

    Mas voltemos a Fátima. Já estou dentro da Basílica, onde a multidão se espreme e canta a missa em latim e português, incenso sonoro espalhado por Deus aos ouvidos de Palestrina, Bach e Lobo de Mesquita, bem responsados nesse latim que, como todo idioma ignorado, transforma em mistério e sabedoria a nossa ignorância. Por isso me senti, no umbral da Basílica, ungido de uma emoção cada vez mais suplicante: "Virgem, faze-me um milagre, um só, qualquer dos teus milagres!" O marulho das rezas engolfava até meus pensamentos. Um milagre? Atrás de mim ouvi um sotaque brasileiro. "Olha! Aquela! Aquela ali!" Olhei. Com pecado, perdoe-me a Virgem. Era uma dona bem-vestida, bem-calçada, erguida em pernas de meias finas, salto alto. Outra voz, também brasileira: "Aquela!" Por entre os corpos comprimidos avançaram uns dedos. O ladrão disparou com a bolsa da dona. "Pega! Pega! Ladrão! Linda!" O patife raspou à minha frente enquanto o cúmplice se esgueirou, fugindo. Arranquei da mão do outro a bolsa. O homem me olhava, apavorado, os olhos espavoridos. Fiz como se lhe tivesse arrancado a bolsa: "Foge!" Empurrei-o, ele varou a multidão atônita. A senhora surgiu, acompanhada do marido, um marido com ar proprietário e desdenhoso, falando para ela: "Sempre a mania de confiar nos outros! Foi um milagre não terem roubado a bolsa!" E voltaram para a missa, ele sacudindo-a pelo cotovelo, ela recuperando-se do susto. Nenhum me disse um só obrigado. Não faz mal. Disseram, com toda razão, à Nossa Senhora de Fátima. Pus uma vela em seu altar.

* * *

No avião, de Londres para Lusaka, ao olhar os passageiros, tive a súbita impressão de ser um integrante do grupo de espiões disfarçados que foi presenciar a revolução libertadora irlandesa a mando dos ingleses, no romance de Pierre Benoit, *A calçada dos gigantes*. Havia escandinavos enormes, dourados e azuis, havia negros de fez e de turbante, havia um soviético e um americano repelindo-se num particular *apartheid*. Íamos precisamente para um congresso *antiapartheid*, convocado pela Unesco para a capital do mais novo país africano de então, Zâmbia, e transferido da capital para a segunda cidade, Ndola, e daí para a terceira, Kitwe — e isto porque, dizia-se, a África do Sul iria mostrar sua superioridade racial contra nós.

    O passageiro a meu lado acabou falando um francês mediterrâneo, de vogais abertas e nasais napolitanas. Era o delegado romeno. Logo, latino. Donde situou-se entre os francófonos, tendo do outro lado os anglófonos. A divisão se fazia de acordo com as colonizações africanas, a francesa e a inglesa. Líderes negros educados na Sorbonne, líderes negros educados em Oxford. De Ndola a Kitwe se fazia o transporte em caminhonetes, numa estradinha a merecer os cuidados de qualquer prefeito. Paisagem surpreendentemente brasileira: céu azul, lentas nuvens brancas, árvores iguais, apenas salpicadas de outras, retorcidas como bailarinas em gesto de dor. E cupins, montículos iguais aos nossos, de metro e meio. Galinha cacarejando o idioma galináceo, cães modorrentos, multicores, miscigenados. E gente igual à nossa, apenas fantasiada de baianas coloridas, não em batas e saias brancas. Nenhum bicho assustador, nenhuma ave deslumbrante e rara. Confessei ao romeno minha decepção. Esperava uma África de Tarzan, com elefantes, leões, rinocerontes, zebras em camisas de futebol, gamos a voar sobre a vegetação misteriosa. Nada, até os velhos calhambeques tinham os mesmos sons de buzina, a mesma tripulação de família brasileira em mudança. Esperava uma África mais africana e menos baiana, mas o romeno de primeira viagem não sentia as impressões do Canto Nono dos *Lusíadas* e temia que os canibais nos devorassem, inclusive o sorridente motorista de invejáveis colmilhos carnívoros.

    O bairro periférico de Kitwe parecia qualquer dos nossos, exalando tristeza e, dentro dela, os moradores alegres na sua miséria, talvez porque estivessem livres de outra, a imposta pelos *afrikaners* mais ao sul.

    A paisagem mudou, alguma coisa como o Grajaú, com um ou outro *cottage* inglês, de trepadeira nos muros e grama bem-cortada. Por fim, o hotel, todo de vidro para se poder ver a rua; nela, uma escola de samba zabumbava, festejando os estrangeiros, com instrumentos semelhantes, ritmos nossos, igual coreografia em versos impenetráveis. O romeno delirava, começou a tirar fotos, achou o calor *sénégalais* e descobriu a cerveja do bar. Ali já se instalavam os nórdicos, afogando-se em bebidas com gelo, indignados com a escravidão alheia como Shakespeare, na Inglaterra, falava livremente da podridão no reino da Dinamarca. E negros falando português, os representantes dos movimentos democráticos e libertadores de Angola, Moçambique, Guiné-Bissau. Confraternizamos, em vastos abraços. Eram os que o governo de Salazar chamava de terroristas, esses José Bonifácio de seus países. Tinham uma tristeza que me envergonhava: o governo português, na mesma ocasião, mandava o navio *Lourenço Marques* passear em turismos intelectuais brasileiros, a Angola e Moçambique, a mostrar-lhes as vantagens do cativeiro. Os porteiros do hotel, os garçons, os *boys*, em número considerável, todos de jaqueta azul, impecáveis, serviam os recém-chegados. De repente, um deles anunciou:

— *Look! The lions!*

Enfim, eu ia ver leões! Em plena cidade, passeando, como na Rua Larga ou na Lapa! Os europeus se refugiaram por detrás dos vidros, prudentemente. O povo se comprimia, chegaram automóveis. Deles saltaram cidadãos de *smoking*, negros como uma banda americana, dando braços às esposas, todas de vestidos longos, jóias, tiaras à cabeça, cumprimentando, dando-nos adeus com ares de rainha-mãe diante do palácio de Buckingham. Era o pessoal do Lyons Club, que vinha ao hotel para o jantar mensal e nos olhava como se fôssemos uns desprezíveis turistas.

* * *

Laís, a mais bela das gregas, apostou: seduziria o sábio, filósofo e velho Xenócrates. Diante dele escorregou a túnica. Xenócrates olhou aquela estátua — e continuou a meditar, com os olhos mais míopes do mundo. Olavo Bilac pôs na boca da mulher a imprecação do despeito:

Homem não sois! Jurei domar um homem.
Mas de beijos não sei que a pedra fria domem!

Não é o que acontece a alguns nobres e honrados senadores nossos. Na Grécia, ao verem a própria Afrodite, não discursariam como um deles: "A Vênus, do famoso escultor Milo..." Que diriam diante de outra Vênus, nascida da espuma do pincel de Botticelli, a mais bela de todas as Vênus, a que mais mereceu a maçã de Páris, digo, a maçã que a serpente receitou a Eva: *An apple a day keeps the doctor away?* Voltariam os rostos, fechariam os postigos, tapariam os olhos e deixariam ao Peeping Tom a glória de ver Lady Godiva passar? Louca cidade de Coventry, incapaz de possuir uma Praça da Apoteose com suas árvores de Natal de bumbuns, cidade mais chata do que Florença, se Savonarola a tivesse transformado numa só fogueira... Graças a Deus, foi ele próprio ao fogo antes de incendiar a Arte... Imaginem que faria o furibundo constituinte se mandasse espatifar o mármore da bela sabina, surpreendida por Giambologna no momento do rapto? Ou a sua *Fonte do Oceano*? Ou a *Vênus de Urbino*, de Ticiano? Ou a *Primavera* de Botticelli? Nem mesmo o *Netuno* de Ammannato, de que não gostavam os florentinos, mas que fez uma *Leda e o cisne* para qualquer um botar pecado; ou o soberbo *David* e o ébrio *Baco* de Michelangelo... Em Roma, o legislador investiria a pedradas contra o *Êxtase de Santa Teresa*, em cujo altar Bernini colocou, flechando-a, não o Anjo Celeste mas o pagão e safado Cupido... E lá se iam as beldades do palácio Borghese, a *Dafne* já meio arbória, a *Paulina Bonaparte*, cujo mármore ainda treme ao rastro das mãos trêmulas de Canova... E viria abaixo a capela Sistina, de tanto lhe pintar calcinhas esse novo Braghetta... E na França, como a citada Vênus esconderia com as mãos as vergonhas, para que o nobre constituinte não as mirasse, se a pobre deusa já não tem braços, provavelmente gastos de tanto abraçarem a nossa imaginação? Em Washington, cobriria, com colares de búzios, o decote da *Diane de Poitiers* de Clouet? Arrancaria das mãos dos *putti* a *Vênus* de Ingrès? Ousaria arrancar a víbora que enrola o pescoço do rosto puríssimo da Simonetta Vespuci e encouraçar-lhe os seios contra o seu (dele, raio de idioma) olhar viperino? E invadiria as *Tuilleries*, tocha em punho, para derreter os bronzes de nuvens de Maillol? E iria ao *Musée Rodin* para esmigalhar o *Beijo* e até mesmo aquele *Pensador* que pensa nu, sentado, provavelmente fazendo o que se faz nu sentado?

Palavra, não consigo saber a especial razão pela qual nos palácios do Parlamento não cabe um óleo de uma bela negra nua, como os nossos índios, como os escravos negros, nua como os seios das nossas mães-pretas, nua como os pobres portugueses que aqui vieram fundar um país mal-vestido... Se o nobre constituinte fosse ao Museu de Copenhague, veria nossos índios e índias e nossos negros e negras nus como Deus os esculpiu e como os retratou Albert Eckhout. Lá estão, enfeitando um museu de um país de louros quase congelados, aquecidos graças àquelas telas, como se aquecem ao olhar a *Sereia*, símbolo do calor humano dos dinamarqueses, e se pelam ao desfilar diante das bailarinazinhas de Degas no Museu da Cerveja Carlsberg, certamente inspiradoras do balé da Ópera Real.

E é aqui que eu quero chegar. Este Brasil nu ao trópico, ao sol das praias, bronzeado de raças, caleidoscópio de corpos humanos, esse país cujo logotipo devia ser a peteca, um cocar sobre uma estatueta morena a voar como um tucano amoroso ao impulso de mãos ao sol, esse Brasil não tem arte ao ar livre porque lhe pesam na história quase quinhentos anos de pudicícia fradesca. Enquanto o resto do mundo civilizado descobria o nu greco-romano, despia a Idade Média, fazia renascer a alegria de viver, não possuiu um explodir de arte nas ruas, nas praças, nas casas. Os objetos nus africanos, madeiras que inspiraram a Europa modernista, e os nossos escassos rabiscos e barro indígenas não se amalgamaram com a pobreza artística vinda da metrópole. Durante a Colônia, não há notícia de uma só Moema, uma Paraguaçu a materializar-se em nossos jardins, nossos chafarizes, nossas paredes. Toda a pintura colonial fechou-se nas igrejas e, embora digna de apreço, vive correndo o risco de apodrecer. Numa terra de cultores da luz sobre a pele, até o *Mannekenn pis* causou escândalo quando plantado no Rio. E, para mais dolorosa desgraça, as mais importantes telas modernas não são olhadas pelo homem comum com a facilidade com que um florentino olha o *David*, um parisiense olha um Maillol: estão aferrolhadas na Caixa Econômica, em penhor de dívidas. Enquanto isso acontece, desdobramo-nos em museuzinhos incomunicáveis, milagres de uns devotados na luta inglória contra os donos das verbas e das faltas de verbas... É um milagre salvar-se um Palácio da Cidade, que correu grave risco de ser loteado em tabiques para abrigar a prefeitura, ou a praça do Comércio, quase transformada em armazém de vendas de tecnologia. Não há, em todo o Brasil, um só museu de reproduções de obras célebres, onde as crianças aprendam o que seja *Laocoonte*, um Rembrandt, um Rubens, um Gainsborough, um Ticiano, um Murillo, uma *Gioconda*, um Grünewald, um... sei lá!

Quando, há alguns anos, cometi a loucura de sugerir que se construísse um enorme, moderno, eficiente hospital da Santa Casa, hospital de clínicas para substituir a inadequada e obsoleta Santa Casa atual, instalando-se então no seu ilustre e velho edifício o "nosso" Louvre, Museu da Santa Casa, foi uma grita tão grande quanto a do constituinte que espiou o decote da negra! Eu queria "destruir" a Santíssima Casa! Chegaram até a pensar em erigir um espigão dentro de sua praça central, já que o imóvel está tombado! E lá continua ela, sem ter lugar onde se estacione uma ambulância. A nossa cultura oficial não chega a ser uma nudez escondida sob um manto diáfano da fantasia: é uma Laís proibida de ficar nua mas que já vem com a mão no bolso.

* * *

Desconfie dos escritores prósperos, dos padres prósperos, dos militares prósperos. Escritor, isto é, indivíduo com a responsabilidade do inconformismo, não prospera. Quando atinge a celebridade internacional mais conhecida, o Prêmio Nobel, a paga só serve para pagar o doutor, a casa de saúde e o enterro. Molière, Jules Renard e Courteline gostariam, imagino, desta observação.

Aí está Jaroslav Seifert, glória de sua pátria, Nobel aos oitenta e três anos, morto aos oitenta e quatro. Quem conheceu sua poesia em vida a não ser os tchecos de antes da guerra de 1939 um dos seus primeiros livros, os tchecos de depois da guerra em seus clandestinos *samizdat*, em seus raros livros dentro e fora da Tchecoslováquia, ou graças à surpresa de um Prêmio Nobel dado a um octogenário trancado num hospital, preso a uma cadeira de rodas, vigiado em suas derradeiras palavras? Sua poesia jamais o tornaria próspero, embora o tenha tornado reconhecido como poeta. O seu prêmio em dinheiro não o consola das aflições de um fim de mês; e, em notoriedade, serviu para que lhe pronunciassem o nome sem recitarem sua poesia a ponto de o Poeta poder ouvi-la. Tomara tenham-na dito sobre seu túmulo.

Devo a um amigo tcheco a leitura de alguma poesia de Seifert. O que me valeu é que meu amigo, além de saboreador de literaturas, dominador de vários idiomas (como ocorre com os tchecos e com os eslavos em geral), é lingüista de profissão, analista dos fenômenos histórico-sociais de seu país e do mundo, um intelectual contestador tanto quanto Seifert e tanto quanto deve ser qualquer intelectual que, sem modéstia, acredita em sua própria definição: intelectual é aquele que dá, de seu intelecto, alguma coisa a acrescentar à inteligência do mundo. Meu amigo, tradutor e explicador de Seifert, tornou-se de certo modo um tradutor do tradutor, isto é, um duplo *tradittore* duplamente ansioso de matar a minha dupla ansiedade.

Devo-lhe, entre tantas coisas para o entendimento de sua pátria (e sem ele não entenderia nada mais), a possível iluminação de alguns relâmpagos poéticos de Jaroslav Seifert.

No dia 10 de setembro de 1986 morreu Jaroslav Seifert. Durante seus últimos vinte e cinco anos viveu numa cadeira de rodas. Aos vinte e três anos tornou-se comunista, com a fé e a sinceridade que a idade pode dar a um poeta. Oito anos mais tarde, deixou o partido quando o seu jovem país, comprimido por fatalidades históricas, esperava de seus filhos uma terrível opção: aliar-se ao poder ascendente de Hitler, lutar desesperadamente pela democracia de Tomás Masaryk, ou deixar-se engolfar pela invasão soviética então já fácil de profetizar. Num país que é "uma encruzilhada de vias", com duas histórias, duas línguas, duas raças, duas religiões, dois estilos de convicção política, um sentido de independência datado de Jan Huss e um sentido de "germanismo" estimulado pelo crescente nacional-socialismo, a escolha era angustiante. Os tchecos, em geral, escolheram o caminho mais duro: o da democracia, a sempre frágil democracia diante dos regimes de força. Seifert tornou-se contestador. A tal ponto que seus livros minguaram em edições, suas obras se transformaram pouco a pouco em planfletos proibidos. Neles estava e está a essência da Tchecoslováquia.

É preciso conhecê-la, mesmo sem dominar a língua e sua literatura, para entendê-la. Meu amigo me explica: "Há muitos anos, fui descobrindo novos continentes de homens e culturas através da lingüística. Jamais a aceitei como um fim em si, não obstante a inteira sedução do Círculo Lingüístico de Praga, cujos membros ainda se defendiam na Faculdade de Letras. Naquele tempo, afirmei que a Albânia poderia ser um tema simpático para a exploração e conhecimento de toda uma vida humana. Há certa verdade nesse exagero; quanto mais a gente conhece um tema tão fascinante, mais pode apreciá-lo". Estas palavras, escreveu-as em português. E me sinto orgulhoso delas, porque nossa amizade começou quando, a propósito de uma peça teatral minha representada na União Soviética, mandou-me uma primeira carta, em espanhol, na qual confessava o desejo de travar conhecimento com o Brasil e a literatura brasileira. Para tanto, pedia-me um texto em português, dicionário e uma gramática. Mandei-os imediatamente, sem grandes convicções e sem grandes esperanças na confiabilidade do correio brasileiro, para a remessa, e do correio tcheco, para a recepção. Milagre da fé sobre a ineficiência e a suspeita (o que prova haver milagres em países anarquicamente abertos como nos ideologicamente fechados), os livros chegaram e, dentro de uns seis meses, o meu correspondente me escrevia em português do Brasil, e sabia distingüi-lo do de Portugal.

Não aconteceu com ele o que ocorreu com um tradutor romeno da *Canção do exílio* de Gonçalves Dias, que incluiu numa *Antologia romena de poetas brasileiros*. Sabedor do português de Portugal, e dispondo de um dicionário editado em Portugal, lá encontrou, graças à semelhança das duas línguas de origem latina, o equivalente romeno para "minha", "terra", "tem", "palmeiras", "onde", "canta", e... ao chegar a "sabiá" deu com "sábio", "sábia". E sua tradução romena, devolvida ao original brasileiro, daria: "Minha terra tem palmeiras/Onde canta a inteligência". Guimarães Rosa adorava esta história. Eu também, por motivos verde-amarelos, a imaginar a inteligência brasileira a cantar no alto duma palmeira; e imaginando também a inveja de portugueses e romenos, desprovidos de sabiás e de palmeiras inteligentemente canoras. Logo, somos sabiás e assim se constrói a lingüística. E por isso acreditei poder sorver as informações do meu amigo e ter uma visão do seu país, não unicamente turística, mas em relação ao seu povo, ao seu espírito, às suas aspirações, aos seus sofrimentos e glórias. Assim cheguei a saber da existência do historiador Frantisek Palacky, do lingüista Dobrowsky, dos lingüistas de Praga. Enveredei pela vida de Jan Huss, de Carlos IV, da Guerra dos Trinta Anos, do Império Austro-Húngaro, de boêmios e eslovacos, de alquimistas e astrônomos da Rua do

Ouro no alto da Mala Strana, a deslocar as órbitas do mundo, de Nepomuk Czech e a viagem à lua, de Carel Capek e Franz Kafka. Descobri o anjo Mozart a compor o *Don Giovanni* em Praga, soube que muito de sua música trazia o perfume dos músicos tchecos da Escola de Mannheim, nuvem sonora que invadiu os ouvidos de Dvorak, Smetana, Janácek, Martinü. Descobri que a *dunka*, meditação triste, deve ser seguida da *furiant* como a primavera sucede o inverno, e o mesmo acontece com a *doina* e a *hora* romenas, músicas de países de duro inverno e explosiva primavera. Após a surpresa de me sentir em Ouro Preto, ao ver pela primeira vez a ponte Carlos, um fio de Ariadne me levou aos livros sagrados e missais impressos pelos jesuítas em Praga, o que me fez assegurar a Rodrigo Mello Franco de Andrade que o barroco mineiro é tcheco, e não "vienense" como afirma Germain Bazin. Veio a Minas nas ilustrações desses livros que o Aleijadinho copiava em suas estátuas, suas volutas, seus anjos, seus profetas, naturalizando mineiros esses tchecos, assim como Minas naturalizou o santo tcheco Jan Nepomuk, transformando-o em devoção, em santinho de missa, em cidade: São João Nepomuceno. Descobri que na Tchecoslováquia (como em muitos países de inverno rigoroso) a primavera é uma ressurreição que a mitologia grega ofereceu ao cristianismo, a volta da messe, da uva, do vinho de Dionísio, do trigo, do pão de Cristo, e por isso a palavra primavera na Tchecoslováquia recebe um halo poético — e sua presença tanto pode ser interpretada como estação do ano ou volta da alegria de viver, sentimento de liberdade. Seifert está cheio desta palavra.

Sua poesia foi proscrita, tornou-se boletim subversivo. Sempre ocorre isso nos regimes totalitários: a expressão do pensamento, proibida, esconde-se em códigos onde a sinonímia e as metáforas implicam alusões de esperança, espécie de prece nas catacumbas, como o desenho de um peixe no chão significava o nome de Jesus Cristo Salvador em iniciais gregas. Seifert escreveu sua melhor poesia lírica até 1949. Depois hibernou à espera da primavera. Sua *Canção sobre a Vitorina* foi acusada de "escapismo literário". A crítica oficial atacou-o: "Na república burguesa, quando os operários sofriam, explorados, oprimidos, cantou o amor; quando nosso povo constrói uma sociedade justa, canta a tristeza". As alusões dessa poesia fogem quando nos faltam "dados culturais" para penetrá-las — mas a sua primavera está lá.

Jaroslav Seifert foi o último presidente da União dos Escritores, aos setenta e cinco anos de idade. Assinou a chamada *Carta de 77*, manifesto em favor da expressão do pensamento, firmado por socialistas e não-socialistas, o que resultou no fechamento da União. Seu amigo Jiri Lederer foi condenado a três anos de prisão por divulgar versos do poeta, assim como a doutora Jirina Siklová foi encarcerada por difundir sua poesia em discos. À "atriz benemérita" Vlasta Chramostová proibiram de recitar seus versos. As coletâneas *Os guarda-chuvas de Picadilly* e as memórias *Todas as belezas do mundo* apareceram primeiro em *samizdat* e publicadas só depois de censuradas. Seus poemas, traduzidos por H. Dejuy, chegaram à Academia de Ciências da Suécia, que conferiu o Prêmio Nobel ao autor para ódio dos megalomaníacos perseguidores dessa láurea.

Teria chegado tarde o Prêmio Nobel para o octogenário e inválido Seifert? O Prêmio Nobel, sim. A primavera, não.

* * *

Que diabo de idéia foi esta de homenagear um garçom?, perguntaram-me.

Tratava-se de colocar, na parede da casa onde nasceu o inventor do bacalhau à Gomes de Sá, uma placa em sua memória. Minha sugestão recebeu acolhida da inteligência e do coração do embaixador João Frank da Costa, cônsul geral do Brasil no Porto. Acreditamos, como Brillat-Savarin, que há mais benefício para a humanidade na criação de um prato de cozinha do que na vitória em batalha e urnas. Às vezes o mérito não é de um desconhecido: John Montagu Sandwich, o quarto *Lord* Sandwich, almirante, ministro apelidado de Jemmy Twitcher — o tortuoso personagem da *Ópera dos mendigos* — corrupto, cujo nome o descobridor James Cook deu às ilhas Sandwich, passou à história porque, para não sair da mesa de jogo durante vinte e quatro horas, meteu um bife entre duas côdeas de pão e comeu. Assim, o vício do jogo, hoje sócio da droga e da prostituição, inspirou o honesto sanduíche, o mesmo jogo que agora se propõe restaurar as finanças da Pátria e promover o turismo. O *Lord*, é óbvio, não tinha a menor intenção de contribuir para a felicidade humana, mas inventou a refeição ligeira, enganadora da fome do pobre tanto quanto do figurão em tempo integral de abundar a abundância.

José Luís Gomes de Sá Júnior compôs o seu bacalhau como um pintor colore um quadro. Sua intenção foi, sim, alegrar o palato do próximo. E o próximo se tornou próximo d'além-mar, até onde haja um restaurante manipulador do bacalhau. Dir-se-ia que a glória legítima de Magalhães, de Vasco da Gama, de Cabral, maior que a de Sandwich e Cook, consistiu em abrir trilhas marítimas para a futura invenção do patrício. E os cardumes dos mares nunca dantes navegados esperavam a consagração do azeite, das cebolas, dos ovos, e nadaram ao nosso almoço como Camões à nossa estante. Quando Raul Solnado inventou a "Hora de arte culinária", em que imitava poetas e recitadores declamando receitas, com mímica e interpretação vocal, o extraordinário humorista poetizava a receita de Gomes de Sá, com a chave de ouro desta candura parnasiana de amigo: "João, se alterar qualquer coisa, não fica capaz." A idéia do recitativo da receita pertence ao pasteleiro Ragueneau ao rimar tortinhas de amêndoa para os cadetes da Gasconha. Recitar um vatapá, declamar uma feijoada! Que dons de Berta Singerman, de Villaret, serão necessários para modular na voz os ingredientes e o *modus faciendi* até nos exsudar os reflexos de Pavlov! Se o mais velhaco dos candidatos ao Prêmio Nobel de Literatura conseguisse recitar o bacalhau ao comitê sueco, ou servi-lo, Gomes de Sá seria o laureado.

Gostaria de homenageá-lo, se pudesse, num programa de televisão que redigi há anos: o *Esta é a sua vida*. A fórmula é simples: escolhe-se uma pessoa que desdenha, ignora ou esconde seus dons. E vamos surpreendê-la, diante das câmeras, na voz do locutor: "Fulano de tal, esta é a sua vida!" Assim celebrávamos a hospitalidade de Álvaro Moreyra, bardo e mecenas, quando abria as portas e a mesa para uma matilha de inéditos famintos. Cila, mulher de Alvinho, reclamou:

— Você mata meu marido!

Ninguém morre quando alguém lhe trombeteia os méritos. Ah, se o tivessem feito com Camões! O locutor declarava: "Antenor Chaves, inspetor Periquito do Colégio Militar, esta é a sua vida!" E a garotada fardada entrava e surgiam o ministro Oswaldo Aranha, o ministro Lott, o prefeito marechal Mendes de Moraes, a banda colegial, professores, bedéis, colegas que só se conheciam por número ou apelido; e desfilavam diante do Periquito, o inspetor que prendeu o menino Oswaldo Aranha ao surpreendê-lo fumando no mictório do recreio. Não lhe corrigiu o vício: Oswaldo Aranha apareceu com um cigarro nos lábios. "Mané Garrincha, esta é a sua vida! Entra, povo de Pau Grande!" E a gente humilde da cidadezinha de Pau Grande invadia o palco, as câmeras, nos lares, com suas mulheres, seus filhos nas barrigas e pelas mãos, a homenagear o homem-alegria das multidões. O programa desapareceu quando a alta direção descobriu a fórmula de contar a vida de Sua Excelência no único instante da biografia em que Sua Excelência parece excelente.

Propus um programa sobre Luiz Loureiro. Quem? Ninguém conhecia. "O desenhista dos uniformes e cartas geográficas militares". "Isto não tem penetração". "O inventor do Chiquinho". "?" "Chiquinho do *Tico-tico*". "Ah, Chiquinho, Jujuba, Zé Macaco... Isto sim!" O menino travesso da nossa meninice... Mas havia ordem para fazermos a vida do ministro da Fazenda. Nada empolgante. Caía-lhe nos ombros o labéu de todos os ministros da Fazenda: multiplicador do custo da vida. Desde os tempos do teatro da praça

Tiradentes os ministros da Fazenda afastam o povão do bacalhau à Gomes de Sá; e mais o feijão, o pão nosso, a espremer grátis o suor de nosso rosto. Nos últimos anos já tivemos quatro, quatro Prêmios Nobel de Economia.

Gomes de Sá foi um benfeitor da humanidade. Por isso vamos homenagear sua memória, na sua terra, "que bendita seja entre as terras", como lá dizia o Eça, gastrônomo que não chegou a conhecer o benfeitor.

* * *

Ao escrever um capítulo da cozinha carioca para as comemorações do Quarto Centenário do Rio, esbarrei com um problema fundamental: "Quem foi Gomes de Sá?" Sim, Gomes de Sá, o inventor do bacalhau de seu nome. Sempre venerei as pessoas que batizam pratos. E suas criações. Para mim, o filé à Chateaubriand é mais glorioso que as *Mémoires d'outre tombe*. O sanduíche é mais benemérito que seu inventor, *Lord* Sandwich, jogador e desastrado. O churrasco à Oswaldo Aranha está imortalizado nos cardápios mais do que o brasileiro fundador de Israel. Que maior declaração de amor ganhou a cantora Nelly Melba do que a do cozinheiro Escoffier quando, ao dedicar-lhe uma guloseima, mergulhou meio pêssego numa taça de *champagne* e a ofereceu em oblação: "*Voilà*"? Quem quiser conhecer os méritos de uma nação consulte seus livros de cozinha e conte neles o número de pratos com nomes próprios, nomes de gente: aí está a finura dos cinco sentidos duma cultura. Quando pela primeira vez ouvi falar em "sorvete de taperebá" exultei: pensei tratar-se de um auriverde silvícola descobridor de uma alegria da vida. Era o sorvete de cajá-manga do Pará, com nome de cacique ou de batalha, nome ecumênico, inaugural, como o fogo de Prometeu ou o caldo de Noé, mais salvador do mundo que sua arca.

Mas quem foi Gomes de Sá, herói lusitano que se planta em todos os cardápios de todos os restaurantes internacionais? Perguntei a um historiador, desses soterrados em poeira e incunábulos, douto de academias; têm resposta pronta, são Sócrates de nova fórmula: só sabem que nada sabemos, logo podem abusar à vontade. O sábio me respondeu: "Foi um grande navegador português." Não me consta, porém, que nas *Décadas*, no *Soldado prático*, nas *Peregrinações*, nas comunicações de Magalhães e Cabral tivesse havido algum navegador desse nome. Sabe-se que os indômitos pescadores portugueses já possuíam tratados reguladores da pesca do bacalhau com os nórdicos desde o século XV. Sabe-se até que chamavam a futura Terra Nova de Terra dos Bacalhaus. Mas o Homem, o inventor?

Pensei no mais admirável português que me foi dado conhecer: o escritor, advogado, ministro, o anti-salazarista Nuno Simões que, quando vinha ao Brasil, dava-me a honra de telegrafar à minha mulher: "Chego sábado, rogo uma moqueca", ou "Aí estarei, pronto para a feijoada". Nuno foi perfeito. Depois de remexer arquivos e amigos, me escreveu que José Luís Gomes de Sá Júnior era cidadão de Invicta, trabalhou com armazém de bacalhaus na Rua de Cima do Muro, na cidade do Porto. Faliu, tornou-se garçom no Restaurante Lisbonense, na Rua do Muro dos Bacalhoeiros; ali lançou aos ventos da fama o bacalhau que ostenta seu nome. Nasceu em 1851, morreu em 1926. Jamais pescou, jamais viu bacalhau que não fosse na água do molho. Sua invenção, de menos de um século talvez, corre o mundo como os *Lusíadas*. Nuno Simões foi tão perfeito que me remeteu a receita autêntica, mandada pelo Inventor ao amigo João, que a passou a Raul Caldavilla, o qual a entregou ao dicionarista Cardoso Júnior, que a incluiu no trigésimo nono volume da *Enciclopédia portuguesa e brasileira*. Dali multiplicou-se por volumes e volumes de cozinha, mas sempre a receita e nunca os dados biográficos do artista. Leio-a agora no excelente *Livro de bem comer*, de José Quitério, onde falta apenas o *post-scriptum* ao amigo: "João, se alterar qualquer coisa desta receita já não fica capaz". Ele sabia, esse Poeta da Caçarola, esse Varão Assinalado, que uma receita é como um soneto: mexida uma sílaba, desaba do Parnaso à Cloaca.

    Tais coisas discreteava eu, na cidade do Porto, com meu amigo — o embaixador, artista plástico, estudioso dos mosaicos de Ravena e de *huacos* pré-colombianos, sabedor de energia nuclear e do *foie gras* do Périgord — João Frank da Costa, que me estendia um exemplar do *Livro de bem comer* e me anunciava um Gomes de Sá que já me bolia os reflexos de Pavlov. E então nasceu-nos uma idéia que levaremos avante: brasileiros e portugueses, agradecidos a José Luís Gomes de Sá Júnior, instalaremos juntos, no local do Lisbonense, onde se inventou esse Stradivarius da gastronomia, uma placa em sua homenagem. Diremos ali apenas o quanto lhe somos gratos pela contribuição à felicidade humana; e que, se lá nos altos céus onde reside memória desta vida se consente, saiba ele que nos fez menos tristes neste vale de lágrimas; e que a Paz na terra, em mãos dos homens de boa vontade, consiste nisto: em inventar uma arma de fraternidade, ofertá-la ao próximo, difundi-la entre os grandes.

* * *

    Um carnaval, uma comovente mascarada, de dar inveja em carioca: milhões de londrinos, pessoas normais, com narizes de tomate, trataram de rir-se uns dos outros e uns para os outros em benefício de crianças famintas e homens moribundos... Teriam esses narizes mudado a face do mundo? A história das gentes? Ou foram só um sonho de folião, e até de certo mau gosto, porque sonhado por cima do pesadelo de sofredores? Uma generosa crueldade, uma dadivosa insinceridade — como a que fez dizer, quando se vive a salvo na Inglaterra, que há qualquer coisa de podre na Dinamarca...

De narizes cogitaram os que giraram em torno de Cleópatra: e ninguém decidiu se a protuberância da perturbadora rainha egípcia inclinava a humanidade para o determinismo ou o livre-arbítrio. (Cá por mim, no caso, fico mais pelo determinismo: o nariz da mulher nos leva mais pelo nariz, como aos ursos de feira.)

Mas instalar um nariz no próprio rosto ou modificá-lo graças aos dedos do doutor Pitanguy são formas distintas de tentar modificar um destino, os destinos. O obsceno nariz de Pinocchio (e até lhe falta uma interpretação psicanalítica) crescia quando o dono mentia. O narigão de Cyrano, homem da verdade, mantinha-se imutável. O de minha charmosa vizinha, com sua personalidade aquilina e inteligente enganchada no nariz, perdeu o encanto quando o substituíram por um dedalzinho de carne e narinas, intrometido e oferecido botão de campainha, debaixo do qual seus lábios passaram a rir à toa, tão esperançosos ficaram após a cirurgia. E no entanto a plástica lhe roubou as esperanças: metamorfoseado o nariz, metamorfosearam-se os pendores da dama. Saiu mundo afora à caça dos narizes de seus sonhos. E eu, ai de mim!, metamorfoseei-me também, perdi a esperança de sacudir entre os dedos, em escondido carinho, aquele arpão de pesca ao macho. Por que, doutor Pitanguy, transformar os belos narizes florentinos, mosaicos, em insípidos focinhos lolobrigidianos, iguais, iguais, iguais? Que Césares, que Marco Antônios, que Salomões, que Dantes farejarão essas damas reesculpidas como modelos de *jeans*, iguaizinhos, como das gueixas do Teatro Takarazuka?

Os narizes vermelhos de Londres (cidade acostumada a narizes rubros de bom gim) não tiveram a intenção de mudar a psicologia de seus portadores — a não ser a bela intenção de por meia libra salvar uma criança. Se tais narizes, comprados na rua, possuíssem a propriedade de, agarrados aos rostos, tornarem humanos seus portadores, aí sim a humanidade estaria salva. Todos, todos a bailar com narizes de afeto, a se esfregarem em beijos de esquimós, a se bicarem como bicudos, a se esborracharem como corações sangrentos de amor ao próximo, a se espatifarem como tomates de assuada.. que lindo! Voltando a Cyrano, o de Bergerac, na sua *Viagem à lua* conta que os selenitas, quando lhes nasce um filho de nariz chato, castram-no. Quem sabe aí está o primeiro passo para termos o nariz da bondade?

Estamos próximos dessa plástica, ou dessa trepanação, dessa extirpação, desse enxerto? A ciência já fabrica filhos de empolas, pernas computadorizadas, braços informáticos, corações que seguem pulsando depois da morte... Por que não chegará a essa implantação de marca-passos de bons sentimentos no centro da cara de cada um, com tal perfeição que seus donos logo remexerão os bolsos, os livros de cheque, e as pessoas se despojarão de suas jóias, de suas modas, num *strip-tease* unânime, geral, tão evidente que o menino-rei gritará, surpreso: "Os homens estão nus !" Nus sem mãos nos bolsos, porque sem bolsos! Com as mãos livres para tomarem as nossas, a nos tirarem para dançar! Ah, a felicidade dos narizes vermelhos a chorar de tão felizes, de lágrimas a pingar no ombro mais próximo corizas de amor!

Nada de contras, nada de sandinistas, nada de iraquianos, nada de aiatolás, de abrações palestinos e judeus fora do mesmo seio, nada de muros, da Lamentação ou de Berlim, nada de sentinelas, nada de mísseis, nada de guerras estrelares... E os narizes, assoados, asseados, assépticos, num só chilrear de periquitos, num só arrulhar de pombos... Vou dar o exemplo, hoje, em pleno carnaval: usarei meu nariz vermelho, máscara de ferro tornada cetim como os *marmelukeion* gregos se tornaram os *loups* das aventuras amorosas. Com esse nariz fungando os lança-perfumes promissores, partirei, mundo ao léu, a farejar as codornas dos parques, a amarrar as perdizes dos prados, a levantar as galinholas das capoeiras. Daí por diante, folião permanente, clóvis eterno da praça do vilarejo, palhaço-arlequim-pierrô, oferecerei a minha beldade: "Você me conhece?" E Narizinho Arrebitado me estenderá os dedos: "Vem!"

* * *

Existem uns versos anônimos em louvor a Granada que podem traduzir-se assim:

> *Dá-lhe uma esmola, mulher,*
> *Pois mais triste não há nada*
> *Do que a tristeza de ser*
> *Cego em Granada.*

Cego em Granada, surdo em Viena, mudo no carnaval carioca: nada disto se deve desejar ao pior inimigo. Mas Granada, jardim do Paraíso, é a razão destas linhas, resumo da glória da beleza visual e da estultice humana. Estultice a mesma a conduzir cada vencedor a destruir a presença física da genialidade do vencido, a plantar altares sucessivos uns sobre os outros — o de Javé, o de Zeus, o de Júpiter, o de Alá — como se cada crença apagasse as anteriores na memória do tempo. Num templo xintoísta, numa pirâmide egípcia ou mais, na dança ritual em torno do mais pobre fetiche ou da mais inspirada estátua, o sentimento estético devia ultrapassar a imposição da fé. Mas a fé tem sua vocação predatória. Os tiros de canhão contra a Acrópole valem tanto quanto a bomba atômica sobre os templos de Hiroxima ou sobre as catedrais de Reims ou Colônia.

O caleidoscópio de pedra do Alhambra deve ter servido de modelo para os sonetos de Góngora; nos jardins do Generalife florescem os melhores versos de quem já tentou escrever sobre flores. Essas ruínas escaparam ao furor religioso de Isabel e Fernando, os reis católicos. E ali permaneceram, rendilhados de arabescos, de árvores e ramos de água, à espera de que, passada a loucura dos homens, voltassem a existir para o pasmo dos que não são cegos.

Há uma outra cegueira: a que leva o homem a destruir a obra de arte com o mesmo ímpeto com que a erigiu. O auto-de-fé não incendeia apenas alfarrábios, cada Bíblia a suplantar cada Corão: há o auto-de-fé das torres e das imagens. Os muçulmanos, como os hebreus, rezaram sem vultos antropomórficos, que os cristãos copiaram da Ásia e da Grécia, ao mesmo tempo que reduziam o politeísmo olímpico a um céu ordeiro, de um só dono a pastorear uma família de anjos e santos. O milagre do cristianismo foi restaurar o retrato do Deus humano desde o lenço da Verônica, dando-nos a figura do Espírito.

Mas para que dizer tudo isto? Para entoar a lamentação ao redor dos muros de Granada e dos jardins do Generalife. Depois da destruição, nada se acrescentou de belo ali, nem mesmo o palácio de Carlos V. Caminhamos num castelo sem fantasmas, num jardim sem sombras verlaineanas. Afugentaram os poetas como pombos. Não há uma oração da Acrópole para Granada. O único poeta capaz de fazê-la morreu fuzilado, no sopé da cidade, de sua Granada — e se chamava Federico García Lorca. Restam as crônicas. A mais acessível, a mais espontânea é a de um par de olhos que descobriu Granada com olhar granadino e descreveu-a sem oratória, simples repórter dominado pelo assunto. Tão dominado que nunca mais se livrou dele, esse americano Washington Irving, cuja carreira de escritor, de diplomata, de homem público foi um longo desfiar de saudades das ruínas que habitou e dos jardins onde deambulou à procura de abencerrages.

Destino curioso o dos seus *Contos do Alhambra*: o sucesso transformou-os em manual turístico, vendido em várias línguas em todas as bancas de jornal da cidade. Para comprá-los, os turistas cruzam a porta da Capela Real, onde jaz o que foram Fernando e Isabel, que tiveram nas mãos todo o ouro do mundo para pulverizá-lo. Restou o escritor para contar modestamente o dia-a-dia da vanidade da glória. Vendem-se pouco os cartões-postais dos reis. Mas os contos de Washington Irving, contos verídicos ou lendas, são o manual para quem visita o mais belo dos jardins e o castelo mais povoado de sensualidade e de lágrimas. Esse ensinamento vinha, para os turistas ignaros e boquiabertos, através de um guia com reais qualidades de guia. Ele sabia apelar, para os ingleses, americanos, franceses e autóctones ao seu redor, para as qualidades do bom espectador:

— Por favor, olhem com os olhos da imaginação... Façam um esforço, como se estivessem *lendo* as histórias acontecidas aqui e *vendo-as* como numa tela de cinema a três dimensões... Não se importem com o azulejo que falta, a pedra quebrada, o arabesco descolorido... Imaginem! Procurem escutar as músicas que deviam subir do Albaicín... Procurem lembrar-se do que Washington Irving contou... Procurem morar nestes salões, respirar nestes pátios, presenciar a desgraça de Boabdil e a glória de Yussef, o príncipe derrotado que, no entanto, conseguiu terminar esta maravilha... Recordem o horror da chacina dos abencerrages... a beleza de Zoraida e Lindaxara... O fausto de Alhamar, o Vermelho... Vivam, vivam este momento, não como turistas, mas como gente que viveu aqui no Meswar e no pátio do Quarto Dourado... Sintam o cheiro de flores do pátio da Acequia... a conversa dos pombos... as sandálias machucando a pedra britada... A sala de *Los dos hermanos* e o pátio de *Los leones*... O chicote e o gargarejo dos repuxos... a língua das folhas a lamber as gotas... a geometria dos desenhos transformada em música...

O homem era um poeta. Será que os turistas o perceberam?

* * *

> *Doña Aldonza Lorenzo espúria dama*
> *De pés no esterco a revolver o arado*
> *De catre piolhento em vez de cama*
> *De mãos de urina de ordenhar o gado*
>
> *Pois se à falta de moça é boa Aldonza*
> *Lavradora de coxa bem fornida*
> *És bastante imbecil para ser sonsa*
> *E com saber para não ser sabida*

Senhora do meu sonho e pensamento
Sem lume de poesia com que gozo
Me prosterno gigante braço ao vento

Oblato ao céu meu coração ditoso
E assim musa de fétido excremento
Te sagro Dulcinéia del Toboso!

***

Fui um Cid campeador a campear pirilampos
Gongórico tenor de maus tartamudeios
Não mais que um Burlador em sozinhos receios
Miserável pastor sem ovelhas nem campos

Não fui grande d'Espanha, apenas Lazarillo
Sem nome e sem humor, a fugir da refrega
Que não me fez herói e me fez maltrapilho
Miúra em pleno pavor, matador cabra-cega

Esta não foi a mão de estátua pecadora
A arrastar-me ao amor de sujas Celestinas
Alcei sem mar nem céu minha vela impostora

Amei a Macarena em ébrio pensamento
Atirei-me em tropel a raptar Las Meninas
E me crucifiquei num moinho de vento.

***

Não é fácil sair da China para a União Soviética em 1959, não apenas por desavenças políticas e ideológicas, mas por um tremendo problema de idiomas, de quem nos fale, de quem nos ouça. Na viagem à China os vistos vêm em folhas separadas no passaporte, evidente cortesia socialista para não haver vestígios e carimbos em nossos documentos. Mas na China os passaportes desaparecem; deram-nos uns cartões com caracteres chineses de identificação, onde podiam ter escrito: "Fuzilem o portador". A burocracia soviética em Pequim se apresenta com requintes de cuidados: deve-se explicar a um funcionário diplomático chinês, se possível em russo, o que se vai fazer em Moscou. Entendido isto, e esgotado o tempo do turismo oficial em Pequim, Tayuen, Sian, Chung-King, um enorme Tupolev carrega os convidados e os despeja em Moscou. A viagem interrompe-se em Alan-Batour, onde vale a pena ver-se em contraste no tempo, ao lado do poderoso avião, uma frota de serenos camelos desfilando no róseo deserto de Gobi. As serventes do aeroporto têm bochechas quase sangrando por causa do frio. O chá é aflitivo, porque os ornamentados canecos de metal guardam vestígios de chás anteriores. Durante essa parada, digna de um filme hollywoodiano filmado no Texas, uma fila de nobres em limousines negras atraca junto à aeronave. Dela descem militares que se põem em forma, batem continência, manobram espadagões descendentes das cimitarras de Gengis Khan; e dois mongóis, de ares cearenses e uniformes festivos, sobem as escadas. Crivados de medalhas, devem ser heróis da Grande Marcha; seus gestos são prussianos, seus olhares duros como de vilões de filme em série. Entram, ocupam lugares que lhes eram destinados, a tripulação do avião os saúda, e lá vamos nós, uns quarenta, de quarenta nações diferentes. À nossa frente dois senadores, um argentino e um chileno, ambos displicentemente gaiatos, pertencem à fauna de passageiros sempre encontrados, loucos para acrescentarem diversões à diversão da viagem. Um dos senadores estendeu ao general uma cigarreira de prata e lhe disse alguma coisa como:

— Patati-patatá-patati-patatá...

Com riso afável, o sólido militar aceitou um cigarro. O outro sul-americano estendeu o isqueiro e:

— Patati-patatá-patati-patatá...

O militar agradeceu, deixou que lhe acendessem o cigarro. A mesma cena ocorreu com o segundo militar. As mesmas sílabas, as mesmas saudações risonhas. Depois, um dos senadores apontou para o deserto embaixo e indagou o mesmo *Patati-patatá*. O militar esclareceu meticulosamente, em mongólico, o que o outro queria saber. E assim durante seis horas de vôo, até que o avião desceu em Irkutsk. Os militares desapareceram, só reapareceram à hora do embarque. E sofreram a mesma conversação até Moscou. Novamente desapareceram. Dois dias depois, ao abrir-se uma porta de um dos elevadores do Hotel Ukraina, de dentro saíram os dois cearenses mongólicos, igualmente fardados. Ao me verem, bateram continência, estenderam a luva, e um deles me indagou na mais perfeita pronúncia:

— *Où sont ces deux imbéciles qui étaient à vos côté pendant notre voyage de Pequin?*

Tinham-se divertido mais do que os dois gaiatos. Onde se vê que provavelmente nos entenderam, a Alba e a mim, quando nos falávamos...

Moscou era nossa, com programa da União dos Escritores Soviéticos. Visitas à União, indagações sobre Pelé e Jorge Amado, visita à Biblioteca, onde fizeram questão de mostrar que lá eu estava catalogado, visita ao *sputnik*, ao Bolshoi, ao transporte subterrâneo com vastas decorações de pastilhas à maneira bizantina e consagradoras das vitórias bolcheviques; visita aos estabelecimentos Gum, à biblioteca; visita ao Kremlin, aos túmulos de Lenin e Stalin; visita ao cruzador *Aurora*, à Fortaleza de Pedro e Paulo; visita a diversos teatros que nos serviam para humilhar a pobreza do teatro nacional; visita ao ator Toporkov com todos os seus colegas, suas famílias, quantidades torrenciais de vodca, de saudações, e a presença de um papagaio brasileiro a tiritar de frio junto à janela entupida de neve; ida ao Stanislawsky para ver *As três irmãs,* de Tchekov, as quais, pela quantidade de vodca tomada, nos pareciam seis; visita a uma comuna onde fui vastamente osculado após uma interpretação local de *A raposa e as uvas*; visita de um importante personagem, o tio Salomon Singerman, patriarca da família Singerman que deixou em Buenos Aires quando para lá se exilou após a Revolução de 1905. E desconversas quando eu dizia, ao caro tradutor Paulo Liminik e ao intérprete Alex, que desejava visitar a irmã de Maria Oleneva. Terminado o nosso tempo de turista, com a viagem até Leningrado, uma tempestade de neve nos prendeu por dois dias. Não decolavam aviões. Com isso, impus a visita a Ana Oleneva, que se despediu de mim, ao vestir-me o capote, murmurando ao ouvido: *Merci, Monsieur...* e me deslizou um beijo no rosto. Deixa que em Leningrado, no Teatro Gorki, fui beijado por ambos os sexos, inclusive o escultor Gluckman, autor da estátua do ato V de minha peça. E Politseimako no papel de Esopo, que me aclamou quando minha mulher lhe respondeu que meu pai não era um vasto latifundiário, mas um modesto fazedor de revoluções. E lá deixei o palhaço negro brasileiro Tito Ramalho, a me dar amplos adeuses na plataforma do trem, chorando e cantando:

Implorar, só a Deus, mesmo assim ainda não fui atendido...!

— Não, não quero voltar para o Brasil. Lá eu serei mais um negro; aqui sou o único negro de Leningrado.

E eu soube, muito depois: aquele patrício tornado russo era uma espécie de anjo da guarda de todos os brasileiros surgidos em Leningrado, o mais popular dos cidadãos que, por ser palhaço e negro, entrava de graça em todos os cinemas, teatros, e era aplaudido nas ruas.

* * *

Em Praga, lá estava novamente o prestimoso amigo, professor

Vladimir Hvízdala, à beira da escada do avião. Abraços gigantescos, outros amigos ao redor, a senhora representante da Dilia, a Sociedade de Autores, o encarregado de negócios Gil de Ouro Preto. Era noite, mas houve tempo para uma cerveja Pilzen no bar do Esplanade. Lá estava sentado o mesmo gordo oficial russo, de cabeça raspada, rubro como um tomate, que me saudava com o seu espantoso riso, uma dentadura feita de uma só lâmina de aço. Hvízdala me assegurou que eu tinha direitos autorais em Praga bastantes para ir a Sófia, a Bucareste, a Varsóvia, a Berlim. E mais uma viagem: a Bratislava, e a visita a Lídice, a Kutna Hora. Quando, tempos depois, contei tudo isto em Paris a um primo rico, ele me indagou:

— Como é que você conseguiu tudo isto?

Respondi-lhe:

— Por ser pobre. De tanto ler livros, me esqueci de enriquecer. Você não acha que eu fiz bem?

Ao pôr o pé no quarto do hotel, um telefonema:

— *Aqui habla tu amigo Casona, Alejandro Casona. Vamos juntos a Bratislava. Tenemos un coche, un coche soviético. E.nos esperan para un homenaje a quince grados bajo cero. Pero nuestras actrices son guapas!*

Admirável Casona! Quem não o conheceu não sabe o que seja um *hidalgo, un quijote e un gran-señor*. Vejo-o descendo minhas escadas em Paris. Sacudiu-me a mão e desapareceu no outro mundo.

Foi uma semana de travar conhecimento com Praga, a sua *Nové Miesto* (Cidade Nova), a Velha Cidade (*Stare Miesto*), com a sua montanha por onde se ascende a todas as arquiteturas, a começar pela Ponte Carlos sobre o cantante Moldávia que parece repetir as ondas musicais de Smetana, suas estátuas barrocas, que obrigam qualquer brasileiro ilustrado a descobrir:

— Mas é Ouro Preto! É Congonhas!

De fato, o barroco tcheco é o barroco das velhas cidades mineiras; suas estátuas lembram os profetas do Aleijadinho, seus ornamentos de igrejas, seus anjos, suas volutas de portais são um mistério que os nossos estudiosos ainda não estudaram. Lembro-me de ter uma vez, em Paris, aconselhado o benemérito Rodrigo Mello Franco de Andrade, diretor do Serviço do Patrimônio Histórico e Artístico Nacional, a fazer um de seus especialistas ir à Tchecoslováquia, associando-o a um colega tcheco, ambos dominadores do latim, para conferirem juntos: foi a Tchecoslováquia e não Viena (como afirmou o douto Germain Bazin em seu livro famoso sobre a arquitetura barroca das Minas Gerais) a inspiradora do *nosso* barroco. Foi o barroco trazido nas Bíblias, nos missais, nos livros sacros editados em Praga, então centro de impressão jesuítica, que nos deram os nossos monumentos dos séculos XVII e XVIII. É possível compará-los até mesmo com os álbuns fotográficos de Karel Pkicka (*Prague in photographs*, Artia, Tchecoslováquia, 1954, com um prefácio, *Architectural Prague*, de Zdenek Wirth; *Prazsky Hrad*, do mesmo autor, Orbis, Praha, 1963; e *Slovakia*, do mesmo autor, Artia, 1959). Encontrar-se-ão na Biblioteca de Praga, na Biblioteca Judaica as figuras do nascimento dos templos de Congonhas, Mariana, Ouro Preto. A tal ponto que essa parecença entusiasmou a estudiosa brasileira Isolde Helena Brans, de Campinas, a afirmar, com audácia, poesia e conhecimento, que as estátuas de Congonhas são homenagens do Aleijadinho aos nossos inconfidentes, vestidos em hábitos medievais, ostentando inscrições latinas, tal como os profetas das Bíblias praguenses.

Da Ponte Carlos à subida que passa pela igreja românica de São Jorge (St. Jirè), até a igreja catedralícia de São Vito, todo o caminho é uma aula de arquitetura que ascende da Idade Média ao Palácio, hoje sede do Parlamento, construído para as núpcias falhadas do príncipe tcheco com a princesa espanhola, donde ser esse nobre salão um modelo de arquitetura espanhola em plena Boêmia. Para que mais se acentue essa aproximação cultural, vale a pena lembrar: foram jesuítas tchecos os portadores dos livros sagrados, impressos em Praga, para Diamantina; em Minas introduziram a veneração de St. Jan Nepomuk (São João Nepomuceno), nome batismal até hoje venerado nas populações de uma cidade mineira.

O deslumbramento pode se prolongar à famosa Vikarka (Taverna), onde se rememora a presença cotidiana do escritor Nepomuk Czech e a mesa em que ali escreveu *As aventuras do senhor Brouchka*, viagem imaginária a uma Lua onde o personagem se vê cercado de deusas mitológicas, até o momento em que o policial o desperta de seu devaneio onírico-erótico na calçada da praça: história de sabor julio-vernesco transformada por Smetana numa ópera dançada, cantada e amada num Olimpo que lembra... o Olimpo de cada um. Para fugir-se dele e partir para um céu não de poetas, mas de matemáticos astrônomos, desça-se pela Rua dos Alquimistas, da Rua do Ouro, onde na realidade viveram Tycho Brahe, Kepler, Copérnico; e lá estão ainda, em suas casas minúsculas, seus instrumentos primitivos a procurar astros, estrelas e satélites, o céu de Júpiter, o Todo Poderoso, e das nudezas pagãs do sonho do senhor Brouchka e seu pai Nepomuk Czech.

Quantas vezes visitei Praga, depois desta primeira visita, em que me deslumbrei com os zimbórios e torres douradas navegando num céu cinza ou enroladas na neve, apanhando um outro céu a proteger a Catedral de São Vito e o picadeiro hípico... E, enquanto a neve debrua o dourado dos telhados milenares, é espantosa a beleza branca e vermelha do Salão Espanhol, as abóbadas dos tetos medievais, a estátua de São Jorge e os jardins da rainha Ana... "Como é bom passear!", exclamou para mim uma vez Guimarães Rosa... E essa exclamação me soava tanto nas margens do lago da Imperatriz Viúva, em Pequim, no seu navio de mármore onde sonhava o sonho impossível de comprar uma esquadra na Alemanha para combater os ingleses do ópio... Ou na varanda do hotel de Chung-King, vendo ao longe, como desenhos chineses, os barcos de cinqüenta remos a deslizar no rio devorado pelo poente... Agora, nesta Praga, na Velha Cidade no alto da colina Vitkov, por entre as fachadas espanadas pelas árvores verde-cinzas sacudidas ao vento, ouvir o nascimento das ondas do Moldávia... E apontar, já com perícia de cicerone: ali, naquela pequena casa, talvez ainda seja possível ver entrar Mozart quando *Don Giovanni* alcançou em Praga o sucesso que lhe foi negado em Viena; ou contemplar-se a janela do ministério do Exterior de onde Jan Masaryk se atirou — ou foi "defenestrado", para se usar a expressão criada depois de lançados duma janela do Castelo de Hradcany os líderes protestantes, incidente iniciador da Guerra dos Trinta Anos, em 1618. Jan Masaryk, vítima do golpe comunista de 1948, é venerado como herói nacional. Sobre esse episódio, a escritora e musicóloga americana Marcia Davenport escreveu um livro comovente, que começa quando acompanhou Masaryk a Praga, por amor ao estadista e pelo desejo de pesquisar a vida de Mozart. O professor Vladimir Hvízdala me conta a história de sua cidade, enquanto passeamos por Nové Miesto, me confessa seus estudos filológicos na chamada "Escola de Praga" a que pertence; e me diz que, recusando-se a aceitá-la, os soviéticos, ora ocupantes do país, não têm em boa conta esses estudos, que atacam como Lisenko "inventou um marxismo biológico".

Depois de ocupar o posto de adido cultural do Brasil em Paris, visitei meu amigo umas dez vezes, e por várias vezes vi nossa *A raposa e as uvas* nos teatros da Tchecoslováquia. Possuo fotos de centenas de Esopos tchecos, eslovacos, dezenas de cenários buscando reproduzir os do grande Svoboda que dominou todo o teatro europeu com a magia de suas concepções, a começar pela ópera do senhor Brouchka e de Czech-Smetana.

Mas prefiro convidar o leitor a seguir as resumidas notas destas minhas singulares viagens pelos países socialistas. E ninguém se esqueça de deixar uma lágrima em Lídice.

* * *

No aeroporto de Sófia esperava-me um personagem búlgaro-argentino, amplo de gestos e cabeleira, que em vinte minutos nos deixou no Hotel Balkan, num quarto tão florido de crisântemos que Alba e eu nos sentimos cabotinamente ilustres. Gheorgiu voltaria mais tarde, depois que descansássemos. Não havia descanso algum, e já nos esperava o meu tradutor búlgaro, Angel Ivanov, dono de uma peculiaridade: além do búlgaro, falava o russo e o alemão, e era, de profissão, comentarista de futebol. Abraçou-me

como se abraçasse Pelé, única palavra brasileira que sabia. E, no bar do hotel, ficamos ambos rindo um para o outro migalhas de vocabulário:
— *Zigarrete?*
— *Ja.*
— *Foyer?*
— *Da, da, da* — e balançava de um lado para o outro a cabeça. E logo aprendi que se diz "sim" balançando negativamente a cabeça, e dizendo "*da, da, da*"; e "não" sacudindo a cabeça de alto a baixo, e dizendo "*nyet, nyet, nyet*". Ficamos por ali, fumando cigarros cordialmente experimentados, rindo, e provando o infalível café turco, embora o balcão do bar ostentasse uma soberba máquina italiana de café expresso com festivas decorações multicores, à maneira de bordado húngaro. Mais tarde vim a saber: os húngaros fabricavam e exportavam essas máquinas, em troca de produtos locais; mas como os búlgaros gostam do café turco — pó, água e açúcar misturados num mesmo bulezinho — as máquinas de café serviam apenas como decoração. A explicação me foi dada pelo professor Hvízdala, em minha segunda viagem; na primeira, Praga ostentava cartazes terríveis: um burguês pançudo, charuto na boca, espetado pelo sabre da carabina de um heróico soldado, tudo sob a legenda "Abaixo o capitalismo". Da segunda vez, Fidel Castro e Novotny tinham caído nos braços um do outro; nos cartazes, o burguês pançudo desaparecera e o bravo soldado fumava um puro charuto cubano. A economia socialista tem dessas coisas: na China, a preciosa seda chinesa exporta-se para vestir as burguesas de Paris; da União Soviética, o caviar seguia para as mesas do Hotel Ritz.

O camarada Ivanov fez sinal de que tinha uma idéia: foi ao telefone do bar, falou, voltou, sorrindo da própria idéia e espalmando a mão para que eu esperasse. O tempo de um novo café turco, desta vez acompanhado de um cálice de aguardente.
— *Slivovich?*, perguntei.
— *Nyet. Slivova.*

Meu vocabulário se enriquecia. Alba apenas tocou o cálice com o lábio. E nada de cigarro. Pela porta do bar entrou uma menininha de seus doze anos, linda e rosada como só as búlgaras sabem ser. Ivanov apresentou-a:
— *Maria. Meine doughter*, esforçou-se no que acreditava ser inglês.

Maria tinha imensos olhos azuis, uns lábios como desenhados e tintos de rosa; a face quase da cor das roseiras da Bulgária, o gosto búlgaro das cores vivas do vestuário, uns sapatos de couro inteiriço, chamados *chope*, porque são da região de Sófia. Veríamos esses coloridos de linhas paralelas, vermelhas e azuis, e aqueles sapatos pesados nas roupas dos camponeses *chope*, cobertos por um casacão branco e um cinturão vermelho. Assim eu os via passar junto à janela do bar, até que a massa humana afastou-se para deixar marchar um batalhão de soldados com ares de personagens do *Taras Bulba*. Mas o que me pareceu extremamente inesperado era a maneira de cantar, a quatro vozes, em quarto de tom, milagrosa herança da música turca, de que se encontram vestígios imitativos nas *marchas* turcas de Mozart e Beethoven. Senti-me logo encantado por esse coral militar em quarto de tom, um efeito natural dos búlgaros em suas vozes e buscando quartos de tom em violinos e instrumentos de percussão típicos. Mas ainda me encantava mais o sorriso da menina Maria, a me estender a mão com firmeza e a me falar em perfeito francês. Angel Ivanov tinha uma sugestão que merecia obediência: visitar o ator Konstantin Kissimov, o grande intérprete de *Ezop*. Só então notei, na rua, a profusão de cartazes anunciando *Ezop*, e adivinhei pelos caracteres cirílicos, bastante próximos do meu aprendizado grego, que lá estava o meu nome e afirmada a minha presença. Graças aos rudimentos de grego antigo e graças aos bispos Metódio e Cirilo, que os adaptaram ao búlgaro, eu podia decifrar alguma coisa do noticiário dos jornais. Fomos ao apartamento de Kissimov e sua encantadora esposa, Ludmilla, já incorporada à família turística. Kissimov queria mostrar-me o que considerava a glória de sua carreira: enorme quadro de quase dois metros de altura, o *Ezop* no alto da rocha Hiampéia, no momento de atirar-se, dando um viva à liberdade, no suicídio final em que o escravo frígio bradava: *Aprendei que sois livre, canalha! Todo homem está pronto para ganhar a liberdade!* E lançava sobre a multidão a taça de ouro que o acusavam de ter furtado do templo de Apolo. Nas versões russas de Moscou e Leningrado, os intérpretes apenas lançavam a taça de ouro fora do palco; na encenação búlgara, o ator surgia no alto da rocha, bradava para a multidão, a ela lançava a taça e sobre ela se atirava, enquanto um coro feminino, vestido de clâmides gregas, desatava um hino glorioso a esmagar as vozes do povo invisível. O efeito era extraordinário. Eu ainda não o tinha visto, mas acompanhei a peça depois de ver o retrato de Kissimov no papel de *Ezop*. O teatro inteiro se iluminava violentamente, como a súbita aparição de um sol por detrás das montanhas; e uma nuvem cobria tudo num adeus apoteótico. Palavra, fiquei emocionado. E mais ainda com a ovação, os gritos para que o autor subisse à cena. Empurraram-me, aclamaram-me quando um holofote me incendiou, e os atores me estenderam as mãos para uma curvatura de saudação. E aí aconteceu o mais assustador: Kissimov, de olhar afogueado, revolta barba nazarena e mendiga, me tomou pelas orelhas, puxou-me para si, deu-me um beijo na boca. E assim um a um, todos os atores, e por último o escravo etíope, papel mudo interpretado por um ator seminu, lambuzado de fuligem preta. E o escravo, brutal atleta, chamou-me a si, beijou-me na boca e seu tórax me cobriu de tinta negra. Gargalhada geral, o beijo da liberdade, mil olhos lacrimejantes me olhavam, mil mãos me aplaudiam. E Alba sussurrou: "Cuidado! Você acaba gostando!" O beijo de dois homens, na Bulgária e em quase todos os países eslavos, é pública manifestação de apreço, que sofri com dignidade nacional em Sófia, na Comuna Luz Vermelha, no final das oratórias. Ficou-me para sempre na lembrança o cheiro de coalhada e tabaco turco de todos esses grandes fumantes de cachimbos acesos como brasas e de bigodeira hirsuta com odor vacum. Acostumei-me, e Alba assegurava que, ao fim de certo tempo, eu já vinha de beiço pronto e ofertante; mas isto só quando se tratava de atrizes, sempre generosas na arte do calor humano e maternal. Fui mais beijado do que qualquer general francês ao receber a *accolade*; e não me venham dizer que os generais franceses sejam menos viris que os russos, búlgaros e tchecos, eslovacos e polacos. Posso assegurar, leitor: a tradição de tais beijos se limita aos varões; as minhas atrizes, lindas, maquiadas como santas de vitrais bizantinos, apenas me estendiam a mão para o meu casto beijo; mas isto se devia provavelmente à presença de minha esposa.

No *atelier* do ilustre pintor Dmitar Ponaiatov esperavam-me três Kissimovs no papel de Ezop sobre a rocha Hiampéia; e fui convidado a escolher um deles. Os outros destinavam-se ao próprio Teatro Popular de Sófia e ao Museu dos Teatros. Lá estão; guardo o meu na Biblioteca Popular da Uni-Rio. Por pura vaidade. Não poderia ter na minha exígua parede, no meu apartamento, um fantasmão solene, de barbas ao vento, pronto a atirar-se dos céus olímpicos ao mar de Teseu. Seria muito para minha vaidade. Mas suficiente quando a menina Maria me chamou de *tanya*, tio. E lhe perguntei:

— Que é que mais você gostaria de fazer, Maria?

Seus olhos de pedra preciosa brilharam:

— Viajar, ver o mundo. Ver o mundo fora da Bulgária. Ninguém pode sair daqui...

— Pode, sim, Maria. Um dia você encontrará o Príncipe Encantado que levará você a viajar.

Lembrei-me de um francês *pied-noir* que conheci nos Alexander Bat, em meu primeiro pouso em Copenhague. Era banhista, massagista na sua Argélia; apaixonou-se por uma sereia de Andersen, foi com ela para a Dinamarca. E com ela e os amigos adquiriu o hábito de freqüentarem os restaurantes do parque Tivoli, onde se ouvem mil músicas e se tomam as melhores cervejas, Tuborg e Carlsberg. E passeiam nas grutas do parque. E nessas grutas, assim me contou o argelino, a dinamarquesa se perdia com os atléticos amigos.

— *Et voilà, Monsieur: je suis le seul cocu de Copenhague.*

A BALA PERDIDA

E depois da sauna e da massagem, onde me apontou para um dos bancos dos banhistas e me disse:

— O rei costuma vir aqui; e é ali que toma sua sauna.

Imaginei: tal cena seria impossível no Brasil — um rei ou um presidente tomando seu banho na sauna dos plebeus... Igual pensamento já tinha tido quando, durante a guerra, em Recife, o famoso almirante Ingram entrou na barbearia do Grande Hotel, sentou-se, e o fígaro pernambucano o barbeou a capricho. Pagou e saiu, sem passar à frente de nenhum soldado, e sem que ninguém lhe tivesse feito um pedido. Bateu continência e o pernambucano chamou:

— *Next!*

Mas voltemos a Maria, seu segundo marido, o filho. Vivem bem em Copenhague, foram a Paris me visitar, voltaram ao Rio para ver Pelé. Maria me deu uma punhalada no coração quando me mandou um cabograma: *Papa est mort.* E me lembrei de quando meu tradutor e repórter de futebol me levou a ver um jogo internacional em Sófia. Um frio de cão, a multidão a mastigar nervosamente caroços de abóbora torrados, que são as pipocas de lá. No fim do jogo, como sou compatriota de Pelé, os repórteres vieram pedir minhas impressões. Disse-lhes as maiores asneiras de leigo; no dia seguinte um dos jornais bradou furiosa manchete: *Figueiredo não gostou da nossa seleção!*

O grande Kissimov faleceu, Ludmilla mandou-me a notícia. Lembro-me do grande ator a contar-me, entusiasmado, as suas glórias teatrais, os grandes clássicos; e os contava no seu francês menor:

— *Vous savez, cher Monsieur, j'ai fait une oeuvre qui s'apellait Caralíer!*

Difícil adivinhar que se tratava do *Rei Lear.*

Nessa primeira viagem a Sófia, me dei ao luxo de comprar um traje *chope,* inteiro, magnífico. Vesti-o para esperar a visita de meu amigo Sacha Mitikoff. Sacha ficou ainda mais impressionado com a visita de Maria.

Fui três vezes à Bulgária. Da última vez integrando a missão diplomática do embaixador João Dantas, encarregada de reatar relações do Brasil com os países do Leste europeu. Ficamos no castelo imperial, transformado em Casa de Hóspedes Oficiais. A missão não dispunha de fundos suficientes para oferecer uma recepção aos amigos que nos acolheram. Perguntei a Angel Ivanov quanto eu tinha em *levas* de direito autoral. Uma montanha de dinheiro em moeda búlgara incambiável. Com isto ofereci a tal recepção: diplomatas, artistas, músicos, tudo puxado a culinária búlgara, *slivova* e champanha da Criméia. Anos depois lá voltei, para ver Jorge Amado receber a condecoração Dmitroff. E, a convite de um dos mais impressionantes artistas búlgaros, Itzaak Finski, que contava estórias enquanto tocava seu violino, fui a um clube ignorado da polícia. Era no porão de um teatro.

Depois, Itzaak Finski esteve no Brasil, tocou no violino de Sacha Mitikoff, doado à Biblioteca da Uni-Rio por Guerra Peixe.

Chamei Aloísio Alencar Pinto para o piano, e com Finski improvisaram como se fossem um duo profissional há muito tempo treinado.

* * *

De Sófia a Bucareste vai-se em uma hora. E tem-se a impressão de haver chegado a um pedaço de Paris. Apenas triste, com vestígios de abandono dentro do Hotel Athenée Palace. Receberam-me três tradutores: o casal Laserson e o autor Radu Miron. E uma jovem intérprete, Felitzia Chitsu, com cedilha no "s", risonha, alegre como uma parente recuperada, que nos fez conhecer a música de George Enesco, o violino de Ion Voicu, a orquestra de Barbu Lautaru, o som suicida da *doina* e o despertar esfuziante da *hora*. E a leitura clandestina de Ionesco e o teatro de Ian Caragiale. Felitzia levou-nos ao Museu da Aldeia, às galerias de pintura, e à *consignatzia*, estabelecimento estatal onde só há vendas a estrangeiros. E havia um anel, exposto na vitrina, para os populares pasmarem. E pasmaram quando a mulher do dramaturgo decidiu-se a pagar quinhentos dólares pela jóia. Uma fortuna. A multidão aglomerou-se para assistir à transação. Enquanto isto o casal Laserson a um canto se confessou judeu, perseguido, esperançoso de sair para Israel. Parece que havia transações caras, mas ainda era mais caro o medo de mostrar desejo de sair. Havia uma comissão parisiense, encarregada de obter vistos, mas tudo inatingível. E cuidado com Radu Miron, dizia: sabidamente espião... Levei uma carta dos Laserson a Paris, sem resultado.

Esperava-me a mais ilustre dama do teatro romeno, Lucia Sturza-Bulandra, espécie de imperatriz das artes cênicas, com soberbo ar de *Folle de Chaillot*. Com um longo vestido negro, rendas na gola, um camafeu no pescoço e uma bengala com a qual apontava para cada interlocutor que desejasse falar — como num velho teatro de freiras. Para esse pequeno auditório, seleto e profissional, tive de lorotear sobre teatro brasileiro e meus intérpretes falaram sobre teatro romeno. Em seguida, havia uma visita obrigatória ao estabelecimento da famosa doutora Ana Aslan, que fazia prodígios de rejuvenescimento. Ganhei injeções, outras tantas para meus pais, meus parentes, e me senti um tanto milagroso, pelo menos um tanto esperançoso de milagres.

Voltei a Bucareste anos depois. Integrava então a missão diplomática. Toda a missão instalou-se na Casa de Hóspedes Oficiais, antigo palácio do Rei Carol e da famosa Madame Lupescu. De tanto receber publicações romenas, revistas, romances, poesia, da acolhida que no Rio me fez o embaixador romeno, de artigos sobre a Romênia, minha nova visita mereceu carinho especial. Levaram-me a Constança, a Tomi da antigüidade, onde morreu Ovídio a chorar de saudades, a escrever as *Epistolae*, as *Tristes*, e a ver passar, segundo a imaginação do romancista Vintila Hora, uns maltrapilhos que iam a pé, da Palestina à Cidade dos Césares, a jurar a vinda de um novo Deus para salvar os Homens, e eram os Evangelistas a contar a vida, paixão, morte e a agradecer-me a homenagem que lhes prestara. Despedime, comovido. O embaixador me pediu que redigisse um discurso em francês. No final acrescentei em português um "Viva a Romênia", que o nosso embaixador bradou com ênfase e arrancou aplausos. Um dos diplomatas romenos felicitou-me por ter incluído no discurso uma frase latina. Expliquei-lhe: não, em latim seria "Vivat Romania!" Ele me corrigiu:

— Se o senhor quisesse fazer a saudação em romeno deveria dizer *Traiasca Rumanía!*, coisa puramente turca.

A língua romena tem destas arapucas: de repente vira português, de repente vira turco. O Aurélio Buarque de Holanda e o professor Ático Villas-Boas da Mota, que por lá andaram, voltaram carregados de pasmo. Com uma pequena gramática e um pequeno dicionário, descobre-se que o romeno é um encanto; os romenos juram possuir uma palavra para exprimir *saudade*. Chama-se *dor*. Tudo perigoso: em matéria de carinho, uma expressão romena diz o desejo de acariciar a amada com a suavidade com que se afaga a bunda dum bebezinho. Assim: *ti vuol smerdá*.

Ti vuol smerdá... Jamais me imaginaria a dizer estas palavras à mais bela das romenas dos meus elencos teatrais, que Radu Miron levou para almoçarmos no Hotel Plaza Athenée. Era a minha terceira viagem a Bucareste, aproveitando uma brecha de tempo num Congresso de Direito Autoral realizado em Praga, e no qual representei a Sociedade Brasileira de Autores Teatrais. O pessoal da SBAT, Joraci Camargo, Daniel Rocha, Geysa Bôscoli e respectivas senhoras tinham voado diretamente à Romênia. Eu saí de Paris, praticamente do Hôpital de la Cité Universitaire, e prometera a Carlos Perry, meu convidado, levá-lo do Sena ao Moldávia, para encantar nosso paisagista com essas capitais floridas. Eu sofrera um choque anafilático, pela imprudência de tomar uma dose de uísque com o embaixador Olavo Bilac Pinto e Jean-Louis Barrault. Este recém-chegado visitava o nosso embaixador para convencê-lo a receber festivamente o Teatro da

Universidade Católica de São Paulo, que ganhara um prêmio no Festival de Nancy com a peça *Morte e vida severina*, texto poético de João Cabral de Melo Neto e música do jovem Chico Buarque de Holanda. Bilac, antes da chegada de Barrault, mostrava-se alarmado:

— Uma peça comunista!

E eu tratava de convencê-lo de que o poeta acadêmico não tinha nada de comunista, era diplomata, e o compositor um quase adolescente, filho de meu amigo, o historiador e sociólogo Sérgio Buarque de Holanda. Bilac não se deixava convencer. A repercussão dessa acolhida oficial poderia prejudicar seu sonho mais acalentado e mais íntimo: de ser o futuro presidente da República, em sucessão ao marechal Castelo Branco. Dizia-se que fora mandado para Paris a fim de salvaguardar-se até a ocasião do lançamento de sua candidatura; outros diziam que o marechal o enviara para Paris porque Bilac, presidente da Câmara dos Deputados, votara pela cassação de seus colegas e por eles era mal visto. De qualquer modo, uma infeliz substituição do embaixador Antônio Mendes Vianna, caído em desgraça por amor. Surgiu Barrault, velho camarada, e Bilac não sabia desse pormenor: expliquei que a peça nada tinha de comunista, era um texto sobre a fome no Nordeste. Bilac encantava-se com Barrault mas julgava-o "um tanto avançado". Sugeri: a peça seria levada no Théâtre de l'Odéon, sob os auspícios de Barrault, e depois dela haveria uma recepção, no próprio *foyer* do Teatro, com o *champagne* e os salgadinhos discretamente pagos pela embaixada. Acordo acertado, já eu ia pelo terceiro uísque, depois de ter ingerido uma pílula adelgaçante. Parti para a Maison du Brésil, onde o jovem pianista José Leal daria um concerto. À hora dos aplausos, quem disse que eu podia me levantar? Acudiram médicos: na Maison du Brésil uma boa dezena de médicos brasileiros como bolsistas. Um perigo tantos médicos! Eu conhecia o meu Molière e seu *Malade Imaginaire*... Afinal aparecia um médico francês do hospital, o Docteur Trick, sábio de experiência humana. Examinou-me, receitou um repouso. Era realmente do que eu precisava. E me perguntou:

— O senhor fuma?

— Já fumei, deixei há algum tempo.

— Sua mulher fuma?

— Nunca fumou. Detesta o fumo.

— Vou lhe dar um conselho: não tenho nada que ver com sua vida conjugal, mas nunca beije uma mulher que fuma.

— ?

— A vontade de fumar é mais terrível que a vontade de amar. Uma mulher que fuma contamina o homem. O homem fuma uma mulher que fuma. A mulher fumante acaba sendo o vício.

Sábio cidadão! Foi com este conselho que parti para Praga, de automóvel, levando comigo meu amigo Carlos Perry. Delícia de viagem, almoço em Nancy, diante das grades douradas de Jean l'Amour e das deliciosas *bouchées à la reine,* brioches recheados de queijo Camembert, invenção da rainha, esposa do rei Nicolas Letzinsky, sogra de Luís XIV quando o rei da França lhe deu a bela cidade de Nancy para que a rainha destronada brincasse de rainha. E partimos, pela *route du vin,* para Colmar, em visita ao *Cristo,* de Mathias Grünewald, à *Tentação de Santo Antônio,* de Bruegel, às obras-primas de Memling, rumamos para Munique, onde nos esperava o braciaberto ministro Mário Calábria, que nos entupiu com um café matinal abundante como um convescote. Entre Munique e Praga, em estradas já bucólicas, mergulhadas em altas árvores, e onde os pastores tangem manadas de gansos difíceis de transpor, pois são donos das vias públicas, uma coisa rara: um casal americano nos pede carona, onde só existem alpinistas de saias curtas e de *alpenstocks* como viajantes de canções de Schubert. Subiram no carro, começaram a conversar, nos descobriram brasileiros, e o marido, Mister Smith, perguntou se conhecíamos um Smith que dirigia a Metro Goldwyn Mayer do Brasil e era seu primo. Razão para apresentá-lo à cerveja de Pilzen.

Carlos Perry ficou visitando Praga mas eu preparei com a Constança render uma homenagem ao poeta Ovídio, que o seu César condenara ao exílio e à imortalidade. Depois o vice-ministro do cinema e diretor da revista *Secolul 20,* Mircea Gheorghi, levou-nos num pequeno avião oficial, a mim e a Agostinho Olavo, à cidade de Timishoara que, por ter uma população composta de romenos, alemães, russos e croatas, mantinha em seu teatro oficial quatro elencos, todos representando a mesma peça em seu idioma; assim pude conhecer meus quatro elencos, convocados pela prefeita, tudo seguido de um baile na Prefeitura, com direito a valsas, polcas e desesperantes *pirinitzas* que acabaram com a respeitável velhice de minha Lucia Sturza-Bulandra, cujo retrato mostrei em meu apartamento ao casal Eugène Ionesco, e Madame Ionesco esbravejou:

— Detesto essa mulher!

De Timishoara voltamos sãos e salvos, saudosos dos vinhos, dos frutos e das danças. Clandestinamente pude visitar nossa amiga Felitzia, que me ensinou: que eu tomasse o carro oficial, desse a direção do ministério da Educação, mandasse esperar no pátio interno, escapulisse por uma porta lateral, caminhasse até sua casa, modesto edifício de apartamentos onde morava num só quarto, com a velha mãe. Quarto forrado de tapetes, de alto a baixo, por causa do frio. Falava-se baixo, para que os vizinhos nada percebessem. A pobre queria ter o prazer de uma visita, coisa que não lhe acontecia havia anos. Pediu-me retratos de minha mulher, de meus filhos, sonhou que eu poderia ajudá-la a sair do país. Impossível, eu já prometera tentar alguma coisa para o casal Laserson, e de fato eles conseguiram, com o filho, sair para o Rio, "por serem parentes de Pedro Bloch" — e rumaram de Paris para Tel-Aviv. Preveniram-me de que eu tivesse cuidado com Radu Miron, "espião comunista" e meu tradutor. Numa noite, na Casa de Hóspedes, recebi a visita de um cônsul sul-americano: queria me apresentar a alguém. Saí do palácio abaixado dentro de seu carro, entramos por uma rua escura, coberta de árvores; ele me conduziu a uma casa modesta, onde havia vestígios de certo conforto: nas paredes, marcas das molduras de quadros retirados. O velho, que me recebeu com gentileza, nada me pediu; apenas que eu acreditasse no que me dizia: *Je ne suis pas communiste*. Era poeta, considerado o maior poeta comunista da Romênia, chamava-se Tudor Argezi, deu-me um livro de seus poemas, porque eu incluíra um verso seu num discurso do embaixador. Uma vez mais voltei a Bucareste, onde devia me esperar Jorge Maia. Recado: Jorge Maia e esposa estavam em Atenas, punham a Legação e seus serviços à minha disposição. Hospedar-se em embaixadas e legações já é uma prebenda, que muda planos de turismo; fazê-lo em país socialista, uma complicação, porque os amigos desaparecem, tementes de visitar território inimigo. Fiquei preso em Bucareste, Radu Miron me convenceu a comprar um tapete exposto numa *consignatzia*, pago em dólares americanos. Tolice: o tapete, obra de mais de cem anos, custava quinhentos dólares, mas só podia sair da Romênia na bagagem de algum diplomata de volta ao país de origem, o que não era o meu caso. O afegão ficou na delegação, ornando-a, à espera de algum diplomata gentil. Dois anos depois, o diplomata Marcos Coimbra substituiu Jorge Maia. O sogro de Marcos Coimbra, senador Arnon de Melo, comprou vinte tapetes romenos atuais, que podiam ser despachados, mas pagariam uma fortuna na alfândega brasileira. Entre os tapetes vinha o meu afegão, que podia ser desembaraçado por seu amigo, não com os demais. Arnon surgiu para me pedir que eu o ajudasse. Respondi-lhe que não fazia contrabando. Dois anos depois, a senhora Leda Collor de Melo me mandou entregar o meu tapete. Conseguira a liberação dos seus. Assim se vive...

Desta viagem só me resultou uma surpresa: meu tradutor, Radu Miron, depois de me revelar que os Laserson tinham conseguido sair, graças a mim, pediu-me que eu intercedesse: queria ir para Israel. E eu o julgava, como me preveniram, um espião! Nada disto: apenas mais um judeu, que jurara: "No ano que vem, em Jerusalém". Radu Miron é autor de uma proeza: montou, na cidade de Craiova, minha peça *Maria da Ponte*, história de preconceito racial no Brasil entre brancos e negros.

— Mas aqui na Romênia não há negros!

— Mas há o preconceito entre romenos dácios, romenos turcos, romenos alemães, romenos da Transilvânia! Afinal, meu caro, o conde Drácula, cujo castelo em Cluj você visitou, não era romeno, era russo, graças a Deus!

É curioso como nesses países oficialmente ateus dão graças a Deus e vários homens se chamam Cristo.

* * *

Em Roma, parada de vinte e quatro horas para se tomar o avião búlgaro para Tirana; o embaixador Hugo Gouthier, na sua majestosa embaixada — um milagre para o Brasil, pelo qual o milagreiro iria tanto sofrer — nos mostrou seus domínios, a todos os componentes da missão João Dantas. No próprio quarto cedido a Dantas, abriu pastas, mostrou documentos, páginas e páginas de telegramas em código e decodificados. E nos convenceu: fizera um negócio limpo, útil para o país, e por isso estava sendo vilmente atacado. Na manhã seguinte partimos para Tirana, cidade de aspecto sergipano, cercada de uma paisagem nordestina com montanhas de neve ao fundo. Por isso o país se chama Esquiperia, Terra das Águias. Naquelas montanhas foram inventadas as guerrilhas milenares que tornaram os aguerridos albaneses o único povo sempre independente, num território nunca ocupado. Uma fila de personalidades nos esperava, à beira do avião. Todos vestidos de jaquetão azul-marinho, gravatas pérola, chuteiras pardas de futebol. Acompanharam-nos ao hotel, iam deixar-nos à vontade por uma hora, voltariam para o almoço. Tinham ido devolver os trajes de cerimônia ao almoxarifado do ministério de Exteriores. Só um deles falava francês, o ministro Misko Tresca, felizardo que representava o país na Unesco. Os outros falavam, a contragosto, umas nesgas de italiano, idioma inimigo, língua do odiado Mussolini. Pena, porque, iríamos ver, adoravam ópera. O italiano operístico de João Dantas foi bastante útil. Fiquei no mesmo quarto de Pedro Braga, com uma enorme janela de vidro tendo à frente uma varanda onde enormes pássaros negros, galinhões de tremendo bico amarelo, nos olhavam com insistente mirada provocativa. Súbito, Agostinho Olavo, secretário do embaixador, bateu à porta:

— Todos ao quarto do embaixador! Alguma coisa de terrível aconteceu.

Precipitamo-nos. Em mangas de camisa, o embaixador esbravejou.

— Vamos sair daqui imediatamente! Estamos sendo espionados! Os nossos códigos foram furtados!

No chão, uma de suas malas, aberta. De dentro dela saíam várias folhas escritas em código, outras em tradução.

— Fomos utilizados para trazermos os códigos em nossas próprias malas! Está terminada a missão, vou comunicar imediatamente ao Brasil. Preparem-se para voltar!

Consternação, espanto, desapontamento. Olhávamos os códigos espalhados pelo chão, entre as roupas. Agostinho Olavo falou, pasmo:

— João, não é nada disso! O Hugo Gouthier pôs em cima de sua mala as pastas que mostrou a você. Depois, você fechou a mala, a papelada veio aí dentro!

Alívio geral, telegrama codificado a Hugo Gouthier, para que não se preocupasse. Os albaneses nos esperavam, no andar térreo. Descemos. Todos estavam em mangas de camisa.

— Aqui o uniforme é este, no verão.

Ah, podíamos tirar nossos casacos solenes. E tomar primeiro *Arak*, espécie de *Richard*, cor de pasta de dente, liquefeito, gelado, vestígio árabe em todo o Mediterrâneo, sorvete de menta e álcool que, ao terceiro copo, nos deixa a paisagem oscilante ao redor. Os albaneses se puseram à mesa, com ímpeto. Puderam logo confirmar que o país rompera relações com todos os irmãos socialistas, menos a China, e isto por tibieza dos iugoslavos, dos croatas, dos macedônios, dos miseráveis traidores gregos, dos complacentes soviéticos, todos sofismando as lições de Marx e Engels... Ninguém queria socializar o mundo, todos estavam tratando de seus negócios!

Eu tinha comprado um pequeno vocabulário, para espiar um pouco da língua. Fiquei logo sabendo que homem é *burro*, amarelo é *verde*, mulher é *grua*. E comíamos com alegria uns ovos estrelados com arroz e uma carne caprina. Contavam-nos, meio em italiano, meio em francês: os albaneses são pobres, não estão à mercê de inimigos graças às montanhas que desafiaram Alexandre, o Grande. A palavra Albânia é uma invenção latina, porque os soldados albaneses admitidos como sentinelas dos reis da Grécia usavam uniformes brancos de saias alvas, meias alvas, blusas alvas, e não se mostravam muito à vontade na conversa embora reconhecessem possuir o mar turístico mais sedutor do mundo, sempre ameaçado pelos estrangeiros.

Aproximou-se da mesa um albanês mais jovem, com algum desembaraço, que indagou se nos podia fazer uma pergunta. Claro que sim! A pergunta veio para ser traduzida para o francês e, em seguida, para o português:

— Algum dos senhores será parente de um certo autor brasileiro chamado Figueiredo?

Acusei-me.

— Parente?

— Sou eu mesmo.

O almoço terminou às pressas, o albanês me espiando com incredulidade. Sim, era eu mesmo. Um carro me levou ao teatro, com o utilíssimo Misco Treska. Fui abraçado à italiana, vastamente, espalmadamente, fizeram-me assistir ao ensaio, onde havia umas lambiscadas de atitudes que imaginei serem macedônias. Não, não poderia ficar para a estréia, uma pena! E me olhavam como uma súbita aparição. E surgiu um jornalista, incapaz de falar qualquer língua praticável, e um fotógrafo que me arrumou e desarrumou no grupo de onde queria uma foto. No dia seguinte, novo ensaio, novo absinto, novos ovos. Juntou gente na porta do teatro. O meu ego cabriolava como uma criança.

* * *

Varsóvia à tarde já estava envolta numa névoa enorme, viúva, dentro da qual o avião mergulhou e mostrou o aeroporto a uns vinte metros do chão. É impressionante como, depois de um certo número de viagens, os aeroportos se parecem, com os mesmos espaços divididos, apenas um entrelaçado de sílabas indecifráveis, dentro das quais se agitam vultos semelhantes, assexuados pela escuridão e pelo nosso nervosismo do desembarque. Porque há um nervosismo: o de cada passageiro em se livrar imediatamente do avião, por mais que ame voar. Ícaro foi vítima de uma dessas sensações. O homem voa mas está louco para livrar-se das asas. Para isto existem os chicletes, as gentis aeromoças, as revistas de bordo, e até o desconhecido sentado ao nosso lado. Enfim, terra. Terra firme. De dentro da nuvem dessa terra uma voz chama em português, ou melhor, em mineiro. Eu conheço esta voz!, murmurei para mim mesmo. E ousei informar Alba: "Conheço esta voz".

Para espanto meu tratava-se de um brasileiro chamado Orlando Silva, filho de um dono de circo em Minas Gerais, vagamente comunista, quase analfabeto, que aparecera, guiado por Tomás Santa Rosa, nosso diretor:

queria matricular-se no curso de teatro, para seguir melhor a profissão do pai. Santa Rosa, apiedado, pediu-me que o examinasse. Em cinco minutos disse a Santa Rosa que ele não estava em condições de fazer o curso. Santa Rosa, apiedado pelo palhacinho desejoso de ser promovido na profissão, aceitou-o, pediu-me que amaciasse para o novo aluno as aulas de teatro grego. O jovem nada sabia de Grécia, nada sabia de gramática, mal soletrava, e me fazia lembrar a história do jogador de pôquer tentando ensinar um neófito e começando pelo princípio: "São cinqüenta e duas cartas, quatro naipes, você tira algumas cartas de cada naipe, junta um curinga, alguém distribui as cartas, você apanha cinco e o jogo começa. Entendeu?" Orlando Silva, com suas indagações mineiras ("Uai?"), suas exclamações ("Uai!"), suas afirmações ("Uai."), era um aluno inatingível e o confessou: "Fessor, eu só sei cambalhota e voar no trapézio..." Santa Rosa convenceu-o a desistir. Mas havia uma oferta de aprendizado teatral oferecida pelo governo da Polônia e Orlando Silva lá se foi, sem ao menos saber quem era o famoso cantor Orlando Silva, seu xará. E o conselheiro da Embaixada, Amaury Bier, contratou-o para serviços menores enquanto o jovem aprendia teatro polonês. Aprender teatro polonês é tarefa simples para quem não sabe teatro algum. E Orlando Silva, que mal falava um português regional e analfabeto, partiu do nada para o polonês. Donde tiro uma conclusão pedagógica medonha: é mais fácil ensinar polonês, um dos idiomas mais difíceis, do que civilizar o português aprendido em sua terra. Orlando Silva, no aeroporto de Varsóvia, comandava o desembaraço de nossas malas, de nossos passaportes, a chamada do motorista polonês, tudo com uma desenvoltura e uma segurança que jamais Zbigniew Ziembinsky teria no Brasil. E ria, ria, ria alegre para o seu ex-professor, ria gentil para Alba, ria em polonês para o motorista, e nos levou direto ao Hotel Orbis, e foi logo ali explicando que era o hotel ilustre onde se hospedava o ilustre Jan Paderewsky, que por ser um dos maiores pianistas do mundo os poloneses elegeram presidente da República. País heróico, país feliz! Sofredor, dilacerado sob o jugo imperial russo, pelo jugo soviético, elevara à presidência da república um patriota pianista, em vez de algum boçal especialista em salvar a pátria! E, por milagre de seus professores, transformou um analfabeto mineiro num especialista em civilização polonesa, como nenhum jesuíta conseguira transformar um silvícola brasileiro em leitor de Camões!

Orlando Silva, a quem chamávamos "A voz do Brasil", sabia de tudo. Amaury Bier, fino diplomata, estava, ele próprio, surpreendido; e o nosso embaixador, Nelson Tabajara, e sua esposa portuguesa de origem chinesa nos emprestavam Orlando Silva para nos mostrar: o enorme arranha-céu do ministério da Cultura, presente da União Soviética, a praça onde os judeus foram dizimados dentro de uma circunferência de metralhadoras em motocicletas cavalgadas por heróis nazistas, o teatro onde o jovem Ziembinsky representara o papel de Chopin, o teatro onde se representou o amor de Madame Hanska pelo pobre escrevinhador Balzac...

Uma intérprete oficial, encantadora dama polonesa como só elas o sabem ser, sobretudo se falam francês e recitam Verlaine, também nos guiava. Levou-me à presença de Jan Parandowsky, o presidente do PEN Club da Polônia, esperançoso de ganhar o Prêmio Nobel — se eu pudesse dar uma palavrinha a respeito; o carismático escritor infantil Jan Brzeschwa, que reunia três mil crianças no auditório do Palácio da Cultura e lhes contava, sob o maior e mais interessado silêncio, os seus contos infantis que comoviam sempre sua esposa Janina e a Senhora Potocka, tradutora de *A raposa e as uvas*, e que beijei no palco antes mesmo dos excelentes atores... E me levou à Catedral, repleta de povo na missa dominical, e lutou para que chegássemos perto do escrínio numa coluna, onde se guardava o coração de Chopin, diante do qual os poloneses se enchiam de lágrimas de fé, de orgulho e de patriotismo... Quando lhe contei que tinha estado em Lídice, a pequena cidade esmagada, com todos os seus habitantes, pelas tropas alemães, que a acusavam de ter escondido um pára-quedista, levou-nos em silêncio ao *ghetto* de Varsóvia, onde Hitler procedeu ao maior pogrom de judeus de toda a sua história...

— O crime de Lídice foi muito menor que este...

Numa apresentação do folclore polonês, de encantar olhos e ouvidos, o diabo do Orlando Silva já podia traduzir mais ou menos o que se cantava, as mazurcas, as *polonaises*, as polcas, as cracovianas, os bailes telúricos que inspiraram Chopin e Wieniawsky. E toda essa sabatina já me permitia conversar com o mais bem informado homem de teatro que conheci, o doutor Adam Tarn, diretor da revista *Diálogo*, verdadeira enciclopédia mundial da arte cênica. E eu só tinha mais dois dias na Polônia, devia visitar o Conjunto Majowsce, sede e museu da arte folclórica musical da Polônia, juntamente com o Conjunto Slansk. Para o primeiro, com sua coleção de bonecos de trajes típicos de todo o mundo, e onde faltávamos, pude mandar um par de baianas autênticas e mais um dançarino de frevo. Irritava-me nunca ninguém ter tido a idéia de nos fazer representar nesses museus da cultura... Diante desses conjuntos passaram muitos e muitos diplomatas, visitantes ilustres, compositores, intérpretes, e ninguém lhes mandara algum recado de saudade e ternura... Adam Tarn me falava de minha *Raposa* como se a tivesse caçado.

A casa em que nasceu Chopin e ali viveu até o fim da adolescência, quando partiu para conquistar o mundo, estava diante de nós, num dia cinzento, frio, úmido, um dia de melancolia chopiniana. De longe ouvia-se a sua música, tocada em seu primeiro piano por umas alunas visitantes, vindas de Dublin. Paramos debaixo dos salgueiros chorosos para ouvir. Havia alguém lá dentro. Quando atravessamos a porta, a música tinha cessado. Uma moldagem da mão de Chopin jazia dentro de um escrínio. Perto, o seu berço. Uma friagem arrepiava os salgueiros. E não sei por que me lembrei de uma frase da antologia de Fausto Barreto e Carlos de Laet, onde estudei: "Um célebre poeta polaco, descrevendo em magníficos versos uma floresta de seu país..." Só eu, nos tempos de colégio, tive curiosidade de saber quem era o célebre poeta polaco: Adam Iswaskiewich. Sem querer murmurei o nome do poeta e creio que a senhora intérprete me ouviu: sua voz por entre o frio dos salgueiros me disse estas palavras:

— Sabe? Os jornais de hoje anunciam a morte de um compositor brasileiro, Villa-Lobos. O senhor o conheceu?

Villa-Lobos, o chopiniano Villa-Lobos tinha passado perto de mim; aquele vento era um irônico adeus, como era uma irônica homenagem quando, em seu aniversário, em casa de Jaime de Barros, em Nova York, com Olga Praguer Coelho, Andrés Segovia, o Quarteto Juilliard, Leonard Bernstein, Ernesto Guerra da Cal, pediram ao aniversariante que fosse ao piano; e Villa-Lobos se levantou, sentou-se meio de lado, à moda dos pianeiros americanos, e começou um improviso sobre a cantiga de ninar *Vem cá, Bitu*, e me olhava de esguelha, rindo, e rindo colocou o charuto em cima de uma tecla do precioso Steinway, e toda a assistência ficou em suspenso enquanto ele improvisava, suave, suave, como uma grande criança se lembrando da infância; e enquanto tocava e ria a brasa do charuto avançava, e o susto geral misturou-se à música, e eu pensava e outros pensavam "Se ele agora der um acorde..."; e a brasa avançava, a fumaça erguia-se reta e redonda no ar, e a *Vem cá, Bitu* chamava alguém, cada vez mais rendilhada e suave, e as mãos de Villa-Lobos iam e vinham até junto do charuto e a brasa ia ferir o marfim do teclado, e Villa-Lobos bateu o dedo mínimo no charuto e a brasa desabou no soalho; era a nota final e Villa-Lobos sorrindo de lado e com seu ar de velho fauno levou o charuto à boca no silêncio geral e chupou a fumaça com encanto, e nós acordávamos em aplausos... Parecia que um fantasma de adeus roçava meus ombros e me abraçava, e ninguém entendeu por que comecei a chorar por entre os chorões lacrimosos, balançando, a dar adeus a Villa-Lobos.

* * *

Murilo Miranda, então vereador, tinha rasgos generosos, gostava de admirar, e por isso propôs um título de cidadão carioca honorário ao alemão Werner Hammer. No Rio, em plena guerra, quando se cruzavam todos os ódios aos alemães, tinha fundado um Deutsche Kammerspiel, teatro de câmera alemão, para manter nos espíritos a idéia de que a Alemanha não eram as botas de Hitler mas o teatro de Goethe. Votaram a homenagem. A guerra tinha acabado; Werner Hammer, exilado político no Brasil, achou que já era tempo de voltar à pátria e sofrer com ela. E na cidade de Rostock, esmagada pelos bombardeios ingleses e alemães, integrou-se no Volkstheater Rostock, onde dirigiu a versão alemã de *A raposa e as uvas*, feita pela exilada alemã Margot Feder, cujo marido era associado aos empreendimentos de Augusto Frederico Schmidt. A peça, publicada pela Henschelverlag, começava a ser procurada pelas duas Alemanhas; a editora, com o rigor exemplar característico dos alemães, mandava-me as comunicações sobre meus direitos autorais, e me perguntava o que devia fazer com eles depois de proibida a remessa de quaisquer importâncias da Alemanha Oriental para qualquer parte do mundo.

* * *

Que sabia eu de Rostock, quando para lá viajei de automóvel, obtido pela Henschelverlag, em companhia de Alba e do excelente e novo amigo Ottmar Grubert? Da estrada cinzenta, envolta pela neve, nada vi da cidade renascida após os bombardeios ingleses e americanos, o porto hanseático esmagado, os restos de navios. Vi somente uma torre de igreja gótica, Santa Maria, São Pedro, São Nicolau, onde me disseram que ali fora sepultado o corpo de um dos maiores homens que a humanidade já produziu, Hugo Grotius, o holandês internacional, fundador dos princípios do Mar Livre, criador do Direito Internacional no seu *De iure belli ac pacis*? Teriam os bombardeios preservado o túmulo do maior dos holandeses, debaixo daquela torre que eu mal distinguia? Depois me disseram que os despojos de Hugo Grotius tinham sido levados para sua cidade, Delft. No meio da neve, o carro estacou onde algumas figuras nos esperavam, esmagadas em capotes, grossos *cache-cols*, peludos chapéus. *Herr* Werner Hammer avançou e o abracei com veemência, apertei a mão enluvada de *Herr Chiefdramaturg* Hans Anselm Perten, sólido e fumegante de sopro frio, e outros que me agasalhavam de calor humano. Levaram nossa bagagem para o hotel, porque não haveria delongas; o teatro estava cheio, a função ia começar, esperava-se a presença do autor. O Volkstheater Rostock era o orgulho novo da cidade, ali se prolongava a tradição do teatro alemão, de Goethe a

Schiller e Hauptmann; ali estava a famosa companhia oficial de Dresde, que representara o *Don Carlos* de Schiller, e esperava o autor brasileiro para festejá-lo na Prefeitura local após o espetáculo. Hans Anselm Perten perguntava a Alba o que mais desejaria para depois do espetáculo. Minha mulher, por gentileza, disse que gostaria de provar uma *apfelstrudel*. Sua vontade ia ser feita: mamãe Perten era uma exímia cozinheira de *apfelstrudels*. O pano se abriu, a peça começou, com veemência germânica, a platéia interrompia as tiradas de Esopo para aplaudir. Após a ovação final, os agradecimentos com os atores, pedi a Werner Hammer que comunicasse que eu trazia o título de cidadão carioca para o fundador do Kammerspiel do Rio de Janeiro. O diploma estava comigo, num canudo elegante; numa caixa de veludo, o colar azul e branco, ornado com os golfinhos dourados, símbolos da Cidade do Rio. O pobre e aflito Werner Hammer teve que traduzir, frase por frase, o que eu dizia: o elogio que eu lhe fazia, a mensagem de gratidão que eu lhe transmitia. Depois, como um soldado emocionado, disse suas próprias palavras e teve a bondade de traduzi-las para o casal visitante. O *Chiefdramaturg* convidou os presentes para o seguirem ao outro lado da praça, onde estava a Prefeitura iluminada. Nela já tinham chegado os atores de Dresde cobertos de neve, logo após *Der Fuchs und die Trauben*. Sob o frio brutal, Werner Hammer não se encapotou: queria que todos vissem o colar de seda carioca; e empunhava o canudo como um espadagão. Música? Imediatamente uma fanfarra explodiu enquanto os convidados se sentavam à mesa. Vinhos, branco, tinto, e altos canecões de cerveja. Começamos a mastigar, começaram a valsar. O autor imediatamente valsou com a atriz que girava a todo ímpeto; e Alba com o *Chiefdramaturg*, depois com Perten, com os atores, com os galantes convidados, todos já enfunados de cervejas e vinhos. A fanfarra clangorou, atacou o *Tico-tico no fubá*; e o casal visitante mais Ottmar Grubret lançaram-se a valsar, um bando de tico-ticos, e no meio deles o carioca Werner Hammer mostrava-se o melhor sambista. Um cuca branco com ar de felicidade trazia numa bandeja, como um vasto peixe de quase dois metros, a *apfelstrudel*, que provamos o quanto pudemos, enquanto eu tentava dançar com a vovó. Os álcoois e as tortas sumiam, os convidados se retiravam, deviam ser umas duas da manhã. Levaram-nos ao Hotel, de enorme quarto ligado a um banheiro solene, com banheira metálica de patas de leão e torneira enorme como um volante de automóvel. As múltiplas cervejas, as fatias de *apfelstrudel* faziam suas exigências, mas havia apenas sala de banho. Abri a porta do corredor, por onde entrou uma lufada de uns quinze graus abaixo de zero. Longe, ao fundo, um letreiro iluminado anunciava: *Herren*. Como chegar até lá? Não tirei as meias de lã, vesti o pijama de lã, o *sweater* de lã, o capote de lã, as luvas de lã, enrolei-me no cachecol de lã, meti na cabeça o *passe montagne* de lã por cima das orelhas, e marchei por aquele passadiço sibérico, rezando para que a longínqua porta não estivesse fechada. Não. Mas era uma geladeira, estreita, onde mal cabia um homem vestido. E eu, como um esquimó, tive de fazer todas as manobras para levantar a barra do capote, baixar calças e ceroulas, sentar-me no gelo que me esperava, fazer o que devia, usar o papel sem tirar as luvas, erguer-me de chapéu e cachecol, voltar ao quarto, enquanto gotas de suor venciam o frio. Mal tive tempo de deitar-me, a campainha soou. O carro estava pronto para voltarmos a Berlim.

— Podiam mandar buscar as malas?
— Por favor, uns dez minutos.

Em dez minutos estávamos à porta da noite negra do hotel, sete da manhã, o carro fumegava, o *Chiefdramaturg* tivera a bondade de trazer o que restava da *apfelstrudel* da mamãe, um embrulho do tamanho de outra mala; Werner Hammer ostentava ainda as insígnias de cidadão carioca, o colar, o canudo, e nos abraçamos como se eu fosse partir para a guerra, e choravam porque nas minhas palavras eu deixava em Rostock o meu coração como o de Hugo Grotius. As neves de Macklemburgo, o céu cinza de Schleig Olstein, o sono invencível, as luzes mornas que de vez em quando passavam até podermos ver o contorno da estação de Alexander Platz e a luz acolhedora do Hotel Adler. Havia ainda tempo para visitar o estádio olímpico onde Hitler perdeu para o negro Jesse James, e o cabaré das águas bailantes, onde cada mesa ostentava um telefone com um número; e ver a Stalinallee afogada em escombros da guerra; e tivemos licença para passar pelo arco de Macklemburgo e visitar a Kürfürsterdam com seus carros Mercedes, suas mulheres envoltas em peles caríssimas, suas vitrinas chamejantes de modas, jóias e perfumes, seus galãs de filmes da velha UFA e suas deusas serpenteantes como Marlene Dietrich. Um acinte à pobreza da Alemanha Oriental, um zoológico para invejas, espionagens e fugas. Senti cada vez mais, mais do que em Nova York, que eu pertencia ao lado dos pobres, dos mais pobres, os meus pobres brasileiros que a guerra poupou mas que sofrem a tremenda pobreza sem ela, a perpétua pobreza da paz. Adeus, Berlim, vamos para Praga, com um gostinho atrevido de glória no canto do lábio e uma tremenda vergonha da condição humana. Em Praga, lá estava meu amigo Hvízdala, a quem jurei que voltava; na outra ponta do caminho de ferro, sete horas depois, Amílcar Dutra de Menezes, Neném e Ana Maria nos esperavam, na estação, cada um com uma rosa na mão.

* * *

Sugeri à Henschelverlag que os meus direitos me fossem pagos em livros, livros de arte que me seriam mandados por portador, quando possível, ou pela nossa Legação em Berlim. É preciso aqui deixar meus agradecimentos, e os da Biblioteca Pública da Universidade do Rio de Janeiro, aos amigos que se prestaram a fazer as consecutivas remessas de livros de arte editados pela Henschelverlag; graças a Ottmar Grubert, da Henschelverlag, aos hoje embaixadores aposentados Mário Calábria e Vasco Mariz, tais volumes foram enviados à minha casa. E cabe-me também lamentar o descaso de todos os nossos governos no cumprimento internacional da proteção aos direitos autorais dos escritores e artistas brasileiros, que são fontes de renda para o Brasil. Em toda a minha vida de intelectual jamais encontrei um só apoio oficial, seja do Itamaraty, seja do ministério da Fazenda, um só interesse honesto pelo problema da garantia dos direitos autorais de brasileiros, explorados por intermediários, agentes sem escrúpulos e entidades que, embora dizendo-se representantes da Sociedade Brasileira de Autores Teatrais, nunca protegeram os seus representados. Fui e sou expoliado por intermediários estrangeiros e por políticos nacionais que se arvoram, no Legislativo, em protetores dos criadores nacionais de arte. Viajei e viajo quase sempre à custa do meu trabalho, graças a entidades que protegem, tanto quanto possível, o que eu escrevo e o que eu autorizo a traduzir. Tivemos na presidência da república um político sedizente escritor, membro da Academia Brasileira de Letras, protetor de seus amigos, financiador, com dinheiros públicos, de edições de autores brasileiros, e usuário do título de escritor, que não lhe pertence. Outros obtiveram de vários governos nomeações para representar o Brasil em organizações de onde esperaram, em vão, obter vantagens; o Prêmio Nobel, a divulgação de obras, a venda de exemplares de artes plásticas, a esperança de penetrarem no mundo da música séria. Só um homem público brasileiro deu sincero apoio a um jovem artista brasileiro: o homem público era o imperador Dom Pedro II; o adolescente chamava-se Carlos Gomes. Acrescente-se que a nossa fauna política nada vale porque não preza as artes: não compra um quadro, não freqüenta noites de autógrafos, não tem paciência para ouvir em silêncio um concerto, e jamais compra uma entrada.

Nada de Viena, um beijo a todos e dormir até a manhã seguinte, nos colchões de plumas do hotel diante da Stefankirch, o céu vermelho de reflexos de anúncios por cima do Danúbio Azul, não azul, escuro, feio. Amílcar punha à nossa disposição Viena numa bandeja. Que desejam comer? Salsichas com cerveja, à beira do rio? Tortas sedutoras de princesas, no Sacher? A truta do Zimmerkeller, com o quinteto musical tocando para nós o *Quinteto da truta*, na mesa onde Schubert compôs? Os alemães da

Alemanha Oriental não gostaram quando dissemos que queríamos ver Potsdam e Weimar mas admitiram apenas as *Walkirias*, na Ópera de Berlim, com operários de calças de zuarte e grossas blusas, e turistas ingleses de *smoking*. Almoço com Raul Bopp, nosso embaixador. Contei que passara a manhã percorrendo as agências teatrais, implorando dois lugares para *O rapto do serralho*, regência de Herbert von Karajan.

— Impossível! Meu caro senhor, as entradas estão todas vendidas nas agências de Nova York, há um ano!

Mas, quando voltamos ao hotel, um cartão de Bopp nos esperava com duas entradas no camarote presidencial, antigo imperial, que a república reserva para homenagear os diplomatas estrangeiros... Disparamos. Tinha de ser *smoking* — levado a conselho de Hugo Gouthier: *Leve sempre um smoking*. E foi um deslumbramento mais do que inesperado, nunca esperado; uma ópera extraterrena, um conto de fadas onde as pessoas flutuam no palco e ao redor de todos, um milagre permanente do anjo Mozart... à nossa espera. Amílcar:

— Há quanto tempo você não toma um uísque?

Uns três meses ou mais. Levou-nos à sua casa, um andar de um *hôtel particulier*, um sonho de moradia.

— O uísque. Agora, conte!

Ninguém sabia por onde começar. Desengrolei a aventura, como podia, ao impulso das emoções, das surpresas, de poder ou não gaguejar, tomar fôlego. As damas no sofá. Nós dois no tapete, de pernas cruzadas, como dois árabes, e falando quase ao mesmo tempo, crianças num recreio. Súbito me disse:

— Chegou há dias uma carta para você, vou buscá-la.

Saiu remexendo o gelo do uísque com o dedo, como era seu hábito. Voltou com a carta, era do compadre Paulo Barrabás. Dizia-me simplesmente que desejava notícias, e desejava mandar notícias, não a que tinha para mandar: "Levamos ontem ao cemitério o nosso amigo Evandro Pequeno..." Não precisava dizer mais para doer. Estendi a carta a Amílcar que a tresleu, leu a dor nos meus olhos.

— Vocês precisam de uma alegria! Vamos comigo, venham!

Levou-nos à boate mais famosa do mundo de *strip-tease*.

— Isto distrai...

Generoso amigo, queria substituir meu sofrimento por qualquer outro susto, canalha que fosse... O garçom o conhecia, sentamo-nos— meus amigos, eu com Alba, a filha do casal — para ver *strip-tease*.

— Você vai ver, isto é arte!

Como num picadeiro irrompeu no salão um cavalo branco, um lipizano fugido talvez da famosa Escola Espanhola; sentada no cavalo, as duas pernas para o mesmo lado, uma Lady Godiva, autêntica, loura, rindo vitoriosa para todos os Pepping Toms; e, com a mesma bravura com que entrou pelas cortinas, galopou e por ali saiu. E logo surgiu uma dama, vestida *au complet*, que se sentou num banco do bar, o garçom serviu-a, surgiu por um lado um cavalheiro vestido de pintor, laço enorme na gravata, paleta e pincel na mão; e, à medida que a dama do bar se despia, lentamente, numa elegância de balé até encontrar cada pose, cada pose cada vez mais nua, o cavalheiro, diante do cavalete de pintura, pintava-a em traços rápidos, arrancava a folha de papel e a atirava para um dos espectadores. Os gestos eram um balé, e não era fingimento: ela se despia e ele traçava rapidamente cada nu artístico tão pecaminosamente que me afligiu ver aquele número de palco, e o uísque da mesa ajudou a apagar tudo...

— Você está dormindo? Está cansado? Não se dorme num espetáculo destes!

A minha tristeza, diante daquela alegria provocada, como atiçada a uma matilha, me fez fechar os olhos. "Está cansado..." Alba concordou que eu estava cansado. Deixaram-nos no hotel:

— Que mau gosto, disse-lhe eu, submeter-nos a esse vexame... Será que se pode apagar assim a tristeza pela morte de um amigo?

No dia seguinte quis visitar uma das muitas casas onde morou Beethoven. Alba e eu. E a lembrança de Evandro Pequeno ouvindo e tocando Beethoven no violoncelo. Depois fomos ver pintura. Lembrei-me de que Mário Dias Costa levava à nossa casa um gravador suíço, preciosidade que ninguém tinha no Brasil.

— Falta uma peça, simples, que você certamente encontrará na Áustria, porque o aparelho é do vizinho, é suíço.

Andamos a tarde inteira. Ninguém tinha a pequena peça, ninguém conhecia ainda os gravadores, enormes como caixotes. Talvez em Paris...

* * *

Mais uma revisão na tradução de *Tartufo* me leva ao elogio da preguiça, a ser o oposto de Victor Hugo, num poeminha que também traduzi, e o bocejo: "Ah, que preguiça!"... do *Macunaíma*, herói sem nenhum caráter, de Mario de Andrade. Mario não cogitou que o pecado da preguiça elimina todos os demais... O quadrúmano que tem esse nome é um talento da fauna do *dolce far niente*. A preguiça irá para o céu.

É o descanso que Ascenso Ferreira simbolizou nos versos: "Pernas para o ar, que ninguém é de ferro."

Coitada da preguiça: animal brasileiríssimo, nem era conhecido de Molière quando resumiu na sua obra-prima, o *Tartufo*, os vícios que a alma humana é capaz de conter. *Tartufo*, a mais terrível obra teatral que já se escreveu até hoje, põe num só personagem a ira, a gula, a luxúria, a avareza, a inveja, a soberba... e a preguiça. No entanto, bastaria raciocinar com lógica: a santa preguiça elimina e impede todos os outros pecados.

Tartufo, ao devorar o considerável almoço, narrado pela empregada Dorina, para depois ir dormir um sono em cândida moleza, nada teria de demoníaco ao olhar o soberbo decote da pobre moça: sua preguiça não o levaria à luxúria. Não se mostra avarento como o Harpagão, pois vai à porta da igreja "para distribuir esmolas aos mendigos". Se dominado pela preguiça, não usaria a ira para denunciar ao rei o pecado de Orgonte, de esconder documentos de uma conspiração. Contemplando o fausto de seu bondoso anfitrião, da esposa Elmira e dos perdulários filhos, jamais se vestiu de trajes nobres e elegantes. A princípio, usou uma surrada batina, e Molière, para evitar nesses andrajos uma ofensa à igreja, vestiu-o de trapos rotos, de que não inveja o próximo. Ao ser acusado pelo filho da dona da casa de hipócrita e cobiçador de mulher do próximo, humildemente pediu que o pai perdoasse o afoito e destrambelhado Damis.

Homem de hábitos morigerados, madrugador para ir à missa, amigo do confessionário, homem em busca de ser santo e ir para o céu, condenava, como a sogra de Orgonte, a vida de bailes e folias que levava aquela família desregrada, de pai bocó.

Que papel faria em tudo isso a preguiça, se ele a cultivasse? Ousaria avançar para os joelhos e as pernas de dona Elmira, e lançar-lhe no rosto a mais hábil cantada que o teatro conhece? Ousaria dizer-lhe: "Nunca existe pecado ao pecar-se em silêncio"? E, para justificar seus apetites, exclamaria: "Meu coração não é de pedra, dona Elmira!"? Nem cultivaria o bom gosto das coisas terrenas ao tentar boliná-la, exclamando: "Mas como fazem bem hoje em dia os bordados!" Amador do vinho, da boa mesa, da farta soneca após o almoço, olho vivo nas prendas das donas de casa de Orgonte, invejoso do hospitaleiro marido de tão atraente dama, afoito nos bens do anfitrião, dedo-duro diante do rei, acompanhante que empobrece o amigo, usando a religião em proveito próprio, tenaz, vingativo, mentiroso e audacioso, que faria de tantos pecados se não lhe faltasse a preguiça, se gozasse da preguiça e com ela procurasse apenas um ócio com dignidade? Ao rol das canalhices resumidas em *Tartufo* para acusar os pecados capitais, Molière devia ter incluído neles, carregando na dose da tremenda sátira, dois pecados ausentes da lista da Sociedade do Santo Sacramento para vingar-se do comediógrafo: a burrice e a hipocrisia. Tartufo não é hipócrita, é sincero na safadeza.

A burrice de Molière foi crer que arrebentaria a copa-e-cozinha real retratando-a numa simples comédia. A mesma burrice de Aristófanes ao zombar do Arconte; a burrice de Maquiavel ao tentar lançar o Príncipe contra a Igreja. Molière cometeu a burrice de zombar dos médicos, dos avarentos, das mulheres falastronas, dos pobres-diabos macaqueadores da alta sociedade, dos importunos. E, claro, a hipocrisia do autor ao querer fazer de Tartufo um impostor, e não modestamente um hipócrita, ou seja, um *hipocrités*, isto é, um "escondido da crítica".

Mas o *Tartufo* de Molière estremeceu meio mundo não-preguiçoso: peça lançada em 1664, remendada para satisfazer seus perseguidores, recitada clandestinamente como se vê na célebre gravura em que o autor a declara no salão seleto de Ninon de Lenclos, por incrível que pareça ela só surge no Rio de Janeiro, no Teatro Municipal, e em francês, em 4 de julho de 1914, enquanto que o *Burguês fidalgo* já se adaptava como *O saloio cidadão* em 1729. Imaginem onde? Em Cuiabá, isto é, menos de um século após a criação de Monsieur Jourdain. As preferências e as datas provam que precisamos mais de criticar os tolos do que os espertalhões. Ninguém, desde 1729 à data de hoje, zombou da preguiça nacional como zombou dos sabidos.

O herói "sem nenhum caráter", podem afirmar os sociólogos de fancaria, talvez tivesse vindo nas caravelas de Cabral. Talvez tivesse aproveitado as preguiçosas calmarias do Atlântico para arribar por estas plagas. Dizem alguns que, se Cabral fosse menos dado às ociosas calmarias, teria saído do Tejo, navegando para o Norte, para o Golfo de Biscaia, teria chegado ao Passo de Calais, teria entrado Sena adentro — e descobrindo Paris, seríamos todos hoje parienses — e nossos antepassados, mais de século e meio após, estariam no teatro de Molière, livres da preguiça legislativa, executiva, judiciária, a preguiça suave de Macunaíma. Estariam assim mais atentos às safadezas de Tartufo. Mas, segundo os intérpretes ferinos, Cabral foi o primeiro a preferir a sombra e a água fresca das terras brasilienses.

* * *

Se o leitor é dado às letras, e teve a gentil pachorra de chegar até este ponto da trajetória da bala perdida, há de ter notado que deambulam nestas páginas sombras queridas, vivas e idas, que me povoam o coração e a saudade. Posso dizer: sem elas, estas memórias nada seriam. Talvez um filme gasto e mudo, cemitério vazio e sem gente, sem flores, sem santos e didascálias de mármore. Um filme enrolado dentro de mim mesmo. Exibido aos olhos do leitor não teria efeito de retrato e evocação. Nada estaria escondido por detrás da "cortina de palavras" de que fala Maria José de Queiroz ao analisar o mistério oculto nas memórias. Tomar-me-iam por um memoriado amnésico e injusto.

Mario de Andrade, por exemplo, meu guru e eterna saudade enquanto eu andar vivo, não ganhou capítulo especial. Retratei-o no início de nossa amizade, precisamente na *Lição do guru* e, dada a lição que construiu a minha estética, o amigo Mario se desvaneceu. Tenho os originais de suas cartas; tenho um retrato seu, desenho a nanquim que pedi a Bruno Giorgi no dia mesmo da morte do nosso amigo, para ilustrar o suplemento literário do *Diário de Notícias*, onde o substituí como crítico e onde dirigia a própria página dominical. Nela estão seu retrato, sua última crônica, sobre *Traduções*, e o meu lamento de adeus. Bruno Giorgi, amigo de meu pão e de meu vinho, surgiu um dia à porta com um embrulho que, intrigado, me parecia uma jaca ou melancia enrolada num jornal. Não: uma preciosidade, a cabeça de Mario em terracota, original cujos bronzes pousavam um em São Paulo, em frente à Biblioteca Municipal, outro no gramado do Russell, no Rio de Janeiro. Bronzes com história amarga. O de São Paulo desaparecera. O do Rio, numa madrugada, fugia no braço de um ladrão que, surpreendido pelo prefeito Sette Câmara, jogou na relva o objeto do furto. O motorista da vigilante autoridade mandou guardar num depósito das coisas municipais achadas e perdidas. O destino apagou da lembrança a cabeça de Mario; a política apagou da prefeitura o prefeito. Anos depois, valendo-me do primo Diogo de Figueiredo Moreira, secretário de Estado do novo governo, fiz com ele uma busca minuciosa por todos os almoxarifados e cafofos do município e do Estado. Nada. Provavelmente, a cabeça brônzea teria sido derretida por algum velhaco, na sórdida certeza de que tais cabeças nada contêm por dentro ou por fora. Correram anos. E sendo secretário da Educação e Cultura Darcy Ribeiro, a cabeça veio à tona, não sei onde, e passou a morar no próprio gabinete. Quanto à de São Paulo, só sei que foi achada. Da minha, fiz fundir uma cópia de bronze que se encontra no jardim da Universidade, precisamente no Espaço Mario de Andrade. Assim, de tal modo convive Mario de Andrade comigo desde que Fernando Mendes de Almeida me apresentou seu chefe; depois em trocas de cartas, visitas no Rio e em São Paulo; nos sapatinhos e na roupinha que dona Nhanhã, mãe de Mario, crochetou para meu filho recém-nascido Luiz Carlos, e nas obras que leio e releio, na permanente recordação de nossas conversas... Mario de Andrade está presente em todas as páginas deste volume; e em suas obras, em suas cartas reunidas por tantos amigos, em suas multiformes pesquisas. Sempre presente. Junto a mim, com elas, estão as sombras de Fernando Mendes de Almeida, de Paulo Duarte, como de Heitor Villa-Lobos, de Francisco Mignone, de Antonieta Rudge, de Menotti del Picchia, de Manuel Bandeira, de Carlos Drummond de Andrade, de Guiomar Novaes, de Magdalena Tagliaferro, de Camargo Guarnieri, de Rossine Camargo Guarnieri, santo Deus! Como sou rico... Bruno Giorgi, os músicos, os poetas, os debatedores de todos os assuntos que me beatificaram na *felicidade de opinar*, no segredo da liberdade e da democracia.

Haveria aqui um capítulo para Evandro Pequeno, diluído em quanto espírito pode ser guardado, coleção de amores perfeitos, nestas páginas... O seu mundo sinfônico e caleidoscópico era o que fornecia, grátis, a sua farta literatura de ingleses, de russos, de gregos e latinos, o seu anedotário que intitulara "as dostoievskianas" e "as cearenses", antologia da alma humana, prolongamento de Teofrasto e de La Bruyère. Pena que não tivesse encontrado neste diabólico mundo de Deus o meu amigo Sílvio Lustosa, engenheiro de quilométricos passeios no calçadão e córregos de chope nos seus bares, a falar de Wagner, de Salzburgo e de todo o pitoresco das famílias e embaixadas de Santa Teresa.

Era dessas amizades a falar sobre música e saber ouvi-la em silêncio, e de ter comigo esse silêncio a dois que entrelaça os pensamentos. Sílvio amava o bom vinho, a boa cozinha, e isto são aspectos de amor à vida que vamos cultivando até que as dores e o médico nos castigam pouco a pouco. Mas Sílvio Lustosa, desses amigos mais velhos que de repente se retiram de cena, possuía uma outra sabedoria prática, adquirida profissionalmente nas grandes capitais do mundo: era um técnico em caminhos subterrâneos, conhecia dos mais antigos aos mais novos metrôs e *subways* do mundo. E trouxe esses conhecimentos para a construção do metrô do Rio, sonho socializante que a morte lhe interrompeu. Participei desse sonho como do seu conhecimento d'*O crepúsculo dos deuses*; como participei de sua admiração por um amigo, o engenheiro Marsillac, que, atingido por uma bala inimiga, continuou atuante, curioso da vida vivente, sábio de números e paisagens. E nos parecia, a Sílvio Lustosa e a mim, o exemplo de uma coragem humana diante do infortúnio, a mesma coragem diante da existência ou inexistência de Deus. Ao contemplar comigo a fila humana, cabisbaixa, faminta e suarenta a se enfiar pelos vagões da Central do Brasil, eu lhe exclamei :

— Meu Deus, como os pobres são pobres!

E ele concordou: o Deus existente desdenhava da pobreza de suas criaturas.

Falávamos sobre a construção da ponte Rio-Niterói, em conclusão. Eu lhe disse que talvez pudesse obter uma licença para dar um passeio a pé sobre a ponte, antes de sua inauguração oficial. Era uma prova da nossa energia de andarilhos de Copacabana. Falei com o coronel Guedes, construtor da ponte. Ele consentiu. Mas a notícia dessa aventura "vazou", como se diz hoje. Éramos quatro: Sílvio, Stella Walcacer, nossa amiga e minha secretária, o coronel-médico Geraldo Maldonado, professor de nutrição, e eu, humilde professor de História do Teatro. Quando o coronel Guedes me mandou perguntar quantos seríamos, surgiram no calçadão quase uns cem candidatos. O coronel tornou imponente nossa caminhada: colocou uma lancha para nos apanhar na estação de embarque da Urca e nos transportar ao canteiro de obras, onde havia um anfiteatro considerável para debates e explicações técnicas para engenheiros e operários. Deu-nos, de mapas projetados em câmera cinematográfica e vareta expositiva em punho, uma aula sobre a sonhada obra de arte de cariocas e niteroienses: razões da escolha de seus locais de construção, motivo de sua curva, de seus pilares, do erguimento de sua pista sobre dunas submarinas até chegar à altura de setenta metros, onde o vão permitisse a passagem de grandes navios, o seu piso de aço e cimento armado. E terminou:

— Há uma Kombi com água e um médico à disposição dos senhores, à retaguarda do grupo de participantes. Cubram suas cabeças. A ponte está à disposição dos senhores.

Éramos uns cem, bastante peripatéticos sexagenários, algumas senhoras e algumas jovens. Plantei-me ao lado de Sílvio, para policiar sua energia. O mesmo pensou ele a meu respeito. Havia uma solidariedade de ritmo de marcha: não se tratava de uma competição, mas de um passeio. E começamos a percorrer os catorze quilômetros do caminho de aço recoberto de cimento e asfalto, às nove horas da manhã de um dia de deslumbrante sol guanabarino. À medida que o piso se erguia para chegar à altura máxima de setenta metros, o sol dourava furiosamente o mar, um oscilante deserto de ouro a nossos pés, e sobre ele navegavam minúsculos objetos flutuantes, das canoas de pesca até os edifícios multicores dos grandes navios. A pista era um fogão, as águas um ar parado, brutalmente quente, ao nosso redor. Havia um reconhecimento geral, mas disfarçado, de que estávamos marchando para a boca de um inferno azul-dourado, fumegante de ar quase sólido. E então constatei, ao contemplar meu amigo, que ele encontrava um sabor novo, especial, no exercício. Homem de túneis, de subterrâneos, de cheirar a terra bruta, as nascentes d'água trepidante, o odor de árvores derrubadas, de cadáveres de troncos e galhos, à descoberta súbita do ar livre sobre um mar de gaivotas estateladas no céu, da pequenez dos homens debaixo de nós, exclamou:

— Parece que vamos assistir ao encontro de Deus consigo mesmo! Se olharmos à volta, Ele está construindo o mundo. Estamos no centro de Deus!

Desafiamos um silêncio duro. Eu pensava no que Sílvio dissera.

Simbolicamente, religião e ciência colidiam no alto da ponte, e se exibiam ambas para nós, num vasto teatro, num vasto laboratório. O declive era de uns cinco quilômetros, a descer em silêncio, sedentos, untados de luz e suor, os pés escaldados, chiando a cada passada. Desabamos os cem dentro da lancha. Cheguei a gritar:

— Meu reino por um Cavalo Branco!

A piada não colou: não era boa, o cansaço matou-a, ou a falta de cultura geral dos colegas. Um deles me perguntou:

— Que é que o marechal Castelo Branco tem a ver com isto?

Muito conversamos sobre essa súbita idéia de Deus, surgida no meio da ponte. Será que o encontramos naquele minuto? Ou será que o caminho tinha uma pedra, a cotidiana pedra de Carlos Drummond de Andrade, o muro de Dante: *Tra la mano e la speca un muro è messo*? O muro da preguiça.

Desde então, sempre que me enrosco nas cogitações da origem do mundo e suas teorias contraditórias ou namoradeiras entre o Meta-Deus e a Meta-Física, sinto saudades de Sílvio Lustosa. Viúvo, casou-se novamente para fugir à solidão, ganhou mais alguns anos de alegria. Subiu ao céu dourado do alto da ponte, ou ao oco misterioso de seu subterrâneo?

* * *

Meu Deus, como senti falta de Antônio Caetano Dias, que enriqueceu nossa Biblioteca e Escola de Biblioteconomia, e Grazzi de Sá, nosso mestre da Escola de Música, e do capitão Benone, criador de nossa Banda de Música, e os magistrais professores Anna Stella Schic, Michel Philippot, Turíbio Santos... Que falta fazem a uma Universidade!

Fui apresentado a Londres por Fernando Sabino, adido cultural, que me hospedou com Alba e minha sobrinha Maria Cristina na Casa do Brasil, para eu ali fazer uma conferência. Eu já andava treinado nisso. Em Buenos Aires, em Lisboa, em Madri, em Paris, nas Universidades de Nova York, Madison, Providence, Boston, como escritor, como publicista, como secretário da Comissão Fulbright, volta e meia me laçavam para uma conferência. A atividade me fez cínico: deitava às vezes a mesma conferência em português, francês, inglês, espanhol, com melhor eficiência do que poderiam fazer o presidente Sarney ou o presidente Itamar. Primeiro porque treinei essas línguas além dos limites do tango argentino e das conversas de bar; segundo porque acabei descobrindo uma regra geral. A seguinte: fora do Brasil, ninguém conhece o Brasil ; logo, é boa informação tudo que se diz do Brasil. Deve-se fazer uma conferência curta, para evitar pormenores que suscitem muitas perguntas. Sempre me lembrava da conferência de

Albert Camus no nosso Conservatório de Teatro, diante de um aluvião de mocinhas francófonas, sorridentes, de alegres, visíveis joelhos, com as quais Camus se encantou e esticou a meia hora prometida pelo espaço de uma hora, quando caiu em si e indagou do auditório:

— *Est-ce qui'il y a quelqu'un qui voudrait poser des questions*?

E Newton Freitas, adido de irreverências, levantou o dedo.

E Camus:

— *Allez, monsieur.*

E Newton Freitas:

— *Quelle heure est-il?*

Ou a conferência do professor negro americano que, depois de deitar sabença de hora e meia sobre a escravidão negra nos Estados Unidos, indagou se alguém perguntaria alguma coisa. Levantou-se uma competente brasileira que iniciou uma só pergunta de meia hora, quando pronunciou a última palavra em tom interrogativo. E o professor:

— *You are perfectly right.*

Aplausos.

Meia hora é o bastante para dizer banalidades brasileiras que ninguém conhece e responder perguntas que a gente conhece demais. Fernando Sabino queria mostrar Londres, e eu me lembrava de ter Evandro Pequeno perguntado a Jaime Ovalle como era Londres.

— Igualzinho a Paquetá.

— ?

— Você abre a janela e ouve um barulho assim: Chuaaa... Chua... Chua... É inglês falando baixinho.

Sabino, magnífico cicerone, exibiu seu talento de motorista levando-nos no seu carro, deslizando fácil na mão britânica das ruas. Em certa rua indicou:

— Aqui morreu um coronel brasileiro que esperou o momento de atravessar olhando para o lado contrário! O inglês é um português que deu certo: a mão é ao contrário, a moeda não é decimal, o motorista de táxi conversa com o passageiro antes de levá-lo onde ele quer, deixam no telefone público uma moeda para ser usada nas emergências e ninguém furta e o país caminha com a regularidade do Big Ben.

Dois dias em Londres é pouco. Deu-me vontade de voltar e voltar. Assis Chateubriand, já enfermo e contorcido por um derrame, passou-me um telegrama para que eu acompanhasse uma exposição de orquídeas promovida na Embaixada, juntamente com um *vernissage* de pintura inglesa que comprara para o seu Museu de Arte de São Paulo. Em Paris, tomei o avião que transportava umas vinte damas paulistas cultoras de orquídeas raras e mais uma tonelada dessas orquídeas para adornar a embaixada. E recomendava que eu levasse as senhoras ao Mirabelle, restaurante famoso, cuja mesa já estava reservada. Recebeu-nos o *maître* de sobrecasaca preta, gravata plastrom, colete cinza, e o tomaram como o dono da casa. Um almoço a desmentir essa estória de que se come mal na Inglaterra. Diante de cada dama, um cinzeirinho de louça com o nome do restaurante, delicadamente desenhado. Cada dama guardou discretamente o cinzeirinho à sua frente, escorregando-o para dentro de cada bolsa. Ao saírem, o *maître*, à porta, entregou a cada uma um embrulhinho, contendo um cinzeirinho exatamente igual ao furtado. Deve haver, nas casas de damas cultoras de orquídeas do Brasil, dois cinzeirinhos iguais com o nome *Mirabelle*.

Mas Londres, Stratford-upon-Avon, Rye, me acolheram deslumbrantemente graças aos embaixadores Roberto Campos e Mário Gibson Barboza. Roberto Campos deu-nos teto, alfaias, cama. Podia ser um excelente professor universitário. Gostaria de ser seu aluno, ao lado de José Guilherme Merquior. Já o conhecia de o ter encontrado em Nova York, no apartamento do embaixador Sérgio Frazão, colega de jornalismo. Durante uma nevasca de noite inteira, Roberto nos deu, e a David Silveira da Mota, Luiz Bastian Pinto, Hugo Gouthier, um verdadeiro festival de brilho, como (deixe-me dizer, cá entre nós) só se encontra no plantel do Itamaraty. O contrário dessa lucidez e dessa finura se acha em qualquer capital européia onde aterrisse um bando da União Interparlamentar. Geralmente um punhado de *gaffeurs*, aflitos para fazer comprinhas e saber se cada país pagará a conta de hotel para o que já receberam ajuda de custo.

Uma conversa entre Roberto Campos e José Guilherme Merquior é um espetáculo que mereceria entrada comprada com um ano de antecedência, pouco importando a posição política do leitor. Durante minha estada em Londres, quando Roberto Campos era ali embaixador, Alba e eu fomos recebidos com a régia simplicidade que só os amigos oferecem. Inútil embasbacar aqui o leitor com a multiplicidade de gentilezas que nos fizeram. Mas quero registrar uma passagem inesquecível. O embaixador perguntou se estaríamos livres no domingo, para um almoço. Na própria residência, onde havia convidados: o casal Antônio Olinto e, surpresa!, o ex-presidente Jânio Quadros e Dona Eloá, que Alba e eu não conhecíamos. A polida intimidade era tanta que esquecemos de observar a curiosa articulação prosódica do ex-presidente. Terminado o almoço, à moda inglesa os cavalheiros passaram a outra sala, para os cigarros, charutos e o anedotário masculino; na sala contígua, as senhoras trocavam receitas. O garçom pôs ao lado de Jânio Quadros uma garrafa de uísque, que se foi secando das três a quase meia-noite. Recordações entre o presidente e o embaixador, os quadros do pintor Jânio Quadros, os livros que ambos liam, a situação do Brasil a que ambos eram atentos. O tempo corria e, subitamente, Jânio Quadros voltou-se para mim:

— Sinceramente, doutor Figueiredo, não posso entender por que o senhor renunciou à presidência do Teatro Municipal!

— Presidente, isto é modéstia sua. Ninguém entende mais de renúncia do que Vossa Excelência!

Barretada? Censura velada? Não sei como interpretou;. na verdade, pouco tempo depois recebi de Jânio Quadros uma carta em que me convidava para continuar nossa palestra em sua casa no Guarujá. Prometi, não cumpri a promessa. Dona Eloá e Alba se trocaram receitas e convites.

* * *

Devo a Antonio Olinto e sua esposa um montão de gentilezas, de notas, artigos, comentários. Devo-lhe a descoberta de um pacote de Shakespeare num fim de ano em Stratford-upon-Avon. Devo-lhe conhecer as tavernas de Pepys e de Samuel Johnson. Devo-lhe a melhor e mais recente reprodução do busto do Cisne do Avon. Devo-lhe a descoberta das origens dos Figueiredos na Torre do Tombo de Lisboa. E devo-lhe ter descoberto, nas mãos de um jovem compositor brasileiro, um entrecho canhestro do filme O *jovem Toscanini*, empalmado pelo trêfego Franco Zeffirelli, que transformou uma bela história dos primórdios da Abolição brasileira numa das mais portentosas vaias no Festival de Cinema de Veneza e das piores críticas francesas, que levaram sua tolice cinematográfica a ser em uma semana suprimida dos cinemas na França. E devo as mais divertidas e competentes conversas enquanto passeávamos em Portobello, entre antigüidades sedutoras. E devo-lhe a xerox do sétimo volume das *Obras Completas* de Shakespeare, edição de 1785, em dez volumes, com comentários de Samuel Johnson, obtida na British Library, de Londres. E que dizer das receitas culinárias de Pepys e de Clement Freud, o filho de Sigmund Freud?

* * *

Vamos ampliar o conselho inestimável de Hugo Gouthier: se vai viajar, leve mais do que o *smoking*: um par de sólidos sapatos de tênis, uma capa simples de chuva, uma bengala e um amigo ou amiga que saiba das coisas. Por isso admiro Stella Walcacer que, um mês antes de tomar o avião, escova o francês, o inglês, o alemão e o grego. Viajar não é aprender: é conferir e polir o que a gente já sabe.

* * *

Falei de Hugo Gouthier e aqui já me esquecia de sua vasta gentileza. Em Nova York, com saudades do Brasil no meio de atividades de aprendizado de televisão, em 1952, e depois de receber a Miss Brasil para o concurso mundial, chegou-me a Long Beach uma incumbência: comprar uma determinada válvula *orticon* para a TV Tupi, objeto que mantinha a transmissora no ar. Desapontei-me ao saber que tais válvulas eram fabricadas pela General Electric, e encomendadas com uns quinze dias de antecedência. Em geral as emissoras dispõem de uma válvula sobressalente, providência que a TV Tupi se esquecera de tomar. Hugo Gouthier, a quem eu visitara de tarde no consulado, me recebeu com a algazarra dedicada a um velho amigo, e me fez um convite considerável :

— Vamos ao bar do Hotel Sheraton, onde você vai ver as mulheres mais bonitas do mundo.

E eram. Mas contei ao amigo que estava com a válvula atravessada na consciência. Hugo se levantou, foi ao telefone, voltou:

— Vou jantar hoje com o presidente da emissora ABC. Ele arranja a válvula.

Fui para o meu hotel, o New Weston, que me fora indicado por Villa-Lobos, e em cujo bar se bebia um dos melhores martinis de Nova York — menos aos domingos, até o meio-dia, por solicitação do padre da Catedral de St. Patrick, ao lado, onde os maridos depositavam as esposas para a missa e atravessavam a rua para esperá-las no bar *Henry the Eighth,* e se metiam na algazarra dos martinis e das anedotas de cavalos de corrida, em que o *barman* era especialista. O padre de St. Patrick acabou com o absenteísmo dos maridos, os acolheu em sua missa. Da existência desse comovente bar eu já dera conhecimento ao diplomata Sizínio Pontes Nogueira, que desde então virou irmão, e ao acadêmico Viana Moog, que, ao primeiro trago, me saudou:

— Você terá o meu voto quando se apresentar candidato à Academia.

O amigo foi melhor que o voto. Nesse bar fiquei eu, à espera do telefonema do milagroso Gouthier. Lá pelas dez da noite, sofrendo a desgraça de martinis solitários, veio o telefonema: que eu fosse ao Empire State Building, em cujo topo estão os transmissores das emissoras de televisão nova-iorquinas, subisse ao 85º andar, me identificasse, passasse a outro elevador, fosse até o topo, de onde se vê Nova York inteira, iluminada. Lá, nova identificação. Lá fui eu. Num salão enorme, quentíssimo, sem refrigeração, trabalhava o pessoal das máquinas, todos seminus. Ao me identificar, o porteiro me entregou um volume grande como uma caixa de chapéu de senhora; dentro dele, amarrada por fios que a sustinham, estava a famosa válvula, objeto de vidro e cristal pouco maior que uma lâmpada de rua, frágil como um canudo de sorvete. Eu devia trazer o objeto para o Rio, num avião da companhia brasileira cuja rota terminava em Miami. Até lá teria de ir a Miami, num avião cubano, a sair do aeroporto La Guardia na mesma noite. O tempo de arrumar as malas, pagar o hotel, disparar para o aeroporto, esperar o avião cubano. Que partiria pela manhã, pinhões! Dormiria, como vários outros infelizes, num banco da sala de espera. Voei para Miami com a caixa no colo. O avião embicou para Washington, rápido, quase vazio. A gentil aeromoça sentou-se a meu lado antes do pouso, e começou a conversar, ela em cubano, eu em tango argentino. Mas achei estranha essa atenção especial. O avião pousava, perguntei por que viera conversar comigo. Para distrair-me, por ordem do piloto. Cortesia aérea da campanhia cubana? Não. Era porque o motor ao lado da minha janela estava pegando fogo. Olhei pelo vidro, um mundo de carros de bombeiro, um mundo de esguichos d'água cercava o avião, os passageiros disparavam escada abaixo, eu com o meu trambolho da encomenda. No aeroporto de Miami, outra surpresa: o avião brasileiro, da companhia de que era proprietário Ademar de Barros, aguardava uma substituição de peças, e por isso tinha vindo de São Paulo, trazendo em seu bojo uma chusma eleitoreira, visivelmente aproveitando a viagem para fazer compras em Miami. Avião quebrado, lá estavam os brasileiros todos no bar, bebendo, esperando notícias. Guardei no aeroporto a minha preciosa encomenda, busquei um hotel no próprio aeroporto, já sabendo que o avião demoraria dois dias em reparos, telefonei ao Armando Sarmento para que me mandasse dinheiro. Isto nos Estados Unidos é simplíssimo: o remetente dá ordem ao correio, o correio avisa por telefone, o recipiendário comparece ao guichê, onde qualquer prova de identidade serve, até mesmo um envelope de carta. Recebo, volto ao bar do aeroporto, a brasileirada em plena folga está lá, copos em punho. Um americano, do clube de pesca local, perguntara se alguém ali era pescador. Apresentou-se um mulato, pescador de lambaris em Piracicaba. Inscreveram-no no concurso internacional de pesca na qualidade de representante do Brasil. Na manhãzinha seguinte, sentaram-no numa cadeira fixa no convés do barco, entre duas espécies de antenas laterais, por onde passava a linha de pesca. O barco partiu, a um tiro de pólvora. Outros o seguiam. Ensinaram nosso compatriota a lançar a linha no mar. O barco zarpou em direção do horizonte. Umas quatro horas depois voltou: o patrício fisgara um *marlin* de serras pontudas, bicho do tamanho de um cavalo. Pasmo. Éramos campeões. Haja uísque. Didascaliana parede do clube. É provável que até hoje lá esteja o *marlin*, devidamente empalhado, com o nome do herói por baixo. E haja uísque. A aeromoça entrana me reconheceu, felicitou-me, apresentou-me ao irmão universitário em Miami. Na manhã seguinte estava eu no avião nacional, com a válvula no colo. À noitinha em Belém, onde Frederico Barata, velho amigo, então dirigindo por lá os *Diários Associados*, me pescou a encomenda, contrabandeou-a na alfândega, mandou-a no colo de um portador para o Rio. Quanto a mim, prosseguiria viagem no próximo avião do doutor Ademar de Barros, esperado em Miami. Resignei-me ao hotel, ao bar refrigerado dos paraenses, aos casquinhos de muçuã com uísque, e me despacharam, afinal, para São Paulo, em pleno desarranjo intestinal. No avião, um aeromoço fazia comércio paralelo de periquitos, em todas as paradas intermediárias. Em duas horas o avião se encheu de periquitos, que o trêfego comerciante soltava, das gaiolas para o WC unissex. Cada vez que os casquinhos de muçuã me afligiam, lá corria eu para o WC, onde me recebia um revoar de pássaros gritalhões por cima da minha cabeça. E os passageiros riam mais do que deviam. E mais ainda quando eu esperava algum meu antecessor a lutar dentro do cubículo contra os periquitos.

AS PRIMAVERAS DO TANGO

O tango é um *ludion*. Inútil afogá-lo: volta à tona, desesperado, vivo, e continua a boiar na superfície da alma até os fins do horizonte que separa o consciente e o subconsciente. Manuel Bandeira dizia que não pôde escrever "Este Proust que é meu, que é seu, que é nosso Proust" porque cada um deve ter o seu Proust, pronto para nos receber a cada piparote no caleidoscópio da vida. Assim, o tango. Cada qual guarda o seu, no fundo da biblioteca das recordações, metido atrás de outras mais ilustres, como os livros pornôs e policiais inconfessáveis que se ocultam detrás da primeira fila, a de impressionar os visitantes. O tango está lá, e de repente o pescamos para sofrê-lo no toca-disco ou no assobio. Todo toca-disco tem sua hora de tocar tango. Teria razão Léo Ferré ao compor o adeus de *Le temps du tango*?

Agora mesmo renasce. Houve tempo em que se tornou vergonha. Acabaram-se os bailarinos ziguezagueantes, *se acabaron los otarios*. Nos clubes grã-finos ou gafieiras ninguém mais acendia luzes vermelhas, *a media luz*, e empunhava o *bandoneón pa que te oigan, bandoneón!*, e fazia evoluir os pares treinados *en las cayengues quebradas del tango...* Ficávamos no *fox*, no *shimmy*, no *one step*, no *charleston*, no *lambeth walk*, no *black botton* (onde estão?) e no samba bem-comportado de Mário Reis. Haroldo Barbosa, *disc-jockey* competente — naquele tempo se chamava bibliotecário, ou programador — repelia o disco do tango. Tango e maxixe, glória das pernas de Duque e Gaby e das telas de Van Dongen, desapareceram no ar. Havia quem afirmasse: com a morte de Gardel, o tango morreu.... *Donde te fuiste, tango, que te busco siempre y no te puedo hallar*? Perón, no seu fascismo castrense e no seu nacionalismo de grupo escolar, nem soube tirar partido do tango com *sentimiento gaucho*. Expulsou-o. Uma obra-prima da época de Carlos Gardel, *Yira, yira*, levou a pecha de desmoralizante dos altos sentimentos pátrios, e foi apontada como indigna de ser argentina, porque bradava o girar do mundo independente das éticas: *Verás que todo es mentira, verás que nada es amor... del mundo nada me importa, yira, yira...* Até após os estertores da ditadura estava proibido. Maldito tango! Bendito tango, escondido nas catacumbas das gentes! Cada indivíduo tem o tango que merece, e quando o meu emerge *se me pianta um lagrimón*.

Sou do tempo de *El choclo*, pedra fundamental do tango como *Pelo telefone* é do samba, do tempo da *Cumparsita*. Quando menino, vi Matos Rodriguez em Rivera; depois vi Enrique Discépolo na Calle Corrientes, cujo número *tres-cuatro-ocho* é o mais nostálgico endereço do amor. *No hay porteros ni vecinos* porque, se houvesse porteiro, o ciumento soluçaria: *portero, suba y digale a esa ingrata*... Os portenhos deviam colocar ali uma placa de bronze: "Este endereço inexistente foi inventado por Juan de Diós Filiberto para abrigar os sonhadores solitários e esperançosos. É o endereço mais conhecido do mundo". Vi uma vez Gardel, marselhês, engominado, glória da Argentina como a portuguesa Carmen Miranda foi glória do Brasil. Vi e ouvi, enorme, gorda de solidão, Rosita Quiroga escorraçando o homem: *No pises el cotorro que no te puedo ver*! Aplaudi Tania, Asucena Maisani, e quantas vezes dei meu *tropezón* nos arranques de Julio de Caro, de Francisco Canaro, de Aníbal Troilo, de Horacio Salgán, de Osvaldo Pugliese! E vi e ouvi, antes de se tornar ídolo universal, Astor Piazzolla, inventor de um novo tango sinfônico. Mandei-lhe uma cópia de um cassete do segundo movimento do *Divertimento nº 37, K. 334*, de Mozart, pelo octeto de Viena, dirigido por Willy Boskowsky, para lhe mostrar que o inventor do tango foi Wolfgang Amadeus Mozart. Ouvi Goyeneche, plantei-me várias vezes no *Viejo Almacén* para mais uma lágrima na garganta e um soluço nos olhos ao escutar Edmundo Rivero (que pena, morreu há pouco tempo!) cantando *Percanta que me amuraste*, e o frio cheio de espera angustiante de *Sur*. Não sei por que Buenos Aires não possui outras tanguefas batizadas com recordações: *Presencia de bacana*; *Pampa mia*; *Se paraban pa mirarte*; *Sol de mi vida*; *Ventarrón*; *Tropezón*; e até para as vítimas de certas enfermidades, *Adios, muchachos*.

Mau dançador, descobri que só se baila bem o tango quando se sabe a letra. Discépolo filosofou: "O tango é um pensamento triste que se baila". Uma dança a dois, que resvalam, sem levantar os pés do chão, a menos que se trate de tango figurado, para o palco, onde a dama vira boneca de pano. A mão direita do Adão tem que comandar firme a costela de Eva, para que ela não se afaste nem mesmo quando os trocapés comecem as evoluções condenadas pelos puristas. A mão esquerda vai ao alto, como a direita dela, e unidas conduzem um invisível xale espanhol ou um adeus de lenço de *pericón*. E é fundamental que o homem saiba encolher-se, que *al bailar se arrugue como un bandoneón*; e um e outro, inesperadamente, marquem um breve ritmo de *taconeo*. Há nos corpos um relato intimíssimo que se comunica a quem contempla, segredo fugido dos confessionários e sussurrado aos ouvidos e aos olhos. Sente-se que os dois dialogam, se confidenciam, se maldizem, se estraçalham, autobiográficos mas pondo em cena e na imaginação um(a) terceiro(a) personagem autor do *malevaje*. Suas palavras mais características são monólogo. Nada de coro. Nada é plural. Ali quase sempre alguém abandona ou é abandonado, o ciúme jorra ao ouvir que ela *promete la gloria* a outro, ou que *te hán visto con otra*. Um ou outro jura por *su viejita*. É a fábula da dor de cotovelo, que vai do ridículo — *portero, suba y digale* — ao crime — *sin compasión los maté*.

Pois bem: vamos afirmar que o tango é um sofrimento... como o samba. Com uma diferença: no tango a lamúria se dirige a um só confidente, um a um da platéia; no samba, o segredo urra como um boato, sai à rua, despudorado, unânime, coletivo, todos de braços no ar: "Coitado do Edgar!" "Oh, seu Oscar!" Um se fecha nas paredes contra o frio, outro se esparrama na avenida do trópico. Um geme, chorando, que *un hombre macho no debe llorar*, outro clangora que o Edgar chorou quando viu a Rosa, gingando, toda prosa, numa linda baiana que ele não deu. Ou a turba comunica: "Tá fazendo meia hora que sua mulher deu o fora e um bilhete lhe deixou"... *Fué una noche de reyes...* A mulher do tango fenece no cabaré; a do samba redige: "Não posso mais, eu quero é viver na orgia!" Na rua do samba: "Disseram que ela era a maioral e eu é que não soube aproveitar!" Na solidão do quarto: *Desde que te fuiste del cotorro ando tán triste...* A tristeza é enclausurada: *Rechiflao en mi tristeza...* A prece é coletiva: "Implorar, só a Deus..." Num esforço de comicidade o cantor anuncia: *Cantemos victoria, se fué mi mujer*! Mas é para um só ouvinte. Nós, "Não quero saber mais dela!", para o eleitorado.

O teimoso tango ressurge e isto é bom. Sintoma de vitalidade de um povo. Uma noite, na varanda de Oscar Camillion, diplomata, o maior embaixador da amizade argentino-brasileira me apresentou a um compatriota de visita ao Rio. Começamos uma conversa exploratória, descobri que tinha lido um livro do interlocutor, ele descobriu que eu andava com uma peça teatral em Buenos Aires. Falamos de tango, com afeto e pinceladas sociológicas. Mandou-me um seu livro, *Tango, discusión y clave*, obra preciosa para quem gosta de sofrer os mistérios e o enlevo do tango. Já lá se vão uns vinte e cinco anos ou mais. Chamava-se — e chama-se, graças a Deus! — Ernesto Sábato, deambulante sobre heróis e tumbas, dono de um anjo exterminador, o maior autor argentino da minha geração e presidente das sindicâncias sobre violências, torturas e crimes da ditadura em seu país. Se Ernesto Sábato não gostasse de tango não seria o símbolo do artista a serviço da dignidade humana, assim como quem não gosta de samba bom sujeito não é. Sábato é uma tão grande expressão da defesa da liberdade criadora, a própria liberdade de viver, que talvez os juízes do Prêmio Nobel andem indecisos, se lhe conferem o de Literatura ou o da Paz. Estamos na primavera do tango.

E rolamos os dois, nuvens de carne
Como a tormenta, os vidros do relâmpago,
Os chicotes de chuva, o mar de náufragos,
Envolvendo as ameias dos teus olhos

A dardejar-me a pele eletrizada
E tua boca entreaberta como um túnel
A gemer o chamado de outro mundo,
Teus joelhos alados como plumas

De um pássaro arquejante sobre a relva,
Teu ventre moribundo, teus artelhos
Buscando estrangular-me o dorso inquieto,

E teus cabelos, restos da voragem,
Escondem os teus seios como dunas,
Paisagem de paz onde adormeço.

* * *

Na fria tarde de junho, abrigados pelas arcadas do Colégio Militar de Porto Alegre para onde fui transferido do Colégio Militar do Rio de Janeiro, os novos colegas Pinhão, violonista, Manuel de Moura Silvera, pianista, e Mário Herrera, bandoneonista, me ensinavam os segredos, geralmente tristes, do tango. Eu tinha treze anos. Campineiro de nascença, carioca pela minha infância na Escola Nilo Peçanha e no Colégio do Rio, tinha saudades e, curiosamente, o sentimento da palavra saudade mora dentro do tango. Mas eu levara para Porto Alegre a saudade da enorme pedra do colégio do Rio, a Babilônia, estranho dorso de paquiderme de mais de cem metros de altura, a dormitar ao lado das gerações de alunos, dando-lhes calor, sombra e recreio desde que o Conselheiro Tomás Coelho fundou a instituição — para abrigar alunos órfãos da Guerra do Paraguai, em 1886, antes de o Brasil tornar-se república. A Babilônia seria o símbolo de várias gerações de meninos, órfãos de militares, filhos de militares, filhos de civis. Com o Ginásio Dom Pedro II, fundado pelo imperador anos antes, eram os dois estabelecimentos de educação que comprovavam e até hoje comprovam a excelência do ensino público no Brasil sobre os educandários particulares.

Eu tinha treze anos e ouvia a *Milonguita* e a *Cumparsita*. Na minha idade, não surgira ainda ocasião de experimentar ao vivo, na carne e na alma, a presença de uma *milonguita* e de uma *cumparsita*. Os nomes de

Linning, Delfino e Rodriguez me eram estranhos; mas... Rosita Quiroga estava fazendo a minha iniciação na macheza de amores tristes, o aprendizado da sentença poética de Louis Aragon: *Il n'y a pas d'amour heureux.*

* * *

Longos e longos anos depois, o embaixador Jaime Chermont aluga o seu apartamento em Copacabana ao diplomata argentino Oscar Camillión, que se tornara meu amigo e me convidou para uma sessão de apresentação de "bossa nova" a uns seus patrícios. Oscar já sabia de minha inoculação de tangos e me apresentou aos seus hóspedes. Acompanhei um deles à varanda: queria ver o mar azul marchetado de Copacabana. Perguntei se ele não era o autor da novela *El tunel*, pouco antes traduzida para o português. Falamos de tangos toda a noite, contei-lhe minha vida povoada de tangos, lamentei que o brasileiro, sobretudo o carioca, passasse por uma fase de desdém da música portenha. Ele me citou Discépolo e sua definição: *El tango es un pensamiento triste que se baila.* Afirmei-lhe que a diferença entre as dores de corno do tango e do samba seria que o primeiro é uma confissão e uma coreografia de um par que se enlaça secretamente; o outro, a sua confissão pública. O tango segreda; o samba põe tudo isto em público. Tornamo-nos amigos. Ernesto Sábato me mandou seu ensaio sociológico sobre o tango, e um por um os seus romances, e eu meus escritos, e um irmão meu se tornou general e presidente da República, e Sábato, depois da *guerra sucia* na Argentina, se tornou o acusador oficial de torturadores e assassinos. Numa pequena e simples carta comovente me explicou por que não iria à recepção oferecida por meu irmão em nossa embaixada em Buenos Aires, e dei-lhe razão. Anos depois esperei-o num bar da Calle Corrientes. Ao chegar, todos o aplaudiram; todos queriam saber com quem Ernesto Sábato se encontrara, a quem Ernesto Sábato abraçara. Quando souberam que era o autor de *La zorra y las uvas*, a peça proibida por Perón e levada à cena em dois teatros após a queda do ditador, também me aplaudiram. Senti-me feliz de ser amigo de Sábato graças a uma fraternal afinidade de idéias.

* * *

Procópio Ferreira desistiu de fazer uma peça "grega" minha porque na Grécia antiga não se fumava. Como fazer Júpiter fumar em cena? Mandava distribuir cinzeiros por todas as mesas do palco, por todos os aparadores e, com a sua hábil mão gesticulante, o "ponto", a sussurrar a fala, para dizê-la acendendo o cigarro ou tendo o cigarro à boca.

Em Paris, o médico da Cité Universitaire foi-me logo dizendo:

— Nunca beije uma mulher que fuma. Se beijar, não é o amor que volta: é o prazer de fumar.

Fumar es un placer genial, sensual... A mulher precisa ser intragável, como o cigarro.

Fumando espero é o jingle do câncer. *Fumando espero aquella que más quiero...* Quanto mais a amada demora, mais câncer. Leia *É proibido fumar* e a tentação seduz. Vou mais longe: o tango *Adiós, muchachos* diz: *Adiós, muchachos, compañeros de mi vida, Barra querida, de aquellos tiempos... Ahora toca a despedirme de esta buena muchachada... Mi cuerpo enfermo no resiste más....* É o jingle da Aids.

Mas afinal todos temos — pelo menos a gente de nosso tempo — um tango cravado como um florete a oscilar sua moribunda vibração dentro de nós... Os genocídios deste mundo mal-acabado e maltratado irão acabar também com o tango de cada um, que mora dentro das almas como uma doença incurável... Às luzes vermelhas, vinham para a frente dois bandoneóns, a gente do samba e do *fox* se recolhia, acanhada, e os pares tangueadores se enlaçavam para minutos de exibição lasciva e sonhadora, de matar de inveja a platéia.

Aplaudia-se ao acorde final sempre irresoluto num último hausto do bandoneón até o infinito do fôlego, reticente, e era um ato de amor até o adeus do orgasmo, depois de termos andado, secretos, felinos, desenhistas de passos como monogramas, não, como tatuagens recíprocas, e depois de sussurrar, ouvido a ouvido, as letras, porque ninguém dança tango sem conhecer a letra, feita de rimas de infelicidade e solidão. Uma tarde, na Calle Florida, atravessei minha adolescência só para cumprimentar Enrique Discépolo, e agradecer-lhe, em nome da tristeza universal, o *Malevaje* e o *Confesión*.

Foi no exílio magro de meus pais, de meus irmãos, que descobri a dor do tango, a que se esconde no *Percal*. Tinha dezessete *abriles* e ia sozinho para Buenos Aires.

Quando o *Highland Brigade* aportou a Santos, meu tio Leopoldo me avisou, entregando-me a passagem e um grosso envelope:

— Tome cuidado que vai a bordo um espião. Chama-se Pompa.

No camarote de segunda classe, para duas pessoas, já estava um outro passageiro instalado. Chamava-se Pompa, mostrou-se contente com a coincidência de sermos compatriotas no meio de emigrantes europeus. Eu ardia de rever meus pais, e conhecer Buenos Aires. E ardia de medo do sinistro Pompa, de olhos de vilão de cinema. Entreguei o envelope ao comandante do navio. E no bar um bando de nacionais gritava como só um bando de anus pode fazer. Eram os jogadores do Santos Futebol Clube, que iam disputar uma partida na Argentina e já se consideravam heróis da pátria. E com razão... Filó, Feitiço e tantos outros. Fui parar na mesa dos brasileiros, que se espantaram com o meu espanhol de tangos. Claro, ao tempo do Colégio Militar iam a Porto Alegre as famosas orquestras, a de Julio de Caro, a de Francisco Canaro. Da Casa Gath y Chavez, de Buenos Aires, era mais fácil importar coisas argentinas que brasileiras: a voz de Rosita Quiroga, de Carlo, as milongas, a assinatura de *El hogar* e *Paratodos,* as traduções feitas na Argentina, as viagens de Blasco Ibañez, e até uma raqueta de verdade, para experimentar, em vez das de madeira que o carpinteiro do regimento me fizera, para aproveitar a quadra de esportes do 6º. Regimento de Cavalaria... *Mi Buenos Aires querido...* E a voz de Gardel... De noite, no *deck*, a passear debaixo de um mar de estrelas e sobre um céu movediço de espelhos azuis, eu sonhava com Buenos Aires como se já conhecesse a cidade, como se ela me esperasse. E, talvez porque eu falasse espanhol melhor do que a turma do futebol, uma bailarinazinha barcelonesa, cheia de castanholas na alma, preferia acompanhar um meninote de dezessete anos aos grossos atletas. Não: foi por ter sabido que eu era filho de um exilado, um revolucionário, pois todos os barceloneses se consideram um tanto exilados fora da Catalunha, um tanto conspiradores... Segredei-lhe: desconfiava do atrevido Pompa, e, grave imprudência, levava dinheiro e cartas aos exilados, num pacote entregue ao comandante. Ela não deixou de me prevenir de tais perigos: o navio podia ser revistado pela polícia gaúcha, a polícia de Flores da Cunha, o interventor ditatorial do Rio Grande que esperamos em vão aderisse aos paulistas. Entreguei o assustador pacote à barcelonesa, confiando nos seus olhos imensos e no seu *ceceo* ao dizer *corazón*. Fui prudente? De noite, alguém teria revistado minha mala. Ou será que ela própria, mancomunada com o caviloso Pompa...? Ele já me abordava, repleto de simpatia, chupando um palito, oferecendo-se para servir de mensageiro e ocultar recados, se fôssemos revistados em Rio Grande... Não houve nada. De noite, o navio atracou em Montevidéu, debaixo de um berreiro de portuários a insultar os passageiros:

— Plutocratas! Canalhas!

Aí subiram pela escada do portaló os exilados moradores no Uruguai: Ciro Vidal, Ibrahim Nobre... e meu pai, que não resistira e esperava-me antes da chegada a Buenos Aires. E Palimércio, de braços abertos. A espanholinha na mesa dos *footballers*, e mais o escondido Pompa, encapuzado como um espião da *Traviata*. Enquanto o navio desatracava, tomei minha primeira cerveja uruguaia com os exilados brasileiros, loucos para ter notícias da pátria. Estavam exaltados: um dos correligionários, o gaúcho jornalista Valdemar Ripoli, tinha sido assassinado a machadadas, quando surpreendido a atravessar de Rivera para Santana do Livramento. Diziam que o Flores da Cunha teria sido o mandante; diziam que os embaixadores do Brasil no Uruguai e na Argentina tinham instruções especiais para vigiar os execráveis e impatrióticos exilados separatistas traidores da pátria... Da mesa dos atletas, o Pompa nos olhava, torvo. A barcelonesa levantou-se, enquanto eu provava a primeira cerveja uruguaia, sumiu, reapareceu, aproximou-se de mim, entregou-me o pacote:

— *Gracias, señor. Es el librito que Usted me prestó.*

Grande, admirável pessoinha, que ia a Buenos Aires tocar castanhola e rodopiar a saia num cabaré de Buenos Aires. Apresentei-a a todos, os futebolistas tomaram coragem e também vieram, e o Pompa de olhos sinuosos, exaltando o heroísmo dos paulistas, o miserável cabeça-chata! Quando voltaram todos aos seus lugares, Palimércio cumprimentou-me pelo meu fino gosto, a mim, adolescente virgem e apaixonado por uma mocinha chamada Alba, irmã do exilado tenente Lobo... Ibrahim, já quase oratório, contava as grandezas e misérias do seu exílio: a solidão, *puchero* escasso da pensão suburbana, a mesa sempre coberta com a mesma toalha quase branca, onde havia "uma menstruação de restos de ontem". Palimércio contava: fora tomado por um tocador de saxofone cubano, que devia ajudar a rumba num cabaré de Belgrano; e pedia desculpas de não ter trazido para esperar-me o filho Apolinário, assolado por uma pneumonia que me privaria do melhor companheiro de Buenos Aires. Substituía-o o impávido José Lobo, que já sabia que eu me apaixonara por sua irmã. E Buenos Aires à frente, a Dársena Norte, as bandeiras, as bandas de música sopradas de longe, porque era *Nueve de Júlio*, data nacional, de paradas e copos de vinho tinto, e era data da nossa desastrada e apunhalada Revolução Constitucionalista... Não faz mal: iríamos todos à Confiteria del Molino, onde os exilados brasileiros já conhecidos até tomavam *copetines* e beliscavam galheteiras mais baratas... Meu Buenos Aires, dos tangos juvenis dançados nos Clubes do Alegrete, rivais mas que recebiam com carinho os meninos cariocas... A barcelonita passou por nós, para descer:

— *Hasta la vista!*, castanholou.

E se foi. Se foi como o *caballito criollo* do poema infantil de Belisario Roldán, o mais belo poema patriótico e espontâneo que já ouvi e aprendi:

Caballo criollo,
Del galope corto,
Del aliento largo

> *Y el instinto fiel,*
> *Caballito criollo*
> *Que fué como una hasta*
> *Para la bandera*
> *Que anduvo sobre el,*
> *Caballito criollo*
> *Que de puro heroico*
> *Se marchó una tarde*
> *Bajo su ombú*
> *Y presa de estraños*
> *Afanes de gloria*
> *Se grimpó a los Andes*
> *Y se fué al Peru,*
> *Se alzará algun dia,*
> *Caballito criollo,*
> *Sobre una eminencia*
> *Um overo en pié*
> *Y estará tallada*
> *Su figura en bronce,*
> *Caballito criollo*
> *Que marchó y se fué.*

Sempre, em toda a minha vida, nos momentos bons que guardei na mão e voaram, nos instantes em que o paladar de viver me atordoou e se desvaneceu, sempre que herdei num relâmpago uma lágrima ou um sorriso, me sobem à lembrança esses versos dedicados ao cavalinho pobre e grandioso, anônimo e homônimo de tantas fugazes alegrias... Que belo ser-se de um país que reúne em si essa afirmação de passado e futuro, de adeus e esperança... No meu primeiro passeio só, a pé, por Buenos Aires, beijei com meus pés essa cidade de amores e torturas de amor sussurradas no respiro de um bandoneón e num rasquear de unhas numa guitarra; e quando pela primeira vez passei por Corrientes, encantado, tentava adivinhar o que buscava e trauteava a mim mesmo: *Donde te fuiste, tango, que te busco siempre y no te puedo hallar* e, ao passar por Corrientes, *me pongo a llorar* e levanto os olhos, e na parede esverdeada não há nada. Devia levar um bronze com um número: 348.

No alto dos Andes devia morar a estátua do *caballito criollo* de Belisario Roldán. Quando, muitos anos depois de minha inauguração portenha, com o primeiro tango na Dársena Norte, o primeiro *copetin* em Florida, o primeiro muro de madressilvas em flor, me fizeram levantar-me no Teatro Candilejas, e me inundaram de aplausos, que vinham de Tita Merello, Berta Singerman, Margarita Xirgu, Mecha Ortiz, e me gritaram que fosse ao palco e falasse, respondi que ira dizer um poema; e comecei a recitar o *Caballito criollo* de Belisario Roldán; e toda a platéia recitou comigo, e todos sabiam o que eu sabia, e todos sentiam o que eu sentia.

Anos depois, flanando em Buenos Aires com meu amigo, o diplomata Pedro Braga, travei-o e disse: "Aqui está o endereço mais conhecido do mundo". Ele olhou, nada viu, porque não havia número. Cantei:

— *Corrientes, trés, cuatro, ocho, segundo piso, ascensor...* Ele continuou:

— *No hay porteros ni vecinos, adentro coctel y amor...*

Esse tango de Juan de Diós Filiberto é o tango que cada um de nós tem cravado n'alma por saudade ou porque nunca esteve em Buenos Aires. Os meus são *Milonguita* e *La cumparsita*. Foi o que confessei a José Lino Grünewald, autor de *Gardel, lunfardo e tango*, livro onde celebra, de modo comovido, o tango que talvez esteja gravado em sua alma. Em Pequim, na praça Tinamen, onde um milhão e meio de homens e mulheres se enroscavam no tango, tocado pela orquestra de Oswaldo Pugliese para comemorar o Décimo Aniversário da Libertação e da Longa Marcha, eram a *Milonguita*, a *Cumparsita, A media luz, Mi noche triste* que dançavam, lá se vão vinte anos. E agora recebo uma relíquia inestimável: o disco *Gotán*, celebração de quarenta anos de tango que Susana Rinaldi e sua companhia transformaram num monumento à vida do tango. A comédia dramática feita de tangos se chama *Milonguita*: o nascimento, a vida, a morte e imortalidade de Milonguita.

* * *

Há dias, conversando com alguns amigos — Antônio Callado, Hélio Beltrão, Humberto Braga, Eugênio de Macedo Soares e respectivas — depois do generoso cineminha de Harry Stone, alguém citou o nome de Ava Gardner como o da mulher mais bela que conhecera. E já nem lembro de quem me fez uma pergunta que só pode ser feita de homem para homem:

— Qual foi o homem mais bonito que você conheceu?

Engraçado: nunca me passou pela cabeça esta pergunta, que só pode ser dirigida respeitosamente a fotógrafos. E fiquei mastigando a pergunta no chiclete da memória quando me lembrei:

— Mário Cabré.

Disse-o com certa piedade, porque tinha visto um retrato de Mário Cabré numa revista de Barcelona: enrugado, quase escalpelado, franzido, de bochechas pelancudas e pálidas, uns fios de franja de tapete velho na cabeça, um olhar pelo avesso, uns dentes desconjuntados espiando por uns lábios de saco de bombons... Meu amigo Mário Cabré... Você se lembra, Pedro Bloch, de quando fomos vê-lo em enorme sucesso num teatro de Buenos Aires, onde fazia o papel de um padre elegantíssimo, como o Carreteiro de mármore do Museu de Olímpia? As mulheres uivavam de paixão na platéia, o padre rodopiava a batina em cena como demônio disfarçado em Apolo. O ator representava e me dava a impressão de que ninguém acompanhava a cena: queriam vê-lo, a rodopiar, de mãos postas, uma voz de Orfeu a chamar por Eurídice nos porões do Hades. Chovia. Chovia como se São Pedro estivesse revoltado contra a existência de tal homem, de tal sacerdote.

No fim da peça fomos conhecê-lo, à saída dos fundos do teatro, levados por seu amigo e colega, o ator catalão Enrique Guitard, responsável por ter espalhado *As mãos de Eurídice*, de Pedro Bloch, pelo mundo inteiro. Cabré surgiu já em trajes laicos, envolto numa capa negra como se fosse o *Relicario* da canção de Tito Schippa. As *chicas* cercavam o ex-padre, aos berros, sacudindo papéis, programas da peça para colher autógrafos, e arrancando do ator os botões do jaquetão, como outras relíquias. Mário Cabré, ator, poeta, toureiro... Sorria e seus dentes trituravam corações. Íamos cear com ele, depois do espetáculo, mas o fã-clube nos atrasava. E a chuva desabava. Tornamo-nos amigos. Várias vezes fui vê-lo em Buenos Aires, para conversar em algum café escondido, depois do assalto das *chicas*. O meu amigo ator e toureiro me deu dois presentes: dois livros de versos de comovente sinceridade. Um, o poema de homenagem a Manolete, o toureiro que *hiciera cien hecatombes con sus propias manos*; e o outro, ah!, o outro se chamava *Dietario poético a Ava Gardner*, e eram poemas da sua paixão enquanto a levava a ver Sevilha, a ver a Giralda, e ver Granada e fazê-la passear ali, como rainha, entre os repuxos de flores, de azulejos, de leões de pedra, de arabescos de ferro e de jatos d'água que a brisa perfuma... Cabré mostrava-lhe em versos toda a Andaluzia e lhe recomendava as mil dietas para que a bela continuasse a ser bela, os vinhos, os queijos, os tira-gostos, os leitões torrados, e o sabor de cada beijo besuntado de gordura e doces moçárabes. E a bela olhava, ouvia, mastigava, sorria, fazia voltarem-se mil olhares, e não entendia nada, nada daquilo, não percebia que o poeta mais belo da Espanha, do mundo, ali estava a cobri-la de mantilhas de versos, a jogar-lhe aos pés pedaços de coração sangrentos e uma chuva de lágrimas mudadas em pérolas... Burra, burra, burra, a musa não se sabia musa, a pobre, não sabia que o poeta lhe atirava aos pés todo o paraíso de *cantos hondos*, de rasquear de guitarras na noite azul, todo o sapatear de pés e castanholas fazendo-lhe a corte, todos os músculos de todos os touros, tudo a deslizar-lhe até as sapatilhas pela ponta da espada de Cid el Campeador... Era o coração sangrento de Espanha que Mário Cabré oferecia à condessa descalça Ava Gardner e ela, burra, burra, burra, não entendeu que poderia ter sido uma *chica* de tranças, pente à cabeça encostada à *reja* enquanto Don Juan lhe serenateava: *Deh, viene alla finestra...*

Algum tempo depois Mário Cabré passou pelo Rio. Ia fazer um filme, uma volta ao mundo de Don Juan. Não deu certo, voltou a Buenos Aires, me trouxe um elefantezinho de madeira polida da Índia. Voltou à Espanha e súbito recebi dele uma foto onde escrevera no verso: *Mira lo que me ocurió*: e era ele, toureiro, atirado para o alto pelos chifres de um miúra tremendo. Tinha voltado à tauromaquia, estava reapresentando o pequeno grupo de brasileiros. Abraçou-me com fraternidade teatral. Quando lhe apresentei minha mulher, havia entre nós uma poça d'água vastíssima. No instante de indecisão causado pela poça, Mário Cabré desenrolou-se da capa, jogou-a sobre a água e deu sua espanholada:

— *Pise, señora; es mi corazón.*

Que brasileiro teria a ousadia galante de tal gesto, a não ser algum inglês descendente de sir Walter Raleigh, ou algum matador depois de recolher a espada tinta de sangue? Mário Cabré, ator, toureiro e *hidalgo...* Tornamo-nos amigos. Era o toureiro do filme *A condessa descalça*, em que Maria de la Mata perdera de amor todos os toureiros da *Carmen* de Bizet mais o brasileiro Humberto Braga, que ali, na nossa roda de convidados do imprescindível Harry Stone, confessava ter escrito uma crônica de lágrimas ao saber da morte de Ava Gardner, paixão de uma geração. E recordei a história de Mário Cabré que, no papel de toureiro do filme, esmagou-se de amor pela condessa descalça. Pela condessa e mais, todos sabiam na ceia de Cabré e Guitard: na vida real os dois se perderam de amor, cada qual amando a beleza do outro, e Cabré atirava a Espanha inteira aos pés descalços com o gesto do *Relicario* de Schippa e de Walter Raleigh aos pés da rainha Elizabeth da Inglaterra. Cabré já não seria apenas um catalão, mas um sevilhano, pois em Sevilha moram todos os Don Juans da literatura: o Tenório, de Zorrilla, o de Merimée, o de Bernard Shaw, o de Suzanne Lilar, e, claro, o do anjo Mozart; e mais o *Fidélio* de Beethoven, pois todos eram de Servilha, nasceram à sombra da Giralda e rezaram à Macarena na procissão de Sexta-feira Santa; e mais todas as Madonas do sevilhano Murillo, que nunca saiu de Sevilha para ali morrer pintando e repintando a única Virgem amada... Só em Sevilha existe um Barbeiro, só em Sevilha existe um Leporello, só em Sevilha pululam as Zerlinas que inspiram o mais sutil *understatement* poético: *La ci darém la mano*, que Beethoven e Chopin ousaram tecer em variações musicais. Esta frase é a maior glória do frade velhaco Lorenzo da Ponte, o que também inventou para o seu *Don Giovanni* um farejar do ar da praça deserta e a exclamação à Princesa perfeita: *Mi par sentir un odor di femmina!*

O TURISMO DE ESOPO

Quem me meteu na cabeça a gincana da Academia foi Austregésilo de Athayde. Eu já vinha do vício de ganhar prêmios da Academia, duas vezes o "Artur Azevedo", um por peça de teatro em *Um deus dormiu lá em casa*, outro por um ensaio sobre redação teatral, o *Xântias*. Rodrigo Octavio Filho, Raimundo Magalhães Júnior, Jorge Amado me iscaram com tais insistentes cócegas que me levei a sério, até que, a uma vaga ainda bastante vaga, Austregésilo me serpenteou: "É a sua hora!" Surgiu um concorrente, o doutor Deolindo Couto. Embora sem obra literária, já concorrera uma vez, perdera, jurou pela imprensa um "Nunca mais!" E no entanto, *en catimini*, fazia suas gentilezas aos acadêmicos, oferecendo carona, a outros cuidados hospitalares, a outros atendente em operações cirúrgicas que não eram de sua especialidade. Desgraçadamente, zumbiu-me a mosca azul e eu esquecera uma verdade do meu guru, Palimércio de Rezende: "Nunca brinque com militares, sacerdotes e médicos: a mercadoria deles é a morte". Esqueci. Estava embriagado de sucessinhos literários, livros bem recebidos, teatro em cena de diversos países e generosa acolhida em rodinhas literárias. Tinha sido tirado para valsar e aceitava valsar. Deixei de lado quem me alertava: "É cedo..." Meu pai dedicava à Academia uma veneração especial: o fardão, a espada, o civilismo democrático de Rui Barbosa... gostaria de me ver lá.

Mas a campanha, a amável gincana dos pedidos de votos me deixaram desconfiado às primeiras gentilezas:

— Agora, não, já tenho compromisso... Na próxima vaga...

E a "próxima vaga", ainda inexistente, me levava inconscientemente a escolher qual o imortal que a abriria. Por outras palavras: fazia-me saborear com gosto a futura morte de um ou outro moribundo. Sentia nas minhas andanças uma espécie de necrofilia; e, por parte de alguns senhores acadêmicos, uma obsequiosa hipocrisia, galante como uma corte de salão. Decidi que, em vez das visitas protocolares, tomaria notas dos colóquios, bons assuntos para uma reportagem. Eu ganhara um certo treino no gênero, graças a uma série do *Diário de Notícias*, encomendada pelo diretor Orlando Dantas em 1942, sob o título *Por que deixei de ser integralista*, tribuna aberta para os fascistas brasileiros arrependidos quando o Brasil entrou na guerra. Santiago Dantas, ao saber da existência das reportagens, ofereceu-se, e por três vezes as emendou por telefone, até pedir, em vão, que eu substituísse o título por *Confissões de um antigo integralista*. Mas ajudaram muita gente a escapar do navio da ditadura, que já começava a fazer água.

O presidente Athayde me estimulava:

— Então, como vai a coisa?

A "coisa" era a campanha. Eu já sabia que não ia bem, que o meu ressuscitado adversário, sem obra e sem letras, distribuía caronas, consultas, exames médicos. Mas me divertia tricotar uma curiosa reportagem, a pedir votos para ouvir desconversas, elogiando acadêmicos para ver abertas em leque suas penas de pavão, seus gluglus de vaidade e seus olhos úmidos de modéstia. Tudo isto está mais ou menos contado no meu *As Excelências, ou como entrar para a Academia*. Hoje é raridade sem graça, até mesmo porque muitos imortais já morreram e angariei em vão desnecessários desafetos. Outros mais dotados de senso de humor até gostaram, porque nada há mais saboroso do que saber que o sapato alheio aperta e dói, enquanto o nosso sente-se cômodo. A consciência humana às vezes situa-se nos sapatos.

— Você está perdendo tempo, o Deolindo está avançando.

Assim me preveniu Athayde, e o aviso também mostrava que não votaria no perdedor: precisava ser o presidente vitorioso. Ao vencedor, as batatas, lá dizia. Encontrando-o quase diariamente na redação, minha testemunha de casamento, o amigo de meu pai, deixava escapar: seu voto seria meu; como deixava escapar: eu estava me enterrando.

Rodrigo Octavio Filho, fraterno e amplo, recolhido a um hospital, Alceu Amoroso Lima visitou-o para torcê-lo em favor de Deolindo. Senti que ele tinha conseguido:

— Você sabe como são as coisas, nem sempre se pode fazer o que se quer...

Eu nem retrucava, para não estabelecer polêmicas ou provocar recordações. Mas decidi continuar minhas visitas e transformá-las em entrevistas-reportagens: como entrar para a Academia.

Desde jovem, adquiri tarimba enorme em contemplar os amigos mergulharem numa zona de sombra e, mais tarde, passadas as nuvens, reiluminarem-se. Há uma certa opacidade a esconder e reconstituir as paisagens, as vozes. Descobre-se nos outros uma vergonha sem vergonha.

Quando falei de minha reportagem a Ênio Silveira, parece ter gostado.

Pedi segredo, do contrário tudo se derreteria em cochichos... Contava com quatro votos seguros: de Jorge Amado, porque me estimulara e porque afirmara só votar em escritor; de Menotti del Picchia, porque fora o primeiro a acolher minhas tolices poéticas e, ao meu primeiro romance, *Trinta anos sem paisagem*, me comparara a Radiguet; de Guilherme de Almeida, porque viera ao mundo nos braços de meu avô, e seu pai dera ao recém-nascido o nome do parteiro, nome que seria o meu, e porque era campineiro como eu, e porque era o poeta do Movimento Constitucionalista, de que eu era o caçula; e de Aurélio Buarque de Holanda, porque Deolindo não fazia parte de seu dicionário.

Na tarde da eleição, aceitei o convite para esperar o resultado em casa de Álvaro Lins, a quem devia dois rasgos de elegância: dissera desde logo que não votaria em mim, nem iria à Academia, e dissera que da próxima vez votaria...

— Não há próxima vez.

Veio um telefonema: M. Paulo Filho, do *Correio da Manhã*, tivera dois votos; eu recebera seis; vinte e cinco elegeram o professor Deolindo Couto. Embora tivesse recebido dois votos secretos, resolvi admiti-los como secretos; daria a alguns imortais a alegria de me cochicharem ter sido um dos dois. Assim mantive a cordialidade da Família das Letras com o perverso prazer de vê-la mentir. Perdi dois interlocutores: Josué Montello, que não me perdoou por saber que eu não gostava de seu teatro; e Afrânio Coutinho, que numa sessão secreta da Academia insultou-me e tratou de fazer saber que eu saberia de seus insultos; mas precisou de mim quando dirigia a Faculdade de Letras, para onde vinham bolsistas da Comissão Fulbright, e para me pedir que eu colocasse, no Conselho Universitário, uma professora de quem gostaria de se livrar.

* * *

Na noite de 23 de outubro de 1962 eu representava o *O Jornal* na Assembléia Geral das Nações Unidas. Era a noite da ameaça dos mísseis soviéticos que se anunciava seriam lançados sobre os Estados Unidos. O edifício das Nações Unidas estava deserto, a cidade deserta, esperava-se um pronunciamento do presidente Kennedy. Esperava-se mais, esperava-se tudo, esperava-se que um bombardeio atômico destruiria a cidade. Um curioso fenômeno fazia com que todos, transeuntes anônimos, andassem apressadamente e desejassem ficar sós. Não sabia com quem e sobre que conversar. E me sentia inutilmente só. No bar semivazio do Hotel Lexington me recolhi a um canto, um *barman* caridoso achou que eu precisava de um uísque e comecei a escrever estas palavras:

*Por um segundo, um nada de segundo,
Um relâmpago de átomo de segundo
Não nos encontraríamos. Nunca ou sempre.
No entanto, fomos. Guardo em minha boca
O gosto de tua língua e na memória
A primavera rindo nos teus seios,
Meus, nestas minhas mãos que decoraram
Teu formato e tua ausência. Adeus, eu digo
Ou não digo. Não sei. Dizem por mim.
Por um segundo, um nada de segundo
Poderei não ser mais, nem tu, nem nada.
Imagina: milhões destes que esperam,
Esperam: sobre os quais se tecem teias
De órbitas de anjos explosivos
Que nos vêem com olhos de gaivotas
Sobre o cardume e setas desabrocham
Nos mares, e nas ilhas e nas terras
E nos ares e mais precisamente
Nos olhos fixos da cobiça humana.
Sabes? Escuta, amor, querem salvar-nos
A nós que nos amamos e passamos
A nossos filhos ainda sem amores.
Salvar-nos. De nós mesmos. E do próximo
Salvar a mão em côncavo de espera
O umbigo do menino, os olhos langues
De verminose, as mães putriparidas,
Os dentes gastos de roer raízes,
Os cabelos cardados de relento,
As pupilas fixadas pelo sol,
Os pés marmorizados pela neve.
Querem salvar-nos. Nós, a um só tempo. Todos.
Hoje talvez, amor, seja o momento
De te gritar meu único sussurro,
Hoje, talvez, amor, seja o segundo
Em que — agora, agora! — esta palavra
Ficará decepada como uma asa.
Eu não serei. Nem mundo. Nem poema
De te dizer adeus. Nem tu. Nem Deus.
A vida se apagou do quadro-negro
De onde a soletrávamos ai por ai*

Beijo por beijo. Antes de nos beijarmos
Como o estalo de um beijo, já nem era.
Por um segundo, um nada de segundo
Queria terminar esta palavra
Adeus, de modo tal que a vislumbrasses
Nas estrelas. Lá, longe. Nós. Ninguém.

* * *

EM BRANCO

Nada de estátuas. Nada.
Nem de rostos chorando nem de vozes
Alçadas. Nem colunas. Nem fatias
do que disse e escrevi, distribuídas
Às crianças inermes. Simplesmente
Meu amor. Simplesmente, imperceptível
Aos tolos e aos pedantes; uma lágrima
No chão entre bocados de confeitos.
Não lhes deixo mais nada. Sim, meus filhos,
Minha mulher e páginas escritas.
Podem queimá-las — ela, não! nem eles!
Elas, as minhas páginas inúteis.
Nem gratidão espero nem orgulho,
Mas piedade. Não soube ser prudente
Nem ter lucro nem perda que não fossem
Lucro e perda de amar o semelhante.
Não calquei um tijolo sobre a terra,
Nem descobri jazidas que não fossem
Eu mesmo retorcido pelo avesso,
Nem guardei documentos comprovantes
De dono. Se sou dono é de mim mesmo.
O que dei foi esmola. O que emprestei
Esmola de esperança sonegada.
Não furtei cofres fortes nem amores
Apenas quis sobreviver enquanto
Vivia sem pensar que o meu passado
Possa acotovelar um só presente
Ou passado ou futuro. O que sonhava

Era o fio de sol gota de chuva
Que me deixassem vida e minhas vidas
Postas em vida de que é minha a culpa.
O mais — por que levar no rosto a ofensa
De quem nunca ofendi? De quem o sol
A chuva, o vento, a prata incobiçada
Nem mesmo desprezei porque não eram
Minhas como a manhã ou como a tarde?
Aí, o que amei de meu a mim pertence
Nem sei se meu será quando eu não for
Mas eu te peço a ti que não conheço
A ti que és não sei quem a ti que tens
O direito de estar onde eu não estou
De ser quem eu não sou de desdenhar
Quem eu fui ou serei ou nunca seja,
Eu te peço: respeita. Ou mais: ignora
O que tenho no mundo são os versos,
Palavras, asserções, teses ou temas
Só o amor feito carne como o teu.
Esconde-os. Acoberta-os. Dissimula-os
No anonimato ou glória. Mas reserva
Para mim que sou pai o mesmo anseio
Dedicado aos teus filhos sem poesia
De frases mas criados de poesia.
Podes queimar o que escrevi. E mesmo
Queimar as mãos que o escreveram — tudo
Mais o aplauso o elogio o entusiasmo
A indiferença o tédio. Rogo apenas
Que tuas mãos ineptas ou sagazes
Tenham calor para afagar meus filhos
E um óbulo estender ao meu amor
Como se nenhum nome eu me chamasse.

* * *

Era assim. Supostamente amigos. Seriam adversários. O major Góes Monteiro, Pedro Aurélio de Góes Monteiro para os íntimos, gostava de fazer perguntas aos tenentes, ao chegar à hora da alvorada: "Tenente, que acha da *Traviata*?" Ou: "Capitão, o senhor prefere Balzac ou Stendhal?" Inquéritos assim nenhum militar sabe responder às seis da manhã. Góes passou a ser no exército o que se chama "um crânio". E, em dias de outubro, de Santo Ângelo mandou um telegrama a meu pai, no Alegrete: "Onde posso vê-lo dia 3?" Meu pai respondeu: dia 3 de outubro de 1930 iria do Alegrete para uma visita de inspeção em Santana do Livramento, guarnição também sob seu comando. Entre Alegrete e Santo Ângelo há uma parada de trens, Cacequi, onde os comboios em todas as direções se cruzam, para o abastecimento de água e para o almoço aos passageiros, servido no restaurante da estação. Almoço dos caixeiros-viajantes, chamavam estes; sabidos de que os pratos eram postos às mesas ao mesmo tempo, sopas quentes, feijões, arroz, bifes, goiabadas, tratavam de deixar as sopas para o fim, para terem tempo de comer todo o cardápio; do contrário, à hora de voltarem aos vagões, aos apitos dos trens, mal tinham tido tempo de tomar meia sopa. Bom negócio para o dono do restaurante.

A parada dos trens era de meia hora. Meu pai não encontrou ali o amigo Pedro Aurélio. Seguiu para Santana e, às seis horas, assaltou-o um bando armado. Houve combate, um tenente e um soldado feridos, meu pai foi preso, dominado sob alegria geral, arrastado em triunfo na rua. Pedro Aurélio comunicara a Oswaldo Aranha a hora em que o coronel Figueiredo passaria por Cacequi, a hora em que chegaria ao hotel de Santana. Tinha começado a revolução.

Meu pai ficou preso com outros oficiais legalistas a bordo do navio Pedro I, ancorado em Porto Alegre, no meio do rio Guaíba. A revolução venceu. Meu pai estaria de volta ao Rio em princípios de novembro, Oswaldo Aranha visitara-o em Porto Alegre, para tentar demover o amigo. Não se entenderam.

Chegado ao Rio, meu pai começou imediatamente a conspirar. Requereu reforma do exército. Dizia que só voltaria como saíra: pelas armas. Conspirava-se. Eu, finalista do Colégio Militar, comecei também a conspirar; e lhes digo que é uma das maiores emoções da vida; levar consigo um segredo, comunicá-lo a quem deve, trazer respostas, saber nomes, datas, cochichar para si mesmo: "Amanhã, a coisa vai!" Meu pai seguira de automóvel para São Paulo, depois de várias visitas clandestinas. No dia 8 de julho de 1932, às seis da manhã, bateram à nossa porta para prendê-lo. A resposta é que estava no sítio, em Campo Grande, um sítio comprado para ajudar os encontros conspiratórios, disfarçados em criação de galinhas. Tomei uma pequena mala de roupa, atirei pelo muro à casa vizinha dos fundos. Os guardas à nossa porta, entre eles o Seu Chagas, que seria depois o ajudante de carcereiro na casa de Correção: "Vou acompanhar meu irmão ao Colégio", disse-lhe. Naquele tempo os policiais eram de crassa e santa ignorância. Passei, mandei o mano para o Colégio, dei a volta para a rua seguinte. Na casa vizinha toquei a campainha, me veio o dono da casa, em pijama sonolento, o cão latia, expliquei que ia haver uma revolução e que eu iria para lá, precisava da mala. "É contra o Getúlio?" Respondi que sim. O vizinho segurou o cão: "Leve a mala". No trem diurno da Central a ordem era ninguém se conhecer: o coronel Palimércio de Rezende, o tenente Rubem Paiva e outros. Um gordo me perguntou, sentado à mesa do restaurante, se eu era estudante em férias. Adivinhou. Nessa hora o trem fazia parada em Lorena. A guarnição militar era "nossa", oficiais na plataforrna invadiram o vagão, houve abraços e vivas, o sujeito sentado à minha mesa, que eu imaginava espião, confraternizou: era o Chico Bóia, remador do Botafogo, amigo do Rubem Paiva. Daí por diante o trem rumou para a Estação da Luz; na manhã seguinte, São Paulo estava em polvorosa, sem um tiro. Meu pai, acompanhado de outros revolucionários, fardara-se, fora ao portão do quartel general da 2ª Região, o sentinela apresentou armas, meu pai disse: "Abra o portão!" O sentinela obedeceu com a melhor das obediências. Meu pai fez o tenente Paiva reunir os oficiais que ali pernoitaram e lhes falou: "Senhores, a revolução está feita. Quem quiser aderir, fique; os que não quiserem, recolham-se às suas casas, presos".

Fizeram-me estafeta entre os batalhões, já dispostos ao longo da Central, em Queluz, no Túnel, na Mantiqueira, em Piquete, em Itanhaém. Dirigi um Ford, fui metralhado em vão pelos pilotos ditatoriais Melo Maluco e Nero Moura. Fiz minha primeira barba. Com Severo Fournier, Aristóteles Ribeiro, Alexandre Ribeiro da Cunha, José Paranhos do Rio Branco, o tio Leopoldo e seu filho também Leopoldo e novos amigos, Paulo Duarte e Reinaldo Saldanha da Gama. Aprendi a fumar em voz alta. Nas cantinas organizadas pelas moças paulistas admiraram em mim o caçula. Aprendi o gosto da cachaça e provei de uma lata de caviar encontrada no carro-restaurante do trem, com o filho do coronel Palimércio, Apolinário, que nos surpreendeu a engolir o pão reúno com cerveja e caviar, e nos deu uma sábia lição:

— Caviar se come com *champagne* e se possível com uma loura no colo.

Do outro lado das trincheiras, o nosso adversário, o já então coronel Pedro Aurélio de Góes Monteiro. E outro coronel, Daltro Filho, que devia, quando tenente, ter sido meu padrinho, mas que eu demiti aos sete anos, por falta de exação no cumprimento do dever; nomeei em seu lugar o capitão Augusto de Lima Mendes, marido de tia Candê, o maior equitador militar, o maior esgrimista que, enfermo, paralítico de um braço, não pudera ir com meu pai. Ficara no Rio, fiel amigo de toda a vida.

Convém registrar que os nomes de alguns militares aqui citados faziam parte, ou eram seguidores, dos "jovens turcos", que estudaram na Alemanha Imperial antes da primeira grande guerra como alferes e tinham o propósito de reformar a mentalidade sargenta do exército brasileiro. Este propósito se divulgava na revista que fundaram, a *Defesa Nacional*, onde os bravos cavalerianos cunharam um lema: "Cu, cavalo e cachaça".

Em São Paulo era moda deixar a barba crescer, vestir uniforme, revólver à ilharga. Tive um, dei meu único tiro na vida e no dia seguinte, de madrugada, fui verificar se existia algum ferido entre os arbustos do lado ditatorial. Não havia ferido algum, mas talvez sangue. Então meu orgulho cívico e eqüestre sofreu séria mudança: um constante sentimento de culpa acalentado lendo *Le feu*, de Barbusse, e *Nada de novo no front*, de Eric Maria Remarque. E um livro desconhecido, descoberto numa livrariazinha da cidade de Cruzeiro, *A luz da outra casa*, de Pirandello, autor que me seguiu a vida inteira. Sentia inquietações poéticas; e, à noite, no vagão-restaurante, em horas de calma, enquanto a rapaziada explodia em gargalhadas de caserna, eu ouvia Roberto Moreira recitar poesia com bastante elegância, ou as aulas de saudade italiana de meu tio Bento, que viveu e morreu impregnado de canções napolitanas, de Dante, de D'Annunzio, de Leopardi, e me ensinou letras de ópera e sonetos de Petrarca. Antes de terminada a revolução, decidi namorar a melhor amiga de minha irmã, Alba, dona de uma franjinha esvoaçante, uns olhos ora mansos, ora vivos, irmã do tenente José de Figueiredo Lobo, ajudante de ordens de meu pai. José tinha o coração e a bravura de certos doidos: várias vezes preso, desaforado, denunciou em livro Juarez Távora, Agildo Barata, Juracy Magalhães e José Américo de Almeida como os assassinos de seu irrnão, o tenente Paulo de Figueiredo Lobo, a 3 de outubro de 1930, na Paraíba.

Eu nunca tinha visto o general Góes Monteiro, vencedor do Movimento Constitucionalista, vencedor de meu pai. Só muito tempo depois o vi, quando morreu o coronel Palimércio de Rezende, em seu apartamento da Rua Santo Amaro. Meu pai estava cumprindo pena na Casa de Correção; o capitão Benedito Dutra, do gabinete do chefe de Polícia Filinto Müller, achou que devia pedir uma licença para buscá-lo a ver o amigo. Palimércio, diabético, morreu com a mão na minha. Em nossa casa era o tio Paly. Leu meus versos.

Só reencontrei Góes Monteiro em circunstâncias estranhas, curiosas. Meu pai teve seu livramento condicional. Veio o rompimento de relações com o Eixo. Meu pai, desde a prisão, escrevia artigos para *O Jornal*, sob o pseudônimo de *Um observador militar*. Veio a guerra. Forma-se uma fila de voluntários à porta do ministério da Guerra. No meio da rapaziada que se inscrevia, lá estava meu pai. Um sargento reconheceu-o, comunicou a um capitão, o capitão subiu ao gabinete do ministro, o ministro, marechal Eurico Gaspar Dutra, mandou chamá-lo. Diálogo rápido:

Dutra: — Figueiredo, você está me atrapalhando.

Meu pai: — Estou, Dutra. (*Ligeiro embaraço*)
Dutra: — Você não quer ver o Góes?
Meu pai: — Não, Dutra. Esta guerra é mais minha do que dele.

Voltemos atrás. Quando Júlio de Mesquita Filho quis provocar uma intervenção federal em São Paulo, logo após a Constituição de 1945, aliando-se, para tanto, com o vice-presidente Nereu Ramos, o deputado Euclides Figueiredo foi contra. Depois de tantas lutas pela constitucionalização do país, seria um crime proceder-se uma intervenção federal na maior unidade da Federação. Que conseqüências nacionais isto não traria?

E tratou de se opor à conjura. Marcou-se encontro em casa do coronel Agnelo de Souza, ex-combatente e valoroso elemento da Revolução de 1932, com o general Canrobert Pereira da Costa, então ministro da Guerra, o general Góes Monteiro, então chefe do Estado Maior do Exército, e o anfitrião. Meu pai quis que eu o acompanhasse. Abraços efusivos de amigos que pareciam continuar um bródio da véspera. O almoço, preparado pela senhora Agnelo, era dos famosos, daqueles que ela preparava para encantar encontros e conchavos políticos; na copa, um macaco amestrado, aos guinchos, participava do vozerio ainda mais estimulado pelas largas doses de uísque servido por todos e a cada um, na mais absoluta fraternidade estudantil. E cantavam e brindavam-se como na *Traviata* e no *Elisir d'amore*. Deviam ser grandes pândegos esses colegas. Mas de repente um dos generais resolveu corrigir o outro. Meu pai não, que não era dado a solfas. Mas Góes Monteiro e Pereira da Costa se desentenderam em torno do *dó de peito* de Rodolfo, da *Bohème*; e cada qual alçava mais alto o copo oscilante para bradar com maior perfeição o "e" de *speeeeranza*; e trataram-se de Carusos e Volpis, lembraram temporadas famosas, e discos que um e outro tinham, e em tudo o macaco intervinha e a dona da casa mantinha sua serenidade remexendo o doce de coco. Já iam para vias de fato quando Góes Monteiro desabou sobre o contendor toda a sua ciência lírica; ao que Canrobert, cruel, quis que o outro dissesse em que tom era o *Che gelida manina* em falsete e o outro confessava, olhos no chão, *Mi chiamano Mimi*. E eu de platéia. Canrobert, indignado, bradou que estudou canto desde criança, que os Canroberts tinham uma orquestra familiar; e os generais, para não perderem a batalha, abraçavam-se, lacrimosos sobre o doce de coco, e ficou assentado o seguinte: se a Câmara votasse a intervenção em São Paulo, o Exército não obedeceria. Grande, estupenda lição de democracia, grande vitória de meu pai contra os radicais da intervenção federal. Salvou-se a pátria, e o doce de coco era esplêndido. Todos me olhavam como se eu fosse a testemunha ocular da história.

Por ter sido anistiado, por ter contribuído para uma constituinte democrática, para mostrar que as águas ditatoriais eram passadas, meu pai resolveu reunir partidários e adversários em sua casa. Era um coquetel ecumênico, de gregos e troianos, sem vencidos, sem vencedores. Generais, deputados, civis revolucionários, todos com suas senhoras foram convocados. Menos Filinto Müller. Mas até Ernâni do Amaral Peixoto. Alba, minha mulher, quando deu com a figura de Juracy Magalhães me disse que se retiraria. Eu lhe disse que faria o mesmo logo que atendesse à chegada de alguns convidados. Pela terceira vez na vida vi o general Góes Monteiro, que conspirara no Rio Grande contra meu pai, que namorara os conspiradores constitucionalistas e a eles fora contrário, que quase foi presidente da República e temeu enfrentar o amigo Getúlio, e ressurgia depois de ter prometido esmagar niponicamente os adversários do "estado novo". O que chamou de "ir a Canossa." Estava ali, à porta, acompanhado de dois ajudantes de ordens, curiosos capitães: um encarregado de não deixar que Góes tomasse uma só gota de álcool; o outro, mais complacente, levava no bolso traseiro da calça um desses frascos de metal que os ingleses inventaram para ter o uísque sempre à mão. Na pequena sala de estudos de meu pai, Góes Monteiro sentou-se numa cadeira; em outras o rodearam. Pude vê-lo, ou melhor, ver a sua ruína: rosto encarquilhado, desabado, os lábios sem firmeza e sem simetria, o nariz arfante, os cabelos ralos, enevoados e esquecidos, os olhos debruçados de sono. Ao fim de alguns minutos de conversa, pediu a um dos ajudantes:

— Capitão, arranje-me um chá.

O capitão, solícito, varou os grupos, correu para a copa, pediu uma chávena, encheu-a, nela derramando o líquido que trazia no bolso. Trouxe o chá, logo depositado numa pequena mesa, enquanto as pessoas ao redor se apiedavam de ver os dedos trêmulos daquele poderoso quase a espirrar no chão e nas calças o chá, e ajudando-o com duas mãos, para que chegasse à boca. Um pouco mais de conversa e o general ordenou:

— Capitão, outro chá.

O capitão precipitou-se, trouxe o chá. A dentadura do general estalava como um chinelo velho que ele segurava por pressão da boca chupada.

— Mais chá.

A voz do general misturava pirão e dentes. Seus olhos me olharam:

— Menino, me leve ao banheiro.

Levantou-se, levantei-o, tinha as calças molhadas. Tomei-o pelo braço, conduzi-o. Entrou e me pediu:

— Me ajude.

Suas mãos tremiam tateando os botões úmidos; por fim, desvencilhou-se, gemeu que eu o ajudasse, terso e oscilante. Inundou o chão, pediu-me que o enxaguasse e voltou, equilibrando-se, até a cadeira do escritório. Meu pai tinha vindo da outra sala, deu por falta do amigo, me viu, perguntou:

— Onde está o Pedro Aurélio?

Assim o chamava, com carinho. Mostrei, de longe, o general já sentado, uma baba de cuspe na boca. Primeiro tive pena. Depois, lembrando-me de tudo que aquele major, coronel, general fizera à vida de meu pai, falei-lhe: "Que este seu amigo o tenha traído e humilhado tanto, isso é lá com você; mas não me obrigue a ajudá-lo tanto quanto o ajudei agora".

E fui para casa, perto. Alba me esperava.

* * *

No enterro de Francisco Mignone não vi uma só personalidade do chamado "primeiro escalão" oficial; vi escassos mecenas e beneficiários da recém-fundada Cultura, não vi um só acadêmico, não vi qualquer dessas pessoas que, ao menos para ganhar uma pincelada da objetiva da televisão, costumam paradear em estréias, *vernissages* e noites de autógrafos. Mignone baixou à terra e subiu ao Céu dos músicos acompanhado apenas dos anjos que o amam, donos de humildade e grandeza para silenciar e ouvir seu recado de amor ao próximo.

Com a morte de Francisco Mignone, perdeu o Brasil o maior músico desta geração, o maior discípulo musical de Mario de Andrade. Desde que se encontraram em São Paulo, pouco depois da Semana da Arte Moderna de 1922, o doutrinador da estética modernista brasileira incorporou ao seu séquito o jovem compositor que, àquela época, além dos balbucios da música erudita, já firmava um lugar legítimo na criação popular sob o pseudônimo de Chico Bororó. É Chico Bororó quem compõe a canção *Viola quebrada*, com versos de Mario de Andrade.

Felizmente para Mignone (e para Mario), o discípulo trazia uma educação geral e sobretudo uma cultura artística e uma inquietação cultural muito superiores à média dos nossos artistas. Mignone não teria sido, por motivo simplesmente cronológico, um iniciador na busca das fontes nacionais onde beber a invenção musical: isto já o havia feito com precocidade estupenda Alexandre Levy e com genial segurança Alberto Nepomuceno. Heitor Villa-Lobos, participante da Semana de Arte Moderna, possuía, sobre todos os músicos brasileiros, a intuição da matéria sonora nacional que ia às raias da sobrenatural iluminação. Antes destes, Carlos Gomes, nosso primeiro e mais conhecido compositor ao tempo do Império, enveredou pelo caminho verde-amarelo de assuntos operísticos quase sempre revestidos de lírica italiana, da maneira de ser da ária e da modinha românticas em palavras italianas. No entanto, é até hoje o maior compositor de ópera das Américas. Francisco Mignone, filho de italianos, pertenceu a uma plêiade em que o descendente de imigrantes era Juca Mulato por orgulho nacional: seus contemporâneos são Menotti del Picchia, Camargo Guarnieri, Cândido Portinari, Bruno Giorgi, Roberto Burle Marx, Lorenzo Fernandez, todos filhos de imigrantes, todos furiosamente brasileiros. O incentivo de Mario de Andrade e a convivência com os notáveis professores de música de São Paulo, o maestro Elias Lobo e os mestres do Conservatório paulista — onde Mario foi aluno e professor — infundiram no autor do *Maracatu de Chico Rei* uma facilidade a escorrer dos dedos ao piano até eleger temas de letras para canto, "descobertas" de síncopes, de ritmos marcando linhas melódicas flutuantes num quase *ad libitum* que seduziram o francês Darius Milhaud. Tratava-se de um jovem artista capaz de dominar o piano e a orquestra — e de ler textos ilustres da literatura italiana e francesa. Mignone é um desses casos raros da cultura brasileira: um freqüentador das outras artes além da sua.

    Conheci Mignone em 1937, no Primeiro Congresso de Língua Nacional Cantada, ao qual compareci com Aloísio de Alencar Pinto. Devo a Mario de Andrade a apresentação, como de tantos outros músicos, a começar pelas Três Graças da música brasileira: Antonieta Rudge, Guiomar Novaes e Magdalena Tagliaferro. Desde então, e durante toda a temporada de Mario de Andrade no Rio, pude observar a maneira de agir desse implacável guru, presente no lápis de Lúcio Costa e Oscar Niemeyer, no pincel de Portinari, nos versos de uma constelação de poetas cujas estrelas de primeira grandeza são Manuel Bandeira e Carlos Drummond de Andrade, numa via-láctea de romancistas, num punhado de críticos, de entendedores de artes plásticas, de perseguidores de folclore, de arquitetura, de linguagem, esse fundador de brasilidade. E só Mario de Andrade acendia o estopim de sua maiêutica, a pergunta provocativa, seja no grupo do Serviço do Patrimônio Histórico e Artístico Nacional, seja entre os jovens escritores e jornalistas como Carlos Lacerda, Murilo Miranda, Lúcio Rangel, Moacyr Werneck de Castro; entre os músicos e musicólogos como Tomás Terán, Antônio de Sá Pereira, Luiz Heitor e Violeta Corrêa de Azevedo; seja entre os apaixonados da biblioteconomia como Augusto Meyer e Evandro Pequeno. Dentro dessa multidão, Mignone era um gigante obediente e polêmico. Suas polêmicas com Mario de Andrade aconteciam meio feitas de palavras, meio batidas em notas e acordes no piano. Delas desabrochava uma flora musical, colar de cordas de violão encastoado de dentes de piano, plumas de canindé, tudo à volta de uma garganta de gemidos do caboclo e de rostos caipiras entoando brasileirismos.

    Mignone se tornou meu amigo e eu o amava como amo a minha pátria. Foi Liddy Chiafarelli, sua mulher, quem ensinou os primeiros pios musicais de um de meus filhos. Mignone mostrou-me os sestros das *Valsas de esquina* transformadas em gestos por Vaclav Veltchek. E me ensinou como levantar em cena a magia rítmica de *Chico Rei*. Quando Mario de Andrade morreu, reunimo-nos num almoço triste para lembrar o amigo, chorar sobre a valsa dedicada a Mario, relembrar a ópera *Café*, trabalhada pelo maestro sobre um texto provocador e nunca definitivo. Durante a Guerra, inventamos trazer ao Brasil a ***Sinfonia de Leningrado*** de Shostakovitch para a Orquestra Sinfônica Brasileira executar em solidariedade aos aliados e repúdio ao "estado novo". As facilidades estavam com a RCA Victor americana, acolhedora da idéia; os embaraços, com as autoridades brasileiras, a adivinhar em tal música um perigo para a integridade nacional. Vencemos nossa batalha de Leningrado e Mignone regeu a obra no estádio do Fluminense. Quando Liddy morreu, num desastre de avião perto de São Paulo, eu ia em outro avião tomar parte com ela num programa de televisão de Silveira Sampaio. Em Paris, onde a música de Mignone era razoavelmente conhecida, apresentei uma série de audições sobre criações brasileiras, na rádio oficial; e desde então seu criador, o musicista François Serrette, incorporou as audições normais dos discos de Mignone e as obras orquestrais por ele regidas e gravadas numa excelente coleção organizada pelo Ministério das Relações Exteriores, coleção jamais reproduzida ou ampliada. Há vinte anos, a Sociedade Brasileira de Canto Coral, dirigida por Cleofe Person de Matos, anunciou que passaria por Paris, de caminho entre a Espanha e a Alemanha, sem possibilidade de se apresentar na França. Consegui que o arcebispo de Chartres nos concedesse um domingo de sua catedral. A missa dominical consistiria de obras sacras do padre José Maurício, de Villa-Lobos e de Francisco Mignone. Uma apoteose no mais belo templo do mundo. Posso assegurar: esta foi, até hoje, a mais alta expressão da arte brasileira na França. Lembro-me, com alegria, que encontrei na catedral um ex-cantor da Sociedade, o hoje ex-ministro da Cultura Celso Furtado. Quando mostrei a Mignone o Teatro Municipal restaurado após os vandalismos carnavalescos, fez parar o ensaio da orquestra:

— O som não está bom! Há alguma coisa errada!

    Mandou soar a orquestra — "Aqui! Aqui!", e fez arrancar o veludo com que tinham recoberto a balaustrada do poço da orquestra:

— Vocês não viram que esta balaustrada é uma câmara acústica?

    No galpão da Uni-Rio, antigo estábulo da Exposição de 1908 e antigo laboratório da Escola de Química, queríamos instalar uma sala de audições. Os ecos eram parasitas implacáveis. Mignone ouviu, andou de um lado para outro, batendo palmas, e recomendou:

— Ponham uns anteparos recobertos de estopa, aqui, ali, lá, lá...

Hoje a sala é de acústica tão boa que professores e alunos a preferem ao auditório oficial,

Quando dirigi o Teatro Municipal (Mignone me dizia: "Não se meta nisto! Os políticos vão devorar você!"), imaginei inventar uma série de bailados brasileiros. Encomendei-os a Francisco Mignone, Aloísio Alencar Pinto, Almeida Prado, pedi auxílio a Guerra Peixe, a Edino Krieger, desencavei o *Boeuf sur le toit,* de Darius Milhaud. Nenhum escritor queria tentar a aventura apaixonante de escrever "para balé". Com Mignone, inventei um *Caçador de esmeraldas*, tirado, é claro, de Olavo Bilac, e um *Quincas Berro d'Água, d'après* Jorge Amado. Mignone orquestrou o *Sarau de Sinhá*, de Aloísio Alencar Pinto. Mal deixei o Municipal, sepultaram as criações brasileiras em favor de bailados de festinha de formatura. Para comemorar o centenário da Abolição da Escravatura (1988), a ministra Esther de Figueiredo Ferraz encomendou a Mignone uma *Cantata*, onde ele trabalhou com paixão, mesclando vozes brancas e negras, combinando temas africanos e ocidentais (para que um Edino Krieger, um Guerra Peixe, um Cláudio Santoro, um Almeida Prado se entusiasmassem por essa cantata). Ao mesmo tempo, compunha com paciência a ópera que havíamos sonhado, *Maria Louca*, história da rainha portuguesa que condenou Tiradentes à forca e chega ao Brasil, ensandecida, com o príncipe Dom João e a princesa Carlota Joaquina, assediada pelos seus fantasmas (os profetas do Aleijadinho), e a descobrir, com horror, no neto adolescente o futuro autor da Independência. Mas Mignone entrara em novo transe: toda uma coleção de obras para piano a quatro mãos. As valsas de esquina, as valsas-choro, as obras de Ernesto Nazareth, tudo para seus dedos e de Maria Josefina. Foram suas últimas apresentações e gravações em disco. Nelas se revela a adolescência daquele ancião, o brilho alegre, a sestrosa sedução aspergida, como um perfume, em suas melodias namoradeiras. Em 1984 me telefonou: perguntava o que minha mulher e eu íamos fazer às duas horas do dia seguinte, se estaríamos livres para sermos padrinhos de seu casamento com Maria Josefina. Claro que sim! Assim, aos sessenta e cinco anos ganhei um afilhado de oitenta e três.

Até o fim da vida seus dedos eram ávidos de música, enquanto sua alma se inundava de um Deus festivo, que lhe soprara a *Festa nas igrejas,* a *Missa* cheia de religiosidade. Nos seus últimos dias, Mignone pedia a Deus perdão de seus pecados. Que pecados, Santo Deus? Algum acorde menos puro? E que lhe desse tempo de terminar. Terminar o quê? Aí está sua obra interminável, que torna Mignone presente sempre que duas mãos abrirem a tampa de um piano; toda vez que um maestro levantar a batuta, a gigantesca alma de Mignone invadirá a orquestra. Será isto um consolo? Que custava a Deus conservar o meu amigo e à pátria surda reverenciar o seu gênio?

* * *

Só o vi duas vezes. Só escutei sua voz duas vezes. Em duas situações em que seu rosto de *spaniel* desabou em enorme tristeza; e suas palavras, primeiro oratórias e magistrais, depois em desalento, me deram a medida do seu amor à natureza, à vida, e o desapontamento ante a indiferença dos homens pela sua própria humanização. Senti em ambos os episódios o encantamento dos seus olhos, a fé na sua pregação, seu desalento e o renascer de seu entusiasmo. Para ele, ciência não é procura da verdade, é procura da beleza; e quando a beleza do semelhante lhe escapava, recomeçava a persegui-la. A beleza e a verdade eram seus colibris. Convencendo-nos a amá-los, tê-los-ia salvo. Ter-nos-ia salvo. Augusto Ruschi era um apóstolo? Um Papageno? Um Siegfried?

Primeiro, na estação de televisão em que Assis Chateaubriand, ao descobrir o ornitólogo de Santa Teresa, queria mostrá-lo e mostrar seus milagres. Como domesticar beija-flores, como torná-los jóias e animais de estimação. Ruschi inventara todo um processo, ignorado dos especialistas, até do célebre John Gould, que batizava os *trochilidae* com nomes poéticos: eremita de barba branca, de boné branco, asa de sabre, *coquettite*, *fair*, estrela do norte, safira, topázio, sílfide, gema do sol... Simples: o beija-flor, um minúsculo mecanismo só existente nas Américas, para voar bate as asas mais de quarenta vezes por segundo e, para tanto, consome uma quantidade diabética de açúcar. Tão veloz que, quando o ouvimos, a qualquer distância do vôo, já não está mais onde o vemos. Tão bravo que não precisa temer inimigo: dissolve-se diante dele e o afugenta com uma bicada. Não se sustenta no ar mais do que minutos; de minutos em minutos precisa reabastecer-se de energia, isto é, do açúcar das flores. Se se colocar uma garrafinha com água açucarada, com um orifício ornado de fingidas pétalas, por onde o beija-flor introduza o bico, acostuma-se a vir tomar o refresco. Posta a garrafa junto à janela, ali vem. Colocada a garrafa dentro de casa, o seu olho perfeito a distingue, ele a procura e reprocura. Se há várias mamadeiras ao redor, faz a ronda. E suga, proporcionalmente, mais garrafas do que qualquer alcoólatra. E os restos dessa prodigiosa combustão se espalham em nosso soalho, nos sofás, nos tapetes, nos móveis, nas louças. Mas o feroz animalzinho pratica uma proeza melhor do que o próprio homem: acostuma-se ao homem. Só não lhe lambe as mãos porque o homem é um animal azedo. Puro desdém de beija-flor. Justo julgamento de beija-flor.

As garrafas foram espalhadas, penduradas no estúdio de televisão. Era ainda uma época de programas ao vivo, sem filmagens e sem aparelhos de ar-condicionado. Augusto Ruschi chegou com sua maleta de mascate milagroso. Abriu-a. Dentro dela, metidos em envelopes, só com as cabecinhas de fora, acolchoados em algodão, os beija-flores respiravam uma vida ínfima, sem o altíssimo dispêndio de energia. Retirados dos invólucros, soltos, riscaram no salão suas órbitas de arco-íris, em busca das garrafas. Seria uma festa para os telespectadores aquele bailado de jóias, libando, anjos sem peso. Alguém do estúdio, inadvertidamente, ligou a chave das luzes. Os holofotes deslumbraram, os olhos cegavam-se, os beija-flores flechavam para os sóis e tombavam, feitos poeira, no chão. Foi horrível. E horrível o olhar louco do amigo da vida. Não pude mais ver.

No dia seguinte, Assis Chateaubriand inventou o melhor da alma de criança que o habitava: inundar o Jardim Botânico de beija-flores, transformar o mais belo parque do Rio numa árvore de Natal, um caleidoscópio de pedras preciosas, um farelo de galáxia, sei lá! Os beija-flores, preparados pelo domador, esperavam numa vasta gaiola. Chateaubriand, como requinte poético, convidara um poeta gordo para saudar os colibris. Augusto Frederico Schmidt tinha a palavra — e sua oração me recordava o elogio de Voltaire ao violoncelista Duport: *Vous savez faire d'un boeuf un rossignol!* Ou um La Fontaine: *Le violoncelle qui se voulait faire aussi mince qu'un rossignol.* Chegou a vez de Ruschi. Precisava dizer longas páginas, tinha muito que contar, talvez fosse a primeira vez que o dizia. As avezinhas impacientavam-se. Chateaubriand impacientava-se, pediu que Ruschi lhe desse o discurso, publicaria depois. Soltaram-se as avezinhas, que partiram em busca do açúcar das garrafinhas penduradas nas árvores. Mas as abelhas do Jardim Botânico, insidiosas latifundiárias, haviam chegado primeiro, metendo-se pelos orifícios das corolas, obstruindo-as, entupindo-as. Os pássaros, desesperados, atordoados, famintos, se tresmalharam em todas as direções, rumo ao nunca mais. Outro La Fontaine: *Os beija-flores e os zangões.* Foi uma lágrima que vi nos olhos de Augusto Ruschi?

Foi. Jamais esqueci aquela lágrima. Por causa daquela lágrima culto os bichos de Ruschi, as flores de Ruschi, a pregação desse *poverello*. Amei seus livros, seus desenhos. E quando o mundo me parece áspero e contundente, quando a brutalidade humana arreganha as garras, quando meu semelhante me mostra o horror de ser semelhante, fujo para as estampas de Augusto Ruschi, as suas descrições dos beija-flores, para onde o verde das plantas me prometa beija-flores. Gosto do seu singelo catecisiuo científico. Lembro sua imagem na televisão, crispada, a acusar o homem de ser animalesco. Ao contemplar o bailado dos beija-flores, as asas de sombra colorida, lembro-me do olhar que lhes dedicava o São Francisco de Assis de Santa Teresa, um olhar hipnotizado pelos pássaros, e ouço a sua aula permanente: aquele céu de aves é o nosso ar de cada dia, sem o qual não viveremos, e que treinamos destruir com jatos de incêndio e com palavreado sem socorro, até chegar a arredondar-se num tempestuoso cogumelo vazio.

Talvez a lição não se aprenda, porque está escrita no ar, em relâmpagos de ideogramas demasiado velozes para nossa pupila mouca. Talvez não saibamos nunca ouvir sua música, zumbido longínquo de aviãozinho supersônico inofensivo. Augusto Ruschi viu-os, ouviu-os, teve-os em suas mãos, escutou seus segredos, morou em seus lares, casulos tricotados de raios de estrelas. Aquele fogo de artifício com anéis em seus dedos, aquele crepitar multicor eram a sua ciência. E eram sua poesia.

Que pretendeu esse sábio, esse poeta, cuja vida foi ver esfumar-se e desaparecer tudo que mais amou? Cientista, queria desvendar a alma dos beija-flores; poeta, queria transmitir-nos essa alma com palavras de cientista; moralista, queria extrair de sua estética um comportamento ético. Acreditou na natureza e na sobrenatureza. Para ele, cada beija-flor era uma árvore, um céu, um chão, uma vida humana. Quando o veneno de um bicho o atingiu, sabia que ali a ciência era vã; foi buscar alguma esperança na magia primitiva. A esperança de viver? Não: a esperança de prolongar um pouco mais o ensinamento de que na efêmera beleza da vida está a eternidade. Sua vida, seu apólogo, sua fábula — o sapo e o colibri — pode-se começar a escrever assim: "Era uma vez um homem que descobriu um tesouro no ar e quis distribuí-lo por todos os outros — amem-se, amem-se, amem-se, idiotas! A peçonha inimiga o matou. Mas o tesouro continua, em busca de cada flor, pronto para um beijo".

> *O beija-flor, tal o nome*
> *Pelos horrores da gula,*
> *Sem esta incansável fome*
> *Teria existência nula.*
>
> *A cada trinta segundos*
> *Devora um gole de mel*
> *Como em busca de outros mundos,*
> *Ou morre do próprio fel.*

*Acaso será que sabe
De tão terrível destino?
Seu hausto de glória cabe
Num faiscar repentino.*

*Assim também nossa vida
No pélago azul se lança
E inventa em cada sortida
Vôos de crença e esperança.*

*De repente beijo, flor,
Seca-se tudo. Que resta?
Um luzir de beija-flor
Na escura sala da festa.*

*Somem-se os mármores nus,
A valsa, o riso, os ruídos,
Fogem as mãos, foge a luz,
Somem-se os cinco sentidos.*

*Vai, homem-seta, no espaço,
Suga os lábios da alvorada
Até ser teu brilho escasso
Breve arco-íris de nada.*

* * *

  Em seu livro de memórias, *Quase tudo...*, tão pequeno para tão longa vida, Magdalena Tagliaferro mais se esconde do que se exibe. Diante da vida vivida, *Quase tudo...* é quase nada. Tão artista e tão atriz, não nos contou totalmente quem era nem como imaginava ser. Desfilou um anedotário, ocultou vitórias, saudades, amores, sofrimentos, esperanças. Lembrou-me sempre de uma passagem, quando disse a dois desafetos do mundo musical francês, Marguerite Long e Lazare Lévy, que se encontraram, se esbarraram inevitavelmente, eriçadas, sem saber como tratar-se:
  — Beijem-se de uma vez, vocês estão morrendo de vontade!
  Este o melhor instantâneo de Magdalena. A Rainha do Piano teria muito que contar, não apenas ao leitor guloso de mexericos, mas a quem procura nas autobiografias segredos só a ela revelados num confessionário de alguns milhares de exemplares. Nem todos os músicos sabem o libreto do pentagrama.

No entanto, Magdalena Tagliaferro não se escondia ao conversar, ao dar aulas, ao fazer música. Quando lhe fui apresentado por Mario de Andrade, sabia estar diante de uma das Três Graças da música brasileira. As outras duas: Antonieta Rudge e Guiomar Novaes. Conheci Antonieta Rudge dona-de-casa, oferecendo sua interpretação pianística apenas para uns poucos eleitos em sua sala de visitas, vigiada por sua própria estátua esculpida pelas mãos de Menotti del Picchia. Guiomar era a perfeição serena, o gênio do instrumento que todas as senhoras gostariam de ser, feliz e sem história como só o são as pessoas felizes. Seu Mozart era feliz, seu Chopin era feliz. Magdalena era uma labareda. Disse-o um homem de teatro, Dario Niccodemi. Um explodir de fagulhas saltadas de seu próprio nome de fogo e bigorna. Talvez por isso, inconscientemente, inventou a cabeleira de sarça ardente, hipnótica, emoldurando um rosto cambiante de enleio feminino e rigor de vontade. O seu piano também coriscava em fogos de artifício. Suas *Sonatas* de Mozart, seus Faurés, seus Debussys, seu Ravel, seus *Momo precoce* e *A prole do bebê* de Villa-Lobos alçam-se às alturas mais sublimes, aquelas em que o efêmero se cristaliza em eterno.

Uma noite, num espetáculo noturno diante da Torre Eiffel, com o céu e o Sena lantejoulados de um confete de estrelas, levei um susto: ouvia as estrelas, não propriamente as de Bilac. Ouvia o piano de Magdalena, feito luz, sobre a Cidade Luz. Mas também eram as de Bilac, prontas para serem entendidas. E aí já se estava amando aquela fada. Como Mario de Andrade, a lhe gritar de um camarote do Municipal:

— Magdalena, eu te amo!

Precedia Bilac, na minha lembrança, outro amoroso de estrelas, Mallarmé:

> *Et j'ai cru voir la fée au chapeau de clarté*
> *Qui jadis sur mes beaux sommeils d'enfant gâté*
> *Passait, laissant toujours de ses mains mal fermées*
> *Neiger des blancs bouquets d'étoiles parfumées.*

Traduzo? Vou assassinar o alexandrino, e que Magdalena me perdoe a dedada:

> "*E pensei ver a fada ao chapéu enluarado*
> *Que nos meus sonhos bons de menino mimado*
> *Passava, a deslizar das mãos semifechadas*
> *Neve em brancos festões de estrelas perfumadas.*"

A voz de Magdalena era a letra de sua música. Do teclado dos dentes e da fala dos marfins oferecia um dom francês que só ela sabia verter para o brasileiro: o *esprit*. Foi a mulher mais sedutoramente espiritual e espirituosa que já ouvi, de lábios e dedos. Transformava um recital num *salon* e uma sala de visitas numa câmera. E registrou, felizmente, sua graça de dizer: "Bach deve ser o pão de cada dia do pianista"; "É tão bom estabelecer um objetivo e chegar a ele!"; "Meus amigos íntimos têm sido sempre Bach, Mozart, Beethoven, Schumann, Fauré, Debussy e Ravel... e ainda estou esquecendo Brahms e Schubert"; "No cômputo geral, apenas os músicos me estenderam a mão"; "Acabei adotando uma máscara de dureza; mas estava bem longe de ser assim, pois meu coração transbordava de ternura"; "O público espera o máximo de cada um de nós e está com a razão"; "É extraordinário o quanto a gente se agarra à juventude dos outros, à medida que nos distanciamos da nossa"; "Terei sofrido com a mesma intensidade com que amei? Minha vida foi toda amor".

* * *

Tudo dito por uma amorosa de oitenta e seis anos, a contemplar o rol por ela própria anotado de amores e admiradores: Raul Pugno, Alfred Cortot, Jules Boucherit, o conde Henri de Burnay, Gabriel Fauré, André B., Reynaldo Hahn, Jacques Thibaud, Bernard Gavoty, Victor Konn, Maurice Ravel, Jacques Ibert, Darius Milhaud, Edouard Herriot, Paul Paray, Fürtwangler, Georges Enesco, Francis Poulenc, Yves Nat, Charles Munch, Gabriel Bouillon, o caricaturista Sem, Jean-Gabriel Domergue, Emile Vuillermoz. E mais os brasileiros: Heitor Villa-Lobos, Francisco Mignone, Eleazar de Carvalho, Carlos Lacerda, Camargo Guarnieri, Isaac Karabtchevsky, e tantos e tantos outros, e mais seus alunos e alunas, todos hoje pianistas aplaudidos, numa constelação em coro com Mario de Andrade, a gritar um despreparado grafite no muro da madrugada: "Magdalena, eu te amo!" Esses brasileiros marcam na história da música do país duas eras: antes e depois de Magdalena; assim como Guiomar e Magdalena dividiram o mundo num tratado de Tordesilhas especial, a América de uma e a Europa de outra.

Os azares da vida elevaram-na a épocas de abastança ou a mergulharam em reais dificuldades. Por ocasião da guerra, ao mudar-se para o Rio, recusando-se ao horror de ter de tocar para os nazistas, valeu-lhe a luminosa acolhida de Gustavo Capanema, que só por isto devia ter sido eleito para a Academia. Deste gesto resultou entre nós o renovado amor ao piano, a multiplicação de pianistas, a ampliação das platéias. Em Paris, freqüentei-a em momentos de largueza, na Rue de La Tremoille. Lá conheci Georges

Auric, Henri Sauguet, que se encantou ao saber que Tônia Carrero fora figurante de seu balé *Les forains* no Municipal. E visitei-a em horas menos fartas, no apartamento modesto da Rue Jean Goujon. Certa vez, procurou-me para tomar chá no meu escritório de adido, tinha uma proposta a transmitir ao governo: contratá-la para dar aulas a bolsistas (como já o fazia à menina-prodígio Cristina Ortiz) e apresentar personalidades brasileiras aos círculos musicais franceses. Eu lhe disse:

— Magdalena, você está querendo é o meu lugar!

Ela ria! E súbito pensei: não é que tem razão? Ninguém seria melhor adido cultural em Paris do que Magdalena Tagliaferro! Mas já então havia um anônimo a pleitear o cargo, para ser, em Paris, mais um desconhecido personagem de anedotas.

Essa mulher apaixonante e apaixonada ostentava uma independência de soberana. Quando o presidente Sarney a condecorou, no Teatro Municipal, preferiu discursar-lhe sinceramente o que pensava das promoções culturais oficiais, do namoro eleitoreiro que certos políticos fazem aos astros da arte popular: reclamou mais atenção para o estudo sério da música erudita. De sua mensagem arrebatada, irretorquível, dá exemplo um episódio que ela própria não contou como eu o vi: após a ocupação de Paris pelos alemães, toda a população do Rio trazia um soluço na garganta; Magdalena ia dar um concerto no Instituto de Música, lá estavam os seus fiéis. Ela entrou, séria. Não se ouvia o voar de um cupido. Sentou-se, tocou a *Cathédrale engloutie* de Debussy, Claude de France. No silêncio das lágrimas em mil olhos, fechou o piano, levantou-se, esvaneceu-se. Nenhum aplauso, como agora, que morreu, nonagenária, catedral naufragada em música. Só o silêncio a sussurar sua lição, seu epitáfio: "Minha vida foi toda amor".

* * *

Pedro Braga, jovem professor do Instituto Rabelo, casara-se com uma das professoras e co-participantes do Instituto, irmã de um de meus colegas universitários, Paulo Rabelo, enquanto outro colega, o professor José Ventania Porto, irmão do ator Paulo Porto, casara-se com outra jovem da família Rabelo. Constituíram um ninho de educadores com a peculiaridade de se reunir, solidários, e mais o professor Pedro Ribeiro, para longas e envenenadas conversas de bar.

Eu os invejava, de longe, integrado a outros bebedores de chope: Alfredo Tranjan, Humberto Garcez Filho, Walter Simões de Almeida,

Hamilton Giordano, Carlos Penha. Confraternizávamos rapidamente, de longe, desde quando eu, desistindo de ser advogado da prefeitura de São Paulo, regressara ao Rio, solidário com a família de meu pai preso, e estava mais próximo dos jornalistas que circulavam em torno de Mario de Andrade: Carlos Lacerda, Moacyr Werneck de Castro, Murilo Miranda, Octavio Tyrso Lúcio Cabral de Andrade; às vezes, de um para outro grupo, passavam poetas em cometa, enxameando em torno de Mario, que me apresentara às suas estrelas e discípulos, Antonieta Rudge, Guiomar Novaes, Magdalena Tagliaferro, Manuel Bandeira, Carlos Drummond de Andrade, Heitor Villa-Lobos, Francisco Mignone, Evandro Pequeno, Paulo Barrabás, Genolino Amado, os da *Revista do Brasil*, e os da "Ronda noturna", que, terminado o expediente nos jornais, se reuniam na Brahma, no Universo, na Lapa, na Taberna da Glória, trocando notícias dos telegramas da guerra, praguejando contra o "estado novo" e sua quadrilha, até terminarmos, escassos e sonolentos, na escadaria da estátua do marechal Deodoro. O marechal também recebia nossas pragas, sem ter nada conosco: nossos alvos mais diretos eram Getúlio Vargas, Chico Campos, Filinto Müller, João Alberto, Góes Monteiro e quantos rodavam como satélites do Eixo. A prisão e condenação de meu pai pelo Tribunal de Segurança não me afastava desses jornalistas e intelectuais; ao contrário, parecia haver entre eles, a meu respeito, uma carinhosa acolhida. Devia-o ao constitucionalismo democrata do prisioneiro que, sabia-se, tinha sido instrutor militar, companheiro de prisão de Luiz Carlos Prestes na Casa de Correção. A presença e a autoridade de meu pai apaziguavam, ou pelo menos serenavam os ânimos de comunistas e integralistas vivendo na mesma jaula.

Só uma vez a situação tornou-se tensa: o jornalista Gondim da Fonseca, tido como simpatizante do comunismo, visitou a Rússia Soviética e dela deixou um depoimento que enfureceu os comunistas brasileiros; chamava-se *Comunismo* e era uma reportagem tão desanimadora quando as de André Gide. Tempos depois, o mesmo Gondim da Fonseca escreveu um artigo contra uma biografia do Duque de Caxias, patrono do Exército; em sua opinião, o marinheiro Marcílio Dias, herói da guerra do Paraguai, é quem merecia a consagração da pátria num monumento da Praça Onze. O autor do livro sobre Caxias, coronel Afonso de Carvalho, não gostou da ofensa. E Afonso de Carvalho, autor de revistas teatrais da Praça Tiradentes, era membro do gabinete do poderoso general Eurico Gaspar Dutra, ministro da Guerra do "estado novo". Gondim foi levado ao Tribunal de Segurança, condenado, mandado preso à Casa de Correção. Então os ódios de comunistas e integralistas se voltaram, unos e unânimes, contra o injuriador da Pátria do Socialismo e da Pátria Amada. Os presos conspiraram.

Uma surra no jornalista era o menos a prometerem. Houve quem arrancasse um pé de mesa, para servir como tacape. Meu pai soube do linchamento, um pacto anterior ao pacto von Ribbentrop que uniu nazistas e comunistas. Com dificuldade e habilidade a guerra da Casa de Correção foi adiada. Amigos de Gondim conseguiram sua absolvição. E a paz reinou em Frei Caneca enquanto a guerra rugia na Europa.

Durante esse tempo ocorreram fatos que merecem registro. Minha tia Edith morreu. Filinto Müller tinha em seu gabinete de chefe de polícia um amigo meu, capitão Benedito Dutra de Menezes — irmão do mais tarde famoso major Amílcar Dutra de Menezes, o major Arvoredo, diretor do Departamento de Imprensa e Propaganda. Estimável, inteligente e divertido, teve a habilidade de se tornar amigo de jornalistas e escritores. Seu irmão, o Benedito, meu contemporâneo no Colégio Militar, ao saber do falecimento de minha tia, quis obter permissão para que meu pai fosse ao enterro. Meu pai recusou. Logo após, falece o tio Leopoldo, que nos valia nas nossas dificuldades financeiras. Benedito foi a Filinto, que me mandou chamar no gabinete e me disse:

— O major X deve acompanhar o coronel Figueiredo a São Paulo. Voltará com ele depois do enterro.

Foi até então a única vez que falei ao major Filinto Müller, e lhe disse:

— Major, as notícias saídas da Chefatura de Polícia para os jornais chamam meu pai de chefe integralista. Peço que o senhor dê ordens para corrigir essa inverdade. Meu pai é o comandante da Revolução Constitucionalista de São Paulo.

O coronel Figueiredo chegou de táxi a São Paulo, escoltado por um major da polícia. Despediu-se do irmão morto. Não acompanhou o enterro.

— Podemos voltar, major.

Passou apenas meia hora na casa do irmão. Pouco tempo depois morreu o coronel Palimércio. Morreu no apartamento em que morava com o filho, Apolinário, amigo de Benedito, que foi novamente ao seu chefe.

— Você mesmo levará o coronel Figueiredo ao velório.

E assim foi. Palimércio, meu irmão maior, meu confidente, guia de leituras, morreu com a minha mão na sua. Diabético, a gula de uma empadinha no boteco da esquina o consumiu. Em frente à sua casa outro amigo tinha o hábito de provar as empadinhas. Nunca se encontraram, nunca se conheceram, sempre se admiraram. Era Mario de Andrade.

Durante tanto tempo não encontrei o meu lúcido, admirável amigo Pedro Braga, que desaparecera em suas funções de diplomata. Numa noite, ali estava ele, sorridente, em casa de outro amigo, Pedro Bloch. Desabamonos em nossos ombros, olhamo-nos de frente para ver se éramos verdade. Pedro Braga tomou-me pelo braço e me deu um susto:

— Você escreveu alguma coisa contra o meu sogro?

Céus, eu nem sabia quem era o sogro de Pedro! Devia ser um dos Rabelos, do Instituto... Pedro explicou: divorciara-se, foi servir na Turquia, e lá conheceu uma jovem de um bando de excursionistas; apaixonaram-se, havia um problema, ele era casado pelas leis brasileiras, mas assim mesmo escreveu ao pai da namorada, disse-lhe quem era, procurou-o no Rio e teve esta resposta:

— Volte para o seu posto: se de hoje a seis meses o senhor tiver os mesmos propósitos, eu concordo.

E que tinha eu com isto? Ele explicou:

— Eu me casei com a filha do coronel Filinto Müller. É aquela que está ali agora conversando com Alba.

Sim, no meu livro *Viagem a Altemburgo* há um capítulo que conta a tortura de um professor cujos olhos e unhas lhe arrancaram no porão da Chefatura de Polícia. Pedro lera a narrativa e identificava a cena como uma das sessões de tortura do "estado novo". Custei a encontrar o que dizer, mas afinal disse:

— De fato, escrevi. Se você acha que fiz de propósito, perdi o amigo e você tem toda a razão de se afastar de mim. Seria impossível a nossa amizade.

— Não. Meu sogro não tem nada com as minhas amizades. A nossa amizade é mais importante.

De fato, Pedro Braga mostrara a importância que dava à nossa amizade. Em Buenos Aires, prestigiou de todos os modos o lançamento de minha peça *A raposa e as uvas*. Reuniu em seu apartamento pessoas que se tornaram minhas amigas: o quarteto Gomez Carrillo, Cesar Tiempo, Eduardo Borrás, Rafael Alberti, Manuel Mujica Lainez, Jacinto Grau, Luís Crocco, os diplomatas brasileiros, o embaixador Orlando Leite Ribeiro, os críticos teatrais, a grande Tita Merello, Margarita Xirgu, Mecha Ortiz, os atores da peça, a gente do tango. Tudo isto acontecia também porque *A raposa e as uvas* tinha sido proibida no rádio pelo ditador Perón; caído Perón, os teatros independentes tomaram a obra como sua, a Editorial Losange, de Femando Sabsay, lançou logo três edições, outros editores me pediam peças; *Tragédia para rir* foi logo traduzida por Cesar Tiempo e pelos amadores galegos, duas casas de espetáculos apresentavam simultaneamente a peça, o ator principal lançou um programa de televisão em que, no papel de Esopo, recitava fábulas de La Fontaine. Manuel Mujica Lainez saudou a peça; Pitigrilli, exilado em Buenos Aires, escreveu sobre ela e reconheceu-me na rua, surgiam convites para que eu comparecesse a outros teatros. Minha amiga, a declamadora Berta Singerman dos meus tempos de estudante, foi aplaudir meus atores, o meu *Esopo* Fernando Vegal com sua mulher e os demais atores saíram em excursão por outros países, vieram ao Brasil, apresentaram-se nos Estados Unidos, estão até hoje (de 1956 a 1995) representando-a na Espanha; o filho que Fernanda Gavel esperava enquanto representava nasceu, cresceu guapamente e faz hoje o papel de soldado grego na peça, e o cineasta Cañizarez, vindo para a companhia de cinema nacional Vera Cruz, mandou um exemplar para um certo Paul Liminik, que a traduziu para o russo, o Teatro Gorki montou-a sob a direção de Tovstonogov, e mais Toporkov no Teatro Stanislavsky de Moscou; e os teatros das comunas adotaram-na, passaram-na aos teatros da Estônia, Letônia, Lituânia, Ucrânia, e lá se foi para o Japão na tradução de Jun Shimaji; e passou aos países nórdicos, e George Kossovsky em Israel, e o embaixador turco no Brasil, e Ruggero Jacobbi na ltália; fui ver a parada do décimo aniversário da Revolução Chinesa graças à peça, e circulei por todos os países socialistas reunindo seus artistas teatrais para lhes ofertar recepções de caviar e *champagne* da Criméia; comprei bugigangas folclóricas nos quatro cantos do mundo, fui furtado em direitos autorais na Inglaterra, fui beijado por bocas de coalhada búlgara, alhos e cebolas romenas e gregas; condecoraram-me, elegeram-me, dei fuga a judeus, fui chamado de gorila; andei por Nazaré com Miguel Alemán, pelo Santo Sepulcro, com imensos monges ortodoxos, levaram-me ao Parnaso e a Olímpia e vi, do alto da Acrópole, a sombra de São Pedro, de Sócrates, ouvi a voz de Renan e contemplei o que de mais belo se pode olhar: o sorriso triste do Molière de Mignard; e o que há de mais belo, o colo de Paulina Borghese acariciado por Canova, a Simoneta Vespucci de Piero di Cosimo, e o rosto de Eros em Olímpia. Tornei-me pobre de propósito repetindo a frase de Sócrates no mercado: "Graças, ó deuses, por tantas coisas de que não preciso!"

  Meu amigo Pedro Braga, por imaginar que eu era útil em viagens, me convidou para integrar a comissão brasileira que deveria reatar relações com os países do Leste Europeu. E partimos orgulhosos. No aeroporto, Rita me pediu:

— Tome conta de meu marido.

  Sabia o que pedia: Pedro Braga era um doente imaginário cheio de doenças reais; trazia na bagagem um caleidoscópio de comprimidos de diversas cores, cada um para uma circunstância da vida — maus vinhos, maus alimentos, maus olhados e olhados bons, gente aborrecida e gente longa. Ouvíamos com quatro orelhas, víamos com quatro pupilas; degustamos as rosas vermelhas de Sófia, aprendemos na Bulgária que a vida extensa se deve ao iogurte diário temperado com legumes e um bom cachimbo de fumegante cratera. Exercemos a mais difícil das ordens divinas: amar o próximo. Em nossa casa, aos sábados, havia sempre um macarrão e um álcool modesto para os artistas que não podem comer nem beber antes do espetáculo; e então bebíamos, comíamos, dançávamos tango, púnhamos Procópio para recitar, Mignone para tocar, maldizentes para maldizer, Alencar Pinto para improvisar. Éramos felizes e sabíamos — e é isto que perde os felizes. Tínhamos todos nós, com as mais diversas idéias, o mais absoluto nojo do poder.

E lá fomos, Pedro e eu, cruzando o colorido mundo das misérias. Pedro adoeceu na Hungria. É muito difícil adoecer-se numa língua que não se fala. Fomos para a Tchecoslováquia: "Mer'mão, eu não sei gemer em tcheco!"

E os médicos acharam que Pedro devia ser transportado para Paris. Eu devia acompanhar os seus gemidos. Ao descermos, alguns diplomatas nos esperavam. Um recusou-se a ir receber o colega, assegurando que tudo era um golpe para ficarmos em Paris. Na mesma noite, no hotel, os médicos chamados pelo consulado o examinaram. Um fisgou-lhe na espinha uma agulha de injeção, que sugou um líquido avermelhado. Olhou-me: meu amigo devia ser operado imediatamente. Nada de glaucoma, nada de tumor. Um derrame. Cumpria comunicar à família. Fui em quem telefonou para Pedro Bloch e o coronel Filinto Müller. Era a segunda vez que nos falávamos. Ficou decidido que Rita embarcaria na mesma noite. Na manhã seguinte os amigos a esperavam. Hospital Americano. A longa, nervosa espera. O paciente, inerte. Dividimos a tarefa de acompanhantes: Rita durante a noite, eu durante o dia. O Hotel Celtic, onde eu estava, aceitou uma estranha combinação: de dia o quarto era de Rita, de noite era meu. Cruzávamo-nos à saída e entrada, trocávamos notícias e, durante um mês, exercemos esse *relais* de acompanhantes. Pedro acordou, disse algumas palavras, voltou a dormir. Um médico brasileiro que foi visitá-lo, o almirante Adalberto Café, me sussurrou:

— Ele vai ter uma seqüela grave, talvez não volte a falar. Suas células cerebrais que comandam a fala foram atingidas. Talvez seja tarde. Deviam ter-lhe feito uma traqueotomia.

Disse essa opinião ao médico francês, que a ouviu com a superioridade com que os médicos franceses ouvem os médicos brasileiros. Não era ainda possível transportar Pedro Braga para o Rio. Depois de um mês eu tinha de regressar. Combinou-se que o doente iria uns dois ou três dias depois, sedado, vigiado, acompanhado.

No dia de minha partida, arrumei minha mala, guardei-a no hotel, paguei a conta, despedi-me no hospital; ia almoçar com dois amigos: Octavio de Souza Bandeira e Fernando Simas Magalhães. No hotel, um telefonema: Tônia Carrero ia chegar de Marselha com Georgiana, filha de Vinicius de Moraes. Tônia vinha fazer compras, enxoval para a afilhada, hoje atriz Christiane Torloni. Tônia pedia que eu arranjasse um quarto de hotel. Arranjei-lhe o que deixava, pus-lhe umas flores e deixei-lhe um bilhete, dizendo que almoçaria no Mediterranée. E súbito surgiu ela à porta, linda como um barco à vela:

— Você não vai mais hoje: telegrafei para Alba; retomei o quarto do hotel em seu nome, Georgiana e eu ficaremos em casa do Paulo Carneiro, jantaremos no Tour d'Argent, onde nunca fui, e esta tarde você me ajuda a fazer compras para a afilhada.

E entrei numa das maiores façanhas que um ser humano masculino pode fazer em Paris: acompanhar um ser humano feminino a comprar quinquilharias que vendem em dois minutos, fazem uns cálculos e nos despejam nos braços os pacotes. Às seis da tarde, com a Rue de la Paix fervilhando no mais tremendo dos tráfegos, era preciso um táxi inexistente. Veio-me uma idéia:

— Entre aqui. É o bar do Maxim's. Conheço o dono, o Vaudable. Pedimos um *champagne* e um táxi.

Pus na mão do garçom o que ele sentiu ser uma nota considerável.

— Deixo você com as bugigangas no Paulo Carneiro e vou me vestir no hotel. Diga ao Paulo que sábado exigem *smoking*.

Levei-a no precioso táxi até a Rue Auguste Vacquerie, casa de Paulo Carneiro. Mas, quando o carro deixou a Rue de la Paix e entrou na Place de la Concorde, perguntei a Tônia:

— Você sabe onde está?

— Place de la Concorde, é claro. Olhe ali o obelisco.

— Sabe quem morreu aqui?

Olhou-me, intrigada. Falei:

— Sua xará, a rainha Maria Antonieta, aqui foi guilhotinada. Quer homenageá-la? Você já foi alguma vez beijada na Place de la Concorde?

— Não, que idéia! Por quê?

— Vou beijar você aqui, junto do obelisco.

Depois deixei-a em casa de Paulo. De noite, fui buscar meus convidados. O Tour d'Argent nos esperava, o Chateau Margaux, o *canard numéroté*, o botão elétrico na mesa que, quando calcado, acende, graças a um holofote, o hino de pedra da Notre Dame. Dali fomos a uma *boîte* estranha, L'épicérie, antro de brasileiros alegres. E dali passei no hotel, apanhei minha mala, vim para o Rio.

Dois ou três dias depois chegou Pedro Braga, com Rita e mais um acompanhante. Filinto Müller nos esperava no aeroporto, perguntou-me se eu poderia ir à sua casa. Fui. Rita chorava, Consuelo chorava, Pedro continuava imóvel em sua cadeira de rodas. O coronel Filinto Müller chamou-me para uma saleta e ali me falou, com solenidade:

— Quero lhe agradecer o que o senhor fez por meu genro.

Respondi:

— Tenho a certeza de que o senhor faria o mesmo por meu pai.

E saí.

Rita Braga mostrou-se uma mulher excepcional. Meses antes, em Buenos Aires, na casa de nosso amigo, o ministro Mário Gibson Barboza, falava-se da nomeação de Assis Chateaubriand para embaixador na Inglaterra. Contei: na redação de *O Jornal*, uma noite, fizemos uma brincadeira entre os redatores: "Se você tivesse de mandar fuzilar um brasileiro para salvar o resto do Brasil, quem escolheria?" Por ser contra a pena de morte, sugeri que mudassem a pergunta para: "Você, para salvar o Brasil de um naufrágio, quem deixaria afogar?" O eleito foi Assis Chateaubriand. Rita, a meu lado, me sussurrou:

— Papai também, não é?

Tinha os grandes olhos tristes. Para cuidar de Pedro, consultou vários médicos, inclusive Deolindo Couto, que, da porta do quarto, olhou o doente, sacudiu negativamente a cabeça e não mais voltou. Rita montou uma clínica só para recuperar Pedro Braga, que tudo compreendia, gesticulava com uma só mão, reconhecia as visitas, as pessoas na televisão. Rita formou-se em psicologia e tratava de Pedro. Dava-lhe banho, fazia-lhe a barba, vestia-o como para um passeio, e ele acompanhava o dia-a-dia pela televisão, reconhecendo os amigos. Aos sábados eu ia vê-lo, levava discos de tango para ouvirmos juntos. Pedro perdera a fala, apenas dava gritos que Rita traduzia. Quando contei seu drama a Nathalia Timberg, que Pedro conheceu em nossa casa e com ela gostava de dançar, me perguntou se podia visitá-lo. Rita disse-me que a levasse. Ele a recebeu com grandes gestos e festas. Fê-la sentar-se no sofá, a seu lado. Súbito, sua mão começou a acariciar o joelho de Nathalia, que se apavorava. Nathalia afastou-se, Rita me comentou, depois:

— Sabe? As células necrosadas do cérebro podem despertar, às vezes, com esses sentimentos...

Tinha olhos de esperança e lágrimas. Nathalia se despediu, comovida, medrosa e acanhada.

Passaram-se alguns anos. Uma tarde Pedro estava sentado na sua cadeira, diante da televisão, veio a notícia de um desastre de aviação, em Paris, em que morreram os pais de Rita e seu filho Pedro. E ao lado de meu amigo ficaram só sua mulher e a filha, Consuelo. Sempre nos víamos, em nossa casa e na dela, e Rita sempre me demonstrou uma coragem inflexível, mais que uma resignação. Depois de treze anos de entrevado, Pedro morreu. Fui ao enterro, no Cemitério da Saudade. Há dias, abrindo o jornal, li a notícia da missa de minha amiga Rita. Consegui à sua filha apenas dizer algumas palavras, gaguejadas pelo telefone. Não tive coragem de ir à missa.

* * *

Jogávamos gaivotas de papel pela janela. Dobrávamos artísticos aviõezinhos com folha de caderno. Inventávamos foguetes com ponta de pena Malat, para pregar no teto. Ou as florezinhas das mesas do rancho, mergulhadas em manteiga. E lançávamos para o ar o gorro do colega: "Barata voa!" Tudo eram homenagens a Santos Dumont e sua vitória contra a lei de Newton. Assim, o menino Fortunato de Oliveira começou a venerar Santos Dumont, fez-se piloto, partiu para a guerra na Itália. Como sabia desenhar, é o autor do emblema *Senta a pua!* do Primeiro Grupo de Caça.

Temos em comum o culto de Santos Dumont. Devo-o a meu pai. Com outros cadetes da Escola Militar da Praia Vermelha, escalou o Pão de Açúcar, então ainda sem bondinho, para plantar no topo o auriverde pendão, no dia em que um navio trouxe à Guanabara o brasileirinho voador. *Raiou lá no céu mais uma estrela...* cantava, com violão abraçado ao coração, o píndaro Eduardo das Neves. Muitos anos depois, pai e filho vimos o enterro dos professores politécnicos vitimados no desastre de avião em que festejavam o Inventor a um novo regresso ao Brasil. De bordo, ele presenciou o horror. Deprimido pela guerra de 1914-1918, achava-se culpado de ter inventado uma arma mortífera. Recolheu-se ao Guarujá, perto de Santos, para de lá não mais sair.

Meu pai comandava a Frente Norte na revolução de 1932. Recebeu de Santos Dumont uma mensagem em que renovava seu apoio ao Movimento Constitucionalista e protestava contra o uso de sua invenção como arma de guerra. Vitoriosa a ditadura, o arquivo de meu pai dispersou-se, parte seguindo comigo para São Paulo, parte escondido por monsenhor Antão Jorge, da diocese de Aparecida, que em devido tempo o remeteu para Buenos Aires. Ali, meu pai, com outros exilados, reunia subsídios e informações para um relato, um diário do Movimento.

Em 1938, Gondim da Fonseca e meu pai, presos na Casa de Correção, tornaram-se amigos. O escritor, depois de libertado, pediu acesso aos arquivos do companheiro de cadeia, para poder terminar sua biografia sobre Santos Dumont. E nela diz: "O seu 'manifesto' de 14 de julho de 1932 *parece-me* estranho. De outrem. Digo parece-me. Não vi o original, não o examinei. Não posso garantir coisa alguma. A data simbólica de 14 de julho era bem de sua preferência. Mas ele estava muito doente. Tê-lo-ia redigido numa hora de sossego mental? Ignoro. Talvez outrem o redigisse, e ele apenas o copiasse. Talvez. Não afirmo. A sua última carta foi escrita ao meu querido amigo coronel Euclides Figueiredo, que então comandava o levante paulista. Nela se preocupa Santos Dumont com os bombardeios aéreos, que deseja se evitem" (*Santos Dumont*, Editora Vecchi, pág. 289, em nota).

O exemplar de que disponho do livro de Gondim da Fonseca, a mim oferecido em 3 de agosto de 1940, enviei-o a meu pai. Ostenta o carimbo: "Casa de Correção — Censura — Rio de Janeiro". Diz ali Gondim que Santos Dumont se recusou a assinar o documento. Exaltou-se. "Depois cede. Assina tudo. Por fim sua indiferença afetiva se torna completa." Como soube Gondim da carta? Por meu pai, nas conversas de dois prisioneiros. Posto em liberdade, foi à nossa casa e, autorizado por meu pai, folheou o arquivo. No exemplar que me enviou, meu pai escreveu à margem na prisão: "Não me recordo aqui de seu texto. Creio que não faz alusão a bombardeios aéreos, que aliás eram levados a efeito pelos aviões do Governo. As forças que comandei não dispunham de aviões. Mas não é carta, é antes uma mensagem em que o grande inventor exalta a Revolução Constitucionalista, por cuja vitória faz votos."

Na prisão só se lembrava do "manifesto" de 14 de julho, de que guardara um exemplar e onde não há referência a bombardeios aéreos. Reproduziu-o no seu livro *Contribuição para a história da Revolução Constitucionalista de 1932*, redigido em Buenos Aires, por mim revisto em 1953 e publicado em 1954, por ocasião dos 400 anos da cidade de São Paulo, com a dedicatória: "Aos paulistas, no quarto centenário de sua imortalidade". Ali, meu pai confessa que pediu ao comando geral que lhe fornecesse, por uns dois dias, um avião com que pudesse localizar as tropas adversárias.

É esse o manifesto:

"Meus patrícios: solicitado pelos meus conterrâneos, moradores neste Estado, para subscrever uma mensagem que reivindica a ordem constitucional do país, não me é dado, por moléstia, sair do refúgio a que forçadamente me recolhi, mas posso, ainda, por estas pala-

vras escritas, afirmar-lhes que não é só o meu inteiro aplauso, como também o apelo de quem, tendo sempre visado a glória de sua pátria dentro do progresso harmônico da humanidade, julga poder dirigir-se em geral a todos os seus patrícios, como um crente sincero em que os problemas da ordem política e econômica que ora se debatem, somente dentro da lei magna poderão ser resolvidos, de forma a conduzir a nossa pátria à suprema finalidade dos seus altos destinos. Viva o Brasil! Ass: Santos Dumont."

Como é atual e inútil o apelo de Santos Dumont!

* * *

"No dia 23 de julho de 1932 (é Gondim da Fonseca quem conta na sua biografia do Pai da Aviação), Santos Dumont dirige-se para o banheiro. Jorge (o sobrinho) espreita-o. Está melhor. Não. Não haverá nada. Por sua vez Santos Dumont espreita o sobrinho. Jorge desce. Faltam-lhe cigarros. Vai comprar um maço. Um instante, e voltará logo, sem que o tio perceba. Mas Santos Dumont vê-o descer. E rápido, firme, decidido, encontrando subitamente sua vontade perdida, amarra uma porta da gravata no cano do chuveiro, sobe a um pequeno banco, e enforca-se, deixando-se cair no vácuo sem um ai, sem um gemido de dor." Gondim faz o resumo do noticiário nos jornais brasileiros e estrangeiros que registram a morte do inventor. Nenhuma palavra sobre o suicídio, nenhuma palavra sobre sua adesão à causa constitucionalista, o manifesto de 14 de julho.

Já no fim do movimento, a 24 de setembro, dois bravos pilotos constitucionalistas, Mário Machado Bittencourt e João Gomes Ribeiro, foram bombardear o encouraçado "Bahia", que bloqueara o porto de Santos. Eram na época bombinhas lançadas à mão, como garrafas, contra o alvo poderoso. Dele despontou um canhão metralhador que pulverizou o aeroplano e seus pilotos. Se ainda vivesse, Santos Dumont talvez, de sua janela no Guarujá, poderia ter assistido ao horror. Mas já o conhecia e com ele alimentava um doentio sentimento de culpa de herói sem culpa.

Meu pai só leu a carta enviada por Santos Dumont quando a recebeu, pouco depois de 14 de julho, data do "manifesto". Na prisão, em 1940, condenado após o "estado novo", já não se lembrava de seus termos. Transferido para a Fortaleza de Santa Cruz, saiu mediante um "livramento condicional", por mim requerido, e cuja "ata" se recusou a assinar. Anos depois, procurei o documento nos arquivos que meu pai trouxe de Buenos Aires ao regressar do exílio em 1933. Não o encontrei.

Um dia, em Paris, em 1965, era eu adido cultural e recebi um telefonema: uma certa Madame Gastambide me convidava para ir à sua casa, no Boulevard Courcelles. Gostaria de me mostrar alguma coisa *au sujet de Monsieur Santôs Dumont*. Um andar com lambris, móveis dourados, cortinas pesadas e sombrias, um piano cuja poeira soava a silêncio. E, nas paredes, imagens iguais de Santos Dumont, a óleo, repetição da mais conhecida: chapéu panamá fincado e desabado pela cabeça como auréola maior que o santo, a gravata frouxa, pendurada, negra, de gordo laço sobre o colarinho rijo, o paletó branco de *playboy* da *belle époque*. Madame Gastambide pintava retratos de Santos Dumont.

Quando o então jovem brasileiro procurou o pai dela, para encomendar-lhe motores de explosão, os mais leves que pudesse confeccionar, carregou-a ao colo, chamou-a de namorada e de *Demoiselle*. Madame Gastambide tinha uns sete anos: era filha do mecânico Léon Levavasseur, autor de vários engenhos experimentados por Santos Dumont e outros doidos desafiantes da lei da gravidade no início do século. A menina guardou na lembrança o simpático namorado, seu bigode circunflexo, o estranho relógio colocado no pulso. Madame Gastambide, viúva, septuagenária, me assegurou: seria a inspiradora do nome *Demoiselle* dado por *Monsieur Santôs* a um dos seus aeromóveis. Aflitivo e enternecedor contemplar aquela velha decrépita. Pintava os retratos para vender. Mas o mercado vivia inundado de louças, postais, caricaturas de Santos Dumont, no 14 Bis a oitenta centímetros do solo, ou montado num charuto a circundar a Torre Eiffel, nas caricaturas de Sem, o percurso do piloto-caricaturista-tenente Fortunato de Oliveira, do Primeiro Grupo de Caça, autor do emblema *Senta a pua*. A embaixada, o Governo não comprariam um retrato? Baratinho, coisa de trezentos dólares. Ninguém se interessou. Lindo título para o quadro: "Retrato de Ícaro por sua Musa".

Passam-se anos. Relembro aqui o que já contei. Num almoço festivo, homenagem ao embaixador Vasco Mariz, de despedida para Israel, na *Manchete*, a conversa derivou para Santos Dumont. Um conviva, ex-exilado em Buenos Aires, dos que ajudaram nas notas para o livro de meu pai, *Contribuição para a história da Revolução Constitucionalista* de 1932, deixou escapar:

— Possuo uma carta de Santos Dumont que os militares da Aeronáutica me proibiram de publicar. Uma carta em que ele se solidariza com a Revolução Paulista e protesta contra o uso de aviões como arma de guerra.

De fato, como divulgar, em plena ditadura vitoriosa, que o pai da Aviação, o patrono da Aeronáutica, era constitucionalista e pacifista? Mas para mim havia outra revelação. Falei para o narrador:

— Você furtou essa carta dos arquivos de meu pai.
Estrugiram risadas.
— Ladrão! Ladrão!

O narrador era Austregésilo de Athayde, exilado voluntário em Buenos Aires que ajudara meu pai e organizara arquivos graças ao quais publicou a *Contribuição para a história da Revolução Constitucionalista de 1932*, pelo editor José de Barros Martins, em 1954. No livro em questão falta o documento de Santos Dumont... E eu pensava que Gondim da Fonseca o tinha furtado no Rio...

* * *

Eu admirava seus companheiros de armas: o Lima Mendes, o Klinger, o grupo dos que estudaram na Alemanha, chamados de Jovens Turcos, alusão aos oficiais que modernizaram o exército de Kemal Pachá.

Os oficiais do 1º. RCD, os Dragões da Independência, tinham aulas de equitação com o capitão Lima Mendes, considerado o melhor equitador de seu tempo. As aulas começavam no picadeiro, às sete da manhã: todos formados, uniformizados, os cavalos encilhados, ajaezados; a banda de música a tocar peças de trote e galope, compassos binários e ternários, porque os cavalos devem aprender a gostar de música, devem gostar do trote e do galope. Eu seguia nos meus pequenos ensaios de montaria no Sarrasani, animalzinho quase de brinquedo, anão teimoso, empacador, e viciado em arrastar o cavaleiro contra as grades e muros. Um instrutor voluntário apareceu: o sargento Vitório Caneppa, gaúcho bom de perna, me pediu que eu obtivesse de meu pai seu comissionamento a tenente.

Entrou na casa onde morávamos, a do comando do regimento, um personagem que transformaria minha vida. Dois personagens. Para ser exato, três personagens. Nos meus dez, onze anos já fumegavam sonhos nada passageiros: tentava escrever versos, ganhei um *Manual de versificação* de Olavo Bilac e Guimarães Passos, por onde aprendi a dedilhar e solfejar sílabas, da redondilha ao alexandrino. E daí por diante rimava os verbos da primeira conjugação e procurava assuntos amorosos, plágios de tudo que me caía nas mãos; e comecei a rabiscar também, num dos cadernos de capa azul, uma imitação de aventura de mistério e polícia, com o título *O homem da caixa d'água*, aventura de um ladrão cujo esconderijo era uma caixa d'água, e onde o protagonista, eu, me fartava de dar tiros de revólver e prender facínoras para o bem da humanidade. Vê-se, não fui muito feliz na tentativa de melhorar a humanidade. O segundo personagem entrou pela casa adentro: magnífico, engradado, lustroso; posto na sala, no lugar próprio, todos nós, minha irmã Doliza e meus irmãos João e Euclides, fomos experimentá-lo, espetar os dedos em seus dentes. Era o primeiro piano em nossa casa. O da casa do avô, do qual nem me lembrava, devia ter sido de raça alemã; este, mais modesto, paranaense, nacional, produto de sacrifício e surpresa de meu pai para minha mãe. Só aí soube que minha mãe tocava de maneira aceitável seu piano caseiro. Durante dez anos ficou sem o seu piano da mocidade. Uns baús ou malas, que nos perseguiam nas viagens e mudanças, foram abertos. De dentro surgiram pastas manchadas pelo tempo, partituras roídas que, só de vê-las, arrancaram lágrimas dos olhos de minha mãe; meu pai, em atitude vitoriosa, contemplava a dádiva e o espanto geral. Minha mãe sentou-se no banquinho, trêmula como se reencontrasse um namorado; nós olhávamos de olhos arregalados, íamos descobrir um novo dote de mamãe, além do trivial de cozinha, os livros em francês, a costura dos fardamentos e das roupas rasgadas dos filhos. Minha mãe subiu no meu conceito, como um anjo de igreja, não empunhando a harpa ou a trombeta no altar, mas ela própria, povoando a sala de nuvens musicais. Um acorde, uma escala, os fragmentos de um estudo, uma invenção fácil de Bach, uma valsa um tanto tropeçada de Chopin e, de fio a pavio, uma narrativa sonora que se chamava *La bicicletta*: era uma *suíte* sobre um primeiro passeio de bicicleta, primeiro equilíbrio tentado, o primeiro tombo, o choro da queda, nova partida, e lá ia minha mãe pedalando ligeiro, feliz, cena das manobras que as mãos traduziam, até o vitorioso acorde final, recebido com palmas e gritos à ciclista-pianista. Helena, a preta cozinheira, não resistiu, veio espiar, uniu-se aos nossos aplausos, juntou seus dentes falhos aos dentes do piano. Decidiu-se que minha mãe daria aulas a minha irmã, que andava pelos seus nove anos; eu decidi por mim mesmo dominar aquele lustroso elefante. Da vizinhança surgiram senhoras e meninas voluntárias. Os pássaros, na gaiola da varanda, pareciam não gostar muito daquele alarido nada canoro. Quando meu tio Bento veio de Campinas, para acompanhar a companhia de ópera do Teatro Municipal, espantei-me de que cantasse *Torna a Sorrento* com tanto mel saudoso na voz. Levou-me a uma *Bohème* em que chorei mais que nos *Perigos de Paulina*. O doutor João Leão de Aquino, gordo como um frade e vastamente cabeludo como um poeta, era o médico oficial das gargalhadas da ópera do Teatro. Folgazão, risonho, de andar bailarino, tinha tido a honra de espiar as cordas vocais mais célebres. Um ser privilegiado. Quando descobriu diante do piano e da voz da esposa, tia Marietinha, e de tia Edith, irmã de meu pai, que tinham a honra de cantar árias de dueto com os grandes italianos, passou a levar-me às matinês (tinha obrigação de ir para perscrutar as vozes). Eu ouvia, atrás das cortinas ou em alguma torrinha vazia. O dinheiro dos aniversários, mandado pela madrinha, passou a se transformar em discos de ópera. Os meus livros de Júlio Verne misturavam-se com os libretos da coleção de tia Edith. Minha prima Regina, porque tocava piano e harmônica na igreja, foi promovida a acompanhadora oficial da família. Minha irmã passou a prodígio nas reuniões familiares no momento de datilografar *Le lac de Cuomo*. Um rádio de galena, milagre da técnica, nos permitia ouvir a maravilha do tempo: Bidu Sayão na *Traviata*. Eu escrevia prosa e verso, eu ouvia Galeffi e Brailowsky, eu lia *L'aviateur du Pacifique*, recitava Alfred de Musset para a turma e o professor Glenadel. E estava aprendendo piano. Com minha mãe, mas estava aprendendo piano. O Colégio Militar tinha seus preconceitos castrenses: música era a da Praça Tiradentes, ou as tocadas a tambores e cornetas, ou os hinos cívicos, clarim e corneta para as nossas marchas militares. "Piano? Você está aprendendo piano? Isto é coisa de mulher e de veado!" Até hoje imagino o quanto não deve ter sofrido de zombarias e trotes o menino Artur Moreira Lima para se impor como um herói do piano no colégio, e um herói do piano brasileiro! Havia outros colegas, à minha época, dedicados à música: o corneteiro Hervé Cordovil, excelente músico popular, o Armando Cavalcanti, conhecido por seu número, 285, como todos nós, ou pelo apelido, o "Mosca", pois eram vários irmãos — o Moscão, o Mosca, o Mosquinha e o Mosquito. Não podia ver piano, em minha casa ou na de tia Edith: atirava-se ao teclado e tocava para si e para o resto do mundo.

A revolução de 30, a prisão de meu pai, a sua conspiração, na qual eu já era primeiranista de direito, me afastaram de certas paixões de infância. Uma delas, por dever militar, o piano. Outra, a carreira militar, porque me repugnou a revolução com seus amigos traidores, seus bajuladores, seus falsos grandes homens, e a prisão de meu pai por seus camaradas. Eu já tinha tomado o meu primeiro banho de democracia, de direito constitucional. Meses antes da revolução, meu pai, certo de que ela viria, despachou mulher e filhos de volta do Alegrete para o Rio. Descobri outras fontes ao voltar da revolução de São Paulo, além do Teatro Municipal: a biblioteca da Faculdade de Direito, da Rua do Catete, onde me foram úteis o meu escasso francês, o meu escasso espanhol de tango argentino, o meu escasso italiano sugado de Stecchetti, da ópera e de Pirandello; e a Biblioteca Nacional, onde eu passava horas e horas seguidas do *Toi et moi* de amores adolescentes às *Fleurs du mal* de amores sangrentos. Lá possuía um estranho grupo de colegas, todos querendo ser sofisticados à sua maneira: Jacinto Aben-Attar Netto me pôs nas mãos *La decadencia del Ocidente*, porque lhe era chique ser spengleriano, o Henrique Carstens e o Odylo Costa Filho, pois lhes era chique recitar Marinetti, e os marxistas que combatiam o professor Alcibíades Delamare, e liam o *manifesto comunista* e uns livrinhos de bolchevismo ao alcance de todos, decalcados de Plekhanov. Ficávamos entre o Centro Acadêmico Cândido de Oliveira, o CACO, a *Revista Acadêmica* do Murilo Miranda, e os prós e contras Leônidas de Rezende, Carpenter, Castro Rebelo...

    Mas estou avançando demais... No Colégio Militar só quem usava nas aulas linguagem audaciosa era o professor Isnard Dantas Barreto. Eu não tinha partido. Meu pai, ex-instrutor de Luiz Carlos Prestes na Escola Militar, combatia as cartas falsas atribuídas a Artur Bernardes, combatia seus ex-alunos da Coluna Prestes, fazia cursos de Estado Maior, ocupou a Escola Militar revoltada e estudava, deitado no chão, vastas cartas de Estado Maior.

    Na revolução de 30 foi preso. Para facilitar sua prisão, já que aderiria, o major Góes Monteiro, seu amigo, não apareceu em Cacequi, mas ficou conhecendo o destino de meu pai. Às seis horas estaria no hotel de Santana do Livramento, onde costumavam ficar em suas viagens. Ali foi preso por um bando de arruaceiros armados em emboscada. Na luta, o ajudante de ordens de meu pai e o seu ordenança foram feridos. Preso, meu pai ainda recebeu novo apelo de Oswaldo Aranha. Recusou-se a ouvi-lo, foi recolhido a bordo do navio *Pedro I*, transformado em navio-prisão. No Rio, não se sabiam notícias desses acontecimentos: corria que os prisioneiros tinham sido mortos, como ocorrera com o general Wanderley, o tenente Paulo Lobo, o capitão Argolo.

    Aqui me lembro dos meus primeiros encontros com Oswaldo Aranha, jovem, imponente. O doutor Oswaldo Aranha, ex-intendente da cidade do Alegrete, tinha alugado sua casa para sede da 2ª Divisão de Cavalaria e residência de seu comandante, meu pai e nossa família. Ali foram minhas férias, paraíso de galopadas no campo, de banhos no Rio Ibirapuitã, de churrascos ao ar livre nas estâncias ao redor, na estância dos Milanos. Meus treze anos! Minha mãe falou, já eu entrando na sala que servia de gabinete do comandante:

    — Seu pai está com visitas!

    Eu já tinha entrado.

    —Fale aqui com o doutor Oswaldo!

    Tão jovem quanto um tenente, o visitante trazia um eterno cigarro pendurado na boca. Assim o conheci, amigo e adversário de meu pai, meu futuro adversário e amigo. Todos proclamavam: "Um dos homens mais inteligentes do Rio Grande do Sul!" Havia em mim uma implícita confraternização: os Aranhas e seus parentes, Freitas Valle, provinham de Campinas, como eu. A conspiração de 1930 andava no ar. Oswaldo convidou meu pai a chefiá-la; meu pai recusou, nos despachou para o Rio. Novo apelo de Oswaldo, uma carta que se acha transcrita no livro *Contribuição para a História do Movimento Constitucionalista de 1932*. Nova recusa. Voltei ao Colégio Militar carioca.

Em 3 de outubro não houve o encontro em Cacequi. No mesmo dia, de tarde, meu pai foi preso em Santana do Livramento. Arrastaram-no pelas ruas, aos vivas, os revolucionários. Ninguém soube de seu paradeiro.

Em 24 de outubro a revolução venceu. Soubemos de novo e inútil apelo de Oswaldo a meu pai. Dias depois Oswaldo chegava ao Rio, cercado de uma tropa de lenços brancos e vermelhos. Minha mãe me chamou e ao meu irmão João, mandou-nos à Ladeira do Ascurra, onde o amigo fizera quartel-general, para pedir que nos desse notícias de nosso pai. Fomos fardados de alunos do Colégio Militar: a rua, a casa, os arredores inundados de gaúchos em alarido, um tilintar de esporas, revólveres ostentados com garbo. Alguém nos perguntou o que desejávamos, o recado circulou, fizeram-nos subir uma escadaria por onde cruzavam soldados apressados. Churrasqueava-se, as bocas gargalhavam com pedaços de carne, a voz de Oswaldo Aranha bradou em sotaque inconfundível:

— Que entrem os filhos do Figueiredo!

Subimos. Uma porta se abriu. Era o banheiro. Gente acocorada tomava chimarrão, que corria de mão em mão, cuia e chaleira. No centro, sentado naquilo que no Alegrete, cidade ainda pouco provida de luxos sanitários, chamavam de *patente* (nome genérico da fábrica estrangeira estampado no fundo de louça: Patent X — London), Oswaldo Aranha, com sua corte, assim nos recebeu. E era um hábito gaúcho, de recolherem-se atrás de algum arbusto para "ir aos pés" e continuarem a conversa, mate amargo coletivo e hospitaleiro. A expressão ainda se encontra no interior de Minas, São Paulo e Rio Grande. Muito natural. Quantas vezes em nossos bivaques saíamos da barraca para ir aos pés?

—Digam a Dona Valentina que o Euclides estará no Rio, solto, dentro de alguns dias.

Não mais vi Oswaldo Aranha, nem quando o Colégio, de que tinha sido aluno, decidiu oferecer um almoço ao ex-aluno ilustre. A associação dos ex-alunos se reuniu para decidir da homenagem. Eu já era paisano mas preferi comparecer à reunião prévia. E propus que homenageássemos o inspetor Periquito, Antenor Chaves, "a quem devíamos a nossa educação". Vaias.

Novo convite a meu pai. Decididamente, os generais Tasso Fragoso, Malan, Espírito Santo, Leite de Castro queriam que ele voltasse ao exército. O ministro da Guerra, general Espírito Santo Cardoso, chamou meu pai à sua residência, no Maracanã. Acompanhei-o. O ministro estendeu ao coronel uma folha, o requerimento em que meu pai pedia reforma.

— Leia o despacho.

"Indeferido por serem necessários seus serviços ao Exército e à Nação".

Meu pai:

— Senhor ministro, considero-me reformado. Só voltarei ao exército pelas armas, que foi como saí. E devo prevenir a Vossa Excelência que estou conspirando.

O ministro assentiu com a cabeça. Bons tempos, em que o cavalheirismo militar permitia que alguém confidenciasse ao seu superior: "Estou conspirando", e nada lhe acontecesse. Novo apelo de Oswaldo Aranha e nova recusa. E só o vi em 1942, quando, *foca* no *Diário de Notícias*, era eu encarregado pelo secretário Barreto Leite Filho de entrevistar os ministros das Relações Exteriores que chegavam ao Rio para a Conferência dos Chanceleres Americanos. Pelo fato de falar um espanhol razoável, graças às férias na fronteira gaúcha, aos tangos, aos admiráveis jornais de Buenos Aires e aos romances de Blasco Ibañez, tocou-me abordar a maioria dos chanceleres. Entre eles havia um Julián Cáceres, rotundo, folgazão, de boa mesa, bom copo e boas vedetes. Entre anedotas, fomos mais de uma vez ao Cassino da Urca, e lá me dava fáceis entrevistas, que depois recortava para Tegucigalpa onde acalentava sonhos presidenciais. Tão meu camarada que uma noite me falou:

— *Te traigo un regalo.*

Assustei-me. Entregou-me um papelzinho onde havia um texto da Declaração do Rompimento de Relações com os países do Eixo, a ser proclamada na sessão de dois dias depois.

— *Haga con esto lo que quiera.*

E me piscou o olho papudo. Corri para a redação, entreguei o papelzinho ao Barreto Leite, que disparou para o diretor Orlando Dantas. No dia seguinte o texto aparecia com o título na primeira página, em letras de meio palmo. Oswaldo Aranha chamou seu amigo e conterrâneo Barreto Leite. Acompanhei-o. Oswaldo Aranha desabou em impropérios. Afinal, o furo estragava o seu dó-de-peito, a anunciação do rompimento! Antes dos jornais americanos, antes de Drew Pearson! Consolou-o o vasto elogio que lhe fez o chanceler mexicano Padilla; na sessão sem surpresas, era a primeira manifestação brasileira em favor dos aliados, era o começo da ruína do Estado Novo. Em pouco o Brasil estaria na guerra, acelerada ainda por um nazista nacional, um cearense, que fazia sinais semafóricos para os submarinos alemães cada vez que um navio brasileiro saía da Guanabara. Três deles foram postos a pique. Oswaldo Aranha não me reconheceu ao lado de Barreto Leite. Melhor que o texto fosse publicado prematuramente: os nossos altos escalões nazistas, se o conhecessem, teriam tempo de atrapalhá-lo. De qualquer modo, Oswaldo Aranha ganhou a partida democrática. Don Julián Cáceres me felicitou. Barreto e eu tomamos um chope consagrador na Taberna da Glória. Senti, naquela taberna, o paladar da glória.

Só fui ver Oswaldo Aranha anos depois. O "estado novo" agonizava, afogado em ridículo. O Eixo abandonava o nazi-fascismo nacional. Impossível inventar um racismo numa nação mestiça. O Manifesto dos Mineiros, a Declaração de Princípios do Primeiro Congresso de Escritores ajudavam a ruir o Departamento de Imprensa e Propaganda, o Tribunal de Segurança Nacional, a Polícia Especial. Desapareceu o caricatural "Dia da Raça", no qual as criancinhas desnutridas desfilavam nas ruas mais em requebros de samba, tristes, olhos fundos, mais rebolando que em marcha marcial. Os juízes já tinham medo de condenar, já procuravam outros empregos. Disputava-se a democracia num aluvião de cristãos novos, retardatários e arrependidos. Francisco Campos, o jurista autor da constituição chamada "Polaca", abjurava a Polônia e saudava Carlos Lacerda. Oswaldo Aranha, o autor intelectual da revolução de 30, e Gustavo Capanema, respeitador das liberdades culturais, eram os dois homens que, no governo, haviam demonstrado sinceridade democrática. Meu pai, recém-saído da prisão, acreditava numa ressurreição do ideário do Movimento Constitucionalista de São Paulo, ao qual faltou capacidade de divulgação, o que permitiu a Getúlio lançar o Norte contra o Sul, prometendo aos primeiros, cuja sorte jamais melhorava, uma espécie de saque em nome dum fictício separatismo. Meu pai foi dos primeiros a lançar, como o melhor candidato de um país semiderrotado à presidência de um país semivitorioso, o nome de Oswaldo Aranha, cujo trajeto político balizara um caminho de liberdade, sempre obstado pelo fantasma de Vargas, amigo que jamais fez cerimônia em despedi-lo quando convinha aos seus interesses caudilhescos. Já faltava à ditadura a ameaça nipônica de Góes Monteiro, curioso espécime que parecia sempre ameaçar o amedrontado e fugir do amedrontador. O Brasil totalitário fora condenado a preparar uma força expedicionária que procurava sustentar as razões pelas quais não fôra criada. Na balança eleitoreira, o peso Getúlio-Dutra foi mais pesado que o de Oswaldo Aranha. As oposições se fracionaram, os liberais não cederiam um passo a quaisquer programas realmente sociais; os componentes da esquerda isolavam-se em posições radicais. Ninguém mais sabia conspirar em favor da democracia.

A iniciadora da televisão no Brasil ensaiava loucuras na esperança de que tudo desse certo; mas o povo já andava esquecido do vício coletivo e necessário do comício para usar os cômodos chinelos da televisão. Atirei-me à televisão, sem imaginar que, se cada televisão fosse um voto, seriam necessários tantos receptores de televisão quantos eleitores. Grave erro de país pobre, e grave erro do próprio conceito de democracia: o debate deixou de existir; existia a boca da televisão contra a boca muda da praça. A praça já não era mais do povo; do povo era a praça emudecida, ou sem poder ouvir as duas palavras que fazem a democracia: "Não apoiado!"

Fui buscar Oswaldo Aranha, não como orador popular, mas como revolucionário e historiador político dentro de uma sala de visitas. Para mim, a experiência valeu como imposição de produtos à venda; para Oswaldo Aranha me parecia sempre uma recordação do passado. A democracia exige a presença da voz e do dono da voz; exige o ulular das massas, o "Abaixo!", o "Morra!", o "Ao palácio!" Os programas de televisão que fiz então com Oswaldo Aranha em sua casa eram comoventes retratos de um grande homem público, mas faltou o murro na mesa. Fizemos história acontecida, não fizemos a História a acontecer. Assim foi o programa *Esta é a sua vida*. O meu herói passou a ser um álbum de fotografias falantes. O que eu não sabia era que o meu herói estava moribundo.

Depois de repetidos programas do mesmo formato autobiográfico, em que desfilaram Tancredo Neves, Augusto Frederico Schmidt, Mário Pinotti, José Maria Alkmin, mudamos o *Esta é a sua vida*. Passou a ser *Altamente confidencial*. No primeiro, sobre Oswaldo, apresentei o martelo com que, na presidência das Nações Unidas, declarou a existência do Estado de Israel; e ele me deu uma preciosidade: um exemplar da *Divina Commedia*. Perguntou se eu não queria escrever sua biografia, em três volumes: *Muitos homens*, *Alguns homens*, e *Um homem só*. Fizemos o programa em outro formato: vários candidatos, de cambulhada, ricos, pobres, conhecidos, anônimos. O locutor, Carlos Frias, gritava, súbito:

— Periquito Antenor Chaves, inspetor do Colégio Militar, esta é a sua vida!

O ao redor do Periquito atônito, todas as pessoas ilustres que passaram sob sua punição severa: Oswaldo Aranha, por estar fumando, o general Lott, o ministro Alkmin etc... O programa só ficou sério quando o homenageado era pessoa humilde e ignorada. Celebrar o celebrado não tem graça... Guardo comigo uma frase de Oswaldo Aranha, que nos honra:

— Tua mãe e minha mulher são raras: são mulheres de consulta.

E de minha mãe sobre Oswaldo Aranha:

— Ele tem mão de homem; não gosto de homens que têm mão de luva vazia.

Lembro-me sempre dos dias finais de Oswaldo Aranha: às sete da manhã, pelo telefone:

— Não vens tomar café comigo?

Falei-lhe de um livro de Koestler: na manhã seguinte falava sobre Koestler com o embaixador Mario Amadeo, citava o que na véspera eu lhe contara, como se tivesse lido. Às vezes ao acordar parece que ouço sua voz: "Tu não vens para o café?"

* * *

Ando em maré de perder amigos, e isso, pelo tempo já vivido, me deixa um vazio ao redor e por dentro. Dificilmente encontro quem me diga o que preciso, ou que preciso esquecer, que para tanto servem os amigos. Alfredo Tranjan, Clóvis Ramalhete são dessa coleção. Do último perdi o que tinha de melhor: minha afilhada, a professora Raquel Ramalhete, encanto de talento musical e lingüístico, jovem que freqüentou a Sorbonne, de verdade, assistiu às aulas do mágico musical Turíbio Santos, fez-se magistral professora da Alliance Française para o idioma e a literatura, e exímia musicista que, com seus colegas e alunos, organizou, entre outros eventos extraordinários, o refinado coral de obras medievais francesas, *chansons grivoises*, *chansons paillardes*, música para deleite e zombaria medieval, desafio de malicioso riso aos outros ouvintes. E agora? Quem me dá a música de minha afilhada? O saber da vida de Alfredo Tranjan? O saber literário-jurídico de Clóvis Ramalhete? Afinal, não tenho sido mais do que um plagiário de meus amigos, até de um colega que num abraço triste me observou: "Estão chutando na nossa trave..."

Mal sabiam os que foram, e mal sabem os sobreviventes, que ainda guardo, além da presença solitária do além, o melhor do que eram. Um conselho milenar da China diz que os homens valem pelos amigos que adquirem e pelos parentes que afastam. Não é verdade — pelo menos na minha especial coleção de amigos e parentes, folheados no álbum da memória, e nem soube avaliar a riqueza que valiam. Sou um desperdiçado, um desperdiçado de sorte. Por exemplo: quem teve um parente como minha prima Regina, Regina Leão de Aquino, cujos dotes eu namorava desde criança, e os aprendi graças ao pai, João Leão de Aquino, casado com minha prima Marietinha? Ela sabia cantar, como a tia Edith Monteiro; ele, médico, sabia curar garganta com tanto diapasão que deixou seu autógrafo na goela de Enrico Caruso. Graças a esse dom, o doutor Leão de Aquino desentupiu as gargantas de todos os talentos canoros do Municipal, dos tempos em que o teatro era mesmo municipal porque era do município. Nos meus dez anos de idade, o primo Leão de Aquino teve a espantosa idéia de me levar ao Teatro Municipal. Eu lá tinha estado, acompanhando meu tio Bento, que se dava a ares canoros, porque na mocidade mergulhou numa companhia de operetas napolitanas e só voltou a Campinas quando meu avô surgiu em Marecchiare e trouxe o filho por uma orelha, pescado ao bailar na rua uma tarantela. Meu tio Bento, depois de terminado o pôquer e saudando da janela do Clube Campineiro as andorinhas a cantar alguma Ave Maria a Carlos Gomes, andava pela rua, até a casa, puxando o bengalão e bradando para a lua.

Com o primo Leão de Aquino era diferente. Seu casarão em Santa Teresa me seduzia: tinha telescópio, no alto, para ver estrelas, tinha os doces fartos de tia Marietinha, tinha música a sair pelas janelas e tinha a ida ao Municipal. Graças a ele ouvi Bebê Lima Castro, rival de Bidu Sayão, e Gina della Rizza e Ninon Vallin, e Beniamino Gigli que devorava um prato de macarrão depois de ser fuzilado pelos *carabinieri* do Comte Scarpia; lá vi uma homenagem a Coelho Netto, a Puccini, recém-falecido, e ao tenor De Muro, e acompanhei nos corredores as batalhas dos *operários romanos*, a se xingarem como numa partida de futebol. E depois do último aplauso e das vaias dos exigentes, o pessoal do canto subia a ladeira Paula Matos e, na casa do primo, de janelas escancaradas para o mar, abriam o bico entre salpicos de empadinhas, oscilar de copos de *chianti* erguidos ao alto e, fartos da ceia, alegres do *vino spumegiante*, com as bochechas intumescidas de dós de peito e molhadas de lágrimas, já confundindo a Guanabara e suplicando a *Torna a Sorrento*, com desejos de amor e fios d'ovos. Esqueci-me de dizer que as primas e tias, além de líricas, eram ágeis no piano; e a mais bela, a mais afinada, era Regina, a filha dos anfitriões, que tocava e tocava a minha alma, e teve a glória de acompanhar Galeffi, Tito Schippa, Tita Rufo, Claudia Muzzio, e me fazer chorar novamente: na torrinha do teatro, penetra entre o pessoal da claque, aprendendo a aplaudir, e a segunda, na mansão Leão de Aquino, com os tios e primos, para aplaudir minha prima além dos *éclairs* de chocolate. Minha prima Regina, um pouco mais idosa que eu, lá se vai. Ela sabia de minha admiração por sua música, seu encanto, e pasmava o tenor a tremular para as estrelas, na *Recondita harmonia*, na *E lucevan le stelle*. Leão de Aquino contemplava, sorridente, seu viveiro de mulheres canoras.

Gentil, beijava-lhes as mãos, depois de cada ária. E morreu de gentileza, o pobre: no banco de um bonde, viu uma dama aflita a procurar lugar; levantou-se, cedeu-lhe o lugar, passou para o estribo; o bonde deu um repelão e meu primo caiu com a cabeça no paralelepípedo. O casarão de Santa Teresa murchou.

Minha prima Regina morreu há uns dois anos. Solteira. Há muito o Teatro Municipal divorciou-se da ópera. Foi invadido por *eventos* comerciais de segunda ordem, por *promoções* e *marketings*. No seu *foyer* não desfilam as cintilantes beldades dos intervalos; serve-se cafezinho rápido e dos porões já nem sobem mais as desafinações do Assírio, mas ali pode-se tomar um reles champanhe nacional em copos de papelão. Os presidentes da República, porque já não são mais mecenas, moram longe, freqüentam as piscinas do poder, em mangas de camisa nas audiências, cercados de cactos da intriga, não compareçem mais ao camarote de esguelha nas noites de gala, dão permanentes para os parentes do poder, que os repassam às cozinheiras. Onde estão as temporadas de Gigli, onde os trezentos e sessenta dias de arte, de gargantas lavadas por Leão de Aquino, ensaiadas pela prima Regina? Já nem mais ao piano, em casa alheia, seus dedos acompanham quem? *Son un poeta... Cosa faccio? Scrivo. E comme vivo? Vivo...* E ela a imaginar-se Mimi, costureira de bordado no teclado, sonhando com Rodolfo, com Cavaradossi, com o Caro Alfredo... *Oh soave fancciula...* cuja música derradeira guardou para o órgão da igreja do bairro, a soluçar, sozinha: *Sono andati? Figeva di dormire...* Finge, prima Regina, finge. Também eu finjo.

* * *

Conheci Madame cometendo contra ela uma impossível injustiça, destas que só o crítico pedante, senhor do mundo, é capaz de praticar, e de que se arrepende para o resto da vida, quando já é tarde, muito tarde. Todas as gafes são cometidas quando já é tarde: depois de lançada a seta, gafe não tem marcha à ré. Henriette Risner Morineau estreava no Teatro Municipal; Louis Jouvet, que a conhecera no Conservatoire de Paris, descobriu-a no Rio, casada mas faminta das ilusões do palco. Arrastou-a dos recitativos amadorísticos para o papel principal de *Léopold le Bien Aimé*, de Jean Sarment. O crítico bisonho, ávido de dizer tolices, escreveu: era alta, grande demais, grave demais para o papel. Deliciou-se, certo de ter dado uma lição ao Théâtre de l'Athenée.

Até essa época, as platéias brasileiras alimentavam-se das patifarias conjugais, das chanchadas donjuanescas copiadas da Europa, e mais umas tentativas urbanas e caipiras. O Municipal nos dava mais que agora: umas duas centenas de drágeas da Comédie Française, de Réjane, de Lucien Guitry, de Zaconne, de Ludmilla Pitoëff, de Tina de Lorenzo, de Suzanne Després, de André Brulé, de Germaine Dermoz, de Ernesto Vilches, Gabrielle Dorziat, Maria Melato, André Barsacq, Lugne-Poe, Martinez Sierra, Victor Francen, Vera Sergine, Gaby Morlay, Bragaglia, Amélia Rei Collaço, René Rocher, Luigi Pirandello... Bem melhores as *neiges d'antan*, mas passavam como andorinhas, colhendo os aplausos frenéticos duma elite francófona e nenhuma lição para o artista brasileiro, apenas repetitivo dos nossos espetáculos anedóticos e libertinos.

Louis Jouvet foi a revelação e, seguro da existência de talentos brasileiros, descobriu Procópio, convidou-o em carta comovente para fazer o Sganarelle de *Don Juan*. Fazer *Don Juan* na terra de Molière, que glória! A carta, um dos mais altos diplomas do teatro brasileiro, se encontra enquadrada na Biblioteca Pública da Universidade do Rio de Janeiro. Não sei se a respondeu por escrito. Mas declinou do convite, teve medo do desafio da glória.

As duas temporadas de Jouvet no Rio, em 1941 e 42, durante a guerra, e a de Jean-Louis Barrault, cinco anos após a guerra, prestaram enorme serviço ao nosso teatro, que já começava a engatinhar, miando melhor texto e remexendo-se em melhores cenários, desde a inquietação do Teatro de Brinquedo, do Teatro do Estudante e dos Comediantes. Mas nenhum prestara atenção às recomendações do Primeiro Congresso de Língua Nacional Cantada, promovido por Mario de Andrade em São Paulo, em 1937: falávamos no palco à maneira e ao sotaque de cada um, absorviam-se os comandos de ensaio de diretores com pronúncia lusitana. O acontecimento de maior importância que tivemos, graças a Jouvet, foi a conversão de Henriette Morineau ao teatro brasileiro, fazendo-nos ler e ouvir francês mas falar brasileiro. O seu constante aprendizado do idioma, o seu constante contacto com profissionais e amadores, a prodigiosa divulgação do teatro clássico francês, da poesia francesa, a sua participação em obras nacionais e estrangeiras, o seu respeito à palavra do autor e à exatidão do tradutor impuseram-na como mestra e musa.

Coberto de vergonha pela minha gafe de crítico, aproximei-me de Madame Morineau até receber a unção da amizade francesa, o *tutoiement*. Ela acelerou meus entusiasmos, me deu conselhos, ralhou comigo em português e francês, corrigiu minha pronúncia, interpretou meus diálogos num filme, *O comprador de fazendas*. E descobrimos que amávamos o nosso Racine e o nosso Corneille, nos deleitávamos remando a voz em *Le lac* de Lamartine e deambulávamos nas sombras dos jardins de Verlaine; e víamos o fauno de Mallarmé na música de Debussy e nos priscos de Serge Lifar. Sem nos freqüentarmos muito, porque Henriette Morineau dedicou as vinte e quatro horas diárias de cinqüenta anos de teatro brasileiro ao público brasileiro, conseguimos alcançar esse tipo de amizade em que as frases só pertencem a nós, curiosa comunicação composta de um verso de La Fontaine, uma imagem de Giraudoux, uma rima de canção francesa, todo um código secreto, semelhante aos códigos familiares a que André Maurois se refere, uma gíria, um neologismo, uma entonação, os mesmos olhares e risos e choros inventados e obedecidos pela tribo e desconhecidos na fronteira do muro do vizinhos. Madame e eu tínhamos o nosso código críptico, indevassável, de causar inveja. De causar ciúmes. Nele só Nathalia Timberg conseguiu penetrar.

Creio, consegui conhecer os jardins de seu talento, a fauna de fantasmas conviventes com sua alma, o seu riso interior ao tatalar de um aplauso ou ao fisgar uma ironia, ao lobrigar uma lágrima a querer-não-querer vazar. Foi a grande dama do meu teatro sem nunca ter representado nada de meu. Desdobrou-me o seu repertório cultural, o que, penso, só o fez com Nathalia.

E um dia inventou de me mostrar mais um de seus méritos secretos: preparara um jantar em nossa casa. Descobri sua outra faceta, a de alquimista de viandas e molhos, de vinhos e queijos, a indignar-se contra a inexistência do *feu de bois*, essa lenha que, debaixo de cada panela, de cada caçarola, cheira a lar, a um outro cheiro aceso e abanado por mãos que apertamos e beijamos, um cheiro jamais cheirado em qualquer restaurante do mundo. Um cheiro que ajunta requintado paladar ao receber o sopro da floresta do criador ao clarão das bochechas em brasa. E um paladar só fixado quando a milagrosa cozinheira caseira o prova, numa gota sugada da beira da colher pelo seu lábio, que a julga e diz, quase em triunfo: "Pronto!". É um segredo de grandes diretores de teatro, que mijotam o texto remexendo-o no caldeirão dos atores até soar a sinfonia verbal. Pronto. Deve ser o segredo do maestro de música quando recolhe a batuta e deixa os instrumentos, soltos mas presos na árvore da obra.

Depois da mágica, Madame despia o avental, punha o nobre vestido negro, o colar de pérolas, aureolava o cabelo e o perfume em grande gala e recebia em nossa casa os seus amigos, só os seus convidados, os iniciados, a sua melhor platéia. Aquela grande estátua de mármore valsava como uma nuvem. Mais feliz só Delorges Caminha, dono de sua felicidade.

Não recebeu de governos nenhum socorro em troca do que fez pelo nosso teatro em cinqüenta anos de brasilidade. Nos setenta anos do Teatro Municipal consegui que o ministro do Trabalho a condecorasse. Como todos os grandes vultos do palco, deuses, reis, rainhas, heróis, amantes, mendigos, morreu pobre, como Camus observa no seu ensaio sobre as casas de velhos artistas, depósitos de relíquias desmemoriadas, e deslembradas da gratidão de um público desmemoriado. Empobreceu de enriquecer o próximo. Para ela obtive uma pensão miserável, vergonhosa como a desvalia da esmola e a ferrugem da gratidão. Talvez o remorso da pátria a erija em estátua, como é de seu hábito substituir seus heróis por bonecos de bronze. É mais barato. E aquieta as consciências.

Se me pedissem uma lista dos construtores do teatro brasileiro, não astros, mas fecundadores de nossa escassa herança, eu responderia sem susto: Martins Pena, João Caetano, Artur Azevedo, Procópio Ferreira, Paschoal Carlos Magno e Henriette Morineau. Por isso, em torno de seu esquife, onde havia não mais que trinta amigos, alguns companheiros do sonho que Henriette Morineau lhes inoculou — Tônia Carrero, Beila Genauer, Henriqueta Brieba, Maria Fernanda, Beatriz Veiga, gente de palco, fiéis de coxias, sacerdotes andrajosos, a filha Antoinette — coube-me dizer-lhe algumas palavras diante de seu corpo engelhado, ferido de rosas, em nome da Sociedade Brasileira de Autores Teatrais: "Madame, a senhora deixou-nos por um céu raro, onde talvez nunca estaremos: o céu de Sarah Bernhardt, de Ellen Terry, de Margarita Xirgu, de Lucia Sturza-Bulandra, de Itália Fausta, de Cacilda Becker. A senhora só viverá na nossa saudade como uma Primeira Dama e como Nossa Senhora do Teatro Brasileiro. Permita-me oferecer-lhe o que tenho de melhor da minha vaidade, e para sua honra e minha: a minha *Légion d'Honneur*, que deponho no seu coração". Inclinei-me sobre o coração da minha amiga e deixei ali a condecoração que mereceu mais do que todos nós.

* * *

Digo meu adeus a Henriette Morineau, cujo caixão desce as escadas do Teatro Villa-Lobos carregado por alguns amigos, e me confrange pensar nos amigos brasileiros que desaparecem como a fumaça de uma pira funerária mal some o que aquela pessoa foi: querida, estimada, festejada em vida... E pensando em Madame Morineau penso em sua compatriota, estimada, festejada e esquecida... Se me perguntarem hoje onde andará Beatrix Reynal, poetisa francesa numa época em que não era ser fácil ter bravura, e nem mesmo fácil amar a França... Fui parar num grupo de franceses e amigos da França, gente de sociedade, professores, jornalistas que tinham jurado de per si fazer alguma coisa que fosse em favor da nação caída e vencida. Éramos dos que sabiam: por cultura, por literatura, por música, por afetação, cantávamos para nós mesmos que tínhamos dois amores, *mon pays et Paris*. E sofríamos, e não sabíamos mais ter um só momento de alegria depois da queda da Linha Maginot, depois da queda de Paris.

Não sabíamos (eu não sabia) de onde vinha aquela enérgica e generosa poetisa que um dia, logo após o começo da guerra, apareceu para nos conhecer, nos concitar... De onde teria vindo Beatrix Reynal, que publicava poemas heróicos em francês, e nos ajudava a estremecer de amor pela França? Um dia Murilo Mendes me chamou para ir à sua casa. Era um belo palacete de três andares, cercado de muros, de janelas iluminadas, de latidos de cães, e de onde saíram perorações e trechos de hinos tocados valentemente ao piano. Compareci com o natural acanhamento de quem vai conhecer uma pessoa de importância social; me mandara recado para que eu levasse minha mulher. Éramos recém-casados, de família provavelmente visada pela polícia do nazi-fascismo nacional, pai preso, amigos desaparecidos. Fomos. No salão recoberto de quadros havia conhecidos, felizmente: René Cavé, o compositor e pianista da Rádio Ministério da Educação, Assis Chateaubriand, sempre de passagem como um cometa, Lia Corrêa Dutra, a contista, Laura Austregésilo, poetisa, e dois que eram permanentes da casa: o gravador Oswaldo Goeldi e o pintor José Reis Júnior. Depois a sociedade murchou com a queda de Paris. Um ou outro de nós ia por dolorosa solidariedade, mais para amaldiçoar Hitler, Mussolini e Pétain do que para trazer alguma notícia alvissareira. Dizia-se que a fortuna de Beatrix Reynal era alguma coisa de flutuante, que ela guardava consigo e perdia nos tribunais uruguaios, onde se discutiam suas propriedades e as ações bancárias. Os diplomatas franceses representantes do governo Pétain a hostilizavam; os franceses do almirante Darlan a olhavam com caridosa simpatia; os partidários do general De Gaulle e do governo francês em Londres eram mais queridos, e quase em guerra franca contra Vichy e os franceses da Argélia. Não era fácil cantar a *Marselhesa* para qualquer um. Beatrix Reynal desafiava-os e todos os dias recitava na rádio, em reuniões partidárias, publicava poemas de circunstância tão bons quanto os bons poetas franceses podem fazê-lo. E os oscilantes convidados ganhavam, cada um, um volume bem encadernado e bem dedicado pela doadora, todos ostentando seu *ex-libris*: *Canto Dolorem Meum*. Ganhei livros, que ainda tenho, um vaso chinês que guardo como preciosidade. Os copos erguidos eram de bom vinho francês; era *chic* assar *escargots* à lareira e comê-los ao espeto, refinamento nada em moda por estes brasis. Íamos à casa de Beatrix para sofrer com o patriotismo de Beatrix. Os seus emissários percorriam o Rio, da casa de Aníbal Machado à de José Lins do Rêgo. Traziam consigo um mimo: uma bela gravura de Goeldi, uma garrafa de José Reis Júnior e um convite para um *alioli* como mandam os preceitos da Bretanha.

Para todos nós as ânsias eram duras, as lágrimas muitas, e até algum medo de enfrentar tantas tristezas reunidas.

Depois de Arromanches, das Ardennes, da fuga desabalada dos alemães, chegou o dia em que Paris voltou às mãos dos aliados. Era dia de beijar Beatrix como a cantora merecia, recitá-la aos brados, urrar a *Marselhesa* de taças erguidas. Beatrix era a nossa heroína, sabia que era, Goeldi e Reis Júnior o sabiam. Entramos, os amigos, em avalanche pelos portões abertos da casa iluminada. Os móveis não eram tantos, os quadros das paredes tinham deixado suas marcas de ausência, dos gobelins havia apenas os vãos nas paredes. Mas cantava-se! Patrioticamente! Era a grande noite da poetisa da liberdade, a Liberdade de todos, herdada da França, país bendito. Cavé, ao piano, batia os punhos e os dedos, soberbos. E quando todos nós bradávamos com Beatrix Reynal *Aux armes, citoyens! Formez vos bataillons! Q'un sang impur abreuve nos sillons*! o urro geral era contra Vargas, o Estado Novo, a Polícia Especial, a Ordem Política e Social, o Tribunal de Segurança, era tudo que um brado d'além-mar vinha despejar nas nossas praias, nas nossas florestas... Carlos Lacerda aproximou-se de mim e disse que eu fosse até a copa, a maravilhosa copa de Beatrix, toda recoberta de utensílios dourados... Já não brilhavam tanto. Na mesa central, Goeldi e Reis Júnior derramavam com um funil garrafas de champanha nacional pelos gargalos da Veuve Clicquot... Enchiam as garrafas e as levavam nas bandejas para servir aos comensais, o faziam num arroubo de patriotismo... Os que tinham observado, choravam de piedade; os demais, no auge da bebedeira patriótica, saudavam-se e saudavam a anfitriã, que sabia, sabia de todo o coração, que aquelas eram as últimas gotas do seu exangue patriotismo. Nunca respeitei tanto minha amiga Beatrix Reynal.

Ela desapareceu de nossas vidas. De vez em quando Oswaldo Goeldi ou Reis Júnior apareciam, com um recado, um poema. Os livros encadernados, autografados, desapareciam, como desapareciam as faianças, os cristais, os bibelôs; a casa de três andares foi posta abaixo. Beatrix vivia de mendicância, mas jamais mendigou coisa alguma aos seus amigos freqüentadores. Um dia na redação apareceu, para me ser entregue, um artigo do pintor José Reis Júnior, indignado porque haviam convidado Cândido Portinari para pintar os murais de *Guerra e Paz* do *hall* principal das Nações Unidas. Reis Júnior, enciumado, desancava o colega. Fui ao diretor, Orlando Dantas, e lhe falei, como diretor do Suplemento Literário do jornal:

— Eu não publico isto. E você me deve proibir de publicá-lo.

O artigo não saiu, ganhei um inimigo. Passaram-se os tempos, consegui uma miserável pensão para Beatrix Reynal. Uma miséria, um salário mínimo, mas era o que a lei pagava em gratidão aos seus filhos. Mário da Silva Brito descobriu onde morava a poetisa: um mínimo andar térreo numa casinha de frente da Rua Cupertino Durão. Anunciamos que íamos visitá-la. Tão aflita ficou que, gorda, enorme, ao descer o degrau da escada do portão, levou um tombo, feriu-se. Mas nos fez sentar em torno da mesa tosca. Mostrou seus originais, que guardava numa caixa de papelão. Ali também guardava sua medalha da *Légion d'Honneur*, que a pátria relutara em conferir-lhe porque alguém não gostara de seu passado. Oswaldo e Reis Júnior folheavam os papéis, o decreto que lhe conferiu a pensão brasileira; então levantou-se, foi até a cozinha, para buscar alguma coisa que nos oferecer, para nos fazer um brinde: uma garrafa de guaraná, que distribuiu pelos seis copos. Era hora de descansar, tinham mandado os médicos. Ergueu o último brinde, desapareceu carregada pelos dois amigos. Alba, Mário, Matilde e eu nunca mais a vimos.

Foram as duas grandes mulheres francesas que mais serviram ao Brasil. A França, depois da guerra, me condecorou com a medalha da sua *Reconnaissance*. A Beatrix é que a deveria ter dado.

* * *

Conduzidas pelo perfeito recepcionista Eduardo, do gabinete cultural à Rue La Boëtie, em Paris, entraram *Mesdemoiselles* Noël e Benoit, sobraçando duas pastas guardadas em envelopes de papel pardo. Perguntaram quem era Debret, nome do salão de pintura do andar térreo. Ali, o embaixador Antonio Mendes Viana me autorizou a transformar a sala de exposições do Serviço de Propaganda Comercial do Brasil numa galeria que sugeri fosse batizada Debret. Houve quem se opusesse ao nome. Um francês como rótulo da arte brasileira? Um desconhecido? Um mau pintor? Um acadêmico? Por que não...? E os nomes surgiam e desapareciam. Iam todos bater no de Portinari, que não passaria pelos portões ministeriais. Pobre Candinho, o maior pintor brasileiro, o único de repercussão internacional... E ficou Debret. E não faltou brasileiro ou francês a me perguntar quem era afinal esse Debret. Passei a dar aulas de Debret, consultando o *Debret dos pobres* de Sérgio Milliet. Nos catálogos da galeria incluí um resumo biográfico de Debret. Estendi um desses catálogos às senhoritas Noël e Benoit.

Elas desembainharam as pastas e começaram a mostrar uns cento e cinqüenta a duzentos desenhos, coloridos ou a lápis, alguns inacabados, muitos sem assinatura, outros assinalados: J. B. Debret. *Mademoiselle* Noël achara-os no sótão de sua casa, herança familiar, um desses benditos sótãos a esconder ignoradas relíquias, salvas por milagre de bombardeios de três guerras e de pilhagens de tantas revoluções. Eram trabalhos de Debret. A própria senhorita desconhecia sua proveniência. Um avô guardara os envelopes, devidamente embrulhados. Ali encontrou personagens civilizadas, selvagens, negros, aves, frutos, instrumentos indígenas, flechas, lanças, cocares. Chamou a amiga, *Mademoiselle* France Benoit, cuja profissão era a de buscar, onde possível, ilustrações para livros, artigos, programas de televisão. Espiaram o *Larousse*, onde encontraram: "Debret, Jean-Baptiste, pintor de história francês, correspondente da Académie des Beaux-Arts, aluno de David, nascido e falecido em Paris (1768-1848). Ganhou o segundo prêmio de Roma em 1791; pertenceu, em 1815, ao grupo de artistas escolhidos para formar a Academia de Belas-Artes do Rio de Janeiro, tornou-se primeiro pintor de Dom Pedro I. De volta a Paris, publicou *Voyage pittoresque et historique au Brésil* (1834-1837). O segundo Debret é François, "arquiteto francês, nascido em Paris em 1777, falecido em Saint-Cloud em 1850. Membro do Institut, 1825. Foi autor da Salle Louvois, demolida após o atentado de Louvel, da antiga Ópera (Rue Le Pélletier) e do antigo Théatre des Nouveautés (Place de Bourse). A École des Beaux-Arts (Rue Bonaparte) lhe deve suas fundações". Nem diz que os Debrets são irmãos.

Nas minhas mãos estava uma preciosidade, um prolongamento da coleção Raimundo Castro Maia, que tantas vezes eu contemplara em seus belos escrínios... Uma curiosa coleção, mistura de esboços, desenhos acabados, aquarelas, não terminadas, com anotações a lápis, em francês, indicações de cores junto ao branco-e-preto, ou de dimensões de objetos... Tive logo a certeza de que o conteúdo das pastas era a narrativa postal, paulatina, que um irmão fazia ao outro, para lhe mostrar as singularidades e o cotidiano do país que o acolhia, e para mandar o que andava por aqui desenhando aos irmãos Didot, futuros editores do *Voyage*. Cartas? Nenhuma, nada a elucidar. Preço? Quinze mil dólares. Quantia insignificante, sessenta mil cruzeiros naquele ano de 1967, setenta e cinco dólares por desenho...

Tratei de oferecer o achado ao Itamaraty. Telegramas se sucederam e súbito veio um: nomear-se-ia uma comissão de três membros para avaliar a autenticidade dos desenhos... Como se algum falsificador inventasse índios, múmias, colares, bananeiras, jacutingas, igrejinhas, trajes, para enganar pobres brasileiros de moeda fraca... O genial falsificador capaz de tanto falsificaria um Fragonard e o venderia a algum petromilionário do Texas! Mandei um telex: os desenhos já tinham sido vendidos.

Mostrei os desenhos ao editor José de Barros Martins, mostrei-os ao editor Eric Eichner. Quinze mil dólares? Coçaram as cabeças. Ofereci-os a Assis Chateaubriand, para o seu museu; respondeu-me do seu leito de inválido: que eu conseguisse um abatimento. Chegou o chanceler Magalhães Pinto. Num momento de descontração, contei-lhe a descoberta e a esperança de comprá-la para o Itamaraty. Escutou-me. Ao regressar ao Brasil, à hora das despedidas, no aeroporto, me perguntou:

— Como é mesmo o nome daquele rapaz dos desenhos?

Julgava tratar-se de algum protegido meu. Falei a Raimundo de

Castro Maia. Do alto do seu orgulho possessivo, foi eliminatório: "Todos os Debrets existentes são os meus. Os outros são falsos." E adiantou que, antes da guerra, comprara sua coleção do vendedor de brasilidades Robert Heymann, o vendedor da coleção Castro Maia. Pobre Heymann! Filho de judeus franceses, vindos para Mato Grosso por ocasião da Primeira Guerra, regressou à França à época da epidemia "espanhola". Lá tratou de viver como podia, montou uma casa, já desaparecida, *A brasileira*, de livros e objetos ligados ao Brasil, comércio que continuou praticando em sua residência, 24 Rue de Chaptal, ao lado do Théâtre du Grand Guignol. Heymann, segundo soube, gostava de mandar colorir com aquarelas as estampas brasileiras que encontrava (talvez arrancadas à edição Firmin Didot, do Debret), para embelezá-las. E era só. Heymann vendeu-me, sim, um quadro, *Les tons dorés de l'Amazone*, paisagem amazônica-incaica de um Marcel Abougit.

Dele deixei de comprar uma *Pedra de Itapoã* porque não tinha dinheiro: pertencera a Sarah Bernhardt, com dedicatória ilegível, que só adivinhei quando visitei o Museu Antônio Parreiras em Niterói. Provavelmente a senhora Parreiras, francesa de nascimento, a teria oferecido à "Divina", quando de sua última viagem ao Rio, em 1906. E, afinal, identificar um Debret não é proeza de técnicos: basta conhecimentos da obra e bom senso. Nada de expertises de tinta e papéis. Nada de carbono 14... Se assim não fosse, o Brasil já estaria inundado de Debrets, feitos em casa, à medida que Debret se torna conhecido e encarecido.

Não, ninguém queria os Debrets das senhoritas. Nem eu, simplesmente porque, na condição de adido cultural, me impunha o dever de não realizar o que nunca soube fazer: negócios.

Só então falei dos Debrets ao *marchand de tableaux* Jean Boghici, que teve a coragem e a lucidez de comprar a coleção Noël-Benoit. Desses originais pedi *slides* ao fotógrafo Carlos Alberto de Sá Moreira, benemérito cidadão que, conjugando um aparelho de som a um projetor e um ferro de engomar à guisa de resistência, ganhava a vida heroicamente nas universidades, fazendo conferências sobre o Brasil. Com suas fotos pude ilustrar uma palestra na Maison de l'Amérique-Latine, em 1968, por ocasião do centenário de Debret, conferência que publiquei na revista francesa *Miroir de l'Histoire*. Na mesma época, fiz vir do castelo d'Eu (residência do conde d'Eu e da princesa Isabel, adquirido por Assis Chateaubriand para sede da Fundação Pedro II) o enorme óleo da *Coroação de Dom Pedro I*, de Debret, tela de sete metros por cinco, que se encontra no Itamaraty de Brasília.

É provável que, no momento, se encontrem no Brasil todos os Debrets "brasileiros". E, curiosamente, só agora a França começa a descobrir o maior repórter brasileiro de todos os tempos.

* * *

De todos os falecimentos, melhor dito, de todas as demolições que o governo, para provar a inutilidade da cultura, inventou com um ministério da Cultura, a tolice mais espantosa foi o fechamento da Galeria Debret, em Paris. A mais ninguém do que eu, seu fundador, cabe fazer-lhe o necrológio.

Quando assumi o cargo de adido cultural junto à nossa embaixada na França, havia, na Rue La Boëtie, em pleno centro da cidade, uma estranha loja, de portas envidraçadas abertas para um público inexistente. Ali se amontoavam os mais heteróclitos objetos e cacarecos imagináveis. Havia restos de uma exposição de copos da firma Fratelli Vita; coleções de caixinhas com pedras semipreciosas brasileiras se empilhavam numa altura de metro e meio junto a uma parede de uns dez metros; um baú velho continha nada menos que dezesseis chapéus de senhora, luxuosamente emplumados, provável contrabando à espera de algum viajante caridoso que o trouxesse; havia um enorme peixe de Murano, evidentemente centro de mesa demasiado pesado para ser trazido numa bagagem comum; havia pelo menos uma centena de exemplares do *Direito Internacional* do embaixador Accioli, provavelmente enviados do Rio para distribuição entre os entendidos; havia uma curiosa bateria de frascos, verdadeira prateleira de botequim, onde se viam, difíceis de ler, com letras recobertas de poeira, mas onde se adivinhariam os dizeres: CAFÉ DO BRASIL — O MELHOR DO MUNDO, o que se repetia em cartazes apodrecidos; havia peças de tecidos nacionais, devidamente pilhadas e retalhadas; havia uma quantidade assustadora de livros, a um canto, entre eles a *Bibliografia brasiliana*, de Rubem Borba de Moraes, livros farta e bombasticamente dedicados a personalidades francesas; havia alguns de Ribeiro Couto, caprichosamente dedicados a Gilberto Amado e virginalmente fechados; havia amostras de toda a fartura nacional, tacos de madeira, ferramentas, compotas, amostras de queijos e vinhos em ameaçadora concorrência com os Bordeaux e os Bourgognes. E, no meio da sala, ocupando uns oito metros cúbicos, um calhau, soberbo aerólito, bendengó mandado a Paris provavelmente para rivalizar com a Torre Eiffel. Tudo isto era a seção comercial da embaixada, onde se agitavam poetas, prosadores e datilógrafas.

O embaixador Antônio Mendes Vianna obteve permissão do governo para liquidar aquele *marché aux puces* e transformá-lo, por sugestão minha, numa galeria de artes plásticas, principalmente para acolher obras de pintores nacionais. Dei-lhe o nome de Galérie Debret. Durante quatro anos a Galérie Debret divulgou algumas dezenas de artistas nacionais e a crítica francesa deles se ocupou, em geral com aplausos. Não é verdade, Jenner Augusto? Não é verdade, Bandeira? Não é verdade, Ana Letycia? Não é verdade, Maria Bonomi? E Luiza Müller, e Noêmia Guerra, e Luís Pisa, e Esmeraldo, e Di Cavalcanti, e...? Que me perdoem as omissões. Foram algumas dezenas. E ali se lançaram autores brasileiros de verdade traduzidos para o francês: Manuel Bandeira, Vasco Mariz, Carlos Drummond de Andrade, Cecília Meireles, uma *Anthologie de la moderne poésie brésilienne*.

O meu ilustre sucessor, acadêmico dos mais vorazes, ali montou escritório. E, prosseguindo numa carreira de piranha, ali deitou conferências em maranhês e dali pulou para ser delegado brasileiro na Unesco, lugar honrado por Paulo Carneiro e Carlos Chagas Filho (para só citar os não pertencentes à carreira diplomática). O governo, como todos sabem, cioso da economia, entendeu afinal de fechar a espelunca, mais barata por ano do que as viagens mensais dos trens da alegria ao caviar soviético, aos perfumes de Paris, às edições de livros pagas por debaixo da escrivaninha, cálculo que os nossos ministros da avareza ainda não exibiram. A Galeria Debret foi posta abaixo nas comemorações do 14 de julho, uma verdadeira Tomada da Bastilha, com uma centena de mandíbulas, duas centenas de olhos, ao dador dos livros e dos retratos do delegado. A Galeria Debret custava 30 mil dólares anuais ao Brasil; o delegado custou, durante cinco anos, 30 mil dólares mensais.

* * *

No retrato, em frente dos olhos, tal como é a vida, está o vendedor de guerras. Com um jeito imponente, acima das circunstâncias, Boris Godunov, senhor de êxito e pronto para entrar em cena, cravejando de vidrilhos, pérolas, lantejoulas penduradas em sua alma à flor da pele. Lambe nos beiços a sua ária. Sente-se até no seu cigarro, um cigarro de lupanar oriental e principesco. Tudo isto é fantasia, leitor, porque nenhum de nós teve ou terá oportunidade de freqüentar um lupanar oriental e principesco. Nossas imaginações correm paralelas, calcadas em contos das *Mil e uma noites* e miragens cinematográficas.

Mas o homem está ali, deificado, de cavanhaque ou bigode para cima, como a dialogar com Deus de igual para igual. E, se não o faz, dialoga com seres terrestres de poderes divinos, que compram aquelas bufarinhagens — mísseis, tanques, submarinos, aviões, satélites, raios subatômicos. E o faz também em nome de nobres princípios: o temor ao hediondo vizinho, o temor ao invasor extraterreno, o temor ao desestabilizador de convicções ou sistemas contra-estelares, tudo que se resume na mais cara falácia da humanidade: e do *si vis pacem para bellum*. E numa sentença do Dr. Johnson que sempre indignou gregos e troianos. "O patriotismo é o último refúgio do patife."

Ele sabe o valor do lema guerreiro grudado a murros e urros nas nossas consciências. Conhece os fregueses. É um Mefistófeles em carne e osso, pronto a sugar o primeiro sangue, pronto a nos ver premir a campainha e matar o Mandarim. Gosta de pastilhas de menta, esfrega-se em perfume para fugir ao próprio odor de carne calcinada e rapé de pólvora. Tem um avião enorme, a sua torre de marfim, acima das leis, das nuvens, da escória humana. Seu leito aéreo fossa-se com uma zibelina colhida em Belsen, onde se espoja dentro do babum obsceno, que farfalha como um morcego. Tem um feroz apetite de mulheres, reprodutoras de compradores. Ao lado, teclados para dedilhar os comandos e ver estrelas no céu, orografias na terra, o seu próprio rosto num espelho à prova de rugas e pustemas, e contemplar a esposa e os filhos, sorridentes, felizes. Lá embaixo morrem os menininhos de Biafra, do Caribe, da Pérsia, da Palestina, da Abissínia, de Pretória.

Pois esse ser humano tem família: mulher, criança de verdade, e mais os guarda-costas, prontos a morrer em nome da seleção da espécie. Olha a ninhada com ternura, afaga suas cabecinhas, pinga em cada boca um bombom, exatamente como os beija-flores aos filhotes. De dentro de um escrínio tira uma jóia capaz de sustentar um país famélico. Prende-a ao pescoço da digníssima, que ficou mais esplendorosa e por aquela coleira deixa-se facilmente conduzir. Ao dar o presente, com um babujar de beijos, um beijo sulfuroso, comove-se, desabrocha do bolso do peito um lenço tão fino que mal sustenta uma lágrima. Colhe-a, enxuga-a, contempla-a. E chora. Ama, sim, a patroa, a ninhada. Aquela tribo é especial, nada tem a ver com as que se contorcem e se estilhaçam, miseráveis Laocoontes enleados em serpentes de aço. São seres superiores esses, cujos retratos as revistas e jornais divulgaram recentemente como vindos à tona de um Loch-Ness de excremento. Olhe-os bem, nos olhos de papel, acesos, ávidos. Olhem seus lábios, sempre úmidos da gordura do cardápio humano. Olhem suas narinas farejantes de Don Giovanni a descobrir não o *odor di femmina* mas o de ilharga do semelhante.

São seres superiores: vivem emparedados em casas-fortes, à prova de explosões e de justiça. Dali só se esgueiram para cumprimentar potentados, tubarões, ferrabrases, harpagões, *chers collègues*. Qualquer um desses belíferos sabe rir. Ri para seduzir o interlocutor. Toma-lhe a mão com um calor que se diria humano, até mesmo feminino. E a felicidade deles consiste em rir — e rir primeiro, para o êxito, para que todos o acompanhem no riso, e por último, para rir melhor, é claro. Para rir depois da batalha. Pois é ele quem oferece o luxo de uma batalha para rir por último, um riso obturado a ouro, um riso rindo num deserto. Feito isto, volta-se para o lado de onde presume que Deus o escute e reza, esmagado no chão vazio, reza, reza, para agradecer, reza até sentir um prazer especial, felicidade do dever cumprido, orgasmo do poder, felicidade de uma onipotente solidão.

E me pergunto se esse homem de tão requintados gostos alguma vez amou um sol nascente, um horizonte de adeus do dia, o esfarelar de astros, a suavidade de um rosto, o dançar duma flor. Se tem o amigo para a confidência e o silêncio, a amiga para a glória duma carícia, a janela para a dádiva da brisa. Se perdeu tempo em amar um som de violino, em ler uma página que obrigue a parar de ler. Se fincou uma semente no chão, se colheu um morango, se o pôs entre os lábios da companheira para saboreá-lo como um vinho inventado. Suas mãos calejadas de contar notas nos dedos, culpadas como os martelos do Cristo, sua boca eructante de mastigar palavrões perderam o gesto e a música da comunicação.

Não deve ser fácil olhar esse homem de perto escondendo o inquieto desejo de ver se há uma bomba ao alcance da mão. Ou ficar à espera de que ele volte contra si o seu próprio *Exocet*, em tardio e bendito arrependimento. Olho, olho o retrato, como a buscar no esquecimento do meu Lombroso, do meu Szondi, como é ele por dentro, gruta de viscosas estalactites, de cloacas dos círculos do Inferno, laboratório de Frankenstein, personagem do mal que aprendemos em histórias em quadrinhos e televisões de ensinar maldades fictícias a meninos assustados. Enquanto isto, ele afia o gume invisível do seu mais insidioso punhal: a corrupção.

* * *

Ático Villas-Boas da Mota, professor de idiomas românicos, foi a minha surpresa numa viagem à Romênia, integrando uma missão para reatamento das relações entre o Brasil e os países socialistas. Era a terceira visita a Bucareste, onde minhas peças teatrais recebiam acolhida generosa. A surpresa da primeira visita: a acolhida do Teatro Nacional e de sua primeira-dama, a veneranda atriz Lucia Sturza-Bulandra, a Sarah Bernhardt local, intérprete perfeita de *La folle de Chaillot,* de Jean Giraudoux. Confidenciou-me a ilustre octogenária ser cliente da não menos ilustre doutora Aslan, a mágica rejuvenescedora de motores e carruagens humanas. Na segunda visita, encontrei-a entre outros jovens de terceira idade, a dançar em roda a *pirinitza,* cujos compassos são impossíveis de transmitir a um bailarino brasileiro. Nessa ocasião, o meu tradutor, Radu Miron, me deu um presente precioso: a autobiografia de Elena Teodorini, a professora de canto que, aqui no Rio, transformou uma carioquinha cantora numa das mais belas vozes de soprano do mundo. Em Paris, mostrei o livro à minha amiga, a cantora Maria d'Apparecida, que saltou sobre ele e me roubou a relíquia. Nela, a autora contava que, depois da Primeira Guerra, permanecera no Rio e montara sua Escola de Canto numa esquina da Avenida Rio Branco com Sete de Setembro, ou com a Rua Sachet, sobre uma loja que se chamava Casa das Fazendas Pretas, porque a epidemia de gripe espanhola, que grassava ferozmente, inspirara comerciantes a vender trajes de luto. Ali estudou a menina Bidu Sayão, com outras brasileirinhas.

Elena Teodorini levou a menina Bidu para a Romênia e fez dela uma outra Alma Gluck. Eram as duas vozes femininas preferidas por Arturo Toscanini. Em Bucareste, perguntei por minha amiga Lucia Sturza-Bulandra. Tinha morrido de tanto dançar a *pirinitza*. Quando Eugène Ionesco me visitou em nossa casa, mostrei à madame Ionesco um retrato autografado da grande atriz. A mulher do dramaturgo detestava-a, por ser comunista, como detestava o violinista Ion Voicu, o regente Gheorge Gheorgiescu. Quanto ao marido, o mestre do teatro do absurdo, absurdamente bebia uísque escocês com laranjada.

Não fui visitar Bidu Sayão durante este carnaval. Lembrar-se-ia do professor que a condecorou com a medalha dos 70 anos do Teatro Municipal e que com ela conversou, rodeada de cantoras e pianistas fiéis que a admiravam? Preferi ficar em casa e ouvir sua voz na cantilena dos oito violoncelos de Villa-Lobos. Quem sabe se a doutora Aslan ainda vivesse não faria renascer aquela voz de cristal e trazer-nos de novo a imagem da cantora em sua insuperável *Traviata*? O que há de trágico em todos os aperfeiçoamentos eletrônicos do invento de Edison é que eles mal chegaram a nos restituir com verdade esses sons perdidos a voar por aí, em alguma nuvem privilegiada, em alguma galáxia, lá onde se possa escutar, em toda a sua pureza e verdade translúcida, o Sermão da Montanha, a Oração da Acrópole, o *Banquete* de Platão, ou até mesmo o *mot de Cambronne* aplicado com justiça.

Para onde o vento do tempo terá soprado toda a preciosa poeira de ontem? Para o silêncio tumular das bibliotecas? Para algum recanto do universo por onde caminhem as palavras, pé ante pé, para que não se misturem e distorçam? Talvez descubramos, num desvão qualquer da vida, como um traste, a escada de Jacó, pousada em lugar exato e na direção certa, para nos conduzir ao auditório perdido? Ah, querida menina Bidu, como eu gostaria de estar presente e ouvir os primeiros aplausos que te deram, e ver o deslumbramento inaugural de teus olhos vitoriosos, olhos untados de lágrimas ou de gritos de luz? Eu vi um pouco desses olhos invejosos e repletos de fogos de artifício no olhar de Lucia Sturza-Bulandra, e nos de Maria d'Apparecida, quando lhes mostrei o livrinho de Elena Teodorini. São instantes de mármore, que não se devem perder. Por isso, enfureci-me quando entrei no Teatro Municipal depois de uma reforma que suprimiu as placas, os bustos de bronze, as didascálias dos salões e corredores, e as varreu e despejou numa pensão cafajeste a que deram o nome de museu. Eu sei como acontecem essas coisas.

Como um quadro de Franz Post foi parar no porão do Palácio das Laranjeiras; como nesse mesmo palácio furaram o tampo de um piano antigo e precioso para nele fixar o telefone de um guarda; como ali se atirou para o galinheiro uma banheira antiga de mármore de Carrara... Certa vez, levei o compositor e depois secretário perpétuo da Académie des Beaux Arts, Marcel Landowski, para conhecer a estátua do Cristo Redentor, de autoria de seu pai, o escultor Paul Landowski. Subimos, mostrei-lhe a estátua, que ele contemplou com veneração. Eu disse ao meu amigo:

— Marcel, eu te peço, já que és irmão do Cristo, pois tens o mesmo pai: dize a teu irmão para falar ao Papai que nos dê um bom governo, porque estamos muito necessitados.

O Cristo parecia um tanto zangado nesse dia; andamos até o sopé de cimento e lá tinham inaugurado uma didascália. Com os nomes de todos os burocratas mandões da faxina do monumento, menos o nome de Paul Landowski, o autor do Cristo. Essa a razão de sua zanga. Nem sei como não trovejou sobre as nossas cabeças. Desci com a minha abaixada, rente ao chão.

Quanto aos meus cacarecos, pedidos para figurar no Museu dos Teatros, lá entulhavam o depósito, atirados pelos cantos. Pior: diziam-me ser impossível reavê-los, porque as doações são irrevogáveis. Mas um artigo do Código Civil prescreve: "O doador pode recuperar a doação em caso de ingratidão". Deve ser o artigo em que se baseou Cipião, o Africano, ao praguejar: "Ingrata pátria, não possuirás meus ossos."

Por causa dele, presumo, o padre Antônio Vieira sentenciou: "Se servistes à pátria, e ela vos foi ingrata, fizestes o que devíeis, e ela o que costuma." Papai do céu te abençoará, menina Bidu. O povo brasileiro te adora e essa é a glória que conta.

* * *

Uma vez, ouvi de um reitor em plena magnificência de sua Reitoria uma frase imortal: "Universidade não precisa de biblioteca." Dentro dessa sentença, capaz de eliminar as tábuas de Moisés, a roseta de Champollion, a biblioteca de Celsus, a biblioteca de Alexandria, a biblioteca do Congresso em Washington, a de Sainte Geneviève e a Nationale, de Paris, ou qualquer banca de jornais de qualquer esquina, senti a total inutilidade de minha vida, de todas as vidas, e o único direito humano-animal de pastar até que outro o devore.

O homem conhece a justificativa da eliminação das bibliotecas desde que o tenente Omar, em nome de Alá, incendiou a sabedoria grega e deixou por séculos a humanidade à míngua de pensamento.

Não se conhece homem algum castigado por destruir bibliotecas, queimar livros, rasgar textos. No Brasil, onde uma biblioteca conventual ficou fechada durante mais de quatro séculos, temos os inventores e divulgadores do livro ideal: o livro descartável, o livro eliminado assim que seja exercida sua utilização por uma só pessoa como qualquer rolo de papel Finesse. É uma demonstração da máxima higiene. O livro está sujo, o livro é pecado, o livro expulsa o Homem do Paraíso, o livro ensina a Morte. Deve pensar assim o atacado de bibliofobia. Ao raiar da Independência do Brasil, o naturalista Jacques Arago descobriu a biblioteca trazida pelo regente Dom João a estas praias. Estava fechada, proibidas sua visitação e consulta. Os livros poderiam infectar o Reino, como a Constituição americana infectou Tiradentes e os Inconfidentes. Resumindo num pequeno episódio a perseguição ao livro desde a sua invenção, aí vai um símbolo: um condenado político no presídio, durante o hilariante e sinistro "estado novo", resolveu dar aulas de cálculo integral e literatura francesa aos companheiros, pediu que lhe remetessem de casa o *Calcul integral*, de Granville, e o *Le rouge et le noir*, de Stendhal; os volumes foram apreendidos na portaria da penitenciária, porque eram "um livro integralista" e "um livro sobre comunistas e negros". O comandante do presídio, um coronel; e o chefe da guarda, um analfabeto.

Sempre me encantou e jamais esqueci um conto infantil de Malba Tahan, nome a ser reverenciado, ao lado de Monteiro Lobato, em todas as escolas, como beneméritos do amor à leitura. Narra Malba Tahan a história de um homem considerado sábio, porque sabia a significação e a origem de várias palavras que lhe mencionavam; mas o extraordinário sabedor contou seu segredo. Tinha sido preso, condenado, e na cela vazia em que o atiraram por anos seguidos só havia um objeto: um volume, o da letra F, de uma velha enciclopédia. Como fora parar entre aquelas quatro paredes de masmorra, ninguém soube. No livro esquecido, companheiro único do preso, ele lia e relia os verbetes da letra F até os saber de cor. Por uma dessas circunstâncias misteriosas da vida, o condenado alcançou a liberdade e, pouco a pouco, logrou o respeito e o pasmo das gentes ao redor: certas perguntas ele as respondia com uma exatidão total. Era só esperar; perguntassem-lhe por alguma palavra começada com a letra F. Aí termina o apólogo de sabor árabe de Malba Tahan, professor de ensino secundário, meu companheiro na mesa de almoço da Associação Brasileira de Imprensa. Sabia calar-se durante todos os assuntos dos convivas; mas quando despontava uma palavra iniciada por um F, o ex-presidiário destilava erudição modesta e didática. Um sábio, duplamente sábio; sabia calar-se e sabia falar nos momentos precisos.

De outro professor, colhi um ensinamento semelhante ao aprendido de mestre Malba Tahan. Afrânio Peixoto, raro acadêmico de raro brilhantismo, fazia parte de todas as congregações, simpósios, seminários, debates. E tinha o hábito de botar diante de si, discretamente, um cartão em que se liam as letras gregas sigma, iota, gama, alfa. O seu biógrafo, professor Leonídio Ribeiro, provavelmente por lhe faltarem noções do alfabeto grego, conta a existência do cartão de Afrânio Peixoto, e afirma que elas se pronunciam para formar a palavra "EIYA", que imaginou pronunciar-se como "Eeia", espécie de *sursum corda* com que mestre Afrânio se aconselhava a inspirar um hausto de energia para suportar a chatice de tais reuniões. Talvez até tivesse razão o mestre: nada melhor que um suspiro para nos reoxigenar a paciência. Fui encontrar o cartão de Afrânio Peixoto no museu que lhe consagraram em sua cidade natal, Lençóis, na Chapada Diamantina, a 600 quilômetros de Salvador, Bahia, lá pela região das tropeladas de Lampião, onde montanhas abruptas convidam hoje ao cultivo do esporte dos vôos sem motor. Lá estava eu no Museu Afrânio Peixoto: seu fardão, seu chapéu emplumado, sua espada, sua mesa, seus livros, e, no meio da mesa, o cartão grego: gama, iota, epsylon, alfa, que nada mais é do que a segunda pessoa do imperativo do verbo *sigao*, que simplesmente quer dizer *cala-te*. Mestre Afrânio alertava-se que se devia calar diante da profusão da tolice humana.

Ora, calar-se diante da tolice humana é o que todos os brasileiros deviam recomendar a reitores, professores, governantes, políticos, tal este insopitável tesão de demolir escolas porque, afinal de contas, só a ignorância é útil. Logo, abaixo as bibliotecas, abaixo as cartilhas, abaixo os livros perenes e descartáveis! Podemos bem viver sem eles. Basta olhar para Brasília, por exemplo, e somar quantas bibliotecas lá existem, e quantos ministros, deputados, senadores, aspones e parasitas as freqüentam. Basta olhar para os técnicos e legisladores e observar a "vontade política" com que decretam a eliminação do ensino do idioma francês, que pelo menos prega a eficácia histórica da *marseillaise*, para substituí-lo pelo castelhano que pelo menos ajuda o comércio do Mercosul, e a troca de florestas amazônicas por toneladas de cocaína. Estamos em pleno programa da educação e da cultura, em que professores e alunos são ridicularizados na televisão.

VILLA-LOBOS

A professora Maria Célia Machado traz-me os originais de um livro surpreendente. Pode-se mesmo dizer tratar-se de um auto-retrato de Villa-Lobos. Entendamo-nos: o maior dos músicos brasileiros é certamente o que mais falou de si mesmo, o que mais sentiu necessidade de explicar-se, o que mais se retratou. E é também o que recebeu, em toda a sua carreira, o maior acervo de estudos e... restrições. Por isso mesmo o retrato musical de Villa-Lobos se planta diante de cada espectador-ouvinte a oferecer uma pergunta de esfinge: "Contra ou a favor?" Já foi moda e sestro ser contra a música e o homem Villa-Lobos. Eu mesmo, porque lhe censurava o seu rasgado apoio ao "estado novo" e a Getúlio Vargas, rebelei-me contra os orfeões espetaculares, o que me valeu um justo puxão de orelha de Mario de Andrade. E foi Mario de Andrade, também antiestadonovista e anti-Vargas, quem me chamou à razão, descobrindo-me, sem preconceitos e com carinho, a obra do Mestre. E apresentando-me a ele, que jamais aludiu às minhas críticas... políticas, mas ofereceu-me pura e simplesmente sua música e sua amizade.

Contra ou a favor? Hoje percebo que, se Villa-Lobos não se tivesse valido de poderosos, não daria seu recado. Como se Michelangelo não pintasse a Capela Sistina porque não gostasse de Sisto IV. Não teria Villa-Lobos realizado sua ambição. Não a de vitória pessoal mas a de impor, anos e anos seguidos, uma estética musical e, o que o torna ainda maior, seus princípios para uma educação musical popular. Na sua opinião, esse era o caminho de uma brasilidade. E se a sua pregação, desencontrada mas permanente, contando vitórias e desapontamentos, não logrou o que desejava em sua plenitude, colocou o músico originalíssimo, renegado e reentronizado, num surpreendente lugar no Panteão Brasileiro: é a mais alta expressão de nossa música *e o maior educador musical que já tivemos*. A descoberta não é minha: é da professora Maria Célia Machado. A ela acrescentou que sua durabilidade se deve ao fato de termos tido um ministro da Educação e Cultura duradouro, Gustavo Capanema, o mesmo que tornou durável Lúcio

Costa, Oscar Niemeyer, Cândido Portinari, Rodrigo Mello Franco de Andrade. É que Educação (e Cultura) não se faz à minuta, nem de improvisados políticos gostadores apenas destas coisas.

Não me é fácil abordar o *Villa-Lobos, tradição e renovação da música brasileira* de Maria Célia Machado. Melômano, crítico musical diletante, ouvindo e lendo conselhos de Mario de Andrade, acompanhando mestre Villa em suas sábias loucuras, partindo de uma posição adversária política para uma amizade e uma admiração conscientcs, faltava-me, para o seu retrato total, no retrato que eu contemplava na sala de honra da Casa Max Eschig, quando ia tratar de suas enoveladas edições, a pincelada de alma e cultura dada por Maria Célia Machado. Muito, muitíssimo se escreveu sobre a exposição de idéias e obras do mestre: os cadernos da *Presença de Villa-Lobos* são um repositório precioso; as originalíssimas opiniões de Mario de Andrade (que também orientou a criação musical de Francisco Mignone, Camargo Guarnieri, como a didática musical de Luciano Gallet e Antônio de Sá Pereira); os trabalhos de Vasco Mariz, hoje clássicos para quem, fora do Brasil, queira conhecer a obra do Mestre; o desdobramento crítico e sonoro devido a José Vieira Brandão, Tomás Terán, Bidu Sayão, Magdalena Tagliaferro, Artur Rubinstein, Anna Stella Schic e, ultimamente, Turíbio Santos, tudo exprime o múltiplo Villa-Lobos. Mas a sua síntese, a composição desse *puzzle* para convertê-lo em retrato deve-se a Maria Célia Machado. Sem qualquer desejo de maldade, apenas para aferir-lhe a importância, ele é precisamente o contrário do infeliz e deficiente ensaio encomendado por Assis Chateaubriand ao crítico Marcel Beaufils, tão desconhecedor da cultura brasileira que conseguiu cinzelar um escrínio contendo o vácuo. E aí está (diga-se de passagem, mas diga-se) um dos perigos da literatura em torno da obra de Villa-Lobos: se não se conhece o seu mundo (como o de um Béla Bartók, de um George Enesco, de um Mussorgski, de um De Falla), perde-se o seu melhor perfume, o seu melhor fruto. No caso de Villa-Lobos, perdem-se ambos.

Maria Célia Machado mostra como se insere na cultura brasileira a figura de um artista que, não sendo um *culto*, no sentido vulgar da palavra, nem um *erudito*, no seu sentido mais pedante, foi a mais autêntica expressão de um sinceríssimo cultural homem de seu país. E, intuitivo e até "de ouvido" em muitas opiniões, às vezes desastrado na ânsia de ser definitivo, incômodo de atitudes, Villa-Lobos não nos aparece só como um criador de arte. Foi, assustadoramente, um educador. Um educador heterodoxo. Mas um educador onde os educadores devem ir aprender a ensinar.

• *Tonia Carrero e Paulo Autran (Alcmena e Anfitrião) em* Um deus dormiu lá em casa, *Teatro Copacabana, Rio, 1949.*

• *Tonia Carrero e Paulo Autran em* Um deus dormiu lá em casa, *1949, Rio.*

• *Sérgio Brito, Francisco Cuoco, Fernanda Montenegro e Nathalia Timberg em* A muito curiosa história da virtuosa matrona de Éfeso, *Teatro Brasileiro de Comédia, São Paulo, 1956.*

• *Sérgio Cardoso no Esopo de* A raposa e as uvas, *Teatro Municipal do Rio de Janeiro, agosto de 1953.*

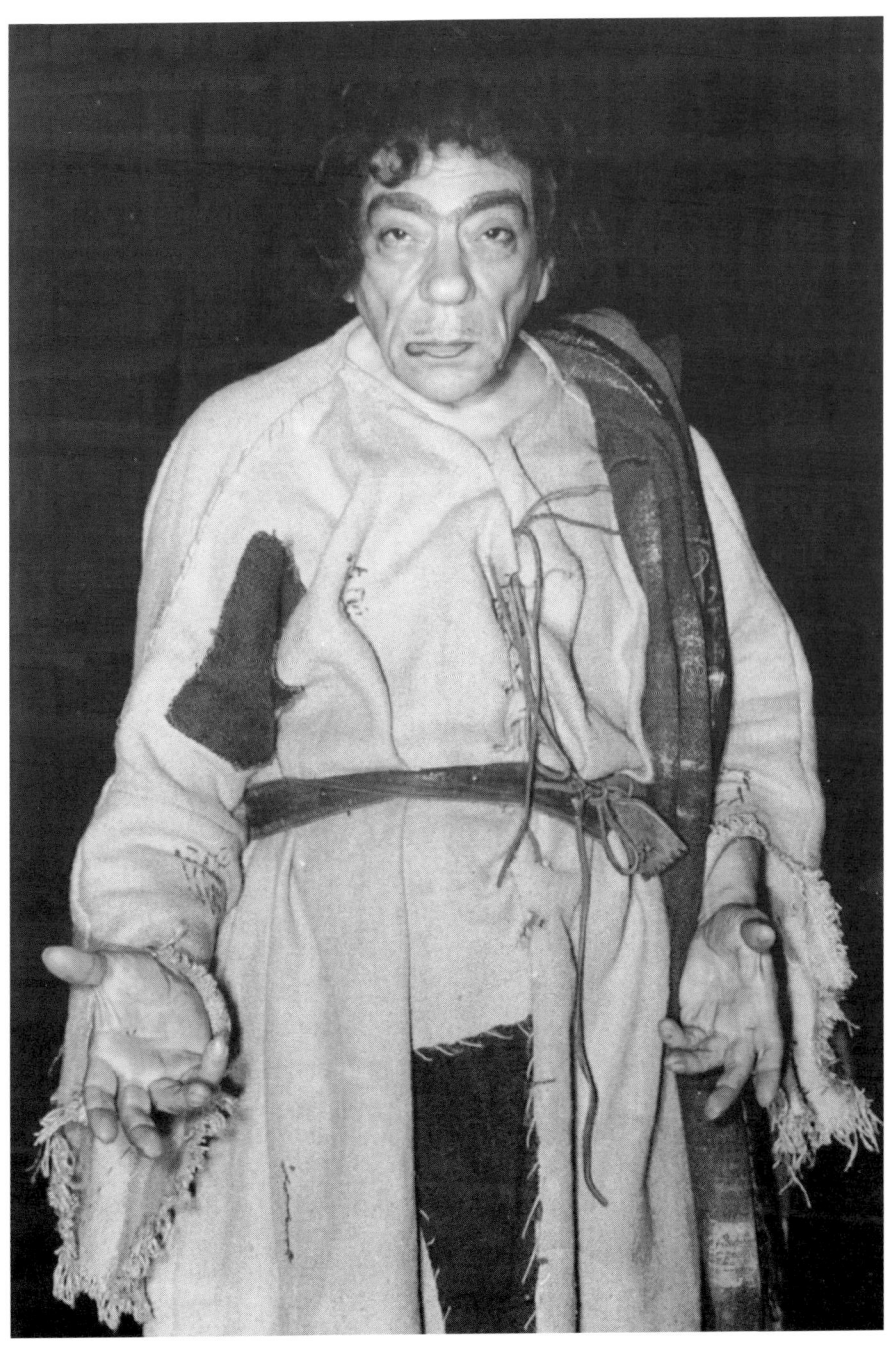

• *Procópio Ferreira no Esopo de* A raposa e as uvas, *Teatro Monumental, Lisboa, 1956.*

CONDOMINIO

"OURO VERDE"
novo lançamento da

CIA. IMOBILIARIA CAMPINEIRA

Rua General Osório, 939 - 2.o andar

TEATRO MUNICIPAL
12 DE FEVEREIRO DE 1957

A COMPANHIA TONIA-CELI-AUTRAN

apresenta

"UM DEUS DORMIU LÁ EM CASA"

Comédia em 3 atos de Guilherme Figueiredo

PERSONAGENS. (Por ordem de entrada em cena)

ANFITRIÃO (General Tebano) . . PAULO AUTRAN
TESSALA (escrava) . . . . . . AURY CAHET
ALCMENA (mulher de Anfitrião) . TONIA CARRERO
SÓSIA (escravo) . . . . . . BENEDITO CORSI

Direção Geral de: ADOLFO CELI

Assistente de direção: Cláudio Corrêa e Castro
Maquinistas: . . Elias Contursi e Luiz Piccini
Eletricista . . . José Alonso
Diretor de Cena: . Manoel Izidoro Lopes
Guarda-roupa executado por: Nieta Junqueira
Encarregada do guarda-roupa: Florisa Xavier

CERVEJA

MOSSORÓ

PRETA... BOA... e GOSTOSA...

Um produto da

CERVEJARIA COLUMBIA S/A - Campinas

• *Programa de* Um deus dormiu lá em casa, *Teatro Municipal de Campinas, fevereiro de 1957.*

- *Dois momentos da peça
A raposa e as uvas,
Pequeno Teatro
Ikebuleneo, Japão.*

• Com Bibi Ferreira no 70.º aniversário do Teatro Municipal do Rio de Janeiro, 1970.

• Com a cantora Maria D'Apparecida, durante a entrega do diploma e da Medaille de L'Encouragement du Progrès, Rio, 1991.

• Com a jornalista Edith Pinheiro Guimarães, examinando o cartaz do Teatro de Sófia, Bulgária, que anunciava uma apresentação do seu Ezop.

• O autor e Alba com a diiretora e o elenco de A raposa e as uvas em Pequim.

• *O Esopo tcheco.*

•*O ator russo Toporkov no papel de Esopo.*

• *No Teatro Maria Guerrero, Buenos Aires, em noite de estréia.*

• *Em Madri,
Espanha, com atores
de* A raposa e as uvas.

• *Com Alma Flora,
Procópio Ferreira e
Rodolfo Arena.*

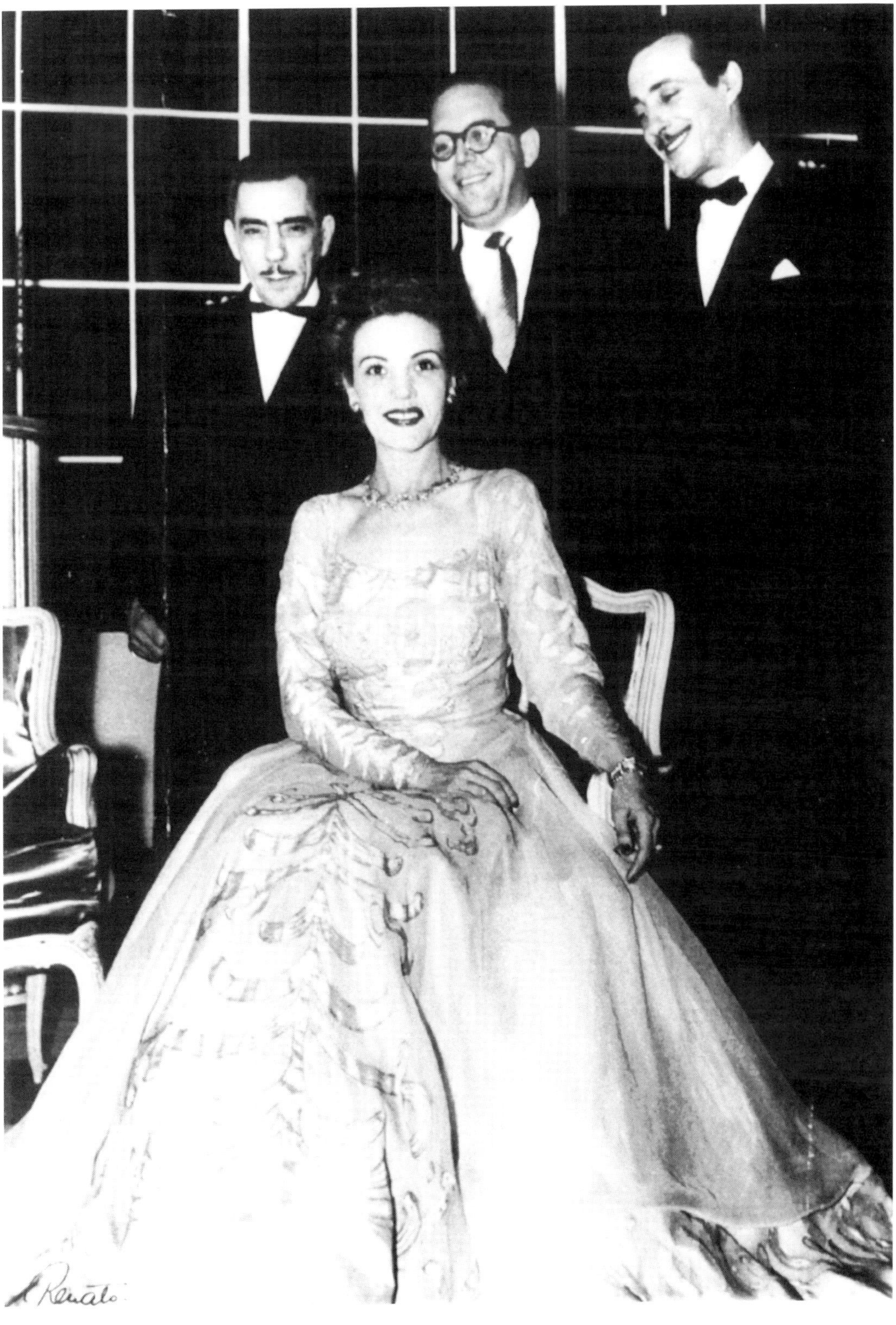
Renato

• Com Abílio
Pereira de
Almeida e Pedro
Bloch, no Teatro
Copacabana,
1950.

• Com a colunista
Hildegard Angel.

• *Com o escritor Mario Vargas Llosa, autor da peça* A Senhorita de Tacna, *na noite de estréia, Teatro Thereza Rachel, Copacabana, Rio.*

• *Sendo homenageado pelo Corpo de Baile do Teatro Municipal, Rio, 1971.*

• *Com Vladimir Hvízdala, seu tradutor tcheco, em Gainsville, Flórida, EUA, 1971.*

* * *

Um heterodoxo como seu guru, Bach. Como um Erasmo. Um Rabelais. Um Vives. Um demolidor de rotinas e, ao mesmo tempo, um fiel à lógica de todas as pedagogias. Aqui os tivemos, gloriosos e sofredores. Um padre Anchieta, por exemplo. Um Tobias Barreto. Um João Caetano. Um Mario de Andrade. Um Antônio de Sá Pereira. Um Anísio Teixeira. Um Sílvio Júlio. Um Rafael Batista. Um José Siqueira. Um Augusto Rodrigues. Um desses implicantes assustadores da inércia, denunciadores da impassibilidade, desgostadores de academicismos e enojados dos vestibulandos de mausoléus. São os provocadores socráticos, talvez só sabendo que nada sabem, não por modéstia, mas porque do pouco que sabem arrancam a maiêutica do que é preciso saber. Villa-Lobos provocou os sons, os ritmos, os timbres ainda sem nome e procurou com eles intoxicar a nossa infância. Nunca se disciplinou ele próprio. Distribuiu-se. E é esse *Villa-Lobos por ele mesmo* que Maria Célia Machado refaz em colagens. Não com as opiniões e o anedotário, como em geral são os "por-eles-mesmos". Embora Villa-Lobos jamais tenha esquematizado um sistema de educação musical (imagine-se um Villa-Lobos tornado Rameau!), sua luta fragmentada, esgrima em todas as latitudes, está reunida e comentada um tanto como as aulas de teatro de Stanislawski. Villa-Lobos, incapaz de dominar uma doutrina, num tratado didático, deixou sua herança em entrevistas, aulas, conferências, discursos, pregações. Reunida essa antologia que vai do lógico ao bestialógico, Maria Célia Machado evidencia a fidelidade de Villa-Lobos àquilo que queria pôr em prática, pouco se lhe dando que a ajuda viesse de Vargas, de Capanema, de Kubitschek, de generais e de políticos que nem mesmo tinham paciência para sentar-se e ouvir uma *Bachiana*. O importante era não perder tempo com quem pensa que está perdendo tempo. Sua fidelidade não foi ao nazismo rebolado em dias-da-raça, ao fascismo carnavalesco, aos tenentes de São Paulo, aos restauradores do voto, aos destruidores do humanismo brasileiro e sua substituição pelo desenvolvimentismo patronal. Sua idéia básica é de que o Brasil é original e originariamente musical; que precisava e precisa saborear música, saber música, aprender música, congregar-se em música por afirmação de civismo, de personalidade coletiva. Tudo se escreveu sobre ele, mas o livro de Maria Célia Machado é o compêndio da brasilidade musical de Villa-Lobos. A insistente convicção de estar certo, a teimosia de errar em nome de aforismos que inventava e pelos quais jurava, o convencimento de saber o que a sua arte está realizando como socialização (mesmo sem destrinchar o miolo de sua arte) é o que o torna mais travesso, desaforado e fanático pedagogo. Não sabia de que era feito o mármore em que trabalhava. Esculpia-o, a golpes de sons inéditos, e comandava:

"Canta!". E o mármore obedecia. E o mármore obediente, enquanto o mestre foi vivo, eram as crianças. Nelas está o Brasil. Quanto aos demais... não se ensina a ouvir música quem já ensurdeceu.

Com isto congregou acólitos que esmiuçavam o seu universo sonoro ou indagavam-lhe o mistério. Ele ria, o velho fauno, como eu o vi rir em seu aniversário, em casa de Jaime de Barros, em Nova York. Com o charuto depositado num dos dentes da dentadura dum Steinway, ante os olhos aflitos de Marina e Jaime, olhava os que o homenageavam. Andrés Segovia, Olga Praguer Coelho, o Quarteto Juilliard, Artur Rubinstein, Bidu Sayão, Leonard Bernstein, Marcos Romero, Dora Vasconcelos, Ernesto Guerra da Cal. Por pura zombaria, dedilhava variações do *Vem cá, Bitu*. Para gente capaz de ouvir. Um deslumbramento. Mindinha quieta, anjo da guarda. Quem não era da música temia o desastre do charuto no teclado, um charuto ilustre, desses que queimam sem desmoronar cinza e brasa. A sua música e o seu charuto incendiário causavam emoções diversas. Ele espiava cada um de nós de soslaio, e sorria. Era o seu *suspense*. O dedo bateu a última nota, imprevista, a mão retornou ao charuto na fração de segundo antes do horror. Veio o alívio, o aplauso. Villa-Lobos acabava de oferecer à platéia uma obra-prima. E uma aula de educador: a música foi feita para ser gostada até o fim. O incêndio do charuto pertence aos ignaros.

Anos depois, num outono de balada, em Zelazowa Wola, uma estudantezinha irlandesa tricotava um noturno no piano. Ouvíamos, na assombração daquela casa, tão parecida com o jovem que dali saiu para a eternidade. A intérprete, atrás de nós, me disse como quem apenas informa: "Sabe? Morreu ontem um músico de sua terra, Villa-Lobos". O mundo ficou surdo e desvalido. Dir-se-ia que até Chopin tinha ouvido. Morreu? Lendo o livro de Maria Célia Machado me lembro daquela tarde impiedosa: e nela Villa-Lobos ressuscita. Para o seu centenário? Quem sabe a educação musical não dará o nome a um século, o século de Villa-Lobos?

A VACA NO TELHADO

As gerações mais moças se surpreenderam há dias com uma notícia de jornal: havia uma vaca no telhado de um cidadão. Como a vaca subiu até lá, não sei. Se cavalo não desce escada, segundo meu caro Ibrahim Sued, vaca não sobe em telhado.

Mas o Brasil tem notícias de um boi no telhado. Era idéia de um compositor chamado Zé Fogueteiro, lá pelos anos de 1918. Como é que Zé Fogueteiro inventou o título de sua música, ninguém sabe. Mas, lá por 1918, o ministro da França no Brasil, o poeta Paul Claudel, passeando no Paraná com seu secretário, o jovem compositor Darius Milhaud, viu o nome de uma loja: *O boi no telhado*. Darius Milhaud achou tão engraçado o título que reuniu uma porção de músicas brasileiras populares, fez com elas um carnaval sinfônico e batizou tudo com o nome de *Le boeuf sur le toit*. Um admirável plágio, o maior plágio já feito de obras brasileiras em todos os tempos! Mas era um plágio genial. Destinava-se a acompanhar um filme mudo de Carlitos. Tornou-se balé com os irmãos Fratellini, um balé de bangue-bangue de faroeste. Depois, virou suíte sinfônica. Em *Le boeuf sur le toit* desfilam o *Improviso* de Alexandre Levy (que veio de uma Sinfonia de Mozart, que passou a ser um *Humoresque* de Schumann, uma *Bachiana* de Villa-Lobos e uma canção de Luiz Bonfá) e mais o *Corta jaca* de Chiquinha Gonzaga, choros e tanguinhos de Ernesto Nazareth, maxixes de Marcelo Tupinambá, músicas carnavalescas de uma dúzia de outros autores cariocas e paulistas. O título se tornou tão conhecido que passou a ser nome de cabaré em Paris, o cabaré freqüentado por Jean Cocteau. O cabaré existe até hoje, na Rue Boissy d'Anglas. E quem quiser saber os nomes das músicas plagiadas e seus autores, pergunte ao musicólogo Aloísio de Alencar Pinto. Assim, o nosso *Boi no telhado* alcançou Paris. Mas como é que um boi (ou uma vaca) foi parar no telhado, francamente, não sei.

Não sei mas o leitor pode adivinhar: a vaca rolou a ribanceira, despejou-se morro abaixo, até aterrissar no telhado de um barraco, e ali ficou presa, por cima da cabeça dos circunstantes. Teria visto coisa semelhante o autor do *Boi no telhado*, o Zé Fogueteiro, que provavelmente nunca imaginou ter dado uma contrihuição ao surrealismo? Que teria passado pela cabeça de Darius

Milhaud ao ler o letreiro da birosca inspiradora do seu *pot-pourri* musical? Diz ele, nas suas autobiográficas *Notes sans musique*: viu o cartaz, arquivou na memória. E aí comete um lapso irritante: afirma que sua música foi composta *sur des airs sudaméricains*. Por que não confessou: "sobre árias brasileiras"? Milhaud sempre afirmou seu amor pelo Brasil, escreveu uma série de composições sob o título *Saudades do Brasil*, as suas obras de vez em quando mostram arrepios musicais brasileiros. Tudo bem, todos os compositores franceses se deixam hipnotizar à simples evocação de outras terras... Bizet, Chabrier, Lalo, Ravel, Debussy estão cheios de espanholismos e ninguém se zanga com isso. Mas o curioso é que o *Boeuf sur le toit* há de ter começado a mexer com a cabeça do músico francês desde que ele chegou ao Rio. Um ano antes, em 1917, fundava-se a Sociedade Brasileira de Autores Teatrais, justamente para proteger os direitos autorais de músicos e dramaturgos. Dela faziam parte, como fundadores, Chiquinha Gonzaga, Ernesto Nazareth, Marcelo Tupinambá. Quando o *Boeuf* de Milhaud foi apresentado em Paris, lá pelos anos 21 ou 22, a ele assistiram muitos brasileiros — e nenhum, ao que se saiba, trouxe à SBAT a notícia do plágio. Villa-Lobos, amigo de Milhaud, nada conta a esse respeito. Como ninguém se mostrou atento a semelhantes pilhagens, não foi difícil a Francis Lay tomar a canção *Ontem ao luar*, de Pedro de Alcântara, e transformá-la no tema do filme *Love story*.

Quando o Rio de Janeiro ia fazer quatrocentos anos, Murilo Miranda, então diretor do Teatro Municipal — e que falta faz esse diretor, tão cheio de idéias, tão estimulador da cultura cênica! — pediu-me que eu, em Paris, procurasse Darius Milhaud e lhe propusesse a composição de uma *Sinfonia brasileira*, ou *Sinfonia carioca*. Milhaud, preso a uma cadeira de rodas, estava na Califórnia. Para fugir ao inverno europeu, dividia a vida de inválido entre a França e a universidade americana. Respondeu: pedia vinte e cinco mil dólares pela encomenda. Razoável? Na minha opinião, sim; era o maior músico da França, conhecia a música brasileira, gostava do Brasil, levaria ao mundo a notícia da celebração carioca. Mas o convite esbarrou nas futricas nacionais: pagar vinte e cinco mil dólares por uma sinfonia a um estrangeiro? Por muito menos se poderia explorar um compositor nacional... E aí a vaca foi para o brejo, isto é, para o telhado. O Quarto Centenário do Rio nem mesmo fez executar em concerto *Le boeuf sur le toit*, a mais brasileira, a mais carioca das obras musicais de um estrangeiro com temas nacionais. Gravaram-na em disco o próprio Darius Milhaud e o regente-compositor americano Leonard Bernstein. Não há nenhuma gravação nacional desse brilhante e curioso documento. Ressuscitei-o no Municipal há alguns anos num quadro de balé, tentando reproduzir o carnaval do Rio à época de Milhaud. Ao coreógrafo faltava o talento para estilizar a festa popular. O boi foi para o brejo.

A GUERRA DAS LAGOSTAS

Quando se desencadeou a Guerra das Lagostas, uma das mais divertidas guerras entre o Brasil e a França, havia um sério *casus belli*: decidir se as lagostas seriam animais natatórios, como os peixes, ou pedestres, como outros crustáceos. Na primeira resposta, a França poderia pescar nossas lagostas em águas brasileiras, pois nadariam e seriam apanhadas fora delas; ou se as lagostas andariam em terras submarinas, e então pertenceriam ao país que dominasse tais terras, no caso o Brasil. Parece que até então os nossos pescadores se preocupavam com as lagostas menos do que os japoneses que, com melhores barcos, dispondo de redes, arrastavam para si as do fundo de oceano. Em tudo isso surgiu um partido nacionalista que reclamava "A lagosta é nossa!", enquanto os franceses e japoneses asseguravam que as lagostas seriam de quem chegasse primeiro.

Parte da imprensa brasileira tomou o partido verde-amarelo: a lagosta é intocável por anzóis e redes alienígenas. Outros achavam que o Brasil não possuía flotilha pescadora capaz de pescar lagostas. No âmago da questão havia um deliberado propósito de lançar para um lado ou outro o vice João Goulart, que flutuava, cercado de lagostômanos: esperava que as lagostas derrubassem o presidente Jânio Quadros.

Andei escrevendo umas crônicas nas quais, sinceramente, aplaudia quem realmente pescasse lagostas, contanto que as pudéssemos saborear. E minha atitude recebeu a acolhida de um dos franceses mais brasileiros e inteligentes que conheci: o secretário de imprensa da embaixada da França, Jacques Gasseau, bom falador de português, pai de sete filhos brasileiros. Era o conselheiro de outro francês que passei a admirar: o embaixador Jacques Baeyens, autor de experiências de vida na Grécia de franceses apaixonados por Skyros e Corfu. Eu voltara de uma missão pelos países socialistas quando Gasseau me convidou a almoçar com o seu embaixador, para lhe contar casos que julgava divertidos. La me fui para a pequena sala de refeições do embaixador. E, enquanto tomávamos um abençoado *kir*, notei que se esperava um quarto convidado, já uns dois ou três *kirs* atrasado. E quatro lagostas nos aguardavam. A data era 25 de agosto de 1961. Nada de vir o candidato, que acabou telefonando de Brasília, para desculpar-se.

Óbvio, comeríamos a lagosta que lhe tocava, uma rubra lagosta que os restaurantes cariocas costumavam chamar "à la américaine", mas que os franceses denominavam, corretamente, "à l'armoricaine".

O embaixador Baeyens era um erudito em matéria de lagostas. Apreciava a Thermidor, a Bebé Justin, a Newburg, o *soufflé de homard*, especialidade do Hotel Plaza Athenée de Paris, a desaparecida Table du Roy, e mais as de Saint Tropez, e para todas recomendava um Muscadet, um Blanc des Blancs, um Côte de Beaume Blanc. Diante de qualquer indecisão, sairia vitorioso quem se regasse do *kir au champagne*, passando-se ao *champagne brut* até a sobremesa.

Por este desfile de preferências e recomendações, observei que o embaixador era um cultivador de palavras no último capítulo de suas memórias, *Au bout du quai*. Depois de retratar o presidente Jango de maneira bem pouco diplomática, mas deliciosamente espirituosa, me fez ler a coleção de nomes próprios que reunira em toda a sua carreira, nomes que, pronunciados com a maior exatidão parisiense, soavam altamente escabrosos. Detive-me nos nomes brasileiros, Bandeira e Bezerra, que nenhum *huissier* de recepção teria coragem de anunciar em altos brados. Na lista havia um xeque árabe, Monsieur l'ambassadeur Mastour Bey. Havia o brasileiro Ministre de Cuiabá, nome de grande sucesso nas rodas elegantes. E lá estava até um navio brasileiro, o Itaçucé. E havia um sécretaire Alonso Lee. Deu-me um exemplar, com dedicatória. De tanto sucesso me furtaram o livro, sei quem o furtou e quem se diverte com amigos de boa pronúncia francesa. Jogo perigoso, porque se a vítima ignora a maneira francesa de dizer seu próprio nome, pode estar certa de se tornar personagem de anedota.

Comemos a lagosta do faltoso. Veio um novo telefonema e o embaixador nos falou:

— Agora posso dizer-lhes o que já sabia, mas que a discrição diplomática mandava calar até sua oficial divulgação: o presidente Jânio Quadros acaba de renunciar.

Olhou-me com olhos sábios.

Respondi:

— Senhor embaixador, eu também já sabia, mas mandava a discrição jornalística o meu silêncio de brasileiro diante de um representante estrangeiro.

Saboreamos calmamente a quarta lagosta. Sem brindes de *champagne*, que não calhariam bem.

Anos depois contei este episódio ao embaixador Mendes Vianna, com quem eu serviria em Paris. Ele retrucou:

— Estivemos juntos muitas vezes em Atenas. O Baeyens é tão discreto que não tem uma só palavra a meu respeito em seu último livro. E eu fui tão seu amigo...

GILBERTO OU O ELOGIO DA VAIDADE

Gilberto Amado, numa tarde de autógrafos, ao ver aproximar-se Gilberto Freyre, preparou-lhe esta dedicatória: "Ao Freyre, com o abraço do Gilberto". Eram amigos e se atucanavam. O Gilberto sergipano chamava de Freyre o Gilberto pernambucano: "Freyre é o grande destruidor de tabus no Brasil". E, adiante: "*Casa grande & senzala*, filha única, bastaria a encher de glória a vida de um escritor. Ela nos é cara pelo que é. Mais grata porém se torna aos nossos olhos por ter puxado a fieira às suas irmãs. Olhamos para ela com o carinho que nos merece a galharda primogênita de uma grande e bonita prole". Quase acertou no essencial como, parece-me, quase, quase acertaram os demais colaboradores da poliantéia intitulada *Gilberto Freyre, sua ciência, sua filosofia, sua arte*, de 1962. Em 1969, Gilberto Freyre inaugurava, no salão nobre da Associação Brasileira de Imprensa, uma série de conferências brasileiras. O presidente da sessão, ao ver surgir, desarvorado, Austregésilo de Athayde, cabelos ao léu, interrompeu o orador com um gesto e falou:

— Convido a tornar parte da mesa o presidente da Academia Brasileira de Letras.

Ao que o recém-chegado retrucou:

—Não posso: Gilberto Amado acaba de falecer!

Emoção, acadêmicos se levantam, e, refeito o silêncio, Gilberto Freyre continuou a leitura na linha interrompida. O episódio não se evoca por maldade: sempre admirei os dois vaidosos e preciso da vaidade de um para explicar a do outro. Busco um caminho para lobrigar a alma de um intelectual que sabia o porquê de sua vaidade. Nunca disse, como Villa-Lobos, outro latifundiário do Olimpo: "Não sou genial: sou genioso". Mas esperou a vida inteira que escrevessem o que mais gostaria de ler sobre si mesmo. O caleidoscópio de suas diversas facetas, que o iluminou desde o livro inaugural, o coriscar de acusações com que se divertia como um menino deslumbrado com o fogo de artifício, tudo era pouco para o Gilberto Freyre *sabedor* de si mesmo? Sociólogo? Filósofo? Beletrista? Cientista? Crítico? Historiador? Ensaísta? Poeta? Há nos estudiosos de Gilberto Freyre descobertas para todos os gostos. Releio essas admirações, esses pasmos e o amontoado de citações e de nomes próprios, de vocábulos estrangeiros, filigranas do que se convencionou chamar de "cultura" no mais larvar significado. Como se escreveu sobre Gilberto Freyre, desde 1933, nesse afã de *ser o primeiro a citar*, filão de sestro que durante a guerra Otto Maria Carpeaux estimulou na passarela do jornalismo! É preciso citar Marx e Spengler, Vico e Nietzsche, Braudel e Lévi-Strauss, Lacan e Foucault, Lukács e Weber — senão o escafandrista de Gilberto Freyre não deslumbra o leitor.

Repito: senão o escafandrista de Gilberto Freyre não deslumbra o leitor. Modestamente, porém, lembro um nome ausente, o mais terrível para que a obra de Freyre seja fundamental : Adolf Hitler.

Gilberto Freyre sempre soube: *Casa grande & senzala*, nascido no ano em que o nazismo tomou o poder na Alemanha, não destruiu apenas tabus culturais, vergonhas raciais, comportamentos de uma luta de etnias, cientificismo de cor de pele, anilinas de sangue, percuciência de massa cinzenta, estamina de bíceps. Destruiu a falácia que poderia ter destruído o Brasil.

Foi, num tempo de submissão antidemocrática, num país indeciso de si mesmo, ocupado militar e ideologicamente por fuziladores de "falsos profetas", de "demagogos vulgares", de "leguleios em férias", um raciocínio de ciência histórica. Num tempo de constituições decalcadas da tradução francesa de Mirkine-Guetzevich (não há como fugir das citações...), de corporativismo mal deglutido, de repúdio ao negro, ao mulato, ao não-branco. Num tempo de ilhas estratégicas, de colônias alemães, italianas, japonesas. De doutrinação totalitária nas ante-salas do Poder, nos porões da Rua da Relação, nas celas da Polícia Especial, nas sessões do Tribunal de Segurança. *Casa grande & senzala* é o livro contra o *Mein Kampf*. Contra as ridículas Paradas da Raça, os camisas negras, pardas e verdes. Representou, para a minha geração, roubada em seu tênue ufanismo, a verdade verdadeira. Gilberto Freyre sabia que tinha dado ao homem brasileiro, pobre, doente, azinhavrado, famélico, ignorante, uma razão de vida. De liberdade. O argumento sociológico para enfrentar a mentira. O direito à cor. A freqüentação sexual, cotidiano da história brasileira. O direito ao pecado. Desmascarou a ficção artística em que o índio de Gonçalves Dias, de Alencar, de Carlos Gomes era símbolo poético da formação da sociedade brasileira. A presença do heróico Piaga, da amorável Iracema; não a das gentes das *Vozes d'África* e do mercado do Valongo. As edições de *Casa grande* (1933, 1936, 1938, 1943), de *Sobrados e mucambos* (1936), e de todos os seus corolários, *Nordeste* (1937), *Mucambos do Nordeste* (1937), *Açúcar* (1939), *Região e tradição* (1941), *Problemas de antropologia brasileira* (1943), *Perfil de Euclides e outros perfis* (1944), perseguem a ascensão de Hitler, num mesmo *leitmotiv* contra a superioridade de raças e de povos eleitos. Gilberto Freyre tornou impossível a estabilização do "estado novo". Não faltaram nem mesmo líderes católicos, mais gamados pela cruz gamada do que pela Cruz, a acusá-lo de comunista. Nessa batalha chegou a exageros: a louvação do luso-tropicalismo, a exaltação do que alguém denominou a "colonização fálica" e a sementeira lusitana resultante do... Canto Nono dos *Lusíadas*. Mas são pecadilhos numa obra gigantesca, premeditada desde a lição de Franz Boas "que primeiro me revelou o negro e o mulato no seu justo valor".

A vaidade do mérito foi a corajosa maneira de Gilberto Freyre criar fé e amor à sua obra. Uma vaidade expressa em pormenores de anedotário e rasgos de grandeza. O anedotário passará à *petite histoire*. A grandeza permanece na sua constante certeza de ser *Gilberto*: aceitou delegações e eleições onde julgava sua presença útil ao país. Jamais quis ser embaixador, jamais quis ser ministro, jamais pediu votos acadêmicos. Seu opulento escrínio de condecorações guarda o mais alto título que um brasileiro pode almejar: foi um professor. Professor de brasilidade. Ao vê-lo investir-se vaidosamente na sua imortalidade, imagino abertas as portas das nuvens e Irene, mãe-preta e amante, a boa, a sempre de bom humor, a Irene de Manuel Bandeira, a dizer: "Entra, meu branco. Você não precisa pedir licença".

JUCA MULATO

Menotti del Picchia (1892-1988) pertence à geração intelectual de brasileiros de ascendência italiana que, por isso mesmo, se fizeram insistentemente brasileiros. Como Cândido Portinari, Francisco Mignone, Bruno Giorgi. No caso do poeta de *Juca Mulato*, o poema de maior tiragem e maior número de edições dos últimos cem anos de nossa história literária, o verde-amarelismo foi tal que o plantou na vanguarda do nacionalismo caboclo, bem antes do Modernismo de 1922. Quem lê hoje, com os olhos de 1915, a pungente história do solitário mulato embriagado pelo "olhar da filha da patroa"? Pois o próprio poema contagiou os escritores de toda uma literatura de repetição do amor que as raças e as diferenças sociais tornam irrealizável. Os jovens de hoje lêem *Juca Mulato*? O amor inter-racial é longo assunto, foi moda de recitativo em casa de branco sonhando de longe com a *Nega Fulô* de Jorge de Lima, foi romance, teatro, novela, tudo perdendo para se tornar matéria de conversa em torno de *Casa grande & senzala* e da antropologia de Arthur Ramos.

Curiosamente, o poema do precursor da Semana de 1922, seu arauto e contumaz cronista, no jornal mais inesperado para tal acolhida, o conservador e quatrocentão *Correio Paulistano*, nasceu de evidentes fontes de leitura de Edmond Rostand e Júlio Dantas. Vale registrar, como por inesperada: a saudação mais alvissareira de *Juca Mulato* é a do português autor da *Ceia dos cardeais* — o tríptico que inspiraria o tríptico *As máscaras* de Menotti del Picchia. E é também interessante notar que o poeta de paladar tão nacional em seu primeiro poema buscou, depois, abarcar assuntos nada mediterrâneos: máscaras de *commedia dell'arte,* Moisés, Don Juan... Mas quem resiste a esses arquétipos? Quem não tem no fundo dos fundilhos um Quixote, um Fausto ou mesmo uma Dama das Camélias? Mas Juca Mulato marcou Menotti como Chico Bororó se encarnou em Mignone para toda a vida. A obra de Menotti é uma extensa experiência de nacionalização de assuntos, de utopias, do discurso da futurologia brasileira.

O orgulho de ser brasileiro o levou ao perigoso caminho em que um atalho conduz Mario e Oswald de Andrade a uma iconoclastia esquerdista, às vezes brincalhona, o poema-piada, as safadezas da novela; ou à vereda da incômoda direita de Cassiano Ricardo, Cândido Mota Filho, Plínio Salgado, ornada de perfumes doutrinadeiros e fascistóides. São opções entre Breton, Tzara, Cendrars, Marinetti. Salvou *Juca Mulato* a mulatice, o milagre que sempre evita a nazificação do país. De qualquer modo, o autor do poema frenqüentou um estado-novismo inquietante. Mario de Andrade, amigo de Menotti desde o raiar do Modernismo e seu grilo-falante, indignava-se. Tenho dele uma carta acabrunhada e acabrunhadora sobre o poeta do "estado novo", em que revela a decepção, a tristeza, a raiva ao ver o amigo trânsfuga, namorador, desses hipnotizados que liquefazem a independência intelectual: a Academia e o Poder.

Devo a Menotti del Picchia o aplauso ao primeiro livro, a generosa apresentação ao editor José Olympio, de que resultou a publicação do primeiro romance e, melhor que tudo, uma real amizade. Devo-lhe um aluvião de cartas, dedicatórias, estímulos, culminados com um entusiasmo por uma candidatura acadêmica na qual minha vaidade sobrepujou a prudência. Nosso diálogo, em tempos da ditadura, era difícil, andava sempre na cordialidade e superficialidade de assuntos sem tutano, proibidas tacitamente as areias movediças. Menotti era então líder parlamentar do trabalhismo ditatorial. Depois, com o advento do autoritarismo militar, começou por militarizar-se e acabou exaltando as virtudes da democracia e a utilidade do paletó. Por tudo isto, não é fácil abordar o escritor, o homem público, no momento em que nos diz adeus. Lembro-me de seus noventa anos, festejados por mais de duzentos membros da tribo dos del Picchia, os descendentes do italiano de Itapira em torno do pajé. E o pajé pediu que convidassem apenas três amigos: Joaquim Inojosa, o introdutor do Modernismo no Nordeste; Mário da Silva Brito, o historiador do Modernismo; e este modesto cronista. Nada de discursos. Juca Mulato contemplava a massa alegre de ítalo-itapirenses com um olho orgulhoso de herói fecundador: o olho de Macunaíma, um Juca Mulato realizado, dono dos olhos da filha da patroa. Queria que contemplássemos a obra mais pura de sua vida. Oferecia-nos sua glória, sua sobrevivência. "Vejam", parecia dizer, "eu sou bom, minha obra, minhas obras são boas, a de tinta, a de sangue... Digam isto!" A quem? A quem não lê Menotti, a quem não o redescobre? A quem, ao ler a notícia de sua morte, pensava que ele já tinha morrido? Sob esse aspecto prefiro o julgamento de minha mãe ao ouvi-lo: "Ele é muito prosa mas a poesia é boa!" E me lembro da pequena história contada por Mário da Silva Brito, que o foi visitar e dele ouviu uma hora de conversa sobre si mesmo, e depois, como se penitenciando: "Já falei muito de mim. Agora fale de você. Que é que você acha de minha obra?" Essa vaidade ingênua mostra a aflição de Menotti, a preocupação de ocupar um lugar na literatura. Talvez até a longa vida tivesse contribuído para que saísse de moda. Não se preocupe, meu querido amigo: um clássico está sempre fora de moda e na moda. *Juca Mulato* é um clássico e você é um clássico, meu caro modernista.

ONDE ANDA O BALÉ BRASILEIRO?

Onde anda, ou melhor, onde baila o balé brasileiro? Em busca de suas formas e gêneros, de uma autenticidade característica, exatamente como os balés russo, francês, inglês, estadunidense, precisava de uma sede-laboratório para seus inventores. Com que facilidade se estabeleceu a nossa comédia, a tragédia, a ópera, a canção! E como tarda o balé! A sede teria sido o Teatro Municipal do Rio. Mas a tradição e o vigor do balé russo sempre assustaram e afugentaram os coreógrafos, temerosos de substituir a *pirouette* por um enroscar de maxixe, uma umbigada de lundu, a geometria de um frevo ou o "passo-da-ema".

Em 1913, quando o carioca aplaudiu pela primeira vez Serge Diaghilev, viu dançar Nijinski ao som de Pierre Monteux, tomou conhecimento da magia de Fokine, começou a gostar do *Spectre de la rose* e das *Sylphides...* e da *Giselle*. Deslumbrou-se com Isadora Duncan em plena guerra. E em plena guerra, 1917, já Villa-Lobos oferecia a ópera *Izath*, onde Norma Rouskaya conduzia o balé. E novamente o carioca aplaudiu Nijinski, numa regência de tirar o chapéu: Eugène Ansermet. E lá vinha Ana Pavlova, nova *Giselle*, mais o *Convite à dança*; e voltava, em 1919, já então regida pelo nosso Luciano Gallet. O balé político, em 1923, de Zata Alesandrova e Holgen Mohnen, bailarinos da corte do tzar, inspirou-se no S.O.S. do falecido exilado Leonid Andreiev. Em 1927 os espectadores conheceram Ana Cabrera e seus bailados sul-americanos no Municipal; no entanto, os êxitos de Duque e Gaby, na Europa, com seus maxixes antes da *belle époque*, são anteriores a essas amostras sul-americanas. Nesse ano a Escola de Bailados ganhara uma sacerdotisa, Maria Oleneva, a primeira a ousar a coreografia do Brasil bailarino. Onde está a herança de Maria Oleneva?

Narina Corder queria ser moderna: ofereceu um foxtrote futurista. E no seu balé *Oriente* serpenteava a menina Gilda de Abreu, a futura "bonequinha de seda". No ano seguinte, 1928, dançaria com "outras meninas" e Ana Pavlova. Nesse ano, o Municipal revelou o trabalho de Vera Gabrinska e Pierre Michailovsky, professores de balé clássico. Em 1930, a revolução deu ensejo a que Maria Oleneva compusesse *Os dezoito do forte* e mais a *Libertação de Peri* do *Guarani*. E, em 1931, Chinita Ulmann e Carlito Thiélen avançaram uma tentativa verde-amarela, uma *Dança brasileira* de Marcelo Tupinambá.

Não era fácil fazer o público municipalesco aceitar as experiências brasileiras para o palco sagrado: em 1932, Villa-Lobos teve a audácia de apresentar uma *Noite de festa no arraial*, com regência de Francisco Braga e cenografia de Oleneva. Em 1934, Villa-Lobos conseguiu o milagre de pôr *Jurupari* nos pés de Serge Lifar. O programa de *Jurupari* apresentava ainda *Amazonas*, de Villa-Lobos, *A paz*, de Francisco Braga, e *Impabara*, de Lorenzo Fernandez. Conservaram-se estas obras no repertório do nosso teatro? Mas Oleneva insistia, em 1939, com *Impabara* e *Ondinas*, da ópera *Iracema* de J. Otaviano. O ano marcou o surgimento de uma bailarina intuitiva, ela própria encantadoramente brasileira: Eros Volúsia. Vinha iluminada pela labareda dos versos de sua mãe, Gilka Machado. E, com orquestra regida por Francisco Mignone, dançou *Iara* de J. Otaviano, a *Sertaneja* de Brasílio Itiberê (que mereceu os dedos de Franz Liszt), a *Congada* de Mignone, a *Iracema* de Peixoto Velho, o *Batuque* de Alberto Nepomuceno, o *Cateretê* de Mignone, *Banzo* de Heckel Tavares, *Samba* de Alexandre Levy, *Cascavelando* de Sebastião Barroso, e mais fantasia sobre folclore, *Peneirando fubá*, *Lundu* e *Carnaval na Praça Onze*.

Estaria fundado, nascido, brotado o balé brasileiro? Nos setenta anos do Teatro Municipal nada se guardou em seu repertório. Depois, as temporadas são de três ou quatro óperas por ano, e mais a fatal *Copélia*, a implacável *Giselle*, e a festinha do *Quebra-nozes* de fim-de-ano. Nenhuma preocupação nacionalista. No mais, o público vai apenas ver Béjart, ver Alvin Nikolais... Onde a imaginação, o carisma, o sangue da terra? Onde a nossa explosão rítmica? E agora se anuncia o *Terceiro Festival Internacional de Dança*, onde só há, de originais e inéditas, as contribuições do Studio Lourdes Bastos, do Rio de Janeiro, e o Grupo Corpo, de Belo Horizonte. O mais é a *Copélia* e... a *Noite*, de Balanchine. E tudo depois de quase oitenta anos de bailado onde nada se inventa, embora o povo todo invente nas ruas. Que figura farão a decrépita *Copélia* e esses divertimentos menores ao lado dos balés representativos dos Estados Unidos, de Cuba, do Harlem, do Colón, da Venezuela? E onde o balé nacional, no centenário de Villa-Lobos e nos noventa anos de Mignone?

DE CONFÚCIO A MAO TSÉ-TUNG

Quem lê hoje as mundanidades de João do Rio, as descrições de toaletes de Gilberto Trompowsky, os apaixonados de Eça de Queiroz escondidos em João da Ega e Jacinto de Thormes, ou criadores de um vocabulário como Ibrahim Sued? Fazem falta, quando nos enchiam de inveja com o *champagne* de dona Laurinda Santos Lobo e os leques a abanar nas frisas do Teatro Municipal. Davam cada qual seu grau de bom gosto, jóias, sorrisos e até do uso de expressões francesas. Eu e meus colegas de ralé das redações os invejávamos: estavam longe da média com pão e manteiga e às vezes até nos deslumbravam quando surgiam, jornal adentro, de *smoking* e sapatos de verniz.

Não eram gente de propaganda, no sentido vil da palavra. Se citavam uma casa de modas, um perfume, o pisar donairoso de Madame X ou o penteado de Madame Y, faziam-no em nome da beleza e com severidade de julgamento. Nunca recomendavam a marca de um relógio, jamais participavam de um anúncio. E as mulheres os adoravam, no melhor sentido, porque deles uma palavra escrita era uma consagração, inspirada por costureiros parisienses ou seus imitadores da Rua do Ouvidor. Depois desapareciam, seja de cirrose do fígado, seja porque se salvaram, mudando de assunto, como Jacinto de Thormes se fez Maneco Muller, competente cronista-poeta de futebol. Ou como meu querido Puck, transformado em diplomata.

E bom diplomata. Conheci-o ainda na redação de *A Noite*, navegando pelas sedes do *café society*, que de repente passou a ser "Vanity Fair". Puck engravatava-se para ir aos salões, enquanto eu preferia ruminar uns contos literários, a 50 mil réis a dose. Puck tornou-se meu amigo para toda a vida, com o nome legítimo de Jorge de Oliveira Maia, entrevistador de grandes personalidades, mandando-me postais de selos raros, cartas onde deitava sempre uma palavra para a minha inveja suburbana diante de sua atividade internacional. Tentou o teatro, sem persistência, mas o seu forte foi a observação das almas humanas vestidas da clâmide do poder. Logo, era um leitor shakespeariano, e até se casou com uma shakespeariana encantadora e irreverente embaixatriz Josephine de Oliveira Maia, preciosa vocação de diplomata, poliglota, furiosa leitora, de personalidade capaz de espantar as demais da burocracia oficial de Bucareste e as belas estátuas ambulantes e descalças de Jacarta. Jorge Maia insistiu em que eu deveria ser adido cultural em Paris, e trabalhou para que eu o fosse — um erro de gentileza. Mas nos escrevíamos abundantemente, ele sempre com saudades da pátria, em Houston, em Londres ou em Paris. E eu sempre a retribuir-lhe com a minha inveja de seu uísque, seu vinho, e seus livros. Uma vez a saudade da pátria levou-o a escrever-me sobre o tédio da repetitiva diplomacia, eu lhe retruquei: para que ele chegasse às alturas de embaixador, uns 80 milhões de brasileiros tinham morrido de fome. E é este um pensamento que deveria obrigatoriamente ocorrer a quaisquer brasileiros, adoradores do neoliberalismo, e nas alturas de marajás do Executivo, do Legislativo e do Judiciário. Jorge Maia, em Jacarta, teve esse sentimento patriótico. Diabético, lutou contra a gula do diabetes, emagreceu, tornou-se trôpego e se dedicou a conhecer, graças à *Condição Humana*, de Malraux, a vizinha China, por ser o país mais vasto e mais pobre do mundo, onde acontecia uma luta reivindicatória do mais alto sentido social. Meu amigo, ex-colunista mundano, entregou-se a estudar a China de Mao Tsé-Tung, de Chou En-Lai e de Chou-Té. Afirmo-o porque ele e Josephine tiveram a gentileza de doar à Biblioteca Pública da Uni-Rio a melhor coleção de publicações sobre a República Popular da China, desde o precursor e sinólogo Edgar Snow ao sábio James Legge com seu original chim e tradução inglesa, do filósofo Mencius aos 50 ou mais volumes de visitantes da Grande Marcha, da queda de Chiang Kai-Chek, e mais ainda uns 300 volumes de literatura francesa, inglesa, russa, que fazem hoje a preciosidade de nossa biblioteca. Sua última aquisição, creio, foram os dois volumes de Alain Peyreffite tendo como título a frase atribuída a Napoleão: "Quando a China despertar, o mundo tremerá". Meu amigo, o cronista mundano Puck, transformado em sinólogo, foi meu consultor em longas caminhadas no calçadão de Copacabana, enquanto me fazia passear pela China desde Marco Polo a Fernão Mendes Pinto. O meu consultor, cada vez andando menos, por causa do diabetes, me preparou para o que seria uma simples viagem turístico-jornalística ao Celeste Império de *A arte da guerra*, de Sun Tzu, ao clássico setecentista *Um sonho de mansões vermelhas* (cujo terceiro e último volume o próprio embaixador da República Popular da China veio me trazer) de Tsao Hsueh-Chin e Kao Ngo, à saga dos amores, das dores e dos horrores centenários da China, e que podem estender-se até as *Citações*, de Mao. São livros que qualquer diplomata a ser designado para a China e qualquer desses congressistas-examinadores deviam ler antes de mandar para os EUA qualquer embaixador que nem sabe dizer *How do you do*. Entre os papéis de Jorge Maia há um texto original sobre a História da China. Chama-se *As pilhagens da China — Da guerra do ópio a Mao Tsé-Tung*. É livro que merece a atenção dos editores e leitores.

Afinal, depois de um preparo turístico-jornalístico de duvidosa autenticidade, estava eu mergulhado em território que é a quarta parte do mundo, então dirigido por um homem de pertinácia e coragem, misto de soldado e poeta. Suas citações diziam às vezes a descoberta do óbvio, mas um óbvio de sua autoria — as *Citações* —, Karl Marx repensado em verbetes populares, prontos para a imediata aplicação prática de milhões e milhões de camponeses que, quando muito, sabiam alguma frase de Confúcio ou Mencius e algum perfume da sabedoria de Buda. Este o primeiro milagre de Mao Tsé-Tung: transformar em utilidade cotidiana, para milhões de alunos, alguma coisa do que pregara Confúcio, Mencius, Buda, e levar todo o raciocínio não na esperança de salvação divina, mas na esperança de não morrerem de fome. Para esse milagre aquele homem estava ali perto, no pódio da Cidade Secreta, ao lado de seus sequazes, diante de 1,5 milhão de desfilantes, aplaudido por outro 1,5 milhão. E acenava, simples, proclamando: Se vão morrer nas armas do inimigo, venham morrer de fome durante uma marcha de doze mil quilômetros. Se vão apodrecer nos arrozais até que a China se proletarize, sejam vocês mesmos os proletários-camponeses, desmintam Karl Marx, e façam vocês mesmos a revolução comunista nos charcos e rios grandes, mares e montanhas altas de seis mil metros.

Para tanto convenciam-se uns aos outros. Os camponeses se transformavam em massas de camponeses que morriam e nasciam durante o caminho pela fome, mais que pelas armas, convenciam os adversários, os prisioneiros. Durante essa procissão de mendigos, dividiam a fome entre si, convenciam outros famintos, comiam o excremento das águas, matavam a sede com a própria urina, abandonavam no chão os cadáveres de avós, esposos, netos, amigos, educavam-se para a sobrevivência mediante uma simples cuia de arroz, comiam as folhas de árvores como pragas, perdiam o sabor das lágrimas — que as tinham secas — e mantinham um mesmo sorriso étnico, apenas tornado cadavérico. E venceram.

Era essa vitória que me convidaram a assistir. Juntos, mais dez mil jornalistas de todo o mundo e líderes comunistas espantados ao descobrir que a pregação à porta das fábricas devia ser feita aos camponeses atolados nos banhados dos arrozais, plantando e colhendo 24 horas por dia. Minhas reportagens convenceriam alguém? Desmentiriam alguém? Eu não passava de um dos milhões de mentirosos a mentir inúteis verdades, exclamando como o poeta: "Meninos, eu vi!"

De noite, dois milhões de chins, com suas gandolas azuis, se reuniram na Praça da Paz Celestial, a praça que tem o mesmo nome da chinesinha Tim-Am-Mene, a "Ninfa" de Camões, que Camões deixou afogar-se enquanto salvava o manuscrito do Poema da Língua com um só braço erguido em cima das ondas... No alto, peritos chineses em pirotecnia, arte pacífica de sua invenção, enchiam o céu de tiros de bazuca, a se transformarem em chuveiros multicores, dragões dourados, aves de fogo, enquanto os alto-falantes faziam dançar os milhões de homens com mulheres, mulheres com mulheres, homens com homens, tangos argentinos executados pela orquestra típica de Oswaldo Pugliese, convidado ilustre por ser o mais importante entre os tangueadores argentinos. Meninos, eu vi! E nos lagos da Cidade Secreta passeavam pássaros e flores, fogos lançados como bombas que se abriam em brinquedos luminosos de crianças.

Após um almoço de 20 mil pauzinhos, treinando para levar às bocas as iguarias da cozinha chinesa, revelei ao nosso guia que possuía uma garrafa de uísque escondida. Escocês? Fomos ao quarto, convidamos Mister Psiu (assim se chamava nosso intérprete) para provar o néctar liberal, exposto no Museu das Crueldades Capitalistas. Não havia gelo: arrancamos as estalactites da geladeira do corredor. Bebemos à paz da China e do mundo. Ele saiu cambaleando de alegria e nunca mais apareceu.

Avisaram-nos que a tarde seria de colarinho e gravata, rumo à Cidade Secreta. E Mao Tsé-Tung, Chou En-Lai, Chou-Té, Ling Piao nos esperavam para saborear o chá do presidente, em canecões de louça adornados de grãos de arroz. E ele nos falou da Paz do Mundo como um sorveteiro sedutor oferece sorvetes e também, disfarçadamente, o Narcótico da Felicidade. Apertou-nos a mão; Chou En-Lai dialogava em correto francês, Alba teve a idéia de pedir autógrafos e os heróis que nos recebiam escreveram surpresos suas assinaturas em notas de um *yen*. Sem imaginar que no Brasil a gente colhe, praticamente, nas notas até número de telefone de namorada. A mão enorme e acolhedora de Mao Tsé-Tung apertou a minha como nenhum Grande do Mundo. E sorria com seu ar baiano, sem curvaturas, pupilas nas pupilas, como dois poetas que se reconhecem e se prezam.

Éramos uma centena, de meio mundo. O fotógrafo oficial armou-nos em grande quadro, brasileiros, latino-americanos, asiáticos, africanos, europeus. Parecia a apoteose de uma revista teatral. Batida a foto, as gandolas azuis e cinzas desapareceram, cumprimentando aqui e ali. E desapareceram no muro vermelho da Cidade Secreta, gentis e risonhos como políticos em véspera de eleições. Ganhamos a foto. Meninos, eu vi. E tenho a foto.

* * *

O reacionário De Bonald, ao tempo da Revolução Francesa, disse que, desde a Bíblia ao *Contrato social*, foram os livros que fizeram as revoluções. Sua observação bem poderia chegar até após os Iluministas e a Revolução Francesa, até Marx, Engels e Lenin, poderia prever as citações de Mao Tsé-Tung. Poderia ter citado os dois milênios de existência da obra de Confúcio, do seu "segundo sábio" Mencius, de seus seguidores chineses, do indiano Buda. Poderia ter lembrado as tábuas de Moisés e a palavra de dois sábios que nunca escreveram: Sócrates e Cristo. Fiquemos em Confúcio e Mencius. Quando Confúcio nasceu, o judaísmo cristão teria meio milênio de existência. E durante dois milênios a sua palavra dominou os preceitos cotidianos dos habitantes de uma regiao tão extensa quanto a inteira geografia ocidental. Quase seiscentos anos após a pregação de Buda, seus milagres começaram a ter influência no que se chamou a "China Central"

As sentenças e aforismos de Confúcio buscam a retidão do procedimento civil e pregam um conservadorismo em relação aos detentores do poder. Só Mencius admitiu que o poder pernicioso e injusto mereceria a rebelião. E só com Buda começa a meditação destinada a buscar o esclarecimento do sobrenatural. Para Buda a vida é um desapontamento e um sofrimento, resultantes da procura do desejo, do prazer, da existência continuada; e para afastar os males do sofrimento e do desapontamento o homem deve cessar o desejo; e a maneira de cessar o desejo reside no esclarecimento: a correta compreensão, a intenção, a fala e a conduta, o procedimento na vida, o esforço, a extensão do pensamento e a concentração. A realização da eternidade em si mesmo e a lei da dependência são os ensinamentos essenciais para o indescritível estado da expressão, o Nirvana.

Estas noções sumárias não levarão o leitor a uma concepção perfeita e profunda do pensamento filosófico chinês de há mais de um milênio e meio; nem o convidam ao passeio diáfano aos livros de Lin Yu-Tang; mas esclarecem que o pensamento de Confúcio e seu seguidor Mencius, e mais os seguidores de Mencius e filósofos partidos de Mencius, deixaram ao povo chinês uma herança de filosofia prática, de um procedimento civil consignado em textos e sentenças que regem o cotidiano sem serem a pesquisa de causas primárias, a crença em um ou mais deuses que regem o politeísmo grego ou o monoteísmo judaico-cristão. Basta ler o clássico *A dream of red mansions*, de Tsao Hsueh-Chin e Kao Ngo. Traduzido para o inglês e publicado em 1978 pela Foreign Languages Press, de Pequim, e mais os excertos de três romances clássicos — *The three kingdoms*, de Luo Guandzhong, o *Pilgrimage on the west*, de Wu Cheng, e *A journey into strange lands*, de Li Ruzhen — para acompanharmos a efabulação minuciosa de famílias inteiras, durante séculos que se alongam como a cobrir os milênios da vida chinesa. Ou, se preferirmos fugir da ficção para ingressar nos domínios da história pesquisada e escrita, o clássico *Asia and western dominance*, em que o autor, K. M. Panikkar, nos leva da viagem de Vasco da Gama (1498) aos anos já da guerra da liberação (1945). Em todos os textos a presença sobrenatural é estrangeira. As invasões da China por assim dizer trouxeram os deuses; mas vinham com eles a dominação das embocaduras de rios, os portos, as cidades, a obtenção de tratados humilhantes, de Concessões, de áreas de domínio europeu, onde Jorge Maia salienta a existência de avisos: "Proibida a entrada de chineses e de cachorros". Napoleão parece ter previsto o dragão adormecido e o perigo do mundo trêmulo ao despertar chinês. Não previria as expansões européias, russas, mongólicas e japonesas, não poderia prever uma infiltração ocidental que lhes propunha, como adversário, o pensamento de um filósofo sem Deus. Decerto os chineses cultivavam e cultuam os antepassados, e Mao Tsé-Tung foi hábil em fazer distribuir, pelos restos das famílias dizimadas nas lutas da Grande Marcha, pequenos retratos que, fixados às paredes ou guardados, eram o prolongamento de uma vida futura. Tampouco Marx parecia prever que a revolução entraria pelos portões de fábricas inexistentes, mas invadiria os alagados de arroz, como a ofertar a fome amanhã em troca de morte hoje. A conversão de Mao Tsé-Tung, durante a Grande Marcha, foi um supremo milagre de estadista, soldado... e poeta. As citações de seu catecismo nascem nas sentenças de Confúcio, de Mencius, de Marx, de Engels e Lenin. Os discursos doutrinários foram inteligentemente substituídos ou traduzidos em refrão do alcance comum. A revolução marxista, que ele previu que saísse dos proletários das fábricas inglesas, nasceu das fábricas alemães exauridas e do soldado russo vencido. Na China, de escassíssima indústria, o camponês tomou o lugar do soldado, foi lutar contra os republicanos de Sun Yat-Sen, de Chiang Kai-Chek, dos invasores japoneses. As citações feitas em pronunciamentos por Mao Tsé-Tung só começam a mencionar o Partido Comunista Chinês em 1925. Não foi impossível, a quem se impusesse sacrifícios de ausência de comodidade e de vida dura, fazer como o jovem Jan Myrdal, filho do conhecido sociólogo, que obteve permissão para conviver com os chineses de uma pequena aldeia, experiência que resume em *Report from a chinese village*. A leitura atenta das obras de Marx-Engels-Lenin e de Mao Tsé-Tung permitiram observar como foi inteligente e fácil traduzir em aforismos a doutrina e a prática do marxismo-leninismo à altura do camponês leitor das *Citações*. O sinólogo James Legge não teria previsto Mao Tsé-Tung ao afirmar que a revolução estava na ponta do fuzil; sabia que na outra extremidade estaria o ombro e o olho do camponês. Pela primeira vez Mao usou a expressão "liderança proletária" em 1925: é o *most clear cut* documento marxista, que Schram data de 1951. O livro múltiplo de Mao está cheio desses flagrantes de redução à compreensão e ao procedimento popular; o livro múltiplo *Soviet and chinese common similarities and differences*, datado de 1967 por Ronald Witreagold, sobre a comparação entre o comunismo russo e chinês, deixa em completo embaraço e contradição seus colaboradores, a buscar como um país sem *ciência* e sem *tecnologia* tenha demonstrado tantos doutores de história, economia, ciência política. Na sua nota conclusiva diz Harold D. Lasswell, professor de direito e sociologia da Universidade de Yale: "A idade de cada uma dessas tecnologias não supera a criatividade e a imaginação universitária ou a *self discipline* essencial à aquisição e aplicação de uma particular habilidade. A idade tecnocientífica fornece um teste de criatividade pela avaliação humana de instrumentos de observação, análise e apresentação que podem mudar o nível da realidade na qual a mente disciplinada está livre de operar". Após mais de 400 páginas de análises de especialistas, não se podem encontrar palavras mais elogiosas ao povo chinês e a seu líder. O que o próprio Mao Tsé-Tung resumiu em 1945: "O povo e só o povo é a força motivadora da história do mundo". Ao que se pode acrescentar o que disse no Colégio Antijaponês Militar e Político: "Sede unidos, sérios e vivos". Mas a tão extensas e explicativas citações pôde somar as banalidades de qualquer catecismo:

As três regras mais importantes da disciplina:

1. Obedeça às ordens em todas as ações;
2. Não retire uma simples agulha nem o pedaço do *khread* das massas;
3. Devolva tudo que tiver pedido emprestado.

E mais estes pontos, que Dom Jaime Câmara assinaria com prazer:

1. Fale com polidez;
2. Pague com justiça a quem comprar;
3. Pague por tudo que você tiver estragado;
4. Não injurie nem pragueje em público;
5. Não estrague as colheitas;
6. Não tome liberdade com as mulheres;
7. Não maltrate os prisioneiros.

(*Chinese people liberation army,* 1945)

* * *

Só o tempo de respirar Paris, como se respira uma bela mulher apressada e indiferente. O ar, as luzes noturnas, o zumbir de colméia, a disparada de Orly ao Hotel Comodoro, uma olhadela ao Boulevard des Italiens. E o cansaço. Na madrugada seguinte a portaria do hotel nos atirou num ônibus, que nos atirou num avião, que nos atirou no ar. Eram outros odores, outros sons, o chá com sanduíche de presunto de Praga. Ficara para trás o último gosto de *champagne*, e nos esperava o professor Vladimir Hvízdala.

Enquanto me chamava: — *Gospodin* Figueiredo!, as malas desapareceram para dentro de um carro, que nos levou ao Hotel Esplanade, onde passaríamos uma noite, para tomar o avião soviético no dia seguinte, com a promessa de visitarmos Praga na volta. Uma complicação: no hotel só havia o visto para mim. Os chineses podem praticar confusões bem brasileiras: não havia visto para Alba. Solução: meter-me num raro táxi tcheco, pedir ao amável porteiro que me despachasse à Embaixada da China. Longe, fora do centro. Um chinês de filme em série no portão. Felizmente o seu inglês bastava para um diálogo. Eu teria de deixar ali os dois passaportes e buscá-los na manhã seguinte. Na rua, avistava, na bruma de inverno, as cúpulas de Praga, longe. E caí em mim: estou a pé, numa cidade comunista cuja língua desconheço, sem documentos. Como explicar minha existência? Vi adiante um bonde, disparei para ele, a porta se abriu, o motorneiro estendeu a mão para cobrar-me. O professor deixara comigo algumas notas, algumas moedas. Mostrei o dinheiro, o homem escolheu o que quis. Será que o bonde me levaria ao centro da cidade? É de praxe que os bondes nos levem ao centro. Assim foi. Cá está o Hotel Esplanade. Alba e Hvízdala conversavam, ele treinava o seu mais recente idioma e meticulosamente procurava as palavras. Saímos para um dia cheio nos palácios de Stare Miesto, aos jardins, suspensos sobre o Moldávia, a renovada surpresa de encontrar estátuas como as do Aleijadinho, o salão branco e vermelho onde se reunia o Parlamento, o sol por entre as nuvens, e o cansaço das ladeiras como pretexto para cada cerveja de Pilzen. O professor era diabético; logo, apenas falava. E falava para mostrar a cidade amada, uma cidade fantasticamente fotogênica... E eu não trazia máquina fotográfica, não por desleixo mas porque me faltava pontaria, o instinto de acertar o olho da objetiva na imagem a guardar para sempre. Não faz mal, iria à China sem máquina fotográfica, péssimo repórter. Mas o professor tinha a sua. Fartou-se, com a promessa de remeter cópias:

— Se o correio consentir...

Lembrei-me: tampouco tinha trazido uma máquina de escrever portátil. Mas, dissera-me, há máquinas fabricadas em Praga por preços irrisórios. Escolhi na vitrina da loja oficial a mais bonita, coberta com uma capa de *plaid* escocês. Acompanhou-me até Pequim. Os outros passageiros admiravam minha máquina. No Hotel Ucrânia, de Moscou, causou pasmo ao porteiro... Tive medo de deixá-la no avião, no pouso feito em Irkutsk, no meio do trajeto: num deserto de neve branca, fofa, alvíssima, o avião parou para se abastecer. Nada havia ao redor do mundo de neve, apenas um ponto negro, a uns cem metros. Fomos avisados: haveríamos de descer bem agasalhados, botas, capotes, *cache-cols*, chapéus peludos atolados até o pescoço: fora, uns vinte graus abaixo de zero. Uma só corrida, na neve fofa, resfolegando nuvens pela boca, pelo narizes, orelhas pétreas. Ao chegar, o ponto negro, uma porta, se abrira o bastante para deixar passar uns dedos grossamente enluvados. Os dedos seguravam um copo (eu disse *copo*) de vodca, para beber-se de um gole, se possível. Aquele copo era a calefação do ambiente obscuro onde nos comprimíamos, capote contra capote, e a bater as palmas nas mãos enluvadas, como ursos, e gotas a pingar dos olhos e dos narizes. E um só odor, um odor que nos acompanharia toda a viagem, um odor de suores guardados em peles de animais, de zibelinas, de carneiros, tudo misturado ali a um só bafo agressivo e ardido de bocas encharcadas de álcool, tabaco e saliva. As vozes também eram grossas, para dominar o frio. Em quinze minutos abasteceram o Tupolev e voltamos a ele, afundando na neve e soprando para o alto goles pesados de peles de bichos banhados de suor. Alguém disse que em Omsk seria melhor. E no avião havia um *borsch* de beterraba e gordura, geléia fumegante, borbulhante e quase sólida, que contrastava, na vermelhidão de cada prato, com a paisagem virginal do lado de fora, o céu a se confundir com o horizonte, imenso lençol por cima e por baixo de nós, como se o avião voasse sobre o infinito e em direção ao infinito, Não se distinguiam as estepes, os lagos, a planície que diziam recobertas de árvores pontiagudas vestidas de neve: era só a solidão branca dentro da qual ninguém falava e até o ruído do avião desaparecia. Aqui estava o "outro mundo"; não o outro mundo soviético, a Sibéria, sede de castigos: era um outro mundo a convidar a uma estranha filosofia do nada. O branco acinzentava-se, fazia-se noite súbita, de onde despontavam luzes fugidias, fantasmas luminosos, rápidos. O avião grudou-se na pista, pesado. Esperavam sílabas, vozes, comandos, escadas, fizeram-nos novamente afundar na neve até um edifício irreal na escuridão — uma espécie de hotel e alojamento, onde os passageiros foram convocados para o salão restaurante. Como o aeroporto marcava um ponto intermediário entre as rotas de leste e oeste e vice-versa, de sul a norte e vice-versa, os cardápios se confundiam com as horas de múltiplas chegadas e saídas. Assim, qualquer descuido nos faria sentar a uma mesa de refeição matinal, de almoço, de jantar, e não havia possibilidade de escolha senão aceitar uma tigela de ensopado chinês com o rude chá em copos de estanho, as carnes quentes e as melosas sobremesas turcas ao lado de macarrões frios e pegajosos. Comia-se o que se preferia, ou o que o acaso oferecesse; e depois os passageiros, vindos de uma outra parte da Ásia, subiam ao segundo andar, o dormitório, dividido em duas áreas: de um lado as senhoras, de outro os senhores, todos com suas tralhas pessoais. Separando destinos e casais, abria-se no soalho um corredor sem camas; nele ninguém podia deitar-se, porque subitamente ocupou-o um batalhão, e duras botas, duros capotes, duras barbas, cada soldado com sua carabina, e o mesmo odor sarrento se abraçava à arma e com ela dormia, cada qual mais exausto. Desabavam no sono de roncos e mil ruídos, até que uma voz de comando arrotava a alvorada. Levantavam-se lestos, prontos para defender as fronteiras soviéticas de toda a Ásia. Nós, civis, atendíamos a cada nome de cidade para onde íamos. E nos cruzávamos, indiferentes uns aos outros, como um final ébrio de baile carnavalesco com todas as fantasias orientais.

Em Pequim, no aeroporto, havia espantosa cordialidade oficial, de curvaturas, de mãos cruzadas no peito, de abraços latinos e fraternos beijos em barbas hirsutas, continências de meninos escolares: lenços vermelhos no pescoço, sacudiam bandeirinhas de vários países. Alguns se reconheciam, de congressos, de encontros políticos, e então se expandiam em sincera alegria. Tocou-nos, a Alba e a mim, uma surpresa inicial, um casal de amigos. Em Pequim? Miriam e Pedro Bloch. Haveria outros: João Dantas, que eu acompanhara, quando embaixador itinerante para o reatamento de relações com os países do Leste europeu; o senador Domingos Velasco; o casal José Geraldo Vieira e Maria de Lurdes Teixeira; o casal Wainer; alguns escritores de Buenos Aires, e, passando de um a outro grupo em minuciosa cordialidade, os guias e cicerones chineses, exibindo com orgulho simpático as suas segundas línguas, ou outras línguas; bandos de jovens vestidos de zuarte azul e sapatos de tênis, as meninotas pisando forte "para mostrar que a geração dos pés apertados tinha desaparecido, graças ao grande Mao". "Graças ao grande Mao" eu iria ouvir muitas vezes, pois tudo que se fizera na China, depois da Guerra, tudo se devia à sabedoria e à tenacidade de Mao Tsé-Tung. Havia, desde esse primeiro encontro no aeroporto, uma fraternidade óbvia, natural, a permitir a todos, recepcionistas e recém-chegados, perguntar: "Quem é você?" em uma, duas, três línguas, até que se acertassem ou até que um intérprete desfizesse o embaraço, nos segurasse pela mão ou pelo cotovelo, com intimidade, na alegria de nos pôr à vontade. Por que não confessar que me vieram lágrimas aos olhos ao pensar que o mundo devia ser assim, uma babel onde todos se entendessem ou procurassem entender-se? No entanto, eu estava seguro, cada um de nós, ou quase todos, pouco ou nada sabíamos do cotidiano. Esses desencontrados e inaugurais sentimentos eu gostaria de registrá-los antes que se diluíssem. No hotel, corri para a nova máquina de escrever, a preciosidade da indústria tcheca: tinha caracteres tchecos com os acentos gráficos tchecos, postos em outra disposição de dedos, o que me deixava completamente analfabeto. Tive de resignar-me a mandar minhas reportagens manuscritas para o meu jornal. Bem que Hugo Gouthier me avisara, uma vez, em Nova York: "Nunca esqueça o smoking!"

* * *

É preciso preparar-se para ir à China. Napoleão, que pouco sabia sobre ela, julgou-a um dragão adormecido e recuou de qualquer instinto napoleônico: "Deixai-o dormir". Dois clássicos da China foram dois mentirosos: Marco Polo, que nem viu as muralhas, mas desfilou tal quantidade de coisas e fatos inverificáveis que passou à história com o nome do livro que ditou: *Marco Millioni*; Fernão Mendes Pinto tem seu nome registrado na *Enciclopédia Britânica* de 1951 com o trocadilho inspirado pela edição de sua *Peregrinação* de 1614: "Fernão, mentes? Minto". Ambos eram verdadeiros. Faltou aos pósteros, inclusive Napoleão, a capacidade de acreditar em verdades. Por mim, para fazer-me uma espécie de *Basic China*, tratei de ler os livros reunidos com cuidado pelo embaixador Jorge de Oliveira Maia, cuja curiosidade o levou mais de uma vez de Jacarta à China de Mao Tsé-Tung com sua história, suas crenças, seu ópio, suas concessões, seus senhores da Guerra, sua República de Sun Yat-Sen, sua Grande Marcha, sua independência. Olhei a China de Labieno Salgado dos Santos, a de Argeu Guimarães, a de Nelson Tabajara de Oliveira, a da cronista Eneida, a da embaixatriz Maria Martins, a da luso-paulistana Maria de Lourdes Cabral, os montes de reportagens, panfletos, para afinal me deixar incluir, se assim entender o leitor, no rol dos mentirosos. Defendo-me: é mais fácil pregar mentiras do que proclamar verdades sobre a China, tal a multidão de verdades em que o cronista tropeça, incrédulo de seus próprios olhos e ouvidos, a escrever verdades sabendo que as tomarão como mentiras.

O avião nos despeja sobre um mar de cabeças a se aglutinarem até um horizonte azul claro, de onde despontam "papelotes" ornamentais, gárgulas de barro colorido sobre os telhados vermelhos, as colunas cilíndricas, reluzentes de laca rubra, imenso movimento de bandeiras, de crianças com lenços vermelhos nos pescoços, e os notáveis que nos esperam, todos com uniformes azuis ou cáquis, de um só estilo, exército em polvorosa de festa.

Multiplicam-se os *flashes* que mal nos deixam entrever um mesmo sorriso deslumbrante e deslumbrado sob os olhos oblíquos, cabeças de cabelos cortados rente ou cabeleiras femininas de franja à inglesa, que avançam, pisando firme com seus sapatos de tênis brancos, que raramente se vêem em alguma sexagenária de pés trôpegos, como os longos bigodes e rabichas só se encontram nas gerações antigas. Inútil cogitar que todo aquele mundo vestido de zuarte azul obedece a uma ordem de socialização e igualdade de farda; não nos esqueçamos de que estamos no Celeste Império, assim chamado há séculos por seu povo vestir-se de azul, e não para exprimir doçuras celestiais sob um céu de suave lápis lazúli. Iremos aprender: os longos vestidos bordados, colados ao corpo, de magros bustos, pertencem à indumentária caseira. A fantasia pictórica não se mostra no cotidiano das ruas, quase vazias de veículos, salvo os triciclos de transporte que o regime comunista substituiu aos *rickshaws* de humilhante tração humana e pedestre. Há longos anos, o diplomata Argeu Guimarães, saindo pela primeira vez do hotel, ao solicitar uma condução, viu o porteiro chamar um desses veículos humanos. Furioso, murmurou qualquer palavra contra aquele símbolo de escravidão; e ouviu do homem atrelado ao carrinho:

— Não ligue não, senhor, eu sou cearense.

Para generalizar, a época desses sino-cearenses acabou: as multidões andam a pé ou de bicicleta. Debaixo da janela de meu quarto do hotel destinado aos estrangeiros, às duas da manhã, corri a um rumor de vozes, lento e enérgico: não um movimento revolucionário, manifestação pública de qualquer natureza: apenas os operários em marcha do turno das duas da madrugada, que ia render os que encerravam o turno anterior das fábricas em vinte e quatro horas de atividade diária.

Os quartos de nosso hotel, ocidentalizado à maneira chinesa, não têm fechaduras. O jovem intérprete *Mistar* Tang e sua colega, a juvenil Miss Chen Fu, podem entrar após um empurrão à porta. Pouco se lhes dá se estamos em trajes menores ou nus. O *borsch* do avião, e mais a decisão de aprender a manobrar os palitos para provar os pratos chins no banquete de dez mil convidados, perturbaram a digestão de minha mulher. Precisou de um médico, pela manhã. O doutor, em gandola branca como em qualquer hospital, empurrou a porta, oferecendo seu riso de simpatia, assim como o diligente Tang. Este traduziu a ordem do médico, que minha mulher se despisse totalmente. Assim a examinou e receitou dois ou três comprimidos. Depois de um longo sono e uma ida ao banheiro, estava sã. O prestimoso Tang explicou em bom castelhano o milagre da medicina chinesa: dois comprimidos de ópio num copo d'água fazem o doente dormir; e durante o sono a natureza se encarrega de expelir as causas do mal e dissolvê-lo.

As causas do mal, no caso, eram só o *borsch* ao qual seu estômago não estava habituado. Quanto ao mais, informou-nos, os milhares de pratos da culinária chinesa nunca fizeram mal a ninguém. Marco Polo e Fernão Mendes não se referem a qualquer indisposição física enquanto andaram pela China. Mas, se o primeiro não viu sequer a Grande Muralha, o segundo nada diz sobre o hábito do chá. Os viajantes, como os médicos, podem perfeitamente enganar-se em suas observações. A minha foi a de que o jovem doutor que cuidou de minha mulher parecia saber falar um inglês bastante razoável; apenas, provavelmente, recebeu instruções para não manter diálogos em idiomas que o expedito Tang desconhecia.

Sobre o uso e desuso de idiomas estrangeiros guardo uma ocorrência em nossa mesa do café. A bela visitante Isabel Montiel, do teatro de Cuba, decepciona-se porque este país "necesita un poco de corrupción!"

A China que eu vi não possui, tanto quanto posso assegurar, sinais de corrupção, da corrupção grassante que contam os narradores visitantes do tempo da Guerra do Ópio. Miss Wu-Chen Fu, com seu cabelinho à inglesa, seus olhos amendoados, submarinos, seus dentes cantantes de alegria de viver, seus pés pisando firme, sua ausência total de noção da própria beleza do corpo e de gestos bailantes, me dava a mão para me ajudar a atravessar a rua; no avião despressurizado, enxugava-me o suor do meu rosto com leveza de borboleta.

E observações semelhantes fiz de algumas intérpretes acompanhantes de milhares de convidados. Tinham um suave pudor assexuado. Davam-me idéia de que realmente descendiam de *minha Dinamene*, do soneto CXV de Camões, que o poeta perdeu afogada e chorou a sua dor no soneto *Alma minha gentil que te partiste* (número CXX) e que nos traz um soluço plagiado de Petrarca, *anima mia gentil che si diparte*... E, contemplando a delicada Miss Wu-Chen Fu, seria capaz de jurar sua descendência da gentil Dinamene. Assim seu nome escreveu Camões, que a perdeu no naufrágio em que salvou, de braço ao alto sobre as ondas, o manuscrito de *Os Lusíadas*. Pobre Paz Celestial, Tim-Am Mene, pois assim se chama a Praça da Paz Celestial por onde desfilaram um milhão e meio de chineses perante os convidados de todo o mundo. E onde de noite, ao som de poderosos alto-falantes da orquestra típica argentina, dançaram tangos horas seguidas mais de um milhão de homens e mulheres, todos com suas gandolas e calças azuis da cor da Paz Celestial. Estarei mentindo com esses meus milhões, Marco Polo e Fernão Mendes Pinto? Seria o nome da Praça uma homenagem ao amor de Camões? E dançariam todos, homens com mulheres, homens com homens, mulheres com mulheres, os tangos lascivos, aconchegantes, e a orquestra chorando a chinesinha morta, sacrificada pela salvação do Poema da Língua? Miss Wu-Chen Fu me escreveu algumas linhas numa página do meu caderno de notas... E nem sei onde foram parar...

Em todas aquelas moças havia um ar camoneano de *Ninfa gentil*. Um suave pudor assexuado... Proibição política? Ausência do que os jornais denunciam hoje como assédio sexual? Pude ter a resposta: os chineses acham feios os homens ocidentais. Nas óperas de Pequim de hoje, cujos enredos são mais ou menos repetitivos, porque o teatro atual é um instrumento de pregação doutrinária e comportamento sócio-político, os personagens de raça branca, papéis de malfeitores e vilões, têm narizes maquilados de branco, estigma de alerta para a platéia, que condena a hipocrisia dos naturais de raça ariana; finalmente, a edificação ideológico-moral se faz sempre entre pobres e ricos, sendo os ricos os brancos, e os estrangeiros geralmente senhores da guerra, traficantes de armas e drogas. Resumindo: na China comunista, ao contrário do que acontece no Japão capitalista de *Madame Butterfly*, esse enredo ocidental seria impossível. Porque na prática é crime.

Numa reunião de diretores de teatro promovida pelos chineses, o presidente, expositor dos debates, me esclareceu: no teatro da China de 1959, isto é, dez anos após a liberação e mais de trinta anos de ocidentalização de Sun Ya-Tsen, raras obras ocidentais foram produzidas. Uma delas, explicou o intérprete, se chamava *El señor falso "y era un clássico"*. Procurei algum senhor falso do teatro clássico europeu, e achei:

— *Tartuffe*?

— *Tatufe, Tatufe!*, respondeu o diretor.

Perguntei então que interesse podia ter a história de um impostor no ano de 1664, à época da corte do rei absolutista Luís XIV. A resposta foi:

— *Tartufo* é uma peça que mostra o que acontece num lar católico quando outro católico nele se hospeda.

Esbarrei com minha *A raposa e as uvas* em duas cidades, Pequim e Taiwan, traduzida do russo, ambas as representações em teatros de mais de dois mil lugares, repletos de um público ávido de ver um autor estrangeiro, o que ocorria comigo por motivos idênticos. Primeiro, porque a peça passara pelo crivo da União Soviética, onde o Teatro Gorki, de Leningrado, com ela ganhara o prêmio de obra estrangeira nas comemorações do 40º aniversário da Revolução Soviética; segundo, porque a honraria da escolha soviética me ofereceria o convite para os festejos do décimo aniversário da liberação chinesa. Terceiro, porque o mito de Esopo, ou a cristalização dos Esopos gregos, transpusera o tempo e os espaços: Aesop, Aesopus, Issop, Ezop, de inúmeras maneiras escrito e pronunciado, invadiu longínquas épocas e permanece até hoje como um mito folclórico em diversas latitudes, seja mantendo o radical grego, seja adotando nomes locais, seja copiado e integrado em outros idiomas, sempre sendo um ator de narrativas sumárias, quase sempre com personagens animais, e sempre contendo explícita ou metaforicamente uma "moralidade", ou pelo menos um ensinamento de sagacidade. Em Buenos Aires, o criador do *Esopo*, Fernando Vegal, durante muito tempo utilizou o personagem de Velásquez do Museu do Prado para contar fábulas de Esopo na televisão; em Moscou, o ator Toporkov, do Teatro Novo, incorporou ao seu repertório de recitativos, com uma voz tão poderosa que sua vibração quebrava um copo, as fábulas de Krilov; em Paris, a atriz Hélène Dux me propôs substituir as fábulas, traduzidas do original grego e inseridas nos diálogos do texto, pelas fábulas de La Fontaine, sem perceber o absurdo que seria o pobre escravo grego começar a declamar: *Certain renard gascon, d'autres disent normand...* O fato é que, tanto em Pequim quanto em Taiwan, recebi saudações comoventes, percebi que as platéias brasileiras ou da tradução espanhola de Eduardo Borrás eram as mesmas. O tradutor tcheco trabalhou sobre o original brasileiro e descobriu escorregões na tradução russa. Gentileza de meus anfitriões nas cidades chinesas foi sempre, nos intervalos, me servirem bananas, tão bem estavam informados de que nós, brasileiros, gostamos de *musa brasiliensis*. Mas o teatro tradicional chinês repousa em metáforas de suma delicadeza: se um casal de namorados no palco olha para o alto e um deles diz "Olhe, dois pombinhos voando...", o outro encabula, enrubesce, a platéia se encanta e rola de rir como numa obscenidade de *vaudeville*. Na minha *Raposa*, Esopo e Cléia nunca se tocam; na montagem russa, beijam-se; na China não se beijam diante da platéia: ambos se escondem, desaparecem por trás de um tronco de árvore, demoram o suficiente para que a platéia *sinta* ter havido um beijo, e, então sim, todos suspiram num enlevo pudico... Na ópera de Pequim, que não é feita em Pequim mas é apenas uma tradição nascida em Pequim, o Príncipe Bom e a Menina Pobre se amam e não se beijam; o vilão, sempre de nariz pintado de branco, jamais agride a donzela com um beijo mas apenas com gestos ameaçadores de vilão irado, gestos que não são de assédio sexual. Raramente desse teatro tradicional as mulheres participam; os caracteres femininos são representados por homens. E é prodigioso o que fazem das máscaras maquiladas e das vozes agudas; no auge de uma frase ou de uma surpresa, a orquestra, composta de instrumentos de corda, de percussão e de sopro, soam com um tom triste e metálico; a percussão imita projéteis batendo num alvo de tiro, de tiro dado repetidamente num objeto de lata. Asseguraram-me que a música é quase sempre a mesma em todas as óperas; o que varia é o entrecho e seu texto sumamente poético, de uma poesia fugitiva à sensibilidade dos brutos ocidentais. Mas o desenrolar da história desliza com extraordinária precisão e leveza de imponderável balé. Os gestos dizem tudo que nossos ouvidos não absorvem. Em Pequim a *Raposa* foi dirigida por uma diretora que estudara na União Soviética. As montagens eram iguais. Só o beijo foi suprimido.

* * *

Um imenso compromisso entre o cimento armado, o tijolo, a laca, o esmalte, a porcelana, o jade, a luz fluorescente e a lanterna vermelha de papel se reúnem em diversas exposições. Na capital, o desdobramento das exposições: o Museu da História Chinesa, enorme como o nosso ministério da Guerra, contém relíquias do país, em três seções principais: sociedade primitiva, sociedade escrava e sociedade feudal até o ano de 1840. O Museu Revolucionário completa essa exposição, mostrando peças relativas à Primeira Guerra do Ópio, a revolução de Talpind, a de Yo Hu-Tuam — que é a guerra dos Boxers, as diversas lutas do Partido Comunista, a fundação da República Popular em 1949 até o esforço do ano de 1958, que Mao Tsé-Tung chamou de "grande salto à frente', expressão tornada *slogan* da multiplicação do trabalho voluntário.

O Palácio das Nacionalidades reúne material das 52 minorias chinesas. É um monumental edifício de 13 andares, recoberto de telhas cor "de pavão". Como o Palácio do Parlamento, outra jóia da arquitetura revolucionária, completou-se um mês antes, sua construção levou dez meses, com o emprego de 14.000 operários, inclusive cidadãos não especializados, trabalhando gratuitamente como contribuição para as festas de Primeiro de Outubro. A vida das minorias nacionais ali se desdobra em mostruários de vidro, havendo sempre o cuidado de exibir o "antes" e o "depois" da "liberação", técnica de propaganda repetida em todos os museus e todas as exposições das comunas mais pobres, como a Luz Vermelha, de Changtu. Também completado nas vésperas dos festejos é o Museu Militar da Revolução Chinesa, cobrindo a história do Exército Vermelho até 1959, não faltando um salão especial à "agressão americana à Coréia". O Museu de História Natural, consagrado a Sun Yat-Sen, no Templo das Nuvens Azuis, outro ao escritor revolucionário Lu Hsun, a Biblioteca de Pequim com mais de 400 revistas publicadas no país, o Kuo Tse-Chien — salão dos clássicos —, reconstruído após a liberação, são outros tantos aspectos dessa múltipla demonstração de esforços, de trabalho e de "afirmação ao mundo". Completa a mostra cultural a exposição Choukoutien, onde se encontrou o esqueleto do homem primitivo de Pequim, tesouro arqueológico reproduzido no museu de todas as cidades com a advertência de que "o original foi levado pelos japoneses".

Mas as duas obras-primas da série de exposições são a Industrial e de Comunicações e a Exposição Agrícola. Decerto, para o visitante é inesperado o espetáculo da exposição das Nacionalidades, onde se misturam trajes folclóricos, instrumentos musicais, criação de escritas em alfabetos para as comunidades primitivas, instrumentos de tortura utilizados pelos latifundiários, o lado do luxo dos senhores da terra e da vida, hábitos alimentares "antes e depois", melhoria de moradas, dos instrumentos agrícolas, o horror de uma vida simplesmente animal ao lado de outra em que se cria a consciência da dignidade. Mesmo um edifício dedicado ao Tibete, última jóia da República, onde se vêem adornos de pele humana, travesseiros de pedra e facas para arrancar olhos, alicates para triturar dedos, correntes para atar homens nos chiqueiros de porcos, tudo ao lado dos "prazeres" dos senhores feudais, prazeres que nos parecem, a nós, bastante limitados mas que, por isso mesmo, chocam e mais ainda ao lado da brutalidade permanente: garrafas de uísque White Horse, canetas-tinteiro, leite em pó klim, cerveja importada, bombons franceses, vitaminets, biscoitos Jacobs, e jóias com dizeres: "com uma destas jóias poder-se-iam alimentar 341 pessoas por ano". Ao lado de evidências da mais extrema miséria: um chapéu de couro usado durante setenta anos, trapos de lã e pele animal, abrigo de três gerações contra o frio, fotos de seres humanos metidos em grotas, e de uma mulher que viveu quarenta e cinco anos no vão externo duma cabana. Junto a cada vitrina, a cada balcão, está uma jovem chinesinha, modestamente vestida de calça de zuarte azul, gandola do mesmo pano. Não tem mais de dezesseis anos, desata um sorriso para cada visitante, toma uma vareta e começa a declamar a explicação perfeitamente ensaiada. Aponta para cada item, para cada gráfico, para cada pormenor e, embora não entendamos uma palavra do que diz, percebe-se que sua voz se alteia quando se refere à libertação e aos líderes populares chineses, e se torna patética ao falar da opressão, invariavelmente com as mesmas palavras: imperialismo, feudalismo, capitalismo, burguesia, burocracia burguesa. O nosso intérprete vai traduzindo e também sublinha as palavras mais incisivas do discurso. Atrás de nós, seguindo-nos como se fôssemos outros tantos itens da mostra, estão centenas de soldados do Exército Chinês, a olhar com espanto os nossos rostos e trajes ocidentais. São também extremamente jovens, de não mais de quinze anos, todos fardados de verde, com insígnias vermelhas nas golas e variados sapatos: botinas amarelas e pretas, calçados de basquetebol e tênis. Olham-nos sérios, com impenetrabilidade asiática, mas abrem-se em sorrisos quando cumprimentados por brasileiros, diferenciados pelas nossas bandeirinhas nas lapelas. A curiosidade deles não vai além dos rostos e dos trajes. Perguntam ao intérprete de onde somos, e quando recebem a resposta "Baxi", Brasil, seguem adiante, como se nós e o Brasil não existíssemos.

* * *

Pequim é uma cidade de largas avenidas que ladeiam os muros vermelhos dos palácios imperiais e "cidades proibidas" transformadas em parques de recreio. Edifícios novos se sucedem à Universidade. O Estádio para 80 mil espectadores, o Aeroporto Internacional, a Grande Assembléia do Povo, e o Museu Histórico fronteiro a ela, no Portão da Paz Celestial, os ministérios e departamentos públicos, as sedes sindicais, os hotéis para as minorias nacionais e para os chineses residentes no estrangeiro, a nova estação de estrada de ferro, tudo nasceu por encanto do trabalho dum povo levado, por obrigação ou entusiasmo, a construir grandes muralhas, derrubar montanhas, cavar lagos e rios na terra dura. As velhas casas, quase sem luz, os muros cinzentos e feios, com seus telhados de pontas arrebitadas, submergem debaixo de uma arquitetura onde se misturam o cimento e a porcelana, as chinesices dos pagodes e a frieza dos arranha-céus. A nova república precisa do monumento para aquecer o calor popular. E conseguiu-o com bandeiras vermelhas, canções, fogos, exércitos em desfile e maciça doutrinação ideológica.

Mas em todo o monumental de Pequim nada impressiona mais do que as duas exposições: de Indústria e Arquitetura, representativas de dez anos de governo comunista; e as outras, que lhes servem de apêndice, a das comunas populares e a da "recuperação dos criminosos reacionários".

A primeira delas instala-se no edifício erguido pela União Soviética para as comemorações dos quarenta anos de regime comunista. Ao fundo da praça, um lago, a entrada tríplice encimada por uma torre pontiaguda, ao gosto russo, as foices e martelos servindo de adornos, os altos postes com bandeiras vermelhas, e entramos no *hall*, onde não faltariam estátuas de Mao Tsé-Tung que iríamos encontrar às dezenas, aos milhares, onde quer que a presença do governo se fizesse sentir, isto é, em toda parte.

A exposição se estende por 14 enormes salões de indústria metalúrgica, construção de máquinas, os recursos geológicos e naturais e seu aproveitamento, o carvão, a eletricidade, o petróleo, a energia atômica, as indústrias químicas, têxteis, o desenvolvimento das vias férreas, as comunicações em geral, os correios e telégrafos numa área de 20 mil metros quadrados. Há uma grande parte de gráficos enormes, sempre com as inscrições "antes" e "depois", cujos ideogramas já começo a identificar. Alguns visitantes os contemplam com incredulidade; mas ao ver cada peça exposta, não mais um gráfico ou fotografia, porém ao vivo, nada nos resta senão render-nos à evidência da industrialização da Nova China.

* * *

Os primeiros dias da viagem à China foram penosos para Alba, minha mulher. Pouco mais de um ano antes, o elevador de nosso apartamento despencou do quarto andar, onde morávamos, ao fundo do poço. Além do choque do fim da queda, Alba permaneceu mais de duas horas caída no soalho do elevador, dentro do poço, até ser descoberta e socorrida. Levada ao Hospital dos Servidores do Estado por meu pai, ali permaneceu mais de dois meses deitada, com fortes pesos nos pés, presos por cordas de aço para esticar as vértebras comprimidas pelo choque. O médico seu assistente, doutor Elisal Ecisa Elizalde, somente ortopedista, foi de extrema dedicação, mas a paciente deixou o leito condenada a usar um colete de aço, que só abandonou pouco antes de nossa partida para Pequim. Ao chegarmos a Praga, onde devíamos tomar o avião para Moscou, e daí seguir para Pequim, havia o papel separado de visto somente em meu nome. A resposta chegou depois de dois dias, tempo que passamos no Hotel Esplanade de Praga, sem qualquer documento de identidade, com a tristeza de haver perdido a cerimônia inaugural dos festejos e não pequena apreensão: extraviados ou perdidos os passaportes, em que situação ficaríamos, clandestinos na Tchecoslováquia, na URSS ou na China? Como fazer-me entender em português, espanhol, francês ou inglês? Em Praga ainda podíamos dispor do auxílio do nosso encarregado de Negócios, Gil de Ouro Preto, jovem filho do embaixador Carlos de Ouro Preto, que tão bem me recebera em Paris quando da apresentação de *Un dieu a dormi dans la maison*. Ficaríamos em Praga, onde havia direitos autorais de *A raposa e as uvas...* Mas a China estaria perdida para nós; e o regresso infrutífero ao Brasil teria fortes pinceladas de ridículo. Para esperar os vistos, mergulhamos a descobrir Praga, graças ao admirável guia, o professor Vladimir Hvízdala, empenhado em nos fazer amar seu país e suas belezas em escassas quarenta e oito horas. Assim fizemos. Atolamo-nos na Praça Venceslau, em toda a Nové Miesto, nos altos de Stare Miesto, na contemplação do rio musical celebrado por Smetana, nas mensagens barrocas da Ponte Carlos, na cerveja de Pilzen, nos segredos da cozinha tcheca, no idioma brasileiro estupendamente inaugurado pelo professor, nos apertados abraços de meus atores, nos beijos consagrados de minhas atrizes... Palavra: estamos quase resignados a ficar em Praga, abandonar o dragão adormecido da China e iniciar a descoberta do teatro tcheco, da *Lanterna magika*, dos surpreendentes discos clássicos, dos museus, das igrejas... Perderíamos a laranjada da China em troca de Praga, a Dourada.

E os vistos chegaram nas mãos do obsequioso chinesinho sempre sorridente, sempre pedindo-me desculpas em nome da maior das repúblicas populares do mundo. Adeus, Praga, fomos embora, desfolhando promessas de um rápido e prolongado regresso. As dores de que se queixava Alba desapareceram milagrosamente, e tínhamos de admitir que se tratava realmente de um milagre do Menino Jesus de Praga, com sua oração impressa mal redigida em nossa língua; ou milagre de São Vito, cuja catedral gótica aponta a fina torre para o céu cinzento... Em Moscou, no Hotel Metropol, só tivemos tempo de experimentar um *borsch*, um gole de vodca, um grosso e vasto sanduíche de caviar com pão preto.

Cheguei a pensar em telegrafar para o meu paterno secretário de redação Orlando Mota, um telegrama de uma só palavra: "Desisto". Alba dormia, narcotizada como uma atriz de filme de terror... Foi aí que, dentro do meu pânico, ouvi do outro lado da porta a voz de Pedro Bloch:

— Você está precisando de máquina de escrever?

Um diagnóstico! Como teria adivinhado? E passou pelo vão da porta a sua *Hermes Baby*, de teclado limpo, macio, nacional, pronto para dedos de pianista. Com essa máquina escrevi umas vinte ou mais reportagens sobre a China, e dos muitos mentirosos-verdadeiros da China, desde Marco Polo a Fernão Mendes Pinto...

* * *

Um pileque de exposições de todos os feitos de dez anos de liberação: o desenvolvimento industrial, comercial, agrícola, cultural, a inspiração das pinturas e quadros em que a milenar arte plástica chinesa incorpora estranhos temas, como o de uma mãe chinesa dando de mamar no seu próprio seio um leitãozinho... que provavelmente comerá com o requinte da culinária chinesa; a distribuição de "retratos" de pais e mães desaparecidos na guerra e na Grande Marcha, e que as crianças penduram nas paredes com devoção e convicção comoventes... Fiz todo o possível para oferecer uma pincelada expressiva do que podia alcançar: as escolas de arte, de balé, de maquilagem, de tecidos para cenários, o preparo físico de atletas e de atores, como soldados, como borboletas, a exatidão das orquestras teatrais, dos instrumentos, tanto quanto o esforço para conjugar uma arquitetura "russomoderna" aos ornamentos dos antigos palácios, com suas técnicas de adorno de azulejos de porcelana, de estátuas de terracota, de enfeites de jade, de todas as chinesices que tornam quaisquer outros pincéis incapazes de inventar transparências de nuvem, de água, de vento, de borrasca e situar todas as paisagens como flutuando sem peso, como vistas em sonho e não em vigília.

Hoje, tudo que vi em 1959 já é tão acessível ver-se nas telas de televisão, nos jornais, em imagens que representam mais o passado e cedem lugar a um presente visível, foi tão grande e súbita a mutação que a realidade se fixa no gesto do estudante chinês afrontando um tanque de guerra e fazendo sinal de coragem e de paz. Não sei dizer hoje se os artistas de teatro têm de aprender, durante dois meses do ano, a plantar repolhos e pintar paredes de rua; não sei se a nova liberdade coincide com a dos tempos em que, num sentido quase caricatural, erguem seus cálices coloridos para saudá-la... E não sei se ainda encontrarei alguma velha dama de longas tranças e pés deformados a me segredar em inglês ao ouvido:

— Não acredite, tudo que lhe estão mostrando é falso, absolutamente falso...

E hoje me lembro que, no Brasil totalitário do "estado novo", as autoridades também conduziam visitantes oficiais estrangeiros e turistas para verem o que arrancava ou parecia arrancar aplausos, e não mostravam as centenárias favelas, agora piores, maiores, mais vergonhosas. Não vi na China nenhum mendigo, vi paupérrimos trabalhando; não vi fumadores e traficantes de ópio, nem crianças abandonadas. Vi escolas sem teto, escolas debaixo de árvores, de professores descalços, ensinando à sombra de bambuzais, aprendendo ideogramas desenhados no chão. Vi criancinhas usando calças abertas na parte traseira, para fazerem suas necessidades mais depressa, em qualquer lugar; e as vi dando-se as mãos, em longas filas, para atravessarem uma rua, gesto que qualquer das nossas jovens intérpretes fazia conosco. Ou usando um lenço, nos aviões sem cinto de segurança, para nos enxugar o suor. Vi a obrigatoriedade do uso do chá, gratuito, em todos os lugares públicos, comércios, lojas, fábricas, e a proibição de beber-se água, porque evidente e logicamente os banhados de arroz são de água contaminada, que todos devem beber e oferecer fervida com o chá. Vi a simplicidade com que Mao Tsé-Tung, Chou En-Lai, Chou-Té nos receberam, bebendo o chá conosco, em canecões azuis, respondendo perguntas, assinando autógrafos nas pequenas notas de banco que lhes estendíamos, apertando nossas mãos e dizendo, como saudação, o nome de Baxi. Teria sido um logro passado em dez mil jornalistas, que não tiraram uma só foto de cadáver estendido no chão? Mas vi barreiras feitas a mão, e vi barracas repletas para serem levadas rio acima. Seria a indiferença de exibir trabalho escravo? Tudo certamente se modificou; hoje leio os confrades mais moços descreverem uma outra China. Mas vi a energia nuclear, já existente, e aprendida por jovens engenheiros e professores que, nos quadros negros das universidades especializadas, desenvolviam cálculos lidando com sinais gráficos de um de seus 52 dialetos, e mais os signos gregos, latinos, as palavras russas e pequenos e vivos cálculos desenvolvidos... no ábaco. Terá tudo isto passado? Mas são estas as minhas memórias, nada mais. Não as repito aqui, o que seria simples cópia. Mas recordo, no que me diz respeito, as razões pelas quais os chineses de 1959 escolheram uma peça de minha autoria, para traduzir do russo para o chinês por uma diretora teatral que estudou em Moscou e Leningrado, e me levou a vê-la num imenso teatro de Pequim e no não menos vasto teatro de Taiwan. Ela e seus colegas me mostraram o emprego da doutrinação ideológica dentro de obras tradicionais de quinhentos anos, à base do que se convencionou chamar "ópera de Pequim"... Além disso, a introdução vem desde a era de Sun Yat-Sen, do teatro moderno ocidental.

Em Taiwan os diretores do teatro local organizaram um debate para me explicar o desenvolvimento do teatro, para trazê-lo ao décimo aniversário da libertação. Fui recebido na estação de trem por um jovem que, para mostrar-se ocidentalizado, trauteava e assobiava a *Madame Butterfly*.

— *What is your name, my friend?*, perguntei-lhe.
— *Just call me Ku.*

E Ku, na reunião, traduzia perguntas e respostas. Tão impressionado fiquei com a agilidade mental do diretor do teatro que lhe perguntei se aceitaria fazer comigo um espetáculo sino-brasileiro. Ele me perguntou qual, que obra, que peça, que entrecho.

Falei-lhe que a literatura portuguesa possui uma narrativa que pode ser transformada em sino-brasileira, com diálogos brasileiros e chineses, música chinesa e brasileira. E lhe contei do pequeno livro de Eça de Queiroz, *O mandarim*, cuja história se passa em Lisboa e na China. Podia-se trocar Lisboa pelo Rio de Janeiro, até mesmo porque a narrativa não é de invenção de Eça, e sim extraída de Jean-Jacques Rousseau, se não me falha a... memória. O Teodorico do Eça moraria então numa pensão da Rua do Catete. Vidazinha de pobre. Mas inveja a riqueza, cobiça-a, sonha com ela. E uma noite lê um conto em que um mandarim é morto, assassinado por um toque de campainha que o personagem ocidental bateu, pois com este simples tinir de campainha mataria o chinês e lhe herdaria a enorme fortuna. Teodorico acredita que, sonhando, viu o Demo a perguntar: teria ele coragem de tocar a campainha? O Demônio, cavalheiro *belle époque*, conta-lhe os prazeres da riqueza, sobretudo as mulheres com que o miserável sonhava. E ele sonha que tocou uma campainha de sua cabe-ceira. E dormiu esquecendo-se do sonho, até que um dia lhe entra casa adentro um agente bancário que lhe entrega documentos comprobatórios de imensa fortuna. Teodorico passa a viver vida de nababo. Mas ao voltar à pensão, ou ao palácio que comprou, via sobre a cama a figura do mandarim morto, em trajes amarelos, tendo um papagaio de papel sobre a barriga. O remorso persegue tanto o Teodorico que ele resolve partir para a China, no desejo de aplacar ao menos a fome da família do mandarim falecido. E parte de navio, do Rio para a China. A música deixa as noites cariocas, passa a ser chinesa. Teodorico enfrenta mil perigos na China, à procura da família, do lugar onde teria morrido o mandarim, gasta milhões, distribui dinheiro, é acusado de tentar subornar o país e seu povo, é expulso, desiste de ostentar suas riquezas, volta humildemente à pensão, onde os hóspedes zombam da sua pobreza. O Demônio aparece numa cena final, em que Teodorico, desvairado, transmite à platéia a pergunta demoníaca: "Vocês, vocês todos, digam-me: teriam coragem de matar o mandarim?" A figura do mandarim morto projeta-se ao fundo, com todos os personagens que o levaram à morte: os invasores da China do ópio, os ocidentalizantes das Concessões, os Senhores da Guerra e seus aliados, os imperialistas, os capitalistas, todos.

O diretor chinês mostrou-se entusiasmado. Mas não sabia dizer se teria permissão para escrever tal ópera com um ocidental. Ali mesmo, afirmou, faria todo o possível para obter licença para dedicar-se à nossa ópera. Nunca mais ouvi falar do diretor chinês, embora lhe tenha escrito. Que pena... Será que, sem querer, matei um mandarim, um seu súdito, um colega?

E o que eu queria saber: será justo que eu, como simples repórter, mergulhe numa civilização de um quarto da Terra e mais de cinco mil anos, para aventurar-me em narrativas superficiais durante menos tempo que as permanências de seus visitantes célebres? Será que observei o que era para ser observado e absorvi o que era para ser absorvido, ignorando a cultura, as culturas, desses conglomerados de agentes? Todos se mostram fortes de convicção, ou sérios de resignação, ante a minha passagem meteórica e inculta. E então, leitor, desde meu regresso, passei a procurar entender e explicar-me o que eu mesmo tinha escrito, tão levianamente, para os leitores. Devorava os noticiários sobre a China, tratava de confiar ou desconfiar do que os outros escreveram sobre terras estranhas e que, como eu, não sabem ler chinês. Quando me transportavam de cidade em cidade, de aldeia em aldeia, de comuna em comuna, sempre havia um intérprete que me acompanhava e outro que me recebia; ambos falavam chinês, eu falava pelo menos uma das outras línguas de cada um. E quando se falavam entre si, naturalmente em mandarim, a língua oficial, notava que se perdiam no diálogo, aqui e ali. E então, para se entenderem, escreviam no chão de terra, com pequenos gravetos, os ideogramas explicativos do que diziam. E os ideogramas eram os mesmos, iguais, coincidentes, mas cada intérprete promunciava à sua maneira. Só se compreendiam totalmente ao olharem a coincidência de seus signos. Logo, pronunciavam, de região em região, de modo diferente, os mesmo sinais. Suas falas eram dessemelhantes, suas grafias eram iguais. E então chegavam a um alegre acordo. E cada qual dizia exatamente as mesmas traduções de suas segundas línguas, o inglês, o francês, o espanhol, o português, uma das línguas com que falavam comigo. Ignorante do idioma mandarim, tratei de procurar outros livros, nas minhas línguas, que me fornecessem a certeza de um menor número possível de erros ou de mentiras. Marco Polo, Fernão Mendes hão de ter sofrido destas dúvidas e incertezas. Até onde são mentirosos, até onde são mentirosos os visitantes da China que não sejam sinólogos, que tenham estado na China antes de mim, e durante a minha permanência? Observei, ainda, que em certas regiões que eu visitava acendiam-se os olhos de um ou outro dos meus interlocutores quando ouviam alguma palavra que lhes lembrava os ocidentais ocupantes, sobretudo os membros das Concessões, restos de francês incrustados em suas línguas vivas. E este sherlockismo da minha ignorância me encantava.

Terminou a China e confesso que me deixou saudades nossa intérprete e cicerone Miss Wu-Chen Fu, de vinte anos, cabelos à inglesa, olhos oblíquos e fé em Marx e Mao Tsé-Tung, que tinha sempre para nós uma resposta de firme sabedoria como uma citação do Premier Mao. E que se escandalizava ao nosso menor deslize. Por exemplo: eu levara para Pequim uma raridade, que só depois vim a saber que fazia parte dos crimes do capitalismo ocidental, imperialista e escravocrata: uma garrafa de uísque *Queen Anne*. Quando João Dantas soube dessa minha riqueza, empurrou a porta do meu quarto e me surpreendeu exibindo a preciosidade para o pobre Mister Psiu, chinês longo e alerta, que assim chamávamos porque era impossível chamá-lo por sua única sílaba, breve e consoântica como um assobio. Mister Psiu nos confessava: nunca havia provado um uísque, mas achava bons os *brandies* de Chung-King. Quisemos obsequiá-lo. Corrompê-lo? Em cada andar do hotel havia uma geladeira, só usada para gelar refrescos. Não fornecia gelo. João Dantas, imperiosamente, partiu para a geladeira e arrancou suas estalactites de gelo. Trouxe-as para o quarto, mergulhou-as em copos, e Alba nos olhava com susto. Mister Psiu provou o uísque gelado e deixou-o escorregar goela abaixo, em êxtase. Nós o brindamos, ele nos brindou, e assim fomos até a metade da garrafa. Aí abriu-se a maldita porta sem chave e a encantadora Miss Wu-Chen Fu surpreendeu aquela traição ao socialismo chinês. Censurou-me em mandarim e se retirou. Mister Psiu mal e mal se sustentou nas pernas, bradou um derradeiro "Kampai!" e desapareceu pela porta. Bem víamos, pelo vão da clarabóia interna do hotel, que cada noite os diversos intérpretes e cicerones se reuniam numa sala no andar térreo, e discutiam por duas ou mais horas. Nessa noite Mister Psiu não compareceu ao *briefing*, cujo evidente propósito era pôr os participantes a par do procedimento de cada visitante. Mister Psiu desapareceu. Não vimos mais tão precioso amigo. Uns dois dias depois, Miss Wu contou que ele tinha sido designado a um outro mister. Mister Psiu vendera-se às delícias do mundo capitalista.

 Sentia-me então um mentiroso adivinhado, um grampeado de palavras. Sobre estas encantadoras aflições muito conversei com meu amigo Jorge de Oliveira Maia, repórter, escritor, teatrólogo, embaixador, que dedicou os últimos anos de sua vida a gozar os privilégios de diplomata brasileiro em Jacarta para reunir pequena coleção de livros sobre a China moderna. Jorge Maia deixou seus livros e escritos na Biblioteca Pública da Uni-Rio. E desse acervo precioso tirei certas observações que corrigem, aumentam, elucidam ou invalidam minhas reportagens. Jorge faleceu antes do cataclisma político-econômico desabado sobre os países capitalistas e comunistas: hoje poderia ter sido excelente elucidador da cultura chinesa. Faço aqui apenas uma homenagem ao comparar o que escreveu com o que eu não sabia, e com o que eu poderia aprender com ele.

A ANTECESSORA DE BRASÍLIA

Quando Brasília comemorou vinte e cinco anos, passou quase despercebido no Brasil o centenário do seu profeta Jules Romains. Durante os últimos doze anos de vida, o primeiro presidente do PEN Club Internacional, inventor do "unanimismo", herdeiro de Molière na zombaria aos médicos, há de ter contemplado com tristeza o esquecimento de *Donogoo* ou *Donogoo Tonka*, os nomes que inventou para sua cidade imaginária. Primeiro romanceou-a em 1921, depois tornou-a roteiro de cinema e logo peça teatral que Louis Jouvet apresentou no Théâtre Pigalle, de Paris, na noite de 25 de outubro de 1930, isto é, na noite seguinte à da vitória da Revolução de Vargas. O sociólogo malevolente pode ver nessa coincidência de épocas uma perfídia de fadas; o crítico honesto concluirá mais uma vez que a arte precede a vida; o entusiasta de Brasília se indignará contra o escritor francês, sem ter razão; o anti-brasiliense se sentirá vingado pelo profeta.

A história de *Donogoo* pode ser contada assim: dois meliantes franceses se encontram na ponte do Moselle, em Paris, quando um deles, Lamendin, desesperado, tenta suicidar-se. Bénin (é o nome do salvador) coloca o amigo na trilha de escapar da miséria graças a um golpe internacional: sabe que um professor de geografia do Collège de France, Yves le Trouhadec, sonha entrar para o *Institut*, mas cometeu a grave cincada de incluir, em sua vasta *Enciclopédia geográfica*, uma cidade, Donogoo, que não existe. Onde? Em Goiás, no interior do Brasil. Por isso, os geógrafos não elegerão Trouhadec. Esse Trouhadec já era personagem de Jules Romains, em *Monsieur le Trouhadec saisi par la débauche* e *Le mariage de Monsieur le Trouhadec*, a primeira delas trazida ao Rio por Louis Jouvet em 1941. Tudo consiste em levar o pobre professor a reafirmar a existência da cidade — e fazê-la existir.

Lamendin põe-se em campo. Leva Trouhadec a banqueiros, transforma-o em conferencista, conclama capitais, vende ações, tudo para que enormes ondas de imigrantes, compradores de terras brasileiras no mundo inteiro, se tornem pioneiros na construção da nova cidade. Lamendin parte com um dos grupos, sob a bandeira de Trouhadec, que "impôs Donogoo Tonka à atenção universal". De toda parte chegam esperançosos ao Rio, seguem para o lugar apontado pelo geógrafo, e lá, no momento em que os sonhadores, de armas em punho, vão disputar e defender suas propriedades, encontram a cidade: apenas um nome numa tabuleta, mas cidade, porque a fantasiosa geografia de Trouhadec arrastou consigo a verdade vinda na ambição de cada aventureiro. Quem ainda não tem terras trata de comprá-las. A Avenida do Prado já está no mapa, os víveres começam a aparecer, já há caminhões de farinha perdidos no caminho, fala-se da existência de ouro, tudo se compra em dólares, já existe a polícia, já surgem as gorjetas, o suborno, as agências européias de turismo vendem passagens para Donogoo Tonka, os bancos europeus que sustentam o empreendimento se enchem de dinheiro. Telegramas na França narram a carestia da vida na nova cidade, os banqueiros se precavêm contra os especuladores. Donogoo já dispõe de uma praça principal, "num mastro altaneiro com uma auriflama", o *Central Bar, o Café de Paris, o Splendid Hotel, o Majestic Hotel*, "com quartos separados a partir de um dólar". Grita-se na rua: "*Viva Donogoo Tonka livre!*" Há um *gouverneur-général*; a multidão aclama a chegada das mulheres importadas num comboio, a população elege Lamendin governador, ele recebe um telegrama: Yves le Trouhadec, o "ilustre sábio que descobriu Donogoo Tonka, acaba de ser eleito membro do Institut de France". Na cena final, o governador conversa com seus amigos no Palais de la Résidence: confessa-se "a meio caminho entre um regime patriarcal e a ditadura moderna", o Exército da Salvação o aclama, canta-se o hino do Clube dos Puros. Prega-se o desprezo às riquezas, as seitas pululam, há uma estátua de Vesta num templo, representando "o Erro Científico", oficialmente "a Verdade Científica", o apetite sexual se resolve com as indígenas. E Lamendin justifica-se: "A América inteira não é produto de um erro? Falo de Cristóvão Colombo. Cite-me um tipo na história que seja mais cabeçudo que esse homem! Parte à procura das Índias, dá com o nariz na América e diz e repete como um verdadeiro cretino: "Cá estamos nas Índias". Nunca se corrigiu. O seu erro é da metade do tamanho da Terra, simplesmente. Quando penso nas maldades que fizeram a Le Trouhadec!" E legisla: "O culto do 'erro científico' é obrigatório para todos os cidadãos nas cerimônias de todas as seitas. Os carteiros e condutores de veículos ficam autorizados a jurar pelo nome de Trouhadec, mas somente até às 10 da manhã. É proibido invocar o espírito de Trouhadec na busca de jazidas de ouro". E continua doutrinando: "Há um meio de resolver os problemas: é não vê-los". Pode-se dizer tudo, menos a verdade. Pode-se dizer tudo, em todos os tons, menos a ironia: "A ironia está em atraso em relação ao avião. Ainda não atravessou o oceano. Aliás, não te preocupes. Se, por acaso, eles tivessem vontade de compreender, eu faria barulho suficiente para impedi-los". E Bénin então confessa: naquele momento, está pensando na ponte sobre o Moselle: "Eu tirei você do fundo do seu abismo, como um cão molhado, e agora você dita religião enquanto acaricia uma bela nativa que mal pesa sobre os seus joelhos". E Lamendin promete erguer uma estátua ao charlatão-filósofo que lhe ensinou o hipnotismo da hipocrisia. Peça terrível, tão terrível que Louis Jouvet, em sua visita ao Brasil, nem ousou falar nela, embora nos desse *Monsieur le Trouhadec saisi par la débauche*, a farra do seu geógrafo em Paris, o geógrafo que inventou uma cidade brasileira.

Quando aqui representou pela última vez Maurice Escande, com a *Comédie française* e Marie Bell, em 1959, com ele veio um dos atores da estréia de *Donogoo Tonka* em Paris, 1930. Já não me lembro de seu nome. Numa entrevista de televisão, perguntei-lhe sobre a peça de Jules Romains. Ele apenas pôs os dedos nos lábios...

Essas coisas cruéis acontecem quando a ficção implica com a realidade, ou implica, antecipadamente, com uma realidade futura. Até hoje há dinamarqueses que não gostam de Shakespeare por causa da fala de um personagem inventado, que diz haver qualquer coisa de podre num reino, e num enredo de mais de quinhentos anos antes do Bardo. Voltaire não é amado na Bulgária por causa de *Candide* — e Voltaire nunca esteve na Bulgária. Houve brasileiros que se indignaram com Jean-Louis Barrault quando ele reviveu *La vie parisienne* no centenário de Offenbach, porque ali um brasileiro saltitante, fumegante e até meio mexicano dança o *cancan*. Uma peça tola, *Savages*, quase provocou um protesto contra Paul Scofield e seus atores. Não há semita que goste de Shylock. Jules Romains, cuja comédia não foi feita como carapuça, já tinha sido alvo de ódio tão grande quanto o que atingiu Molière a cada sátira contra os médicos. *Knock, ou o triunfo da medicina* provoca o mesmo sentimento que o Miles Gloriosus provoca nos militares, ou *Mandrágora* provoca nos padres. Foram calculadamente feitas com essa intenção, é óbvio. Mas Donogoo Tonka é uma cidade "brasileira", como poderia ser africana, asiática ou européia. Os romanos eram tão ciosos dos brios da cidadania que chegaram a inventar uma cidade, Atella, para "sede" das comédias satíricas, que passaram à história do teatro como as *atellanae*. Não fiquemos zangados com a possível ou imaginária bola de cristal de Jules Romains: Brasília é melhor que *Donogoo Tonka*?

Gostaria de lembrar que, tendo de ensinar mitologia grega e mais adiante o teatro de Molière aos alunos do Conservatório Nacional de Teatro, de 1949 em diante, recordava-me de um conselho de Mario de

Andrade: "Se tiver de escrever, escreva. Ainda que seja mal". Assim, imaginei acidentes novos nos mitos de Anfitrião, de Esopo, em Petrônio e em Molière, de que resultaram as comédias *Um deus dormiu lá em casa*, *A raposa e as uvas*, *A virtuosa matrona de Éfeso*, e uma espécie de prefácio para o *Tartufo*, já que o personagem principal da comédia só apareceria no 3º. ato, o que desnortearia platéias desabituadas e alunos incipientes. Assim para *Tartufo,* inspirando-me nos dois requerimentos de Molière a Luís XIV solicitando a liberação da peça, fiz com que *Tartufo* aparecesse antes do 1º. ato, numa espécie de prólogo elucidativo do caráter do personagem. A idéia foi aceita e daí por diante *Tartufo* ganhou um prefácio didático, a ser recitado, que parece ter sido esclarecedor aos neófitos.

THIS OTHER SIDE OF PARADISE

(Shakespeare)

A Mário Gibson Barboza devo Roma, Florença, outra vez Londres, e Rye e Stratford-upon-Avon. Curiosamente, com dormida no leito sagrado do Cardeal Doria Pamphili.

— Aqui, me disse o embaixador abrindo a porta do quarto no Palácio Doria Pamphili. O quarto era do cardeal que deu o nome ao palácio. A construção não estava acabada quando o cardeal foi eleito Papa. O palácio deixara de ser cardinalício. Mas o leito papal ali estava, nele repousaram cabeças nobres e plebéias enquanto o palácio se degradava, século por século. Quando Mário me agasalhou, com Alba e Stella Walcacer, sua parenta e minha secretária, havia um outro quarto de hóspede, mas surgiu um problema ao celibatarismo dos religiosos: poderia uma dama sozinha dormir na cama de um Papa? Poderia um casal, mesmo de papel passado, profanar o leito? Stella Walcacer ficou com o quarto de hóspede; o casal, no leito obviamente do solteirão.

— Você pode contar que dormiu em cama de Papa!

— Já dormi na cama especial para o general De Gaulle e na casa de verão do governo paulista em Campos do Jordão.

O embaixador e a embaixatriz puseram Roma a nossos pés e se transformaram nos mais precisos, bem informados cicerones. Mais uma vez visitamos o Vaticano, novamente o Castelo de Santo Ângelo, mais uma vez o Moisés de Michelangelo, que me fora apresentado por outro amigo, embaixador Vasco Mariz, e renovamos nossa visita ao Borghese e à beleza de bronze que é Paulina Bonaparte e que mais, e disparamos para Florença.

* * *

Leitor: ao ir à Inglaterra, não se esqueça de ir até Rye, cidadezinha portuária medieval com sua igreja românica repleta de simplicidade e ternura, não deixe de ir à taverna e hotel que acolhia incógnita a rainha Elizabeth, e onde há uma porta oculta num armário, entrada dos amantes, e por onde se escapou James Bond no seu melhor filme; e não deixe de provar o melhor *malt-whisky* das redondezas, consumido por Henry James, cuja casa-museu convém visitar depois de ter lido *The portrait of a young lady*, *The turn of the screw* e pelo menos um de seus contos, *The liar*... Se o leitor jamais leu Shakespeare, se jamais leu Henry James, está dispensado, e até proibido, de ir a Rye e Stratford-upon-Avon. Mas se os céus lhe derem companhias como o embaixador e a embaixatriz Roberto Campos, o embaixador e a embaixatriz Mário Gibson Barboza, podem dar-se por satisfeitos de terem bem vivido, e muito provavelmente alcançarão o céu, caso não sintam inveja deste memorialista.

* * *

Estes amigos me inundaram de Shakespeare — desde tia Candê e a professora Melissa Hull a Mário da Silva, que me obrigou a traduzir *Much ado about nothing* com a ajuda da National Library de Nova York para Tônia Carrero e Adolfo Celi, e mais o embaixador e a embaixatriz Mário Gibson Barboza, e mais o embaixador Roberto Campos e sua mulher Stella, e a professora Stella Walcacer, e Zora e Antônio Olinto, companheiros de Stratford-upon-Avon e do amor ao Bardo. E nem falemos de Stratford, seu rio, seu teatro, seus atores, e a atmosfera da cidade, suas águas, seus salgueiros, seus cisnes, sua igreja, seus livros. A todos devo a coragem de entrar várias vezes às margens do Avon, recompondo e retocando minhas limitações como se estivesse ao lado do próprio Bardo. E de tudo resultou a tentativa de uma poética inalcançável, parodiada enquanto pisava os gramados e cruzava os salgueiros, deturpando ritmos e vozes e pedindo perdão a quantos viessem a ler os sonetos e as duas paródias que os encerram.

Os sonetos

IX

Por medo de usar olhos de viuvez
Te consomes em vida solitária?
Ah, se morres em sorte tão precária
Todos te carpirão, mulher sem vez!

E teu viúvo este mundo pode ser
A chorar teu morrer sem ais nem gozos;
No entretanto outras viúvas sabem ver,
Nos olhos dos seus órfãos, seus esposos.

Vê! Quanto desperdiça seus sobejos
O mundo que, de avaro, se suicida:
Perdem-se beijos no esbanjar de beijos
E por falta de beijos morre a vida.

Nenhum amor por outro frutifica
Se tão horrendo crime en si pratica.

XVII

Quem crerá, numa época futura,
Em meu verso que é gala de tuas galas,
Embora exista — oh, céus! — qual sepultura
Sepultando-te as graças sem mostrás-las?

Pudesse eu descrever-te o olhar candente,
Numerar teus inúmeros encantos,
Mais adiante diriam: "Ele mente!
Nunca na terra houve tesouros tantos!"

Então melhor será que meus escritos
Tomem por caduquice e não verdade
E julguem os teus dotes infinitos
Sonho de poeta em triste insanidade.

Mas se algum filho teu nascer um dia
São duas vidas: nele e na poesia.

XXII

Nunca espelho dirá que eu envelheço
Se juventude e vós fordes só uma,
Porém se o tempo vos cobrar seu preço
Em rugas, aí, que a morte me consuma!

Porque toda a beleza que vos orna
É um hausto que, por meu, é de nós dois
E respirais de mim e a mim retorna.
Como então ser mais velho do que sois?

Por isso, peço, agasalhai no seio,
Meiga enfermeira de recém-nascido,
O coração que usais, pelo receio
De vê-lo sofredor e combalido.

Guardai-o; se viver do meu não posso,
Não viverei, se devolver o vosso.

XXIII

Como imperfeito ator que galga a cena
E por medo ultrapassa o desempenho,
Ou diz nervoso a fala mais serena
Pois emoção lhe sobra e não engenho,

Eu também por temor tampouco tenho
Fala a falar de amor a fala amena
E no rito de amar tanto me embrenho
Que minha exuberância me condena.

Sejam assim meus livros a presença
Do mudo som trancado no meu peito
Pois quem pede no amor a recompensa
Mais que na própria voz está seu pleito.

Aprende a ouvir o que o silêncio exprime:
Ouvir amor com os olhos é sublime.

LV

Nem mármore ou dourados monumentos
De reis viverão mais do que estas rimas:
Brilharás nestes lúcidos acentos
Além da suja pedra onde te encimas.

Quando as guerras tombarem as estátuas,
Arrancando as raízes do granito,
Nem o fogo de Marte e as armas fátuas
Matarão a memória do meu grito.

Contra a morte e o total esquecimento,
Caminharás eterna nos meus versos
Que te exaltam, momento por momento,
Nos olhos mais distantes e dispersos.

Se contam teu futuro sem o serem,
Vives dentro de todos que me lerem.

LXVI

Tão cansado de tudo, chamo a morte
Ao ver o justo mendigar justiça
E nada ver que alcance alegre sorte
E ver a fé perjura em plena missa

E a desonra das honras mal rendidas
E a donzela por puta difamada
E as coisas mais perfeitas ofendidas
E a força por perfídia dominada

E a arte esganada pela autoridade
E a loucura julgando o julgamento
E a verdade chamada ingenuidade
E o bem cativo em rude sofrimento;

Cansado, chamo a morte, sem pavor,
Menos o de perder-te, meu amor.

LXXI

Não te enlutes por mim quando eu for morto,
Quando ouvires o sino em ais profundos
Anunciar meu partir do último porto,
Do mundo imundo aos vermes nauseabundos.

Não recordes, ao veres estas linhas,
A mão que as escreveu: eu te amo tanto
Que é melhor esquecer que sejam minhas
Se a lembrança causar-te dor e pranto.

Porém, se as leres cuidadosamente,
Quando eu for lama misturada à lama,
Não relembres meu nome mas consente
Morrer o teu amor como quem te ama:

Para que o mundo admire o teu gemido
E zombe só de mim por ter morrido.

XCI

Uns têm glória em brasão, outro em poesia,
Uns na fortuna, outros na força bruta,
Uns no trajar, outro na fantasia,
Este na guerra, aqueles na labuta.

Cada humor vai buscar sua alegria
E com outra alegria não permuta;
Nada disto porém faz que eu me ria
Pois rio em glória que ninguém perscruta:

Teu amor vale mais que berço antigo,
Mais que tesouros, mais que fortaleza.
Mais que vencer torneios de perigo,
E, tendo-te, ninguém tem mais riqueza.

Serei, se me deixares, aí sim.
Pobre, pobre de ti, pobre de mim.

CXVI

Ao enlace das almas verdadeiras
Nunca eu me oponha: amor não é amor
Que mude com mudanças passageiras
Ou se deixe varrer ao varredor.

Oh, não! É luz eternamente acesa
A enfrentar nas tormentas os tormentos,
Astroguia do barco ao léu dos ventos
Embora não lhe saibam da grandeza.

Não loucura do tempo, cujas fouces
Sulcam rosados lábios, rostos finos;
Amor jamais altera as horas doces
Mas leva-as nas distâncias dos destinos.

Se provarem que errei, erraram: ou
Nunca escrevi ou ninguém nunca amou.

CXXX

Teus olhos, meu amor, não são dois sóis
E é mais rubro o coral do que teu lábio,
Teus cabelos não guardam caracóis;
Teu seio é de alabastro? — outro assim gabe-o.

Já vi rosas dos mais diversos róis:
De nenhuma esta face tem ressábio:
Há perfumes em fétidos crisóis
Mais fragrantes que o teu odor mais sábio.

Gosto de ouvir-te a voz mas digo, a sério:
Em música jamais a divinizas;
Nunca vi de uma deusa o andar etéreo:
Deusa não és e pesas quando pisas.

Ainda assim é meu amor tão raro
Quanto as mentiras com que te comparo.

CXXXVIII

Quando amor jura amor como verdade
Nela eu creio e no entanto sei que mente
Julga-me infante da mais tenra idade
De falsas sutilezas inocente.

Assim crendo que eu creio que sou jovem
Mesmo sabendo longe a juventude
Juro crer nesses lábios que se movem
E cada qual de nós ao outro ilude.

Então por que não diz estar mentindo
E por que não confesso a ancianidade?
Aí, o melhor do amor é amar fingindo
No amor a idade ama esconder a idade.

Logo eu lhe minto logo ela me mente
E em falsa loa é cada um contente.

MEU SONETO IMITADO DE SHAKESPEARE

Oh, Dark Lady of the Sonnets, imagina:
Os cupins da cultura, sicofantas
Da vida alheia, vão a cada esquina
Do passado fossar-te ignotas plantas;

E as lufadas de amor que tu levantas
(Tanto faz se és efebo ou se és menina)
Eles destroem destrançando as mantas
De versos a esconder-te da retina:

E, descriptografadas as madeixas,
Restaurando o modelo, veia a veia,
Roto o albornoz de tropos e de endechas,
Surges: velha, boçal, adunca e feia.

Não por musa de ti teu Bardo abusa
Mas por usar-te entronizou-te em Musa.

SONETO DE SHAKESPEARE EM PORTUGUÊS

Que mal fiz eu a Deus para que a gente
Chegue a inventar a minha inexistência
E diga de meu verbo onipotente:
— Outro era o Bardo, um Nobre, uma Excelência!

Que mal fiz eu a Deus por que se tente
Denegrir minha Musa com tal zelo
Que na imagem do vulgo se apresente
Como um macho de hirsuto e escuro pêlo?

Que mal fiz eu a Deus para que o verso
Solto em meu lábio em música de sonho
Galope os quatro cantos do universo
Num relinchar de traduções medonho?

Se quereis celebrar-me de uma vez,
Por Deus! — retraduzi-me para o inglês!

* * *

Mais uma vez contemplamos da porta do Batistério às deusas de Botticelli, da Piazza della Signoria ao túmulo de Medici, o Magnífico, e cruzamos a ponte do Arno sobre a qual Dante, aos trinta anos, contemplou uma pirralha de treze e a colocou em companhia de Virgílio para por sua poesia visitarem o Inferno, o Purgatório e o Paraíso; e de tal modo o caleidoscópio de cores, sons, luzes, desde a Idade Média ao Renascimento, com seu desfilar de poetas, de músicas, de arquitetos, de pintores que, para resumi-lo, estas Memórias teriam de mergulhar em Ruskin e em Cellini, em Burckhardt e Bagehot, e deixariam de ser um registro de viagem para tornar-se um erudito tratado — que me falta competência, ai de mim, e longa vida florentina, para comunicar ao leitor. E assim foi em Londres, onde nos afogamos em concertos, teatros, recitais, museus, que na catedral de Westminster Alba, Zora e Antônio Olinto comungaram como os mais recentes anglicanos. E então nos veio à telha passar o Ano Novo em companhia de Shakespeare. Em Stratford-upon-Avon, no teatro do mais sábio dos poetas do Teatro. Rodeando *Ricardo II, O Mercador de Veneza, Henrique V,* e a passar até a Igreja da Trindade, onde uma didascália pede que ninguém tente desenterrar seus ossos... Reviramos tavernas e livrarias, bibliotecas e vestígios da morte do Bardo imortal, e Zora Seljan, num arrebatamento de saudades de Iemanjá, colheu rosas das mesas do restaurante, desceu até os salgueiros que ensombrecem o Avon e os cisnes descendentes de Shakespeare, e atiramos às águas nossas oferendas como se estivéssemos em Copacabana, com grave risco de dar explicações aos *policemen* intrigados, a querer adivinhar de onde viriam aqueles malucos e seu ritual de devoção. Forçoso é dizer que nossa sabença turística foi-nos oferecida nas indicações de dois shakespearianos, Fernando Sabino e Marco Aurélio Matos. À noite, o *réveillon* do hotel exigia *smoking*, que tínhamos levado à lembrança de Hugo Gouthier de jamais viajar sem ele. Ousamos esquentar os polidos britânicos, que em suas mesas, ao chegar o Ano Novo, apenas se puseram em delicada agitação, soprando línguas-de-sogra nos narizes de suas damas, o que procuramos empurrar para manifestações mais festivas, até mesmo o cordão carnavalesco. Depois dessa noite, em que choramos de saudades do Brasil, de Copacabana e de Iemanjá, juramos que a nossa festa de fé e esperança jamais seria conspurcada em explorações comercializadas e desvirtuadas por penetras: às vésperas de cada Ano Novo, faremos nosso barulho cívico e carioca para impedir que o penetra Zeffirelli chegue até as nossas praias.

ENTRE MOSCOU E LENINGRADO

Chegou o dia em que devíamos voar para Moscou, e para tanto foi preciso um cabuloso visto consular, para saltarmos a uma estada de uns quinze dias na capital soviética.

Nela tivemos a recepção de meu tradutor, Paulo Liminik, e sua esposa, prima de Berta Singerman e irmã de Arturo Singerman, representante de filmes russos em Buenos Aires. E um lento intérprete, que nos programara museus históricos, visitas a casas históricas, visitas a estátuas históricas, e um colóquio na União dos Escritores. Nada de Bolshoi, nada de arte. Mas estava segura uma visita ao *sputnik* rodeado de neve. Paulo e Sara Liminik nos proveram de agasalho, acolheram-nos em seu minúsculo apartamento, no qual, para se ir lá dentro, era preciso saber se algum vizinho entrara antes. Nosso programa turístico foi modificado: visita ao Kremlin, com direito a saltar para o início da fila, porque éramos pessoas gradas; e degustação de lautos caviares com champanha da Criméia; visitação à Biblioteca, às estações do metrô. E, encanto dos encantos, conhecimento pessoal do ator Toporkov do Teatro Stanislavsky, capaz de quebrar um copo com uma exclamação. Novo caviar, salmão, saudações violentas de vodca, recitativo das fábulas de Krilov, admiração ao ver que o dono da casa possuía um papagaio brasileiro danado da vida de suportar vinte graus abaixo de zero... E minha gafe na União dos Escritores. O presidente indagou, solícito:

— Que é mais que o *Gospodin* Figueiredo deseja?
— Eu gostaria de visitar o poeta Pasternak.

Consternação geral. Pasternak acabava de ser excluído dos quadros da União, por ter ganho o Prêmio Nobel. Mudamos de assunto e confidenciei que o meu intérprete, além de desinformado, estava sempre com um palito na boca. Trocaram-no por um Alex, com pinta de aristocrata decaído e olhos de galã de romance de Tolstoi. Com ele nos demos bem. Levou-nos, com os Liminik, a Leningrado, para uma calorosa confraternização com os atores do Teatro Gorki, premiado pela apresentação de minha *Lisa i vinograd*, dirigido por Tovstonogov, o famoso diretor. Colecionei beijos de atrizes. Vladimir

Politseimako, o único escravo Esopo gordo que já vi, pois até então a lógica e a economia capitalista e socialista me diziam que escravos devem ser magros, Politseimako, eu dizia, chamou Alba a um canto para lhe perguntar:
— É verdade que o pai de Figueiredo é um grande latifundiário no Brasil?
— Meu sogro? Um pobretão! Vive fazendo revoluções contra as ditaduras. Esteve preso, condenado. Não tem onde cair morto!
— Ah ! suspirou Politseimako.
E deu um vasto beijo em minha mulher. Não contente com isto, atracou-me pelas orelhas, beijou-me eloqüentemente na boca. Aplausos gerais, beijos gerais. Até o ator que fazia o papel de escravo etíope, numa terra sem negros, e pintado de fuligem para dar realidade ao entrecho, atracou-me também, e me lambuzou de alto abaixo. Novos aplausos.

Na manhã seguinte, dia de nossa volta a Moscou, havia almoço na Sociedade de Autores, gente encantadora, de idéias abertas, boa conversa, boas anedotas. Desci do hotel para comprar uns discos. Na porta vi um preto, o único preto de Leningrado, elegante, capote negro, luvas de couro amarelo, chapéu *gelot*, mala na mão. Ao voltar, estava no aposento que ocupávamos, no Hotel Europe, precisamente no enorme apartamento onde morou Isadora Duncan. O preto conversava com minha mulher. Levantouse, polido:
— Como vai, irmão?

* * *

Tito Ramalho. Onde andará Tito Ramalho?
Foi em novembro de 1959. As aventuras da vida teatral me levaram a Leningrado, para agradecer ao diretor G. Tovstonogov a montagem de uma peça minha, com que o Teatro Gorki ganhou o Prêmio de Música e Drama comemorativo dos 40 anos da Revolução Soviética. A notícia me veio de supetão. A peça lá fora parar via Buenos Aires, remetida em tradução espanhola de Eduardo Borrás, por Arturo Singerman, irmão de Berta Singerman, para seu cunhado Paulo Liminik. Mas isto já é outra história.

A vaidade me levou a Leningrado, onde me honraram com uma hospedagem faustosa no Hotel Europa, no mesmo vasto aposento no qual, em 1917, havia estado Isadora Duncan. Além do quarto com chuveiro, alto luxo em hotel antigo, um piano de cauda ocupava um salão com ameaçadoras estátuas de bronze, de ninfas erguendo tochas sobre a minha cabeça, e espelhos dignos de uma academia de balé. Era o dia da volta a Moscou. O tradutor Liminik fora confirmar as passagens. Desci as escadas do hall do hotel, para ir comprar uns discos que entrevi numa loja do outro lado da rua. No balcão da portaria estava um negro, de seus sessenta anos. A princípio isto não me impressionou. Mas súbito atentei melhor. Um negro em Leningrado? Elegantíssimo, de sobretudo preto, chapéu, cachecol, luvas amarelas, malas na mão... Ao voltar, não estava mais ali. Estava no meu salão, conversando com minha mulher. O chapéu, as luvas, a mala, o sobretudo em cima do piano. Levantou-se risonho. Cabelos brancos.

— Tito Ramalho. Brasileiro.

Um instante mais e acrescentou, como para justificar a presença em tais lonjuras:

— Palhaço.

Tinha acabado de chegar de uma excursão. Ao falar para casa, da estação, a esposa disse ter lido a notícia da minha chegada. Correu para o Hotel Europa, na certeza de que ali é que se hospedavam os estrangeiros. Sua fala exibia uma pequena pitada estrangeira, ora uma vogal mais molhada, ora um "r" mais brando. Às vezes uma pequena pausa, para procurar uma palavra. Sentia-se a sua falta de hábito de falar brasileiro. Ou seria um sestro, um luxo de bom exibicionista?

Tito Ramalho contava sua história. Menino criado em São Paulo pela família Prates, cedo mostrou pendores histriônicos. Era um moleque engraçado, como ele próprio disse. Quando por São Paulo apareceu o Circo Sarrasani, lá por 1925, Tito ficou encantado. E mais encantado quando o circo anunciou precisar de um palhaço. E mais ainda quando se candidatou e foi aceito. Com dezessete anos partiu para a Alemanha, sendo talvez o único palhaço negro a se exibir na Europa. Fez sua carreira, aprendeu a dizer graçolas em alemão, aprendeu alemão; veio Hitler, o circo excursionava pela Lituânia quando a guerra começou. Sem saberem o que fazer com Tito, os russos, logo que ocuparam a Lituânia, despacharam-no para a Sibéria, onde continuou como palhaço a vinte ou mais graus abaixo de zero. Aprendeu russo. Casou-se. E aí abriu a mala; nela levava seu traje profissional: as calças largas, o paletó-fraque, o colarinho de pendurar no pescoço, a peruca para cobrir a carapinha, o nariz vermelho, as luvas descomunais. E, colados à tampa interna, o retrato da mulher, Olga, de bandós louros puxados para trás à moda russa, e dos dois filhos, de seus dez e nove anos, Tito e Mikhail.

Feliz? Tito assegurou. Era o único palhaço negro de Leningrado; era conhecido de todos. Teatros e cinemas lhe abriam as portas, grátis. Cabia-lhe fazer excursões com grupos circenses e apresentar-se na televisão, onde cantava sambas. Para tanto, possuía também uma maraca, com a qual dava o ritmo aos quadrados músicos de orquestra. E possuía um segundo emprego: catalogava músicas latino-americanas na Biblioteca Musical de Leningrado. Sua importância era tal que gozava de dois privilégios no vasto rigor socialista: um apartamento de dois quartos e um telefone. Seu repertório por muito tempo andou por peças como *Macaco, olha o teu rabo*, *Tatu subiu no pau*, em que a presença zoológica assegurava originalidade e comicidade, mesmo em russo. A estas músicas acrescentou outras, fornecidas por Dolores Duran e Carlos Galhardo, que por lá haviam passado. Pediu-me partituras, discos. Precisava ampliar e melhorar o repertório, atualizá-lo, porque o rádio e a televisão já levavam, do Brasil para a Rússia, com bastante rapidez, as novas criações. Não podia ficar para trás.

Se tinha vontade de voltar ao Brasil? Tito, a distinção em pessoa, essa discreta distinção dos verdadeiros cômicos quando estão fora de cena, abriu um sorriso, abriu as mãos, explicando-se:

— Não... No Brasil eu vou ser mais um negro, igual aos outros. Aqui eu sou o único negro, o negro de Leningrado. Todos me conhecem, todos gostam de mim. Gostaria de rever o Brasil, só rever, de visita, mas...

Parou no "mas". Não ousei perguntar se haveria o receio de que não regressasse e, apanhado fora da União Soviética, começasse a criticar o regime. Ele adivinhou:

— Gosto daqui. Com frio e tudo. Olhe: se quer me fazer um favor, me mande músicas.

Prometi. Aí chegaram Paulo Liminik e os membros da União dos Escritores, para levar-me à estação ferroviária. Tito Ramalho fez questão de nos acompanhar. Estendeu o braço para apanhar a minha mala.

— Que é isto, Tito? Estamos num país socialista. Cada um leva sua mala!

Sorriu:

— De vez em quando o negro acorda aqui dentro...

Ao chegarmos à plataforma do trem, uma plataforma extensíssima, com um trem extensíssimo, Tito deu uma demonstração de sua popularidade. No meio da multidão que o reconhecia, que o apontava e o cercava, falava russo para um lado, alemão para outro, português para nós... Todos paravam, queriam ouvi-lo, queriam autógrafos, queriam apertar-lhe a mão. A fauna da estação lembrava um baile do High-Life: gente com trajes árabes, casacos asiáticos, jalecos coloridos, incríveis chapéus carnavalescos, mulheres de rosto escondido, mulheres em fila atrás do marido, gente branca, gente de olhos oblíquos, gente parda. E até turistas negros, que se deslumbravam com o irmão desembaraçado, ocidental e bem-falante.

Deram o primeiro sinal para a partida do trem. Subimos no vagão, depois dos últimos abraços, dos últimos apertos de mão, dos últimos beijos ("Aqui tem muito disto, doutor!"). Continuamos a conversar com Tito, pela janela. As mensagens finais de amizade, os votos de saudades...

— Não se esqueça de me mandar as músicas...

O trem deu o segundo apito. A agitação, os adeuses se tornaram mais rápidos.

— Lembranças... Lembranças a quem perguntar por mim...

O terceiro apito, a máquina resfolegou, o trem começou a andar, lento, pesado. E Tito, na plataforma, caminhava ao lado de nossa janela.

— Não quer voltar ao Brasil, Tito?

— Não doutor. Eu aqui sou o único preto de Leningrado. Todos me conhecem, todos gostam de mim. Lá eu vou ser mais um preto.

Tomamos lugar no vasto trem, enorme, estirado numa enorme plataforma. O trem apitou. Apitou outra vez. Uma terceira, e começou a rodar, lentamente.

— Adeus, Tito!

— Boa sorte, Tito!

— Me mande umas músicas brasileiras! Meu repertório está velho.

O trem se acelerava, Tito corria ao lado de nossa janela. De repente não agüentou mais a velocidade, levantou as mãos para o alto, segurando a mala, e berrou, cantando.

Implorar, só a Deus...
Mesmo assim às vezes não sou atendido...

As lágrimas de Tito brilhavam nas luzes da plataforma. E a sua imagem foi sumindo, sumindo, até desaparecer.

Dois dias presos no Hotel Ukraina. Em Moscou, um dissabor. Uma tempestade de neve, e aquele dia era o último em que teríamos mordomia de meu tradutor e do intérprete. Eles me asseguraram que Ana Oleneva, irmã de Maria, não fora encontrada.

— Vamos até lá.

Não podiam mais recusar. E o episódio já contei noutro capítulo.

De Praga, Vladimir gritava, no seu utilíssimo português:

— Vocês não precisam de visto, são *personae gratae* em Praga. Podem vir aqui quantas vezes quiserem. Estarei no aeroporto.

* * *

Sempre que ia à Rue de La Verrerie visitar o pintor Flávio Shiró, gostava de me deter à sua porta e olhar ao redor um trecho do bairro do Marais. Até a Revolução Francesa foi um bairro nobre; tornou-se popular, indigente, e agora assume renovadas aspirações de elegância. Após tropeçar nas latas de lixo, aberta a porta de Flávio caía-se num ambiente de personalidade e conforto, a que não faltava uma sala de música, no subterrâneo que se estendia até debaixo da Bastilha, e por onde os *maquis* escapavam dos alemães. Aquele palácio tinha sido o *Hôtel particulier* de Étienne Chevalier, conselheiro real por obra de Agnès Sorel, amante de Carlos VII, a *Dame de Beauté* não por beleza, mas porque o rei lhe dera o castelo desse nome, onde morreu Carlos V. Não era bela: foi a mulher mais bem-vestida e elegante do seu século. Lançou modas e perfumes. Passou à história como símbolo da costura francesa. Tem seu dia no calendário francês, o dia da *midinette*, quando as costureirinhas dançam na rua com qualquer transeunte.

A que propósito vem a lembrança da madrinha da moda? Para lamentar uma injustiça: não existe quem abençoe os fabricantes de produtos de beleza, cuja invenção data das cavernas. Quem poderia ser? Algum amaldiçoado, se aceitarmos a frase de Suzanne Lilar na boca de seu *ange du demon*: "Maldito seja quem inventou o perfume!" Não descobri quem inventou o perfume. Mas encontrei um injustiçado seduzido por ele, Ovídio. Mande cartas, mas atenção: às vezes uma carta faz detestar o autor. Estude artes, brilhe, cuide de sua própria elegância sem arrebiques: a simplicidade agrada. Tenha cabelo e barba cortados decentemente, tenha unhas cortadas e limpas (*Nihil emineant et sint sine sordibus undibus ungues*); nada de pêlos nas narinas, nada de mau hálito. Não se embriague. Saiba elogiar rosto, cabelos, dedos, pés, dons divinos. "É útil que os deuses existam, logo creiamos neles". Use as lágrimas: lágrimas amolecem diamantes (*Lacrimis adamanta monebis*). Nada de beijos ineptos. Merecer um beijo e perdê-lo é perder tudo. É o homem que deve começar (*Vir prior acedat*). Empalideça: todo amante deve empalidecer (*Palleat omnis amans! Hic est color aptus amanti*). Nada de confidências. Fuja do amigo fiel: assim se evita o perigo.

E vitória! E agora? O difícil é guardar o amor. Amabilidade, gentileza, nada de bate-bocas, nada de língua ferina, nada de falar em dotes e dinheiro, dê boas palavras. Persevere. Seja como ela gostaria. Não se envergonhe de segurar seu espelho. Hércules, após livrar-se dos monstros que a sogra pôs em seu caminho, mereceu ir para o céu. Enfrente obstáculos. Seja doméstico. Admire e pasme sempre. O hábito solidifica o amor. De vez em quando, provoque ciúmes — mas esconda os pecados. Suporte os rivais pacientemente. Que tolice a tua, Menelau, deixar Helena com um hóspede! Use discrição absoluta. Louve até mesmo os defeitos da mulher amada. Não pergunte idade. "Que os apressados bebam vinho novo; por mim, uma ânfora de boa safra..." diríamos hoje: é que dá bom caldo. "Se minhas ofertas trazem a vitória, escrevam sobre meus despojos: *Naso era um mestre!*"

E vai aos conselhos às damas: "Dei armas aos gregos contra as amazonas; agora, Pentesiléia, dou-as a ti e teus exércitos"; "Por que fornecer mais um veneno às serpentes?" Ovídio elogia a virtude feminina (embora tenha dito antes que todas tombam) e grita: "Pensai na velhice!" Seu grito é o precursor de Ronsard, de Orlando de Lassus, de todos os conselheiros, até Prévert: *"Fillette, fillette,* não desperdices a juventude!" E ensina: cuide da beleza, dos cabelos, consulte o espelho, enfeite-se, mas lembre-se de que "a arte imita o sem-querer" (*Ars casus similis*), vista-se de branco a morena, de negro a de pele clara. Recomenda seu outro livro, *De medicamine,* anúncio comercial de si mesmo, de um poema de que conhecemos cem versos, entre os quais os que dizem: "Há um certo encanto em agradar-se a si mesma; as jovens se preocupam com sua beleza... Quando se louva a plumagem do pavão, ele se enfeita e se orgulha... Virá um tempo em que lamentará olhar-se ao espelho e esses lamentos farão nascer novas rugas". Ah, Ronsard! Ovídio continua: perfume os cabelos, varie o penteado, mostre os anéis dos dedos, circunde o pescoço de diamantes tão pesados que um deles, numa orelha, seja verdadeiro fardo. Os maridos tomam gostos femininos: acrescentai alguma coisa aos seus luxos.

A aplicação de produtos tirados dos ninhos de alciones (algas) faz desaparecer as manchas do rosto: tome o peso de uma onça dividido em duas partes; acrescente, para bem estender sobre o corpo, mel dourado da Ática; misture incenso ao nitro e use um terço de libra. Junte um pedaço de goma tirada de casca de árvore e um dedal de mirra. Esmagar tudo, passar em peneira fina e misturar esse pó ao mel. É bom juntar erva-doce e mirra odorante (não esquecer: Mirra é o nome da filha de Ciniras, transformada em flor perfumada) em quantidade de cinco escrúpulos, um punhado de rosas secas, sal amoníaco, que tanto nos perseguiu com as *Metamorfoses* nas aulas de latim, dele se recordam essa obra principal e mais os *Fastos,* as *Tristes* e as *Pônticas*; bastante menos a *Arte de amar,* os *Remédios para o amor* e mais um fragmento de cem versos que o situa como o primeiro doutrinador e receitador de *Produtos de Beleza,* os *De medicamine faciei femininae,* pequeno folheto publicado pouco depois da *Ars amatoria,* isto é, por volta do ano do nascimento de Cristo; e constituiu, assim, o último grito pecaminoso do paganismo. Antes de Ovídio Naso, Petrônio comandou as modas e o bom gosto masculinos da Roma imperial; mas o poeta das *Metamorfoses* é o professor do encanto e da sedução femininas. O exílio e a vida pagaram o preço desse título.

O que receita esse narigudo, castigado por meter o nariz onde não foi chamado — ou por ter sido surpreendido ao atrever-se? Insistindo que "a arte deve governar o amor", vai logo afirmando: não há lugar melhor que Roma para se procurar aquela a quem se diga *tu mihi sola places.* Então começa a paquera, nos passeios, no fórum, no teatro, no circo, na naumaquia de Augusto, nos triunfos à mesa onde "o vinho prepara os corações".

Mas cuidado: "Vênus depois do vinho é fogo no fogo". Vá aos arredores, aos veraneios. E o poeta passa aos meios para alcançar os fins: primeiro, a confiança em si mesmo, pois "o amor culpado é agradável aos homens" e também "às mulheres, mas dissimulam melhor"; em seguida, a cumplicidade das servidoras, até mesmo seduzindo-as. Busque circunstâncias favoráveis, algumas perigosas, porque aí se cai no capítulo dos presentes, que a bela sabe extorquir mesmo se não temos dinheiro. Tome nota do aniversário dela; não importa, ela arrancará de qualquer modo. O apaixonado assinará documentos, mandará cartas. Prometa tudo: promessas não custam nada. Derramar creme de cevada, com o peso do incenso igual ao das rosas. Aplicar, mesmo por pouco tempo, num rosto delicado: as manchas vermelhas desaparecerão. Vi uma mulher que fazia mergulhar a *papavera* na água fria, esmagava-a e esfregava-a nas faces de epiderme tenra... Outros conselhos: não se deixe surpreender no ato de fazer a maquilagem; mas se isto acontecer, não se mostre zangada. Use vestido apropriado para sua altura, sente-se e levante-se disfarçando seu tamanho. Abra a boca moderadamente, não sacuda a barriga ao rir, pronuncie bem as palavras, ande com elegância, feche as pernas, não seja caipira nem pretensiosa; mostre uma bela espádua, do lado esquerdo: "Isto me dá uma vontade enorme de cobri-la de beijos". Fale com voz melodiosa, aprenda a cantar o popular e o erudito, aprenda a tocar o plectro e a cítara (pode ser violão, hoje), conheça a poesia amorosa "entre as quais as minhas"; pratique danças, jogos de salão e de azar ("o jogo ajuda o amor", "a paixão de ganhar mostra o caráter, o jogo põe a alma nua"), evite a companhia dos licenciosos, dos enfeitados; aprenda pela desgraça alheia a temer a sua; leia e julgue as cartas recebidas; não se mostre fácil às súplicas, escreva em termos elegantes, fale com naturalidade. Quantas vezes um linguajar bárbaro põe abaixo a maior beleza! Tenha um rosto sereno. Espere de cada um o que cada um pode dar ("De nós, que fazemos versos, espere versos"). Trate cada qual como merece. Abra e feche a porta para fazer render o amor. Use leite fresco para escrever, como tinta simpática, só visível quando sobre ela se pulveriza carvão. O suor do talo do linho também é bom para isso. A chave falsa, por seu próprio nome, *adultera*; diz o que se deve fazer. Os presentes seduzem os homens e os deuses. Finja que ele está sendo amado. Não creia em rivais, porte-se bem à mesa. E depois, "Enrubesço do que resta dizer mas Dione, mãe de Vênus, me diz: *Aquilo de que nos envergonhamos é justamente o nosso assunto*". Aqui me envergonho eu... Recomenda: "Não deixe entrar a luz por todas as janelas". Insiste: *Naso magister erat.*

Seguiu-se à *Arte de amar* o *Remédios para o amor*, com capítulos que hoje seriam: "Como dar o fora". Aí o Amor exclama: "É a guerra que preparam contra mim!" E foi a guerra contra Ovídio. Augusto não lhe perdoou a poesia fescenina: exilou-o em Tomi, no Ponto, no mar Negro. Por causa de versos publicados anos antes? Por que Ovídio tinha sido amante de Júlia, filha de Augusto? Por que Ovídio teria emprestado sua casa à neta de Augusto, tão doida quanto a avó? Por que se meteu em conspirações republicanas? Por que viu a mulher de Augusto despida numa cerimônia religiosa? Por que se tornou pitagórico? Ovídio jamais voltou do país bárbaro, frio, que odiava. Lá escreveu cartas, as *Tristes*, as *Pônticas*, suplicando o regresso, aos amigos, aos amigos de Augusto, aos amigos de Tibério, que o abandonaram. Via passar por Tomi uns eremitas sujos, rumo a Roma, vindos da Galiléia, a falar em aramaico e hebreu que Júpiter, Vênus, Cupido não existiam, mas um só único Deus Amoroso e Irado de Castidade. Não os escutou. Deus morreu no exílio, diria num romance o romeno Vintília Hora. O exílio de Ovídio deu à literatura as mais sofridas, angustiosas páginas de saudade e solidão. Seu túmulo lá está em Tomi, hoje Constança, na Romênia. Por que estou escrevendo hoje tudo isto, se o visitei há uns vinte anos? Porque hoje penso que os embelezadores da mulher deviam mostrar gratidão a Ovídio, como Shakespeare o fez na epígrafe do mais belo poema de amor de todos os tempos, *Vênus e Adonis*.

* * *

O que desejo contar agora é o episódio com minha amiga Maria Oleneva, talvez a principal sacerdotisa do balé russo no Brasil. Conheci outras: Vera Gabrinska e seu *partenaire* Pierre Michailowsky, as professoras Nina Verchinina e Eugênia Fedorova, que vieram para o Brasil como missionárias do sacerdócio sagrado. A elas se juntaria mais tarde a menina Tatiana Leskova, de espantados olhos festivos como uma aparição, e que guarda entre suas relíquias um livrinho de ternura que lhe dedicou Carlos Lacerda, com o título *A bailarina solta no mundo*; e até hoje me parece uma borboleta azul e dourada, dessas que viram fada nos sonhos de infância.

De todas essas princesas, a mais próxima de mim era Maria Oleneva, a quem eu votava uma admiração pedestre e respeitosa, e mais um desejo vão de convertê-la a um *balé brasileiro*, idéia que me vinha roubada das pernas de Eros Volúsia, das danças afro-brasileiras, das experiências cada vez mais próximas de Villa-Lobos, Mignone e tantos outros músicos que viram suas obras se transformar em repertório de concerto por falta de quem lhes desse, no palco, o sopro verde-amarelo. Bem que o tentei, com a adaptação coreográfica de *Quincas Berro D'água* com música de Mignone, o *Sarau de Sinhá*, exemplo esplêndido de Aloísio de Alencar Pinto, e no aproveitamento de *Le boeuf sur le toit,* de Darius Milhaud, como cena de carnaval de rua, em frente a um Teatro Municipal nos anos vinte. As ambições eram grandes, mas os compositores e os inventores de libretos nem mesmo tinham coragem de mergulhar nos gestos satíricos e fantasistas do nosso *Bumba meu boi*. Este, de Aloísio de Alencar Pinto, ficou na malsinada gaveta das obras não vistas nem ouvidas, como *O caçador de esmeraldas*, inspirado em Bilac, e o mais exitoso *Maracatu de Chico-Rei*, que se tornou suíte sinfônica, e o *Uirapuru* de Villa-Lobos, que ainda espera ganhar vôo internacional. O balé brasileiro era conversa obrigatória quando eu abordava Maria Oleneva. Assim convivíamos em vã polêmica...

Quando se noticiou que eu iria à China, com outros contemplados — o senador Domingos Velasco, o casal de escritores José Geraldo Vieira e Maria de Lourdes Teixeira, o casal Pedro Bloch, o casal Samuel Wainer — eu já andava atulhado de aventuras de Marco Polo e Fernão Mendes Pinto, de repórteres americanos de grossos livros, todos dedicados a me ensinar a China, via Praga e Moscou. No pouso de Praga enchi-me de encantos que já contei; na China fui repórter de um mês de crônicas para *O Jornal*, deitando uma erudição que fatalmente só era aceita pelo leitor que jamais tivesse mergulhado no Celeste Império, e na União Soviética tive de reduzir o meu exibicionismo por pura modéstia.

Os quinze dias na União Soviética foram esticados por uma tempestade de neve que proibia qualquer vôo. Do aeroporto voltamos para o hotel onde já éramos convidados esquecidos. O nosso primeiro intérprete tinha um hálito tão assustador que não inspirava qualquer pergunta, para evitar qualquer resposta. Maria Oleneva pedira-me que visitasse a irmã, Ana, de quem não tinha notícias havia anos, e a quem devia cem dólares da compra de uma partitura musical. Diziam-me que Ana viajara, professora em férias. Afinal, com a tempestade de neve e o intérprete menos salivoso, chegamos ao apartamento de Ana. Nem Paulo Liminik, meu tradutor, nem sua mulher, Sara, sabiam de nosso último dia em Moscou. O carro oficial levou-nos ao endereço; o intérprete desceu primeiro, pediu-nos que esperássemos, desapareceu, voltou meia hora depois para dizer que podíamos subir por um elevador periclitante. Ana surgiu porque o patriarca da família Singerman, Salomon, herói da revolução de 1905 e exilado em Buenos Aires, nos facilitou a visita. Uma recomendação do guia: falássemos português ou espanhol, que ele traduziria, pois Ana só falava o russo. Um apartamento modestíssimo, quase abandonado. Uma senhora russa, a enxugar as mãos no avental. Abraços cerimoniosos, beijos comovidos, e contei as glórias de sua irmã no Brasil, inspiradora dos balés russos do Rio e de São Paulo, professora de alunas entregues ao mistério de se tornarem libélulas, a promessa de que Maria iria visitá-la e Ana visitaria a irmã, o que o intérprete traduzia com visíveis reticências. E fui contando a importância de Maria para a arte brasileira, as suas aulas, os seus espetáculos, a grande dama nos salões de nossa sociedade mais refinada. Não posso dizer se o cicerone deturpou meus relatos, minhas perguntas, se distorceu as respostas. O fato é que, durante a visita, ela nos distinguiu, a mim e a minha mulher, com olhos de ternura e surpresa, com especial calor ao apertar nossas mãos, como se transmitisse por ele o calor que devíamos trazer ao Brasil. Nunca tive tanta pena de não saber russo, só nos meus encontros com os atores Politseimako, do Teatro Gorki, de Leningrado, e Toporkov, de Moscou. Subitamente lembrei-me da incumbência dos cem dólares da partitura mandada à irmã. O intérprete assumiu um tom sério, de obediência regulamentar, tomou de minha mãos os cem dólares, enfiou-os no bolso com energia e me explicou que aquele dinheiro viria às mãos de Ana pelos canais competentes. Não sei que canais seriam, mas pedi ao rigoroso funcionário que explicasse tudo à dama no seu bom russo, que eu daria conta de tudo à minha amiga Maria.

Era o momento de nos despedirmos, por falta de assunto. Levantamo-nos, o intérprete teve o cuidado de olhar nossas mãos que se apertavam, suspeitoso de comunicarmos dinheiro ou segredos. E, chegado o momento em que a polidez manda que cada qual ajude o outro a vestir os pesados capotes, dona Ana tomou o meu depressa, ajudou-me a enfiar os braços nas mangas e, alcançando-o até a altura do meu ouvido, me disse com voz de sincera emoção:

— Merci, mon ami, merci.

O nosso guia nada percebeu, pois ajudava minha mulher a envergar seu casacão. Antes de fechar a porta do apartamento, estendeu de longe os lábios murchos. Saímos todos em silêncio. A porta se fechou. Ao chegar ao Rio dei contas à minha amiga do que ocorrera, por telefone, para São Paulo. Alguns dias depois, Maria Oleneva atirou-se do alto da janela de seu apartamento. Nunca conseguimos saber notícias de Ana Oleneva. Uma dama como fora a irmã brasileira.

* * *

Dois dias para obter o visto para Pequim, via Moscou, dois dias bastantes para notar que os transeuntes da Praça Estanislau me olhavam como se eu fosse um animal capitalista: havia muito que não tinham a inveja de contemplar tão luxuoso e bem talhado sobretudo. Assim fui conhecer, rapidamente, uma das mais belas cidades inventadas pela arte humana. Alba concordava. Orgulhoso, um intérprete, que me esperara no aeroporto, alegrava-se da nova amizade, mostrando-nos os altos de Stare Miesto, o Moldávia cantante. Eu lhe contei que anos antes conhecera em Copenhague um *pied-noir* argelino massagista que se casou com uma professora dinamarquesa. Esta o levou para a sua capital, fê-lo visitar a gruta do parque Tivoli e...

— *Voilà, monsieur, je suis le seul cocu de Copenhague.*

Não se aborreceu muito com isto: tratou de freqüentar as grutas com outras louras e se sentia no melhor dos mundos. O que me deu a impressão de que argelinos e vikings se entendem.

Minha segunda viagem durou uma noite em Paris, para na manhã seguinte irmos, Alba e eu, a Praga, de onde partiríamos para Moscou, de Moscou a Pequim. As cúpulas e zimbórios de Praga me encantaram desde a janela do avião, vistas através do tom cinzento da paisagem. Eram mais sedutores do que as encantadoras descrições de meu amigo, o embaixador Jaroslav Kuchvalek em seu falar correntemente brasileiro. Mas a surpresa maior veio logo ao descer da escada do avião: uma voz perguntou por mim. E diante de mim, com um retrato meu na mão, estava um homem baixo, magro, de rosto eslavo e barbicha eslava, que me sorria como de longa data de amigo, e me falou, preciso:

— Bom-dia!

E lhe correram lágrimas pelo seu cavanhaque. E me explicou, com a voz apertada na garganta:

— É a primeira vez que falo português.

E me abraçou com força, e me beijou no rosto. Hvízdala, professor Vladimir Hvízdala. Um ano antes eu recebera uma carta sua, em espanhol, endereçada aos azares da Editora Pongetti. Nesse momento estava começando a amar Praga e tinha acabado de deixar Paris, que já me pertencia, desde a minha primeira viagem, para onde voei na esperança de todo estrangeiro que carrega qualquer coisa a exibir: romance, ensaio, poema, quadro, música, escultura. Tudo que a arte sonhou produzir passa por Paris, cidade conhecida de mil leituras, mil retratos, mil frases que cada devaneio cultiva para pôr o pé em terra de Orly e dizer para si mesmo:

— Enfim, cheguei!

Doce e longa ilusão: qualquer um ser ao menos um Picasso, e acabar contentando-se com dormir debaixo de alguma ponte e ver o Sena passar, repleto de felizardos e contemplado por milhões de infelizes. O que há de mais generoso em Paris é que ali todas as esperanças frustradas se acomodam num dia-a-dia de fome e solidão que ninguém pode perder.

Devo a minha primeira aventura de Paris a uma peça de teatro que a bondade de Paulo Carneiro julgou ser digna de Paris; e meu colega de turma, o diplomata Roberto Assunção, julgou ser plausível a idéia de Paulo Carneiro. A ela associou-se o jovem diretor teatral e ator Albert Médina, apresentado por Alfredo Mesquita, e o jovem músico Marcel Landowski. A conspiração tomou forma de verdade e lá me fui. Quando a peça não alcançou o êxito sonhado, preferi amar Paris e deixar-me amar, ou pelo menos ser aceito por amigos brasileiros e franceses. Depois Paris me atraiu de diversas maneiras: como jornalista, como amoroso, como transeunte e até como apresentador do espetáculo brasileiro no Théâtre des Quatre Nations, o Sarah Bernhardt. Certa vez a empresa de publicidade em que eu trabalhava decidiu: eu iria a Copenhague a serviço e regressaria ao Rio via Nova York para aprender televisão. Um dia de turismo na capital dinamarquesa, depois de trinta horas de vôo, me permitiu um banho lustral no famoso Alexander Bat, a cerveja do Tivoli e um jantar de *smorgensbrod*. Os elaborados banhos, a massagem, a conversa, o banhista encarregado de me fazer a barba, lavar e passar a roupa e engraxar os sapatos me ensinara uma primeira sedução, que começa no ônibus do aeroporto, a atravessar campos verdes e floridos, onde vastas e graciosas dinamarquesas douradamente nuas passeiam empurrando os carrinhos de seus bebês, ou bicicletando como nos jardins do Paraíso. O banhista se entendeu comigo: era *pied-noir*, saltado da Argélia para a cauda da sereia. Na volta de Moscou, meu tradutor me explicou: embora falasse o espanhol, além do tcheco, o eslovaco, o russo, o inglês, o francês, o italiano, e conhecesse grego e latim clássicos, jamais tinha traduzido nenhuma peça teatral, mas traduzira Cervantes. E era autor de um dicionário tcheco-espanhol/espanhol-tcheco; não se atreveria a traduzir qualquer coisa do português antes de aprender a língua e por isso me pedia que, caso eu concordasse com uma tradução para o tcheco, me mandasse um dicionário brasileiro, uma gramática brasileira e um original brasileiro, para poder fazer uma tradução honesta; e que os livros pedidos viessem para o endereço da Sociedade Filatélica Oficial Tcheca, única maneira de transpor a censura postal. Minha emoção foi tão grande que lhe enviei o que pedia. E tratei de esperar, sem esperanças. A tradução russa tinha sido levada em 1957, pelo Teatro Gorki, sem minha autorização; e, em novembro, ganhara o prêmio de "melhor peça traduzida", no Concurso Dramático em Comemoração aos quarenta anos da Revolução Soviética. Em 1959, o professor Vladimir Hvízdala me escrevia, em português correto, que a sua tradução estava sendo apresentada em Praga. O embaixador Kutchvalek já me tinha cumprimentado pela façanha; o tradutor Paulo Liminik me mandara jornais russos; e me contara que tinha sido correspondente da Agência Tass em Buenos Aires e era casado com Sara, prima de Berta Singerman. Somadas as coincidências, ali estava, diante de mim, o meu tradutor tcheco, meu retrato em punho, trêmulo e gago de emoção; e, como se tratava de um autor em cartaz, conseguira saltar as barreiras do aeroporto para vir me buscar, acompanhado de uma dama da

Agência Dilia, controladora dos direitos autorais na Tchecoslováquia, e mais o nosso encarregado de negócios, o diplomata Gil de Ouro Preto, filho do embaixador Carlos de Ouro Preto, que tão bem me recebera em Paris sete anos antes. Nada de alfândegas, nada de inquirições, nada de balcões de desembarque. Apenas estávamos, eu e minha mulher, atrás da Cortina de Ferro com as doçuras de uma cortina de veludo.

    O Esplanada Hotel, vetusto dos tempos capitalistas, era um prestimoso clube inglês, de garçons quietos e cavalheirescos, quartos de leito macio, malas já chegadas, cartão de votos de boas vindas, e passamos ao bar, de fofas poltronas de couro, para decidir entre a primeira *slivovich* e a primeira *Pilzen*. Ao fundo do salão, uma porta ostentava no topo os dizeres em inglês: *Feel homethick? Come to lhe Continental Bar. Beautiful girls*! E, escada acima, uma orquestra exalava um tango argentino. E, numa das mesas solitárias, um grosso militar de uniforme verde, com punhos e gola vermelhos, a cabeça raspada e luzidia como uma lâmpada. O professor Hvízdala sussurrou-nos que se tratava de um general soviético; o homem sorveu um gole de *slivovich*, olhou-nos como se estivesse dentro de um aquário e sorriu bondosamente: seus dentes eram uma só lâmina de prata, como uma tesoura entreaberta. A prótese soviética era das mais simples.

    Tínhamos uma tarde e uma manhã para conhecer Praga, para que Praga, a Dourada, nos envolvesse: a Praça Venceslau, com sua estátua eqüestre, seus anúncios, luminosas saudações socialistas, suas vitrinas de luz frouxa, sua gente apressada, de capotes escuros, suas mulheres de xale e sapatos baixos, o Teatro Nacional com meu nome; ao lado do edifício o Moldávia corria, doce e verde dos reflexos das árvores, manso e cantante como a sinfonia cantante que inspirou Smetana. E a ponte, a suave Ponte Carlos, onde, a cada lado, se grupavam estátuas de pedra, como pessoas barrocas, antigas, patinadas, cristalizadas quase em balé, o que me fez gritar um entusiasmo:

    — *É Ouro Preto*!

    E era Ouro Preto, era Congonhas, era Mariana, todos aqueles fantasmas à nossa espera, prontos para nos guiar entre a Mala Strana e a Nové Miesto, acolhedores, fraternos, a cantar com suas bocas o cântico do rio. Terminada a ponte um arco nos levou ao chão íngreme, a nos mostrar a calota da igreja românica, a primeira de minha vida; e mais adiante, no alto, já meio escondida na noite, a enorme agulha da Catedral de São Vito, como um dedo espetando o céu estrelado. O céu, o mesmo céu da ruela ao lado, a Rua do Ouro, onde ainda se podiam ouvir os estalidos das sandálias de Kepler, de Tycho Brahe, as sandálias daqueles olhos a perscrutar o mesmo mistério que o dedo de São Vito nos apontava. A noite caía, os lampiões espatifavam-se no chão úmido, uma Vikarka ainda mostrava sua tabuleta bruxuleante. Entramos, sentamo-nos, o garçom nos serviu os gordos copos espumantes de Pilzen. Na cadeira vazia de uma mesa vazia uma corrente não permitia assento: era a cadeira onde Nepomuk Czech se sentava para beber, escrever, entre nuvens de álcool, *As aventuras do senhor Brouchka*, o personagem que o sonho e a espuma branca da cerveja fizeram subir como um balão; e lá nos domínios da lua e dos astrônomos encontrou, como nuvens, o que procurava: deusas nuas flutuando, mulheres mitológicas, ninfas parecendo de carne, roçando-lhe o corpo como aves-fêmeas, rodopiando em orgia, beijando-se no céu de Ptolomeu e de Deus Padre, até rolarem abaixo, em neve e chuva, até que o guarda noturno, de porrete em punho, bateu de leve no ombro do senhor Brouchka e ele acordou, estremunhado, bêbado de seu próprio sonho, e lá se foi, cambaleando, com os manuscritos de seu passeio à lua nos bolsos, e levando consigo uma das mais imaginosas obras da literatura tcheca. Da literatura tcheca? Não: um sonho celestial e erótico de todos nós, um sonho que acaba nas sarjetas da solidão e na consoladora música de Leos Janácek.

* * *

Dez vezes em dez anos seguidos visitei Praga. Ao voltar da viagem à China e aos países socialistas, fui a Praga umas dez vezes. Meu amigo, o professor Hvízdala, era considerado em certos grupos porque o respeitavam como membro do Círculo de Praga e seguidor de Roman Jacobson. Devo-lhe ter-me traduzido os poemas de Jaroslav Seifert, ganhador do Prêmio Nobel quando já no fim da vida, recolhido a um hospital por ter composto um hino à primavera. Era a Primavera de Praga, o anunciado "socialismo com face humana". Tempos antes, por extrema consideração para comigo, que havia apresentado umas cinco peças de teatro na Tchecoslováquia, Bratislava me incluiu numa homenagem a três autores estrangeiros: Alejandro Casona, o autor de *As árvores morrem de pé*, Arbusov, o russo que escreveu *Aconteceu em Irkutsk*, e este vosso criado, por causa de *A raposa e as uvas*. Eu tinha chegado de Moscou e uma voz me chamou, à meia-noite, pelo telefone:

— *Habla Casona!*

Espantoso Casona! Uma noite invadiu nossa casa no Rio, acompanhado de Pedro Bloch e Dulcina de Moraes. Ficamos logo amigos. Na

Tchecoslováquia era querido, porque antifranquista. Pobre em Buenos Aires, descobriu que tinha direitos autorais em Praga. Em Bratislava conspirou-se uma festa em nossa homenagem. Sete horas de viagem em plena neve cercada de cones nevados dos pinheiros. Pudemos dar-nos ao luxo de contratar um automóvel para turistas e um curioso motorista que servira ao governo tcheco no exílio durante a guerra, na Inglaterra. O homem era um prodígio: ligava o rádio do carro e ia de estação em estação, todas próximas — tchecas, alemãs, inglesas, francesas, italianas, polonesas — identificando as músicas: *Isto é o andante do Quarteto 74 de Haydn; isto é uma valsa de Szymanowsky; isto é Beethoven, Sonata opus 31 nº 2...* Depois de duas horas de correria na neve, parou:

— Vamos entrar por este lado, vocês vão visitar Kutna Hora. E nos conduziu à "igreja toda construída de ossos humanos, restos da *Guerra dos 30 Anos*, apanhados no chão por um padre, que edificou sozinho a igreja".

Curioso monumento: escadas, paredes, altares, candelabros, abóbada, coro, tudo feito de ossos, de tal maneira que o macabro da construção tornava-se cômico. Justamente o contrário do cemitério e do museu da cidade de Lídice, esmagada pelos tanques nazistas, onde as flores e os jardins emprestam um ar de piedoso respeito e orgulho nacional. Chegamos a Bratislava a tempo de subir à cidade medieval e dali ver o Danúbio, roxo, e, mais ao longe, vermelho pelo reflexo das luzes de Viena.

— Como vocês vêem, o Danúbio deveria ser vermelho aqui, e azul lá...

E nos contou que certa vez uns escritores eslovacos trouxeram um brasileiro àquele lugar. O brasileiro desabotoou-se, urinou na água e deitou sua frase de espírito:

— Esculhambei o Danúbio Azul.

Era Marques Rebelo fazendo espírito. Só tivemos tempo de disparar a pé para o teatro, por cima do gelo e da neve. Saudações, palmas, fotos, e seguimos depois o tradutor Eugen Drmola e os artistas eslovacos da *Raposa* ao Clube Teatral. É preciso louvar o desembaraço das jovens eslovacas. Como riem, são festivas, como olham fundo! À mesa havia salada de repolho, fartos bombons, salames e gloriosos vinhos brancos. Casona, tendo recebido direitos de várias obras, sentia-se rico: ia atravessar o Danúbio, mediante licença especial, e conhecer Viena.

— Que deseja que eu lhe traga de Viena?, perguntou à mais bela das atrizes. E ela:

— Traga-me um passaporte!

Nem tivemos tempo de descansar no hotel; era escuro quando partimos de volta. Lá ficou um amigo: o tradutor eslovaco Eugen Drmola, inteligentíssimo, inflamadíssimo. Conseguiu escapar para os Estados Unidos durante a

Primavera de Praga. Tornou-se diretor teatral numa universidade. Mais feliz do que Vladimir Hvízdala: graças a um visto que lhe arranjei com amigos espanhóis, conseguiu sair com a noiva e, protegido pelo Goethe Institute, foi para os Estados Unidos. A noiva, médica, especialista em câncer infantil, dirige um hospital em Gainesville; o marido, especialista em literatura espanhola, não encontrou colocação nas universidades americanas, repletas de professores espanhóis, porto-riquenhos, mexicanos, cubanos... Quem acredita que um tcheco conheça o Siglo de Oro e a Generación de los Ochenta? O mais que pôde conseguir foi ser, como dizia, *baby-sitter* de cães: tomava conta de cães de americanos que saíam para fazer turismo ou ir ao cinema. Meu pobre, extraordinário, inteligentíssimo amigo! Devo-lhe ter-me mostrado seu país e sua cidade; devo-lhe ter-me levado à "janela da defenestração", de onde foram atirados os católicos na Guerra dos Trinta Anos, e os partidários de Masaryk e Benes quando a Tchecoslováquia se tornou comunista; contou-me o horror da escritora americana Marcia Davenport, que se dedicou a Masaryk e acompanhou-o a Praga para fazer pesquisas sobre Mozart; fez-me ouvir Stamick, Xaver, Dusek, e todos os compositores da chamada "escola de Mannheim"; levou-me à ópera, aos concertos quadrafônicos da Igreja de São Miguel; mostrou-me a oração encontrada em vários idiomas na Igreja do Menino Jesus de Praga, que o Estado dá a quem solicite, até em português errado; filiou-se a Dubcek, lutou contra os invasores russos, e me mostrou as obras e estátuas do nosso Aleijadinho copiadas das Bíblias e missais que os jesuítas imprimiam em espanhol, em Praga, para enviar para Minas Gerais. E me deixou esta pergunta: por que há uma devoção especial por São João Nepomuceno em Minas, que não é outro senão o tcheco St. Jan Nepomuk? E me assegurou que os profetas de Congonhas eram homenagens do Aleijadinho aos Inconfidentes.

* * *

O Itamaraty cultiva surpresas agradáveis e implacáveis. Mal minhas atividades de adido caíram na rotina de um ano, ia pedir férias quando um telegrama determinou que o serviço cultural desse assistência ao jornalista Augusto Marzagão, que ia a Paris convidar cantores para participarem do Primeiro Festival Mundial da Canção. A idéia era boa: Marzagão queria informar-se sobre prováveis convidados. Sugeri-lhe que desde logo convidasse Jean Sablon para presidir o Festival. Consagrado, conhecido, querido, seu nome daria ao certame um nível altíssimo. E tratei de lembrar possíveis convidados, entre eles Michel Legrand, já conhecido por sua *Valse des lilas*, e o compositor Francis Lay. Este, ao ouvir no Rio o nosso Paulo Tapajós cantar *Ontem ao luar*, música de Pedro de Alcântara e letra de Catulo da Paixão Cearense, guardou de tal modo no ouvido enlevado a melodia que ela o abraçou e ele deu à luz o tema do filme *Love story*. O resultado da minha modesta colaboração com o nosso Marzagão: vim ao Rio, não em férias, mas para ciceronear os franceses.

Passam-se anos; já andava pelo final das minhas atividades culturais quando pedi férias de legítima saudade. Recebi de volta instruções para seguir para Lusaka, capital da Zâmbia, na África, a representar o Brasil num congresso internacional contra o *apartheid* e a discriminação social. Isto num país de três anos de idade, com um presidente enérgico, o chefe negro Kenneth Kaunda, e uma população totalmente livre, composta de descendentes de ingleses e de africanos, associados e sem qualquer preconceito de raça. Era empolgante ver representantes europeus, do leste, escandinavos, eslavos, latinos, observadores políticos e jornalísticos de nome internacional, sonhadores com a liberdade conquistada por Zâmbia, vestidos com trajes típicos e coloridos, empenachados e fantasiados como num baile carnavalesco do High-Life, patriotas de Angola e Moçambique, embaixadores raptados por dirigentes de países inimigos, e ver sair dessa mascarada um apoio integral às liberdades dos povos africanos. O que aprendi nesse simpósio, o quanto me foi útil, e o quanto pude ser útil aos cinqüenta e tantos libertadores, tiranos, interessados em riquezas da África, assassinos profissionais, diplomatas, caçadores de elefantes e rinocerontes, gente miserável como os brasileiros miseráveis, gente faminta e gente esperançosa, farejadores de diamantes e de petróleo, espiões sul-africanos, uma fauna que era um modelo do mundo convulso, desentendido e ansioso por fazer-se lembrado e vingador.

Transferiram o congresso da capital para Ndola, e desta cidade para Kitwe, de melhores acomodações. De fato, depois de duas horas em Kombis, a nos mostrar negros iguais aos do Brasil, descalços, a carregar cestos, a vestir-se de calças sujas e esfarrapadas camisas brancas, depuseram-nos num hotel modelar, de paredes de vidro por onde se via o movimento das ruas e feiras, e onde um pelotão de serviçais, impecavelmente vestidos de jaquetas azuis, nos recebia. Escandinavos, russos, romenos, americanos, ingleses. No elegante restaurante do primeiro andar, nada nos infligiram de folclórico e inesperado: a galinha era comestível, o feijão e arroz caseiros, o bife sangrento, o pão macio, a cerveja potável. E na minha mesa sentavam-se os representantes de Angola e Moçambique, os que os portugueses costumavam chamar de "Terroristas dos Territórios de Ultramar", e que não eram mais que os Josés Bonifácios de seus escravizados países. Claro, confraternizamos, sobretudo quando lhes disse que era vice-presidente da Sociedade dos Amigos da Democracia Portuguesa. O que ocorreu no congresso foi útil e eloqüente: assinamos uma moção em favor da liberdade dos povos africanos. Denunciamos crueldades, mortes, violências em que os vilões eram os portugueses salazaristas e os sul-africanos ávidos de uma ocupação militar, para a qual dispunham de armas modernas, tanques, aviões, navios aparelhados, e mais de cem mil soldados. Na nossa mesa a indignação era geral, como numa pelada de futebol em pleno subúrbio carioca. Mas os homens que me falavam, e procuravam transmitir-me os horrores do colonialismo salazarista, explicavam-me:

— Queremos falar português, mas português do Brasil! Lá temos os nossos irmãos. Os portugueses cá vêm para educar-nos e nos empurram os *Lusíadas*: para eles, os *Lusíadas* são a glória, para nós são o opróbrio! Não recebemos livros do Brasil, até Gilberto Freyre é proibido! E tome o Mestre d'Aviz, e tome Vasco da Gama, e tome Cabral, e tome gramática! Além de sermos negros ainda nos querem fazer portugueses!

E suavam de aflição libertária, e tinham lágrimas patrióticas nos olhos... E pareciam esperar que eu, único brasileiro presente, saísse dali mundo afora para denunciar o quanto sofriam. E me apertavam a mão, com suas grandes mãos rosadas e calejadas, cobertas de dorsos negros.

Nos quinze dias em que estive em Kitwe, registrei o máximo do que podia e forneci ao Itamaraty um relatório de protesto tão contundente quanto possível. Publiquei-o depois, na revista *Tempo Brasileiro*, longo relato acompanhado de dois artigos de Afonso Arinos de Mello Franco e do embaixador Antônio Mendes Vianna. Mas, ao escrevê-lo, vinha-me sempre à lembrança o nosso embaixador Paulo Carneiro, presidindo a assembléia da Unesco, e tendo recebido instruções do Brasil para apoiar o sistema educativo de Portugal nos Territórios Ultramarinos, e não uma educação libertária. Paulo Carneiro leu as instruções recebidas, e corriam lágrimas pelas suas faces. Os delegados dos países africanos, os delegados que compreenderam a angústia de Paulo Carneiro, correram para ele, aplaudiam-no, abraçavam-no. O Brasil tinha naquele momento um intérprete de seu verdadeiro sentimento popular. Naquela ocasião senti que o nosso maior brasileiro estava condenado. Pouco depois, me confidenciou que não teria outra saída. Ia ser demitido. Disse-lhe que ele próprio devia pedir demissão, e que certamente o presidente Castelo Branco o manteria no cargo. Paulo Carneiro foi demitido, e logo contratado como funcionário da Unesco, modesto professor da Université de Paris. Os adidos militares, dois dos quais meus colegas de Colégio Militar, vieram perguntar-me se poderiam indicar meu nome para o lugar de Paulo Carneiro.

— Eu nunca o substituiria, disse-lhes.

Passado algum tempo, depois de ter sido demitido o substituto de Paulo Carneiro, Carlos Chagas Filho, Vasco Mariz sugeriu meu nome ao chanceler Mário Gibson Barboza. Este chamou-me para um almoço e explicou que nada podia fazer. Compreendi sua posição e me recolhi às minhas ingratas atividades de professor de História do Teatro. Nada pedi a ninguém, ninguém pronunciou meu nome. E a delegacia brasileira na Unesco e o cargo de adido cultural já não eram nada. Podia o governo mandar para esses postos indivíduos sem qualquer categoria cultural. Os patriotas de Angola e Moçambique ficaram esquecidos.

* * *

Em 1939, quando José Olympio publicou meu romance inaugural, *Trinta anos sem paisagem*, com uma capa verde mostrando as grades de um cárcere, ao longe aves voando, eu já estava de regresso ao Rio após a estada em São Paulo. Meu pai já tinha sido condenado, era preciso que eu me transformasse em jornalista e continuasse a advogar a causa de meu único cliente. Cabe-me louvar aqui a coragem do editor próspero, amável, que acolheu o neófito. Meus originais foram recebidos, desapareceram, reapareceram nas mãos de Graciliano Ramos, e o romancista me colocou entre os estreantes do ano, com Dias da Costa, Homer Montalegre, Emil Farhat, Joel Silveira, todos imortalizados numa caricatura de Alvarus. Estávamos lançados, isto é, com direito a penetrar nos fundos da livraria onde, à tarde, faziam ponto os célebres, e onde os célebres — Osório Borba, Octavio Tarquínio de Souza, Graciliano Ramos, José Lins do Rêgo, José Américo, Genolino Amado, Murilo Mendes, Luiz Jardim, Cláudio Ganns, Aurélio Buarque de Holanda, Eustáquio Duarte — nos receberam cordialmente.

Quando ainda na Faculdade de Direito, Tomás Santa Rosa, Lúcio Cardoso, Valdemar Cavalcanti fundamos uma revisteca, a *Sua Revista*, tendo como tesoureiro um certo Roland — o qual fugiu com a caixa, onde se guardavam os proventos para financiar o número seguinte. A sede da revista era numa loja de consertos de rádio, num primeiro andar da Rua do Rosário, cujo técnico era o tenente reformado Severo Fournier.

Fracassada a revista, onde espirrei um soneto, dispersamo-nos, e só ao regressar de São Paulo reencontrei Lúcio Cardoso e Valdemar Cavalcanti, que de longe namoravam as rodas noturnas de Mario de Andrade, Prudente de Moraes Neto, Genolino Amado, que circulavam do Bar Universo, na Rua Sete de Setembro, aos bares da Lapa e da Glória. Barreto Leite me fizera colaborador do suplemento literário do *Diário de Notícias*, Raimundo Magalhães Júnior me abria páginas de *Vamos Ler*!, Clóvis Ramalhete as de

Carioca, Austregésilo de Athayde as do *Diário da Noite*, e Genolino Amado um palmo de crônica no *Jornal do Commercio*. Havia especial boa vontade para comigo, talvez por causa da condenação de meu pai. E também por isso um poleiro amigo em *Dom Casmurro*, dirigido por Brício de Abreu e Jorge Amado, e porto de destino de todo o "exército do Pará". Ali atracaram Nélio Reis, Danilo Bastos (depois marido e publicista de Dercy Gonçalves), Dante Costa. E o menino Joel Silveira.

Inveterado acadêmico nato era Josué Montello. Lembro-me do dia em que conheci o inaugural adolescente Joel Silveira, com quem logo confraternizei; arrastei-o para um bar, e dele ouvi uma sentença de alta sabedoria:

— Não há nada como um chope depois do outro.

E me recordo de Josué Montello, já solene, cheio de frases nada inéditas, e a quem um circunstante disse:

— Rapaz, assim você vai parar na Academia!

Ao que ele retrucou, vidente:

— E vou mesmo!

O romance saiu, Jorge Amado acolheu-o com a primeira crítica de fartos aplausos; Tristão de Athayde considerou-o niilista; Mario de Andrade, com um "nem tanto nem tão pouco", e uma inquietação de escrúpulos comunicada a Fernando Mendes de Almeida: um ano antes, eu lhe dera um crucifixo artesanal dos jagunços do Contestado, presente feito a meu pai e este a mim, um Cristo recortado em latão e pregado com violentos pregos numa cruz de madeira tosca, belo exemplar de fé humilde.

Pouco tempo depois, Mario decidiu voltar para sua garoa de São Paulo. Morria de saudades, de solidão, e de uma brutalidade sofrida de um capoeira, na Lapa. Lá se foram Mario e suas visitas, suas exigências culinárias, sua pregação maiêutica e enciclopédica. Mario me deixou no coração sua agudeza musical, plástica, literária, seu punhado de amigos que foram e são até hoje a minha riqueza: Antonieta Rudge, Magdalena Tagliaferro, Guiomar Novaes. E mais Francisco Mignone e Liddy Chiafarelli, Luiz Heitor Corrêa de Azevedo e Violeta Jacobina Lacombe, Mário da Silva Brito, Fernando Mendes de Almeida, Antonio Candido e Gilda, e mais a herança de seu sobrinho Fernando Rocha, heróico piloto na guerra e companheiro do heróico Pedro de Lima Mendes. Ficaram, em nosso pequeno apartamento, as saudades dessas reuniões, em que Alba regia a feijoada para Barreto Leite, Osório Borba, Clóvis Ramalhete, Carlos Lacerda, Moacyr Werneck de Castro, Murilo Miranda, recém-casado com Yedda Braga, irmã de Rubem Braga, e tudo a discutir política, a amaldiçoar o "estado novo", a falar de Portinari e Villa-Lobos, a plantar árvores de esperanças e queimadas de decepções. O leitor me perdoe exibir tanta riqueza, mas o encontro dessas pessoas foi fundamental na minha vida, no alongamento de uma observação que pautou meu comportamento intelectual: manter a independência de opinião, defender meus princípios, mudá-los quando achasse justo, e jamais, jamais colocar-me a serviço de partidos e indivíduos, mas sempre daquilo que, num partido, me parecesse válido num determinado momento, defender uma causa justa. Amigos todos fervorosos democratas, amigos radicais, moderados, exigentes para comigo e eu para com eles.

Orlando Dantas, quando Mario lhe participou que deixaria a crítica literária do *Diário de Notícias*, me falou, para meu espanto e espanto geral:

— Você assume a crítica.

E eu já dirigia o suplemento literário... e tinha de selecionar colaboradores fiéis à orientação oposicionista do jornal.

— Quando devo começar?

— Agora! — me respondeu Orlando Dantas. Fui para a sala da redação e redigi minha primeira "crítica": um sumário do que me ensinara Mario de Andrade. Fernando Segismundo, meu colega de faculdade e redator do *Diário de Notícias*, assistiu à minha prova escrita e pasmou:

— Como pode você escrever isto de um jato?

Simples: eu escrevia a lição do mestre, ouvida e reouvida.

Com ela chegou o momento de criticar Jorge Amado, e o fiz convicto do meu dever. Repeli, por achar fastidioso, o *Fogo Morto* de José Lins do Rêgo, e recebi uma represão pública de Mario de Andrade; denunciei as decalcomanias de Otto Maria Carpeaux, para as quais outros, temendo a sua fúria de Torquemada, lançavam cadeias de felicidade. E Mario me tranqüilizou em telegrama. A volumosa correspondência de Mario de Andrade comigo, publicada depois com o título *A lição do guru*, é um verdadeiro curso de comportamento estético e ético. Deu-me os puxões de orelha que eu merecia, estimulou-me, incitou-me, obrigou-me a leituras que me alargaram os horizontes do prazer da leitura e de independência, o que chamava de "a felicidade de opinar".

Minha vida passou a ser entre a publicidade e o jornalismo. Quando a agência de publicidade McCann Erickson recebeu a incumbência de preparar um relatório sobre as condições de mercado de energia elétrica, de expectativa para o lançamento de futuros instrumentos de comunicação após a guerra, os futuros receptores de rádio, as condições e possibilidades de venda, entregou-me essa investigação, a primeira do gênero a fazer-se no Brasil. Varei por várias capitais de estados, do Rio Grande do Sul ao Pará, indagando das autoridades, dos engenheiros, dos comerciantes, o que e como anteviam a chegada da paz e da vitória dos aliados. Em Salvador, esperava-me, no aeroporto, Jorge Amado. E eu deveria encontrar meu cunhado, o capitão José Lobo, de um conservadorismo terrível.

Mas, primeiro Jorge. A esposa de Jorge tinha sido colega de Alba, no Instituto Lafayette, e foi a Alba que ela segredou: iria desaparecer no dia seguinte, fugir com o namorado. Jorge começava assim a sua carreira de errante ativista, ora escondido, ora reaparecendo. Reapareceu para me buscar no aeroporto e me levou diretamente à Maria de São Pedro, o restaurante do mercado de Salvador, templo de perfumes de condimentos, de risos como só os baianos sabem rir, desfolhando a margarida dos dentes e gargarejando alegria, indiferentes à maior pobreza, e como flutuando, oscilando no chão, a dançar e explodir a música risonha dentro de cada um. Comemos meticulosamente, didaticamente, vasto cardápio da terra, do meio-dia às seis ou sete da noite. Atolei-me nos dourados e fumegantes molhos do dendê, nas pimentas a entrar nariz adentro e passear dentro do corpo com carícias de unhas, o vatapá que é um arco-íris de gostos, o caruru pastoso, as moquecas enobrecedoras de quaisquer peixes, os *intermezzos* de acarajés de arrepiar as papilas, o efó de folha, o feijão com leite de coco, as sobremesas indecifráveis no prato, mas a babar os açúcares, os amendoins, as castanhas de caju, e tudo recebendo a bênção de batidas e de vários sucos... e tudo isto misturado a literatura, a literatura de Jorge, que parece escrita com os ingredientes da mesa, o cheiro de mar e o sabor de mulheres. Ao chegar ao hotel, trazia comigo a primeira lição de um outro mundo brasileiro. E esbarrei com meu colega de Colégio Militar, Armando Cavalcanti, o Dois-oito-cinco, capitão do exército, acompanhante do pai, general Pedro Cavalcanti, numa integração baiana armada por seus parentes. Os Moscas, apelido coletivo dos irmãos Cavalcanti, com o Varejeira, pai de todos, logo o Moscão, o Mosca, o Mosquinha, o Mosquito, todos de iguais faces a inspirar os apelidos. O general estava convidado para um jantar de exibição da culinária em casa dos Prisco Paraíso, família que abrigava uma raridade: uma baiana libertada pela Abolição e desde 1888 cozinheira da cozinha paradisíaca. Se eu queria ir a esse jantar, no dia seguinte, um festival de pura linhagem afro-brasileira? Claro que sim! Mas Maria de São Pedro já começava a dar sinais das excelências da sinfonia do almoço. A noite foi um passeio de disparadas ao banheiro, a ponto de eu dispensar o pijama. De manhã, pelo telefone, o Mosca renovou o convite. Prescrevi-me uma total dieta, passei o domingo em recesso, e à noite estava a postos, tanto quanto possível, para a segunda lição de baianidade.

  Era um casarão repleto de jacarandás e espelhos, de sofás vermelhos, de luzir de pratas, de gente entusiasmada para iniciar o general no que tinha sido minha iniciação na véspera. E o cardápio começou o seu desfile ao general, que esgrimia garfos, colheres e facas com denodo; e o Mosca, além de capitão, era homem musical, cantarolou músicas baianas entre uma batida e outra, no intervalo de cada novo milagre da cozinheira centenária. Afinal, foi ela aplaudida, é claro. Os anfitriões circularam fartos chocolates, o cafezinho final e nos despedimos. Não sei o que aconteceu ao general e seu filho, não os vi no dia seguinte. Arrastei-me a fazer as entrevistas da minha pesquisa de mercado. E, ao voltar para o hotel, onde me entrincherei numa xícara de chá, meu cunhado, o capitão, me conclamava para mais uma sessão culinária em sua casa: já convidara amigos, inclusive Jorge Amado, apesar de suas divergências políticas, jamais existentes quando se tratava de culinária baiana, pois minha concunhada também o era, e baiana dessas de comer pimenta pura, às colheradas.

Terminado o turismo baiano, as igrejas, os poetas, a paisagem, o mar, o povo, fui despachado, fraco de pernas mas sobrevivente, para a segunda etapa de trabalho, Recife.

Evitei a obrigatória visita a Gilberto Freyre, porque haveria fatalmente batida de pitanga e outra obrigação: a de tomar partido entre gilbertistas e antigilbertistas, tremenda guerra tão longa quanto a entre pernambucanos e neerlandeses. Preferi saltar para o Recife, a travar conhecimento com a cioba com que me brindavam Sílvio Rabelo, Olívio Montenegro e Antiógenes Chaves, diretor dos *Diários Associados*. Mas antes visitei um amigo de biblioteca, João Franca, jovem líder comunista mudado em capitalista por herança paterna, uma rendosa farmácia. Esse amigo morava então numa casa sobre pilotis, num alagado entre Recife e Olinda. Casa mergulhada n'água, mergulhada em coqueiros, estendendo do alto uma varanda de onde meu amigo colhia cocos e pescava peixes ao balanço da rede, tudo para o almoço, peixe regado a uísque com água de coco. O festival continuou em Olinda, na Boa Viagem, sempre afogado em uísque com água de coco, e assim despacharam-me para Fortaleza. Devia entrevistar um dos donos da Fernando Pinto. Ao defrontar com Fernando Pinto, espantei-me:

— O senhor não é irmão de Aloísio de Alencar Pinto?

Era. Seguimos para o Jangada Clube, de sua propriedade, onde me esperavam peixes e lagostas e uísque com água de coco. No hotel, uns americanos fardados me perguntaram que é que o rádio gritava com tanta violência. Traduzi, com espanto: Mussolini tinha sido preso! Razão para celebrar: todos ao Ramon, da Praia de Iracema, e depois ao Ideal Clube, andando descalços, na areia. Festa no clube, uísque com água de coco. De Fortaleza disparei para Belém, onde me esperavam casquinhos de muçuã, uísque com água de coco. Terminado o meu trabalho, voei para o Rio. O avião veio ao Rio sem passar por Salvador. Perdi meu reencontro com Jorge Amado. Só iria vê-lo uns quatro anos depois, no Primeiro Congresso de Escritores. Jorge e Mario eram brigados. Mario trabalhou no Congresso para uma rápida "Constituinte sem Vargas", a que eu evidentemente aderira. Jorge, por motivos estratégicos do Partido Comunista, defendia uma "constituinte com Vargas". Com Vargas e Prestes.

O Partido Comunista baixou um regimento que proibia seus adeptos de manter amizade com não-comunistas. Era um artigo 13, que abria, estupidamente, duas facções fundamentais para a democratização do Brasil. Jorge elegeu-se deputado, na Constituinte. Meu pai também. Para eles não valia o artigo 13. Quando, após a promulgação da Constituição, o governo Dutra ordenou o fechamento do Partido Comunista, a degola e a prisão de seus deputados e senadores, meu pai avisou a Jorge Amado:

— Esconda-se, você vai ser preso.

Só fui rever Jorge após a sua estada em Praga. E foi uma festa. Nossos filhos se aproximaram e Marcelo, meu caçula, então com oito anos de idade, perguntou a Zélia por telefone se podia namorar Paloma, da mesma idade. Não se casaram, e foi pena. As crianças são mais sábias do que gente grande.

* * *

Carlinhos Ribeiro, dono da Livraria São José, o mais acolhedor ponto de encontro literário do Rio, gostava de organizar tardes de autógrafos, lançamentos de livros de seus amigos. Assim, uma vez levei, para saudar Jorge Amado pelo lançamento de seu *Gabriela, cravo e canela*, o quarteto vocal argentino Gomez Carillo, uma das maravilhas achadas em Buenos Aires, que eu convidara a cantar no Teatro Municipal. Logo que cheguei, avistei ao longe as bochechas de um sujeito vindo de Minas, que passara a freqüentar minha casa, metera-se a crítico em São Paulo, e lá acolhera minha peça A *curiosa história da virtuosa matrona de Éfeso* com uma série de grosserias, bem merecedoras de uns bofetes. Eu tinha quebrado o pé, num atropelamento, e andava de bengala. E lá estavam as convidativas bochechas do candidato. Ao me ver, fingiu que não viu, como fazem as damas flagradas. Aproximei-me, espetei-lhe o pé com a bengala, e segredei:

— Vou responder a carta que você me mandou. Defenda-se.

Tinha-me mandado uma carta em resposta a um artigo em que revidei suas tolices. As bochechas começaram a bochechar:

— Não faça isto, por favor, por favor...

Enchi as bochechas de piparotes, joguei a bengala para que o crítico defendesse o crítico, o crítico evanesceu-se. E o quarteto Gomez Carrillo começou a cantar para Jorge Amado.

Dias depois, Carlinhos Ribeiro, cultivador de bate-papos, me chamou para o Restaurante Ulrich. Cheguei, às seis horas, e já lá estavam Jorge Amado, Zé Lins, Eustáquio Duarte, Cláudio Ganns e outros menos votados. Cumprimentei-os um a um, apertando mãos. E deparei com um rosto sorridente, avermelhado, enérgico. Sua mão tomou a minha e disse, já que ali havia tantas celebridades:

— Pablo Neruda.

Eu retruquei ao gaiato, sacudindo-lhe a mão:

— William Shakespeare.

Risos. O outro era mesmo Neruda. E eu, quem era eu?

O deputado Jorge Amado colocou-se contra o anteprojeto de lei de direitos autorais que Clóvis Ramalhete, o juiz Telles e eu elaboramos, apresentado à Câmara dos Deputados pelo deputado Euclides de Figueiredo, em nome da Associação Brasileira de Escritores, de que eu era presidente. Alguns editores combateram o anteprojeto, evidente sinal de que poderiam perder vantagens absurdas garantidas pelo velho Código Civil, de 1917: o nosso projeto instituía o domínio público remunerado, que Carlos Lacerda também combateu sem ter qualquer conhecimento da matéria; criava o direito percentual sobre tradução; fixava a distinção entre o direito patrimonial do autor e a sacratíssima proteção do texto. Não era um projeto completo, cobria apenas as obras escritas, o livro, a matéria literária; e deixava de lado os direitos dos autores musicais, dos executantes de música, os direitos de imagem. Havia muito a incluir, pouco a corrigir e eliminar, mas esse pouco foi assegurado pelos editores com o mesmo vigor com que hoje os latifundiários combatem qualquer reforma agrária. Curioso: os deputados comunistas, os líderes do partido, como Astrogildo Pereira, ou não-comunistas, como José Lins do Rêgo e Carlos Lacerda, negaram apoio ao texto inicial. Resultado: o direito autoral continuou sendo o direito de um tempo em que não havia garantia para os fotógrafos, as imagens de pessoas, o rádio, o disco, tudo combatido pelo Partido Comunista e por interessados em apoiar os editores. Não creio que meus companheiros de direção da Associação Brasileira de Escritores — Astrogildo, Orígenes Lessa, Floriano Gonçalves, Lia Corrêa Dutra — conhecessem a matéria, estudada por meu pai antes de apresentar o anteprojeto. Jorge, já então o mais editado dos autores de ficção, voltou-se contra o que então era um sonho. Meu pai ressentiu-se com isto, como se ressentiu com Carlos Lacerda, que levara Octavio Mangabeira a nossa casa, no dia mesmo em que Mangabeira voltava do exílio. Quando já em vigor a nova Constituição, de 1945, o governo Dutra decidiu fechar o Partido Comunista e prender seus deputados e senadores. Meu pai preveniu. Jorge exilou-se com Zélia. Na Tchecoslováquia nasceu Paloma, quase minha nora... quando criança.

Jorge prefaciou a primeira edição soviética de minha peça *A raposa e as uvas*, logo montada pelo Teatro Gorki, de Leningrado; levou-a, e a mim, a sermos premiados no 40º aniversário da Revolução Soviética. Graças ao prêmio, e graças à popularidade de Jorge Amado na União Soviética, minha peça correu mundo, principalmente o mundo dos países socialistas. Em 1959, em Moscou, havia poucos nomes de brasileiros conhecidos: eram Luiz Carlos Prestes, Jorge Amado, Pelé e... este modesto memorialista. Alguns caros colegas escritores nunca me perdoaram essa invonlutária notoriedade: um escritor brasileiro não-comunista consagrado nos países socialistas... À boca pequena se perguntavam: "Como conseguiu furar a Cortina de Ferro?" Na verdade, não fiz mais do que escrever uma peça teatral. Imperdoável. Isto lhes dói.

Convidado pelo Itamaraty para integrar a missão diplomática encarregada de estabelecer relações entre o Brasil e os países socialistas, aceitei, como aceitei minha contratação para ser adido cultural em Praga e logo em seguida em Paris, posto que vagara. Meu pai tinha morrido, eu não lhe dera a alegria de me eleger membro da Academia Brasileira de Letras, sinceramente quis afastar-me do Brasil. Di Cavalcanti surgiu em minha casa, como fazia aos sábados, quando não tinha melhores programas. Vinha com Ênio Silveira. Soube do meu convite para Paris. Di Cavalcanti ofereceu uma recepção ao presidente João Goulart, cercou-o de meus amigos e meus desafetos, deu-lhe um de seus quadros, pediu para ele o cargo de adido. O ministro das Relações Exteriores, meu amigo Araújo Castro, recebeu ordens para contratar Di Cavalcanti. Vexado, Araújo Castro quis que eu o livrasse do embaraço. Voltou a oferecer-me Praga, que aceitei. Encontrei Di Cavalcanti no Itamaraty, ia descer no elevador do Departamento Cultural, tentou abraçar-me, empurrei-o para dentro do elevador, recomendei ao ascensorista: "Puxe a descarga!" Ciro dos Anjos pasmou, a meu lado. O Departamento Cultural refez minha contratação. Di seguiu para Paris e chegou à embaixada triunfante. Triunfo pequeno: dias depois, os militares depuseram Jango; meus amigos do ltamaraty, Jorge Maia, Vasco Mariz, exultaram. Em poucos dias estava eu à procura de apartamento em Paris. Achei um, na Rue de Tilsitt, 14, no prédio em que havia morado Scott Fitzgerald, Jacques Lenormand, provavelmente Pio Baroja. Fora freqüentado por Gertrude Stein, Hemingway e toda a "geração perdida" americana. Um prédio ilustre, sujo. Lá recebi de Lisboa um telefonema de Jorge Amado: como outros brasileiros, tinha assinado o Manifesto de Estocolmo, considerável proclamação antibelicista. Esses brasileiros foram proibidos de entrar em França: Jorge Amado, Anna Stella Schic, o pintor Mavignier... Dias antes eu tinha sido apresentado a André Malraux, ministro da Cultura, pelo nosso embaixador Antônio Mendes Vianna. A cordialidade com que me distinguiu, abrindo as portas ministeriais para o que desejasse o *cher collègue*, me permitiu telefonar-lhe e explicar a situação melancólica daqueles brasileiros amigos da França. No dia seguinte, uma secretária de Malraux me telefonou:

— Diga aos seus compatriotas que podem entrar em território francês.

Chamei Jorge Amado em Hendaia, espiando a França do lado da Espanha. Dias depois, Jorge, Zélia, Paloma, João chegaram, e mais uma amiga, Norma Guimarães, retratada num dos romances de Jorge.

Foi um festival lítero-gastronômico. O vinho, o pão, o queijo, os catorze mil restaurantes à nossa disposição... O curioso desejo de provar carne de javali nasceu da degustação do editor José de Barros Martins, tão comovido que sonhou fazer uma criação desses violentos animais em sua fazenda de Rio Claro. O desejo contagiou o romancista, e o javali do restaurante L'Enclos de Ninon, à Avenue Beaumarchais, ofereceu à família o espetáculo do perigo de expor meus amigos baianos a tão terrível fera, empalada na *broche* e servida acompanhada de uma *purée* de castanhas esmagadas em vinho *bourgogne*. O javali do conde d'Eu.

Toda essa temporada de caça aos livros e à deusa Gastérea parece ter confundido a memória de Jorge Amado: anos depois, ao contar o episódio de minha solicitação a Malraux, escreveu e publicou que eu tinha ido ao ministério, tinha dado murros na mesa de quem me atendia e fiz um enorme barulho, atribuído ao "gênio impetuoso" dos Figueiredos... Nada disso, e nem caberia tal loucura: ela me teria valido o rótulo oficial de *persona non grata* e minha imediata expulsão da França. Fiz apenas uma solicitação verbal e diplomática ao *cher collègue*, e o *cher collègue* atendeu-me prazerosamente. De minha solicitação e sua acolhida não gostaram os adidos militares: tornei-me deles *persona non grata*.

DOUCE FRANCE

A França é o país de que recebi mais distinçõcs: a *Medaille de la reconnaissance*, por lutar pela *France Libre*, ao mesmo tempo que pela democracia brasileira; a *Ordre des Arts et Lettres*, em graus de *chevalier* e *officier*, a *Ordre du Mérite Scientifique*, o título de *Officier de la Légion d'Honneur*, a *Medaille pour l'Encouragement au Progrès* e o título de membro correspondente do *Institut de France*. Devia ter escrito minhas homenagens a Sainte Généviève, a Jeanne d'Arc, a Marianne, a Medelon. E no entanto é com versos em português que celebro uma beleza italiana, levada à eternidade por um italiano, Leonardo da Vinci, cuja *Gioconda*, símbolo de mistério de um sorriso feminino, se guarda no Louvre, tendo ele próprio morrido em Amboise, na França.

Quatro anos de pintor perdeu Leonardo
Para pintar a Bela sorridente
E ela, sorrindo pacientemente,
Não fez mais que sorrir para o seu Bardo.

Para agüentar-lhe o rotineiro fardo,
Tornando-a não passiva, mas contente,
O poeta a cercou de alegre gente,
Cantos e dança em vez de fundo pardo.

Porém quatro anos de modelo e tédio
Não dão às rugas o menor remédio
Nem aos olhos e ao rosto louçania.

Mas ele, maquilando o pano liso,
Eternizou a Bela e seu sorriso
Enquanto a Bela, rindo, envelhecia.

* * *

Seria preciso que eu tivesse tomado notas para contar quantas vezes fui a Buenos Aires, quantas vezes fui a Paris. Depois do exílio de meus pais, juntamente com minha irmã Doliza e dois irmãos mais moços, Luiz Felipe e Diogo, em 1933, *La zorra y las uvas*, estreada no Teatro Candilejas e apresentada simultaneamente na Carpa de Petrone, de 1956 a 1959, deime ao luxo de passar vários fins de semana em Buenos Aires, pela alegria de estar com meus diretores e atores, com eles conversar no restaurante noturno Edelweiss, abraçar o embaixador Orlando Leite Ribeiro e seus auxiliares Mário Gibson Barboza, Pedro Braga, girar em torno dos teatros portenhos, sempre tão ricos de talento e criatividade, as casas de tango, ir por *Florida hayer, y por Corrientes hoy*, discutir com Eduardo Borrás, Jacinto Grau, Cesar Tiempo, Berta Singerman, esbarrar com Rafael Alberti, visitar minha ex-aluna, amiga e comadre Lygia Fonseca, já então Señora de Ras. Minha mocidade pertence muito a Buenos Aires. Creio que, como em mim, em cada confrade de minha geração há um tango cravado n'alma, um lamento de Gardel, de Discépolo, um resmungo de bandoneón, e um acorde semifinal com que cada tango parece extinguir-se numa reticência.

E Paris? Minha geração deve ter conhecido mais Paris, sem nunca ter lá ido: muito Zevaco, muito Maurice Leblanc, muitos Dumas, muita ficção histórica de Victor Hugo. E também alguma canção francesa, num ouvido, num assobio, muita convicção dos *deux amours* de Josephine Baker: *mon pays et Paris*. Era uma geração mais acessível ao humanismo, a uma curiosidade eclética, um degrau mais alto na cultura de cada cidadão. Mas poucos tiveram a sorte de receber, desde cedo, um sopro de idioma francês, e isto graças a minha mãe, leitora de Lamartine mas também de Georges Ohnet e... Victor Margueritte. E da *Illustration Française* e na dedilhadora de Madame de Chaminade ao piano.

Pousei pela primeira vez em Orly quando *Un dieu a dormi dans la maison* estava para subir ao pequenino palco do Théâtre de la Huchette na tradução de Viviane Izambard, secretária de Paulo Carneiro, e Gérard Caillet, redator da *Illustration Française*, dirigida por Albert Médina, do elenco de Jean-Louis Barrault, que visitou pela primeira vez o Brasil em 1951. Médina soube da existência de *Um deus dormiu lá em casa* graças aos olhos de Tônia Carrero. E soube que a comédia era um *Amphitryon zero*, como escreveu Caillet apresentando a peça: o mito de Plauto, de Molière, de Antônio José, de Camões, de Giraudoux (que numerou o seu *Amphitryon 38* imaginando a data de nascimento do mito, isto é, o dia em que Anfitrião partiu para a guerra, ateu e ciumento, com medo de que um

Júpiter inexistente viesse seduzir sua esposa Alcmena; e então abandonou a batalha, vestiu-se de Júpiter, seduziu a própria devota esposa, e amanheceu *cocu de soi même*, o único marido no mundo com a absoluta certeza de que a mulher o traíra. João Condé, o dos "arquivos implacáveis", estava em Paris por ocasião da estréia, leu o artigo de Caillet e, fraco de francês e de informações, imaginou que um articulista estivesse dando grau zero à minha comédia. E aí está um exemplo do francês de *petit nègre* de muitos dos meus contemporâneos.

Mas isto não tem nenhuma importância. O importante é que eu estava em Paris; Roberto Assunção, secretário de embaixada, colega de faculdade, conseguiu do ministro da Educação, Simões Filho, uma subvenção de vinte e cinco contos para a montagem da peça em Paris. Clóvis Ramalhete, advogado do ator Raul Roulien, achou de impedir em juízo o pagamento desse auxílio porque seu constituinte não recebera uma subvenção que também pleiteava. Não me zanguei com o compadre porque gostava de minha afilhada, sua filha. A McCann Erickson me deu férias e um régio presente: uma passagem de avião, via Copenhague, e depois de Paris a Nova York para que eu fosse aprender a publicidade para a televisão recém-nascida no Brasil. Desci em Orly com o pé trêmulo; disse ao motorista, um russo branco desrespeitoso, o nome do hotel, respirei o ar de maio em Paris, e não tive coragem de me deitar: Paris estava ali, a minha Paris de *petit brésilien* de Offenbach, pronto para o meu primeiro *cancan*. Vi minhas lágrimas no espelho, despejei-me pela gaiola do elevador às sete da manhã, e andei, andei, andei, do Boulevard Raspail à Avenue Montaigne, saudando o *Balzac* de Rodin, mergulhando nos candelabros da Ponte Alexandre III, vendo o Sena tornar-se prateado, sentindo o cheiro matinal do pão e da brisa dos castanheiros. Cheguei, anunciei-me ao embaixador Carlos de Ouro Preto, que me espantou: suspendeu o expediente da embaixada, convocou os secretários Assunção e Vladimir Murtinho, atravessamos a Avenue Montaigne, entramos no bistrô Les Essais e ali, sob a bênção de Montaigne, tomei o meu primeiro *champagne* parisiense. Que mais poderia desejar? Lembro-me que, numa das mesinhas ao ar livre, falavam português; mas o chefe da família, nordestino fumegante, bradou pelo *garçon*, que se aproximou com a sobrancelha interrogativa e ouviu:

— *Garçon, quesque vuzavê nu recomandé pour le désert?*

E o moço:

— *Mais, un chameau, évidemment!*

Sim, eu estava em Paris, beijava Paris com os pés, respirava seus castanheiros com a alma. Os diplomatas tinham afazeres, me entregaram a Regina Bergallo, filha de um amigo de meu pai e casada com o ministro

Hugo Gouthier. E foi com os olhos de Regina que vi Paris, a Paris da *parisienne* das mil lojas da Rive Droite, o caleidoscópio da cidade vestida de primavera a girar diante de mim, o fogo de artifício que sobe dos chafarizes e mistura-se ao verde das árvores, das colunas enegrecidas, ao metralhar das motocicletas. Almoçamos, eu cuidadosamente, mostrando saber com que garfo se espeta o camarão, enxugando o lábio depois do vinho, bancando o distinto, caprichando num primeiro mandamento que para mim mesmo construía e me foi útil, como útil seria a todos os jecas brasileiros em delírio vão de conquistar Paris: "Jamais proceda com os franceses como eles pensam que nós somos". Estaria certo? Valeria a pena indagar de minha recente amiga, uma das brasileiras mais francesas que conheci? Foram meus primeiros vinte dias de aprendizado, o uso do *M'ssieurs et dames...*, do *Bonjour*, do *S'il vous plaît...*, do *Pas de quoi...*, do *Pardon*, do *Enchanté...* dessas pequenas grandes palavras-chaves do bom atendimento, da finura, que vão até o explosivo *Merde, alors!* Tais delicadezas precisam ser exercitadas, como numa aula, até se chegar à conclusão valorosíssima: os franceses só gostam de quem sabe falar francês.

E então atirei-me a aprendê-lo, a afiá-lo, a iniciar simiescamente os seus procedimentos, até evitar, tanto quanto possível, o que mais desaba um estrangeiro diante de um francês: a gafe, a inapagável e impagável gafe, a implacável gafe sem marcha à ré, sem pedido de desculpa, a gafe que expulsa do coração e da atenção de quem a presencia, e que o espectador ou interlocutor transforma em anedota, em crueldade imperceptível porque o pobre diabo não entendeu patavina das sutilezas musicais do idioma.

Dois dias de ensaios no Théâtre de la Huchette me certificaram de que a peça estava bem traduzida, mas com encenação de gosto duvidoso. As dimensões do palco atiravam os atores uns sobre os outros, os gestos se acanhavam, desviando-se. O melhor mesmo era a música, composta por um jovem, Marcel Landowski, que a escrevera para as *ondes martenot*, piano eletrônico repleto de possibilidades de efeitos sonoros, e que eu já tinha ouvido quando Barrault esteve no Teatro Municipal do Rio, e do qual outro jovem, Pierre Boulez, extraía as atmosferas das cenas de *Hamlet* de Shakespeare-Gide, e *Le procès de Kafka-Gide*. No meu caso, o galopar dos cavalos em Tebas, a partida dos personagens, durante a batalha, os alaridos da multidão, uns compassos de hino heróico — tudo executado pela pianista Ginette Martenot, filha do inventor. Os atores, bisonhos. A contra-regra sem graça. Mais ou menos dei tudo isto a entender a Albert Médina, e descobri que ele estava ocupado em ensaiar uma *Electre* de Sófocles, com a promisssora atriz Sylvia Montfort. Senti o que me diria, durante a estréia, o meu diretor: *Vous aurez un succès d'estime...* Um sucesso de estima, num teatrinho famoso, mas de menos de cem lugares, a metade ocupada por brasileiros — embaixador e embaixatriz, os ministros, os secretários, as secretárias e um cacho de turistas: Ciccilo Matarazzo, Afonso Arinos, José Lins do Rêgo, Sérgio Milliet, Carlos Lacerda, Newton Freitas, João Condé, Jorge e José Augusto Cesário Alvim, Gilda Cesário Alvim, Lícia Neves da Fontoura, Maria de Lourdes Campos, Regina Vasconcellos, Luiz Heitor e Violeta Corrêa de Azevedo. E com direito a um inesperado discurso de Gilberto Amado em chacoalhante sotaque sergipano. Decidi que não me entregaria à tristeza: Paris estava a meus pés, o *jeune auteur brésilien* era bem recebido, levavam-me a ver *L'eternel mari* de Dostoievski, ouvir Villa-Lobos em quarteto de sopro no Théâtre des Champs Elysées; o embaixador me ofereceu recepção enfeitada com a presença de sua mais importante amiga, Princesa Bibesco, o pessoal do la Huchette, o pessoal do Brasil, e nele uma pianista nacional que se apossou do piano e desfilou seu repertório estudantil. Almoços, jantares, pileques com Vinicius de Moraes, e com ele o sopro de Sidney Bechet e a voz *canaille* de Juliette Greco, e mais os Quatre Barbus, os Compagnons de la Chanson, e um curso de culinária francesa, dos Halles à Butte, do La Coupole a Madame Barbe com seus *mots cochons*, suas canções para todos cantarem os estribilhos chocantes, e o seu anão pianista que ela chamava: "Hercule!" Sylvia me convidou para sua estréia, considerável, sobretudo porque em cena um prego atravessou-lhe o pé e Electra agüentou duas horas de sangue enquanto conspirava com o mano Orestes a morte de Egiste e de mamãe Clitemnestra, tudo regado após com libações báquicas de toda a gente de teatro. Maledicências, esperanças, promessas, namoros, e a bela Sylvia partindo de bicicleta, vestida de véu grego, tal como costumava fazer à noite o irmão de Isadora Duncan... A meu lado, a costureira de minha peça jurava, como quase todos os franceses do pós-guerra, que viria viver no Brasil. E veio, e se chamava Ded Bourbonnais, e eu a levei a uma churrascaria ao ar livre; Ded, maravilhada, espantava-se de não ter visto nas ruas nenhum animal das faunas que os franceses dizem que viram, até as zebras de Jean Lorrain, que nunca esteve por estas bandas e assegurava que as viu na Praia de Copacabana, ao que o cáustico Antônio Torres rebateu numa crônica: "Não eram zebras, eram ministros!". Nesse instante, da árvore da churrascaria desabou em nossa mesa um macaco, um macaco de nada, um mico, um sagüi, um *ouistiti* encontrado até no Larousse, o que me fez dizer à minha amiga, diante do bichinho:

— *Vous, les français, vous avez toujours raison*!

Ded Bourbonnais não viu por aqui macacos, mas costurou para Tônia Carrero; e teve dois filhos: um branco, provavelmente originário ainda da França; outro puro, pretinho, proveniente do embaixador do Haiti. Quando andou pelo Rio o ex-presidente Auriol, trouxe em sua comitiva um neto de Jean Giraudoux; agarrei-me a ele, para saber alguma coisa do avô; Ded nos ofereceu um almoço em casa, com os dois filhos num cercado de madeira. Quanto a Pierre Boulez, já contei que tocou, no piano de minha casa, com Francisco Mignone, a quatro mãos, de improviso, o *Tico-tico no fubá, à la manière de Bach, de Brahms, de Chopin* e outros grandes compositores, que baixaram no meu terreiro à força de muita batida de limão.

Não pretendo fazer cronologia de minhas idas e vindas entre Rio e Paris, de 1952 a 1963. Surgiram ou surgirão aqui, mas pretendo deitar algumas observações filosóficas colhidas em minha permanência parisiense.

* * *

Jorge Amado estava ali, feliz, com Zélia, os meninos, Paloma e João, e mais a comadre Norma Guimarães, sua personagem dos romances. E todos olhavam o céu de Paris, o único em que verdadeiramente Deus mora, os castanheiros balançando, atapetando o chão de folhas de ouro, os edifícios convidativos... Abraçamo-nos. Eles recuperaram Paris, a Rue Cujas, o Luxembourg, o cheiro de pão recém-nascido. Queriam ver tudo e eu não sabia por onde começar. Gostariam da Sainte Chapelle? Eu já fizera a experiência, com várias amigas turistas. Levava uma ou outra à passagem do Palais de Justice, comprava os ingressos, pedia deixar-me que lhe tapasse os olhos, fazia andar e dizia: "Abra!" — a amiga estava dentro da Capela, como dentro de um cofre de jóias. Não era tudo: fechava-lhe os olhos de novo, obrigava-a a subir a escadinha estreita, medieval, de pedra a roçar nas pessoas, até o alto, e comandava: "Abra!" E os vitrais, toda a história bíblica em cores de vidro transparente, e os santos transparentes, e a roseta, a enorme roseta como um mundo em cacos, em flores, em multidões, enrolado em si mesmo e filtrando o céu pagão para transformá-lo num céu de apoteose. E tem mais: arrastava-a para a porta lateral esquerda, para a varanda por onde deveriam passar os cortesãos e prelados do rei São Luís, e mostrava-lhe, esculpido nas pedras da parede, como uma história em quadrinhos, as primeiras páginas do Gênesis: Deus criando o sol, Deus criando os bichos, Deus criando o Homem, Deus adormecendo o homem, Deus tirando-lhe a costela, Deus esculpindo em mulher a costela, Deus que os deixa no Paraíso, a Serpente oferece uma maçã, Homem e Mulher comem a maçã, Deus irado a expulsá-los do Paraíso, e o Homem-Adão a apontar discretamente para a Mulher-Eva, dedurando-a, e ela em explicações inúteis: "A Serpente me deu a maçã, eu a dei ao Homem, ele a comeu", toda encabulada, toda dengosa de pedra, com uma folha de pedra a esconder a pedra pecadora... Não, não mostraria tudo isto a Jorge Amado, que haveria de preferir uma história em quadrinhos de Karl Marx. Os meninos estavam desejosos de uma refeição de queijos, eu queria mostrar-lhes o Marché aux Puces, cemitério dos ossos da vaidade humana.

Fomos. Andamos por entre as tendas onde ninguém disse a frase de Sócrates: "Graças, ó deuses, por tantas coisas de que não preciso!" Até as velhas *vendeuses*, enrugadas, de cabelos brancos emaranhados, cheirando a cacarecos, até elas sabiam avaliar o que os turistas procuravam. E sabiam quanto tinham no bolso, em *travellers-checks*, em francos, e sabiam ressuscitar este ou aquele cacareco, valorizá-lo em gritinhos, cochichar em francês minúsculo o que cada compradora gostaria de ouvir. E o francês de Jorge Amado era como o de todos os baianos, eminentemente baiano, de Castro Alves a Rui Barbosa: o franco-baianês de *Tocaia grande*. Além de tudo ele queria admirar fetiches e esculturas africanas, e com esta sabedoria assanhava o pasmo das velhotas. Tive uma idéia, para evitar a monotonia do passeio estafante:

— Vamos por esta rua. Você vai conhecer o Marché Barth, que poucos turistas conhecem.

Andamos pela rua entupida de automóveis, de gente se acotovelando, de móveis do tempo do arira e móveis cortesãos, e trapos, roupas velhas, louças quebradas... e lá no fundo uma pequena multidão ao redor de umas cestas, de onde colhiam alguma coisa, provavam, devolviam. Como velhas galinhas bicando o que não servia. E de repente meus convidados pararam, espantarrados. Que estariam comendo e cuspindo?

— Dentaduras! São dentaduras!

Compravam-se e vendiam-se dentaduras usadas. Compravam dentaduras já inservíveis, como sapatos cambaios, ou dentaduras que sobraram dos defuntos, porque são artefatos com osso, chumbo, prata, ouro, e cada uma era comprada por uma certa quantidade de francos, conforme o material, o estado de conservação, a perfeição ou falha dos dentes... Estavam ali, nos cestos, e de longe pareciam goiabas entreabertas, exibindo seus caroços esbranquiçados e suas gengivas trôpegas... Como um cemitério de bocas falantes, mudas, risonhas, mas quietas, fossilizadas, e ainda babando saliva. E os compradores as escolhiam, engatavam por detrás dos lábios murchos, exibiam o efeito para um ou outro, que aprovava como se o amigo tivesse recuperado a vida do rosto de pergaminho, ou como se as bocas se franzissem ainda mais com os objetos inadequados. Zélia, mais jornalista, sacou da bolsa a máquina fotográfica e começou a bater chapas, e os compradores gostaram de exibir-se com os dentes recuperados. Outros, conscientes da tristeza da dentição final, escondiam-se; outros encontravam, num outro objeto experimentado, um paladar provavelmente novo, ou um sabor velho.

Quando nos fartamos da reportagem, então os queijos foram relembrados. E Jorge falou, bem informado, que o seu editor, nosso amigo José de Barros Martins, que inaugurara Paris pouco antes, queria provar o que alguém lhe falara no Clube Piratininga: o javali.

Martins e Edith provaram o javali depois de terem contemplado o casarão da Comédie Française do exato lugar onde Joana d'Arc fora ferida, num ângulo da hoje Rue de Saint Honoré, e dali partira para oferecer suas armas à Notre Dame de Paris. Eu já conhecia o javali de uma sessão no castelo do Maire d'Eu. Mas partimos — os doutos baianos, Alba, eu — para um lugarinho pitoresco, chamado L'Enclos de Ninon, no Boulevard Beaumarchais. Cheirava a javali. Sentamo-nos, em atitude de desafio. Veio o *bourgogne* de praxe, útil para amaciar as goelas. E da lareira onde o javali, empalado, rodava ao fogo, suave banha deterretida e sangue machucado, retiraram as fatias do lombo da fera, e o prato de estanho vinha acompanhado de uma *purée* feita de castanhas esmagadas no *bourgogne*. Ouviu-se logo um silêncio apenas entrecortado pelo estalar dos maxilares. O bicho era realmente divino, como um adversário de Hércules, apenas de carne ligeiramente doce, convidativa. A garçonete ia e vinha, trazendo as lascas do bicho fumegante, e novamente deitava mais *bourgogne* nos canecos de estanho; a massa de carne rubra, ligeiramente tostada nos bordos, misturava-se com a *purée* a cada nova garfada, a cada nova punhalada da faca pontuda. A própria *patrone* do estabelecimento veio nos ver comer, para aplaudir. O javali emagrecia na lareira, a girar espetado no *tourne broche*. Quando houve uma pausa medidativa, ela distribuiu pequenos copos, maiores do que cálices e menores que vasos d'água, e serviu o líquido louro de uma garrafa bojuda. Era o *calvados*, aguardente de maçã, que se deve beber de um gole. Aquilo desce pelas paredes do esôfago e cai como chumbo derretido sobre a areia. No estômago, tem a virtude de empurrar violentamente a massa alimentícia para as paredes laterais, e cavar um espaço dentro do qual se pode introduzir mais javali com *purée*. É o que se chama o *trou normand*, depois do qual as damas descem afobadamente aos *toilettes*, onde demoram todo o signo do javali. Quanto aos homens, transformados em normandos, esticam as pernas, deitam para trás as cabeças e roncam exatamente o ronco do javali. Ninguém os perturba; o ataque aos queijos ficou para outro dia.

Quando visitei José de Barros Martins, em sua fazenda, ele estava com idéia de fazer uma criação de javalis. Mas são suínos tão violentos que derrubam quaisquer cercas de arame farpado; se em suas disparadas famintas não encontram as bolotas das árvores das Ardennes, são capazes de devorar um vilarejo e mesmo uma cidade. José de Barros Martins contentou-se com um touro normando, verdadeiro sibarita, comprado a peso de açougue, que, como todos os vacuns normandos, não andam mais do que dois ou três passos para alcançar o capim. Os machos grudam-se em modorra no chão até que lhes tragam alguma beldade da raça, cujo serviço ele presta, e o homem exerce a exploração do homem sobre o touro, vendendo-lhe o sêmen para muitas e muitas vacas. Estas, também grudadas no chão, dão à luz um vitelinho também parasita; mas a seu lado está o homem, com mãos firmes ou aparelhos de sucção que chupam os trinta litros de leite diários da pobre dama. Assim, não há casal feliz entre o gado normando. Vivem de um momento de amor e de uma longa, quieta, lamentosa lembrança.

O touro é triste, *hélas*, e já leu todos os livros. Cumprido seu ciclo vital, vira filé mignon. Ao melhor deles fui apresentado algumas vezes: no restaurante da Rue Octave Feuillet, por indicação da minha preciosa secretária Francette do Rio Branco Déramont, quando lhe perguntei onde poderia levar o casal Martins. Partimos, com minha sobrinha Maria Cristina, para um templo tão branco onde nem as paredes são de outra cor ou recebem quadros e quaisquer decorações.

— Para se comer bem deve-se olhar para o prato, disse o *chef*.

O *menu*, por ele comandado, era de uma simplicidade franciscana: um *paté maison* em côdeas volumosas, tocado pela *baguette* francesa, um filé, alto como um murro de atleta, mas macio como uma criança; a salada, o *cresson*, puro agrião lavadíssimo, apenas ornado do molho da carne com umas lembranças de cogumelos; tudo acompanhado de um único vinho, um Clos de Vougeot avermelhando os copos. Como sobremesa: um *sorbet citron* acompanhado de *champagne brut* ou, se quiserem, com um cálice de *armagnac*.

* * *

Seria insensato recordar Paris sem registrar os seus mistérios culinários, os segredos de sua gastronomia, e sem lembrar ao leitor que todas as artes nos fazem artistas, mas que a arte de comer é aquela em que nos exercitamos mais, e vai do gosto do pão, do vinho, aos mais inesperados paladares que nos desafiam. Já ouvi um francês dizer dos Estados Unidos, com desprezo: *C'est un pays sans fromages*. Uma recomendação: toda cidade francesa tem um patrono, que lhe inspirou uma igreja, o nome do local, que está no *Flos Sanctorum*, numa garrafa de vinho, noutra de licor e num queijo.

Os anos longos de Paris nos transmitem alguns ensinamentos indispensáveis. O primeiro é que a arte de comer não se exercita sozinho. A solidão pertence ao glutão. A boa companhia faz a boa mesa. A arte de comer envolve outra, tão refinada quanto a primeira: a de conversar. Conversa-se escolhendo-se um bistrô, um prato, um *menu*, recordando-se outros momentos felizes da mesa, das mesas. A escolha de um vinho pode-se deixar por conta do *sommelier*, que é quem entende do assunto e nos apadrinha uma garrafa depois de saber o prato escolhido. Eu diria logo "os pratos", por herança das mesas abundantes a oferecer um *hors d'oeuvre* para aguçar o palato; em seguida um primeiro prato, ou melhor dois, o peixe e a carne; então vem a eleição dos queijos, a exigir nova intervenção do *sommelier*, passando-se depois às sobremesas, nas quais brilha o talento da *patrone*, aquela dama risonha e gordota que nos recebe com afabilidade de confraria e nos anuncia que as tortas, duas ou três, são de sua autoria e de seu íntimo segredo. Diga a sua acompanhante, leitor: nunca peça a receita da torta que acaba de elogiar; as tortas, as *mousses*, os mil atrevidos bons-bocados que antecedem o café, e só desaparecem da mesa quando substituídos pela *truffe*, cujo acompanhamento é sempre um álcool forte, *calvados*, *eau-de-vie*, *armagnac*, *cognac*, de levar os corações aos joelhos e, quando muito, admitem a vinda de um café *bien cerré* ou uma purificadora *tisane*.

Se tem ao seu interlocutor ou à sua acompanhante alguma boa história a contar, não hesite. Mas jamais conte a alguém que comeu bem quando comeu sozinho: é um ato narcisístico, um vício solitário que não se deve compartilhar. E não fume durante a refeição.

Na primeira vez que estive em Paris ganhei a simpatia de Madame Barbe, alegre gerente do Chez Barbe da Place du Tertre, que impunha sempre um inesquecível *coq au vin*. Gostava de elogiá-lo enquanto elogiava o vinho a escolher. Alta, bem disposta de carnes e de decote salpicado de um colar de pérolas, os cabelos louros como saídos das mãos dum bom sorveteiro, riso a namorar qualquer cavalheiro distinto até chegar a felicitar a dama que o acompanha. Boa voz, para entusiasmar os fregueses senhores de algum repertório banal. E então convocava o seu coadjuvante, bradando: "Hercule!" E surgia junto ao piano um pequeno Hércules de menos de metro e meio. As canções eram vastas, todos deviam ao menos trautear. Madame Barbe, a elegância em pessoa, fazia-se grande dama de salão. Mas súbito anunciava:

— *Et maintenant, des chansons cochonnes!*

E as porcalhotas de Madame Barbe eram de corar Jeanne d'Arc. Felizmente Jeanne d'Arc não estava presente e o palavreado de Madame Barbe só poderia atingi-lo quem realmente tivesse o domínio do idioma francês, da Rue de Lappe à Académie. Os horrores que cantava! Mas cantadas em francês pareciam apenas anedotas de colégio quando padres e freiras estavam longe! Lembro-me de ter levado meu filho Marcelo, com um mês de Lycée, a ouvi-las. E nada entendeu. No mês seguinte fiz o mesmo teste — e Marcelo sabia mais do que eu, o que comprova a excelência do ensino francês. Via-se também, após esse primeiro mês de estudo, que já estava a par de réplicas e já contava anedotas brasileiras em francês para Madame Barbe incluir no seu repertório. A família Jorge Amado não percebeu que a dama conhecia mais estórias velhacas do que todos os baianos juntos. Em dois meses de lições no *lycée*, Marcelo estava apto a comer um *escargot* e indicar o vinho a acompanhá-lo. Sabia datas e títulos de nobreza dos vinhos. Jamais punha os cotovelos na mesa e sempre enxugava a boca após um gole. Meu filho saiu-me caríssimo e aprendeu a ser *bon bec* nos almoços e jantares com o embaixador Mendes Vianna. Em seis meses apresentou uma dissertação sobre Villegaignon, Jean de Léry e André Thévet, porque os franceses geralmente guardam nomes de vitórias, nunca de derrotas. E foi assim que acabou invectivando o almirante Duguay Trouin, única derrota dos cariocas. Quanto a Luiz Carlos, meu filho mais velho, recebeu boas lições do caçula depois de chegar a Paris.

Um bom conhecimento leva a milagres. Francette Rio Branco Déramont achou que, em modestas reuniões franco-brasileiras, eu devia dar um toque de singularidade. Chega de feijoadas, de doces nacionais açucarados, de vinhos de *chez Nicolas*, o provedor de todas as festinhas. Levou-me a conhecer Monsieur Petrissans, cujo bistrô é um deslumbramento só visitado pelo iniciados. Monsieur Petrissans, além das *eaux-de-vie* de sua adega, imperava num pequeno *domaine* na região de Champagne. Desprezava as Röederer, as Cristal, as Taittinger, as Clicquot, tão circuladas em todas as bandejas de prata. Fez-me servir um *champagne de son cru*, mistério que atendia e atende ao nome de *Chigny des Roses*. Chigny des Roses é um pedacinho de terra que o Santo Don Pérignon abençoou com a melhor de suas bênçãos: produz um *champagne* inesperado, sublime, rendilhado de espumas finas, perfumado com um segredo telúrico da própria terra dos seus vinhedos. Uns vinhedos que talvez caibam no Campo de Sant'Ana, por isso, raros. Tão raros que o Bom Deus lhes deu uma faculdade tremenda: ao cruzar o Equador, qualquer de suas garrafas vira vinagre. Um desastre, mas um desastre promoveu o *Chigny des Roses* a um líquido sagrado. Lá fomos. O bistrô e adega de Monsieur Petrissans só consente que o seu freguês e amigo o deguste com caviar ou salmão. Os asseclas lá estavam, após o expediente, e saudaram minha amiga Francette como só ela merece. Enquanto se processava o ritual de exibir a garrafa, gelá-la, mirar seu líquido e sua orla através do cristal das taças, sentir-lhe o doce perfume no ambiente, depositar-se o caviar e o salmão nas bandejas de prata, eu olhava a parede onde havia retratos e mais retratos. Parei diante de um deles: um grupo enorme, de pessoas de várias idades, sentadas, em pé, e ao centro um senhor de barbas em estalactite, provavelmente o homenageado. Apontei para o velho e indaguei a Monsieur Petrissans:

— Tristan Bernard?

Monsieur Petrissans espantou-se:

— Como sabe? O senhor o conheceu?

— Não, infelizmente não. Tristan Bernard, o senhor bem sabe, morreu num campo de concentração, creio que em Drancy.

— Sim. Este é seu último retrato, antes da guerra, antes de ser preso. Mas como o conheceu?

— Só o retrato, senhor. Fui um grande admirador de Tristan Bernard. Creio que tenho quase todas as suas comédias, e de seu filho, Jean-Jacques, e costumava dizer em minhas aulas de teatro: quem quiser escrever boas comédias, aprenda francês, leia Tristan Bernard. E ainda recomendava: leiam Courteline, Labiche, Feydeau, Jean-Jacques Bernard. E leiam Molière. Todos são filhos de Molière.

Daí por diante, Monsieur Petrissans se tornou meu amigo. Semanalmente ia tomar uma taça de *Chigny des Roses* com ele. Um dia me disse que gostaria de vender-me uma caixa do *Chigny* todos os meses, não mais do que isto, porque sua produção não dava para mais.

— Nunca pensei em exportar. Minha produção não é bastante para a exportação. Além disto, se meu *champagne* atravessar o Equador, torna-se vinagre. Prefiro bebê-lo aqui.

De fato, o editor José de Barros Martins, entusiasmado com o *champagne*, insistiu em comprar uma caixa e mandou-a para São Paulo. Tornaram-se puro vinagre. Com Monsieur Petrissans e com Monsieur Jean, proprietário do restaurante La Mediterranée, obtinha bons *cognacs*, para meu amigo Paulo Duarte. E deslumbrei meu amigo, o general Albert Buchalet, com uma degustação de *Chigny des Roses*. Alguns anos depois, num aniversário, levei um grupo de amigos para provar o *Chigny*. Petrissans tinha morrido. Mas sua filha era quem tomava conta do estabelecimento. Mandou fechar as portas e serviu o *champagne* para todos. Entre eles estava João Frank da Costa, nosso embaixador em Túnis que, em troca do meu mistério, me ensinou que o melhor acompanhamento para o *foie gras* do Périgord, onde ele tinha uma herdade, era nada mais nada menos que o vinho do Porto branco.

— Nada de Sauternes, me dizia. O Porto seco é o que mais rima com o *foie gras*.

E o embaixador João Frank da Costa era um dos melhores cozinheiros que conheci. Certa vez, decidimos inaugurar uma placa na cidade do Porto, na casa em que nasceu José Gomes de Sá Júnior, o inventor do *bacalhau à Gomes de Sá*. Partimos para o Porto, em caravana: o melhor bacalhau à Gomes de Sá que comemos foi o do meu amigo. À margem do Douro, na Rua ao Pé do Muro, na casa em que nasceu o garçom José Gomes de Sá Junior, deitei um discurso, que não deve ter agradado muito o Intendente da cidade: deve ter-nos achado uma rapaziada no estilo das pândegas de Eça de Queiroz e seus vencidos da vida. Não faz mal. A descoberta de quem foi Gomes de Sá deve-se a dois amigos igualmente ilustres: o escritor, advogado, líder anti-salazarista Nuno Simões e o embaixador João Frank da Costa, o diplomata e artista que o Brasil perdeu. Nuno Simões, João Frank da Costa, Maria Oliva Fraga, Maria Frias, Francette Rio Branco me ensinaram a comer. Não se trata de consultar o *Livre de Recettes de Madame Maigret*, perigosa obra em que o marido *gourmet* vai sozinho e certamente o tocaia o assassino; pelo simples talento de consultar o índice, sabe por onde andará escondido o detetive. Um bom *gourmet* não consulta volumes de receitas: ele sabe, pelo simples apalpar com o dedo, se o *camembert* está *à point*, e pelo cheirar da rolha se o vinho afaga o paladar. O bom *gourmet* não pergunta à dama qual o vinho que deseja: escolhe-o e deslumbra-a. O bom *gourmet* adivinha o que se passa na cozinha do restaurante, do mesmo modo que o dono do restaurante adivinha o que o freguês deseja. Meu amigo saía comigo da ONU e passeávamos pelas mercearias de Nova York até descobrir o que farejava. Enquanto os candidatos se entretinham na sala, ele compunha na cozinha os sonetos dedicados a cada um. Dona Isabel, sua milagrosa mãe, levava-me um presente do Périgord a Paris, uma lata do seu precioso *foie gras* para o qual recomendava um Porto *blanc*, um Sauternes, e convidados à altura. Certa vez, João Frank, Gabriel Colo, um brasileiro corrompido pela França, e eu, invadimos o templo dos queijos da Rue d'Amsterdam e pedimos a carta de vinhos. Pelo pedido, Monsieur Androuet viu que não éramos ignaros e nos confidenciou possuir seis garrafas dum Clos de Vougeot excepcional. Começamos o desfile dos queijos em bandejas de vime, dos mais brandos, os queijos campestres, ao Livarot e ao Maroilles, o tresandante Maroilles de quem Jean-Paul Fargue disse como ao Camembert: "*C'est le pied du Bon Dieu!*" À terceira bandeja de queijos Monsieur Androuet interrompeu-nos para oferecer uma leve salada verde, à base de alfaces e óleo de nozes, *pour refraîchir le palat*. Alguns anos depois voltei com Alba e Stella Walcacer. O homenzinho me reconheceu e confidenciou: ainda restavam três garrafas do famoso vinho; os três Clos de Vougeots estavam à nossa espera porque até então ninguém os havia merecido. E isto nos valeu um segundo dia de glória.

O bom *restaurateur* guarda as fisionomias, como nós guardamos sua sobrancelha e seu bigode em exclamação ao pedido do prato e do vinho.

A *poire* Williams que os ignaros pensam ser masculino (o *poire*), o café brutalmente forte, quente, tendo ao lado bolas de *truffes* de chocolate amargo. Chez Benoit para quatro pessoas, quando lá estive, tudo somado eram dois mil dólares. Valia.

Como valiam os *fruits de mer* e as *langoustines* do La Mediterranée, da Place de l'Odéon, e do *Hameau de Auteuil*, com um Chablis, seguido de umas *paupillettes de veau* ou uma *tranche de turbot* sem temperos a não ser umas ramas de *fenouil*. E as *tartes* de cada um desses paraísos só se devem comer na melhor companhia. A minha, como também em certos restaurantes de Nova York, seria a dos diplomatas João Frank da Costa e Sizínio Pontes Nogueira.

* * *

Mas ninguém terá melhor do que eu tive em Paris: um passeio pelo Marais em companhia de Robert de Billy; uma volta pelas livrarias com José Guilherme Merquior; uma tarde de *potins* com Maria d'Apparecida e Félix Labisse; o repertório *parigot et brésilien* com Francette Rio Branco Déramont, Solange Robin, Maria Oliva Fraga, Maria Frias, uma noite na Opéra com Marcel Landowski, o recital de despedida de Marian Anderson na Sainte Chapelle, e conseguir que o coral de Cleofe Person de Matos cantasse na missa dominical de Chartres; as frases de espírito de Monique Jourdet, a visita de Cora Vaucaire, os passeios musicais com Aloísio de Alencar Pinto e o piano de Magdalena Tagliaferro e de Anna Stella Schic, a mão de Paulo Carneiro no meu ombro. E o perfil de Simonetta Vespucci por Piero di Cosimo no Museu de Chantilly.

* * *

O general Albert Buchalet se tornou meu amigo por várias razões: o pai tinha sido adido militar no Brasil; com ele veio o filho, que matriculou no Colégio Pedro II, e o menino voltou à França falando um perfeito carioca; de seus estudos militares, seguiu a carreira, foi herói de guerra, autor da bomba atômica francesa explodida no Saara, e se tornou diretor dos Estabelecimentos Schneider, de material bélico. Liliane Schneider, proprietária do estabelecimento, era razão para amar os cariocas, a feijoada, o vatapá. Mas sua gíria andava defasada: dizia "almofadinha", "melindrosa", "da pontinha" e outros termos em desuso. Reunia amigos para coquetéis e jantares delirantes. Incorporou-nos, mais a família, a sobrinha Anne Marie, Maria Oliva Fraga, Maria Frias, os Mendes Vianna, os Corrêa de Azevedo. E me ensinou os três segredos da cozinha francesa: o pão, o queijo e o vinho. Disputava com o pintor Félix Labisse a glória de bem comer. E me deixou como herança a glória de bem comer. Os melhores restaurantes da França o conheciam. No meu último dia de Paris convidou-me para inaugurar o restaurante de L'Hôtel, recentemente decorado, hotel onde tinha morrido Oscar Wilde e vivido Mistinguett. Não sei se algum dia Oscar Wilde e Mistinguett comeram ali tão bem. Mas foi a nossa melhor festa de despedida de Paris. Félix Labisse era de outro estilo: convidava para o *champagne* na *pélouse* de sua casa em Neuilly, uma casa entupida de fetiches brasileiros: orixás, iemanjás, defumadores, ervas e pimentas nacionais; e levava tudo para um *filet gros sel* que só ele sabia preparar. E esperava as lágrimas de pimenta rolarem dos olhos dos convidados. Um dia Maria d'Apparecida anunciou-me em seu nome:

— *Tu manges bien. Moi et ton ami Marcel Landowski, nous allons te faire membre correspondant de l'Institut de France.*

De fato, festa ilustre, festa de Paris, com discurso de Marcel Landowsky para o nosso Cristo Redentor, que é seu irmão, pois seu pai, o escultor Paul Landowsky, é o Pai do Cristo.

— *Mon frère, ditez à notre Pére que le frère de notre ami, le président João, fasse un bon gouvernment au Brésil.*

Estavam presentes embaixadores brasileiros, todos meus colegas de Faculdade: Luiz Gonzaga do Nascimento e Silva e Sérgio Frazão. Meus amigos Mário da Silva Brito e Maria d'Apparecida. E todos os membros do Institut de France. O adido cultural, Herberto Salles, passeava no vale do Loire.

A França era uma festa.

O POETA DOS POETAS

Como estamos longe das coisas da cultura, de suas luzes como de seus desastres! Os jornais franceses me dizem que morreu Pierre Seghers, o poeta-editor da *Résistance*, a quem o Brasil deve a divulgação de sua poesia nas traduções da coleção *Poètes d'aujourd'hui*. Não vi uma só manifestação vinda dos nossos responsáveis "culturais" na França; e nenhuma de autores, jornais e revistas brasileiras...

Certamente as gerações mais novas terão a curiosidade — já nem ousamos dizer o *dever* — de perguntar: "Quem foi Pierre Seghers?" Ou melhor: "Quem é Pierre Seghers?" No entanto, não era um desconhecido em nossos melhores meios literários. E também entre diplomatas brasileiros que serviram na França e não se isolaram nas *boîtes*, na freqüentação das Galeries Lafayette e de Yves Saint-Laurent. E muito menos da fauna de arribação, sempre de partida na operação expedicionária em busca do ouro da notoriedade, a mendigar a graça de uma boa acolhida do divulgador da poesia brasileira em idioma francês. Volta e meia lá chegavam esses pracinhas do Exército do Pará transatlântico, a exibir, para um Pierre Seghers paciente, risonho, de um riso não muito suspeitado entre brasileiros, esse terrível riso irônico em que a cortesia e a perversidade da inteligência fazem seu jogo mais divertido: *Mais je vous connais très bien! Vous êtes un consacré!* Ou: *un compéten!, un condecoré!* Assediado como um Papai Noel, Seghers sabia escolher seus autores: suas antologias de brasileiros são as de Manuel Bandeira, de Carlos Drummond de Andrade, e mais um painel de autores nacionais meticulosamente escolhidos e traduzidos por A. T. Tavares Bastos e Georgette Tavares Bastos. Na sua coleção de biografias-críticas de músicos figura Heitor Villa-Lobos. Na de informação sobre a literatura brasileira há um resumo preparado por Francisco de Assis Barbosa. Seria avareza? Ou o critério usado em todas as suas edições era o rígido julgamento com que descobriu Fernando Pessoa e Pablo Neruda?

Poeta na guerra de 1939-1945, resistente nas trincheiras da poesia com Paul Éluard, Aragon, Elsa Triolet, Pierre Emmanuel, Jean Cassou, Vercors, reuniu toda a plêiade de sangrentos heróis e mártires do verso em louvor da liberdade em dois volumes preciosos dos *Poètes de la Résistance*, onde estão os consagrados das edições clandestinas, das *Éditions de Minuit*, dos *Cahiers de la libération*, aos autores de canções, como Maurice Druon e seu *Chant du partisan* e a *Complainte du partisan* de Joseph Kessel.

Racines, Pierres, Piranèse, Dialogue, Dis-moi, ma vie são alguns dos volumes de poesias de Seghers, o chamado "louco em poesia" por André Volter em seu necrológio. Fundador da *Maison de la Poésie*, editor do *Livre d'or de la poésie française* dos *Poètes maudits du vingtième siècle*, Seghers se dedicou também à canção, gênero que na França situa música-e-poesia às alturas de Villon, Béranger, Bruant, Trenet, Prévert, Kosma, Aragon, Brel, e cujo clímax no poeta morto é a lancinante e sarcástica *Merde à Vauban*, que fez carreira na música e na interpretação de Léo Ferré, grito de pitoresco tão violento quanto *Le déserteur* de Boris Vian na voz de Serge Reggiani.

Conheci bastante Seghers, esse benemérito da poesia brasileira. Gostava de freqüentar brasileiros sabedores de falar de poesia, prestigiava as reuniões brasileiras, aplaudiu o Brasil quando nossa embaixada criou a Galerie Debret. Acolheu-me com entusiasmo quando lhe sugeri a publicação das traduções de Michel Simon-Brésil (poemas de Manuel Bandeira); a *Anthologie* dos Tavares Bastos; o *Villa-Lobos* de Vasco Mariz; e me dizia que o mais belo livro então publicado em Paris eram as *Poésies* de Cecília Meireles, na tradução de Giselle Schlesinger, com ilustrações de Maria Helena Vieira da Silva, edição que se deve ao então embaixador do Brasil na Unesco, Carlos Chagas Filho.

Perdendo Seghers, o Brasil perdeu tanto quanto a França. Mas estão conscientes disto os donatários da cultura nacional? Colette Seghers, a viúva do poeta, recebeu manifestações de tristeza do primeiro-ministro da França, Jacques Chirac, e do ministro da Cultura, François Léotard. Quais foram as condolências do Brasil cultural?

* * *

Só o bom olho de bem ver há de iluminar-se diante dos rostos sérios, mais para tristes, espantados, quando a dama tem no dedo um periquito do gênero *Nymphicus hollandicus*, a outra mão colhendo um conforto que lhe oferece a aia; mais adiante, despetalando uma coroa de flores; e mais tomando em uma das mãos a haste de flâmula e luas crescentes, na outra o próprio chifre do unicórnio. E, por fim, escolhendo as alfaias do enxoval que a serva lhe entrega num cofre. A castelã, em todas as seis tapeçarias, cerca-se de flores, animais, a enfeitar-lhe a visão, a audição, o gosto, o olfato, o tato, até a última alfombra, apoteótica, com a legenda, ao alto da tenda: *À mon seul désir*. Cercava sempre um jardim, um pomar. E um zoológico de animais sábios: o macaco humano, o cãozinho peludo, o tigre manso, aves pernaltas e a pequena cacatua; o leão, olhos ávidos, rubra língua lambendo o beiço, a cauda armada, as patas empunhando o dossel; depois, enquanto a senhora dedilha o órgão de foles, o leão escuta, babando. Na outra tapeçaria, o leão ergue o mastro e põe-se de pé, fauce arreganhada, a língua gulosa, a garupa forrada com uma capa vermelha. No quadro do tato, enquanto a mulher segura o mastro embandeirado e o chifre do animal fantástico, o leão sentado arregala os olhos para o espectador seu cúmplice; e levanta a cortina da tenda aconchegante e indiscreta. Mas o bicho mais perturbado é o unicórnio, visivelmente masculino, macho cábrio de barbicha mefistofélica e patas travessas: surge no espelho da bela, põe as patas em seu colo, enrosca-se no instrumento de música, dançando com a lança embandeirada; ergue-se nas patas traseiras e o focinho pousa para o tapeceiro; ajoelha-se diante da donzela, deixa que ela acaricie o seu longo chifre. Convida-a, com a pata abrindo o cortinado da tenda, a entrar. Feminina em francês, *la licorne* é uma representação do desejo macho, erecto e atento, desde suas primeiras mitologias.

Provavelmente um presente de casamento, oblação dos cinco sentidos do noivo à noiva, recado final de ansiedade (*À mon seul désir*); no entanto o conservador do Musée de Chuny, Alain Erlande Brandemburg, interpreta a coleção como uma afirmação de renúncia aos prazeres do mundo. Não sei por que os psicanalistas não caíram em cima desse prato pronto: a *licorne*, sua dama, seu zoológico, seu pomar, sua tenda convidativa, tudo armado para o pasmo irreverente e malicioso do contemplador, estranhas peças no ninho de um museu conventual. Assim, Cluny guarda uma relíquia nada católica, onde os cornos pontiagudos, os gestos humanos do leão e do bicho simbólico (só uma virgem pode aprisioná-lo), a platéia surpresa de cães, macacos, coelhos não mostram um só trecho nu de corpo feminino. São seis faces femininas diferentes, como a disfarçar o rosto verdadeiro. A sensualidade explode no fogo de artifício das flores e dos frutos, na cor de pele humana dos bichos, no olhar e na boca do leão, no rito de balé do unicórnio. A dama e sua companheira não se assustam, não riem, não se expõem: são a própria pudicícia cercada de adivinhações. Tudo ao redor conspira: é a preparação dos sentidos para o amor; são os demônios oferecendo à virgem os prazeres que ela procura prelibar, às apalpadelas, aos sorvos, ao ouvido atento, aos olhares, aos haustos.

Assunto para um romance de um Umberto Eco freudiano. Mas quem primeiro se embeveceu com as tapeçarias de *La dame à la licorne*, depois das viagens da obra-prima nos castelos durante quatro séculos, foi uma ficcionista romântica, voraz de homens e de notoriedade: George Sand. A escritora descobriu-as no castelo de Boussac e as mencionou em seus escritos. Despertada a curiosidade, salvou-se a coleção graças a Prosper Merimée; trazida em troféu, recomposta, restaurada, aos severos muros de Cluny. Poder-se-ia dizer que pela primeira vez as paredes conventuais viram o pecado da Arte ou, se quiserem, a arte do pecado. Uma "história em quadrinhos" dos pecados que viajam do pensamento aos sentidos humanos. Um atrevido presente de núpcias de Jean Le Viste à sua Claude. O unicórnio é de uma simbólica evidência. O leão tem um ar solerte de criptodepravado; as árvores, as flores, os animais não seriam o Paraíso à espera da serpente? As mensagens pertenciam, possivelmente, à poética medieval mas com sub-reptícia intenção: a de substituir a balada cavalheiresca por imagens veladas em metáforas multicores. Teria a dama percebido esse antepassado do soneto de Arvers? A julgar pelos retratos, sim: mais do que percebido. Mas como o pecado explícito não entrou em cena, nenhum papa, nenhum censor atentou para aquela imoralidade... Ao amor platônico medieval aqui se associa o dos sentidos, não o que *muove il sole e l'altre stelle*, mas o de Boccaccio, o de Maquiavel da *Mandrágora*, pré-renascentista. Aqui não aparecem a cruz cristã e o leão defensor da cidade, que se vêem na pintura emblemática de Charles de Bourbon para a capela de Lyon, provavelmente do mesmo autor das tapeçarias. A dama e seu unicórnio estão pedindo um sofá. De analista, naturalmente.

DONA DONA

Dona dona de cinco mil sapatos
Dona dona de dez milhões de anéis
Me pergunto se tens amigos gratos
Ou se comes às dúzias teus pastéis,
Se aproveitam teus beijos e teus flatos
Se ajudas marechais e furriéis
Se teu jantar de não sei quantos pratos
Alimenta teu povo e teus fiéis.

Dona dona de blusas e de fatos
De festas de estridentes decibéis
De trufas para dentes e palatos
De torres de marfim e de babéis
De centos de almofadas para os gatos
De tropas infindáveis de corcéis,

Que aproveitas de tais espalhafatos,
Quais são os teus brasõe os teus lauréis?

Dona dona que contas aos granéis
Os bens mais caros como os mais baratos
Quantos palácios tens quantos motéis
Quais são teus latifúndios a teus tratos
Quantos são os teus leitos teus dosséis
De quantos homens guardas os retratos,
Tu foste vivandeira de quartéis
Deram-te tempo a dengues e recatos?

Princesa de gargântuas e de chatos
Ó, messalina de pantagruéis.

* * *

O último número da revista *La Cohorte*, dos membros da *Légion d'Honneur*, publica um artigo de Maurice Druon sobre dois dos mais famosos poetas da *Résistance:* o próprio Druon e Joseph Kessel, autores do *Chant du partisan* e da *Complainte du partisan*. Trata-se de uma evocação da noite em que o primeiro dos dois poetas foi eleito para a Académie Française, em 1966.

Druon conta: "A Resistência queria uma canção. Seus chefes no-la pediram. Foi tudo que nos veio aos olhos e aos lábios. Uma ária escolhida entre as de uma jovem compositora eslava que os voluntários da Cruz de Lorena iam escutar no pequeno clube francês de St. James. Um domingo à tarde, num hotel de Surrey, diante de uma mesa estreita e de um piano desafinado. Pela janela as flores duma primavera que muitos dos nossos camaradas não veriam mais. Antes do pôr-do-sol, a canção estava escrita. Foi cantada pela primeira vez, na mesma noite, em Londres, diante duma vintena de amigos da Resistência e da França Livre, todos com sua aventura e alguns com um destino. Qual dentre nós perguntou: "É a nossa Marselhesa"? Sorrimos. E no entanto..."

No entanto o *Chant du partisan* evolou-se da BBC de Londres, percorreu a França. Assobiado, serviu para os maquis se identificarem e trocarem avisos de alerta. Foi cantado na Place de la Concorde, no Obelisco, no dia da libertação de Paris. Com a *Complainte du partisan*, que dizia: "A liberdade voltará, esquecer-nos-ão, entraremos na sombra..."

Maurice Druon não mencionou o nome da compositora e isto até me dói, mais porque o poeta tem sangue brasileiro, sangue maranhense.

Conheci a "jovem compositora eslava". Era francesa, de origem eslava. Conheceram-na todos os sobrinhos de nossa tia comum, tia Candê: Barreto Leite Filho, Genolino, Giuseppe e Gilberto Amado, Manuel Bandeira, Evandro Pequeno, Paulo Barrabás. Chamava-se Anna Marly. Todos nos apaixonamos por ela desde o momento em que Barreto Leite Filho surgiu, sobraçando-a no apartamento de nossa tia. A guerra tinha acabado. Nossa tia tinha as portas abertas para quem combatesse e tivesse combatido o nazi-fascismo. E tinha um filho único, Pedrinho, tenente Pedro de Lima Mendes, vinte e três anos, do Primeiro Grupo de Caça, esquadrilha "Senta a Pua". Que foi para a guerra e voltou com o peito constelado de condecorações, desde a *Distinguished Service Cross*. Noventa e cinco missões sobre o passo de Brenner, avião picotado de metralha, vinha glorioso.

Trazia também consigo uma Cruz de Ferro alemã. Não era troféu. Foi o caso que, terminadas as hostilidades, Pedrinho teve ordens de receber um batalhão alemão que depunha as armas. À noite, no castelo onde se instalara a sede do comando, convidou o coronel prisioneiro para um *cognac*. O coronel perguntou o nome do tenente brasileiro. Ao ouvi-lo, indagou ainda:

— Parente de um Lima Mendes, oficial de cavalaria, de que há uma foto onde está saltando um obstáculo altíssimo diante de um estado-maior alemão estarrecido? É uma foto que se encontra no picadeiro de muitos quartéis alemães.

— É meu pai, disse Pedrinho. Já morreu. É uma foto de 1910.

O coronel desaparafusou da túnica a sua Cruz de Ferro, entregou-a a Pedrinho.

— Guarde isto, tenente.

Pedrinho conheceu Anna Marly quando ela visitou pela primeira vez o apartamento de tia Candê. Era de uma beleza altiva e simples; tomava o violão, assobiava a introdução, começava a cantar sua música com as palavras de Druon. E as de Kessel. E ficávamos sentados no chão, ao redor, em êxtase. Genolino Amado não agüentou, inventou a exclamação que, anos depois, Jô Soares usaria: *Cette femme est une chose doide*!

Íamos ao cassino aplaudi-la. Voltava do cassino para o apartamento de tia Candê. Resolveu cozinhar para nós. Servia as bebidas. Fazia o café. Contava histórias de guerra com perturbador talento literário e cômico. Possuía o bom-gosto e a originalidade das palavras. Retomava o violão. Disse-nos como decidiu ingressar na Resistência, em Londres, quando o marido morreu no *front*. Contou como Druon lhe pediu as músicas. E como ela interpretou as letras, diante da vintena de franceses, depois na BBC, todas as noites, depois com os comandados dos Franceses Livres, marchando com eles, até chegarem a Paris, à Place de la Concorde inundada de gente que chorava e ria, beijava-se, enrouquecia, enlouquecida. Anna Marly ficou sendo patrimônio nosso, sentimental, símbolo da França, da Liberdade. Nós éramos assim. E ficou sendo o amor de Pedrinho, dez anos mais jovem. E suas canções seriam depois êxitos de Yves Montand.

Quando o avião de Pedrinho foi abatido na paz, Anna Marly reapareceu. Tinha os cabelos completamente brancos. Eu gostaria de lhe dar a minha Médaille de La Reconnaissance, que o Governo francês me conferiu por ser um dos brasileiros que trabalharam pela France Libre. Não sei se ela recebeu qualquer condecoração pela música do seu *Chant du Partisan*, que os *maquis* se assobiavam para se identificar. A letra é de Maurice Druon, depois presidente da Académie Française.

UM SONHO DE TARTUFO

Levei mais de trinta anos traduzindo, consertando e polindo minha tradução de *Tartufo*. Para melhor compreensão, ajuntei-lhe um prólogo, porque o personagem multipecador de Molière só aparece no terceiro ato e achei que, para as platéias desejosas de um puro divertimento, deveria resumir os dois *requerimentos* (*placets*) que Molière dirigiu a Luís XIV quando a Confraria do Santo Sacramento conseguiu do Rei Sol a interdição da peça. Por isso ajuntei à minha tradução um Prólogo em versos, no qual o próprio Molière faz sua solicitação ao Rei e, é claro, ao público:

Majestade, é costume ouvir-se que a comédia
Corrige divertindo: uma platéia pede-a
Não só para sorrir de máscaras fingidas
Que moram noutro mundo e mostram outras vidas
Mas para descobrir atrás das fantasias
A verdade que roça em nós todos os dias.
Cada fala de ator é censura e conselho:
Quando vos sentais lá, estais diante do espelho
E assim podeis vos ver, debaixo do artifício,
A beleza, a verdade, a hipocrisia, o vício.
Assim também eu quis atacar a impostura,
Os devotos sem fé, os santos de alma impura,
Que tratam de empolgar, com zelo contrafeito,
A bolsa de um amigo e o coração de um peito.
São vícios do meu tempo: a minha personagem
Rende aos homens de bem a maior homenagem:
Se em seu falso fervor não é logo entendida,
Não é culpa do autor: a culpa cabe à vida
Que podia inventar um sinal exterior
Uma pinta na testa a marcar o impostor.
As testas, majestade, estão de hora em hora

Perdendo a distinção que ostentavam outrora:
A coroa de espinho, os diademas de ouro,
As gotas de suor, as coroas de louro.
Quem olhá-las nada há de encontrar que as decifre,
Nem coroas de rei nem coroas de chifre.
Ora, por isso mesmo o hipócrita que eu tinha
Imaginado aqui aos outros não convinha:
Aqueles que falei, que não trazem sinais
Descobriram, no meu, cópia de originais
Passei a ser o diabo. O meu caráter bufo
Julgaram ser pior que o do próprio Tartufo.
Como vão consentir que os Tartufos da vida
Que a face de Tartufo entre a ser exibida,
Seu gesto, sua voz, seu riso, seu olhar.
Para que qualquer um o possa autenticar
Aqui, ali, além, mais perto, mais distante,
Meigo, astuto, atrevido, amoroso, arrogante,
Zombeteiro, ladrão, calculista e genial,
Fingindo o benfeitor e praticando o mal?
Se me devem punir por uma ação tão feia
Metei a humanidade inteira na cadeia,
Porque qualquer de nós, ao menos um segundo,
Fomos como Tartufo atrás dos bens do mundo,
Desejando demais, fingindo não querer,
Rezando sem ter fé, receosos sem chorar,
Sorrindo sem sorrir, entregando sem dar,
Maldizendo a justiça, adorando as vinganças,
Segredando rancor, esmagando esperanças
Medrosos de estender a mão para um leproso,
Mas dele recebendo um pagamento odioso,
Capazes de pregar virtude e castidade.
Incapazes, porém, de domar a vontade;
Ansiosos de olhar paisagens sutis
Mas evitando ver um amigo infeliz;
Aplaudindo o cantor que tenha a bolsa rica
Mas recusando ouvir uma voz que suplica;
Sonhando uma partilha igual para a riqueza
Cantando que ninguém se assente à nossa mesa;
Simulam desejar um mundo mais perfeito
Mas querendo implantar por lei o preconceito;

Aconselhando o estudo e não sabendo ler,
Pretendendo ganhar e sem saber perder,
Desejando auferir bons lucros e a falar
Que é no céu que a pobreza encontra o seu lugar.
O retrato é fiel, por isso traz desgosto
A quem reconhecer aqui seu próprio rosto.
Quem proíbe Tartufo? Os monarcas, os reis,
Os maus? Os beleguins? As injunções? As leis?
As normas da moral? A inveja dos confrades?
As pessoas de bem? As beatas? Os padres?
Não se pode impedir que meu Tartufo exista:
Ele é puro demais — como invenção de artista;
Em sua sordidez previne a todos mais:
"Lembrai-vos! Sois assim! Nunca vos esqueçais!"
Podemos começar? Se a platéia consente,
Tartufo vai viver — e vive eternamente.

Ninguém recitou essas linhas. *Tartufo*, que data de 1664, foi levada no Teatro Municipal em 1914, em francês; na minha primeira tradução foi montada em São Paulo, em 1964, por Gianfrancesco Guarnieri; e no Rio, no mesmo ano, por Jardel Filho; novamente em São Paulo, em 1984, por Paulo Autran. Nenhum recitou o meu prólogo. Uma pena: está em todas as edições da peça, de 1952 a 1981. No entanto, sem modéstia, prólogo e peça não me parecem tão inúteis...

* * *

Era fina, pontiaguda, fugida da laguna como uma flecha ao ar, de olhos submarinos, verde-azuis a espreitar a natureza fora d'água, assustada com o mundo duro cá de cima. Seus olhos trepidavam, o corpo oscilava ao vento. Mirou o mundo dos terráqueos, o mundo sujo de poeira e grasnar de perigos. O cavaleiro tomava-a na mão, enlaçando-lhe o corpo nos dedos. Talvez aquele serzinho mudo fosse emitir um som pela primeira vez, uma borbulha de água fria que brilhasse à luz do sol. O cavaleiro armado, fechado no ferro, da cabeça aos pés, esgueira-se por entre as grades da máscara. Iria trucidá-la com os dedos metálicos? Preferiu apenas deixá-la escapar, enquanto procurava na corrente um bicho maior. Não. Mas encontrou outro, mais sinuoso, que bailava na espuma fria.

A desprezada gritou, gorgulhou, desprendeu uma bolha de som: "Não!" O cavalheiro Hans inclinou-se, ela viu-se no espelho de ferro, olhou aqueles olhos de mandíbulas. E amou-o, ali mesmo, exatamente no momento de se tornar prisioneira. Era impossível o amor deles, gente de em cima do solo por uma gente de debaixo das águas. Bem que ela tinha visto antes aqueles seres, as lavadeiras a bater roupa, os lábios sedentos sugando a superfície da laguna. Ou, mais curiosamente, o homem desvencilhar-se da crosta metálica, invadir a água com a pele hirsuta e suada, coaxar entre goles como um sapo, abanar os braços e passear por cima dos peixes como um grande barco peludo.

Ondine tinha medo e amava, duas sensações que, nem sabia, nadam sempre juntas. Ondine admirava o *lichen* empapado do cavaleiro Hans. Nada sabia de peregrinações e de guerras. Apenas contavam-lhe que de tempo em tempo um grupo daqueles seres chafurdava, com patas de cavalo, grandes urros e flâmulas multicores tatalando no céu dos gaviões.

Ondine... Não pude dormir depois de ver Ondine saída das águas, Madeleine Ozeray, a própria Ondine descoberta pelo cavaleiro Hans, o cavaleiro Louis Jouvet, que a trouxe para mostrá-la à Baía de Guanabara, antes tão cheia de tribos de nossas Ondinas, ora plumígenas, ora de tangas já prenunciantes do fio dental. Ondine se chamava Madeleine Ozeray e, tanto que sei de sua vida, de Tessa e da sedutora do Apollon de Bellac, jamais seduziu alguém mais que o cavaleiro Hans da peça de Jean Giraudoux. Ondine via-o, horrorizada, estraçalhar com os dentes a *truite au bleu*, isto é, a sua querida irmãzinha truta, com quem brincava desde muito antes de Schubert haver inventado a melodia de sua dança aquática.

Os tempos passaram; longos anos depois, Michel Simon, o Brasiliense, me chamou ao seu apartamento da Rue du Cherche Midi. Tinha uma surpresa. Michel vivia entre discos de música brasileira, figurinhas de *Bumba-meu-boi*, folhas e folhas de papel em que rabiscava os seus programas brasileiros para a Radio France. Havia modestas batidas feitas de rum da Martinica, açúcar empedrado, limão de casca grossa ou sucos de *fruit de la passion*, quer dizer, de maracujá, a medicamentosa passiflora. E, sentada, ampla, no sofá, estava Ondine. Ela própria, com sua voz de chafariz de Debussy e buscando encontrar o jeito antigo de *sirène*. Oh, não! A minha Ondine tinha solado em forma de moringa, de um metro e quarenta de altura e outro tanto de diâmetro. Babava-lhe nas bochechas um papo de bagre e eram de bagre uns bigodes, vestígios distantes das nadadeiras da laguna giraldiana. Como desejei não existir, naquele momento, como desejei nunca ter existido! Conheci-a pelo gorgulho da voz, pelas asas de borboletas azuis pousadas em seus olhos. E era só. Durante toda a noite não disse que a conhecera no Teatro Municipal, e que me oferecera então o mais belo sonho que a literatura pode fazer sonhar.

A minha terceira Ondine matara o sonho da primeira. A segunda foi pouco tempo depois da primeira, a do Teatro Municipal. Em Nova York. Havia filas ofídicas para ver a Ondine de Nova York. Um amigo milagroso ensinou-me que, num guichê de agência de teatro, na Rua 42, havia uma Miss Bee capaz de todos os milagres. Fui visitá-la, expliquei-me quase em lágrimas: brasileiro, obrigado a regressar à pátria, não podia deixar de ver Ondine, que ela me valesse. Pagaria carnes de Shylock, tudo que ela impusesse...!

Miss Bee, senhora de gordo olhar sestroso e duas mãozinhas que pareciam dois cachos de banana, segredou:

— Esteja aqui, de táxi, 15 minutos antes do espetáculo, dinheiro pronto na mão, pague logo o bilhete, meta-se no táxi que deve estar à espera, chegue antes de fechar-se a porta, sente-se e respire fundo para entender o começo da peça.

Assim fiz. Soube depois que os bilhetes de Miss Bee eram os que, pagos do interior dos Estados Unidos com seis meses de antecedência, acabaram revendidos pelos pobres turistas que, em razão de uns goles de uísque no bar do hotel, desistiam pelo telefone e tinham esperança de receber o dinheiro de volta. Se Miss Bee o conseguisse, claro. Miss Bee ganhava do primeiro e do segundo comprador. Sentei-me ao abrir-se o pano, respirei fundo.

O cavaleiro Hans, não mais Louis Jouvet mas Mel Ferrer no auge do sucesso de *Toulouse Lautrec*, invadia a floresta encantada de Jean Giraudoux e se dispunha a beber a água e comer a truta da laguna. E surgia Ondine, lirial e ensolarada, orvalhada, com chispas de libélula ao redor e anéis de ondas crespas ao emergir. Mais frágil ainda que a primeira Ondine, quase um suspiro do guerreiro a naufragou. E sua voz, ah, sua voz era um frêmito de violino, como se tocasse com os lábios o instrumento. Chamava-se Audrey Hepburn e a persegui no cinema, sempre sabendo que nunca no cinema seria como no teatro. Só me assustou — e se assustou — quando o cavaleiro Hans, numa boçalidade castrense que não seria sua, mas do diretor da peça, atacou a *truite au bleu*, não com as mãos, como mandavam as etiquetas da época, mas com garfo e faca de mesa, que ainda não haviam sido inventados. O pormenor da *mise-en-scène* quase me desgraçou o sonho todo. Salvou-o, ela própria, Ondine, Audrey Hepburn. Nunca mais a vi em carne e osso, nunca mais a ouvi de ouvidos puros. Foi bom que eu nunca mais a tivesse visto e ouvido sem celulóides e eletricidades. Audrey Hepburn, que lá se foi para o céu das sombras felizes, me deu esse instante de sonho que não se esvaiu. Eu nunca deveria ter ido um dia à casa de meu bom Michel Simon. Sempre foi melhor voar nas asas de Miss Bee.

* * *

Não deites nada no vinho
Gelo frutas gemas ouro
Nem metas dentro o focinho
Teu sopro estraga um tesouro.

Bebe o que te pede a sede
Escolhe amiga ou vizinho
Em leito poltrona ou rede
Mas nunca bebas sozinho.

O melhor do vinho sabe
Num só copo. A sede é tanta
Que nas bocas juntas cabe
O gole de uma garganta.

Cada mão na mesma taça
Cada olhar varando o olhar
A mão noutra se entrelaça
Deixa o vinho te inundar.

Deixe que o vinho derrame
De sua boca em seu seio
Para sugá-lo quem ame
No colar que escorre ao meio.

E além, que a rubra serpente
Em mil gotas se desfaça
Vai sorvê-lo docemente
Nos rebordos de outra taça.

Se sangram num desperdício
Rubis sobre os seus artelhos
Prossegue rezando o ofício
Cai diante dela de joelhos.

Terminada a liturgia
Deslumbrado entontecido
Em renovada magia
Volta o vinho a ser bebido.

* * *

De Jean Anouilh se dirá, como teria dito Stravinski de Vivaldi: "Escrevia sempre o mesmo concerto". Escreveu sempre ou quase sempre a mesma peça teatral. Sua vasta lista de sucessos, a se estender dos anos trinta aos anos oitenta, isto é, do deslumbramento que lhe inspirou Jean Giraudoux até a morte em Lausanne, sugere quase a confissão da fórmula cênica, desde o título, em *La répétition ou l'amour puni*: o palco dentro do palco, o ensaiar da vida, o assunto pescado na mitologia ou nos predecessores ilustres. Será depreciação afirmar isto de um dos maiores teatrólogos da França contemporânea? Não. Bach consagrou em nove concertos de piano a glória do prolífico Vivaldi, o do concerto único; e o autor do concerto único soube, como Anouilh, dar piparotes em seu caleidoscópio e inventar mosaicos feitos dos mesmos vidrilhos desmoronados e recompostos. Ao reler para estas notas as peças *noires, rouges, roses, grinçantes, brillantes, costumées*, percebo a receita: voltar ao tema, a cada ano, com um novo Anouilh, em outra clave, outros timbres, é ter ele percebido que uma platéia razoável não ouve uma só vez uma interpretação de Beethoven, ou uma única sinfonia numa orquestra única, nem se extasia uma só vez diante de um Botticelli (e como todas as suas Vênus, Primaveras e Graças se parecem!) ou de um só Rembrandt. Anouilh conduz uma quadrilha e, em vez de *Changez de dames*! comanda: *Changez de masques*! E a mascarada se desdobra em farândula de lições de seus mestres: Giraudoux, Pirandello, Claudel, Bernard Shaw, em paráfrases de Sófocles, de Eurípedes, de Shakespeare, de Marivaux, destinadas a pessoas inteligentes. Ou melhor: a pessoas a quem dá a ilusão de serem inteligentes, ouvindo frases tão inteligentes que até acreditamos serem nossas. Amamos a sua glorificação do cinismo, a sua repulsa aos velhos e à velhice, calhordices da alma humana; gostamos da hipocrisia do cotidiano, a crueldade em cuja catarse nos lavamos, e a pureza de seus personagens jovens que nos rejuvenescem. Seu teatro são peças sobre o teatro, para uma audiência "que quer esquecer seus aborrecimentos e a morte".

Esse encantador, dominador do teatro francês declarava, para escândalo do teatro "comprometido", ou "engajado", o qual apenas namorou, os seus preconceitos profissionais: "A honra para um autor dramático é ser um fabricante de peças"; "agradar ao mesmo tempo a minoria esclarecida e a maioria ignorante, aí está a maior dificuldade". Continuou a ressurreição do seu amado Giraudoux, a de "Sua Majestade, a Palavra", condenada por Gaston Baty. Até seus personagens imbecis dizem *bons mots*. Mas agora, ao morrer Anouilh, a França lhe foi cruel: pouco falou dele. Esqueceu até que largou a brilhação de *Luna Park* para dar ao país e ao mundo uma lição de dignidade, a *Antigone*, mensagem de rebeldia e da *Résistance*.

Qual foi sua vida? Declarou a Hubert Ginoux:

— Não tenho biografia e com isto fico contente. O que Paul Vendromme comenta: "Isto quer dizer que só sua obra importa e sua vida só a ele diz respeito".

No entanto, o homem sem biografia biografou-se. Retratou-se. À beira dos sessenta anos escreveu sua melhor peça: *Cher Antoine*. Nela se suicida exatamente como Ernest Hemingway, com um tiro de espingarda de caça. E o morto quer saber o que será feito de sua memória. Que dirão dela os contemporâneos, os amigos, os amores, os rivais, os críticos, a posteridade? Que adeus satisfará sua vaidade? E a piedade que tem de si mesmo? É a mais negra de suas peças: inveja de Molière, de Shakespeare, donos de obras eternas, coletânea de frases de espírito que poderiam ser suas mas são de Jules Renard, de Mozart, de Cocteau, de Racine. A peça dentro da peça cheira a Pirandello, a Giraudoux; e, um ano após a "revolta dos estudantes", emprega a palavra *chienlit* que De Gaulle ressuscitou em 1968, embora *Cher Antoine* se passe em 1913 e a palavra esquecida seja de 1534. Quer participar da imortalização da palavra.

Peça intraduzível no Brasil, porque seus "dados culturais" são impenetráveis para produzir aqui o imediato riso, a degustação imediata. Peça para quem está a par de Bataille, de Sardou, das novidades do tempo, Freud e o fonógrafo, e impregnada de conceitos da *belle époque*, dos hábitos de uma aldeia bávara, de modas e culinárias, da vida de Sarah Bernhardt e do ódio dos vitoriosos de Sedan... Mas também cheia de tiradas, do autor, dos personagens, de terceiros... E, ao fim, a pergunta da platéia para a platéia: Serei algum dia imortal? *Cher Antoine*, pobre Jean: o amor à glória, à notoriedade, o amor ao amor, que vem a ser tudo isto? A arte será a vingança contra a morte, ou o último plágio de Jean Anouilh, o martelar fechando as portas e janelas de uma velha casa, a do *Jardim das cerejeiras* de Tchekov, de onde tudo se foi, e apenas resta a alma penada do último esquecido, ninguém, emparedado na solidão, e, fora, longe, o uivar de um cão já sem dono e a reticência sonora de uma cotovia?

AS VICISSITUDES DE MONSIEUR LE MAIRE

O prefeito de Eu me esperava à porta do castelo, como manda a boa educação senhoril. Era um gigante vermelho, capaz de abater um touro com um soco entre as guampas. Espremeu-me os dedos, quase os ordenhou. Fez-me entrar no solar erigido pelo duque de Guise em 1580, o mesmo duque de Guise assassinado em Blois sete anos depois, por ordem do rei Henrique III. Os castelos, para os seus construtores, acabam sempre sendo castelos no ar. Mas ali se perpetuaram os Guises, depois os Orléans. Tornou-se sede da falecida Fundação Dom Pedro II, de onde "objetos brasileiros" deviam ser devolvidos ao Brasil. Felizmente o foram: quadros, livros, estátuas, a bandeira imperial que cobriu o caixão da princesa Isabel, a placa de ferro forjada pela Central do Brasil em 13 de maio de 1888, oferecida à Redentora, o quadro "Coroação de Pedro I" de Debret (imitação do "Coroação de Napoleão I" de seu primo e mestre David), requerimentos de soldados da Guerra do Paraguai pedindo esmola ao conde d'Eu, a carruagem da imperatriz Leopoldina, o retrato do nosso Defensor Perpétuo quando já era Pedro IV de Portugal, e que podia ser visto na parede do Planalto, por detrás do presidente da República, a lembrar-lhe, *memento homo*, a vanidade das glórias e dos rótulos. Só não trouxe a cadeira de rodas da princesa. O guardião do castelo me disse: "Havia aí uma cadeira de rodas. Deu cupim. Foi queimada ontem". Mas consegui reaver a mesa em que assinou a Lei Áurea. Coisa estranha: já existia uma no Museu Histórico do Rio de Janeiro. Lá deixei os bichos empalhados, as flechas e arcos, por me faltar capacidade para identificação, pois andavam de mistura com outras peças do mesmo gênero colecionadas na África pelo duque d'Aumale.

Monsieur Pierre Allard, o prefeito, me levou a visitar as dezenas de quartos e salões de ampla beleza renascentista, claros de um sol suave e varridos de uma brisa marinha que galgava as *falaises* de Tréport. Pacientemente, o prefeito me deixou anotar os objetos visivelmente ligados ao Brasil, mas os pesados jacarandás, os consoles e as cadeiras coloniais, os armários manuelinos tinham desaparecido. Contou-me que os turistas catavam aqui e ali *souvenirs* menores; e quando o castelo ainda pertencia ao

Départment de la Seine Maritime, caminhões oficiais se encarregaram de dar sumiço às coisas.

E vem a hora sagrada do almoço. Para um normando, a vida se divide em duas seções diárias: antes e depois do almoço fazem um só tempo; o intermédio é a seção a ser tratada com amor, reunindo os cremes, os queijos, as cidras, o *calvados*, o pato, as tripas à moda de Caen, as omeletas do monte St. Michel, o linguado de Dieppe, o frango da Vallé d'Auge, as cebolas, a salsicha de Vire, a morcela branca, meia centena de frutos do mar... Meu anfitrião me introduzia no seu castelo, mansão de seu orgulho normando, com armaduras medievais em sentinela, panóplias, escudos heráldicos, a vasta mesa de madeira grossa de um palmo e longa para vinte pessoas, iluminada a velas em castiçais de ferro, e o ecoar dos passos, o estalar da lareira como um altar-mor incendiado, e a surpresa normanda: empalhada sobre o fogo, uma besta fumegante, a rodar, a desprender um perfume acre, perfume de guerra. E quem me apresentou ao javali foi a senhora Allard, enorme dama aparentada com valquírias e com a Estátua da Liberdade. Era uma caçadora de *sangliers*, esporte praticado na floresta das Ardennes: de lá voltava às vezes com o bicho nos ombros. Sabia tudo sobre javalis: os nomes especiais de sua anatomia, as espécies, os seus hábitos, o vocabulário da caça, e me trombeteou o toque da trompa convocador de caçadores e matilha. Enquanto o marido me convidava a sentar, e gesticulava para o serviçal iniciar o ofício do vinho, soube: iríamos comer um bichinho novo, um *marcassin*, leitãozinho de pouco menos de um metro a girar no espeto, a pingar gordura que explodia em chispas ao atingir as labaredas. A maneira pela qual o prefeito assentou o guardanapo no colo e empunhou faca e garfo como dois castiçais dizia de sua disposição para o ataque. E do seu prazer.

Um criado uniformizado, misto de lacaio e mordomo, ia ao javali, cortava-lhe uma fatia do lombo, dispunha-a num prato de estanho e trazia-o como teria feito na Guerra dos Cem Anos. Outro fâmulo — é a primeira vez que uso a palavra — vertia vinhos quase negros nos canecos. E entre marteladas de mandíbulas o prefeito suava e falava, pontuando as frases com o vinho. De vez em quando, para acalmar os músculos, acrescentava uma garfada do sublime pirão de sangue animal e sangue divino com castanhas assadas. Madame mastigava por todo o corpo, concentrada, ioga da mastigação. E de vez em quando me ensinava mais uma peculiaridade dos javalis e a especial ternura por ela dedicada aos filhotes quando ainda de pêlo listrado, sem a carapaça de cerdas negras com que se fabricavam escovas de dente e de cabelos. O prefeito falou das alegrias de ser normando, do orgulho de contar com Malherbe, Corneille, Flaubert, Maupassant, Barbey d'Aurevilly, Fontenelle, até Lucie Delarue-Madrus (que poetou no Rio de

Janeiro, festejando a Guanabara). A testa do prefeito perlava, madame resfolegava. O vinho nos tornava eloqüentes, mas a eloqüência normanda, suas gamas de peroração e de lágrimas, deixam longe a eloqüência baiana. O prefeito brandia talheres, apunhalava invasores, garfava alemães, sacudia flâmulas para o general Eisenhower. E seu olho heróico amansou pouco a pouco, úmido, inconsolável, ofuscou-se, enquanto ele me disparou esta confissão diante da esposa:

— Meu caro senhor, eu sou o mais infeliz dos homens...

Que dizer? Meu garfo parou no ar. Só o silêncio é polido diante de tal confissão, não proferida num bar às duas da madrugada, mas às quatro da tarde, num salão solene, por um descendente de Guilherme, o Longa-Espada; Ricardo, o Sem Medo; Ricardo II, o Bom; Roberto, o Magnífico; Guilherme, o Conquistador, o Ruivo; os dois Henriques, o de Beauclere e o marido de Eleanor d'Aquitânia; e Geoffroy, o Plantageneta; e Ricardo Coração de Leão, e João Sem Terra. Eu esperava a explicação, sem ousar pedi-la. E sem ousar olhar Madame. E ele me gemeu esta coisa que aqui deixo no original porque a tradução inutiliza o sofrimento daquele devorador de javalis: *Je suis le plus malhereux des hommes parce que je suis le maire d'Eu!* Falou e siderou a mesa com um murro que rolou no chão as maçãs da fruteira. Seria o cúmulo do *esprit* ou um uivo contra o Deus que o fizera prefeito de tão encantadora cidade? Imaginem o senador Saturnino a me falar que é o mais infeliz dos homens por ser prefeito do Rio de Janeiro! Ou Chirac a me confiar sua desgraça de governar Paris... O intraduzível duplo sentido da confissão (dane-se quem não souber captá-lo) não me permitia nem mesmo retrucar: *Monsieur le maire d'Eu, il ne faut pas exagérer...* Seria um auto-humorista? Seria uma zombaria? Preferi falar de Machado de Assis, explicar os versos da mosca azul, do círculo vicioso, pensei que viria a sobremesa. Veio o *calvados* para a operação do *trou normand*, a abertura de um oco no estômago a permitir a repetição do javali. O almoço arrastou-se lúgubre, com brindes às nossas pátrias, e Madame a recomendar ao marido que fosse dormir um pouco, depois dos queijos mastigados em silêncio. Do umbral da porta me deu um adeus de mão de lenço invisível.

Numa tabacaria da Place Carnot comprei cartões-postais para fazer inveja aos amigos distantes. Entre os cartões havia um, com várias pequenas imagens de Eu, o castelo, a igreja de Notre Dame e St. Laurent, o Colégio dos Jesuítas com sua capela e os mausoléus dos duques de Guise. E, no outro lado das fotos, a letra da *Chanson du maire d'Eu*, que começa assim, traduzida capengamente:

> *A ambição só faz deslizes,*
> *De cada qual um caprichoso,*
> *Mas no velho solar dos Guises*
> *Quem não seria ambicioso?*
> *Ambicionando deixar feito*
> *Neste lugar algo de meu*
> *Sonhei chegar a ser prefeito*
> *E então o rei me fez maire d'Eu.*

O poema canta a beleza de outras ambições em toda parte e nele o poeta confessa: "... porém eu prefiro ser *maire* daqui que *maire* de lá." Uma terrível, inextinguível gozação no senhor prefeito, ao título honorífico ostentado como um insulto.

O prefeito da cidade de Eu, que devolveu ao Brasil as relíquias brasileiras, morreu duma apoplexia, ao revidar uma grosseria que lhe gritou um candidato comunista ao perder a eleição. Em qualquer ideologia, sempre alguém quer ser *maire* d'Eu. O governo brasileiro, com justiça, o condecorou, pouco antes de seu falecimento.

* * *

No Museu do Ermitage, em Leningrado, a data mais recente na coleção de obras impressionistas, durante anos só mostrada a uns *happy few*, é 1917. É o ano da Revolução. A peça, uma escultura de Auguste Rodin, falecido em 1917. Dir-se-ia que, para os soviéticos, as artes plásticas burguesas se cristalizaram naquela data. Daí por diante a nova ordem social consagraria três temas: antes do trabalho, durante o trabalho e depois do trabalho. No mais, quem quisesse ver algo melhor teria de procurar entre os escondidos artistas rebeldes que, agora emergidos das cortinas nada transparentes de antes da *glasnost*, fazem a felicidade de uma arte recuperada. Mas Rodin está lá; é uma data à espera de um passo adiante.

Daria esse passo o *Penseur*: Dante sentado à porta do Inferno, cujas reproduções se encontram em toda parte, na Plaza del Congreso em Buenos Aires, nas salas de visita dos pedantes, nas escolas de modelagem? Vi, há alguns anos, um *Penseur* sinistro: diante do Museu de Arte de Cleveland, museu injustamente ignorado por quem vai safenar-se na clínica de Floyd Loop. Não sei se o médico famoso socorreu o *Pensador* de Rodin: a revolta estudantil, numa demonstração de que a mocidade pode ser mais parva do que a normal parvoíce dos velhos, pôs-lhe nos pés uma bomba. A bomba explodiu o bronze, o *Pensador* adquiriu pernas como farrapos pinípedes.

Foi preciso despachá-lo para o Museu Rodin de Paris, onde lhe reduziram as fraturas. Por mim, teria deixado o *Penseur* de Cleveland com aqueles abanos caudais, símbolos de que o pensamento humano não ganhou as asas das esculturas filosofantes mas continua com as nadadeiras de quando éramos lacustres. Que destino, o do *Pensador! Il Penseroso...* Dante a pensar como as focas, para divertir a humanidade da Disneylândia!

E não é isso que fazem os pensadores? Não se deixam rebolar nos aquários da vida, sem nada borbulhar de sábio, sem enunciar senão um gemido para a platéia, na esperança de que algum Jacques Cousteau decifre seu idioma? Quererão dizer: até aqui cheguei, daqui por diante o problema pertence ao regime político, aos atiradores de bombas, aos estudantes indignados porque ignoram sua própria juventude... Quando aprendem a única verdade séria — *jouis et fais jouir, sans nuire à personne* — já será tarde, muito tarde. Serão velhos, chatos, sentenciosos e infecundos. De que valeu pôr um ponto final ou uma bomba no *Penseur* de Rodin, no seu modelo dantesco a esperar todos nós à boca do Inferno, que entrássemos *deixando ali toda esperança*?

No entanto, a clínica de Cleveland é um viveiro de salvadores do mundo. Não os médicos: os pacientes, que para lá vão com as coronárias entupidas de tanto amor aos compatriotas, recebem outras tantas veias arrancadas das próprias pernas e pronto! — já estão com os corações retificados, os cérebros lúcidos. Com as gâmbias ainda trôpegas, durante a convalescença, têm direito a passear. Não vão ouvir a obra-prima de Cleveland, a orquestra sinfônica da cidade, cujo mister é justamente o de domar os corações; nem o seu quarteto, cuja façanha de Orfeu é amansar as feras. Vão escassamente ao museu, generosidade de mecenas amorosos da arte egípcia e das dinastias chinesas. Nem olham para o *Pensador*, esses pensadores profissionais do amor à pátria. Preferem outro museu, o dos automóveis. Deve haver uma razão freudiana na preferência: renovaram-se na sala de cirurgia e no CTI, tornaram-se crianças e, por isso, se atiram à incrível coleção de automóveis, vasta vitrina da Estrela e da Trol, onde achatam os narizes e esbugalham os olhos deslumbrados ao descobrirem a Toylândia de seus sonhos. E até que este seja talvez o milagre do doutor Floyd Loop, que nunca pensou em transplantar pernas estilhaçadas, substituindo-as por outras, firmes de convicções. Retiradas as safenas e implantadas no coração titubeante, o músculo torna a injetar no cérebro o superalimento que o distingue da cachola dos animais ditos irracionais; mas as necessárias pernas para atravessar o deserto, subir ao Sinai, trazer de lá as tábuas da Justiça e do Bem... já não vão lá das pernas... A idéia não é minha; está num velho filme de Lon Chaney, onde o monstro planejou serrar as cobiçadas pernas dum atleta e enxertá-as no lugar de suas cambaias pernas de malfeitor decadente; mas o cirurgião foi logo ao crânio do criminoso, limpou os *cumulus* de sua massa cinzenta e — oh, maravilha! — o facínora, tornado bonzinho, dá a mão da bela filha ao susperno atleta! Esta, sim, é a gloriosa missão dos Floyd Loop, dos Zerbini, dos Jasbik, dos Jatene: soprar na cabeça dos grandes do mundo a centelha que já lhes vai bruxuleando.

É aí que Pigmalião sobrepuja Hipócrates. Bernard Shaw o percebeu: bustificado por Auguste Rodin, confessou que graças ao busto já não seria um desconhecido. Quando Meudon, a cidade do escultor, lhe pediu uma contribuição de caridade, ele ofereceu uma de suas estatuetas, ao que os beneficentes responderam: "Preferimos dinheiro, Senhor Rodin." Bem feito, vaidoso! Poderia ocorrer-lhe o contrário, acontecido a um rico e avarento cervejeiro; encomendou seu vasto retrato, pagou uma miséria ao pintor jovem e pobre. Ao morrer, sua alma soube que o quadro estava no Louvre. Para lá se precipitou, faminta de glória. Lá estava, na parede nobre, com a placa: "Retrato de um desconhecido, Rembrandt." Quantos encontrarão suas pernas, suas cabeças?

* * *

Ao acercar-se o centenário de nascimento de Charles De Gaulle, os franceses se preparam para a celebração do herói que se fez mito e cultivou sua imagem mitológica, envolvendo-a em mistério como se envolve em mistério o pajé no seu fumo, o sacerdote no seu incenso. O homem-lenda apaga, ele próprio, os traços de auto-retrato, e os esfuma num quadro que já é a Posteridade. Perguntaram-me se alguma vez falei com o presidente da República francesa. Não. E fiquei tentado a dizer: nunca ninguém falou com De Gaulle. Ele falava, e sempre o que falava vinha precedido de uma imposição, como a que dirigiu aos demais homens do *maquis* e da *Résistance*: quando, após a tomada de Paris, partiram todos do Hôtel de Ville para colocar flores no túmulo do Soldado Desconhecido, teria ele ordenado, ao iniciar-se a marcha:

— *Messieurs, uns pas derrière moi.*

Com isto assumiu uma liderança; e daí por diante o interlocutor, não estando um passo atrás, enfrentava-o a uma distância e uma postura militares. O seu aperto de mão era exato como uma martelada. O cumprimento de um dever. Uma leve inclinação de cabeça, conseqüência de sua altura. De brasileiros que com ele dialogaram só fui informado "do que ele disse", nunca do "então eu disse". Numa tácita confissão de cuidadoso silêncio. De seu ministro do Interior, logo após a guerra, recebi uma medalha, como outros brasileiros que se dispuseram a ajudar a *France Libre*. E o vi várias vezes, de pé no carro presidencial, nos dias de gala da França, olhando fixo o horizonte, ignorando aclamações. Ouvi sua voz, seus discursos, e esse conjunto de sons e de imagens me permite um julgamento: jamais teria proferido a frase desprimorosa para com o Brasil que lhe atribuíram. A frase tende mais para Voltaire do que para Victor Hugo...

É bem verdade que o embaixador Alves de Souza expôs-se às flechas ao atribuir-se galantemente a paternidade da afirmação de que "o Brasil não é um país sério". Um gesto de bravura diplomática. Um incômodo gesto, cuja veracidade a galhardia põe em dúvida. Mas, para mim, nem o diplomata enunciaria, no duro, tal conceito contra seu país, nem o estadista o diria. A história está trufada de frases não proferidas que os almanaques imortalizam, o teatro explora, a poesia sublinha.

Numa reunião de franceses à procura de quem tivesse dialogado com De Gaulle, reconheci que só sabia de brasileiros já falecidos. E dos brasileiros falecidos, num só, pela convivência e pelo insólito da situação, guardei as circunstâncias.

De Gaulle faria, em 1964, uma conferência de imprensa, acontecimento raro e altamente formal : duas ou mais centenas de jornalistas credenciados tinham o direito de enviar perguntas escritas e ingressar no vasto salão dos Champs Elysées. Jornalistas dos mais importantes jornais do mundo, vindos de todo o mundo. Silveira Sampaio, autor de comédias, diretor de espetáculos, entrevistador da TV Excelsior, querido amigo, um dos homens de maior intuição teatral que conheci, senhor de dois dedos de idioma francês, rumou para Paris, credenciou-se. Na sala gritante de ouros, postou-se a um lado, identificação na lapela. Anunciou-se o presidente, todos se levantaram. O presidente fez o gesto habitual, com as mãos, mandando que se sentassem. Os assessores, com as perguntas já tabuladas, liam as que importavam. O presidente respondia, com voz redonda, grave, pausada. A cena durou uma hora, depois da qual De Gaulle espalmou as mãos na mesa, em menção de levantar-se. Silveira Sampaio, com aquela simpatia que Deus e o diabo lhe deram, ergueu o dedo, indagou se De Gaulle confirmava a visita ao Brasil. A polícia cristalizou-se: um homem perguntara alguma coisa a De Gaulle. Um assessor explicou no ouvido presidencial quem era o audacioso. E De Gaulle:

— *Je réponds à la question de Monsieur le journaliste Brésilien.*

Viria ao Brasil, sim. Rumor total na sala, ao retirar-se o presidente. A resposta pouco interessava; naquele instante, porém, Silveira Sampaio era o homem mais importante de Paris. Breve notoriedade, breve como a rosa de Malherbe. Mas um segundo de fama em Paris é glória eterna.

Ao chegar à embaixada, a fama já o precedia. Ele me perguntou, espantado e embevecido:

— E agora?

— Agora, meu caro, você só pode fazer uma coisa: visitar o túmulo de Napoleão.

Fomos. Na rotunda vazia, o sarcófago de mármore sangüíneo parecia esperar-nos. Silveira Sampaio comovia-se, mas queria, à força de humor, quebrar a emoção. Perguntou-me se eu conhecia aquela de Napoleão. O guarda exalou um "Chiu!" respeitoso e severo.

Não, senhores, nunca falei com De Gaulle, sei que raros ousaram fazê-lo, sei que meu amigo Silveira Sampaio o fez. Depois da visita aos *Invalides*, fomos aos *escargots* da Closérie des Lilas. Que vinho Napoleão tomava? Não sei. De Gaulle? Não sei. Mas havia um *cognac Napoléon*. Silveira Sampaio bebeu-o com a displicência de quem o bebe todos os dias. E até senti — talvez fosse pura inveja minha — um seu ar de condescendente desprezo por aquele vago amigo que nunca interpelara De Gaulle.

* * *

Para se ir de Paris a Eu, há pela frente um perigo (como para se ir à Bélgica, passando por Avesnes, "cidade gastronômica"): o de perder o dia, ou ganhá-lo, como quiserem. Avesnes oferece restaurantes de vastas mesas estendidas no pátio interno, para onde nos atraem cartazes promissores e porteiros alvissareiros. Em Rouen há mais. Todo um mundo: a catedral, as ruas com traves aparentes de madeira brasileira, onde se desenham índios, o grande relógio; os dois papagaios empalhados (amazônicos) de Gustave Flaubert, que o escritor inglês Julian Barnes tornou mais célebres do que a praça onde Joana d'Arc foi queimada; a biblioteca onde Ferdinand Denis desencavou a *Festa brasileira* oferecida a Henrique II para ver os domínios da França, com sua aldeia de índios em pleno funcionamento; a catedral com a ala sul em reconstrução depois de bombardeada em 1944; a torre, que os ruanenses apontam: "A mais alta da França!"; a alegria de se recordar Corneille e o Cid, Flaubert, e espiar Madame Bovary nas ruas. E o professor Henri Aubreton, que, vindo ensinar grego em São Paulo, abrasileirou-se, os filhos se abrasileiraram, levou cozinheira sergipana para a cidade gastronômica, voltou para ser atropelado perto de Campinas, salvou-se, tornou-se reitor da Universidade e morreu certo de que alguém no Brasil sabe grego graças às suas lições.

Se não se vai logo à biblioteca, perde-se algum achado brasileiro. Achei dois. Uma gravura de 1552: o rei atravessa a ponte sobre o Sena; à margem esquerda está a aldeia, com índios verdadeiros, alguns franceses fantasiados de índios, o pajé, gente preparando o cauim, gente flechando pássaros, macunaímas e acamiabas balançando-se em redes; e um documento inédito, o poema de um áulico sobre aquela amostra da *France Antartique*, sonho desaparecido com a chegada de Estácio de Sá. No caderno de capa de veludo, que a bibliotecária estende com religiosidade, as letras capitulares, desenhos de arcos e flechas — e onde o autor desanca *nos ennemis les Portugallois*.

Mas o grande perigo está na Place du Vieux Marché. Um verso da balada de François Villon recorda a Pucela que *les Anglois brûlèrent à Rouen*; e pergunta: *Où sont les neiges d'antan?* Onde estão as neves? Para esperá-las o melhor é entrar no mais velho albergue da França, o Hôtel de la Couronne, de traves cheirando a mistério e a antiguidade, as janelas de olhos verdes redondos como fundos de garrafas, as panelas de cobre enforcadas entre presuntos e faisões, atmosfera incensada de condimentos que o poeta ruanês Saint-Amand, rimador de iguarias, já farejava mais de um século depois do olor tenro da carne assada de Joana d'Arc. Há um lado canibal em tudo isto mas os normandos deviam ter sido gigantescos canibais. E há qualquer coisa de divino em comungar a carne e o sangue do próximo.

Evidentemente, pede-se o prato célebre: o *caneton rouannais*. Descreve-o uma página inteira das *Recettes des meilleurs restaurants de France*. Não caberia neste espaço. Digo apenas que o *caneton* é um pato novo cujas asas ainda se cruzam atrás do dorso. Quando se descruzam vira *canard*. A avezinha nada num molho de vinho tinto da Borgonha e de *fine champagne* ou *cognac* misturados, azedados num fio de sumo de limão, mais cebolinhas picadas e pimenta, mais o colesterol de uma gema de ovo e o amido de farinha de pão, e ainda manteiga e sal grosso para elevar a pressão além do último número do jogo do bicho. Defronte, um *bourgogne*, um *Hospices de Beaune*. No intervalo do bizarro, um *roto-rooter* de Calvados no estômago. Mas onde estão as neves de antanho? Na sobremesa, é claro, nos ovos nevados ou no merengue com creme de Chantilly, e, após o café negro, Calvados ao lado e um charuto dos de Flaubert: "Só me inflamo, como um charuto, quando me sugam." Pobre, explorado Flaubert... Depois do repasto só há duas soluções: dormir ou partir para o hospital onde o pai de Flaubert era cirurgião e onde está um dos papagaios empalhados.

Curiosos, esse normandos: navegaram pelos quadrantes do mundo, da Groenlândia ao Pindorama, da Nova França a Novgorod, mexeram na Baía de Guanabara, comeram pacas, beberam cauim, correram atrás das cunhatãs com o mesmo ardor do Veloso Amigo atrás das cabrochas d'África nos *Lusíadas*, foram devorados, os sobreviventes regressaram. E nada introduziram da cozinha guanabarina em Rouen e Honfleur. Nem nos ensinaram o alvo molho normando. As suas tripas à moda de Caen perderam para as à moda do Porto; sem maças, não aprendemos a cidra nem o Calvados. Pato sangrento não entrou no banquete da Ilha Fiscal, onde, está no cardápio, Dom Pedro II comeu até jacutinga. O frango do Vale d'Auge não é, infelizmente, o nosso galeto assado, dieta do viajante do Oiapoque ao Chuí. Louvaram modestamente a mandioca e não a levaram, como Parmentier levou a batata para os franceses inventarem as *frites*, adotadas na América, as *French fries*. Não nos deixaram o segredo dos seus *Pont-l'Évèque*, os seus tremendos *livarots*. Mas qualquer brasileiro saberia preparar o marrequinho ou o galeto nacional à moda de Rouen, aculturado em pinga em vez do *calvados*. E então dormir depois de contemplar a grelha da Pucela assada.

A BALA PERDIDA

APRENDER E ENSINAR A ENSINAR

Quase quatro anos de adido cultural na França, era tempo de voltar ao Brasil. Marcelo, meu filho, terminara o curso secundário no Lycée Janson de Sailly, em Paris, onde pude acompanhar, com a obrigação que o ensino francês exige dos pais de aluno, a diferença entre a formação secundária na França e no Brasil. Meu curso secundário fora cumprido no Colégio Militar, cujo programa era infenso aos diversos sistemas de colégios particulares no Brasil. Na França, aprendi que um país é grande pela qualidade de seus professores. No entanto, eu voltava pelo porto de Calais, no navio *Pasteur* com destino ao Rio, no mesmo dia em que explodia em Paris a revolução estudantil que iria repercutir em tantas outras cidades do mundo. O sentido de liberdade de escolha das matérias, na França, e a repulsa ao sistema de graus escolares para a escolha das profissões, teria sua imitação verde-amarela. Com uma diferença: o aluno francês, ao alcançar ao *baccaléaureat* (o *bacheau*), possuía uma instrução e um conhecimento bastante superiores ao seu correspondente brasileiro. Isto era fácil ver pela simples freqüência aos grande colégios parisienses, os *lycées*, se comparados ao falho ensino brasileiro, eivado de professores que nele só encontravam bicos, o castigo de dar várias aulas em diversos estabelecimentos de ensino, a terrível aceitação do ensino particular para acomodar os orçamentos mensais, a inexistência de estudos por parte dos alunos, e até uma acomodação entre mestres e discípulos resumida numa combinação: "Você, professor, não dá aulas, nem eu, aluno, preciso vir a elas". Esse compadrismo me foi por demais evidente ao receber bolsistas brasileiros destinados ao aperfeiçoamento nas universidades francesas. Eram, quase sempre, lamentáveis. E sempre filhos de pais que podiam suplementar altamente as mágicas *tuitions* dadas pelo governo brasileiro. Estudava-se pouco porque se sabia pouco; para eles, Paris, sobretudo, era um enorme recreio. Inútil tentar consertar o defeito: ele parte do ensino secundário e universitário de qualidade duvidosa, mais o descaso do magistério. E mais o hábito pedante e ridículo de cada ministro da Educação ser um político jejuno em matéria de ensino, um cidadão sempre à espera de melhor nomeação ao fim de algum tempo, mas cada qual soprando fumegantes idéias improvisadas do que seja ensino, cidadania, amor ao livro.

A rebelião estudantil francesa nos atingiu, no Brasil, por simples efeito de imitação. Apresentei-me em meu Conservatório, que ia em vias de ingressar como unidade de uma Federação de Escolas. A idéia não era má, principalmente porque unia essas unidades numa só direção administrativa. Mas provinha de uma conceituação péssima do que devia ser o ensino superior: uma oferta de diplomas a futuros médicos, advogados, engenheiros. Contra esse sistema rançoso lutaram bons educadores: Lourenço Filho, Fernando de Azevedo, Anísio Teixeira, Antônio de Sá Pereira, Mario de Andrade. E luta um Darcy Ribeiro. Todos derrotados pela vitória de uma revolução ganha e desperdiçada. O ministério da Educação, criado logo depois de 30, salvou-se pela tradição de conservadorismo mantida por Gustavo Capanema. Os desejos de "mudar o ensino" eram inventados por políticos amadores, o mais destacado dos quais era Francisco Campos: Chico Ciência, um homem de colorido fascistóide.

Assim nos formamos, eu e meus contemporâneos, ganhando exames por decreto, substituindo livros experimentados por outros de pura vantagem comercial camuflada sob a capa de "nacionalismo" e "combate às idéias perniciosas ao país". Como não havia constituição digna de respeito, dela ninguém tirava as matérias que levavam ao civilismo, à independência, à igualdade de direitos, à cidadania, ao voto. Minha geração não teve líderes estudantis: teve dedicados assessores de governos, de ministros, de carreiristas burocráticos.

O rótulo de adido cultural, ganho certamente porque meu teatro e meu nome se projetaram fora do país, me serviu, não para grandes esforços pró-pátria: serviu-me para aprender, nos liceus franceses, no Ministère de l'Education, graças à convivência com universitários, escritores, intelectuais de outros países, pela cuidadosa obrigação que me impus de acompanhar e fazer conferências onde me recebessem. A primeira lição, a mais espantosa foi esta: o que quer que diga um conferencista ou professor razoável, sempre se sai bem porque quase nada se conhece do Brasil, e isto por culpa dos próprios brasileiros oficialmente no estrangeiro, desinteressados do trabalho mas simplesmente chegados às benesses de seus amigos. Não é incomum despachar para um bom posto, em país responsável, um brasileiro fumegantemente analfabeto, presunçoso, vitorioso político em seus sertões.

No meu regresso, um professor médico e militar, o general Alberto Soares Meirelles, estava em vias de amalgamar as escolas superiores isoladas, rejeitadas pelas universidades, numa federação que tenderia, se possível, a tornar-se mais uma universidade. Havia a eterna oposição das inércias. Havia as sedes de escolas, distantes umas das outras. Havia o ensino privado, casas de comércio. Havia as ambições, prontas a utilizar a federação em entidade de futuras carreiras. Havia as delícias dos automóveis com motoristas. E zumbiam candidatos a empregos.

As unidades iniciais eram evidentes: o Instituto Biomédico, ligado à Escola Hahnemanniana (o pai do general Meirelles foi o fundador do ensino da Homeopatia no Brasil, o que os alopatas execravam); havia a Escola de Enfermagem Alfredo Pinto, a mais antiga do Brasil; havia o Conservatório Nacional de Teatro, que o professor Thiers Martins Moreira, nomeado diretor do Serviço Nacional de Teatro do Ministério da Educação, repartição de benesses aos protegidos do "estado novo", transformara em verdadeira escola; havia a Escola de Nutrição; havia num porão da Biblioteca Nacional uma Escola de Biblioteconomia; havia uma Escola de Música com o nome de Villa-Lobos. E havia professores que disputavam furiosamente lugares privilegiados. Criada a Fundação, havia nada mais do que seis militares a ajudá-la em sua administração; escolhido o seu presidente, pelo ministro da Educação, também militar, mais de trinta funcionários com nomes de Bezerra, Paiva, Bezerra de Paiva, todos da mesma família com seus aparentados.

Na minha primeira aula, estardalhaço de conversas e gargalhadas de alunos sujos, descalços, agressivos, tive de obrigar um dos marmanjos a retirar o pé de cima de uma cadeira a interromper a passagem; e tive de aconselhar discretamente uma jovem a ir estudar teatro em Londres, se tivesse posses para tanto, porque ali certamente seria humilhada e ofendida. Muni-me de resignada paciência. O diretor da Escola de Música era também um general, ali posto para tentar serenar os alunos, e que acabou, para ser bem acolhido, a tomar aulas de flauta doce. A diretoria da federação era num andar fronteiro à Estrada de Ferro Central do Brasil; de suas janelas podia-se ver o permanente assalto de gatunos aos transeuntes; a Escola de Música instalou-se no antigo prédio do Clube Germânico. Incendiado o prédio pelos estudantes, conseguiram ser salvos os pianos, quadros negros, uma escassa biblioteca, tudo transportado para o prédio da Avenida Pasteur, antiga morada do diretor do Instituto de Psiquiatria, professor Juliano Moreira, edifício abandonado e ocupado como pensão de estudantes.

Nesse Bedlam me instalei como presidente, e logo nomeado Reitor da Universidade que criei, pois, ao que parece, eu era o mais velho, o mais eclético dos professores e o menos sobrecarregado de atividades externas. Para conseguir transformar a federação em universidade tive de perseguir uma capciosa proposição clandestina feita no ministério, pela qual cinco burocratas, assistentes do senhor ministro, seriam nomeados diretores da universidade, cabendo ao reitor apenas a tarefa de convocar esses assistentes ao Conselho Universitário. No dia da instalação da universidade, fui obrigado a convocar um coronel, meu colega de colégio, e que encontrei como vice-reitor administrativo, para mandar que enviasse ao ministro uma solicitação de auditoria total. O coronel desobedeceu, alegando que "duas cabeças pensam mais do que uma". Demiti-o imediatamente. Logo depois, um dos cinco coronéis restantes pediu-me que o recebesse em nome dos demais: não lhes agradava a palavra "indisciplina" que eu proferira e atingira seus brios castrenses. Levantei-me, convidei-o a sentar-se no meu lugar e lhe disse:

— Suponhamos, coronel, que o senhor seja o reitor e eu seja o seu vice-reitor, que se recusou a cumprir uma ordem?

O coronel titubeou e disse:

— Eu sou militar. Nesse caso eu o demitiria.

Retruquei:

— Sou reitor e civil. O senhor está demitido. E diga aos seus colegas que também estão. Pode retirar-se.

Para isto serve o ensino do Colégio Militar. Desde esse dia acreditaram que eu era o reitor. Salvo quando alguns médicos titulares modificaram *en catimini* o regimento que permitia matricular alunos de outras universidades se numa prova alcançassem nota cinco. Aumentaram o grau exigido, de cinco para sete. Mandei que matriculassem os candidatos em questão. Os professores recorressem ao Conselho Nacional de Ensino. Ganhei por unanimidade. Recebido o rascunho da decisão, esqueci-o propositadamente sobre a minha mesa. Leram. Ninguém disse nada. Apenas, na véspera, meu compadre e colega Clóvis Ramalhete, ministro aposentado do Supremo Tribunal Federal e que eu nomeara consultor jurídico da universidade, procurara espontaneamente os professores para uma "acomodação". No dia em que recebi a decisão do Conselho Nacional de Ensino, o compadre pediu demissão. Ótimo. Não me agradaria demitir um ministro do Supremo Tribunal Federal.

As maiores lutas da Uni-Rio foram com o ministério da Educação. A universidade recém-nascida era pobre. Ganhei cadeiras, móveis imprestáveis da Universidade Federal do Rio de Janeiro. Para azar meu, os sucessivos ministros da Educação durante oito anos de reitoria eram senadores, interinos, palavrosos, medíocres, simples cavadores de vagas na Academia Brasileira de Letras, ou aspirantes a embaixadas cujos nomes nem sabiam pronunciar. Havia duas exceções: a ministra professora Ester de Figueiredo Ferraz, que, pela exigüidade do mandato, não teve tempo de intervir energicamente no ensino brasileiro; e o general Rubem Ludwig, o melhor ministro da Educação que já tivemos até hoje: competente, severo, sincero, lúcido. Conheci-o quando, tendo obtido a compra do terreno baldio da antiga Escola de Medicina, para ali reunir as demais unidades da universidade, inclusive um teatro-anfiteatro de 2.000 lugares, semelhante ao em que estudei em Stratford-upon-Avon. Para surpresa minha, descobri ter atracado ao ministério um projeto, posterior ao meu, para se entregar o terreno ao Arquivo Nacional. O ministro Ludwig ignorava a trapaça; em dois minutos, mandou buscar a papelada, concordou que era absurdo construir um Arquivo à beira-mar, despachou meu processo, encaminhou-o à assinatura do presidente em exercício Aureliano Chaves. Consegui a compra do terreno, após a criminosa demolição da antiga e preciosa Faculdade de Medicina, inútil propriedade da empresa Furnas; a Caixa Econômica facilitou-me o crédito, o bravo ministro Ludwig lutou pelo reitor. E a Uni-Rio e o Rio de Janeiro ainda não têm o seu teatro condigno porque meu sucessor, refratário à música e ao ensino das artes teatrais, decidiu erigir no local mais valorizado da cidade, no terreno da Urca, um prediozinho com ar de motel. O terreno baldio, na mais valorizada localidade universitária, continuou sendo um terreno baldio, depósito de lixo da Comlurb.

Rubem Ludwig, que eu não conhecia, tornou-se meu amigo. Gostava de estudar, gostava de saber. E tinha qualidades raras em político brasileiro: sabia falar e sabia ouvir. Quando eu soube que ele pretendia deixar o ministério e iria chefiar a Casa Militar da presidência para não se afastar da carreira militar, procurei-o e lhe disse sem rodeios:

— Ludwig, você se revelou o maior ministro da Educação que tivemos desde Gustavo Capanema. Não abandone o ministério. Você está fazendo um enorme bem ao Brasil e você tem nas mãos a tarefa de que mais o Brasil precisa: a de educar o povo para a democracia.

Ele me olhou quase com compaixão:

— Tenho de voltar ao Exército: do contrário caio na compulsória.

Avancei mais:

— Que adiantará a você receber as merecidas quatro estrelas, se não vai haver nenhuma guerra, e você irá calmamente para casa, criar galinhas como tantos bravos generais que nunca tiveram a sorte de seu Austerlitz?

Ele riu:

— Um dia você saberá.

Um dia eu soube: havia uma conspiração palaciana para levar uma intimação ao mano presidente Figueiredo; aceitaria novo mandato ou lhe tomariam o lugar. Para tanto era necessário colocar-se na chefia da Casa Militar um general capaz de segurar a tropa dentro do complô. Meu irmão não sabia de nada. Iam colocá-lo diante de um fato consumado. Para tanto, o general Venturini, chefe da Casa Militar, deixaria o posto, para onde seria facilmente indicado ou nomeado o general Newton Cruz ou o general Octavio Medeiros. O ministro João Leitão de Abreu, um dos fiéis a meu irmão, induziu-o a nomear o general Rubem Ludwig para o lugar onde teria o controle da tropa. Com isto o plano da continuidade falhou. Mas o mano, embora desinteressado da presidência, gostaria de fazer um sucessor. O ministro aposentado do Supremo Tribunal Federal, Antônio Nader, não sei por que motivos, me convidou a almoçar; queria deslizar um recado: o vice-presidente Aureliano Chaves teria assegurado que, na presidência, nada faria contra a gestão de meu irmão. Apenas retruquei ao ministro Nader:

— Conheço o doutor Aureliano Chaves. É meu amigo. Se tivesse algum recado a mandar ao João, daria o recado a mim. E estou certo de que jamais, jamais o Aureliano me daria um recado dessa ordem.

Já havia intrigas para afastar o presidente e o vice-presidente. E o presidente, temeroso de que a marcha para a abertura caísse em mãos desconfiáveis, tratou de procurar candidatos... Andreazza? Maluf? Cometeu até o deslize político de comparecer a um comício em prol do Wellington Moreira Franco, ao lado da simpática e inteligente Celina Vargas Moreira Franco, e mais Alzira Vargas do Amaral Peixoto e o esposo, almirante Ernâni do Amaral Peixoto. E, no ardor do discurso, saiu-se com esta:

— Nossos pais (Getúlio, Dona Darcy, Euclides de Figueiredo e Valentina Figueiredo) lá estarão, no céu, abraçando-se, selando a nossa paz...

Meu pai, meu bravo pai, o lutador toda a vida pela constitucionalização, minha mãe, minha santa mãe, levando a esbirros da Casa de Correção as roupas do condenado, meu pai e minha mãe, se ouvissem lá no céu que talvez lhes pertencesse aquela frase pelo menos infeliz...

Fiquei estarrecido. No dia seguinte, a ministra Ester Figueiredo Ferraz me anunciava que o mano tinha assinado minha recondução legal à reitoria da universidade. Não podia fazer outra escolha, ficar-lhe-ia odioso. À noite, num programa de televisão, a entrevistadora me perguntou em quem eu votaria para presidente. Disse:

— Tancredo.

Meu irmão Luiz Felipe, o melhor dos irmãos, o mais apaziguador, meu afilhado, me perguntou pelo telefone:

— É verdade que você disse que votaria no Tancredo?

— É verdade.

— Mas o João acabou de reconduzir você...

— Não vendo meu voto.

Luiz Felipe desligou o telefone. Vendi minha casinha de campo, situada em Nogueira, entre as dos manos. Havia muito que já não me dava alegria. Às vezes, batiam à minha porta visitas para o João, que ele não recebia. Outras vezes, me perguntavam onde era a minha casa, onde eu tinha meu piano, meus livros, meus discos, minha mulher, meus filhos, meus amigos. Eu ensinava:

— Você vá até a estação de Nogueira, procure a estrada do Calembe, é uma estrada linda, cheia de ninhos de passarinhos. Quando você achar um ninho de metralhadora, é ali.

Era uma metralhadora montada na estrada, ao lado do Fusca onde ficavam os sentinelas do presidente.

— *Qui sont mes amis devenus?*, perguntava o pobre Rutebeuf.

Dois reitores consecutivos me contrataram para que eu os assessorasse no meu sonho: dar à Uni-Rio uma biblioteca digna de uma universidade. Dei-lhe os meus livros, catados no Brasil, na Espanha, em Portugal, na França, na Itália, na Inglaterra, raridades compradas, suplicadas a meus amigos, buscadas com fervor em espólios, em sebos, livros que se estendem pelas estantes de um casarão que parece um viveiro de pássaros. Meus Shakespeares, meus gregos, meus latinos, meus Molières onde sempre aprendi: é preciso que este país se livre dos harpagões, dos tartufos, dos burgueses gentil-homens.

E, um dia, do Itamaraty me perguntaram quais as qualidades que, em minha opinião, devia ter um reitor. Difícil pergunta, mas achei que minha longa experiência poderia ser útil, mesmo em futuro remoto. Para ser reitor de uma universidade é necessário gozar de boa fama perante os corpos docente, discente, e dos funcionários. Deve ser professor; mais do que isso, um educador. Deve ter consciência da utilidade do ensino público, único a poder formar cidadãos. Deve entregar seu tempo, totalmente, ao mister de reitor. Deve abdicar de outra qualquer profissão magisterial para ser unicamente reitor. Deve gostar das outras profissões ensinadas em sua universidade, acompanhá-las; deve gostar de teatro, de música, de literatura tanto quanto de obstetrícia, ortopedia, resistência de materiais, trigonometria, nutrição, arquivologia, museologia, biblioteconomia; gostar de livros tanto quanto de pessoas inteligentes e cultas. Deve comparecer a todos os atos cívicos oficiais, a todos os convites oficiais, a todos os convites de outras universidades; deve falar razoavelmente uma dessas línguas: francês, inglês, italiano, alemão — ou pelo menos contar com o auxílio de um assessor (a) que fale, leia e escreva uma dessas línguas. Deve julgar-se (porque é) superior a qualquer ministro da Educação. Deve falar-lhe com cortesia e firmeza, a fim de fazê-lo entender assuntos que não são de sua alçada. Não deve admitir que o ministro passe ao seu secretário o diálogo que pretende ter com sua excelência. Deve impor-se a ponto de o senhor ministro nunca lhe ousar dizer "não". O ministro é um cidadão político, prestes a cair ou prestes a obter melhor posto; o reitor é eleito e tem um mandato da coletividade universitária. Se necessitar convencer um ministro pedante, aéreo ou presunçoso, não hesite: dê um murro no móvel que os separa e afirme:

— O senhor está enganado.

Nunca exponha assuntos que o ministro deixe para a resolução do secretário. Nunca bata na barriga do ministro, nunca o abrace com palmadas nas costas. Convença-se e convença-o de que o interlocutor está ali para solucionar um problema de interesse de sua universidade. Não entre em piadas e assuntos particulares: o ministro está ali para ouvi-lo. Se convidado para uma entrevista em Brasília às nove horas, esteja a postos às nove horas; se o ministro deixar recado de que foi chamado pelo presidente, não aceite o clássico "Volte às três". Isto lhe obrigará a mais um dia de hotel e à perda do lugar no avião. Coloque os interesses da universidade acima dos achaques e dores de dente do ministro. Resolva seus assuntos antes de aceitar convites para almoçar, jantar, ou juntar-se à roda de uísque. Imponha-se sempre de modo que o ministro esteja certo de que terá muita honra e agrado em recebê-lo.

Já me obrigaram a passar dias consecutivos em Brasília para atender a um colóquio. E, para ilustrar as vicissitudes do reitor inexperiente, deixo ao leitor, futuro reitor, esta história: certa vez recebi do governo da União Soviética um convite importante: Gorbachov pretendia fazer um pronunciamento considerável. Solicitei permissão para sair do país, recebi o bilhete, aprontei o passaporte e, na véspera da partida, o presidente José Sarney me passa um telegrama convocando-me para uma reunião da maior importância para a universidade. Claro, suspendi minha viagem, parti para Brasília, o Planalto reuniu meia centena de reitores, que esperaram cerca de meia hora até que o presidente Sarney apareceu, cercado de figurões; e diante de todos assinou um decreto em que determinava uma liberação de verba para as atividades atléticas de cada uma delas; uma verba já constante do orçamento e insuficiente para se preparar um campo de futebol. Palmas, fotógrafos, abraços, de cada um ao presidente. Até hoje a mísera verba não saiu. Mas, no dia aprazado pelo governo soviético, Gorbachov anunciou ao mundo e a cada convidado o primeiro passo para a *glasnost*. Se o presidente tivesse na União Soviética um embaixador bem informado, saberia com antecedência o que se iria anunciar e trataria de prestigiar o convidado brasileiro. Ou proibiria a sua viagem. Ou recomendaria ao convidado:

— Quero ao menos um retrato seu com Gorbachov e meia dúzia de palavras elogiando a presença brasilei ra.

Mas, ai! Continuamos quase sempre a nomear políticos de bola de gude.

* * *

Um dos segredos para um reitor aglutinar as unidades de que se compõe sua universidade é, e me permitam a lapalissada, escolher bons auxiliares. Por mais que tenhamos amigos e peritos ao redor, a escolha tem seu lado de ensaio-e-erro, como o de surpreendentes descobertas. Tive a sorte de convidar para minha assistente uma funcionária excepcional, a professora Stella Walcacer, viúva de Hélio Walcacer, bom e lúcido advogado que transmitira à esposa o gosto dos assuntos jurídicos e da política. Ouvinte de música, freqüentadora de atividades do Teatro Municipal, sentia-se à vontade entre os geralmente sensíveis professores de arte teatral e musical.

Planejando uma viagem à Grécia, dedicou-se ao estudo do grego moderno, graças a métodos de microfone e gravações. Com isto, minha mulher, eu, nora, neto, pudemos acompanhar Stella Walcacer em um cruzeiro às ilhas gregas, o que muito me valeu como professor de história do teatro antigo. Devo-lhe também o ter-nos servido de guia numa primeira visita a Stratford-upon-Avon para estudar a construção de um teatro universitário.

Outro auxiliar que não seria justo deixar de mencionar é o competente Waldemar Ribeiro, que fui descobrir no Tribunal de Contas do Estado e realmente se tornou o nosso verdadeiro administrador. O advogado Claudionor Lutgardes Cardoso de Castro foi o meu vitorioso nas permanentes batalhas que sempre tem de enfrentar uma universidade e no processo movido contra o cineasta Franco Zeffirelli. Não foram anos suaves. Não faltaram funcionários incapazes, desatentos, e mesmo desonestos. Deles livrou-se bem a universidade, salvo um que, demitido por justa causa, conseguiu enveredar-se por uma lei de anistia com a qual nada tinha a ver, e obter uma sentença cavilosa de um ministro pouco atento a seus deveres, e regressar à universidade onde nunca devia ter entrado.

De qualquer modo, sem falsa modéstia, consegui fundar a Uni-Rio. Em pé, dotá-la de novos edifícios, salas de aula, salas de experiência musical e teatral, unidade de tratamento intensivo no Hospital Gaffrée e Guinle, e darlhe um esplêndido terreno: o da antiga Faculdade de Medicina, à Avenida Pasteur. Ali era meu sonho erigir um anfiteatro no modelo do que havia escolhido entre tantos que visitei na Europa. Tudo pronto, a incompreensão e falta de entusiasmo deixaram que o terreno continuasse um vasto depósito de lixo, a cercar duas acanhadas construções. Nem mesmo o esplêndido reservatório d'água no alto do morro foi aproveitado para nos abastecer de um consumo considerável, ou até mesmo para a existência de uma piscina.

    Salva-me da melancolia de tantos projetos abandonados a aquisição do prédio da antiga Escola de Odontologia, que transformei numa das melhores bibliotecas públicas universitárias do Rio de Janeiro. Em sua parte de museu, dispõe de um piano pertencente a Guiomar Novaes, uma harpa Erard que pertenceu à musicista e crítica Ondina Portella Dantas, um violino doado pelo maestro César Guerra Peixe, um violino pícolo doado por D. Ida Lobo de Brito, uma gaita de foles escocesa doada pelo violonista Turíbio Santos, um piano Bösendorfer obtido na Alfândega do Rio de Janeiro, flautas doces de origem romena e chinesa, os cadernos de aula e programas de rádio da professora Vera Janacópulos, objetos artesanais legados pelo professor Pernambuco de Oliveira. E, relíquia das relíquias, o mobiliário pertencente a Machado de Assis, cuja história merece ser registrada.

    A viúva do general Estevão Leitão de Carvalho, sobrinha de Machado de Assis, desejou desfazer-se dos móveis do escritor. Ofereceu-os à venda à Academia Brasileira de Letras, que se desinteressou das alfaias de seu fundador. O então ministro Eduardo Portella, num aflitivo desejo de ingressar na Academia, achou de bom alvitre fazer adquirir pelo ministério da Educação os móveis, dois quadros, um jogo de xadrez, uma coleção de retratos e cartas, tudo no propósito de agradar seus futuros eleitores. Ao me comunicar a aquisição, avisei-o:

    — A isto se chama estelionato: a aquisição, por um órgão do poder público, de bens particulares para destinar a outros particulares.

    Desarvorado, Eduardo Portella não sabia o que fazer dos móveis de Machado de Assis, que incluíam até a cama do casal, onde faleceu a esposa, Carolina, inspiradora do soneto: *Querida, ao pé do leito derradeiro / em que repousas dessa longa vida...* O leito não seria o derradeiro, a sepultura onde chorava o escritor, mas o leito de morte. De qualquer modo, venerável. Sugeri a Eduardo Portella que o ministério da Educação doasse os objetos de Machado de Assis à Faculdade de Letras da Universidade do Rio de Janeiro, que em pouco tempo disporia de uma esplêndida biblioteca, em construção no *campus* da Ilha do Fundão. Portella não apreciou muito essa idéia, que não lhe faturava votos acadêmicos. Mas não tinha outro remédio. Fez-se a doação, do ministério da Educação para a Universidade Federal do Rio de Janeiro, de que era reitor o professor Luiz Renato Caldas. O reitor não teve muito tempo para se alegrar da dádiva: os responsáveis pela construção do moderníssimo edifício da biblioteca universitária recusaram as relíquias; para eles, aqueles trastes não tinham motivo de figurar numa biblioteca, mas talvez num museu. Que fazer dos móveis? O reitor Luiz Renato Caldas tinha vendido à Uni-Rio o prédio da Faculdade de Odontologia para nele adaptar nossa biblioteca. E, assim, o mobiliário do fundador e patrono da Academia Brasileira de Letras veio para as mãos do reitor da Uni-Rio. O edifício da Odontologia, com sua ampla clarabóia, seu segundo andar bem iluminado, o andar térreo farto de luz do sol, povoado de plantas graças ao bom-gosto da diretora, professora Vera Lúcia Dodebei, e suas colaboradoras é um encanto para quem o consulta e visita. Dispõe de um salão de biblioteca infantil, ornado de gravuras de papagaios e tucanos trazidas de Paris. A biblioteca só não é melhor porque os sucessivos ministros da Educação sofrem de uma moléstia que se chama *bibliofobia* e por isso não asseguram verbas para os serviços de catalogação, fichação, facilidade de pesquisa. Fazem, unicamente, um trabalho atento de recebimento de computadores, naturalmente comprados com fartura pelo ministério. A biblioteca só ganhou a visita da ministra Ester de Figueiredo Ferraz, que fora inaugurar um bronze de Mario de Andrade, seu ex-professor em São Paulo; do ministro Marco Maciel, pernambucanamente orgulhoso de ver nas estantes as obras completas de Gilberto Freyre, e nem se impressionando quando lhe disse que possuíamos a maior coleção de obras sobre Shakespeare; e o ministro Hugo Napoleão porque, na qualidade de ministro, ganhou seu nome no mármore inaugural do edifício. No entanto, a biblioteca, a que bondosamente deram o meu nome, possui alguns milhares de obras autografadas; algumas centenas de obras teatrais doadas pela SBAT; um vasto acervo de obras literárias brasileiras, portuguesas, espanholas, francesas, italianas, inglesas, latinas, gregas, russas; edições inestimáveis como a *História do futuro* do Padre Antônio Vieira, edição de 1717, as obras completas de Shakespeare na edição de Samuel Johnson, de 1785. Possui a biblioteca uma coleção de retratos de grandes vultos das letras brasileiras; uma coleção de bronzes de Voltaire, Molière, Shakespeare, Goethe, Dante, Eça de Queiroz; o quadro *Les tons dorés de l'Amazone* de Marcel Abougit, e duas poltronas teatrais, de veludo vermelho, obtidas do Théâtre Sarah Bernhardt, de 1872. O número de doadores cresce dia a dia, a ponto de a biblioteca possuir um serviço de triagem de obras já doadas, e as repassa a bibliotecas congêneres. O total de obras da biblioteca estima-se hoje em mais de 60.000 volumes. Serviços de xerografia fornecem cópias de livros e partituras a estudantes. Uma instalação de audiofones em cabinas permite ao ouvinte escutar as obras gravadas, sem perturbar os leitores.

    A Biblioteca Pública da Universidade do Rio de Janeiro, à Avenida Pasteur, é o maior serviço que já prestei ao país. Dele tiro um proveito egoísta: é o meu recinto de leitura e estudo.

* * *

Quando morreu Arturo Toscanini, em 1957, eu trabalhava como cronista e repórter da *Manchete*. Foi no Rio de Janeiro que Toscanini começou sua genial carreira de regente de orquestra, segundo contara a um de seus biógrafos, repetida em jornais. Seria ele depois "descobridor" de Bidu Sayão e de Alma Gluck. A estrela de Bidu iniciou-se como aluna da professora romena Elena Teodorini, que lhe dava aulas numa sala do edifício à esquina da Avenida Rio Branco com Sete de Setembro e Sachet, construção em ângulo agudo, cujo andar térreo era a *Casa das fazendas pretas*, surgida por ocasião da febre amarela no Rio, onde a epidemia multiplicava as mortes, os enterros, as viúvas, os lutos. A professora romena se entusiasmou tanto pela voz de Bidu Sayão que a levou a continuar estudos em Bucareste. Bidu e Alma Gluck foram cantoras prediletas de Toscanini. Em criança, eu aplaudi Bidu no Municipal. Quando Toscanini veio ao Brasil em 1940, minha admiração por ele foi tal que pus no prego o relógio de meu pai, preso na Casa de Correção, para levar a noiva Alba a ouvi-lo. Lá soube do acidente que matou no Mangue o trompetista da orquestra e a ocupação de seu lugar pelo músico Napoleão Tavares, chefe da orquestra *Napoleão e seus soldados musicais*, que teria respondido ao convite de Toscanini, ao ser convidado para juntar-se à Sinfônica da RCA:

— Prefiro ser Napoleão no Brasil a ser soldado em Nova York.

Tudo me vinha à cabeça com a morte de meu ídolo, o gênio que se recusou a tocar para Mussolini, o regente de Bidu, o jovem de dezenove anos descoberto graças à *Aída*, no Teatro Imperial do Rio de Janeiro em 1886.

Comecei a catar o que podia: biografias, críticas de jornal, noticiário, o desenho de Angelo Agostini na capa de sua *Revista Brasileira*, Toscanini de batuta na mão, enquanto a cantora Nadina Buliciov liberta sete negrinhas diante de Dom Pedro II, da Princesa Isabel (dois anos antes de se tornar "a Redentora"), do conde d'Eu, de toda a corte ouvindo o discurso de José do Patrocínio. Tudo mexido e pesquisado, resolvi escrever um artigo, uma "matéria", como hoje se diz, para a *Manchete*. Adolfo Bloch não quis publicá-la. Registrei-a na seção de direitos autorais da Biblioteca Nacional, sonhando com o belo filme que daria. Contei o assunto para o crítico Aires de Andrade usar no *O Jornal*. Ofereci-o à própria RCA; os advogados da família de Toscanini a recusaram. O mesmo com o *Figaro* de Paris. Lá se foi Toscanini para o fundo da gaveta, à espera de melhores tempos. Minha "matéria" esqueceu-se na gaveta de Adolfo Bloch.

O tempo rola, assumi a direção do Teatro Municipal, sucedendo precisamente a quem? A Adolfo Bloch, que promovera uma restauração do Teatro: uma retirada de placas de bronze, do museu, das salas de ensaio e a apresentação da *Traviata* de Verdi, dirigida por Franco Zeffirelli, um mago da decoração e da pilhagem cinematográfica das óperas. O governador Faria Lima tinha baixado discretamente uma portaria ordenadora das atividades do Teatro Municipal. Azar de Bloch, que já entrara em combinação com Zeffirelli para a filmagem da *Traviata*, por ele dirigida no teatro. Ao tomar posse na direção do Municipal, fui surpreendido com uma curiosa notícia: o meu antecessor ganhava ali um salário simbólico de um dólar mensalmente, à imitação de certos dirigentes de instituições *non profit,* os *trustees*. No caso haveria certas compensações *sous la table*: viagens, contratos, fornecimentos e demais *et coetera*. A montagem da *Traviata* era um festival de luxo e surpresas, tinha até serpentinas de seda ao gosto dos carnavais cariocas. Zeffirelli era um feiticeiro em botar papelotes em quaisquer cenários. O que eu até então desconhecia era o seu persistente interesse naquela *Traviata*, para multiplicar em *video-tapes* como fizera com outras óperas. Truque simples e rendoso: o teatro passaria, nas mãos do diretor, a ser utilizado como um *studio* de televisão; cenários, orquestra, contra-regras, guarda-roupa, eletricidade, tudo correria por conta do Teatro. No caso, o Estado do Rio. Ou seja, grátis para Zeffirelli e seus rolos de celulóide, que saíam do país de origem para os montadores de mixagem no estrangeiro. Ou até mesmo transmitidos ao vivo, via satélite, captada a obra em outro país, onde se poderia até praticar uma operação cirúrgica magistral: substituição, em *close up*, dos cantores locais, sem grande projeção internacional, por dublagens de vozes e imagens de artistas famosos. Até Elizabeth Taylor, *fanée, descangallada*, serviria como supremo-chamariz. Quanto aos direitos autorais, de imagem, de coros, de orquestra, tudo desapareceria nas contas do Estado.

Já montado todo esse esquema de contrabando, começaram os azares para Franco Zeffirelli: o governador do Estado não era mais o mesmo — tinha sido eleito o pertinaz Chagas Freitas; e o governador anterior, almirante Faria Lima, baixara o sensato decreto pelo qual o Teatro só seria utilizado para fins determinados: recitais, concertos, óperas, balés. Nada de filmagens comerciais, nada de utilização para televisão, nada de bailes carnavalescos. É lógico: tais proibições visavam a impedir as constantes depredações do Teatro por essas funções agressivas e irresponsáveis. Então em minha casa apareceu Adolfo Bloch, que nunca me visitara; vinha dar-me uma contribuição útil: afastar a idéia de usar licitações, para os serviços e obras teatrais, porque são demoradas e caras; que eu saltasse por elas, sob a alegação de que se tratava sempre de tarefas urgentes. Dois dias depois, a Sra. Zoé Chagas Freitas, primeira-dama do Estado, me chamou à sua casa e me apresentou a Franco Zeffirelli, pedindo que eu lhe facilitasse em tudo. Zeffirelli era uma gracinha: alto, louro, risonho, altoparlante, a me tratar de *fratello*, e a explicar o mundo de arte universal que eu teria nas mãos como diretor do teatro. Falou-me de sua filmagem; expliquei que estava proibida. Que pena! Não podia dar-se um jeitinho? O Zeffirelli voava como o próprio Zéfiro. Nada conhecia do Brasil. Contei-lhe que, em 1957, quando morreu Arturo Toscanini, escrevi um artigo publicado n'*O Jornal* e registrei como sumário de cinema na Biblioteca Nacional. Zeffirelli sabia de Toscanini: não sabia que se tratava de um meninote parmegiano, dotadíssimo para a música, integrando uma orquestra de uma companhia de ópera que viria apresentar-se em São Paulo e no Rio, em 1886. Contei-lhe que os músicos italianos não admitiam que um brasileiro, Leopoldo Miguez, os regesse. Brigaram em São Paulo; e, no Rio, levaram o pobre Miguez a demitir-se no dia mesmo da estréia da *Aída*. Por que *Aída*? Porque Aída era princesa etíope, portanto negra; aprisionada pelo guapo general egípcio Radamés, logo se enamoraram. Todo o exército etíope tinha sido feito prisioneiro, marchava humilhado e acorrentado sob a guarda dos vencedores em Marcha Triunfal. Radamés, enamorado, sonha com libertar Aída, o *Traditore della patria*!; os escravos etíopes depunham na princesa suas esperanças de libertação. Amneris conspira, os egípcios conspiram. E Aída e Radamés são condenados a morrer nas catacumbas subterrâneas de uma pirâmide. E faltava o regente! Propuseram, diante da platéia aos urros, o *spalla*, um certo violinista Superti. Não: a platéia queria Miguez, o enjeitado, aluno do grande Ambroise Thomas, o pobre. Alguém lembrou: "E aquele rapazote, o violoncelista, que até ensaia as cantoras ao piano? Arturo! Tuscané, Arturo Toscanini!" Onde estava o rapaz? Só um colega sabia: Tuscané encontrara, de tarde, junto ao Imperial Teatro Constitucional Fluminense, uma *bella ragazza*, uma mulatinha, linda como os amores, que o arrastou para uma pensão da Rua da Guarda Velha: ali cantou uma modinha imperial, acompanhada à primeira vista ao piano pelo rapazote; este, por sua vez, atacou o piano com um grupo de chorões, que ali fazia ponto, e afinal a *ragazza* conduziu o rapaz para um quarto, deu-lhe um cigarro a fumar e, quando andavam pelo melhor dos melhores, bate à porta o colega, a chamá-lo para ir reger a orquestra da *Aída*! Que orquestra, que Aída! *L'amore è più importante che l'arte*! Arrancam-no dos braços da bela, que dele recebe um dinheirinho e o mete na liga. Tuscané foi seqüestrado, vestiram-lhe uma casaca a despejar-se pelas pernas e braços, empurraram-no para o pódio, a orquestra espantou-se, o público silenciou ao ver o menino que levantou a batuta e começou a reger de cor. Silêncio, estupefação! A *ragazza* tinha de voltar ao seu *métier* de rua, andou para os lados do Teatro, viu a multidão que entrava. Curiosa, dirigiu-se à bilheteria e, com o dinheirinho de Tuscané, comprou uma torrinha.

Lá do alto contemplou a platéia enfurecida, associativa, a bater com as bengalas, a urrar... e súbito, quem surge à frente da orquestra? O *ragazzo*, que impôs silêncio com a batuta e começou a fazer nascer uma música que ela nunca ouvira... Toscanini, mais tarde, diria numa entrevista na Itália: *Fumei meu primeiro cigarro, tive a minha primeira aventura de amor e regi pela primeira vez no Rio de Janeiro, no dia 31 de julho de 1886.* Era a glória! Deram-lhe presentes. O Imperador compareceu, chamou-o ao camarote imperial e folheou com ele um minueto de que gostava. Angelo Agostini, o desenhista italiano e republicano, dono da *Revista Brasileira*, saudou-o, desenhou-o, vaqueta em punho. E a *ragazza*? Terminada a ópera, sentiu, confusamente, que uma parte daquelas aclamações lhe pertencia: ela tinha gerado um homem, um Homem! E se foi, pela calçada, atordoada com o que vira, ouvira e fizera... Alguém aproximou-se, disse-lhe qualquer coisa ao ouvido e ela apenas respondeu, purificada:

— Não, hoje não...

De dentro de seu devaneio, a *ragazza* sentiu que fizera um milagre. De dentro de sua nuvem de vitória, Tuscané incluía o cigarro, o amor, a orquestra, as ovações num só sentimento: o êxito, o êxito total. No entanto não podia perceber que estava num país em plena campanha abolicionista e que, para aquele povo agitado e mestiço, a Aída, princesa negra, o seu amor por um herói branco, o duplo sacrifício da morte, tudo mudava-se em símbolo para uma multidão de escravos negros e de brancos libertários... Ao chegar ao camarote, após as ovações, foi agradecer à soprano russa Nadina Buliciov que vivia no Brasil. Nadina apresentou-o a um negro que o esperava. Ambos pediram que o jovem Arturo Toscanini os acompanhasse. Tomaram um tílburi, rumo ao Valongo.

— Você vai ver o que é a escravidão de Aída e seus compatriotas...

Mostrou-lhe: debaixo dum enorme barracão infecto, homens, mulheres, crianças negras rolavam na lama, espancavam-se, choravam, e até amavam-se, aos gemidos... Gemidos dos chicotes dos guardiães que os punham de pé e os exibiam aos compradores, senhores de escravos, e eram escolhidos a um apontar de bengala... Vozes choravam, atordoavam-se, animais que nem sabiam suplicar com as mãos... e por sobre o ruído de horror, por sobre a miséria, o sangue, os detritos, uma estranha voz parecia vir de longe... '*Stamos em pleno mar...* uma voz que murmurava o *Navio Negreiro* de Castro Alves, e a voz continuava como falando sobre as ondas do mar...

uma voz trêmula, quase apagada, de José do Patrocínio, que continuava o recitativo por entre os gemidos, os chicotes... e os olhos de Toscanini, entontecidos, misturavam-se com os olhos desesperados de orgasmo e amor da *ragazza* que ele beijava numa alegoria de pesadelo... uma cantilena como a *Patria mia* enlouquecia o jovem... Nadina Buliciov disse:

— Vamos daqui...

José do Patrocínio disse-lhe:

— *Grazie, signore...*

Nadina pediu que Arturo ajudasse na campanha abolicionista. Ele e ela entregaram a José do Patrocínio todos os presentes que os melômanos lhes tinham dado: jóias, diamantes... Na função seguinte da *Aída*, quando a princesa etíope surge por entre os soldados prisioneiros, adianta-se em direção ao camarote onde estão o imperador Dom Pedro II, a imperatriz, a Princesa Isabel, outros nobres. Nadina traz pela mão sete escravazinhas negras que comprara com a venda dos presentes recebidos. José do Patrocínio diz, em poucas palavras, à Princesa Isabel e aos imperadores que ali estavam as jovens escravas alforriadas, como um gesto de esperança de que a Abolição viria. Angelo Agostini, na platéia, desenha a capa de sua *Revista Brasileira*: a família real no camarote, os atores, as escravazinhas, José do Patrocínio, Nadina Buliciov numa alegria russa e, atrás do corrimão da orquestra, os músicos; no meio deles, no alto do pódio, o jovem Arturo, com sua casaca enorme, sua vaqueta na mão. É o primeiro retrato que se conhece do maestro Arturo Toscanini. Na cena final o maestro está a bordo, inclinado sobre a amurada do navio, olhando para o cais, onde a multidão dele se despede. E, anônima, no meio do povo, a *ragazza* a olhá-lo com olhar de bênção. Ele a vê, enquanto o navio se afasta do cais. Apito do navio. Ela lhe sopra um beijo na ponta dos dedos.

Um final alegórico mostra Toscanini crescendo, tomando toda a tela, regendo aqui, ali, todo o seu repertório, mostrado em capas de discos que se desdobram; a música cresce, toma conta da platéia, do mundo, as mãos, a vaqueta de Toscanini regem, e, por sobre as imagens, o rosto da *ragazza* cujos dedos lhe atiram um beijo. Zeffirelli não entendeu nada disto.

* * *

O que vai contado acima contei em cartas, recortes de jornal, em fotos, ao *signor* Franco Zeffirelli, que recebi em minha casa enquanto ele dizia, entusiasmado, aos jornais brasileiros: que nada sabia dessa história, da vida de Toscanini, de Nadina Buliciov, de José do Patrocínio, de Leopoldo Miguez. De Londres, Antônio Olinto me manda um *script* em

inglês, de autoria de Zeffirelli, sem mencionar meu nome... O mesmo Zeffirelli que, em minha casa, lançou-se sobre nossa amiga, a atriz Maria Helena Dias, dentro do elevador, agarrou-a, beijou-a, enquanto ela gritava:
— Socorro! Este moleque está me beijando!

Entrou pela casa adentro, beijando homens e mulheres, beijando Francisco Mignone, Bruno Giorgi, o compositor espanhol Torroba, ajoelhando-se aos pés de Oscar Niemeyer, do comediógrafo francês Marcel Mithois, gente sua desconhecida, voando como um morcegão oxigenado, aos guinchos de felicidade. Da Europa, nada me mandara dizer do *script* de sua autoria. Em Paris, contei o caso a Maria d'Apparecida, que me aconselhou a procurar um dos mais famosos advogados para casos de plágio e furto do direito autoral. Samuel Pizar recebeu-me, passou o assunto a um americano de mau francês, Robert Simpson, que estupidamente enviou uma carta a Zeffirelli, intimando-o a comparecer porque tinha em seu poder uma história de minha propriedade. Zeffirelli tratou logo de convocar outro de seus escribas, que mudou completamente o *script*, introduzindo-lhe um amor platônico de Toscanini por uma freira, a cena da libertação das escravinhas com palavras desafiadoras à Princesa Isabel, uma partida de pôquer de Dom Pedro II com um bando de cafajestes em mangas de camisa, enquanto o imperador, em suspensórios, tinha ao colo a amante Nadina Buliciov. Surgindo no Rio, mandei uma intimação judicial a Zeffirelli, para que exibisse o *script*. Zeffirelli foi intimado pelo oficial de justiça, que lhe colou a intimação à porta do quarto. O intimado fugiu para Lisboa. Em Lisboa, tentou escapar da Sociedade Portuguesa de Autores e, novamente intimado, fugiu para a Itália, acuado pela justiça e pela imprensa. Um juiz parisiense convocou-me, e a Zeffirelli, para uma acareação, à qual não compareceu. Foi pena: em um minuto eu provaria que Zeffirelli não fala uma só palavra de português, não pesquisou jornais na Biblioteca Nacional, nada sabia da vida de Toscanini. O "seu" filme apresentado em Paris não durou mais que uma semana em cartaz. Era uma "história" da sua cabeça; de minhas cartas e sugestões tudo fora riscado. Meu nome desapareceu; o filme era outro, completamente alterado. Descobri que *maître* Daniel Diedler nada conhecia de direito autoral. Em Portugal, a firma associada a Zeffirelli para montagem dos cenários moveu uma ação à Sociedade de Autores Portugueses, para cobrar prejuízos que lhe seriam devidos... por Zeffirelli. Em todo esse repugnante vaivém tive a solidariedade de minha amiga Maria d'Apparecida, do presidente da Sociedade Brasileira de Autores Teatrais, Daniel Rocha, do presidente da Sociedade dos Autores Portugueses, José Francisco Rabelo, do PEN Clube de Londres, do Brasil, e uma covarde atitude da Société des Auteurs et Compositeurs da França.

Vendi casa de campo, quadros que eram presentes de amigos, senti o desviar de olhos dos que temiam que eu lhes fizesse qualquer pedido. Dois locutores brasileiros entrevistaram Zeffirelli: um antes de o malandro decidir fazer o filme sem minha ajuda, e me pondo nas nuvens; outro, na casa italiana de Zeffirelli, onde me insultou com a bravura de uma lesma. Em tudo isto, o sócio de Zeffirelli, Adolfo Bloch, enroscou-se como um caramujo. Publicou contra mim artigo assinado por um "escritor" ....; a ele respondi com um telegrama: *Caro Bloch, recebi sua carta anônima. Obrigado.*

Tempos se passaram e não sei que cabeça excremental teve a idéia de contratar Franco Zeffirelli para elaborar uma decoração destinada à festa de Iemanjá, a mais brasileira das Nossas Senhoras do sincretismo brasileiro. Sua sinuosa e salivosa presença custaria 500 mil dólares à prefeitura carioca, para enfeitar uma efeméride praieira eminentemente popular, folclórica. Seria como querer ensaiar para o Papa uma procissão do Vaticano. A idéia morreu, parece que usaram os 500 mil dólares repartidos em esquisitos bons-bocados.

* * *

Eliminei de meus sonhos do Municipal, de meus fins de mês, o Banco de Desenvolvimento. Restavam-me duas atividades: professor na Escola de Teatro, antes Conservatório de Teatro, e uma crônica semanal na Rádio MEC. Essa crônica tem uma história. Murilo Miranda e depois Fernando Tude de Souza levaram um pequeno grupo de cronistas, entre eles Manuel Bandeira, Carlos Drummond de Andrade, Aires de Andrade, Aloísio de Alencar Pinto, que faziam programas de pequenas crônicas, grátis a princípio, só para cultivar o estilo de uma literatura falada. Os cronistas ganharam, ao fim de muito tempo, um *pro labore* que não cobria o gasto com o bonde; mas era mais pela generosidade de conversar com o público sobre arte e cultura. Quando Genolino Amado assumiu as transmissões da *Hora do Brasil*, quis ajudar-me, inventou para mim um comentário de dois a três minutos, a *Efeméride do dia*, coisa danada de trabalhosa porque me obrigava a catar, no Barão do Rio Branco, nas Histórias do Brasil, nos velhos jornais da Biblioteca Nacional, um fato do dia no passado e relembrá-lo. "No dia de hoje, no Convento da Ajuda, frei Vicente do Salvador acabou de escrever sua *História do Brasil*... "No dia de hoje, há tantos anos, Pedro Primeiro disse aos cariocas e brasileiros: 'Fico'..." E assim por diante. Mas recebeu ordem superior para eliminar aquelas bobagens... Muito mais tarde, de graça, recomecei a esgravatar o ontem de hoje; e eu mesmo as lia ao microfone. Até que, para todos os colaboradores, aquilo começou a entrar no orçamento. E, um dia, um desses sujeitos que se metem a dirigir o país porque são amigos dos que se metem a dirigir o país me ordenou: a) assinar um documento pelo qual minhas crônicas e adaptações teatrais passariam a pertencer à Rádio MEC, coisa absolutamente cretina, pois a lei impede que se *venda* o direito autoral; logo, o Estado não pode dar o mau exemplo de larápio: b) as crônicas só seriam lidas ao microfone pelos locutores, o que significava eliminar a autenticidade do escrito e entregá-lo a pessoas exageradamente ignorantes de assuntos e pronúncias. As crônicas, riqueza literária, foram atiradas a um buraco de subúrbio com o nome de museu, depois depósito, depois almoxarifado, depois lixo, e agora se descobre que a vida do país, por longos anos contada e comentada por seus escritores e poetas, despejou-se na Comlurb. E ninguém pagou por tal crime, como não se cobra a nenhum estelionatário. Escrevi minhas crônicas até ser demitido. Quem me demitiu foi um gaiato nomeado por seu pai acadêmico, por sua vez nomeado por seu amigo, um gaiato acadêmico presidente da república. Mas o magro estipêndio de professor estava mais ou menos garantido, ou a perseguição se descuidara. E me apresentei às aulas de História do Teatro.

* * *

Ao general e médico Alberto Soares Meirelles, diretor do Instituto Hahnemanniano, e filho de seu fundador, devem-se a idéia e o esforço para reunir as unidades de ensino superior federais numa federação, como permitia a lei. Essas escolas isoladas, situadas, evidentemente, em locais outros, tenderiam a ser, em futuro, uma pequena universidade, depois de um período em que foram a Federação das Escolas Federais Isoladas do Estado da Guanabara e, posteriormente, do Estado do Rio de Janeiro. Eram essas rejeitadas pela grande Universidade Federal do Rio de Janeiro, lenta e longa e regiamente implantada na Ilha do Fundão. Entendiam certos ministros e educadores que a grande universidade juntava as unidades que já a compunham. Outros queriam aproveitar a ocasião para agremiar todas as unidades: Instituto de Música Villa-Lobos, Conservatório Nacional de Teatro, Escolas de Museologia, de Arquivologia, de Nutrição, e até mesmo a Escola de Enfermagem Alfredo Pinto, a mais antiga do Brasil. Ajudei o general Meirelles na aglutinação dessas escolas. Por motivos de antigüidade como professor, fui escolhido presidente da Fundação e tratei de transformá-la em universidade. Construí, para ser a sede da Reitoria, o edifício onde morara e de onde dirigira o Instituto de Psiquiatria, que tem o seu nome, Juliano Moreira. Obtive que a Universidade Federal nos vendesse o prédio da antiga Escola de Odontologia, que tratei de adaptar para ser a Biblioteca Pública da Universidade do Rio de Janeiro. E propus que nossa universidade comprasse o terreno baldio da Urca onde fora a Faculdade de Medicina, transferida para os novos terrenos do Fundão. Os terrenos eram o resultado de um desastre: a Companhia Nacional Furnas, de Eletricidade, ali queria construir sua sede, um arranha-céu, o que atrapalharia alegremente sua transferência para Brasília, onde devia ser instalada. Não faltavam ambições em torno do excelente terreno da antiga Faculdade. Mas uma lei incômoda proibia a construção de edifícios altos em torno das Escolas Militares e Navais instaladas na Urca. O terreno ficou vazio, depois de posto abaixo o seu excelente e histórico edifício. Lancei a pretensão de minha modesta universidade. Esperei que meu irmão, o presidente João Figueiredo, para evitar críticas de nepotismo, fizesse uma viagem oficial. Contei com o apoio do presidente em exercício, Aureliano Chaves, do presidente da Eletrobrás, general Costa Cavalcanti, do ministro das Minas e Energia, César Cals, do ministro chefe da Casa Civil, João Leitão de Abreu, do ministro da Educação, general Rubem Ludwig, do diretor da Caixa Econômica Federal, Gil Macieira, do reitor da Universidade Federal do Rio de Janeiro, professor Luiz Renato Caldas. E consegui a compra do terreno, onde se instalariam definitivamente as unidades carentes, sobretudo a Escola de Nutrição, o Teatro e Anfiteatro, cujas linhas moldei como o Teatro de Shakespeare, de Stratford-upon-Avon. E deixei tudo pronto para que os meus sucessores levassem avante o grandioso projeto do nosso *campus*. Já lá se vão mais de vinte anos, sucessivos governos, ministros e reitores mantêm o terreno baldio e depósito de lixo num dos mais valiosos terrenos do Rio de Janeiro, onde haveria um teatro-escola de 2.000 lugares, como os que eu havia conhecido na Europa. Até hoje as condições de instalação de nossas Escolas de Teatro mostram a idéia que fazem do ensino os que o administram.

* * *

Durante as canseiras de viagem de reitor a Brasília, ao chegar algum súbito recado do ministro a me chamar com urgência havia um castigo que os burocratas adoram: é quando o ministro manda dizer pela secretária: "O ministro pretendia recebê-lo hoje às nove da manhã, mas pede que o aguarde porque foi chamado pelo presidente e estará aqui às três da tarde." Isto já representava um dia de ócio e uma despesa esbanjadora de diária. Às três da tarde a secretária ressurgia: "O ministro tem uma entrevista com o ministro da Fazenda, e pede que o Magnífico o aguarde". Eu detestava essa tolice de ser chamado de Magnífico e costumava responder: "Minha senhora, Magnífica é só a Virgem Maria, segundo o *Magnificat* de Bach. Pode me chamar pelo meu nome de batismo". A piada não colou: os reitores gostam de ser chamados de Magníficos. Mas o ministro, do alto de sua magnificência, mandava avisar que a nossa entrevista só poderia ocorrer na manhã seguinte, porque em geral os ministros da Fazenda têm o hábito de jantar. E então lá se vão mais uma diária e um dia perdidos. O ministro chega, aperta a mão com um aperto já ministerial, pede-me que eu espere. E aí surge a importantíssima bancada do Piauí, em peso: quer mais verbas, e o ministro sabe que o Piauí é capaz de derrubá-lo. E manda um recado, para que o Magnífico tenha uma paciência magnífica. E com isso todo o ensino do Brasil perde semanas inteiras de cerimoniais, salamaleques. Não há outro jeito senão recostar-se na magnífica poltrona ministerial e inventar coisas que possam ser úteis e decentes.

Por exemplo: sei que o governador do Estado tem a magnífica idéia de deitar abaixo o prédio do Tribunal do Júri, que já foi Alfândega, e no terreno plantar uma garagem para os carros oficiais. Que tal? A idéia é marota e vil: será uma empreitada que eliminará da cidade o único edifício clássico que ainda resta das construções de Grandjean de Montigny. Fico eu pensando em mil modos de propor ao magnífico governador que ali faça: um museu da Missão Francesa; um restaurante de culinária francesa; uma exposição circulante, dentro do restaurante; uma biblioteca. Bobagem? Levo a idéia ao embaixador da França. Levo-a a Roberto Marinho, que se entusiasma; levo-a ao corregedor da Justiça, que trata dos Tribunais do Júri, e ele me acha uma besta. Aproveito uma viagem que me oferece o ministério da Cultura da França para mostrar como fizeram o Museu Picasso, o Museu d'Orsay, o Museu Pompidou, o palácio de Vaux-le-Vicomte. Colocam-me arquitetos à minha disposição. Meu amigo Joaquim Monteiro de Carvalho me oferece hospedagem em seu generoso apartamento. O governo do Rio treme, já não tem coragem de derrubar a obra-prima do grande Grandjean de Montigny. A Fundação Roberto Marinho, firmas francesas, o governo francês colaboram. O prédio, por motivos de lei de propriedade, vai para as mãos do magnífico governador Leonel Brizola, que nomeia uma comissão sem quaisquer propósitos artísticos, didáticos ou turísticos, e que certamente desaparecerá no fim de seu mandato.

Tenho outro sonho: vão mudar os Correios e Telégrafos para um prédio novo. Que fazer do Paço Imperial? Os correios propõem ali, na porta de entrada e saída do Rio, um Museu de Numismática. Ainda há tempo de mudar de idéia: em vez de botarem abaixo a bela relíquia, transformam-na num museu de "eventos", isto é, um museu sem propósitos.

Mas o Magnífico ministro da Educação me deixa ter novo sonho na sua sala de espera. Pergunto-lhe, afinal: "Que tal transformar-se o prédio da Santa Casa de Misericórdia, o mais ilustre dos prédios da cidade, num museu como o do Louvre? Na Santa Casa de Misericórdia já é impossível instalar-se qualquer equipamento médico moderno; não há espaço nem para ambulâncias; impossível fazer baixar ali um helicóptero de emergência. A Santa Casa ganharia uma sede moderna e nova, na Cidade Nova, com heliporto no alto, estação de metrô no subterrâneo, uns quatro ou cinco andares para veículos, e umas vinte ou trinta enfermarias, ambulatórios, salas de operação, salas de tratamento intensivo, um hospital-escola monumental que estaria a cinco ou dez minutos de qualquer lugar do Rio de Janeiro..." Os médicos se voltam contra mim, preferem tratar os doentes em porões e salas infectas. Mas, dizem, o lugar é sagrado, um templo da medicina. Minha idéia morreu. Hoje os hospitais do Rio não dispõem de médicos, nem de enfermeiras, de professores, nem de enfermarias, nem de móveis. O magnífico secretário me acorda. Enfim, vou falar com Sua Excelência para dizer que os meus estudantes não têm onde sentar. Nada disto. O magnífico secretário me informa que o ministro está pesaroso: só me pode receber no dia seguinte, porque hoje tem um coquetel na embaixada do Burundi. "Se quiser, estamos distribuindo convites. Ponho um dos carros oficiais à sua disposição. E, cá para nós, bebe-se lá muito bem".

A MÃO NA MAÇANETA

Minhas relações com Antônio de Pádua Chagas Freitas datam dos tempos em que eu carregava no Foro os autos dos clientes do escritório de Raul Gomes de Matos, onde muito aprendi de como os outros ganham dinheiro com a advocacia e de como se trabalha sem ganhar o dinheiro do bonde. No Foro havia sempre um tempinho para ver o colega Alfredo Tranjan porfiando por seu lugar ao sol da Justiça. Íamos juntos ao Tribunal do Júri, para ouvir os Mestres e para nos revermos, os dois. Meu futuro cunhado, Antônio Batista Bittencourt, egresso da política e obrigado a encetar a advocacia após a revolução de 30, me arranjara para dar um expediente numa sociedade em litígios no Foro: a Sociedade Brasileira Oliveira Salazar, onde duas hostes de comerciantes da Rua do Acre lutavam para ver quem se apossava da espantosa entidade. Antônio advogava uma delas; eu ainda não era formado, fui indicado por ele ao juiz para vigiar os brigões. Era um único salão vazio num primeiro andar, onde me cabia atender aos antagonistas, informá-los de pagamentos e dívidas. Havia na Sociedade um precioso armário atulhado com as obras completas de Camilo Castelo Branco, e eu me fartava delas entre duas olhadelas nas compilações de aulas do professor Hahnemann Guimarães. Mais tarde descobri que os trezentos mil réis mensais estipulados pelo juiz para me remunerar eram rachados com o contínuo de meu futuro cunhado. Aprende-se muito, na vida. Aprende-se bastante com Camilo Castelo Branco.

Terminada a guerra, sobrevindo o raiar da liberdade, Tranjan me falou que Chagas Freitas desejava fazer política; apresentei-o a meu pai, a quem pediu uma vaga de candidato a vereador pela recém-fundada UDN. A chapa de candidatos estava completa, mas meu pai, tendo gostado do jovem promotor, apresentou-o a Ademar de Barros, que andava completando seu time eleitoral. Tanto sucesso alcançou Chagas Freitas junto a Ademar que não só se fez vereador como advogado-jornalista de *O Dia* e *A Notícia*.

Tempos correm, continuo a ruminar minha literatice e meu parco jornalismo, meu mais exitoso teatro, e fui parar na adidança cultural em Paris, onde minha casa vivia repleta de brasileiros mais ou menos notórios, de todos os naipes políticos, zumbindo ao redor da luz da Cidade-Luz: Vinicius de Moraes, Edu Lobo, Nelsinho Motta, Antonio Candido e Gilda com suas filhas, Eliana Pittman com sua Ofélia, seu Booker Pittman, seu saxofone, violões em profusão, Tônia Carrero como cometa louro-azul por cima do Arco do Triunfo, um bando das artes plásticas desde Maria Bonomi até o encantador Jenner Augusto, a estrelinha Elis Regina recém-nascida, o pianista Aloísio Alencar Pinto e seu grupo folclórico de Mercedes Batista, uma chusma de bolsistas com saudades da família e ávidos do vinho & pão & salsicharia & queijos & violões & cantorias aos sábados, um cardume de franceses, do Conservatoire, da Académie, do clube do amor ao pitoresco dos brasileiros. E foi nessa procissão que descobri minha afilhada, Rachel, filha do colega e amigo Clóvis Ramalhete e mulher de Francisco de Paiva Chaves, sociólogo em vilegiatura política, irmão dos militares Paiva Chaves chegados à minha família militar, filhos do general Paiva Chaves, que sofrera um derrame ao comandar as tropas pacifistas da ONU em Gaza e voltara totalmente paraplégico ao seu apartamento no Rio.

Rachel e Francisco (Chico) tinham cadeira cativa em nossos corações. Eu os admirei a ambos pela inteligência, pela acuidade de comentários, e mais o violão encantado e múltiplo de Rachel. Eles me levaram a assistir ao Concurso Internacional de Violão, promovido pela Radio-Télévision Française, onde um adolescente brasileiro se apresentaria. O adolescente chamava-se Turíbio Santos. Ganhou o prêmio, queria festejar com cerveja em companhia dos adversários, arrastei o bando para a Rue de Tilsitt. Ditei por telefone para a primeira página do *O Jornal* no Rio: BRASILEIRO GANHA PRÊMIO NA FRANÇA, e urramos aos violões para desespero dos vizinhos, com janelas abertas para as *courrants d'air* que sopravam do Arco do Triunfo. Valeu. Tão raro um brasileiro fazer alguma coisa de excepcional em Paris... Turíbio era Turíbio para toda a vida dentro de nós. Um dia, em sua mansarda na Rue du Four, atraveu-se a nos oferecer uma feijoada, o que consistia em ir ao Quais de la Mégisserie pra comprar saquinhos de feijão, o alpiste dos pássaros falantes mainás; ir ao Fauchon a ver se havia farinha; encomendar ao Nicolas dos álcoois uma garrafa de rum branco de Guadalupe; comprar o açúcar branco em pó e o aqui conhecido como limão galego para, pelo processo de ensaio-e-erro, chegar-se à razoável batida e à razoável bebedeira; comprar em qualquer casa de especiarias a caríssima *viande de Grison*, carne de sol suíça, para dar ao feijão uma saudade da carne-seca brasílica; e mais as admiráveis carnes de vaca, de porco, as difíceis orelhas, os delicados rabos, as frágeis costeletas, os embutidos mais parecidos com a lingüiça e o paio, os toucinhos, os torresmos, as laranjas, as pimentas a transmitir à garganta o grito de entusiasmo... e sinfonizar tudo a um ponto tal que os vizinhos, na inveja do faro, adivinhavam onde desabrochava aquele pecaminoso odor. Já passara longe o tempo em que um francês, ao iniciar-se na feijoada, teria dito: *D'abord j'ai cru que c'était de la merde*; *à la fin j'ai regretté que ce n'en fût pas*, infâmia colhida pelo eminente embaixador Sizínio Pontes Nogueira, do tempo em que Villa-lobos, por puro amor febril pelo Brasil, esbofeteou o pianista Edwin Fischer por ter exclamado: *Mais c'est de la merde*! Pois estávamos *chez* Turíbio e Sandra, entre batidas de violão e batidas de limão, quando o largo sino da vizinha Igreja de St. Sulpice começou a badalar majestosamente o meio-dia: rápidos, Turíbio e meu filho Marcelo empunharam seus violões, puseram um microfone para fora da janela e começaram a cantar e acompanhar, dentro do tanger do sino: *Olha lá vem chegando a procissão / Se arrastando que nem cobra pelo chão...* E esta seria a mais sinistra versão da criação de Gilberto Gil. Pena não a terem feito...

Fato comovente foi o casamento do flautista Celso Porta Woltzenslogel com a professorinha argentina Alícia, que fez vir de Buenos Aires o vestido de noiva de sua mamãe. Estavam lindos, alegres. Alba e eu fomos padrinhos na Église de la Cité Universitaire, cabendo a Turíbio Santos a leitura da Bíblia em português. E fomos, Turíbio, Celso e eu, à Université de Toulouse para fazer a entrega de uma biblioteca de livros brasileiros ao professor Jean Roche, o mais brasileiro dos professores franceses. Com Jean Roche inventamos um Carnaval brasileiro numa boate da cidade, obrigando os namorados a aderir ou bater em retirada.

Pois, dizia eu, ao regressar de Paris para o nosso exíguo apartamento da Rua Santa Clara, no Rio, Alba e filhos chegamos à conclusão de que não nos cabia mais: filhos crescidos, amigos crescidos, móveis, livros, livros, livros... E começamos a procurar alguma tapera que nos coubesse. Foi quando, tendo falecido o marechal Paiva Chaves, num apartamento em que os filhos puseram até trilhos, para que o leito chegasse perto da ensolarada janela e diante da televisão pendurada à parede, nenhum deles querendo ali morar pela dor das lembranças, nos ofereceram: alto, ao Corte do Cantagalo, com direito à vista sobre a Lagoa, uma entrada pelo minúsculo elevador, outra pelo elevador menos estreito da Rua Gastão Baiana. Um milagre! E tratamos de recuperar o imóvel com o afã com que se recuperou o Palácio do Rio Negro em Petrópolis para o presidente da República veranear três dias. Ficou tudo um brinco. Pedimos aos amigos que nos ajudassem na mudança. Helena e Antônio Carlos Bandeira de Figueiredo, admiráveis amigos, e a filha Maria Cristina, que nos fora cedida para se afrancesar em Paris, o primo e a prima Diogo de Figueiredo Moreira, a querida Carmen Bardy, ex-secretária de Walter Moreira Salles, de Santiago Dantas, da primeira dama Yolanda Costa e Silva, encarregada de contornar gafes em Paris... Éramos um pequeno formigueiro alegre, a descobrir onde melhor ficaria uma lâmpada, e a parar para folhear um livro, e a surpreender-nos a ligação do som...

Toca a campainha. E quem se enquadra à porta? O governador Chagas Freitas, como um deus *ex machina* de linho branco, a perguntar se tudo estava bem, se não faltava nada, que precisava ter um encontro comigo, a amabilidade em pessoa, a atenção para o primo Diogo, cuja erudição jurídica o encantou... Um até breve, sincero. E, depois que o governador saiu, meu irmão Luiz Felipe, dentista, nos revelou:

— Engraçado, ele nem me conhecia, pediu à recepcionista para marcar hora, chegou com exatidão e, quando lhe indiquei a poltrona de cliente, me falou que não tinha nada nos dentes, estava ali só para me cumprimentar e me visitar...

Dias depois, o primo Diogo foi nomeado procurador geral do Estado. E Chagas Freitas, pelo telefone, me pediu: já que eu conhecia tanta gente no Itamaraty, se não podia sugerir alguma pessoa qualificada para ser seu Chefe do Protocolo.

— Você sabe, preciso de alguém que receba gente importante, que saiba tratar, falar inglês, francês, vestir-se com apuro...

Cheguei a me lembrar do meu colega Castello Branco, o Castelinho, que ia ao ponto de examinar se os sapatos do embaixador Assis Chateaubriand estavam limpos, a gravata bem escolhida e bem posta, a caspa varrida... Duro ofício, que vai das grandezas de beijar mão de rainha até ver se meias estão furadas... E me floresceu uma idéia, mais portentosa que o estalo de Vieira: um chefe de protocolo? por que não *uma* chefe? Risonha, bela, elegante, informada em leis, números de telefone, precedências, sábia em dizer não, segura em dizer pois não...

— Carmen Bardy, Chagas! Você a conheceu em minha casa! Faça do Estado da Guanabara um Estado alegre como a gente do Rio, acolhedor como os braços de Cristo, cantante como um carnaval, intangível como um sacrário!

Chagas Freitas convidou Carmen Bardy, que se iluminou, assumiu o cargo, invadiu modistas; impunha aos visitantes respeito e educação, aos pedintes um pois-não, um aguarde-o-retorno, um tenha-a-bondade-de-entrar. Pontual como um bem-te-vi, discreta como um confessionário. E, ao fim de alguns dias, Chagas Freitas chamou sua Chefe de Protocolo, pediu que ela se sentasse, e disse mais ou menos isto:

— Carminha (assim já a tratava), todos gostamos muito de você, estamos contentes de ter você aqui, e então você vai ganhar um chefe.

— ?

— O seu chefe será o embaixador Gualberto, que me foi recomendado como um homem muito ilustre, você vai se dar bem com ele...

— ?

— Você é nossa amiga, você sabe...

E estendeu a mão e a pousou na coxa de Dona Carmen, que se levantou, olhou-o nos olhos, e lhe disse:

— O senhor é um cafajeste.

Virou as costas, retirou-se, veio à minha casa, chorando de humilhação e repugnância, e pelo telefone contou o episódio a todos os diplomatas seus amigos. Depois, já amaciada a indignação, tornada histriônica a história, lembramo-nos de como conhecemos, Alba e eu, nossa amiga Carminha. Em casa de um amigo comum, meu colega Sérgio Bonjean, surgiu como uma libélula; e, quando lhe pediram que cantasse, Carminha mostrou mais um de seus dons: enfileirou alguns copos, encheu-os d'água em porções diferentes, e neles batia com um anel, acompanhando o que cantava. E era tão encantadora sua voz e tão inesperado o seu número que todos aplaudiram. Perguntei:

— Quer cantar na televisão?

A televisão era recente, a Tupi, e eu era o seu diretor artístico. Ela aceitou, entreguei-a ao diretor Mário Provenzano, que a lançou numa imagem fluida, cabelos soltos, cigarro no canto do lábio, cantando *De cigarro em cigarro*. Mal acabara de cantar, o telefone soou. Atendi:

— Que diabo pensa o senhor que é minha filha? Isto é canção que uma menina direita cante?

Era o pai de Carminha, doutor e professor Bardy. Pedi-lhe mil desculpas, dei-lhe toda razão. Tornou-se nossa amiga, o pai também, a irmã, a mãe.

Com o episódio Chagas Freitas, lancei-o ao cesto. Francisco de Mello Franco, sabendo de meus apertos, apresentou-me a Said Farhat, diretor da Embratur, que me convidou para ali trabalhar. Tratava-se de um projeto à cuja frente estava o professor, crítico, conversador Eduardo Portella: organizar uma série de folhetos sobre o Rio de Janeiro, com finalidades turísticas e estilo *Guides Michelin*. Portella comandava, nada escrevia. Quem escrevia e pesquisava era Irene Moutinho, minha amiga de nascença, filha de Paulo Celso Moutinho e Stella, neta de Rodrigo Octávio Filho, bisneta de Rodrigo Octávio e com raízes campineiras: o dinamarquês-campineiro Teodor Langaard de Menezes, amigo de meu avô. Empenhei-me no livrinho sobre as ruas do centro do Rio, tarefa apaixonante. Nesse tempo eu andava afastado de meu irmão João: quando regressei de Paris, indicaram-me para o lugar de delegado na Unesco, cargo ocupado por Carlos Chagas Filho, que acabava de deixá-lo. Meu irmão, servindo na presidência, ignorou a minha candidatura, nada falou a esse respeito com o ministro Mário Gibson Barboza que, sem saber de minha pretensão, fez nomear um funcionário da carreira. Dediquei-me ao folheto. Eliminei Chagas Freitas de meu pensamento. Estranhamente, sem nada me dizer, Chagas Freitas demitiu o primo Diogo. Passado um tempo, Francisco de Mello Franco insistiu comigo para reaproximar-me de Chagas Freitas. Após ele, o prefeito Israel Klabin. E Said Farhat. E Eduardo Portella. A minha panóplia de amigos aumentava à medida que crescia a evidência de meu irmão general e ministro. Israel Klabin me seduziu com uma proposta vinda de Chagas: Adolfo Bloch tinha de deixar a Funarte, organização para assuntos culturais e artísticos do Rio, coisa inventada onde ele ganhava simbolicamente um dólar por mês, como os milionários americanos que aceitam cargos públicos. Para mim não seria o símbolo de um dólar mensal: seria um salário como diretor do Banco de Desenvolvimento do Rio de Janeiro, para os assuntos de auxílio às atividades culturais e artísticas, sobretudo do Teatro Municipal. O Teatro, colméia de empregos, cada vez maior quanto mais se sucediam os prefeitos e governadores, era meu velho conhecido. Ali fui claque, fui penetra, fui orador da turma, fui freqüentador, fui crítico, fui autor com peça premiada, *A raposa e as uvas*, fui promotor da Orquestra Sinfônica Brasileira, conhecia os sonhos frustrados de "um balé brasileiro" de Mario de Andrade, de Mignone, e as tentativas de quantos quiseram dar ao Brasil um balé de características temáticas e coreográficas próprias, não apenas as repetições pseudobrasileiras do balé russo. E ao tempo do governador Carlos Lacerda agüentei um mês na presidência do Teatro: não podendo extinguir o freje anual do Baile de Carnaval, depredação de nossa mais ilustre casa de espetáculos, convenci Carlos Lacerda a entregar o baile carnavalesco às diretoras da Associação Brasileira Beneficente de Reabilitação, a mais eficiente, a mais recente, a mais desamparada das entidades hospitalares fundamentais do Brasil. Pedi o apoio da diretora Léa Reis, guardiã dos deficientes da ABBR. Foi tal o êxito do baile, graças à vigilância das moças da ABBR, à repulsa de penetras, caronas, parasitas, que o baile, em vez do clássico prejuízo "por ser eminentemente turístico," rendeu o bastante para que a ABBR conseguisse a sua sede. Mas foram tantos os moscardos na colméia que deixei o conselho. E, tolo, ia aceitar agora a direção do Teatro, um teatro de atividades estranhas, com o Museu novamente transformado em restaurante a inundar a ópera e os concertos de um cheiro e ruído repugnantes, a importar, comprar e construir sem licitações, a custear viagens de estranhos. Mal se soube que eu havia aceitado, surgiu em minha casa e ex-diretor Adolfo Bloch para me convencer de que as licitações impedem as atividades da Funarte. No entanto, ele contratara o cineasta Franco Zeffirelli, interessado em filmar a ópera *Traviata* que ali montara com surpreendente fausto.

***

Era uma luta dura. Por que não topá-la? Por que a multiplicação de Barretos Pintos, de peças, músicas e danças de afugentar as platéias, de convidá-las às mangas de camisa e às chinelas havaianas? Ou entregar tudo aos fabricantes de sabonetes, de copinhos de papelão, aos magnatas do petróleo, do café, da burocracia, dos usuários dos cofres legislativos, executivos, judiciários, que nunca antes tinham comprado uma só entrada do Teatro?... Para mim, repugnava ouvir ao telefone um secretário de ministro a reclamar do Teatro seu camarote e vê-lo ocupado pela fauna de seus amigos, parentes e criados. O Teatro Municipal era um viveiro de parasitas. Quem sabe eu poderia melhorar as coisas pelo fato de ter um irmão presidente?

Quando o general João Figueiredo estava a assumir a presidência, telefonei-lhe para dizer que minhas mágoas estavam terminadas, me sentia obrigado de com ele colaborar, que entendia haver total incompatibilidade entre uma atividade de irmão jornalista com a de irmão presidente, porque eu seria alvo de pedidos abjetos e possuidor e explorador de sigilos...

— Você tem a mão na maçaneta!, já me dissera um picareta.

E eu afirmava ao irmão João: "Presidente devia ser filho único". E escrevia aos jornais um *Adeus às armas*.

Dias antes da posse, visitava João quando surgiu, na intimidade da maçaneta, o general Walter Pires, ministro do Exército. João disse:

— Pode falar, o Walter é irmão!

— Trago a você aqui uma lista...

— Já vem você com pedidos...

E riu para o Walter.

— Uma lista dos que não devem estar nunca em seu governo.

— Deixe ver.

Entreguei a lista. João leu.

— Logo em primeiro lugar o Golbery? Por quê?

— Porque foi seu comandante. Hierarquicamente é seu chefe. Como o Médici e o Geisel. O Brasil terá quatro presidentes.

Guardou a lista. O Walter abria a boca.

— Tenho uma outra lista, de pessoas que você deve visitar, com quem deve conversar, ao menos para saber de própria voz o que pensam.

Entreguei-lhe uma lista em que escrevi: Afonso Arinos de Mello Franco, Barbosa Lima Sobrinho, Sobral Pinto, Luiz Carlos Prestes, entre outros.

— Quer que eu seja deposto? Os tanques vão se virar contra mim como fizeram com o Nasser. Que mais?

— Um bando de arruaceiros pichou todo o Teatro Municipal. Aqui estão as fotos.

Uma delas tinha: FORA FIGUEIREDO. Era para mim ou para ele?

— Que é que se pode fazer?

— Uma postura estabelecendo que as casas de tinta *spray* só vendam a pessoas identificadas. O mais eu faço. Consegui quem compre na França o aparelho de jato de areia que limpou prédios centenários de Paris. Se isto não for feito já, as pichações aumentarão até a Granja do Torto.

João acenou que sim. Walter Pires estava a seu lado como para guardá-lo.

Dias depois me mandou chamar. Que eu levasse o Said Farhat. O Farhat foi em outro avião. No meu ia Oscar Bloch, que me tomou pelo braço:

— Temos um candidato ideal para a Chefia de Imprensa.

Resolvi melar a história:

— Ao que eu saiba, o João já decidiu.

Não tinha decidido. Levei Said Farhat ao local onde se reunia o Estado Maior da futura presidência. No semicírculo se sentaram os do Estado Maior da copa-e-cozinha. João estava afável, todos se tornaram afáveis.

João a Said Farhat:

— Fui informado de que sua competência em assuntos de propaganda e *marketing* o faz capaz de melhorar a imagem pública de outras pessoas. Que acha de melhorar a minha?

E ria-se, divertido com a idéia. Farhat:

— De fato, presidente, pode-se melhorar a imagem pública de uma pessoa. Não é nenhum milagre, é uma questão de observação.

— No meu caso?

João usava óculos pretos porque um defeito fazia que algumas pestanas lhe nascessem voltadas para dentro, raspando o globo ocular. Se Farhat soubesse disto, não teria dito o que disse:

— Não use óculos pretos. Os óculos pretos associam à idéia de banditismo, ao inconfessado desejo de não ser visto claramente.

— E que mais?

Farhat:

— Não use meias tão curtas. Com essas meias, o senhor está mostrando as canelas.

— Tenho hábito de usar botas.

Pensei cá comigo: nada de botas; a imagem das botas se associa ao espezinhamento. Ou ao cravar de esporas. São palavras e imagens de uso desastrado. Um dia, em conversa comigo, Austregésio de Athayde, querendo justificar a necessidade da religião, me disse:

— A religião é um freio!

— Eu não usaria esta imagem, Athayde. Dá ao leitor uma sensação eqüestre. É como a expressão "Em virtude..." Só deve ser empregada em relação a algum acontecimento alvissareiro. Eu nunca escreveria: "Em virtude desse defloramento o autor foi preso", "Fulano faleceu em virtude de um atropelamento".

Fomos para o restaurante do Hotel Nacional. Francisco de Mello Franco desejava saber como ocorrera a entrevista. Chamaram-me ao telefone. Fui atender, voltei, anunciei ao Farhat:

— O João quer falar com você às três horas.

— Vamos lá.

— Não, Farhat, eu não vou. De agora em diante a conversa é entre vocês dois.

Farhat foi. Regressou impante:

— Vou chefiar a Imprensa.

Uns dois dias se passaram e novo recado de João. Quando, na Embratur, se soube que eu ia a Brasília, Chagas Freitas anunciou-me por Francisco de Mello Franco: iriam também. João nos recebeu e a conversa ficou em generalidades. João me afirmou: iria visitar Afonso Arinos de Mello Franco. Francisco:

— Você vai também, não?

— Não. A conversa é com seu pai.

Eduardo Portella mandava cartas e mais cartas a João, doutrinando sobre "a qualidade da educação". João me perguntou numa manhã de cafezinho:

— Se você estivesse no meu lugar, quem convidaria para ministro da Educação?

— Paulo Carneiro. É o brasileiro mais conhecido em todo o mundo.

— Diga outro.

— Zeferino Vaz. É o criador da Universidade de Brasília.

— Diga outro.

— Wilson Martins. Professor, crítico literário, conferencista, o brasileiro mais conhecido dos educadores americanos. Sofreu paralisia infantil, usa muletas, mas leva seu talento a toda parte.

— Que tal esse seu amigo que me escreve cartas?

— Você julgue.

No dia seguinte, o coronel João Batista de Paiva Chaves, no Hotel Araucaia, zombou de Said Farhat:

— Ó turco, o Guilherme sugeriu para ministro da Educação um aleijado, Wilson Martins?

Farhat saiu-se bem:

— Coronel, Franklin Roosevelt também era.

Os outros riram.

No dia seguinte, na Embratur, Said Farhat me telefona de Brasília, pedindo-me o número de telefone de Eduardo Portella. Ao redor, todos se deslumbraram. Liguei para Portella:

— Sente-se e espere. Você vai ser convidado para ministro da Educação.

Tiro e queda. Nasceu aí a fantasia de que eu "fizera" o ministro, quando eu tinha a íntima certeza de que o pobre Eduardo Portella queria apenas dar um vôo à volta da luz da lâmpada, para impressionar, porque apenas esperava alguma evidência palaciana, como ao tempo de Juscelino e de Dona Sara. Mais tarde Portella aproveitou uma entrevista para desmentir que eu o fizera ministro. Tirou-me um peso da consciência.

João presidente foi a Campinas, assistir ao casamento de uma de nossas sobrinhas, Maria Valentina. No automóvel acompanhei-o ao aeroporto. O coronel Paiva Chaves sentara-se à frente. João me perguntou:

— Que tal o Clóvis Ramalhete para consultor geral da República?

— É meu compadre, mas não posso responder agora, João. Estou tão afastado dos assuntos jurídicos que gostaria de perguntar aos colegas de turma do Clóvis.

Antes de obter qualquer informação, Clóvis Ramalhete já estava nomeado consultor geral da República.

Dias depois encontrei Clóvis no Hotel Nacional. Felicitei-o e fomos almoçar juntos. Um outro colega de turma, embaixador, acercou-se de nossa mesa e me disse:

— Você me deve muitos favores. Diga a seu irmão que me nomeie embaixador em Paris.

— Desculpe, não posso. É um cargo político, não tenho forças para tanto...

— Se você quiser, você pode. É só você querer.

— Se eu tivesse essa força, pediria para mim.

Não foi o único. É impressionante como as pessoas nos pedem o impossível e se irritam porque gastaram suas forças, seu dinheiro, sua hospitalidade com o amigo errado! Por isso cada vez mais admiro meu amigo embaixador Sizínio Pontes Nogueira, que sempre obteve seus postos por mérito próprio sem jamais me humilhar por minha fraqueza. E Mário da Silva Brito, que descobriu Paris quase aos setenta anos, e lá vai todos os anos para viajar com os pés nas próprias leituras e a cabeça nos próprios sonhos.

Outro importante diplomata me visitou quando eu preparava, escondido numa salinha da Reitoria, minha tese de concurso. Jogou-me árvores natalinas de bondade, de amizade. Palavras de mais de duas horas. Ao se despedir, indaguei:

— Por que você me visitou agora? Quer alguma coisa de mim?

— Quero. Fale bem de mim a seu irmão.

Outro, ao saber da morte do insubstituível Aloísio Magalhães, secretário de cultura do ministério da Educação, sentou-se à mesa do meu almoço em Nogueira, instando para que eu o levasse a visitar o mano.

Às vésperas do presidente ir a Buenos Aires, procurei-o e pedi:

— Inclua-me na sua comitiva, mas quero ir antes de você. É porque na Argentina eu sou mais conhecido, a imprensa me estima por causa de meu teatro e porque sabe que uma peça minha foi proibida por Perón. Quero chegar antes, para lembrar com minha presença que você não toma parte na "guerra suja" ; que nosso pai foi acolhido na Argentina como exilado democrata.

Ao chegar na nossa embaixada, pedi que incluíssem na lista de convidados à recepção pelo presidente brasileiro os nomes de meus amigos antiperonistas, antimilitaristas. Todos compareceram, até a querida Berta Singerman, arrastando-se, e meu querido tradutor Cesar Tiempo, e meu editor. Todos foram. Menos meu querido Ernesto Sábato, que me escreveu uma carta de letra miúda e sofrida: visitaria meu irmão em qualquer lugar, nunca ao lado dos generais que mataram seus amigos. E continuamos amigos, Sábato e eu. Anos depois, fui a Buenos Aires e marquei com ele um encontro num bar da Calle Corrientes. Quando entrou, aplaudiram o escritor que condenou as barbaridades da "guerra suja". Ganhei os aplausos só por tê-lo abraçado. E a ele contei um fato simples, da véspera da posse de meu irmão. Por dever de reitor tive de ir a Brasília, Said Farhat me chamou para almoçarmos no Hotel Nacional. Com ele e a esposa estava uma jovem jornalista, que eu não conhecia pessoalmente e que, na manhã seguinte, faria uma curiosa reportagem: "A manhã de quem à tarde será presidente da República". Realmente, o presidente João, na véspera de sua posse, deu uma entrevista à jornalista Hildegard Angel. Na própria recepção da posse João me contou que dera a entrevista. Eu lhe perguntei:

— Sabia quem é a jornalista?

Não, não sabia.

— O irmão dela foi assassinado. A mãe, conhecida costureira da sociedade, morreu logo depois, não se sabe se foi acidente ou se a mataram.

Trata-se de uma colega de imprensa, competente e séria. Imagine, João, se fosse como aquela jovenzinha argentina que pôs uma bomba de dinamite embaixo da cama de um almirante e o fez voar pelos ares? Você foi o chefe do SNI·e não sabe que o meu passaporte diplomático, devolvido ao Itamaraty após terminar minha atividade de adido, foi furtado no Serviço do Pessoal por um Jorge Ladeira, ex-polícia especial lá empregado, que o usou para fazer um vasto contrabando dos Estados Unidos com um certo senhor Fialho, que o usou para contrabandear coisas para Dona Yolanda Costa e Silva. Nosso irmão Euclides sabe disto, me apresentou a um coronel do SNI a pedido do doutor Murilo Noronha, presidente do inquérito na Alfândega, e me chamou para dizer: "Doutor, até aqui andei eu. Daqui por diante, só o SNI pode apurar".

Nada se apurou, o contrabandista Ladeira fugiu para a Embaixada do Brasil em Assunção, protegido pelo embaixador Antônio Azeredo da Silveira, que seria depois ministro das Relações Exteriores, e pelo embaixador Dario Castro Alves, então o chefe do Departamento de Pessoal do Itamaraty. Há sobre isto um processo, em cima do qual alguém pôs o pé. Os arapongas e subarapongas se protegem.

* * *

Por que não dizer que as atividades do Teatro Municipal me encantavam? Só me afligia a quantidade de gente a querer entradas grátis. Concedi muitas, sim: falei ao telefone com o presidente e lhe pedi que emprestasse o seu camarote presidencial para os alunos de cursos de teatro e música da Uni-Rio. E assim foi. Quem olhasse para o camarote à direita, via-o sempre cheio de jovens com suas blusas universitárias. Nos camarotes fronteiros, do governador, do prefeito, da polícia, havia sempre um bando a gozar as venturas do poder, isto é, as alegrias da gratuidade do poder.

Mas eu me divertia inventando travessuras: tentei criar balés nacionais: *Sarau de sinhá*, de Aloísio de Alencar Pinto, *O caçador de esmeraldas*, de Francisco Mignone, *Quincas Berro D'água*, de Jorge Amado e Mignone; *O boi no telhado*, com música de Darius Mihaud e entrecho meu, furtado por um coreógrafo de Dona Dalal Achcar; *Os olhos de Degas*, não tão brasileiro, mas um aproveitamento meu sobre as telas e os bronzes das bailarinas de Degas à medida que o pintor vai ficando cego... Convidei compositores, convidei escritores, sonhadores... E, aos setenta anos do Municipal, reuni os artistas que mais contribuíram para seus grandes dias e suas noites, fiz com que o ministro do Trabalho os condecorasse, trouxe dos Estados Unidos a Grande Dama Bidu Sayão. Violeta Coelho Neto de Freitas, grande cantora que cantou com Toscanini nos Estados Unidos, também foi condecorada: setenta anos antes, seu pai, Coelho Neto, fazia o discurso de inauguração do Teatro, enquanto a filha nascia. A inauguração encerrou-se com o poema sinfônico *Cauchemar*, de Francisco Braga, que inaugurou o Teatro, e com a *Aleluia* do oratório *Messias*, de Haendel. Tudo presidido pelo irmão presidente.

* * *

Durante a recepção na embaixada de Buenos Aires, Said Farhat me chamou a um canto e me segredou:
— O Israel Klabin, prefeito do Rio, pediu demissão. O Chagas Freitas irá a Brasília, assim que voltarmos, e indicará para o lugar meu amigo Francisco de Mello Franco. Mas pede que você não acompanhe o nosso Chico e o Chagas Freitas nessa viagem, para não parecer que você está "fazendo prefeito" o nosso amigo.

Claro, não ficaria bem eu ir. Mas Chagas Freitas acostumara-se a usar a minha presença a cada visita ao presidente. E esses convites eram como acompanhar um empreiteiro, quando me contratou como advogado da firma Carvalho Hosken, e me chamava para as visitas consideráveis:
— Aqui está o Guilherme Figueiredo, nosso novo advogado. É irmão do general João Figueiredo...

Sempre senti, nessas visitas, a voz que me sussurrava: "Você tem a mão na maçaneta..."

Não fui a Brasília. Soube que Chagas Freitas levou consigo o próprio Francisco de Mello Franco, a esposa e o filho caçula, o menino Rodrigo, de quem eu gostava. Chagas Freitas, no avião, pôs a criança no colo, abraçou-a. E Chico, ao regresso do governador, me telefonou, entusiasmado:
— Sou prefeito! A nomeação sairá depois que o Chagas Freitas voltar de Nova York.

No dia seguinte, ao abrir o jornal, li: fora nomeado prefeito do Rio um coronel-aviador, Júlio Coutinho, de quem nunca se ouvira falar. Telefonei para o Chico às oito da manhã. Estava perplexo.

Fui ao seu apartamento, seu encantador apartamento onde tantas vezes encontrara amigos inteligentes e divertidos, prestimosos colaboradores, parentes agradáveis de uma família de sábio convívio: o pai Afonso, a mãe Anah, o tio Carlos Chagas, as filhas belas, inteligentes; com quem convivemos quando o pai foi delegado na Unesco em substituição a Paulo Carneiro, o diplomata Afonso Arinos Filho, brilhante, e sobretudo a grande dama Maria do Carmo e o esposo José Nabuco, com quem eu gostava de conversar, porque sabiam de tudo: de livros, de cidades mineiras, do abolicionista Joaquim Nabuco, do tio Virgílio que me arranjou meu empreguinho na Light quando meu pai foi condenado... Gostava de freqüentar os Arinos e os Nabuco, neles sempre encontrava o que aprender.

Chico estava vermelho, sério, esbugalhado. Pedi licença para falar ao telefone, antes que me fizesse qualquer comentário ou pergunta. Liguei para Said Farhat, em Brasília, transmiti-lhe o meu espanto. E ele:

— Você sabe como é a política... Já estava tudo assentado para nomear o Chico, apareceu a candidatura do Júlio Coutinho... Coisas da política...

Eu me indignei, perdi a cabeça:

— Farhat, quem foi o filho da p... em toda essa história? Vamos, diga? O Chagas? o Golbery? E em tudo isto você me enganou?

Said Farhat, um *gentleman*, se enrolava ao telefone. Encerrei:

— Vou daqui ao Teatro Municipal, chamo a imprensa, declaro que me demito! Não *peço* demissão: *dou* minha demissão, como fazem os franceses. Adeus.

Desliguei, olhei para o meu amigo. Estava mais vermelho do que eu. Despedi-me, sem comentários relevantes, fui para o Municipal; já os repórteres mais bem informados telefonavam, a saber como eu me sentia. Num mar de lama. Redigi uma comunicação à imprensa, o Teatro inteiro parecia fremir, deixei o escrito para distribuição, voltei para casa. Onde, para complicar mais o dia, promovia uma recepção. Entre os convidados, Afonso e Chico. Às cinco horas começaram a chegar os convidados, inclusive uma repórter que eu não conhecia. Arrumadinha, pintadinha, vestidinha.

— Sou Fulana.

— A senhora foi convidada?

— !?

— Faça o favor de retirar-se.

Eu tinha uma cisma com meus colegas, espertos redatores; colocado um deles à minha disposição para o que me interessasse, me deu o telefone, passou a telefonar quase diariamente à cata de assuntos, convidou-me a almoçar. Em resumo: queria fazer-me de informante. Ouvi, cá dentro: "Você tem a mão na maçaneta!" Eduardo Portella apareceu, com aquele ar de estátua em cima do muro, a tocaiar os acontecimentos. Chico, abordado à entrada do prédio, confessou:

— Meu pai me disse que se eu não pedisse demissão seria um canalha.

Não era bem isto. Eu não patrocinei a sua nomeação, nem ele pedira coisa alguma. Havia, sim, o vago consenso de que o irmão do presidente teria a mão na maçaneta. Chagas Freitas mandou-me uma carta viscosa, em que falava no amor dos pais pelos filhos, no amor fraterno, esses xaropes que se destilam quando a dignidade derrete. Mandei por meu filho Luiz Carlos duas linhas a Chagas, pedindo-lhe que conservasse o Chico em seu posto de secretário do Planejamento. Já era tarde: já tinha transformado Coutinho em prefeito e nomeado Arnaldo Niskier para responder pelos destinos da Funarte. Portella temia que o demitissem, pois sua atividade na pasta da Educação consistia em fazer viajar acadêmicos, nomear acadêmicos, parentes de acadêmicos, e contava às matinas quantos degraus ainda teria de subir de joelhos à Penha da imortalidade. Num almoço, pouco antes, concordara comigo: fica feio candidatar-se à Academia à custa do poder. Exemplo: a eleição de Getúlio Vargas. Quem saíra mais sujo? O vaidoso ditador ou os que o elegeram? E Portella, fazedor de frases: "Eu me abaixo mas não perco a pose". E agora, o veloz Niskier a roer-lhe os votos, dentro do Municipal, a distribuir camarotes?

Havia dias eu andava empenhado numa pequena campanha de solidariedade: Paulo Carneiro estava internado, com câncer terminal, num dos melhores e mais caros hospitais de Paris, o American Hospital. Não tinha como pagar as contas, não tinha como pagar a passagem para vir para o Brasil. Falei aos seus amigos, falei com os meus, juntei mil dólares de cada um, o bastante para todas essas despesas, usei uma passagem que ainda restava dos dias de bonança. Fui. No avião encontrei Said Farhat e esposa. Iam a Paris depois que Farhat fora convidado a demitir-se pelo maquiavélico Golbery. Queria conversar, transferimos a conversa para terra firme, o avião voava em alturas de baixo astral e eu gostava de dormir em avião. Hospedei-me na residência do embaixador, meu amigo e colega de turma Luís Gonzaga do Nascimento e Silva, tomei-lhe mil dólares, levei tudo a Paulo Carneiro. O embaixador me convidara para jantar e lá encontrei outros convidados: o casal Farhat lamentando a queda, logo agora, que o presidente João e comitiva iriam a Paris e haveria, é claro, uma esgrima de modas brasileiras... Wilma e Luís Gonzaga eram a elegância e a gentileza personificadas; troquei meu jantar com Maria d'Apparecida pelo jantar dos Gonzaga. Iria ver minha amiga após o jantar. E, depois do delicado e cuidadoso jantar, Farhat me levou a outra sala e me contou:

— No dia seguinte ao da sua demissão, o general Golbery me chamou. Ao entrar em seu gabinete, lá estava o major Aquino.

Um homem que sempre vi nas esguelhas de portas e fundos de corredor. Tinha a seu lado um gravador e disse a Farhat:

— Ouça isto aqui, ó turco!

E ligou o aparelho. E era todo o meu telefonema a Farhat no dia de minha demissão. Toda a conversa: "quem foi o f... da p...", e por aí ia. Terminada a fita, o major desligou o gravador:

— E agora, seu turco?
E então fui eu quem perguntou a Said Farhat:
— E então? Que é que você fez?
— Golbery disse: "É só." E eu me retirei. Que é que você queria que fizesse? Que faria você no meu lugar?
— Farhat, você era um ministro de Estado. Em seu lugar eu olharia para o ministro general Golbery e para o major Aquino e lhes diria, dando um vasto murro na mesa: "Os senhores estão presos por desacato a um ministro de Estado! Recolham-se à unidade militar mais próxima!"

Esse ensinamento me deu o Colégio Militar, onde fui de bicho a comandante-aluno, e o Movimento Constitucionalista, onde aos dezessete anos cheguei a prender, por engano, como espião, o engenheiro Lauro Parente, e de onde trouxe para a vida inteira a desconfiança de ter matado um homem. Voltamos para a sala, amigos tristes.

Fui visitar Maria d'Apparecida: precisava de sua voz de mãe e de irmã. Encontrei-a rodeada de quadros, que lhe tinha deixado em herança Félix Labisse, o pintor seu protetor e amigo. Maria não sabia que fazer daquilo tudo, naquele exíguo apartamento. E tinha mais: um saquinho de *napoléons d'or* que lhe deixara Jane, a esposa de Labisse, quinze anos mais idosa que o marido, e que morrera num hospital quinze dias depois do nosso amigo. Maria enterrou um e outro. Expliquei-lhe que, tanto quanto eu sabia das leis francesas, Maria podia comprar do proprietário o apartamento em que residia havia longo tempo. Ela me ouvia entre credulidade e esperança. Já tínhamos falado muito, eu lhe pedi:

— Maria, por favor, me dê uma bebida, o que você tiver.
E aí minha amiga me ofereceu um pedaço de sua sabedoria:
— Mulher que vive sozinha não tem álcool em casa.
E fomos tomar sorvete nos Champs Elysés semeados de estrelas.
Tempos depois, o mago Golbery mandou chamar Eduardo Portella em seu gabinete:
— O presidente quer sua carta de demissão, disse.
Portella escreveu. Entregou. Confessou: "Acho que me queimei". Não sei a quem teria dito, mas um jornal registrou.

Procurou o general Danilo Venturini, encarregado de sorrisos, pediu-lhe que fizesse o presidente devolver-lhe a carta. Chorou mas não perdeu a pose.

Eu estava em Buenos Aires, convidado a um debate sobre relações culturais entre o Brasil e a Argentina, a convite do embaixador Oscar Camillion, amigo do Brasil e sonhador das relações culturais, para o que chamara o embaixador Mário Gibson Barboza, o embaixador Walter

Moreira Salles, o ministro José Guilherme Merquior. Uma idéia feliz destinada a eliminar os arrepios militares das fronteiras dos dois países, o que ficou demonstrado num trocar de apartes nervosos entre o general Meira Mattos e o general Villegas, ex-embaixador no Brasil. Em Buenos Aires soube da candidatura de Portella à Academia, devaneio para o qual pediu o consentimento do presidente Figueiredo, que lhe teria dito:

— O senhor é escritor, seu lugar é na Academia.

Soava como uma benção. Quando se queimou depois, teria murmurado: "Eu *estava* ministro, não *era* ministro". De Buenos Aires, quando soube da candidatura à ABL, chamei-o pelo telefone:

— Portella, você fez essa sacanagem?

Porque ele mesmo dizia que achava imoral ser candidato e ministro. E Portella, já de votos garantidos:

— Não admito!

E bateu o telefone. Não podia perder a pose.

* * *

Procurei ao máximo ficar longe de Chagas Freitas, para não ter de lhe perguntar onde arranjara a amizade do coronel Coutinho e o elevara a prefeito. Chagas Freitas deixou o governo do Estado cercado de amarguras. Passou a deambular sem destino, sem corte, de tal modo sofrendo as desgraças desabadas sobre sua cabeça que uma noite, ao encontrá-lo, solitário e de olhos ausentes, numa reunião em casa do acadêmico Carlos Chagas Filho, seu parente e meu amigo, não resisti, sentei-me a seu lado e lhe disse:

— Não posso ser seu inimigo, você não pode ser meu desafeto. Tenho piedade de você e é este o sentimento que lhe trago.

Pensava na carta que me enviou, falando de nossos filhos.

Chagas, Farhat, Portella e tantos outros sonharam ter a mão na maçaneta, a minha mão ao menos, para freqüentar a copa e cozinha do poder.

* * *

Desaparecera o meu sonho do Municipal. Desde menino lá ia: carona, penetra, claque, comparsa, das torrinhas da claque à comparsaria no palco, envergando beca para discursar na colação de grau, como orador da turma; redator de programas da Sinfa, crítico de peças teatrais, de concertos, de óperas, de diretor do Conselho, juiz de prêmios de fantasia nos bailes, de estreante que levou sua raposa e suas uvas a prêmios no Rio, em Moscou, em galopadas pela Europa, pela China, pela África, pelo Japão, e me deu medalhas, condecorações, e eu deixara minha carreira de autor teatral pela glória de erguer a mais importante casa de espetáculos do Brasil e o deslumbramento de lhe dar o lugar que merece... Tudo porque recuei para não ser "o autor irmão do presidente", o jornalista a tirar vantagens extra-jornalísticas... Tinha, depois deste episódio, o meu cargo mal remunerado mas que me dava outro sonho: criar uma universidade, fazê-la modelar, moderna, faiscante de idéias...

Só tive um amigo que se preocupou com a minha magra posição de reitor de uma universidade a construir, e a cujos professores, alunos e funcionários contava uma historieta para fazer com que se envaidecessem: dois operários se encontraram numa obra e um indagou ao outro:

— Que faz você aqui?!
— Eu amontôo pedra. E você?
— Eu construo uma catedral.

Continuei com minhas croniquinhas de cinco minutos semanais na Rádio MEC, que eu mesmo lia desde os tempos de Murilo Miranda... Só um amigo, um só, veio em meu socorro: fez-me sucessivamente conselheiro de uma empresa de navegação, de uma metalúrgica, de uma indústria de máquinas fabris. Em tudo cabia-me redigir notícias, panfletos, comunicados. O meu benemérito amigo foi o ex-confrade de imprensa, ex-deputado Anísio Rocha, companheiro de jornal que se encarregou de me tirar da cabeça a idéia de que eu fracassara, eu me omitira, eu me enojara. Anísio Rocha, amigo desde os tempos de *Vamos ler!* e *Carioca*, e que sempre foi o amigo exato.

* * *

Nos oitenta anos de Pedro Nava, seu apartamento ficou tão invadido de amigos que o elevador entupiu. Cruzavam-se abraços na sala como se acotovelassem os amigos no entra-e-sai. Velha amizade gostosa desde os anos de Mario de Andrade no Rio; e, desde que nomeado membro do Conselho da recém-fundada Federação das Escolas Isoladas Livres do Estado da Guanabara, sempre achávamos um jeito de trocar palavras maiores que a simples delicadeza. Pedro Nava, médico ilustre, era também uma das melhores conversas do Brasil. Fui com Alba saudar o octogenário e, como sabia de seus gostos e de Nieta, seu anjo da guarda, levei-lhes um presente especial: uma garrafa de Clos-Vogeau, uma bagueta de pão francês, um Camembert a ponto de dedo polegar, e um só copo, para beberem sós, em colóquio. Uma visita afoita entendeu de desembrulhar o intrigante embrulho; e achou dever consumir na hora o conteúdo. Amaldiçoei a visita, como cumpre fazer em tais ocasiões. Mas Nieta e Pedro compreenderam a intenção da mensagem.

Certa madrugada, algum tempo depois, o telefone tocou e era Nieta, espavorida, a soluçar:

— Assassinaram o Nava!

E me gaguejava que o corpo estava no Instituto Médico Legal, para onde fora acompanhada de dois sobrinhos. Não os deixaram entrar. A notícia já corria as esquinas da madrugada, invadia jornais, aglomerava telejornalistas ávidos.

Assim encontrei minha pobre Nieta, entre os dois sobrinhos, numa horrenda e promíscua sala de espera. Não podiam entrar. Natural que assim fosse, até a chegada do médico de plantão para o necessário exame. Um morto com um tiro no ouvido certamente guardaria vestígios de pólvora para os técnicos da Medicina Legal. Assim entendi, procurei acalmar minha amiga, em vão.

— Meu Nava, meu Nava!, gemia, e eu lhe acompanhava o gemido, sem nada saber dizer. E nada sabíamos dizer, os sobrinhos, os funcionários do Instituto que, pelo volume de repórteres, já adivinhavam a importância do falecido. Nieta, entre soluços, gaguejava: ela e Nava se preparavam, diante da televisão, para assistir a uma raridade: a primeira vez que o amigo Carlos Drummond de Andrade se deixaria entrevistar. Súbito o telefone tocou, ela atendeu, chamavam o marido, ela lhe passou o fone, ele escutou em silêncio e depois de desligar o fone, falou:

— Nunca fui tão insultado como agora!

Alguém insultar o bondoso Pedro Nava? Por momentos, o casal se quedou, em silêncio, diante da tela. Pedro levantou-se, retirou-se da sala, desapareceu, em mangas de camisa e sandálias. Nieta, acostumada aos chamados noturnos e urgentes do médico, resignou-se a olhar sozinha o programa de televisão. Até que bateram à porta. Era a polícia, e lhe dizia terem encontrado o marido morto, num banco da Praia do Russel, com uma perfuração a bala no ouvido. Nieta teve forças para, no auge do desespero, chamar os sobrinhos, rumarem todos para o Instituto Médico Legal, onde não a deixaram entrar. Repórteres indagavam, queriam sacar fotos, ela e os sobrinhos foram arrastados a uma sala. Ali esperavam. Ali Nieta se lembrou de me telefonar. Tinha estado com o marido e amigos em nossa casa, pouco antes. Os guardas não me deixaram passar. Alguém me reconheceu e usou de um sésamo cruel: irmão do presidente! Era a mão na maçaneta.

O portão se abriu para mim só. O funcionário, a meu lado, me explicava: em casos de suspeita de homicídio ou suicídio, só depois do exame, só depois de esclarecido o caso, os parentes teriam acesso ao cadáver.

Entrei só. Pedro Nava jazia deitado num catre, as mãos no peito, em mangas de camisa, calças caseiras, um par de sandálias. O rosto azul-negro, amassado, um furo lhe atravessara a orelha direita com tanta violência que lhe extirpara a órbita ocular e o olho saltava fora, como um olho de mosca. O sangue se coagulara com um líquido amarelo. Olhei meu amigo até poder guardar sua fisionomia esmagada, caricatural. Até ter coragem de reolhá-la sem explodir em choro. O médico de plantão tinha chegado e me falou: dados as circunstâncias, o chamusco de pólvora, tudo indicava suicídio. A família podia entrar. Diante disso, pedi ao médico que conduzissem o morto a uma sala vazia, não entre os demais cadáveres. E que arranjassem um lençol, para lhe cobrir o rosto. Assim que isso foi feito, e enxugado o horrendo ferimento, tomei coragem, fui buscar Nieta. Falei-lhe nos olhos, com carinho e sinceridade:

— O que você vai ver é horrível. Vou ficar a seu lado, segurando seu braço. Se quiser chorar, se quiser dizer toda a sua dor, agarre-me, deite-se no meu ombro.

Os dois jovens quietos, estatelados, um deles com um embrulho na mão, coisas naturalmente trazidas para recompor o morto. Nieta olhou o rosto desfigurado do marido, longamente, sem uma só lágrima, apenas com um movimento convulso da garganta. Estendeu a cabeça, pousou-a sobre a de Pedro Nava, beijou-a, um beijo de mãe, de bênção, de perdão.

— Agora já posso ir.

Os sobrinhos a ampararam. Um deles me entregou um saco de papel pardo.

— Os sapatos de titio.

Acompanhou os demais. Fiquei só com o morto, olhando-o, nos cabelos ralos, no rosto desfigurado, no corpo inteiro. E ouvi a sua voz a me dizer um dos mais dolorosos poemas algum dia escritos por um poeta que nem sempre se entregava à poesia, uma poesia que um nosso amigo recolheu na sua coleção de *poetas bissextos*. Era a voz de Pedro Nava a me sussurrar e era a voz de Manuel Bandeira que parecia lê-la em sua *Antologia*.

> *Quando morto estiver meu corpo*
> *evitem inúteis disfarces,*
> *os disfarces com que os vivos,*
> *só por piedade consigo,*
> *procuram apagar no Morto*
> *o grande castigo da Morte.*
> *Não quero caixão de verniz*
> *nem os ramalhetes distintos*
> *os superfinos candelabros*
> *e as discretas decorações.*

E a voz de Nava me pedia:

> *Eu quero a morte com mau gosto!*
> *Dêem-me coroas de pano,*
> *Dêem-me as flores de roxo pano,*
> *angustiosas flores de pano,*
> *como enormes salva-vidas,*
> *com fitas negras pendentes.*
>
> *E descubram bem minha cara:*
> *que a vejam bem os amigos.*
> *Que não a esqueçam os amigos*
> *e ela lance nos seus espíritos*
> *a incerteza, o pavor, o pasmo...*
> *e cada um leve bem nítida*
> *a idéia da própria morte.*
> *Descubram bem esta cara!*

E eu olhava a cara estourada de meu amigo.

> *Descubram bem estas mãos:*
> *Não se esqueçam destas mãos!*
> *— Meus amigos, olhem as mãos!*
> *Onde andaram, que fizeram,*
> *em que sexos se demoraram*
> *seus sabidos quirodáctilos?*
> *Foram neles esboçados*
> *Todos os gestos malditos:*
> *até furtos fracassados*
> *e interrompidos assassinatos.*

As mãos de Nava, cruzadas sobre o peito... As minhas mãos, trêmulas...

> *— Meus amigos, olhem as mãos*
> *que mentiram às vossas mãos...*
> *Não se esqueçam*
> *elas fugiram*
> *da suprema purificação*
> *dos possíveis suicídios...*

Ele sabia, pobre Pedro Nava, ele sabia que, depois de escrever suas memórias, aquelas mãos teriam a missão de destruí-lo...

> — Meus amigos, olhem as mãos,
> as minhas e as vossas mãos!

Olhei minhas mãos, que seguravam o embrulho de papel pardo...

> Descubram bem vossass mãos!

> Descubram todo o meu corpo,
> Exibam todo o meu corpo
> as partes excomungadas,
> as sujas partes sem perdão.

O corpo de Nava, estirado à minha frente, de mãos postas, cobria-se de sangue, lágrimas amareladas dos olhos...

> — Meus amigos, fujam das partes,
> As sujas, malditas partes...
> Das punitivas, malditas partes

Dir-se-ia estar-se confessando a mim, a mim...

> Eu quero a morte nua e crua,
> terrífica e habitual
> com o seu velório habitual.
> Ah! o meu velório habitual.

> Não me envolvam num lençol:
> a franciscana humildade,
> bem sabeis que não se casa
> com meu amor pela Carne,
> com meu apego ao Mundo.

E me suplicava, o pobre:

> E quero ir de casemira
> e jaquetão com debrum,
> calça listrada, plastron...
> e os mais altos colarinhos.

Meu solitário amigo, de camisa enxovalhada, como uma ironia à sua própria ironia...

Meu bom Pedro Nava, tão sabedor da alma humana, tão sabedor de sua própria alma...

> *Dêem-me um terno de ministro*
> *ou roupa nova de noivo...*
> *E assim solene e sinistro,*
> *Quero ser um tal defunto,*
> *um morto tão acabado,*
> *tão aflitivo e pungente,*
> *que sua lembrança envenene*
> *o que restar aos meus amigos*
> *de vida sem minha vida.*

Ele ama a vida, não deseja perdê-la, inveja os amigos que ficam...

> *— Meus amigos, lembrem de mim,*
> *se não de mim, deste morto,*
> *deste pobre terrível morto*
> *que vai se deitar para sempre,*
> *calçando sapatos novos!*
> *Que se vai como se vão*
> *os penetras escorraçados,*
> *as prostitutas recusadas,*
> *os amantes despedidos*
> *como os que saem enxotados*
> *e tornariam sem brio*
> *a qualquer gesto de chamada.*

No saco pardo, os sapatos, os sapatos novos, eu os fui calçando nos seus pés frios, cobertos de meias caseiras...

> *Meus amigos! tenham pena*
> *senão do morto, ao menos*
> *dos dois sapatos do morto!*
> *Dos seus incríveis, patéticos*
> *sapatos pretos de verniz.*
> *Olhem bem esses sapatos*
> *e olhai os vossos também.*

Este poema foi escrito em 20 de julho de 1938, publicado na primeira edição da *Antologia dos poetas bissextos contemporâneos*, de Manuel

Bandeira, em 1945. Pedro Nava suicidou-se em 12 de maio de 1984. Fui, de seus amigos, o primeiro a ver os seus sapatos, neles calcei seus pés. E neste amigo penso todas as vezes que calço os meus sapatos.

* * *

Quando se anunciou que Sua Santidade o Papa João Paulo II viria ao Brasil, meus irmãos Euclides, Luiz Felipe, Diogo e minha irmã Doliza receberam avisos do Planalto: a família do presidente Figueiredo seria recebida e apresentada. Intrigados, cada um de meus irmãos me indagava se eu havia recebido igual aviso e convite. Pareceu-me vir de Brasília um cheiro de conspiração, ao redor, uma estranheza da demora de qualquer sinal. Transmiti a meus irmãos Euclides e Luiz Felipe as minhas reticências. Eles estranharam: eu estaria enganado, eu tinha sido avisado, tinha sido convidado. A minha ausência na reunião familiar teria, para todo o Brasil, uma mensagem: em Brasília eu seria um réprobo; minha presença seria uma recusa, um protesto, uma ... condenação da reunião; ou lançaria sobre o presidente João uma dúvida: teria repudiado o irmão?

Chamei Euclides e Luiz Felipe. Não consegui falar com Diogo. Ele não faltaria. Aos dois irmãos presentes falei com toda a calma e toda a firmeza.

— Alguém encontrou uma bela forma de intriga. Não fui chamado. E, se não for chamado, estrago a festa da maneira mais simples e eloqüente: dou um tiro na cabeça.

Luiz Felipe, meu afilhado, irmão querido, com um problema cardíaco mais ou menos afastado graças a uma operação de safena, começou a chorar. Era o mais chegado ao mano João, o mais solidário com ele. Euclides levantou-se, foi ao telefone do quarto, demorou, voltou:

— De Brasília me dizem que você foi avisado.

— Não é verdade.

Euclides voltou ao telefone, demorou um pouco mais e explicou:

— Você foi procurado e não foi encontrado.

— Não é verdade. Sempre que me quiserem encontrar me encontram. Estou sempre na reitoria ou em casa. Em nenhuma se atendeu a qualquer recado. Com quem você falou?

— Com o major Dourado.

— É um que trouxe dentro do avião presidencial, ao voltar de Cleveland, um equipamento de computador sem o conhecimento do presidente. E deu ordem ao sargento Ivo que desembaraçasse o aparelho, "de propriedade do presidente".

— Eu sei disso. Perguntei ao próprio João sobre esse aparelho. João enfureceu-se. Chamou o major Dourado, que confessou. O próprio João me contou. Quando, dias depois, perguntei o que aconteceria ao major, João me disse: "Esqueça". O major sabe que eu sei desse perdão.

Euclides foi novamente ao telefone, demorou, voltou.

— Falei com o general Venturini. Mandou dizer que você está na lista dos convidados, como todos os irmãos.

Fomos num mesmo avião. Assistimos à missa campal de Sua Santidade. Depois passamos a um dos salões do Planalto, onde o Papa se fazia acompanhar do presidente, sua esposa, a primeira dama Dulce, seus filhos Johnny e Paulo, com suas senhoras e filhos. Os irmãos do presidente entraram com suas esposas e João apresentou os casais:

— Minha irmã Maria Luiza e seu esposo Raphael, médico. Meus irmãos Euclides e Diogo, generais, suas esposas.

Sua Santidade entendeu: "médico" e, obviamente, "generais" os que estavam fardados.

— Luiz Felipe, dentista, e sua esposa.

Sua Santidade entendeu "dentista", porque dentista é "dentista" em polonês.

— Guilherme, poeta, e sua esposa.

Sua Santidade não há de ter entendido, porque João disse "pueta", em bom português-carioca; se tivesse dito "poeta" seria mais inteligível para o Papa poliglota.

O Papa nos olhou com olhar de bênção e falou em português:

— Uma bela família.

Cada um de nós tinha recebido a bênção papal. Admitiram-se os fotógrafos, para uma fotografia de família, tendo ao centro o Papa, que depois se retirou acompanhado do presidente. Voltamos para o Rio.

* * *

Carlos Chagas Filho, na qualidade de membro da Academia do Vaticano, convidou uma centena de intelectuais para, no palácio do Arcebispo, no alto do Sumaré, serem apresentados a Sua Santidade. Sala cheia, Sua Santidade entrou, seguido das autoridades eclesiásticas. Em bom português saudou os presentes e em seguida disse mais ou menos:

— Gostaria de falar português; mas, como domino melhor o francês, permitam-me que eu fale francês.

Tinham sido escolhidos alguns convidados, para dirigirem perguntas a Sua Santidade. O primeiro foi o acadêmico e líder católico Alceu Amoroso

Lima, que em bom francês esticou-se num discurso em que contou: quando moço, aos dezenove anos, se achava hospedado no Hotel Danieli, em Veneza, e sentiu um ardente desejo de abandonar o mundo, de suicidar-se. Mas refletiu que sua vida seria necessária ao próximo, e para o próximo dedicou sua vida de fé. O filósofo Emanuel Carneiro Leão fez uma pergunta intrincada, a exigir consulta entre os prelados que tomavam anotações. O Papa respondeu, em francês. Levantou-se Dinah Silveira de Queiroz, de que só se via a cabeleira afogueada, e fez nova pergunta. Eu me achava sentado ao lado de Eduardo Portella, perto de Ênio Silveira. Na sala pairava um silêncio venerável. O Papa começou a falar e percorri com os olhos a assembléia, tanto quanto podia vê-la. E percebi, nos olhares, nas expectativas, alguma coisa bastante estranha: da centena de convidados, mais ou menos uns vinte por cento compreendiam o que dizia Sua Santidade, seus conselhos, sua esperança, sua homenagem aos intelectuais brasileiros. A meu lado, o ministro da Educação não entendeu patavina; ao redor, mais ou menos oitenta dos convidados esforçavam-se, ou os rostos murchavam desiluminados. O Papa nos abençou, nos exortou à fé. Numa assembléia do Ginásio São Bento, do Santo Inácio, do Pedro II, do Colégio Militar, teria sido melhor. Para abrandar o calor e a sede, Ênio e eu entramos num bar, comentamos a entrevista papal. Concordamos: uma exibição triste de ignorância, não um trocar de idéias como Carlos Chagas Filho desejaria.

* * *

Uma pequena história que poderia envolver a mão na maçaneta.

Chegado da Europa, de volta ao Rio, com esposa e filho, no navio francês *Pasteur*, em sua classe única, por econômica, desembarquei, através do departamento do pessoal do Itamaraty, todos os meus pertences e de minha família, tudo vindo no mesmo navio e num só *container*. Nele vinha também o automóvel que me havia servido, um modesto Opel de fabricação alemã da General Motors.

Pouco tempo depois, numa noite chuvosa, apareceu-me em casa um cidadão, de olhos aflitos e lágrimas, acompanhado de um filho menor. Disse chamar-se Jorge Ladeira, ser ex-polícia especial, ora servindo no departamento do pessoal, justamente no serviço de desembaraço dos pertences dos diplomatas de carreira e comissionados. Chorando, afirmou que sua mulher sofrera um desastre, uma grave queimadura. E por isso, em desespero de falta de recursos para pagar o tratamento da esposa, usara o meu passaporte para fazer vir "umas coisinhas" dos Estados Unidos. Tais coisinhas já tinham chegado, num navio da Delta Line, e bastaria minha assinatura para desembaraçá-las como "bagagem desacompanhada". Eu não tinha estado nos Estados Unidos, ali não fizera qualquer compra, qualquer importação. Mas a minha assinatura ele a suplicava, em prantos. O funcionário saiu, desesperado, com o filho. Partiram num considerável automóvel, uma imponente Mercedes-Benz.

    Achando isto muito estranho, resolvi contar tudo na mesma noite a meu primo Diogo Figueiredo Moreira, advogado da Procuradoria do Estado do Rio de Janeiro. Diogo me aconselhou que eu esperasse qualquer comunicação oficial do Itamaraty. Não veio; mas veio uma comunicação da Delta Line, segundo a qual "minha" importação já havia chegado, e estava no porto, à minha disposição. E subitamente, segundo a Alfândega, encostara ao armazém um caminhão; no processo, sobre a mesa da funcionária, havia a assinatura de um recibo, não minha, mas do tal senhor Jorge Ladeira. E o caminhão desaparecera. Fui ao Itamaraty, onde o chefe do departamento do pessoal, diplomata Dario Castro Alves, aconselhou-me estranhamente que eu não me importunasse, porque quando muito serviria de testemunha de minha própria queixa.

    Não veio convocação alguma. Veio, sim, um chamado telefônico, de um funcionário, Murilo Miranda, pedindo-me que eu o procurasse. Gentilmente, contou-me que havia sido feito um contrabando vultoso em meu nome, que o *container* que o trazia fora retirado do armazém mediante uma assinatura falsa e levado a paradeiro desconhecido. Ele tinha sido o funcionário encarregado de apurar os fatos, até mesmo porque Jorge Ladeira também havia desaparecido. Apurara que o contrabando fora financiado por um senhor Fialho, de São Paulo, e que a sua destinação seria uma certa pessoa contra a qual ele nada podia fazer. Aconselhava-me, até mesmo para ajudá-lo, que eu procurasse alguma autoridade do Serviço Nacional de Informações, que poderia levar o caso avante. Eu não conhecia ninguém no SNI; mas um de meus irmãos, o coronel Euclides de Figueiredo Filho, que servia no Rio de Janeiro, poderia talvez ser útil. Meu irmão comandava o Regimento de Cavalaria Andrade Neves. Imediatamente pediu a um amigo, coronel Assis, do SNI, que me ouvisse. Procurei o coronel, levando-lhe os documentos de que dispunha, cópias de recibos, da comunicação da Delta Line, das guias de desembarque. Dias depois o coronel Assis me chamou e, muito sigilosamente, me informou o que apurara: meu passaporte fora usado para um contrabando vindo de Nova York, pela Delta Line; no consulado de Nova York não constava qualquer remessa de mercadorias em meu nome. O *container* tinha sido, realmente, roubado do armazém da Alfândega. O encarregado de desembaraçar os pertences dos diplomatas e brasileiros em serviço diplomático desaparecera, viajara para o exterior e se encontrava presentemente em Assunção, no Paraguai, na embaixada brasileira, da qual era embaixador o ex-ministro das Relações Exteriores, Antônio Azeredo da Silveira. E acrescentou: nada mais podia dizer porque aí paravam suas investigações extra-oficiais. Quanto ao senhor Fialho, nada pudera apurar mas, acrescentava, parecia ser o financiador de contrabandos de uma dama da mais alta importância no nosso querido Brasil.

Poucos meses depois, fui chamado a uma Vara da Justiça Federal, onde corria um processo por desaparecimento de mercadorias, de que eu seria testemunha. Perguntado pelo juiz, contei o que vai escrito acima. Quando me pareceu perceber que o meu testemunho estava encerrado, disse ao juiz: "Meretíssimo, permita-me dizer-lhe que aqui posso declarar, sob minha total responsabilidade, o nome da dama a que se refere este processo". O juiz retrucou: "Não posso aceitar conjecturas. Seu depoimento está encerrado". Foi pena. Juiz e demais funcionários se levantaram. Eu me retirei bastante desapontado: ia dizer o nome da dama.

* * *

Uma breve recordação, para encerrar este capítulo.

Conheci o prefeito de Belo Horizonte, Juscelino Kubitschek, quando saudou na Pampulha o II Congresso de Escritores, congresso que se abriu com o governador Milton Campos. Com o governador, mais Odilon Braga e Cristiano Machado, mais João Neves da Fontoura, presidente da Academia de Letras e nosso convidado especial, e mais Rodrigo Octavio Filho, nosso vice-presidente, encontrávamo-nos no barzinho do Automóvel Clube, após as fastidiosas sessões de muito "petróleo é nosso" e poucas coisas de direito autoral.

Anos depois encontrei Juscelino Kubitschek no exílio, quando o pintor Antônio Bandeira deu uma festa em seu apartamento em Paris. Festa de súbito constrangimento quando nela se encontraram diplomatas e exilados. O embaixador cumprimentou o exilado Juscelino e o anfitrião me apresentou ao exilado. Ninguém devorou ninguém.

Depois voltei a encontrar o exilado Juscelino Kubitschek durante as caminhadas matinais em Copacabana. Cumprimentávamo-nos e adquirimos o hábito de parar para um minuto de conversa. Era um homem extremamente amável e acessível. Quando a intimidade praiana o consentiu, ao vê-lo cercado por dois importunos, permiti-me indagar-lhe de passagem:

— Crucificado, presidente?

Ele riu. Os dois chatos não entenderam a piada. Dias depois, ao encontrar-me com amigos, parou e me falou:

— Contaram-me que você (assim já me chamava), ao ser apresentado a um general que lhe disse não conhecer nenhuma obra sua, você lhe teria retrucado: "Não se preocupe, general, eu também não conheço nenhuma de suas batalhas."

— É verdade, presidente.

Tempos depois me falava de suas tristezas de exilado.

— Meu pai também foi exilado, eu lhe disse. O senhor foi mais feliz que ele: criou Brasília e lá prendeu todos os seus adversários. E agora passeia no calçadão de Copacabana. Quem é o vitorioso?

— Esta é boa. Se eu pudesse, diria a seu irmão: "Para ser presidente é preciso gostar de ser presidente." Se ele chegar a gostar...

Não nos vimos mais. Minto. Fui ao seu velório.

E ali me lembrei do que meu pai escreveu no seu livro *Contribuição* para a *história da revolução constitucionalista de 1932*: " O exercício do voto livre para a escolha de seus mandatários, por muitas vezes repetido, apontando defeitos das leis e corrigindo vícios, reconhecidos na prática, só ele está capaz de formar cidadãos capacitados das suas responsabilidades e crentes de sua força para gestão dos negócios públicos." Estas palavras foram escritas em 1934.

A SOMBRA DE UM SONHO DE MÁRMORE

Que aconteceu às Fontes de Castália e de Juvência? Nesta, perto de Náuplia, banhava-se Hera, segundo Pausânias, historiador, logo homem de verdades. Segundo a lenda, o nome se deve à ninfa que Zeus, em suas investidas, transformou em fonte, E como, sabidamente, os deuses espalham encantos por onde transitam, as águas de Juvência se puseram milagrosas, ressuscitadoras dos dotes da juventude.

A outra fonte, em Delfos, a de Castália, é mais procurada. Deve o batismo a outra ninfa: perseguida por Apolo, ali se afogou; mas suas águas serviram para lavar o mais belo templo da Hélade e seu mais acariciado tesouro, o *omphalos*, umbigo do mundo, tal como a Calva, o Calvário, onde se plantou a cruz de Cristo, é o centro do mundo cristão. Trata-se de um traçado floral a cobrir uma glande de pedra onde pousaram as duas águias mandadas por Zeus, dos dois fins do mundo, para marcar o centro da Terra, sede de adoração do filho, deus do sol.

De fonte purificadora dos gregos passou, graças aos romanos, a inspiradora dos poetas. Rejuvenescedora uma, literata outra, confundiram-se na imaginação e no sonho de muitos.

É de ver-se a peregrinação. Longo trajeto alpinístico, incluído nos circuitos turísticos em ônibus esperançosos. A escalada começa fagueira e até festiva. Ninguém quase olha ao redor, para o longe mar azul-verde de doer, ou para o alto de dois mil metros, o Parnaso sem poetas, onde só vai quem tem fôlego para o esqui na neve, os jovens, escassos de poesia helênica, ignorantes de Píndaro, mas que, naquelas alturas, deslizam ao redor da rocha Hiampéia. Desse precipício os delfos atiravam os indesejáveis. Atiraram o fabulista Esopo, por lhes ter dito que mais valia trabalhar do que rezar aos deuses. Hoje, ao redor do abismo, os jovens se amam incansavelmente, na glória do dia dourado do deus-sol. Os outros, não. Arrastam-se, os pobres. Param, já sem ar, diante das ruínas do Tesouro de Atenas, santuário de riqueza e democracia, em plena Via Sagrada. Fingem que param para fotografar. Adiante. Estamos galgando o umbigo da

Terra, abaixo do qual se atapeta a mais deslumbrante paisagem de que Gaia se ornou. E que ninguém olha. Estamos perto do deus, a julgar pelos restos do santuário de Atenas Pronaia, sentinela da nave do Templo, perfeição de colunas abraçando o altar votivo. As três restantes parecem flutuar, sem peso, exclamações de mármore coroadas de uma nuvem de mármore. Talvez permitam aos imaginosos imaginar como seria, intacto, o edifício mais perfeito da arquitetura grega, o templo de Apolo, feito de pedras do Parnaso. Há quem passe a vida a discutir suas preferências: o de Hera, o de Zeus em Olímpia (uma das sete maravilhas do mundo), o Pártenon de Atenas, o de Posêidon em Sumion, o de Teseu, o de Ártemis em Éfeso? O templo de Delfos é hoje um conjunto de seis colunas dóricas, sobra de um total de trinta e quatro; chega-se a ele pela via ascendente, que pouco a pouco desfolha o *gymnasium*, a *palestra* com sua piscina de água dos poetas para banhar os atletas, cercado de santuários votivos, o teatro, os tesouros. Dominando o conjunto, o santuário de Febo-Apolo, repleto de oferendas: a estátua taurina dos corquiracianos, a eqüestre dos argivos, os agradecimentos marmóreos e dourados pelas vitórias sobre os espartanos, os *Sete contra Tebas* e os Epígonos; o monumento à vitória de Agios Potami, o da vitória de Epaminondas, o grupo estatuário a Lisandro, mais de noventa estátuas, afora os tesouros dos siconianos, sifnianos, tarentinos, megarianos, siracusanos, as estátuas femininas a sustentar arquitraves e frisos. Logo após o tesouro ateniense, a rocha da Sibila, a primeira profetisa de uma legião multissecular de damas às quais se vinha pedir o conhecimento do futuro, sempre insinuado de modo críptico, de interpretação sempre concordante com os fatos, porque pitonisas não mentem: os homens que tratem de tornar verdades o que elas dizem.

Tesouros e estátuas sucumbiram às invasões, aos terremotos, às mudanças de fé, à teomaquia que, desde Homero, desde Abel e Caim, envolve homens e deuses. No último templo apolíneo a pítia pronunciou o último oráculo, a sabedoria dos Sete Sábios: "Nada de excessos"; "conhece-te a ti mesmo"; "se te comprometes, desgraça-te". Tudo, mais a ágora romana, os *Kouri*, a gigantomaquia, as Vitórias, as Esfinges, a disputa entre Apolo e Héracles, os florões de mármore, os deuses olímpicos, tudo foi pisoteado, esmigalhado, pulverizado pela fúria humana, e seus restos varridos para Roma, para Atenas, para Constantinopla, para Londres, para Paris, para os museus mais felizes. Pouco sobrou para Delfos: o museu guarda, entre fragmentos de ourivesaria, as cabeças de Apolo e Ártemis, de marfim coroadas de ouro; os restos de frisos e frontões, das *tholos* de Atenas Pronaia, o Dioniso mutilado do grande templo, o admirável nu do atleta Agias, um filósofo, um Sísifo, o Antínoo deificado de Adriano. E o mais belo exemplo de bronze do mundo helênico, o carreteiro da quádriga oferecida por Polizalos após vencer nos jogos píticos. Nada, porém, suplanta a pintura do fundo de um recipiente pouco maior que um palmo: o próprio Apolo, com sua lira, sua coroa de louros, sentado num banco de dobrar. De perfil, com uma das mãos empunha a lira, com a outra derrama de um prato a libação. Diante dele, do lado esquerdo, um pássaro olha-o. Escuta-o? Os lábios de Apolo falam ou cantam em silêncio palavras de menta e mel.

Ninguém viu nada disso ao subir ou descer. Com taquicardias e sufocações, voltam tão depressa quanto possam a caminho da fonte, onde já esperam os ônibus turísticos. Todos chegam às quedas. Para maior conveniência a água foi encanada até a estrada. Todos se precipitam, bebem, molham os rostos, as carecas, as cãs, bochecham as dentaduras. Ninguém é mais poeta ou mais potente.

Minos, filho de Zeus e da ninfa Europa (a que, transformada em Vaca, denominou um continente), ganhou o trono com a ajuda de Posêidon e fundou uma civilização, império sem fortaleza, dominador do mar Egeu. Casou-se com Pasifaé, filha de Hélios, que lhe deu descendência ilustre: Androges, Ariadne, Fedra. E — horror! — traiu o real esposo com um touro branco, presente do deus dos oceanos, o qual, mais indignado que o marido traído, fez com que a rainha se apaixonasse pelo animal. Desta paixão nasceu o Minotauro, meio bovino, meio humano. Vergonha da família, Minos encurralou o animal num intrincado recinto inventado por Dédalo e o alimentava com virgens atenienses. Até que Teseu o matou, invadindo o labirinto graças à astúcia de Ariadne: um fio amarrado à entrada e desenrolado em todo o percurso, o que assegurava a volta a Cnossos.

Não era mau o rei. Bom governante, estendeu o império por cima das ondas, inventando guerras e alianças que lhe proporcionaram a maior riqueza do tempo: o azeite, entesourado em enormes vasos. Isto o perdeu. Setenta e cinco milhas adiante o vulcão Kameni entrou em erupção, lançou terríveis projéteis sobre terras e águas, atingiu os azeites de Minos, que explodiram. Há três mil e quinhentos anos. O palácio real naufragou em lava e pedra-pomes. A civilização minoana, a única a não ser destruída por outra, submergiu. Dela quase nada se sabe: escassas inscrições em tábuas de letras quase semitas, lajes espalhadas nos campos áridos. E uma tradição mitológica desprovida de crentes. Mas, se faltam documentos para a ciência arqueológica e histórica, ali estão os desenhos das tauromaquias de Cnossos, os chifres ornados do brasão real, e as ruelas do labirinto, nome que provém de *labrys*, o machado duplo, símbolo de Cnossos. Então existiram vacas apetitosas, bois sedutores, monstros androtauros? E aquele Todo-Poderoso dom-juanesco e aquele deus submarino e aquele imperador da mais velha civilização européia?

Só em 1870 um grego homônimo do rei, Minos Kolokairinos, iniciou pela planície algumas escavações. Depois, o inglês Arthur Evans, tão benemérito em Creta quanto *lord* Elgin é maldito em Atenas, começou a exumar as pedras, os cacos arquitetônicos, as colunas de troncos de árvores, sem capitéis e sem acantos, lisas, vermelhas. Esturricadas. E naquelas paredes desmoronadas estavam as mulheres: egípcias em seus corpos de perfil processional, renascentistas nos seios e narizes, tão atuais quanto as de uma revista de modas. Bastava juntar seus ossos, suas roupas, suas jóias, lavar seus olhos de fruta, suas bocas de agudo beijo, suas mãos de Ariadne, sua ginopedia silenciosa. E colocá-las em seus lugares, como quem arruma a casa, obedecendo ao bom gosto do decorador do rei Minos adivinhado pela arqueologia estética de *sir* Arthur Evans. Os originais foram enjaulados no Museu de Heraclion.

Lá se guardaram, em companhia dos machados de dois gumes, símbolos da casa real de Cnossos, da cabeça taurina de cornos dourados, copa de beber o primeiro vinho do mundo ocidental. E os rítons, os vasos que parecem bailar, os grifos alados, as sacerdotisas envoltas em serpentes, as cerâmicas populares no meio da bijuteria comprovante de um amor à elegância e à etiqueta.

Os pintores de Cnossos domesticam os animais, estilizam as ancas dos grifos, a garupa do touro, o focinho da leoa, a asa da perdiz. E recheiam os contornos de um vermelho-ocre de volutas azuis-castanhas, e plumagem na nuca dos seres de mentira, como senhoras endomingadas. E amam aquelas mulheres perigosíssimas, de milenar juventude, captando-lhes o perfil de nariz reto do alto da testa e quase aquilino, e plantando-lhes no rosto um único olho, concha entreaberta por onde espia uma pupila negra, perturbadora, a olhar a todos e a ninguém.

Seus cabelos descem em medusas de fitas negras, arrumados no alto, tricotados com fios de pérolas; e torneados por cima da orelha ávida de galanteios, numa só mecha retorcida, caprichada, como aquela que a moda chamou, três mil e quinhentos anos depois, de "pega-rapaz". As Mulheres de Azul são da mesma família, de lábios quietos, curvos, esperançosos e expectantes, queixos oferecendo-se ao afago, braços de anaconda e mãos manicuradas para o ócio. Pulseiras e cabelos lentejoulados apenas desenham sua carne, como as golas celestes, tudo para emoldurar um colo nu, convidativo, uma cintura pronta para o rapto. Seriam assim as mulheres de há três mil e quinhentos anos? Ah, vulcão fatal, que estraçalhou o vulcão do peito do bailarino-príncipe, a arrastá-las pelos cabelos! E os homens que as cobiçaram, as amaram e as pintaram com o mesmo ardor de Botticelli e de Ingres, com o mesmo lamber de beiços de um Piero di Cosimo diante da tela de Simonetta Vespuci, esses inventores de pecados? Como seriam esses pecadores? Um dos mistérios da arte é que não progride, ela *é*, na caverna ou na Sistina: não *melhora*, não evolui. Em cada tempo seu traço é o tempo parado e, graças a isto, podemos amar a esguia Primavera e a Afrodite como amamos as Vênus gordas de Rubens, carne pincelada até pulsar com as veias a porejar suor. E, espectadores espiões dessas mulheres, sem que elas se inquietem, acabamos apelidando a dona de Cnossos de *La parisienne* pelos seus luxos de maquiagem, e as damas azuis de sacerdotisas de nossos dias sem sacerdotisas, e as acrobatas da tauromaquia de bailarinas e libélulas.

No entanto, são contemporâneas da arte geométrica dos vasos. As mulheres do palácio são aristocratas, pertencem ao grupo social conhecedor dos segredos dos cosméticos, base da riqueza do império, o azeite precioso para massagear seios e atletas. E convivem com o populacho do artesanato.

Ruíram as colunas rubras, rolou por terra o trono cerrado de grifos recurvos como cisnes, rolou por terra o *boudoir* da rainha decorado de rosetas e golfinhos espumejantes cabriolando no céu. Desabaram as lajes, os salões, as galerias, os átrios, as escadas, o labirinto, a maldição do vulcão os pulverizou. E as mulheres de Cnossos? Sepultadas, estilhaçadas, despencaram, escondidas, perdidas nos escombros. E ressuscitaram para serem incendiadas duzentos e cinqüenta anos depois. Um século e meio além, o maremoto destruiu completamente Cnossos.

Quando exumadas, recompostas como *puzzles*, lá estão, belas, mergulhadas em suas próprias quinquilharias, balangandãs de ouro que nos falam de um amor à vida, à paisagem, aos pinheiros dançarinos, às cores de um afresco, ao gesto do atleta e do Pássaro Azul. Voltarão aos seus aposentos? Servirão para a nostalgia do nosso tempo? Para a esperança num futuro menos grávido de vulcões? Tomara que inspirem um poeta como inspiraram um pintor. O poeta Keats, não na *Ode sobre uma urna grega*, pois em Cnossos não havia mármores, nem nunca andou por lá, mas no *Endymion*, afirma: *A thing of beauty is a joy forever...* Duvido que alguém traduza essa "coisa"! *Uma coisa de beleza é uma alegria para sempre?* Horrível! Só em inglês escorrega na língua e se eterniza como as mulheres de Cnossos. E o poeta adivinha: "Sua amorabilidade aumenta; nunca passará ao nada; mas continuará uma quieta reverência para nós, e num sono cheio de sonhos doces..." Horrível em português, mas eterno em inglês, no inglês de um gênio que nunca viu as mulheres de Cnossos, mas poderá exclamar para elas como para a urna nunca vista: *Beleza é verdade, verdade é beleza — e isto é tudo que sabemos nesta terra, e tudo que precisamos saber.*

* * *

As máscaras lá estão, no Museu Nacional de Atenas, com outros objetos de ouro: vasos, armaduras, braceletes, alfinetes, cálices e anéis chancelados com cenas de combate, de ritual, de caça. De um trabalho de ourivesaria que se diria realista. E a copa de prata negra, característica de Micenas: cabeça taurina, narinas e chifres de ouro, os chifres para serem empunhados com ambas as mãos pelo bebedor ao emborcar o vinho. Uma civilização de ouro, nos seis túmulos de Micenas, tesouros descobertos por Christos Tsoundas entre 1886 e 1889. As crateras das tumbas, bocas hoje abertas sem voracidade, foram escavadas por Schliemann, caçador de velharias, descobridor da Tróia homérica e das cidades de seus invasores, Argos, e Micenas, a cidade de Menelau e da esposa Helena, a destruidora de barcos, e a cidade do irmão Agamêmnon e da esposa assassina, Clitemnestra, mais perigosa que a irmã Helena. Teria sido pela *sagrada fome do ouro* a guerra da *Ilíada*, um ouro escasso em todo o Peloponeso? Ou a ofensa à honra, o rapto da mais bela mulher de todos os tempos?

Contemplo a máscara que dizem ser de Agamêmnon: um rosto martelado num prato de ouro, chato, liso. Os leves relevos são as sobrancelhas, barbas, o bigode aparado, erguido nas pontas, quase faceiro numa figura mortuária. E faceira é também a "mosca" no lábio inferior. A boca reta, comprimida; o septo perpendicular do nariz ainda não é totalmente grego clássico, um só traço descende da fronte, nem asiático, nem tampouco totalmente egípcio, como o das maquiadas e sestrosas damas dos afrescos minoanos. A máscara é severa, sem ódios, os ódios que sediaram nas duas cidades os primeiros trovões do teatro grego. Estarei diante do Agamêmnon? Suas orelhas, desenhos cuneiformes, aplainam-se como asas de um utensílio, mais do que decalcadas do cadáver. Os olhos, estranhos frutos amendoados, fechados, salientes, dormem em paz. Teria sido aquela lâmina de ouro comprimida na face de um defunto? Seria esse disco adormecido, caricatura e memento, o rei do Micenas? Penso na sua cidade, pilhas de pedras, em retângulos, em círculos, muros de sepulturas, a do rei, a da rainha, a acrópole arrasada, e de pé somente as pilastras que sustentam as leoas rompentes, sob as quais o turista baixa a cabeça e se faz fotografar. Nenhuma vida, nenhum lagarto arquejando ao sol, nenhum abutre velejando nas nuvens. Será que de repente ouvirei a voz do Atrida, do alto do seu carro:

— Primeiro é justo que saúde Argos e seus deuses, co-autores do meu regresso...?

Os carros transportam votos, troféus; ao lado do rei, o pior dos butins, Cassandra, a de voz fatídica. E no umbral do palácio, sobre o tapete de púrpura que mandou estender, está a esposa, bela e fera humana, que escuta:
— Que a vitória, minha companheira até aqui, prossiga ao meu lado!
Ela retruca:
— Cidadãos, honra e glória de Argos, não me envergonho de exibir meu afeto...

Aquele caminho atapetado, *porphyróstrotos póros*, Cassandra adivinha, conduz ao crime. Só Cassandra sabe: mas é uma profetisa desacreditada. Nela só Ésquilo, o inventor da tragédia, oito séculos depois, acreditará.

Não foi em Atenas, naquele palco de vitrina de museu, que ouvi as vozes. Nem sob a dura luz de Micenas, galgando as pedras ensolaradas que abraçaram os cadáveres dos Atridas. Nem Ésquilo ali teria andado. Para quê? Para ver pedras nuas? A verdade verdadeira, a verdade viva aconteceu a dez quilômetros dali, em Argos. Por que teria o Pai da Tragédia transferido a verdade de Micenas para a cidade de Menelau e ali plantado o mito mais imortal que a história? A porta de Micenas, as escadarias quebradas pelos dentes do tempo, os muros ciclópicos — ciclópicos mesmo, erguidos pelo Ciclope para nos ofertar um adjetivo oratório — os encaixes exatos das pedras, o *tholos* do tesouro de Atreu, o sinistro corredor que leva à tumba de Clitemnestra, fora da cidadela, como expulsa do lar desonrado, e a seu lado a fossa de Agamêmnon com seus ouros e, longe, a de Egisto, e mais os círculos funerários, tudo isto provavelmente Ésquilo nunca viu. Nunca, digo eu, porque à época do Poeta já Micenas se escondia debaixo da terra, assolada e arrasada pelas guerras e terremotos: dela só restava o palácio-cidadela, no alto. Tudo à espera de que Schliemann, com suas picaretas e seus guindastes, escavoucasse o chão, para afinal fotografar Frau Schliemann ostentando as jóias da rainha infame. No que hoje se chama "fossa número cinco" a jovem Electra depositou uma simples mecha de seus cabelos, mensagem de amor fraterno e de ódio filial, espécie de isca para o irmão Orestes. A vingança da morte do pai e a vingança contra o ouro do poder levarão o adolescente ao martírio. Terá lavado com sangue o tapete de sangue?

* * *

Há, no Museu de Atenas, um vaso com o desenho terrível: Clitemnestra e Egisto degolam Agamêmnon. O ceramista não é de Micenas; tampouco será contemporâneo de Ésquilo: em suas tragédias a morte mata longe dos olhos do público, um pudor do Poeta que se tornou quase tradicional no teatro ático. Diante da *skené* se escutam apenas os gritos. Nem se ouve o óbvio aparte da pitonisa:

— *Eu não disse?*

A sua desdenhada profecia só cai nos ouvidos do Corifeu:

— *Impossível escapar à minha sorte.*

Ela sente *"um odor de assassínio e de sangue"*, *"odor igual ao que se exala de um túmulo"*. O Corifeu geme:

— *Se um demônio trouxer Orestes a esta cidade...*

Daí por diante tudo se precipita. Duas tragédias seguintes se sucedem com tal velocidade que não podem ser separadas: têm que ser levadas ao teatro juntas. É a vez de Orestes. Ele bate à porta do palácio. Não o conhecem. Anuncia à mãe que Orestes morreu. Egisto acorre, *"importante e tolo"*, diz um comentário erudito de Paul Mazon, cuja tradução da Oréstia, segundo Émile Chambry, "rivaliza em força" (?!) com o original. Assassinados os adúlteros, em obediência às ordens de Apolo, o adolescente culpa o deus. O Corifeu comenta:

— *Jamais mortal algum viverá sem dor! Ah, uma dor vem hoje, outra amanhã... Onde se deterá, finalmente adormecida, a cólera de Ates?*

Assim conta Ésquilo o horror às portas do palácio do Atrida. Levou o local da tragédia para Argos — para onde na verdade Menelau regressará, manso, trazendo de Tróia a bela Helena, fresca e inocente como uma virgem. Nas duas primeiras tragédias da *Oréstia* o culpado é o destino, a Moira: é quem instala nos homens o câncer do poder, leva Agamêmnon a sacrificar a própria filha em troca da bênção para a vitória troiana, conduz Clitemnestra aos braços de Egisto e às mãos de Egisto a coroa; conspira a morte do rei, sussurra as profecias no ouvido de Cassandra, traz de volta Orestes e o induz ao massacre, insufla as Eríneas a acusá-lo. De quê, se os deuses inventaram os fatos que amarram os poderosos à impotência?

— *Raça conduzida à desgraça!*, exclama o Coro.

Não a raça dos Atridas: a raça humana, ai de nós...

É preciso salvá-la. Para as Eríneas o criminoso não tem salvação. Apolo, o instigador, repete o matricida, que arrasta então sua súplica a Palas Atenéia. O julgamento de Orestes se transfere de Micenas (de Argos) para Atenas, dos deuses para os homens, do Olimpo para o Areópago. Já não é a sabedoria de Atenéia quem o perdoa: é a fraca sabedoria da justiça humana, a estúpida sabedoria que, mais de mil anos depois, condenará Sócrates, o melhor dos homens. Raça humana imbecil, mas está salva. Salva-a a recuperação do livre-arbítrio: os homens são culpados porque são livres. As Eríneas, de implacável *hybris*, tornam-se piedosas Eumênides. Os homens são livres, merecem a piedade dos deuses. A verdade morava em Micenas, nos túmulos verdadeiros de Micenas. A ilusão salvadora é a invenção de Ésquilo: mora em Argos, onde só aconteceu a Poesia, sombra da vida. Naquelas covas empoeiraram-se ossos e havia ouro que os enfeitava. De tudo só resta a eternidade da Palavra:

— *A paz, para alegria dos lares, está com os súditos de Palas; Zeus, que tudo vê, e a Moira assim o ordenaram. E agora cantai em resposta ao meu canto.*

Os deuses são culpados da liberdade humana. No *Hamlet*, que é a *Oréstia* de Shakespeare segundo Gilbert Murray, não há fatalidade, não há destino: há a liberdade de matar e morrer. Feito isso, o resto é silêncio.

A última versão, que eu saiba, do tapete vermelho, símbolo do poder trágico, é a de Marta Lynch, autora de um dos melhores romances da literatura argentina dos últimos anos. *La alfombra roja* conta o desenrolar de uma campanha eleitoral, com suas audácias e indecisões, seus subornos, suas traições, seus crimes, o abjeto caminho para chegar a pisar o tapete vermelho. Os mesmos homens, apenas sem a grandeza do *fatum* mas com a culpada ambição, sem a aristocrática piedade e o aristocrático terror aristotélicos, sem a poesia do tragediógrafo: a verdade mais próxima do cotidiano do que da imagística de Deuses, de Heróis, da própria plebe do Coro. No dia em que completou cinqüenta anos, Marta Lynch reuniu os amigos em casa e, no meio da festa, suicidou-se. Não era o seu destino, era a sua liberdade. A recusa a subir no tapete vermelho?

A ORAÇÃO DA ACRÓPOLE

Como uma foice gigantesca, um gigantesco bumerangue ao qual estivéssemos amarrados, a asa do avião se ergueu, oscilou e mostrou, pela janela, além do céu violeta, de relance, as pilhas de pedras róseo-amarelas, logo desaparecidas a um novo adejar. Ela! *Hélas!* Quantos anos para chegar até ali, que milagres na vida! A Acrópole passou por debaixo de mim, quase ao alcance dos dedos e, notei, os outros passageiros sofriam igual emoção. O pouso, o aeroporto, o tumultuado desembarcar de bagagens, tudo correu banal como em viagens repetidas. Apenas, fora, um desconhecido esperava com uma tabuleta erguida ao alto onde, graças aos ensinamentos do professor Felisberto Carneiro, li pela primeira vez meu nome em grego, ilustre como nunca o foi ou será. O motorista (eu devia dizer cinesíforo ou automedonte, como aprendi nos antigaliciparlas e antianglófonos?) me estendeu um bilhete do meu amigo ateno-brasileiro. Punha à minha disposição o carro, para me levar ao hotel: e que eu não saísse, porque na manhã seguinte viria buscar-me. Ele próprio queria me apresentar à Acrópole; pedia, por favor, suplicava, que eu não a fosse ver de noite, só, ou mal acompanhado. Ficasse no hotel, jantasse e dormisse. Fiquei, tentei jantar coisas indigeríveis, de sabor mais turco do que helênico; não dormi, abri o balcão e vi o Licabetos iluminando a *son et lumière*. As veias batiam enlaçando imagens de Jerusalém com aquela única, esperada imagem, a Montanha que em quatro séculos entesourou a maior densidade demográfica de deuses, de gênios, de obras geniais, mais do que em milênios da existência do mundo. Vinham da rua, entre buzinas, *bouzoukis* e canto, uns risos e umas vozes com sílabas salivosas e fricativas. Amanheci de olhos no teto, serviram café turco e pão de mel. O amigo chegou. Sim, atendi ao pedido. E saímos.

No carro, além do cinesíforo cujo bom-dia grego cheguei a entender, havia uma deusa de nome mitológico; ela esticou o braço de Leda para o beija-mão, ofertou um decote de peplos e um perfume de mirra, desejou boas-vindas num francês de erres frouxos, um francês que se escuta das colunas de Hércules ao Ponto Euxino, francês do Mediterrâneo. Uma breve circulada na cidade, profanando caminhos que se chamam Eurípedes, Hipócrates, Hermes, Sófocles, oh, deuses! — e ele determinou:

— À l'Acropole!

A voz pastosa da deusa gemeu:

— Encore l'Acropole? J'en ai marre!

Evidentemente o meu amigo helenista fornecia helenismo em doses hípicas e francês de cais de Marselha àquela pseudomusa. Ele me sussurrou em português a falta que faz o ensino clássico-humanístico em Atenas; eu o consolei replicando:

— Não ligue, não. No Brasil também é assim...

Ele me olhou, esquecido e duvidoso.

O automedonte estacou o carro. A Musa declarou, petemptória: não desceria. Mas ele estava ansioso por saborear minha emoção; procurava, através do meu primeiro olhar, o seu olhar inaugural. "Feche os olhos! Venha!" Deu-me a mão como um marroquino. Conduziu-me alguns metros.

— Abra!

As lágrimas não me deixaram ver, mas ele as viu. Começamos a subir.

E então meu amigo me inundou de erudição, tanta que me obriguei a voltar à Acrópole uma, duas, cinco vezes mais. Mas as vezes serviram para eu memorizar; a primeira foi a do imediato deslumbramento, no qual um demônio socrático me provava, dentro de mim, que aquilo tudo existia; não eram letras de livros, porém pedras vivas, pedras povoadas de palavras sábias, pedras hipnotizando fantasmas ali ainda invisíveis, estátuas deambulantes, deuses mutilados, pensadores, poetas, santos, heróis, sob os olhos da Virgem da Sabedoria, de *Zeus-Pater, Deus-Padre*, Júpiter, Pantacratés, do atleta Teseu e seu cantor Píndaro, que de tanto olhar atletas perfeitos chorou que o *homem é a sombra de um sonho*.

— Veja! Ali! Ali a montanha de Ares, assim chamada porque os deuses ali se reuniram para absolver o deus-guerreiro, assassino do filho de Posêidon, e então daí por diante os homens ali se reúnem para cometer injustiças. Ali decidiram que Sócrates, o corruptor da mocidade, devia morrer. Imagine! Sócrates, tão sábio-sem-saber, que para suplantá-lo o nosso Deus cristão não achou outro jeito senão mandar à Terra o seu próprio Filho! Olhe à direita o teatro de Herodes Ático, caldeirão de toda a dramaturgia; e mais adiante, o de Dioniso, deus do palco. Deixe de lado o Propileu, voltaremos a ele, e passe por onde havia a estátua de Atenas

Promachos, vamos adiante. Ali está o Erécteion do deus-serpente: o calhorda do *lord* Elgin roubou-lhe uma cariátide, como roubou pedaços do Partenon como uma criança safada que rouba pedaços do açúcar de um bolo. Os franceses também pilharam por aqui. Os turcos, os venezianos fizeram disto sucata de pedra. Tanta que hoje a prefeitura, sabendo que você vai fatalmente esconder um pedaço no bolso, como *souvenir*, atira por aí cacos de mármore como milho às galinhas. Lá, lá está o Templo! Roído, desmembrado, brutalizado; morada de Atenas de ouro e marfim torneados por Fídias e acariciados por Péricles, a deusa seqüestrada para Constantinopla, arrancando-a de debaixo do teto de Ictinos. Depois vieram os persas conspurcar a casa, depois os romanos; depois os cristãos, depois os turcos; depois o mundo inteiro, os alemães de Hitler, os aliados, os soviéticos. E no entanto aquelas ruínas ainda falam ao mundo, a uma fauna de bermudas com câmeras a tiracolo... Da montanha das Musas, veja o nome!, um comandante vêneto disparou um tiro nas esculturas do friso e se gabou:

— Um tiro feliz!

Um membro do seu estado-maior, um alemão — imagine! — espantou-se:

— Como se pode destruir um belo templo de três mil anos? E aí está: por que, diga-me você, por que os homens são capazes de erigir obras-primas e são capazes de espatifá-las? Que desespero corre em nosso sangue para que matemos não o próximo, apenas, mas a imortalidade do próximo? Você está aí no lugar de onde São Paulo invectivou os pagãos do Areópago, amantes do nu, em nome dos cristãos, coveiros de um vale de lágrimas, e converteu o areopagita. Pois aqui mesmo onde se erguia a virgem pagã instalaram a imagem da Virgem Cristã, que os turcos expulsaram e aqui puseram o harém de Maomé, e Santa Sofia, a Santa Sabedoria. Depois do vinho de Dioniso, nada de álcool; depois do amor múltiplo, o horror à carne; depois da monogamia cristã, o serralho. Que adiantou que levassem daqui as deusas sábias, a Atena Nike, a Atenas Lutadora na Vanguarda, a Atenas Lemniana, a Atenas Salutar? Tornaram-se melhores? Tornaram-nos melhores? Mudei-me para esta cidade porque quis aprender a filosofar: debaixo da oliveira de Platão, que hoje tem ao lado uma oficina de lanterneiro; nas aléias do jardim de Acádemo, desaparecidas debaixo dos automóveis, nos passeios de Aristóteles, na coluna *stoa*, pintada por Polignoto, onde se reuniam os discípulos de Zenon, os estóicos, em plena ágora; no monumento a Lisícrates, perto do qual morou Byron; ao redor do santuário de Asclépio, nos arredores do ginásio do sujo Antístenes, o cínico, na coluna da Nova Academia, de Carneades, nos jardins de Epicuro, e entre a multidão do

Pnyx e os bêbedos de Plaka e os namorados na grama de Filopapos... Veja: aqui, nestas escadarias, Renan meditou a sua Oração... E daqui se vê, no claro da planície, Colono, a paisagem que um ancião cego não viu com os olhos da vida, mas sim com os olhos da morte, um ancião arrastado pela mão da filha, que lá rezou a mais alta palavra com que se saudou Atenas... Vamos ficar aqui, entre as oito colunas do Templo... Lá embaixo, entre muitos túmulos despedaçados, há uma estela que devia ser recolhida ao museu e recopiada e mandada a toda parte: é o baixo-relevo de dois amigos que se despedem, apertando-se as mãos, e há lágrimas de pedra nos seus olhos... Eu amo todas essas pedras, nelas procuro os mistérios da alma humana, talvez uma alma de mármore, talvez uma palavra escondida nesse *pogrom* de pedra... Minha mulher não me acompanhou aqui, alma de granito. Aqui encontrei a que você viu, uma estátua vazia. No entanto, a que está longe... (parou um instante). Pra que lado fica o Rio de Janeiro?

Com meus ginasianos conhecimentos de cosmografia, olhei o sol, busquei um horizonte onde devia ter nascido, o outro para onde ia, marquei uma direção sudoeste, indiquei com a mão. Meu amigo espiou o longe, por sobre o Pireu, o Faleron, o distante mar de Odisseu, tisnado de violeta, rosa e ouro. Abriu os braços, num gesto homérico, e os cruzou rápido, noutro gesto mediterrâneo que no Brasil tem o nome vulgar do seu sinônimo científico, o da décima musa, *musa brasiliensis*, e plá! E explicou, mirando o invisível de sua dor:

— A minha oração da Acrópole.

Voltamos em silêncio, pé ante pé, pedra ante pedra.

* * *

Já muitos derrubara: a espada, a lança
Sangravam ais; Diomedes, o Forte,
Ao ver a deusa erguer como criança
Enéias hirto a escondê-lo da morte,

Desfere o dardo; a ponta breve corte
Fere na mão de Vênus que se lança,
Trêmula, feita em astro, sobre a coorte
Dos dançarinos da sangrenta dança.

A Bala Perdida

E põe-se a blasfemar contra Afrodite,
A mais branca, a mais carne, a mais amante,
Para que a soldadesca o aplauda e imite.

Bruto! Imbecil! Insano entre os insanos!
Deveria estuprá-la ali mesmo ante
O olhar de amor de gregos e troianos.

* * *

Quando a ninfa dos olhos tresmalhados
Deitou-os sobre o hirsuto e astuto atleta
Ele sentiu: nem súplica nem seta
O arrancaria ao rol dos namorados.

Tolo esperto! Que práticas de asceta,
Que onanismos ou loucos desatinos
Te impedirão, incauto argonopoeta,
De ser longe do lar o rei dos suínos?

Já Grilus grunhe e fossa entre os monturos,
Já se acercam colegas, queixos duros —
E Hermes te estende o filtro salvador!

Bebes. Esqueces Circe. Já nem choras.
Levarás a Penélope essas horas,
Restos de uma odisséia sem amor.

* * *

Como essas conchas que depois de mortas
Com saudades do mar ouvem o mar
E com a voz do mar chamam o mar
Assim serei depois de minha morte

Não fóssil nacarado orelha dura
Que pressente o passado e o rememora
Em eco tresloucado a cada ouvido
Apenas buscador de uma surpresa.

Eu não. Se te inclinares no meu peito
Já sem carnes nem sangue jaula inútil
De um coração que os vermes destroçaram

Ouvirás o refrão que hoje te entôo
Canto de pássaro esquecido enquanto
Bordas no meu silêncio o teu bordado.

* * *

Só por sonhar cantar-te e por um canto
Cantor do teu encanto de obra d'arte,
Morte de Marte, Orfeu feito acalanto,
Mundo isento de pranto para dar-te,

Eu, Tamaris, cantei-te em toda parte
Para glorificar-te, tanto, tanto
Que as Musas, invejosas do quebranto,
Querendo em mim a ti silenciar-te,

Para abolir meus versos meus genes,
Arrancaram-me a língua, o lábio, o pênis,
Olhos, dentes, crivaram-me de setas,

esmagaram meus dedos, minha lira.
Em vão: dos meus despojos reflorira
Uma constelação feita de poetas.

* * *

Ele me perseguia, com seus olhos de cristal molhado. A primeira vez que o vi foi em sua terra de origem, no deserto de pedras que se estende até o mar Morto, em Sodoma, e aos contrafortes de Massada. Num botequim à entrada do Neguev, *The Last Chance*. Ali os judeus tomavam seu álcool, sentados em pneumáticos velhos; e os árabes, disfarçadamente, escondiam os turbantes, a touca, o fez marcado de quem já foi a Meca — porque o Deus de Maomé não gosta de quem bebe. Do lado de fora, restos de colunas romanas, em torno das quais o uísque se servia ao luar. E todos se comunicavam na vasta paz do Senhor, de Javé e de Alá. De repente veio meu personagem, um jeguezinho da altura de um carneiro. Chegou, olhou um e outro, com olhos deslumbrados, ganhou um uísque, que bebeu no copo, virando-o agarrado nos dentes; e comeu com prazer um cigarro apagado. E sumiu, provavelmente a caminho do Egito, jeguezinho dourado de Apuleio.

Depois, entre o mar de Ulisses e Delfos, onde os aluviões obrigaram a grande cidade a não ser mais porto, a Grande Avenida, de largas colunas de mármore sobre a pista de mármore, condenou-se a ruir, até agora vazia, só invadida pelo formigueiro de turistas "fazendo a Grécia". Não era um burro olhando para um palácio, os palácios de Herodes Aticus, de Adriano, de Celsus, ou os restos do templo de Ártemis, maravilha do mundo. Porque a destruição ocorreu na noite em que nasceu Alexandre; este, tornado o Grande, resolveu restituir a maravilha à posteridade. Mas aconteceu que um puxa-saco lhe sussurrou não ser próprio de um deus reverenciar outro; e então o imperador, modestamente, com o mesmo dinheiro construiu Alexandria. O mundo era assim, filosofava o jegue, a olhar para centenas de desocupados a fingir adquirir cultura nos mármores aluídos, para, no fim do dia, voltar às compras de jóias e tapetes. Éfeso era assim, antes de Cristo, com latrinas para os burgueses inspiradores de Buñuel e lupanares com anúncios elucidativos. E raras matronas pudicas ao modo de Petrônio. Ninguém prestava atenção ao meu jegue, franzino, incapaz de carregar uma criança, o pequenino Eros de nariz quebrado, ou o que está nos braços do Hermes de Praxíteles, ou o que cavalga um delfim com o ímpeto de domador de ninfas. Mas tinha olhos de reza, esse jegue que carregou Nossa Senhora e seu Recém-Nascido.

Como foi parar ali, não sei. Fidelidade cristã, talvez. Milagre, desses milagres tão milagrosos que os homens inventam e passam a crer neles. Aquele burrinho, Partenóforo, tinha carregado no lombo a maior mudança acontecida no coração e na vida dos homens. Aquela cidade, flor do Oriente e flor da Hélade, era um templo de pecados recoberto de mármore. Cidade de deuses ricos, de navegadores ricos. Tinham sua Virgem, lá deles, Ártemis, dona da fecundação e da fertilidade. Por isso sua imagem se encouraça de pomos pendentes; e até hoje as enciclopédias dizem que tais frutos são seios, prova e alimento do infante e do adulto. Nada disso: são testículos, um colar deles, símbolos do amor sem pílulas. Essa virgem, salvadora e solteira, inspirou toda uma civilização, inundou o Ponto Euxino, o Egeu, o Mediterrâneo de uma vasta regata de posses, de conúbios de homens com deusas, com esposas dos inimigos, com animais, numa desesperada orgia diante da qual o Canto Nono dos *Lusíadas* foi brincadeira de anjos. A Virgem, séria, ornada de guampas de touros da cabeça aos pés, impassível, distribuía amor do corpo, aquela espécie de amor que transformou seus fiéis em fazedores de semelhantes, os mais belos até hoje existentes, cujos retratos vemos guardados em museus: as Afrodites, as Vitórias Aladas, as Psiquês, as Ninfas, resumos do ideal, da *Kalokagathias*, beleza e bondade. Tão poderosa que os homens, na ânsia de explicar e de explicar-se, confundiram-na com a própria Terra, Cibele, Kubala, a terra-mãe antropófaga. O jeguezinho passeava por entre os cacos de amor.

Certa vez, porque avisaram a uma pobre judia de Belém que o senhor romano mandaria matar as criancinhas, sentou com o filho à garupa do jegue e se foi para o Egito. A virgem da Fecundidade, a de mil nomes, a sanguinária, a padroeira dos pescadores, as Artemisas de saias curtas de Praxíteles, heráldica e vitoriosa, a de Scopas, apaixonada, a Diana, a Cíntia, a Lua (e daí os amorosos se tornarem lunáticos), as desnudadas, senhora de todos e de ninguém, cedeu seu altar à única Senhora, a Nossa Senhora.

A Virgem Maria, depois da tragédia do Calvário, veio, trazida pelo apóstolo Paulo, morrer nessa terra de marinheiros e atletas. Não chegou a ver a sua dourada antecessora. Ali morreu e subiu ao céu do Deus único. Sobre as ruínas do templo de Ártemis ergueram a nova Igreja, que os infiéis por sua vez destruíram, e mais os terremotos da ira divina. Só há uma estátua erguida ao meu jegue pela gratidão humana: numa cidade da Bahia. Sua carne é exportada e muito apreciada. O jeguezinho adivinhou meu pensamento e vingou-se:

— Os homens são extremamente inteligentes.

* * *

Ulisses, rei de Ítaca: espertalhão, todos sabem. Seus ardis contam-se em maior número que os trabalhos de Hércules. E, vejam bem, Hércules era filho de Zeus, enquanto Ulisses, filho de Laertes, apenas filho do rei. Ulisses, Odisseu, nome que quer dizer "o Enfadado", "o Chateado", tem suas sagacidades contadas em vinte e quatro cantos da *Odisséia*, proezas do primeiro Malasarte, o primeiro Till Eulenspiegel, o primeiro Hary Janos, o primeiro soldado Schweik. O cavalo de Tróia é invenção sua; foi quem cegou e enganou Polifemo, foi quem fugiu à sedutora porcaria de Circe, foi o grego que navegou dez anos a voltar para casa, inóspito rochedo repleto de cabras e de pretendentes de sua esposa. Sabemos de tudo isto graças a Homero, o maior dos repórteres, o maior dos cegos. Mas Homero, já se disse, tem seus cochilos. Por ele, ficamos sem saber se Ulisses se perdeu no Mediterrâneo ou se foi um turista em prolongada vilegiatura.

Foi o pior dos navegantes gregos, o pior de uma pátria de gente do mar. A menos que assim procedesse para fugir às alegrias domésticas, praticou as maiores barbeiragens marítimas, até fundar Lisboa, além das colunas de Hércules: Lisboa, Olisipona, cidade de competentes navegadores. Ulisses mereceu a épica de Homero, as louvações de Horácio e Ovídio, e no entanto navegou errado, chorando lágrimas de crocodilo de saudades da mulher, do lar, da pátria, mas consolando-se nos braços de ninfas nada despiciendas. Enquanto Penélope, doméstica, ficava a desenrolar e enrolar novelos e candidatos, tão paciente quanto os itacianos, sem rei durante uma década, o que prova que os governantes não são necessariamente necessários... Bem que Du Bellay desconfiou da escapada conjugal de Ulisses quando versejou: *Feliz quem como Ulisses, após longa viagem...*, proeza que Homero retratou em dez anos e James Joyce parafraseou em um dia de mil páginas.

Pois a Grécia é hoje, três mil anos depois do errado Ulisses, um país de fazedores de barcos e navegadores, mérito mais pertencente a Jasão e aos Argonautas do que a Odisseu, piloto de um *Bateau Ivre*. Seus Ulisses de hoje são as centenas de milhares que Claude Rivière chamou de "pequenos gênios", salvadores da pátria, comerciantes, operários, donos de restaurantes, todos expatriados que enviam ínfimas economias para ajudar o país. Bem ao contrário dos nossos conhecidos nababos que remetem fartos lucros para a Suíça. Os grandes Ulisses de hoje se chamam Onassis, Niarchos, Goulandris, Latsis, Vardinoyannis, Pappas, para citar os mais conhecidos, amealhadores de fortunas dignas de Creso e Midas, na navegação, na construção, na química, na petroquímica, fortunas que despejam no Peloponeso e o transformaram, em menos de quarenta anos, num país de renda *per capita* de quase quatro mil dólares. São quinhentos navios em todos os oceanos, são minérios para as mais complexas indústrias, são azeitonas para os melhores martinis.

São pequenos barcos no Peloponeso, grandes navios sob bandeiras de quatro ou cinco países, um multiplicar de construções de casas de férias, de hotéis, de estradas, e até mesmo uma mundial cadeia turística a repousar sobre verdades e mitos.

O turismo grego é um milagre de casamento entre a realidade e o mito. A primeira realidade é levar a visitar o berço da civilização quem não sabe o que é isto. A segunda é o mar para o prazer do mar, o mar com suas praias que as indústrias febricitantes ainda não poluíram. Digo-o e um brasileiro me retruca:

— Mas isto nós também temos!

Pura ilusão. Estamos nos cueiros da indústria turística. Como os gregos, falamos um idioma que o estrangeiro não fala — mas os polícias gregos falam inglês, pelo menos o inglês necessário a proteger o turista. Como os gregos, corremos o risco de receber as suspeitas contra nossa honestidade (e isto se deve ao festival de impunidades); mas o grego, antes no *Larousse* sinônimo de trapaceiro, é hoje impecável na proteção ao visitante, impecável no policiamento, perfeito ao aceitar uma queixa ou uma reclamação.

— Mas e aquela comida, aqueles vinhos resinosos, que não se confundem com a profusão culinária do Brasil ?!

De fato, a cozinha grega não é a de Paris ou de Pequim e tem até certa monotonia bastante sadia aos intestinos, enquanto no Brasil pode-se seguramente viajar do Oiapoque ao Chuí com a segurança de nos protegermos no galeto, no churrasco e nos sais efervescentes. "Nosso céu tem mais estrelas, nossos bosques têm mais flores..." E aí está o mito grego a mostrar suas paisagens de colunas jônicas, pedaços de capitéis, torsos de Afrodites, bronzes submarinos de Zeus a milhares e milhares de pessoas que nada sabem de Hesíodo e de Homero, de Fídias e de Praxíteles, mas que despejam milhões de dólares na compra de postais e quinquilharias, e milhões em fotos de "olha eu na Acrópole!" A maior lição do turismo grego consiste justamente nisto: o périplo de Ulisses é uma fonte de renda. É chique, é preciso, é fundamental cumpri-lo, comprá-lo. No Brasil, salvas as exceções atrás das quais me protejo, o turismo ainda é um cabide de empregos oficiais exercido por pessoas que ignoram até nossa geografia. Mas pensam que turismo é carnaval, futebol, oba-oba e praias poluídas de sujeira e assaltantes.

* * *

À beira do cais, ao saltarmos da lancha, o burrinho de Nossa Senhora nos esperava. Não sei por que, tenho uma irrevogável aversão aos burros, até mesmo por aquele cuja origem divina no entanto me enternecia. Preferi o caminho teleférico para me transportar, por cima das camadas geológicas, pardas, roxas, rosadas, negras, à crista de pedras brancas de Thera, hoje Fira, pouco maior que a ilha do Governador, pouco mais alta que o morro da Urca, a Santorini dos venezianos, Santa Irene. Antes da explosão que derreteu e vaporizou a ilha, mil e setecentos anos antes de Cristo, conseguindo destruir o palácio de Cnossos e mais as praias e o centro de Creta, por cima do mar, setenta e cinco milhas adiante, aquela última Cíclade se chamou Redonda e também Kalliste, a Belíssima. Atomizada, continuou belíssima.

Faz uma curva de meia-lua irregular, o golfo voltado para o poente, o arco de promontório assestado ao nascente e circundando o vulcão. São duas montanhas espiando da planície verde do mar, como dois monstros antediluvianos. Uma, um caleidoscópio de pedras negras, angulosas, fugidias, luzidias, agressivas, equilibradas como só a natureza inventa. Inabitadas. Cavernas vazias, grotas rosnantes, obeliscos degolados, tudo pronto para um cenário de tragédia. A tragédia já houve. Os seres vivos, de há três milênios e oito séculos, esvaíram-se, mineralizaram-se e se integraram na lava, na pedra-pomes, nas rochas oxidadas. Os estilhaços vulcânicos imergiram, a ilha submergiu, afogada em *pozzuolana*. E, dizem os egípcios, a erupção suprimiu do mapa o que Platão chamara de Atlântida.

A outra ilha vive entre invasões e explosões. A última, em 1956. Debaixo desses cataclismos há tesouros, pouco a pouco trazidos à luz, desde 1869, pelos arqueólogos da Escola de Atenas, que ali começaram a pisar com cuidado, porque a terra "não resiste ao peso de um burro". Três desses sábios escavaram a superfície catastrófica para recolher a *pozzuolana*, material necessário ao revestimento do canal de Suez: F. Fouqué, autor de *Santorin et ses éruptions* (1870), e seus companheiros H. Mamet e H. Gorceix. Aí eu paro. H. Gorceix, o nosso Gorceix, Claude-Henri Gorceix, o fundador da Escola de Minas de Ouro Preto, cujo nome não encontro entre os beneméritos franceses lembrados por Mário de Lima Barbosa em *Les français dans l'histoire du Brésil* e Aurélio de Lyra Tavares em *Cinq siècles France-Brésil*? Gorceix foi mais um desses heróis apedrejados, tão ao gosto brasileiro, como os fundadores da nossa primeira escola de belas-artes. Por que não dizer? Como Dom Pedro II, o maior presidente da República do Brasil. Gorceix, um jovem tocado pelo messianismo científico de garimpar apóstolos.

Devo ao engenheiro Hélio Magalhães, da Companhia de Pesquisas de Recursos Minerais, ao doutor José Aloísio Paione, presidente da Associação dos Ex-alunos da Escola de Minas de Ouro Preto, ao volume *D. Pedro II e Gorceix*, da professora Margarida Rosa de Lima, ao estudo de Glycon de Paiva o que sei sobre esse sábio, cujo único santuário reside em sua escola na velha Vila Rica. Então Gorceix esteve aqui em Santorini, aos vinte e sete anos, remexendo esse tesouro submerso em fuligem e cinza? De volta à França, Pasteur o recomendou a Pedro II para vir fundar a Escola de Minas. E que ficou dele na ilha calcinada? Sabe-se que contribuiu para que o farto material geológico proveniente das erupções do Nea Kanemi se utilizasse nas barrancas de contenção das margens do canal de Ferdinand de Lesseps, quando de sua construção. Mas para mim o importante é saber que ali, naquela ilha de ciclópicas escavações, cujo lixo geológico interessa a mil indústrias como interessa a arqueólogos, historiadores, sociólogos, artistas, andou um moço que foi bater em Minas Gerais, fundou uma escola, casou-se com uma sobrinha de Bernardo Guimarães e pagou o pecado de ser amigo do rei. É hóstia para minha unção retrospectiva.

Lá o burrinho sobe a encosta, e vou eu pelo teleférico, até a crista branca das casas, derramada em cima do morro a imitar, de longe, as neves eternas. No alto, ruas paralelas, outras entrelaçando-se, todas vielas tão estreitas que os braços alcançam as duas paredes. Santorini não exporta apenas minérios, vinhos, azeitonas, peixes e peças arqueológicas para museus: os vestígios da civilização minoana que o vulcão incinerou — as pinturas murais, a graciosa cerâmica, os *Kouri* sorridentes, as figuras femininas maquiadas e penteadas. Santorini exporta jóias de ouro. Importa turistas. É uma mina de ouro. Cada um daqueles casinholos é uma joalheria, uma vitrina, com nomes de ourives gregos reunidos na Santorini Jewellers' Association. São fabricantes de imitações de jóias antigas, para o contentamento da plebe turista, e de preciosidades assinadas por Lalaouines e Paulopopoulos, encontradas nas mais requintadas joalherias de Paris, de Londres, de Roma, de Nova York.

Estão ali porque Santorini é uma sede de amor. A crista da meia-lua da ilha oferece o mais belo sol nascente do mundo, o mais belo poente, a mais bela lua em todas as fases. Seus pequenos hotéis são mirantes para esse deslumbramento, de tal modo que muitos possuem quartos com duas janelas opostas para que Ílios e Ártemis, o Sol e Diana, ofereçam o quadro mutante para todos os instantes do amor. E, para cada fôlego, a praia explodindo de verdes, os barcos que são ninhos, as varandas dos bares penduradas no espaço, invadidas por cardumes de sons de *sirtaki* e dessas palavras suspirosas e suplicantes que se estendem de Gibraltar a Tróia, por todo o Mediterrâneo. Canto de amar é canto de mar. E o sol generoso, nu, exigindo a nudez. E a lua, espelho grande a se poder abarcar com a circunferência dos braços para estreitá-la até o talhe da cintura de Diana. Para seduzir Diana, basta estender a mão, colher uma jóia do lado de fora da rua, oferecê-la, fazê-la brilhar. Cá por dentro de cada peito o Nea Kanemi recomeça uma nova erupção. Por que mistérios da alma o sábio Gorceix deixou Santorini pelo Brasil — e que diabo vim eu fazer nesta galera?

• *Como comandante das tropas no 50.º aniversário do Movimento Constitucionalista de 1932. Diante do Monumento do Ibirapuera, São Paulo, 1982.*

• *Com as escritoras Hilda Hilst, Lygia Fagundes Telles e Nélida Piñon, festejando a entrega do título da Légion d'Honneur, 1984.*

• *Com a artista plástica Maria Bonomi.*

• *Com o político Oswaldo Aranha, 1955.*

• Com o historiador do modernismo
Mário da Silva Brito e o embaixador
Adolfo Justo Bezerra de Menezes (de costas),
Rio, 1979.

• Com o filólogo
Antonio Houaiss
na noite de
autógrafos de
14 Rue de
Tilsitt – Paris,
1975.

• Com a artista plástica Anna Letycia e o escritor e ministro da Cultura francês André Malraux, Paris, 1965.

• Com o ensaísta e diplomata José Guilherme Merquior e o escritor Ivan Pedro de Martins, Londres.

• *Com Afonso Arinos de Mello Franco, Rio, 1969.*

• *Em casa com o escritor mexicano Juan Rulfo.*

*• Com o embaixador Paulo
Carneiro na Catedral de
Chartres, França, 1967.*

• Com o pintor Félix
Labisse em Paris, 1967.

• Com os comandantes Reina
Saldanha da Gama e José Paranhos
Rio Branco, durante as comemoraç
do cinqüentenário do Movime
Constitucionalista de São Paulo, 19

• Com Antonio Carlos Bandeira de Figueiredo e
Adolfo Justo Bezerra de Menezes.

• Com os embaixadores Jaime Bastian Pinto
e Ilmar Penna Marinho e Sra. Francette
Rio Branco Deramont no Rio.

• *Na embaixada da Espanha em Brasília, recebendo o título de Oficial del Orden de Don Alfonso X, El Sabio, com o jornalista Roberto Marinho e o sociólogo Gilberto Freyre, igualmente agraciados, 1982.*

• *No discurso de agradecimento do título de Officier de l'Ordre de la Légion d'Honneur em Brasília, 1984.*

• Com Pedro Calmon nos festejos do quarto centenário do jurista espanhol Francisco de Victoria.

• Na legação da Romênia, com Darcy Evangelista, Dias Gomes, diplomatas romenos, Raymundo Magalhães Júnior e Ênio Silveira, 1960.

• *Com Carmen Bardy, Feira do Livro, Rio, 1960.*

• Com a cantora russa Galina Vietsnovskaya, seu marido, o violoncelista Mstslav Rostropovich, e o compositor francês Michel Philippot quando da apresentação da Cantata do Café, de Philippot-Figueiredo, em Campos do Jordão.

• Galina Vietsnovskaya, a pianista Anna Stella Schic, o maestro Eleazar de Carvalho, Guilherme Figueiredo e Michel Philippot na mesma ocasião.

• *O advogado e amigo Alfredo Trajan em um de seus brilhantes discursos.*

• *Com o ex-deputado Anysio Rocha em noite de autógrafos no Rio.*

• Com Costa e Silva quando da viagem do então presidente a Paris.

• Recebendo cumprimentos do ministro João Leitão de Abreu na cerimônia de condecoração da Légion d'Honneur. Ao fundo, à esquerda, o embaixador francês Robert Richard.

• *Com o vice-presidente Aureliano Chaves.*

• *Apresentando ao presidente João Figueiredo o tradutor japonês de suas peças, Jun Shimaji.*

CANTO DE ALCMENA PARA ANFITRIÃO-JÚPITER

Só tu és o meu deus, eu o pressinto
No perfume dos astros, na cascata
De sons que jorra e embala como absinto

Quando desces das órbitas de prata...
Só tu és o meu deus, eu adivinho
Nos teus cabelos de torcidos húmus,
Em teu beijo com hálito de vinho,
Em teu resfolegar que sabe a fumos...

Só tu és o meu deus e tua pele
É a bíblia onde em meu êxtase te afago
E te rezo em meus dedos quanto mele
Meu seio no teu tronco em que naufrago...

Só tu és o meu deus e a tempestade
De gozo onde teus olhos me consomem
É a carne em que comungo a divindade
És tu, primeiro deus e único homem...

Só tu és o meu deus, santa loucura,
Altar de sangue, mesa de oração,
Leito de insônia, berço e sepultura,
Trigo da vida, crime e redenção...

Só tu és o meu deus, ó chuva de ouro,
Branco ruflar de rendas de esponsal,
Roçar de asa de cisne, arfar de touro,
Só tu, porque te amo, és imortal.

* * *

Quando eu morrer quero doar meus olhos
Para que o cego saiba que te vi
E te contemple sempre, sempre, sempre
E saiba sempre e sempre o que perdi.

*Quando eu morrer quero doar meu corpo
E meus farrapos sirvam de agasalho;
Por caridade, abriga-os em teus braços
Como trazendo ao colo um espantalho.*

*Quando eu morrer meu último suspiro
Como um beijo procure a tua mão:
É tudo que restou do meu passado,*

*Menos adeus que prece de perdão.
Quando eu morrer o verso que te dei
Em ti não morrerá — porque te amei.*

* * *

*Para buscar as fluidas selenes
De olhos sem cor mas que iluminam cores
E fugir dos notívagos ardores,
Não de pecados sôfregos e infrenes,*

*(Quanto inútil será que me condenes,
Oh, Selene de plácidos amores,
Já que nossos pecados são perenes,
No que foste, no que és e no que fores...!)*

*Cobri a pele que te abraça, a pele
De esponsais para a vida e para a morte,
Com abrigos de lã, fingidas galas,*

*Para a luz que me banha e me repele,
Aflito Pã de pânica coorte,
Não turvar o luar em que me embalas.*

* * *

*O Filho de Talásio, Equépolo de nome,
Por dez anos guardou vossos olhos, dez anos
De sentinela ao sol, à noite, aos desenganos
De herói desconhecido, a ver que se consome*

A esperança de que, nos seus sonhos insanos,
Num clarão de segundo o vosso olhar o tome
Por alguém que depois de vigiar oceanos
E praias, ele só será quem vos assome.

Dez anos a esperar... Talvez, quem sabe, um dia
De tanto vos olhar vosso olhar olhe e brilhe
O olhar em seu olhar vidrado de agonia...

Antíloco ergue o dardo — e ao golpe que desfrena
(O primeiro da guerra, em dez anos!) — pedi-lhe
Que o faça sucumbir ao vosso olhar, Helena.

* * *

Quero fazer-te amor, amor, de olhos fechados
Como se para amar extirpassem meus olhos,
Como um resto de nau batendo nos abrolhos,
Édipo tendo às mãos os olhos arrancados,

Como o artista que para acordar nos teclados
O requinte do som perdido nos refolhos
Do silêncio e da ausência apaga os próprios olhos
Como lendo sem ver com olhos deslumbrados

Como cego tateando a poesia nos dedos
Como um ébrio a beber o caminho na treva
Como o infante a agarrar-te a afugentar os medos

Como Abel e Caim mordendo o sangue de Eva
Quero que minhas mãos meu lábio meu desejo
Te moldem numa estátua, num soneto ou num beijo.

* * *

No pórtico da Academia de Platão, sabe-se, uma inscrição avisava: só entrava ali quem fosse geômetra. No santuário de Asclépio, o lema, no alto da arquitrave, recomendava pureza aos recém-chegados, a pureza, isto é, nada que não fossem pensamentos divinos. Estamos longe do umbral do inferno dantesco, depósito de todas as esperanças. O templo de Asclépio é o da esperança, não de uma vida futura mas desta, de pés na terra. Visitá-lo, em seu tempo de glória, era estar convicto de que a mente, a mente de Anaxágoras, que põe ordem em tudo, e é a mente de Epicarmo, a que vê e ouve — logo, a que cura — é o bálsamo das enfermidades. Elas moram na mente, transfiguram-na, apodrecem-na, destroem-na, julgava Asclépio dois mil e quinhentos anos antes de Freud.

Ali se venera o médico milagroso, deificado pelos milagres. Contra sua ciência e seu ensino foi Aristófanes dos primeiros a zombar, como zombou dos militares e dos sacerdotes. Talvez o histrião tivesse descoberto que médicos, militares e sacerdotes têm nas mãos a vida e a morte, logo são os personagens fundamentais do grande teatro, cômico ou trágico, porque, cômico ou trágico, trata afinal de dois assuntos: a vida, o *happy end*, quando afinal acontece o casamento, o gamos; e a morte, na tragédia, quando o resto é silêncio. Exaltar a vida, zombar da morte, mostrar que a vida é vã: temê-la ou fruí-la, aí está a catarse.

Ao tempo de Asclépio os médicos ainda não eram vítimas dos teatrólogos. Ao contrário, a medicina de Asclépio incluía o teatro na prateleira de mezinhas. E que grande prateleira! O mais perfeito teatro que até hoje se construiu, sala de aula tão depurada que nela se escuta, da última fila do auditório, o respirar da chegada de um deus, o ruflar invisível de suas asas, as sandálias de um herói, um gemido de Ésquilo, uma imprecação de Sófocles, um hexâmetro de Eurípedes.

Ninguém deve visitar Epidauro sem uma preparação, que vai dos manuais turísticos aos aforismos de Hipócrates e ao texto teatral. Ali se cultuam os deuses mais gregos da hagiografia grega: Asclépio, o Salvador, e Dioniso, o filho de Zeus, ressurrecto. Asclépio, senhor da serpente curadora, e Dioniso, o macho-cábrio do amor. O natural de Tessália passou a ser natural do monte Tértion, precisamente em Epidauro. Filho de Apolo e da ninfa Coronis, que o traiu cm plena gravidez, pelo que ele a transformou em pássaro negro; e que do centauro Quíron aprendeu a maior façanha da medicina, o retorno do Hades, a volta do país dos mortos. Dioniso, escondido na coxa de seu Pai, morria e ressuscitava com as estações; no ofício religioso de representar seu nascimento, sua vida, paixão, morte e ressurreição está a essência do teatro. Como que associados no benfazejo empreendimento de curar e salvar os mortais, receitavam a poção que cada qual deve buscar dentro de si mesmo; Eros, o amor, que move o sol e as outras estrelas, diria de novo Dante. O amor, que fez de Dioniso um filho de tal pai, *gynamainés*, o "louco por mulheres", segundo o hino atribuído a Homero, perseguidor de ninfas. Tão pagãmente sedutor que os cristãos tomaram sua imagem, de chifres e pés eroticamente caprinos, como a do próprio Anticristo, o diabo.

Epidauro era cidade de cura graças à inspiração de seus deuses e seus filhos de deuses. No parque sagrado, a mente e o corpo buscam a saúde total, a *kalokagathias*: o templo ao lado do ginásio, o teatro ao lado dos banhos, a biblioteca ao lado do estádio. Antes de se chegar ao anfiteatro, ali se encontravam o templo de Asclépio, o seu altar, o templo de Ártemis, o de Afrodite, deuses de vigília amorosa; o de Telésforo, de Hipnos, Oniros e Macheon, os deuses dominadores da vida fora da vigília. Ali se buscava, como terapêutica, o conhecimento de si mesmo, que Sócrates propagou como conselho e método. Os romanos invasores adotaram a medicina, a filosofia prática de Asclépio, e traduziram o lema da beleza e da bondade, *mens sana in corpore sano*, sem jamais alcançar a "divina harmonia" receitada em Epidauro. O museu atual guarda a lista de curas de Asclépio, os *case stories* que a medicina estudou obrigatoriamente até o século XVII. Mas o cristianismo separou os mitos pagãos do Deus único: Anticristo e seu teatro foram expulsos do convívio cristão. A presença do pecado tornou os homens sofredores, à espera de um Paraíso, sem mais descobrir o paraíso ao redor.

O santuário, o sanatório, as termas reuniam de quatro em quatro anos os devotos do médico deificado, para o celebrarem, com jogos ginásticos, poesia e mímica, e onde não faltavam os versos de Homero. Os enfermos dormiam, após o sacrifício, entre as serpentes do *abaton*; e esperavam que o deus lhes viesse traduzir os sonhos. Os sãos se hospedavam ao redor do *hieron* de Epidauro, freqüentavam os banhos, oravam diante do altar dos sacrifícios, disputavam os torneios atléticos, iam ao anfiteatro. Hoje o turista apressado com os vaivéns dos ônibus cronometrados não consegue alcançar cura ou aprendizado. Nem mesmo anda em filosófica e melancólica de ambulação por entre colunas estilhaçadas, as fatias de templos, a paisagem verde-acre onde as ruínas parecem pastar como um rebanho de mármore. Uma cidade mergulhada na terra, à espera de que outros arqueólogos, Cavvidias ou Papadimitriou, lhe venham exumar as glórias e os cacos. O anfiteatro é a porção menos destruída da cidade. Longe dos templos, para que Téspis e suas vozes não perturbem os repousantes, até hoje recebe a dramaturgia grega de mais de dois milênios. Não recebe, porém, o ensinamento de Epicarmo, o dramaturgo cujas obras se perderam, mas autor de uma lição que Platão venerava: *É a mente que vê e ouve; tudo mais é cego e surdo*. O turista se diverte em demonstrações de acústica: o efeito de um grito ou de um esfregar de papel, que se pode escutar até na última fila do teatro, no alto, a duzentos metros. Nada se perde do som dos parlamentos dos deuses, dos gemidos da morte, das ambições dos heróis, das conspirações do poder. Nada, nada. E quando os ventos sopram no cume das árvores, podem estar repetindo a Tamus a voz dos marinheiros perdidos no Egeu: *Morreu o grande Pã*. Os turistas ali se fotografam, com todas as suas mazelas.

O PROMONTÓRIO DE ANDRÔMEDA

Um dia aportou em minha casa, na Rua Santa Clara, um dos mais interessantes casais que conheci: o Senhor e a Senhora Benno Weiser, ele chefe da entidade dedicada à aproximação entre o Estado de Israel e os países da América Latina; ela, Miriam, atriz conhecida do teatro judeu de Nova York. Queria que eu cedesse os direitos de *A raposa e as uvas*, coisa impossível, cedidos a John Fostini, ator que montara, pobremente, *Um deus dormiu lá em casa*, cuja tradução americana tinha sido feita por Lloyd F. George, um dos membros do American Theatre no Rio. Em Nova York a coisa foi mal, faltou dinheiro para a publicidade no Provinceton Playhouse, e só tinha um mérito: o protagonista era sobrinho do ator inglês Robert Donnat. Fostini merecia outra tentativa: cedi-lhe *A raposa*. Tempos depois, para surpresa minha, Fostini, que reatava no rádio americano um programa chamado *Love letters*, sustentado por sua bela voz, surgiu aqui no Rio como professor de inglês para os funcionários da Coca-Cola e deslumbradamente casado com uma catarinense.

Para os Benno Weiser reuni um bando de brasileiros que desejavam conhecer, entre eles Jorge Amado, Pedro Bloch, o elenco da *Raposa*. Festa multinacional, durante a qual o meu convidado soube que eu tinha conseguido fazer sair da Romênia o casal Laserson, com o filho, e o meu tradutor Radu Miron. No primeiro caso, quando da missão João Dantas, de reatamento com os países do Leste europeu, apresentei os nomes dos Laserson como desejosos de vir para o Brasil. Condição imposta: deviam ter parentes brasileiros. Perguntaram ao embaixador João Dantas, que não sabia responder. Passou-me a palavra e eu afirmei:

— Eles têm: o casal Pedro Bloch.

Pedro Bloch era conhecido em Bucareste, onde sua peça *As mãos de Eurídice* já fora aclamada. Os Laserson receberam passaporte para sair da Romênia com o filho: e, é claro, rumaram de Paris para Tel Aviv. De lá me escreveram, felizes. Como poderia viver num país comunista um casal cuja profissão seria impraticável, encadernadores e restauradores de livros raros?

Convidavam-me: se eu fosse a Tel-Aviv me hospedariam no quarto do filho, que andava aprendendo hebreu num *kibutz*. Havia uma remota possibilidade de viagem: se *A raposa e as uvas*, apresentada de *kibutz* em *kibutz* pelo ex-imigrante no Brasil, George Kossowsky, e seus artistas ambulantes, rendesse o bastante para tamanha despesa... E veio um milagre: num almoço de vários participantes em casa de Benno Weiser, em Jerusalém, entre os quais os turistas Pedro e Miriam Bloch, o anfitrião contou aos demais como puderam os Laserson sair da Romênia: por eu ter afirmado terem parentes no Rio; e eu retruquei depois:

— Não é mentira, todos os judeus são, afinal de contas, parentes...

Terminada a história entre risos, levantou-se um casal e um deles disse:

— Nós somos o casal Laserson!

Espanto geral, abraços dos Laserson e dos Bloch, e ficou decidido: a sociedade presidida por Benno Weiser me convidaria a ir a Israel, como jornalista. Nosso embaixador lá, meu amigo João Barreto Leite Filho, aprovou a idéia. *O Jornal* acolheu tão barata reportagem. Dias antes da partida, meu pai adoeceu gravemente em Campinas. Suspendi a viagem. Os médicos mandaram dizer que o perigo passara, e seria melhor eu ir do que assustar meu pai com a minha súbita desistência. Direto a Roma. Num avião privado da Seleção Italiana vinda ao Brasil, onde levou uma surra. Durante toda a noite, a seleção bradava impropérios contra os brasileiros. E de Roma a Tel-Aviv. No aeroporto me esperavam os Laserson e Barreto Leite. Nada de hotel, nada de embaixada: eu ficaria com os Laserson enquanto em Tel-Aviv.

De minha janela contemplava a cidade, mistura de velhas construções árabes com enormes edifícios de hotéis e de residências modernas. Zimbórios e torres de igreja, procissão de rabinos de negro, barba negra, chapelões negros, de mistura com gente de bermuda, queimada de sol, a geração de sabras e turistas invasores da cidade.

Foi assim: Barreto Leite me ensinou:

— Se você quer conhecer os lugares bíblicos do outro lado do Jordão, dê-me o seu passaporte, para um visto através do cônsul espanhol.

O Consulado Espanhol, pela repartição de Jerusalém, ficara na cidade antiga, do lado da Jordânia; para se ir até lá o turista precisava não ser judeu e entregar o passaporte às autoridades jordanianas. Barreto Leite o fez. E eu devia postar-me na fronteira, perto da guarita do sentinela israelense, sair andando lentamente, de passaporte e visto na mão, até o sentinela jordaniano, na Porta de Mendelbaum. Ali entregava-se passaporte e visto legível. Do outro lado uma voz chamava: "Señor Figueiredo!" Esbarrava-me com um gordo, mais um árabe encarregado de levar cada turista ao escritório do cônsul, ao lado. Ganhava-se um carimbo, e pronto: podia-se passear pela Jordânia, a cem dólares por dia. Um belo negócio inventado pelo cônsul espanhol, a quem eu perguntei:

— E se neste papelinho estivesse escrito em jordaniano: "Fuzilem este homem"?

Ele não poderia fazer nada. Era apenas um representante da Espanha. O marroquino me sorria. Instalou-me em seu carro e comecei a peregrinação, valendo-me do cicerone que me informava à sua maneira: a mesquita de Omar, as ruelas da velha Jerusalém, o sítio exato onde Abraão quase matou o filho por ordem de Deus... E enveredou pelo deserto.

Neguev, que os hebreus de Moisés cruzaram a pé até chegar ao Mar Vermelho, percorre-se de automóvel em umas duas horas numa estrada por entre as pedras, onde surgem, de vez em quando, cadáveres de tanques de guerra, destruídos, considerados monumentos nacionais. Vai-se a Ber-Sheva, aldeia cujo centro é o poço de Abraão, cercado de camelos de beduínos; mais adiante, umas colunas romanas atiradas ao solo se chamam *The last chance*, porque ali está a última oportunidade de um beduíno beber álcool, geralmente bom uísque turístico. Porque dando-se mais um passo já é o território da lei seca de Alá. Então, com as ruínas de colunas servindo de mesas, os árabes se regalam, se brindam; e quando pousam os copos nas mesas, um burrinho, um descendente do que transportou Nossa Senhora, um jegue, estica os beiços, prende nos dentes a borda do copo, e atira o álcool goela adentro. É um número circense oferecido pela dona de *The last chance*. O burrico bebe uísque e come cigarros, o que aumenta a venda de ambos. Todos param e pagam para ver. No hotel, o uísque e os cigarros são até mais baratos; mas qualquer turista pode montar num camelo e fazer-se fotografar, com o deserto ao fundo: vinte dólares. Vamos adiante. Mais caro, à margem do Mar Morto, há Coca-Cola e laranjada. Podem ser encontrados cartões postais, de gente flutuando nas águas, sem ir ao fundo; e paisagem do contraforte de pedra à beira das águas: porque ali é o Caminho da Serpente, de que fala Flavius Josephus na sua *História dos judeus*. A subida é íngreme, a paisagem se torna cada vez mais azul e ocre; ao alto, um obelisco que o vento encobre de areia: é a própria mulher de Loth, transformada em estátua de sal, porque olhou para trás a ver o que estavam praticando as gentes de Sodoma e Gomorra, grave castigo à curiosidade em público. De lá destinei um cartão ao meu caro editor Ênio Silveira, a mulher salgada de Loth envolta em areia, a que lhe pus a legenda: *I wish you were here*. Pura piada. Não sei se recebeu, porque não se zangou. Mais provável que o correio tenha furtado meu cartão.

Posso jurar-lhe, leitor: plantam-se abacates em Jericó, cujo clima tropical a trezentos metros abaixo do nível do mar torna a cidade com o sol dir-se-ia parado até hoje, porque grande parte dos habitantes e turistas usa bermudas e *topless*. Mas o mais belo espetáculo para mim é o visto da entrada da fortaleza de Massada, àquele tempo com um vasto painel a avisar aos jordanianos do outro lado do rio: *Massada nunca mais será destruída*. Foi-o, último bastião do judaísmo, pelo general romano Sylvius, que encontrou mortos, suicidados, todos os habitantes e soldados, menos algumas velhas, mantidas vivas para contar a bravura judaica. Quando Flavius Josephus escreveu o episódio, ninguém acreditou; mas, quase dois mil anos depois, o general israelense e arqueólogo Yagsel Yadin, professor de arqueologia da Universidade Hebraica de Jerusalém e diretor da Expedição Arqueológica a Massada, trouxe os papiros escritos dos zealotes e dos soldados romanos, que provam a última resistência do bastião. Tive a honra de apertar-lhe a mão na embaixada do Brasil, graças ao embaixador Barreto Leite.

Confesso: a minha sedução pelos mistérios histórico-arqueológicos me afligia, me envolvia de tal maneira que cheguei ao tardio pensamento de me tornar um jornalista especializado. Faltava-me o hebreu, faltava-me a base cultural e o instinto investigador de raspar um pedaço de pedra e dele extrair o passado, vivo. Esse impulso terrível, como uma nova paixão que nasce, eu voltei a sentir ao visitar a Grécia, algumas de suas ilhas, e poder, ao menos pelo conhecimento do alfabeto e de raízes gregas, desvendar o recado da pedra e do mármore, como quem sopra o véu do tempo e o da imaginação até ter entre os dedos a nudez do que foi ontem e será amanhã. Um túnel do tempo em todas essas ocasiões me empurra para um mundo escondido à espera da revelação da verdade.

É uma paixão ilusória, de ciência e fé que lutam em mim: pisei as pedras da Via Dolorosa depois de ver desaparecer, fora, a mesquita de Omar. Crianças ali brincavam na ruela, sujas, e do alto pedaços de carneiro escorriam sangue, um sangue vindo de suas goelas e pingado dos escrotos ao chão. De um lado, inscrições inglesas rabiscadas sem dignidade gráfica marcavam os passos de Jesus, a primeira queda, o amparo do Cireneu, o jarro d'água da Samaritana, e em torno o alarido e a imprecação de bazar e prostíbulo; e o cheiro de carne podre pousava com as próprias moscas, e os passos dos transeuntes não me enfeitiçavam nem mesmo como nas películas cinematográficas; um cheiro ardido vinha duma porta: *Public conveniences* de onde saíam calças sujas molhadas, a escorrer, misturando-se ao sangue. Por fim, a porta da igreja do Santo Sepulcro: uma multidão avançou sobre mim, empurrando-me relíquias, santos, terços, fotógrafos a esgrimir suas máquinas, e um hálito de incenso, sarro e cuspe soprava de todas as bocas; reclinado na pedra, à entrada, um árabe se dizia descendente do guardião da casa divina desde que o último cruzado cristão, ao retirar-se, deu-lhe a chave da Igreja, o Calvário, onde, antes da morada do nascimento de Deus, já ali estava enterrada a Calva do Adão, o Primeiro Homem. No interior, mistura de sombra e incensos, e bolas coloridas como as de uma enorme árvore de Natal, trafegavam sacerdotes irados, folheados de panos de ouro e com enormes barbas amareladas, os ortodoxos, os gregos, cruzavam-se e disputavam-se a propriedade do Deus tal como o tinham idealizado, no véu da Verônica ou nos mais coloridos ícones vivos, os hágios de todos os tempos. Eles transitavam na multidão como as próprias imagens divinas, e cheiravam às desgraças de todos os pecados. E o farfalhar de suas batinas enchia o ar de um fedor cinzento, até chegar-se à gruta. Para ir-se até lá, um punhado de mãos se estendia, pedindo donativos com energia a soar como ameaças. Enfim, por entre um esgrimir de velas acesas ao redor da manjedoura, o menino, de braços abertos. Não o verdadeiro em sua verdadeira manjedoura, que tinham voado pelos céus até a igreja de Santa Maria Maggiore, na Itália: era, é um brinquedo infantil, e para ele se rezavam preces da mais sincera fé, rogavam-se os mais urgentes pedidos, os milagres. O marroquino e eu, ele na postura respeitosa que lhe impunha a profissão de guia, eu de alma aberta, e pedindo também, não sei a quem, mas pedia: "Dá-me a fé, escutas?, dá-me a fé!" Avançamos; as velas tresandavam como num permanente velório e choravam seu espermacete pelo lajedo; e de um lado do escuro, juro por Deus!, apareceu um rato, um simples ratinho sem cerimônia, e passou a roer ao pé das velas o espermacete já seco e frio, metodicamente, gulosamente, como só fazem os ratos. Apontei para o marroquino, que olhava o bicho com a intimidade do cotidiano, e não pude deixar de lhe murmurar:

— *The Almighty Mouse?*

O marroquino me olhou como se eu tivesse pecado. E tinha pecado. Fugi daqueles odores santos e miseráveis; fora, o árabe-guardião me empurrou uma mão cheia de relíquias, bentinhos, santos, retratos, pedaços da cruz, de mantos, contas coloridas, e até mesmo um Corão encadernado em madrepérola parecido com o que eu já tinha comprado em Safed, das mãos do dono do hotel, o Senhor Moshe Pearl, que abrigava pintores e vendia seus quadros em Nova York. Conheceu Portinari, tinha gravuras do pintor, e as oferecia, autenticadas. As outras relíquias, nos meus bolsos, só tinham a autenticação das mãos imundas do vendedor. Por elas jamais passaria o jarro da Samaritana, nem pelas suas pestanas remelentas. Sofri. Como as belezas divinas se emporcalham nas mãos humanas! Pensei no pobre padre Miguel do Realengo, no santo monsenhor Miranda de Friburgo, na primeira comunhão entre meninazinhas vestidas de branco. Despedi-me do marroquino que se dobrava ante as gorjetas.

— Me leve para o hotel.

O hotel dava para o Jardim das Oliveiras, com seus ciprestes esguios apontando para o céu.

O dia seguinte era sábado. Avisaram-me: eu não podia usar o elevador nem bater na máquina de escrever. Fui a pé para a casa de Benno Weiser, que me esperava com enorme patota judaico-brasileira.

Estranho, esse meu novo amigo. Contou-me, enquanto andávamos nos lados de Mea Shearim, o bairro dos judeus mais radicais, que seu rosto se deformara num desastre de automóvel, no México. Pediu-me um cigarro, pediu-me que o acendesse. Quando bati o dedo no isqueiro e a chamazinha despontou, um bando de crianças, quase todas de peiotes postiços, as meninas com meias cobrindo a perna inteira, blusas cobrindo os braços inteiros, e de cabeças raspadas escondidas em turbantes, toda aquela criançada saída de portas dentro das quais se rezava com barulhento fervor, e todas em gritaria, me atiravam pedras.

— Está vendo?, disse Benno Weiser. Exatamente no lugar onde você está Jesus foi lapidado. Você pode dizer em sua terra que foi lapidado em Jerusalém como Cristo.

Riu. Achou que a piada era boa. Voltamos para a casa dele.

— Não se assuste. Em minha casa não se obedece o Sabbat como os judeus de Mea Shearim.

De fato, os sanduíches eram bons, o vinho potável, o pão sem pecado, os rapazes me falavam em brasileiro e, por pura brincadeira, cantavam sambas em hebreu. Mais uma Miriam, jornalista holandesa, me fazia perguntas bastante pertinentes sobre o Brasil e o mundo. Da varanda via-se o lugar exato, assim afirmavam, por onde passara Jesus, preso. Mas parece que ninguém andava pé ante pé por causa disso.

Foi quando a porta da frente se escancarou, de estalo, e uma cabeça anunciou, arregalada:

— Assassinaram Kennedy! O rádio acabou de dar!

Correram todos para o rádio, que repetia a notícia e desfiava pormenores em hebreu. A festa silenciou, todos se despediram, com seus violões mudos. Miriam, a jornalista, me perguntou:

— Que vai fazer agora?

— Não tenho a menor idéia. Nem mesmo quero aborrecer meu amigo embaixador em Tel-Aviv.

— Quer vir comigo? Irá conhecer outros aspectos de Jerusalém. Vamos.

Perto, na praça, havia um teatro judeu onde se cantava em altas vozes, como se nada tivesse acontecido. O povo ria, e eu pude observar como era difícil rir em hebreu.

— Venha comigo.

Andamos para o lado do Muro das Lamentações. Ao pé do muro, fiéis batiam com as cabeças, e rezavam cantarolando, provavelmente salmos de David. No alto, soldados jordanianos, de metralhadoras em punho, vigiavam os crentes. Por ali, exatamente, passava a fronteira entre a Jerusalém israelense e a Jerusalém jordaniana. Entramos por uma porta estreita, no próprio muro. Dentro, uma algazarra de jovens judeus americanos, todos com seus bonés turísticos na cabeça, cantavam, dançavam. E bebiam uísque. E sentavam-se no que seriam as mesas: pneumáticos de automóveis postos no chão, aos dois e três; as pessoas sentavam-se neles, com os pés para dentro ou fora, com um certo cuidado porque os copos de uísque eram postos no interior do círculo de cada pneu. E cantavam, e se davam palmadas nas costas, na maior e mais colegial alegria, gritavam e cantavam em hebreu e inglês.

— São judeus americanos, que vêm passar as férias como turistas, prestar algum serviço nos *kibutzim*, e aprender hebraico.

Não ousei perguntar se sabiam que o presidente dos Estados Unidos tinha sido assassinado. Era como se não se importassem. Depois de um silêncio a dois, com goles de uísque lentos, e meu olhar espantado, Miriam perguntou:

— Você é contra ou a favor da pena de morte?

Não seria capaz de adivinhar onde queria chegar. Miriam desabotoou o punho da blusa, enrolou-o mostrando o antebraço. Nele havia a tatuagem de um número.

— Auschwitz, disse. Acha que fizemos bem em matar Eichmann?

— Mal.

— Por quê?

— Suponha que eu agora lhe diga, aqui: vocês erraram, Eichmann sou eu.

— O velho argumento do erro judiciário...

— Só em um caso ele não existe: a morte de Abel. Só havia Caim e Abel, não havia terceiros. Eu sou Eichmann, Miriam. Convença-me do contrário.

— Nós o descobrimos escondido na Argentina, nós o raptamos, nós o julgamos, nós o enforcamos. Mesmo se erramos, ninguém sabe, foi um exemplo. O meu braço e o meu número de tortura. Onde estão os números dos mortos? Alguém há de dizer que Kennedy foi morto porque tinha alguma culpa, qualquer culpa.

Cito Saint-Just:

— Não há governante sem culpa...

— O nosso assunto não vai adiante. Vamos mudar. Vamos visitar um *kibutz* novo, perto daqui.

Minha cicerone quis oferecer-me um exemplo da comovente acolhida aos judeus que chegavam a Israel, em levas, em peripécias mil, para colaborar com a construção do Estado de Israel, para proteger-se das centenárias diásporas, do fim da nação hebraica narrado por Flavius Josephus com a invasão da fortaleza de Massada até o mais recente peregrino a alcançar as praias de Escalón, descer de algum navio clandestino, ou pousar no aeroporto de Tel-Aviv. Levou-me a visitar o mais recente *kibutz* de então. Um *kibutz* de pobreza e deserto, de gente hirsuta, de rostos peludos e deformados, de restos de roupas, de pés enrolados em frangalhos, esmagados em mil caminhos, de marcas nos olhos, não sei se de pranto solidificado. Malcheirosos, ásperos de crostas de sujeira, olhares atarantados de quem não acredita ainda na paisagem árida que os cerca, algum outro campo de areia e pedra. Miriam falou-lhes na escassa linguagem que poderiam entender. Eram búlgaros sefarditas, isto é, judeus descendentes dos expulsos da Espanha ao tempo da descoberta da América. Miriam quis dizer-lhes que eu conhecia a Bulgária, lá estivera. Deles me vinha o respirar brutal dos cachimbos búlgaros e o azedo odor da coalhada que lhes ficara escorrida nas roupas ou a impregnar-lhes as barbas. Miriam não os entendia no pouco hebraico, e nenhum iídiche sabia. Mas começavam a balbuciar algumas palavras que não me pareciam tão distantes. E como ousei imitar ou adivinhar algumas dessas palavras, passaram a se chegar, bichos mais confiantes. E riam com restos de dentes e de bocas pasmas. Miriam me olhou espantada, com seus olhos apoteóticos:

— *But do you speak bulgarian?!*

— *Oh, no, no, Miriam. I just spoke some words in ladino.*

E expliquei-lhe o que vinha a ser ladino, o velho espanhol de antes da Inquisição, o espanhol conservado pelos judeus mediterrâneos que se encontravam nas comunidades e nos guetos da Espanha, da França, da Itália, da Albânia, da Macedônia, da Romênia, da Bulgária, e que eu podia adivinhar e perceber graças ao espanhol de Gil Vicente e dos autores de teatro de antes do Siglo de Oro. Assim conversei com um punhado de búlgaros numa língua que Miriam, versada em inglês, em hebraico, em holandês, não podia entender.

Miriam me olhava com espanto:

— Que pena, você vai-se embora amanhã. Gostaria de conversar mais com você.

Miriam, holandesa, se entediava de ser intérprete em inglês.

— Se vier novamente a Israel, procure-me. A Holanda está cheia de judeus que falam português.

No hotel veio-me a idéia de um soneto, rabisquei no caderno de notas:

Sacrílego, imaginado no Caveau des Oubliettes de Paris: um pretenso peregrino que esqueceu de enlaçar sua condessa num cinto de castidade.

> *Dize, que fazes lá, miserável condessa,*
> *Enquanto desagravo o sepulcro de Cristo?*
> *Basta que Ele no céu os castos olhos desça*
> *Para te ver pecar como jamais tem visto:*
>
> *A frente, qual carcaça em êxtase imprevisto,*
> *Flor de sal, como um fruto, estonteada a cabeça,*
> *Mil estrelas no olhar, e no seio esse misto*
> *De morte que se goze e rir que se padeça...*
>
> *Carrego à Terra Santa o que é santo no crente,*
> *E o alfanje do infiel comandando a matança,*
> *E as chagas do deserto e o leito em pedra ardente,*
>
> *Nas sandálias a Fé, no horizonte a Esperança,*
> *E tu, pernas ao ar, ganhas de cada pajem*
> *Mais céu do meu céu? Que bruta sacanagem!*

* * *

Na manhã seguinte, Benno Weiser veio buscar-me. Enquanto ele dirigia, contei-lhe minha visita ao bar do Muro das Lamentações e meu diálogo com Miriam sobre Eichmann. Ele me levou, entre as pedras da costa, a estrada sinuosa, o mar berrante de azul, para um pequeno restaurante, para os lados de Haffa. No caminho, mostrou-me uma pedra côncava onde se diz que Pedro, o pescador, futuro fundador da Igreja de Cristo, costumava dormir. O restaurante era quase uma gruta, recoberta de redes de pescar, de estrelas marinhas, de peixes fósseis e um enorme número de autógrafos de turistas: Edward G. Robinson, Pablito, Barbara Stanwick. E havia crustáceos, lagostas róseas, ostras, peixes sem escamas, tudo que a lei mosaica proíbe. Benno Weiser foi explicando:

— Nós, judeus, somos bastante cínicos... Andei meio mundo atrás de nossos inimigos e acabei descobrindo aqui este pequeno restaurante, onde os judeus vêm comer tudo de que gostam e de que somos proibidos... Fui e sou um dos caçadores de inimigos dos judeus... Caçamos Eichmann. Fomos, descobri-lo na Argentina, metemos o homem num avião israelense, trouxemo-lo para cá, aqui o julgamos, condenamos, enforcamos, queimamos, e trouxemos suas cinzas para este promontório. Chama-se o Promontório de

Andrômeda: aqui a amarraram para que um monstro a devorasse. Surgiu Perseu, o herói grego. Libertou Andrômeda e com ela casou-se. Tudo que comemos aqui são pescados do mar; mas todos esses peixes e crustáceos comeram as cinzas de Eichmann; logo, qualquer judeu que aqui venha comer, come as cinzas de Adolf Eichmann. Há dias surpreendemos um padre católico que tinha uma criação de porcos; preso, o padre explicou que, sendo católico, os porcos eram para consumo próprio, mas às vezes cedia ou vendia uma costeleta para algum vizinho.

No dia seguinte embarquei para a Grécia. Benno Weiser castelhanizou o nome para Benjamin Varón, tornou-se um excelente embaixador de Israel no Paraguai, onde fez conferências inteligentes, escreveu um livro amável com o título *Si yo fuera paraguayo*, e certo dia, enquanto passeava em seu gabinete de embaixador e ditava uma carta à secretária, dois palestinos atiraram uma bomba pela janela, a secretária morreu. Ele deixou de ser embaixador e sua Miriam deixou de ser atriz. Educam os filhos em Boston. Eu gostaria muito de ler uma narrativa de suas experiências. Creio que não escreveu.

* * *

De volta de Israel, convite tentador de Vasco Mariz: se eu gostaria de ser adido cultural em Paris. Eu faria por menos: já lhe tinha perguntado, no avião que nos conduzia de Paris ao Rio, depois de uma ida como repórter à reunião das Nações Unidas. Essa viagem a Nova York tinha um propósito oculto: andara pelo Rio um "professor de peças em um ato" americano, editor de uma revista dessa especialidade. Dei-lhe a ler uma pecinha do gênero, *O meu tio Alfredo*, pela qual se entusiasmou com certo exagero e, de Nova York, escreveu-me dizendo que a publicaria. Acompanhava a carta um contrato de edição. E minha tradução da peça para o inglês, com infiéis modificações, de seu gosto. E o contrato firmava: seríamos co-autores. Arranjei um meio de ir a Nova York, e lhe disse, diante de um uísque posto de lado, que não assinaria contrato algum, que não tinha o direito de retocar ou alterar trabalho meu, e passe bem. Dessa ida a Nova York tive só uma alegria, mas das maiores do mundo, o valor de uma viagem para toda a vida: conheci Antônio Houaiss, secretário da nossa Delegação na ONU, filósofo do socialismo e filólogo da sabedoria. Emprestou-me sua máquina de escrever e descobri que Ruth, sua esposa, era Leão de Aquino, por conseguinte minha prima, porque parenta do doutor João Leão de Aquino, que em criança me ensinou a amar a ópera. Disse-lhe até, a respeito de um mau amigo comum: só há uma coisa melhor do que ganhar um bom amigo: é perder um mau amigo.

No avião rumo ao Rio, após a reportagem em Israel, encontro Vasco Mariz, homem de bom gosto e boa música, com quem passeei como um faminto a atar num mesmo amor os bronzes e os mármores de Atenas e do Capitólio. Depois, saindo de Paris, cá estava o mesmo precioso Vasco. E eu em estado de graça depois de Roma e Paris. O avião recebeu uma delegação brasileira de regresso de um congresso em Moscou. Na delegação, Álvaro Lins, que teve o bravo gesto de impor que Procópio Ferreira representasse a minha *A raposa e as uvas*, que Salazar proibira, e fora dirigida especialmente por Bibi Ferreira. A proibição tinha fundamentos: eu era vice-presidente da Associação dos Amigos da Democracia Portuguesa, com casa de portas abertas a todos os intelectuais portugueses mandados de Portugal para o Brasil. A um deles, o poeta e crítico Adolfo Casais Monteiro, um dos mais ilustres escritores do tempo, exaltador da poesia de Fernando Pessoa e precioso elaborador duma edição das *Peregrinações* de Fernão Mendes Pinto, ofereci um jantar considerável num restaurante, em que o saudei agradecendo ao ditador Salazar por nos presentear com o que de melhor havia da *intelligentzia* lusitana. A piada era boa mas houve quem não gostasse. E quem não gosta, ao menos cochicha. E o cochicho, *venticello come la calunnia*, soprado em tais ouvidos que eu passei a ser considerado *persona non grata* em Portugal. Por um destes mistérios do destino, o avião teve uma pane, desceu em Lisboa, em cujo aeroporto havia visíveis cavalheiros disfarçados da PIDE com olhares obviamente perquisidores. O avião pousou e Portugal ganhou, com esse pouso inesperado, outra *persona non grata*: Álvaro Lins, ex-embaixador em Portugal, cujo cargo perdera por ter dado asilo ao general Humberto Delgado. Os passageiros brasileiros amigos se uniram para dar proteção ao ex-embaixador, que preferiu permanecer no quarto do hotel para onde nos conduziram. Eu podia sair a passear. Só tinha pousado uma vez, por duas ou três horas, em Lisboa em 1952, de passagem na minha primeira viagem a Paris. Nessa ocasião, almocei no aeroporto, na mesma mesa de uma pessoa amiga e encantadora: Dona Yolanda Penteado, *patronesse* das artes em São Paulo. Dessa viagem só me lembro de um breve fato: havia na mesa uma caixinha de palitos da marca *Damas*, com especial advertência: *Cuidado com as imitações*. Neste segundo pouso, havia policiais ao redor, mas resolvi sair, a pé, com outro passageiro, provavelmente também indesejável pelo governo português, o médico Mauro Lins e Silva. Foi uma bela noite de olhar o Tejo, os palácios e monumentos iluminados, as guitarradas distantes e chorosas da Alfama. Ninguém nos aborreceu. O avião estava consertado de madrugada e na minha bagagem incluí um cilindro de queijo da Serra, que eu protegia com amor.

O convite de Vasco Mariz evoluiu. O chanceler Araújo Castro acolheu-o bem. Mas Paris é sempre razão de invejas e ódios. Ênio Silveira cometeu a imprudência de levar Di Cavalcanti à minha casa, e lá lhe disse o motivo da alegria dos convidados. Di Cavalcanti reuniu no seu apartamento um *bouquet* de meus desafetos (poucos colegas perdoam um êxito em Paris...), a eles acrescentou o próprio presidente da República João Goulart, deu-lhe um de seus quadros e pediu o meu posto. Argumento sibilino: "Para Paris não se deve mandar um inimigo da Academia". *Nemico della patria...*, já soluçava o pobre Radamés na *Aída*. No dia seguinte era o pobre Araújo Castro, um dos homens mais inteligentes do Itamaraty, quem gemia no meu telefone, a explicar: recebera ordens presidenciais para desfazer meu contrato e dar o posto ao Di. "Quem sabe você aceitaria a Tchecoslováquia?" Aceitei.

* * *

Eu não devia ter ido. Eu devia ter voltado antes. Não sei por que hipnotismo da vaidade, ou de uma premonição que se chama falta de coragem, fui. Aceitei o convite de Benno Weiser, do casal Laserson. Meus pais estavam em Campinas, adorando as netas, o neto. Que sedução me arrastou para longe de minha mãe doente, de meu pai quase aos oitenta anos, curando-se de uma infecção por sobre a orelha esquerda, provocada pelo barbeiro que freqüentava junto de nossa casa, e que sempre lhe raspava os lados da cabeça, feição de seu corte à moda militar. Ele gostava de zombar da mocidade cabeluda: "Homem ou tem bigode e barba, ou raspa dos lados a cabeça, para mostrar que é militar". O aparelho de cortar rente o cabelo lhe feriu a cabeça, trincando a pele sobre a orelha; a ferida levou meses para cicatrizar nas mãos do paciente Dr. Arthur Breves. E era essa convalescença que ele festejava em Campinas, minha mãe, as netas e o neto campineiros. Ao despedir-me, minha mãe me pediu que eu lhe trouxesse relíquias da Terra Santa, como ela própria fôra comigo e Alba a Lisieux, para visitar os lugares de Santa Terezinha, sua devoção desde menina. Sim, eu traria relíquias.

O avião italiano encheu-se de jogadores da seleção italiana, perdedora para o Brasil no Maracanã por escassos 2 a 1. Mas era motivo para que os atletas amaldiçoassem os brasileiros em voz alta, durante toda a noite: *Malscalzoni!* Na minha poltrona de turista parecia que iam desabar sobre mim, trucidar-me, para chegar a Roma ao menos com um troféu. Domingo de manhã. Descansaria em Tel-Aviv. E veria a tarde sobre a Acrópole em todo o seu esplendor. Já tinha calculado: depois de três semanas em Israel, cinco dias em Atenas, um dia em Roma, um hausto de respiração em Paris.

Em Tel-Aviv o embaixador Barreto Leite me estendeu um telegrama: meu pai estava bem, todos estavam bem. O casal Laserson disputou-me à embaixada e ao amigo Weiser: fiquei no apartamento dos dois romenos escapados para Israel, para lhes dar prazer e para fazer jus a um jantar israelo-romeno e à vista de Tel-Aviv iluminada debaixo da janela que me destinaram.

    Nos dias seguintes, foi a aventura por Israel, a visita ao outro lado, a Jordânia. Assim completei meu ciclo bíblico, do Velho ao Novo Testamento, com a sensação de poder agitar-me num pedaço de terra onde se rezavam e se matavam por três deuses, ali nascidos e por nascer. Desse passeio surgiu um livreco: *O deus sobre as pedras*, as pedras do Neguev, as pedras de Nazaré, de Jerusalém, de Ascalón. E passei às pedras de Atenas, onde me esperava, para me apresentar à Acrópole e às oliveiras de Platão, o melhor cicerone que tive em toda a minha vida, embaixador Antônio Mendes Vianna, ser trovejante como Júpiter e doce como o Menino da Manjedoura. Em Roma, na embaixada, outro telegrama: meu pai ia bem, eu podia ir a Paris, e ali tomar o avião da Panair para o Rio. Ganhei um adeus de Paulo Carneiro, e, ao descer no Galeão, Alba me esperava. De luto. Esperei a punhalada. Meu pai? Minha mãe? Não: meu cunhado Dante, esmagado pelo caminhão em que regressava de Brasília e uma vaca no meio da estrada. A alma é perversa: entre duas tragédias, aliviou-se ao terceiro sofrimento. Em casa, depois da missa ao cunhado Dante de Brito, falei com meu pai. Bem. Minha mãe, bem. Todos bem. Que eu fosse vê-los em Campinas, no sábado. Fui, com um mundo de histórias a contar e um mundo de relíquias a dar. Sentia-me um curioso Papai Noel a distribuir pela família não apenas presentes natalinos mas relíquias protetoras, salvadoras.

    O avião até São Paulo, ônibus de São Paulo à Rodoviária de Campinas, o táxi da Rodoviária à casa do meu cunhado Rafael, que bracejava na janela, para que eu saltasse depressa, subisse a escada depressa, tão depressa que não cumprimentei ninguém, e meu pai tinha morrido havia dez minutos, e choravam à volta da cama, e apossei-me de sua mão, a melhor das mãos de homem que beijei desde criança... Quente de afeto, em concha, como esperando acolher-me, pronta a aparar minhas lágrimas que não vinham, porque eu me injuriava dentro de mim mesmo, me sentia castigado de não ter sido o sentinela de sua morte, não ter ouvido seu último conselho, seu último adeus, seu último sopro. As mãos de minha mãe tremiam, as minhas tremiam, só as dele estavam quietas. Seus olhos fechados. A boca fechada. Entre os lábios talvez nascesse ainda um sopro:

    — Vejam o que vocês fizeram de mim..

Não, não:

— Vejam até onde eu fui por vocês, vocês todos, meus filhos, meus irmãos, meu país..."

Teria ao menos pensado à última Ave Maria? Era o seu último inimigo a enfrentar, abraçar a fé por amor de minha mãe. Despejei as relíquias trazidas nos bolsos, ao redor dele, como se fossem suas flores póstumas. Santos, medalhas, fitas, relicários, todas essas coisas sagradas ou não às quais nos agarramos a vida inteira, para pedir-lhes uma montanha de milagres que se resumem num grão de afeto: *Misericórdia*. Misericórdia, a palavra mais pungente que já se pronunciou, e cuja beleza total soa no *Magnificat* de Bach. Talvez o único ser humano que dialogou com Deus.

Sentei-me em sua cadeira de balanço e parecia que ele me balançava. Não soube falar nada mais. Choravam por mim, eu queria chorar por mim. O quarto se enchia, já havia um cheiro de flores mortas, banhadas em suor piedoso. Vieram comunicar que o governador Ademar de Barros pusera um avião à disposição da família, para levar o corpo. Homens com esquife. Meu pai quieto, cercado de flores e de amigos. Minha mãe, toda a vida à espera dessa tragédia, nada dizia. Seu rosto era uma didascália. Carregamos o caixão até um carro funerário, que o levou ao avião, mandado pelo governador. Puseram meu pai entre as duas fileiras de poltronas. Nós, da família, nos sentamos ao redor. O avião partiu. Passou perto da cidade de São Paulo, a cidade que meu pai incendiou de gloriosa alegria e de doída tristeza. Levaram o corpo para a Câmara Municipal, gentileza do governador Carlos Lacerda, que não compareceu. De noite, os transeuntes da Cinelândia, vendo os portões abertos, subiam as escadas, olhavam, perguntavam de quem se tratava. Segurei uma alça do caixão até o túmulo aberto. Não me lembro de quem segurou as outras alças. Uma voz pediu silêncio. Era o general Augusto César Moniz de Aragão, ex-comandado de meu pai, de quem recebera a espada de oficial ao formar-se, e de quem meu irmão, o cadete João, recebera a espada de oficial. Ouvi alguma coisa das palavras do general: falava, com emoção, que graças ao meu pai nenhum dos seus discípulos se tornara um ébrio, e eram oficiais dignos como o patrono. Sua voz se prendia, ele soluçava. Outra voz se alterou e eu a conhecia: era do governador Ademar de Barros, ex-voluntário de 1932, ex-prefeito "militar" de Guaratinguetá durante o Movimento Constitucionalista, ex-interventor de São Paulo no Estado Novo, ex-protegido de meu pai, nomeado interventor pelo ditador Vargas; e falava com a voz embargada de hipocrisia. Senti tamanho asco que tomei pelo braço minha mulher e lhe disse:

— Vamos embora. Vamos ficar ao lado da mamãe.

E me lembrava de uma carta que, em 30 de dezembro de 1932, o capitão Benjamin Ribeiro da Costa, nosso fiel correligionário, enviara ao coronel Palimércio de Rezende. Era um relatório sob o título: *Plano geral para a organização de um novo levante armado*, em que dava conta da situação das forças militares brasileiras. A carta dizia que seu portador para Buenos Aires era o nosso fiel companheiro, Dr. Ademar de Barros. De fato, a carta foi entregue: representava mais uma esperança de um movimento para a consolidação democrática do Brasil. Numas oito páginas resumia a situação de cada unidade militar, seu comando, seus oficiais, sua disposição de luta, seu armamento para a deflagração de um novo movimento para a derrubada do governo Vargas. Pelo teor da carta, que li das mãos de Palimércio, fiquei sabendo que Ademar de Barros não passava de um reles espião da ditadura. Recebida das mãos do capitão Ribeiro da Costa para ser entregue a seu chefe exilado coronel Palimércio de Rezende, a carta aparece em sua íntegra no volume *1933 — A crise do tenentismo*, do historiador Hélio Silva, publicado em 1968 pela editora Civilização Brasileira. O livro é um conjunto de documentos de época. Como, porém, o obtivera Hélio Silva? E trazia a anotação final: *Dos arquivos do Dr. Getúlio Vargas*. Isto quer dizer que o Dr. Ademar de Barros alcançara a nomeação para interventor de São Paulo graças aos serviços prestados à Ditadura e ao Ditador; já em 30 de dezembro entregara ao destinatário a carta, não sem antes fornecê-la ao Dr. Getúlio Vargas. O volume de Hélio Silva foi publicado na coleção "O ciclo Vargas", e poderá ser encontrado nos Arquivos da Biblioteca Nacional e na Biblioteca do Instituto Histórico e Geográfico Brasileiro. O que me pasmava, diante do túmulo de meu pai, era o abjeto elogio que fazia a um herói, depois de oferecer um avião para seu transporte e de sua família, e de ter surgido, em outra viagem, para a exibição oratória.

* * *

Ninguém espere que os personagens destas Memórias estejam passados a limpo. Quando se trata de ficção, são possíveis esses retoques.
Quando se trata de verdade, a verdade não se passa a limpo.

* * *

Minha mãe com a mão na minha, durante toda a viagem de avião, em que trazíamos meu pai morto, para ser enterrado no Rio, como era de sua vontade.

— Quero ser enterrado no túmulo de meus pais, tinha dito pouco antes.

Ao lado do caixão, ao lado de minha mãe no avião do Governo de São Paulo, eu não lhe sabia dizer nada mais. Comecei a murmurar para mim mesmo uma confissão que lhe ia compondo, e que chamei de *Pietà*:

> *Minha mãe recebeu-me resignada*
> *Dilacerada pela carne adentro*
> *Sem decidir ser gozo ou sofrimento*
> *O chicote voraz que a vergastava;*
> *Transformou-se em meu ar, meu sal, meu manto,*
> *Fez-me seu ar, seu sal, seu manto, seu*
> *Bordado de esperar até rasgá-la*
> *Ela chorou, chorei. Contou-me os dedos.*
>
> *E minha mãe tinha um sabor de leite*
> *E minha mãe tinha um sabor de sopro*
> *Na ferida — e seus braços eram vida*
> *Guardando a vida na vergonha e fome.*
> *E minha mãe tinha um olhar tão calmo,*
> *Minha mãe era como um cortinado*
> *Sobre uma flor, para que a flor não fosse*
> *Espinho de matar, veneno ou luxo.*
>
> *E minha mãe iluminava a letra*
> *Na folha aberta, no condão do dedo.*
> *Universo de sons que eu trauteava,*
> *Gotas de sua fé no meu silêncio*
> *Como a cantar cartilha e catecismo*
> *Como se eu aprendesse a ser poeta*
> *Na língua de não ter adeus, no seio*
> *Que buscava em meu lábio um alimento*
>
> *E minha mãe no branco dos cabelos*
> *Era um lençol de paz, doce fantasma:*
> *Pousava no meu peito desamado,*
> *Na barba por fazer, no choro irado,*
> *Na boca de álcool, na pupila ardida,*
> *Tão por dentro de mim que meu soluço*
> *Desesperado, a soluçar "Querida!" —*
> *Esqueceria a ingrata que eu quisesse.*

E minha mãe de mãos ajoelhadas
No peito magro em que mordi seu sangue,
De artelhos tortos entre rosas murchas
De tanto andar por mim de asas abertas,
Minha mãe esfumada em minha lágrima
Apodrecida no porão da noite,
Minha mãe me fez órfão simplesmente
Para não ter ao colo o filho morto.

* * *

Eu tinha medo de que fosse assim. Eu sabia que seria assim. Fiquei quatro anos longe dela e ele definhou à minha espera. Morreu como meu pai, em casa de minha irmã. Não pude ir buscá-la; ela é que veio a mim, pequenina e magra como uma criança carente, e assim fui encontrá-la na capela do cemitério, entre rosas murchas. Parecia esperar-me para então ir-se embora. Havia um mundo de oficiais. Meu irmão João, de quem eu me afastara porque não me deixou ser-lhe útil —, veio estender-me a mão.

— Como vai?
— Vou bem. Obrigado.

E desci as escadas da capela mortuária, esganado, garroteado. Ênio Silveira me acudiu. Antônio Mendes Vianna me disse a única verdade que então ouvi:

— Meu amigo, quando se perde a mãe é que se fica órfão.

Eu era órfão. Dei a mão a Alba e saímos os dois, completamente órfãos.

* * *

Não sei se fui injusto; fui cruel. Mas uma afirmação me amacia qualquer remorso: o presidente João Figueiredo foi melhor presidente que todos os seus sucessores.

* * *

Enquanto eu revoava em direção a Paris, munido de novo passaporte de adido cultural, o meu Molière interior perguntava: *Quel diable vas-tu faire dans cette galère?*

Lá se iam os últimos dos meus amigos mais velhos. Meu pai me parecia eterno. Nunca imaginei que morreria. Estava doente, muito doente.

Queria morrer ao lado de minha mãe, de minha irmã e seu marido, das netas. Eu lhes faltara. Podia ter deixado Tel-Aviv, Roma, Paris. Que preço paguei por um minuto mais que fosse com suas mãos nas minhas. Só num instante destes se diz, inutilmente: adeus...

Enchia-me de recordações de energia ao enfrentar as vicissitudes da vida, a coragem para conspirar, suportar o exílio, as prisões, a condenação pelo Tribunal de Segurança, a aplicação de seu trabalho de tradutor enquanto preso incomunicável, dedicando-se ao romance húngaro-alemão *Monpti*, à biografia de Jomini, aos comentários de guerra sob o pseudônimo de *Um observador militar*, sua intromissão na situação dos presos da Casa de Correção que o procuravam, as aulas que se habituara a dar aos condenados que o desejassem, tudo servia para mantê-lo alerta e até bem-humorado. E minha mãe, em suas visitas semanais, dava-lhe tal apoio que cheguei a dizer, sobre as nossas vidas: minha mãe era a mãe de meu pai. Veio o livramento condicional, veio a nova e persistente conspiração, até que a ditadura ruiu porque já não possuía base militar, já lhe faltava um condenável apoio civil. Veio a renúncia de Vargas, vieram as eleições para a Constituinte. Eleito deputado, meu pai marcou sua passagem em diversas ocasiões: quando propôs a extinção da famigerada Polícia Especial, quando teve firme intervenção parlamentar para defender militares e civis perseguidos e esquecidos, quando apresentou o projeto de lei de direitos autorais elaborado pela Associação Brasileira de Escritores, quando evitou uma perigosa intervenção no Estado de São Paulo.

Eu continuava com minhas aulas no Conservatório de Teatro, minhas crônicas literárias, musicais, teatrais no *O Jornal*, no *Diário de Notícias*, no *Jornal do Commercio* — e fazendo meu aprendizado publicitário na McCann Erickson. A morte de meu pai reacendeu o meu desejo de aventurar-me na atividade de divulgação de assuntos brasileiros em países estrangeiros. Deixei-me seduzir pela Tchecoslováquia, pela França. Quando, afinal, depois de perder meu contrato para a França, me vi novamente com possibilidades de ser recontratado, telegrafei ao embaixador Antônio Mendes Vianna, que eu visitara na Grécia, mas já transferido para Paris: *Votre attaché, très attaché*. Alba estava curada da queda que levara de nosso elevador, e que a obrigara a mais de um ano de uso de colete de aço; Luiz Carlos, meu filho mais velho, já se achava na Escola de Engenharia da PUC; o mais moço, Marcelo, poderia fazer o curso secundário em Paris, em colégio público, um dos excelentes colégios públicos que são a glória desse país de professores, a França: o Lycée Janson de Sailly. Quanto a mim, com inúmeras amizades entre escritores e artistas franceses, com bom treino de atender a estrangeiros e brasileiros, pareceu-me: esse modesto cabedal seria útil ao país. Terei feito bem? Teria feito bem se aceitasse chefiar o departamento latino-americano da McCann Erickson em Nova York? Teria errado em pleitear uma posição de adido, primeiro na Tchecoslováquia, depois em Paris, quando o posto se vagou? De certo modo, acredito: errei. Fiquei por quatro anos longe de minha mãe, fiquei impossibilitado de influir no pensamento de meus irmãos militares, fiquei impossibilitado de escrever peças de teatro, o que até então vinha fazendo, alcançando êxitos nacionais e estrangeiros. Nada podia fazer. Primeiro porque um adido tem de ser um camelô da cultura de sua pátria, não um camelô de si mesmo; segundo porque em país estrangeiro desaparece o julgamento do público nacional, o público feito pelo próprio autor. Não há exemplo de teatro válido que não tenha enfrentado o teste de seus compatriotas. Deixei de lado o teatro. E essa atitude me valeu como bom treino quando meu irmão João chegou à presidência da República.

— Mas você tem a mão na maçaneta!

Um colega de Faculdade, diplomata, achou que uma palavra minha o levaria a embaixador na França:

— É só você querer!

— Então não quero, meu amigo.

— E por quê?

— Porque se eu quisesse e se eu tivesse tal poder, o lugar de embaixador na França seria meu, e não seu.

Eu podia dizer isto a sério: fui contratado como adido antes de chegarem os militares ao poder; fui contratado porque os diplomatas encarregados de escolher acharam que eu merecia ser escolhido.

— Por que você foi escolhido?, indagou-me um amigo.

Respondi:

— Porque era o melhor dos candidatos.

Esse perguntador, em outras circunstâncias, queria saber:

— Como você explica a aceitação de suas peças no estrangeiro?

Respondi:

— Eu poderia dizer, sem modéstia, que com minhas peças acontecia o mesmo que ocorria com as de Shakespeare...

Preferi ser mais verdadeiro:

— Minhas peças são apresentadas no estrangeiro porque eu respondo cartas.

De fato, não conheci, em mais de sessenta anos de sócio da Sociedade Brasileira de Autores Teatrais, não mais que dois ou três que respondiam cartas. Mas também é porque, para respondê-las, é preciso recebê-las.

Durante o tempo da presidência de meu irmão, não ajudei na nomeação de ninguém, não promovi ninguém. Não fui pistolão para ninguém. Por isso posso afirmar em sã consciência que as escolhas de meu irmão foram dele.

Pouco antes de meu irmão assumir a presidência, eu já tinha voltado para meu lugar de professor de História do Teatro, meu lugar de cronista. Aceitei um emprego numa firma construtora; deixei-o ao descobrir que não me queriam como advogado, mas como presença muda nas reuniões com fregueses. Levaram-me a uma delas como intimidador. Saí para fazer pipi e não mais voltei. Fiz bem, fiz mal? Já ouvi:

— Você não soube aproveitar suas oportunidades.

De fato: se eu tivesse inventado algum meio de ganhar dinheiro com a mão na maçaneta, não poderia dormir. Roberto Marinho, meu velho amigo desde as sessões musicais de Waldemar Henrique e Mara em sua casa, desde que convidou o elenco de *Um deus dormiu lá em casa* para uma noite memorável de teatro e bom gosto em seu jardim, perguntou-me várias vezes:

— Por que você não vem para *O Globo*?

Era um sonho que eu acalentava; não aceitei porque meu filho Marcelo se casara com uma sobrinha de Roberto. Anos depois, Roberto Marinho me encontrou numa exposição de pintura. Meu irmão deixara a presidência da República.

— Agora você pode vir escrever para *O Globo*.

— Aceito. Quando começo?

— Quinta-feira, depois de amanhã.

— Que assuntos eu posso abordar?

— Escreva sobre o que quiser.

E assim foi. Há mais de dez anos minha coluna divulga a minha opinião. Um dia perguntei a Roberto Marinho:

— Eu estou indo a contento?

Ele respondeu:

— Se não estivesse, já teria ido embora.

Roberto Marinho teve a elegância de deixar de me convidar para suas reuniões precisamente para eu não colher meus assuntos em seu pomar. Mendes Vianna foi também um embaixador elegante.

— Como quer que eu proceda?

E ele:

— Vá indo. Quando você errar, eu estrilo.

Só fez uma queixa de mim. A minha mãe, quando a visitou:

— Dona Valentina, seu filho, meu velho amigo, não me chama de você.

Eu:

— Embaixador, só chamo Vossa Excelência de você quando estamos sós, nós dois.

Talvez estes rabiscos sobre meu procedimento me mostrem como tolo; mas talvez sirvam para valorizar os verdadeiros amigos.

* * *

Quem imagina que Paris é um Parque do Tivoli, uma Disneylândia para adultos, engana-se. Paris é o melhor de todos os lugares de trabalho. É o lugar onde um trabalho bem feito se faz diante do mundo inteiro. E é por isso que o brasileiro trêfego, o *Petit Brésilien* de Offenbach, o pernóstico, o vantagista, o inconveniente, o exibicionista fez do *homo brasiliensis* um personagem de anedota. É difícil fugir dele; mas é inevitável ao primeiro gesto, ao primeiro olhar, à primeira palavra. Os diplomatas João Frank da Costa e Lolô Bernardes passeavam pelos Champs Elysées quando um transeunte ouviu o que falavam, pôs-se à frente deles e indagou, feliz:

— Brasileiros, não?

Coube a João Frank da Costa responder, com um redondo:

— Não!

Em Paris é difícil escolher as companhias brasileiras e as companhias francesas. As companhias brasileiras agarram suas vítimas, querem saber onde compram, como se vai, quanto se paga, e não sabem dialogar com os franceses. Os franceses querem desde logo sentir se o interlocutor fala e entende francês, não o francezinho Berlitz sotaqueado de brasilês, mas um idioma francês limpo, civilizado, pronto para perguntas argutas, respostas inteligentes e bem pronunciadas. Ao fim de uns dois ou três anos de amizade, um francês condescende em chamar o forasteiro de "tu". Com esta palavra consolida-se uma amizade. Mas se o estrangeiro a pronuncia fora do exato tempo e lugar, imediatamente é eliminado de qualquer convívio saudável. O francês coloca o brasileiro no centro de uma roda de conversadores e se diverte:

— *Mais on sait que vous êtes un poète très estimé chez vous!*

E o brasileiro se enrosca de vaidade e começa a destilar as babas da alegria.

— *C'est vrai que vous attendez le prochain Prix Nobel?*

O brasileiro se enfuna porque adivinharam suas intenções; algum sueco ilustre já sofreu o sururu, o acarajé, o pato no tucupi com as respectivas receitas. O primeiro contato de um francês com uma feijoada pode matá-lo; no entanto, acabam comendo-a até de noite, acompanhada de um bom *bourgogne*. Os franceses querem saber se matamos índios, o que os revolta, embora silenciem sobre o seu procedimento na Indochina. Os franceses pasmam quando um brasileiro fala do último *vient de paraître*; mas estão atentos a ver qual o garfo com que o brasileiro espeta um camarão. Para os franceses, são os franceses que descobriram *le Brésil*, a palavra *brésil*, e estão seguros de que Villegaignon fundou *la ville de Rio*. Com tanto policiamento, de tantas idas a Paris, eu me sentia seguro, tanto quanto possível. Escolhi um apartamento sujo, de *bonne adresse*, que transformei num recinto limpo, com um vasto banho dado nas paredes, nos lambris, no lustre de cristal da sala, nas cortinas, nos periclitantes móveis de estilo Luís XV. Mais pormenores podem ser encontrados no meu romance *14 Rue de Tilsitt*. Ali tinha morado J. Scott Fitzgerald e com ele ali se encontravam Ernest Hemingway, Gertrude Stein e os membros da *lost generation* americana. De noite podia-se ouvir o tilintar de garrafas e copos, na mesa-bar junto à lareira. Eram fantasmas de Fitzgerald e seus amigos. Ali morou Lenormand, que presidiu a *Association des Auteurs et Compositeurs*; ali, dizem, morou Pio Baroja. Moraram no prédio, um singular imóvel de antes da iluminação elétrica, tanto que os fios não eram embutidos nas paredes. Havia na cozinha uma janelinha gradeada, dentro da qual se conservavam os queijos para que não se endurecessem na geladeira. Os dois mantéis das lareiras, enquadrados em bom mármore, nunca viram o fogo natalino e, se usados, podiam incendiar o edifício. O mal era compensado pelos aquecedores de *mazout*, que enegreciam os objetos. Para assegurar boa música pianística, aluguei um vasto Pleyel de cauda inteira, que entupia a passagem entre a sala de estar e a de refeições, mas onde tocaram dedos franceses e brasileiros dos mais eminentes. Aos sábados havia boca-livre para os bolsistas brasileiros, que podiam fazer-se acompanhar de namoradas e amigos inteligentes: o *menu* consistia de pão, a boa *baguette* comprada às dúzias, o vinho tinto da *chez Nicolas*, as *cochonnailles* de diversos fornecedores famosos, os doces de um *traiteur* recomendável. A freqüência franco-brasileira era de todos os partidos. As salsichas penduradas numa *potence*. Em baixo, um cineasta americano quis exigir que a polícia acabasse com uma feijoada ruidosa, oferecida a Mercedes Batista e seus folcloristas e a Alfredo Tranjan. O homem era racista, acabou aderindo à feijoada e aos passistas da escola de samba.

    O empresário francês do grupo folclórico era um ex-coronel, aviador, herói da guerra. Amava comer trutas e nos levava a um restaurante especializado; mas quando a filha, jovem de bela estampa, tirava o casaco de peles, as trutas no viveiro empalideciam e morriam. Um dos componentes do grupo não resistiu aos vinhos do primeiro dia; era uma autoridade em frevo e cachaça, mas não se equilibrava com o guarda-chuva clássico. Meu filho Marcelo teve de substituí-lo na estréia, o que apavorou o coronel, que temia o rigor dos sindicatos de artistas; mas a façanha poderia ter dado a Marcelo um belo início de biografia, se tivesse escolhido as artes teatrais: "Estreou aos catorze anos, em Paris, no Théâtre Sarah Bernhardt". Meu filho mais velho, Luiz Carlos, ficara no Rio, porque estudava na PUC; nas férias, foi o irmão mais moço que o apresentou a Paris, o que ocasionou uma pneumonia longa, porque a medicina francesa não acreditava na penicilina. Mas as francesinhas do *Conservatoire* alegraram a convalescença.

O apartamento era movimentado. Hóspedes, quando amigos, eram bem-vindos: gente de letras, de música, de pintura. Janelas escancaradas para o ângulo da Avenue Wagram com o *rond-point* da Étoile, com o Arco do Triunfo embandeirado e iluminado, a fazer dançar ao vento, no seu bojo, a bandeira francesa, como uma Marianne gigantesca vestida por costureiras. Às vezes era a lua cheia que se esgueirava e derramava-se desde a Grand Armée até varar o Arco e adormecer no chão dos Champs Elysées crivado de luzes brancas e vermelhas dos automóveis. Por cima do monumento, no céu, a lua perseguia namorados. No andar de baixo moravam duas grã-duquesas russas da maior importância e miséria: iguaizinhas, chupadas em vestidos negros, com golas de renda e camafeus idênticos. Todos os dias uma delas descia, comprava um pão suficiente para as duas, levava-o ao leiteiro, que abria o pão e o besuntava de uma escassa manteiga. Só nas Páscoas Russas as coisas melhoravam: surgiam lentamente cossacos barbudos, restos da aristocracia branca, rodeavam as duas velhinhas, cantavam hinos em coro, saudações em baixo profundo, erguiam os copos de vodca, bebiam, e a cada conteúdo quebravam os copos num mesmo gesto, atirando-os à lareira. E choravam barbas afora, contemplando o retrato do Tzar na parede. Beijavam os dedos das duas damas de mãos escondidas em *mitaines* e desciam furiosamente as escadas em franca indignação. Nesses dias uma hóspede, Ludmilla, de olhos fundos, não aparecia porque era búlgara; mas em outros dias batia à porta do apartamento algum senhor sisudo, ora com barbas, ora glabro, ora calvo, ora melenudo; uma das damas atendia e gritava para o quarto de Ludmilla:

— *Mademoiselle, votre cousin est lá*!

Nunca vi senhora dona de tantos primos.

As tarefas de rotina, das nove às cinco da tarde, passaram a ser cumpridas nos escritórios e galeria de exposições da Rue la Boëtie, onde se extinguiu uma exibição permanente de velhas pedrinhas semipreciosas brasileiras e um enorme aerólito de algumas toneladas, que ocupava todo o salão de exposições dos pintores brasileiros. Foi doado à École de Sèvres. A velha sala de exposições comerciais se transformou na Galérie Debret, invenção minha autorizada pelo Embaixador e pelo Itamaraty, e que passou a ser um ponto de artistas; à tarde, havia um café rigorosamente bom; nos *vernissages* havia ministros, intelectuais, artistas, e *champagne*, tudo regido pela secretária Gilda Cesário Alvim. E havia lançamento dos livros editados por escolha do adido e apoiados pela embaixada. Foi assim com os poemas de Cecília Meireles, traduzidos por Giselle Schlesinger, uma antologia de poetas brasileiros traduzidos por Tavares Bastos e Georgette Tavares Bastos, uma biografia de Heitor Villa-Lobos, por Vasco Mariz, traduzida pelo professor Michel Simon, uma coletânea de poemas de Manuel Bandeira, outra de Carlos Drummond de Andrade, todas traduzidas por Michel Simon. E grande quantidade de artistas brasileiros, quase todos expostos na França pela primeira vez, e que sempre mereciam as atenções das revistas de arte. As apresentações musicais exigiam recintos especiais: a Salle Pleyel, a Gavot, para recitais maiores, a sala da Schola Cantorum e da Maison du Brésil, na Cité Universitaire, afora as apresentações de artistas populares, como Elis Regina, que empolgou o Olympia de Bruno Coquatrix, a quem levei os primeiros discos da inigualável cantora.

  E havia as obrigações da parte social da embaixada, e mais uma permanente gincana de freqüentar diplomatas de carreira e adidos: se levarmos em conta que em Paris havia então mais de cem embaixadas, mais de cem delegados junto à Unesco, mais de cem festas nacionais francesas e estrangeiras, uns cinqüenta almoços anuais de associações científicas, culturais, cívicas, pode-se adivinhar em que estado andaria sempre o fígado de cada um de nós. Milagrosamente, sobrevivi. E pude fazer amigos para o Brasil, embora fosse mínima a verba mensal de representação. Salvavam-me as minhas peças teatrais nos países signatários da Convenção de Berna. Os não signatários traduziram-nas e as anunciavam sem qualquer licença prévia. Na União Soviética, fui representado em quatrocentos teatros, de Moscou às Ilhas Katalinas, durante mais de trinta anos. Enquanto escrevo estas linhas, recebo a visita do ator de Irkutsk: ele me conta que tem dez anos de carreira no papel de Esopo e até hoje, em sua cidade, quando alguém quer ironizar, diz a outrem: "Bebe o mar, Xantos!" Nunca vi um só rublo dessas representações; e costumava dizer ao meu tradutor Paulo Liminik:

— É isto que se chama, no meu país, exploração do homem pelo homem....

  Sim, houve dias felizes em minha permanência na França. O dia, por exemplo, em que Robert de Billy levou-me ao Marais, que eu já conhecia graças a diversas incursões turísticas. Ali andei olhando os velhos palácios que André Malraux ofereceu ao embaixador Mendes Vianna para nossa embaixada. Não serviam, não tinham estacionamento para os carros oficiais. Robert de Billy me levou para me contar, história por história, a vida de cada um dos palácios da Place des Vosges, em que estremeavam reis e vizinhos de reis, combates eqüestres e racontos de amor: a visita à imperatriz das cortesãs francesas de todos os tempos, que mereceu visita da rainha Elisabeth da Suécia e de Madame de Maintenon, a amante de Luís XIV. Mulher de espírito, tinha abertas as portas de seu apartamento para os notáveis da época. Tenho uma gravura de seu *salon*, em que se vê Molière recitando a Ninon de Lenclos e aos seus convidados a *Tartuffe*, proibida pelo rei e condenada pela Confraria do Santo Sacramento. Não podia ser levada à cena, na corte e no teatro da Rue du Palais Royal, mas podia ser ouvida, vista e aplaudida pelos apaixonados da anfitriã. Entre eles, um jovem fidalgo que não sabia ser seu filho. E por isso suicidou-se. Numa terra das mais alucinantes inspiradoras de paixões, até hoje nenhuma lhe sucedeu, nem mesmo Liane de Pougi, que se tornou princesa romena e santificada ao entrar para um convento. Ninon de Lenclos teve a mais alta glória como inspiradora de amores; mas seu mais alto gesto foi pagar uma bolsa de estudos para um menino de catorze anos que lhe recitou uma poesia; graças à dama, ele pôde estudar no Lycée Louis de Grand e adotou o nome de Voltaire. Um dos palácios do Marais abriga hoje o Musée Picasso, onde estão as suas obras passadas à propriedade do Estado como pagamento do imposto de espólio do pintor. De sua casa pode-se ir ao Museu de Victor Hugo, repleto de desenhos daquele que André Gide disse ser *"le plus grand poète Français, hélas!"*

Ali, a casa em que morou Victor Hugo, hoje museu, deu-me ganas de traduzir uma de suas poesias, na certeza de sua atualidade no Brasil.

* * *

Posso fazer meu verso a netos e sobrinhos
E, sem ter outra liça,
Beijar e mais beijar e inundar de carinhos
A fronte da preguiça.

Mas ele — o Tubarão alheio a qualquer som
Das chispas do borralho,
Trabalha sempre e sempre e não sabe o que é bom,
Escravo do trabalho.

Enquanto para o caso às Musas eu prefiro
Flautim e violão,
Ele, galé forçado e cavalo de tiro,
Soma cifra e cifrão.

Faz as contas, Deus meu!, dos seus multimilhões
Em plena insensatez
E, se erra ao recontar nos dedos os tostões,
Faz a conta outra vez.

Debaixo das arcadas da Place des Vosges estão as vitrinas das mais belas e elegantes casas de modas de Paris. E está um prolongamento do Tour d'Argent da margem do Sena, onde é obrigatório provar um *canard numéroté*, o que fiz em companhia de Tônia Carrero, Suzana, filha de Vinicius de Moraes, e Paulo Carneiro, o brasileiro mais querido da França, e que foi demitido por um gesto de um homem que era até inteligente, o Marechal Castelo Branco. O restaurante que prolonga o Tour d'Argent é o Coconasse. Ali, ao entrar, dei de cara com o casal Marc Chagall. Ele fizera os vitrais da sinagoga de Jerusalém e a nova cúpula da Ópera de Paris. Minha informada amiga Maria Frias me apresentou ao velho pintor e sua esposa. À mesa, contei-lhe que o Rio de Janeiro se preparava para comemorar seu quarto centenário. Contei-lhes a história do Rio, de Villegaignon, de Martim Afonso, de Estácio de Sá, varado por uma flecha, e o nosso simbólico São Sebastião, trespassado por muitas flechas. Falei de Jean de Léry, o pastor calvinista que pretendeu levar ao Almirante de Coligny, líder dos calvinistas, o único e primeiro papagaio que falava francês, mas que o evangélico teve de comer durante a viagem, para matar a fome; e a história do católico André Thévet, que levou do Brasil para a Europa o vício indígena do fumo, erva medicinal cuja aplicação na perna da rainha livrou-a de uma escrófula. Mas a erva embriagadora foi surrupiada pelo embaixador da França em Portugal, e lá ele a lançou dando-lhe o seu próprio nome, Nicot, erva hoje combatida como propagadora do câncer, a *nicotine*. Chagall ouvia, imaginava os vitrais que poderia criar para a nossa catedral em construção: franceses, índios, Araribóia e Cunhambebe em combate, as galeras com as velas da França, as galeras com a cruz de malta portuguesa, os animais, e até os negros escravos, que só chegariam ao Rio de Janeiro anos depois.... Que vitrais apoteóticos, exaltando, ao alto do céu, a imagem de São Sebastião e de Estácio de Sá; e, ao redor, as gentes em luta, e José de Anchieta e Manuel da Nóbrega desembarcando no sopé do Morro Cara de Cão... Que monumento ecumênico de fraternidade judaico-cristã, feito por um judeu a exaltar a fundação da cidade católica... O velhinho mexia-se na cadeira, e me disse que faria os desenhos da criação do Rio de Janeiro para se tornarem os vidros multicores da catedral fluminense... Tratei de convocar amigos, escrevi para meu amigo Guilherme Levy, presidente da Associação Comercial e líder dos israelitas no Rio. Escrevi ao cardeal Dom Jaime Câmara, as notícias saíram em jornais israelenses e... subitamente recebi um telefonema de um padre a me pedir que arranjasse amostras de Marc Chagall para o cardeal Dom Jaime. E logo um telefonema entusiástico, do candidato a governador da Guanabara, Flexa Ribeiro... Senti que a minha idéia ia transformar-se em assunto eleitoral. E me calei. Não mais procurei Chagall, que morreu anos depois. E deixamos de ter no Rio uma obra de arte tão importante quanto a das doze tribos de David, na Sinagoga de Jerusalém, e a cúpula iluminada pelo enorme candelabro da Ópera de Paris.

Hoje, passados mais de trinta anos, não sei se minha idéia foi boa ou má. Sei que foi um sonho, como o de convencer os membros da Societé Latino-Américaine a doar à cidade do Rio uma estátua eqüestre de Joana d'Arc, cópia da que se encontra na Place des Pyramides da Rue de Rivoli. Nunca doaram. A França inspira idéias, quase sempre de bom gosto... Quando soube que minha amiga Cleofe Person de Matos, a maestrina criadora da Sociedade Brasileira de Canto Coral do Rio de Janeiro, passaria com seus cantores, da Espanha para a Alemanha, sem cantar na França, deu-me um estalo que seria um grande estalo: por que não fazer a nossa Sociedade de Canto Coral cantar na Catedral de Chartres, no mais belo monumento arquitetônico da arte gótica da França? Eu tinha uns discos da Sociedade, obras religiosas do padre José Maurício, de Villa-Lobos (a *Missa de São Sebastião*) e uma *Missa* de Francisco Mignone. Mandei tudo ao arcebispo de Chartres, explicando quem eram os autores, os músicos, a regente; e, para surpresa minha, o arcebispo me escreveu dizendo que a Catedral estava à disposição dos brasileiros nas duas missas de um determinado domingo. Entusiasmei o embaixador Mendes Vianna, o embaixador Paulo Carneiro, os nossos funcionários da embaixada e da delegação da Unesco, anunciei em jornais parisienses e entre os habitantes de Chartres, comuniquei às organizações turísticas. E os cantores do coral brasileiro, dirigidos por minha amiga Cleofe, ofereceram à França um dos mais belos espetáculos de canto religioso que já vi. Eu me sentia dono da Catedral, dono do público, dono da França. Depois das duas missas, em que se misturaram as composições das missas brasileiras em português e os responsórios do ofício, cantados em latim pelo sacerdote francês e pelo coral de Chartres, o prefeito levou-nos a almoçar, numa praça onde havia um restaurante de janelas baixas cercadas de gerânios. O povo cercou o restaurante, e os nossos patrícios, durante o almoço, cantaram as peças mais simples da alma brasileira: *Casinha pequenina, Meu limão, meu limoeiro* e outras tantas. A multidão aplaudiu nosso coral até quando já estávamos dentro do ônibus. Guardo de tudo uma foto preciosa: à frente da deslumbrante roseta da Catedral de Chartres, os nossos dois embaixadores, em êxtase.

Podia-se, pode-se fazer desses "eventos" (detesto a palavra, que o oba-oba dos espetáculos mal feitos apalhaçou) com dignidade e eloqüência cultural e artística. O importante é querer fazer, fazer pelo prazer de fazer, e fazer sem a intenção de ganhar vantagens pecuniárias ou honoríficas.

Durante vinte anos a Galérie Debret prestou seus serviços às artes plásticas brasileiras, homenageou o nome de um francês, o maior repórter plástico das cenas brasileiras do Primeiro Reinado, e documentou nossa gratidão pelos componentes da Missão Francesa contratada pelo Regente Dom João. Em 14 de julho de 1989, ao se comemorarem duzentos anos da queda da Bastilha, Paris estava em festa. O governo brasileiro, não sei por que decisões asnáticas, decidiu fechar a Galérie, "por medida de economia". O aluguel do imóvel da Rue la Boëtie custava 1.500 dólares por mês. A embaixada obedeceu a ordem; e, para fechá-la, promoveu-se uma exposição das capas dos livros do escritor Josué Montello, então adido cultural, o sonhador do Prêmio Nobel, que reuniu os colegas de academia: José Sarney, Herberto Salles, Jorge Amado, José Guilherme Merquior e outros papagaios de pirata. Serviu-se *champagne*, deitaram o verbo em franco-malgache, e fecharam as portas do recinto dos pintores brasileiros. Depois, para fingimento, abriram uma Galérie Debret dentro da nova sede da embaixada. Nas embaixadas nunca vai público algum, a não ser com faixas de protesto. A galeria morreu. O cidadão que fechou a porta tornou-se presidente da Academia Brasileira de Letras, além de, para seus amigos, arranjar publicação francesa de suas obras ignoradas. De vez em quando aparecem em jornais franceses artigos sobre escritores brasileiros: são artigos de escritores franceses, fazendo o milagre de eles próprios nos divulgarem. Descobrem o patrono Machado de Assis, nunca os que estão sob seu patrocínio...

Mas há um raiar de emoção, de surpresa, de deslumbramento quando os franceses descobrem um violonista como Turíbio Santos, uma pianista como Cristina Ortiz, uma meninazinha como Elis Regina, uma rainha da música como Anna Stella Schic, uma divulgadora do Brasil como Maria d'Apparecida. E quando temos embaixadores como Paulo Carneiro e Antônio Mendes Vianna. E musicólogos como Luiz Heitor Corrêa de Azevedo.

* * *

Eu te guardo nas grades do soneto
Como canoro pássaro encantado
Como o Papa o segredo oculto in petto
Como a princesa o algoz enamorado

Como o andrajoso avaro as opulências
Como o frasco as exóticas essências
Como o sozinho caminhante a estrela
Como a temer perder-se até perdê-la

Como a lâmpada antiga o gênio alado
Como o regaço o riso adormecido
Como o trigo o repasto sem pecado

Como o vinho o perdão do arrependido
Como a ampulheta a areia da saudade
Como a lápide guarda a eternidade.

* * *

Minha estrela de aurora, mar e rosa,
Rosa do sol, seca de sal, inerte
Estrela sobre a areia, cuja aquosa
Palma dançantes fluorescências verte,

Como um crustáceo que teu corpo aperte
Seriam dedos dessa mão sequiosa
Prendendo-te em tenaz pecaminosa
A mostrar que te aspira, anseia e quer-te.

Mas tão frágil pareces sob a ardência
Do calor que te lambe e desidrata,
Que esta audácia não ouso, mas prudência

Pois bem sei: como a estrela dos abrolhos
Se muda em pó ao som da brisa ingrata,
Tu desfarás em luz sob os meus olhos.

* * *

Quero teus dedos no meu travesseiro
No instante em que eu disser adeus ao mundo
No instante do gemido moribundo
Que será meu primeiro e derradeiro.

Quero teus dedos nos meus olhos quando
Tua imagem fugir-me do horizonte
E meu último olhar a olhar te conte
Que foi único olhar o estar-te olhando

Quero meu sopro no teu rosto aflito
Meu frio e meu calor já sem alento
Hálito em vão levado pelo vento

A gritar-te o silêncio do meu grito.
Põe tuas mãos nas minhas de tal jeito
Como um ramo de flores no meu peito.

* * *

Um dia pedirei um pouco d'água,
Um pouco d'água para a boca aflita,
Com voz de adeus de tão sedenta mágoa
Que nem dirá o que minha alma grita.

Encontrarás meus olhos e teus olhos
Mais que ouvido ouvirão os meus desejos
Espavorida em meu silêncio colhe-os
Como o desperdiçar de mudos beijos.

Corre até junto à fonte e tua mão
Em concha atenderá ao meu pedido.
De teus dedos febris gotejarão

Instantes que eu podia ter vivido.
Volta. Fecha meus olhos com cuidado
E minha sede não terás matado.

OS POMBOS DE HIROXIMA

*Poems are made by fools like me,
But only God can make a tree.*

Joyce Kilmer

Creio ter dito em algum canto dessas Memórias, que já se vão tornando amnésicas, um lema útil de Jules Renard que adotei: *Quand on est seul on est en mauvaise compagnie.* Não se deve viajar sozinho. Uma companhia é como uma boa bengala: em qualquer passo evita um tropeço. Que adianta olhar a ágora de Éfeso se não nos vem ao pensamento que dali São Paulo foi expulso, que ali São João ganhou uma igreja, e a pureza da Virgem Maria, que ali morreu, ou a velhaca pureza da matrona de que nos fala Petrônio no *Satiricon*? Éfeso, com suas ruas de endereços e preços gravados nas lajes, e as latrinas recortadas no mármore dos assentos dos senadores, para que não percam tempo durante os intermináveis debates... Se passamos no que resta do anfiteatro, do Odéon, sem sabermos que tragédias, que comédias ali foram representadas? Viajar é encontrar-se consigo mesmo ou não encontrar ninguém, porque têm a carne triste e já leram todos os livros, e bocejam esperando a hora do bom trago ou a de comprar tapetes. Não encontrei o companheiro que me falasse a respeito das ruínas da Biblioteca de Celsus, o mais belo edifício da cidade e do qual só resta a majestosa fachada. Diante do pórtico da casa vazia de livros e de vida, faz-se a mesma pergunta sem resposta de Koestler: por que os homens constroem obras-primas e por que as esfacelam? Por que sobrepõem templos uns aos outros, os gregos, os romanos, os mosaicos, os árabes, os cristãos, enquanto os deuses, lá em cima, se divertem como se Júpiter e Juno tivessem cada um seu favorito? Bem que eu gostaria de entrar pelo pórtico de Éfeso e pedir ao bibliotecário: "Me dê aqui um livro que conte alguma coisa destas nobres ruínas, para eu poder dizer em Alexandria, a cidade por Alexandre fundada, que ele por aqui andou assustando as gentes; que um tenentote muçulmano, Omar, arrebentou com todos os livros acumulados pelo conquistador do mundo, porque lhe bastava o Corão, e assim a humanidade esqueceu todo o seu passado"... Que diria o pobre bibliotecário das ruínas de Celsus se lhe contasse que os livros estão em vias de morrer e os homens só terão computadores luminosos e disquetes para acalentar a solidão? Tudo serão estilhaços ilustres de mármore, como a Acrópole destruída por um só tiro perdido; e por eles passearemos como por entre um rebanho de carneiros fossilizados. Onde ao menos ler, Poeta, o seu pungente lamento de amor: *Che farò senza Euridice?*

Assim pensava no entressono do avião que me voava para Tóquio. Que fazer por lá? Por que aceitei o convite de conhecer mais rostos, mais telhados, mais paredes, mais árvores, mais sopros de vento, mais miséria?

Era uma experiência nova, para conversar a respeito dos japoneses cujos filhos se tornaram brasileiros, e era eu só a enfrentar perguntas num idioma ignorado. Felizmente no avião um nipônico falava português. Um nipônico, não: um brasileiro de sangue japonês; falava o japonês e não o lia, porque seus pais eram emigrantes analfabetos. E o japonês era juiz em São Paulo, e enquanto escrevo estas linhas será certamente desembargador: Kazuo Watanabe. Ia com a esposa, nipônica de hábitos paulistas, caseira. Em Tóquio fomos seres raros: durante os debates, eu falava em português, ele me traduzia, um padre louro falava espanhol, eu o traduzia para o inglês, os intérpretes o punham em japonês. Até que o padre me confessou ter o sobrenome Oest. Eram três irmãos dinamarqueses: um foi para os Estados Unidos, outro foi ser sacerdote católico na Universidade de Sófia, Tóquio, o outro veio para o Brasil, tornou-se militar. Henrique, Henrique Oest. Dei ao padre notícias do irmão: chegara a coronel, era comunista, tornou-se deputado, tinha sido aluno de meu pai, ambos amigos na Assembléia. E com mais alguma ajuda de nisseis regressados ao Japão pude absorver alguma coisa ao meu redor. Procurou-me um outro japonês, Jun Shimaji, que estudou teatro em Leningrado, traduziu *A raposa e as uvas* do russo para o japonês, a peça infiltrou-se pelos teatros; ele até me mandou por um portador um envelope com o equivalente a mil dólares. E, de vez em quando, lá surgia outro japonês com outros mil dólares. A Receita Federal nada podia fazer: não há agentes nem sociedades autorais entre os dois países. Tudo repousava na absoluta honestidade desse desconhecido.

Veio procurar-me no Hotel New Otane, com a esposa vestida à ocidental. Conversamos em escasso inglês. Ele me levou a dois teatros onde representaram a peça; num deles, o ensaio de enormes tambores cessou para me receber; no outro, havia no palco uma ceia fartíssima onde, como na China, se sentia a perfeita noção de que os brasileiros comem bananas.

As autoridades encarregadas de nos acompanhar e as alegres jovens que pareciam sair, de tão lindamente iguais, do espantoso Teatro Takarasuka, onde duzentas *girls* rivalizam com as do Radio City, interromperam os debates. Um grave senhor anunciou: na manhã seguinte devíamos vestir traje escuro e gravata escura. Alguma coisa solene aconteceria. De fato, os automóveis nos apanharam e entraram pelos jardins do Palácio Real. E nos enfileiraram, uns trinta professores, num enorme salão, onde havia apenas, como decoração, uma parede com a imagem do Fujyiama, o monte sagrado, símbolo do próprio Império milenar. Ao centro, um cicerone recomendou: os senhores serão recebidos pelo príncipe Akihito e pela princesa Michiko. Nada de mãos estendidas, nada de curvaturas da etiqueta japonesa, nada de perguntas. Os príncipes entraram, como dois jovens cearenses, o mestre de cerimônias tratou de ler os nossos nomes, cidades, universidades, países. Quando o anunciante chegou diante de mim, esticou um pouco a fala, a princesa me olhou e perguntou:

— *Do you speak English?*
Pela primeira vez disse estas palavras:
— *Yes, Your Highness.*
E ela, num doce inglês feminino e pipilante, me perguntou se eu era o autor de *The fox and the grapes*.
— *Yes, Your Highness.*
E então, no seu meigo inglês quase cantado, me disse que tinha representado minha peça quando estudante universitária e gostaria de ter dela uma cópia em japonês, se existisse. Estendeu-me a mão:
— *Thank you.*
— *Thank you, Your Highness.*

Ligeira curvatura. Passou ao professor seguinte, enquanto todos viam: eu acabava de ter meus minutos de notoriedade, de que falava Andy Warhol. De noite o casal Shimaji veio jantar, e a Senhora Shimaji me distinguiu com outra gentileza: vestia um traje japonês, parecia uma estampa finamente desenhada a pincel. Contei a aventura da manhã, pedi um exemplar da peça, com dedicatória em japonês para a princesa. Impossível: nenhum súdito de suas altezas lhes pode enviar coisa alguma. Pedi um exemplar com a assinatura de Jun Shimaji, pus-lhe uma dedicatória em inglês, assinei e enviei pelo correio, para espanto do recepcionista do hotel.

Jun Shimaji e Senhora receberam convite para a recepção dada pelo presidente João quando de sua visita a Tóquio. O casal entendeu de retribuir a gentileza em Brasília. No Planalto, Jun ordenou que a mulher o esperasse fora: nenhuma mulher japonesa fala com um chefe de Estado. No Rio, ofereci-lhes um coquetel, reuni amigos, e amigos que falassem inglês; a Senhora Shimaji veio com trajes japoneses, pediu um bule de água quente, fez sinal para que todos se sentassem sobre os calcanhares, preparou a cerimônia do chá, distribuiu-o em xicrinhas de louça, juntou as mãos, fizemos o mesmo, bateu palmas, todos a imitaram e levantou-se. Se se tratasse de uma dama ocidental, eu poderia beijar-lhe a mão, abraçá-la, tomar a liberdade de lhe beijar o rosto em sinal de agradecimento. Mas como seria em tais ocasiões a etiqueta nipônica? Meu amigo Ivan Marinho salvou-me do embaraço: pediu que ela estendesse as mãos, abertas; e nelas despejou punhados de pedras semipreciosas brasileiras. Jun me perguntou se eu teria ido a Hiroxima, como pretendia. Prometi mandar-lhe um poema que lá escrevera.

O casal esteve mais uma vez no Brasil; convidei o cônsul japonês e alguns amigos para uma feijoada a que todos se submeteram com doçura. Passado um ano, o casal voltou, em pleno domingo de carnaval, e nos cobriu de delicados presentes. O mais comovente era um retrato de meu tradutor ao lado de um túmulo em Leningrado, o túmulo do diretor e professor Tovstonogov, do Teatro Gorki, também professor da esposa do violoncelista Mstislav Rostropovich, a famosa cantora Galina Vichnevskaya. Tovstonogov tinha morrido, e eu não sabia. Era um dos nomes do partido comunista no teatro leningradense. Por detrás de sua lápide, um enorme Cristo de bronze, de braços abertos.

Jun Shimaji lançara uma segunda antologia do teatro brasileiro, por ocasião do centenário da imigração japonesa. Fui convidado e não pude aceitar o convite. Uma pena. Mas transcrevo o meu poema *Hiroxima, Hiroxima, Hiroxima*, réplica pacifista ao grito de *Tora, tora, tora*, que todos conhecem do cinema. É uma visão da inexplicável razão pela qual os homens constroem e destroem suas obras. E a si mesmos. Não há razão alguma.

Aqui seria o meu suicídio
Se eu tivesse coragem.
Tu me vês, meu amor, as mãos jazentes,
Os pés tortos e inúteis — e na hora
A heróica espuma de ter dito não?
Tenho, sim, é vergonha de ser homem,
Ou de não ter sido, Hiroxima.

Hiroxima de pombos calcinados
Voejando ao redor, auréola de remorsos,
Hiroxima de chão de lava humana,
De onde às vezes, parece, vão florir
Ossos de dedos mendigando a vida,
Hiroxima, tempestade de lágrimas,
Hecatombe de sangue e silêncio,
Debandar de labaredas
Com cheiro de carne e dor.

Aqui seria o meu suicídio
Se eu tivesse coragem
De protestar contra a morte com minha vida.

Dorme, dorme, consciência, eu te acalento
Como ao cadáver de um filho,
Dorme, dorme, Hiroxima, nem te vejo,
Cego do fumo de tua chaga,
Cego de minha chaga de vergonha.

Oh, teus pombos pousados no meu ombro
Como cruzes de chumbo!
Oh, teus pombos nos ombros das crianças
Como asas de anjos!
Tuas árvores verdes e vermelhas,
Inúteis paraísos de fantasmas
De carne viva!
Aqui a humanidade morreu.
O mundo perambula em tuas cinzas,
Sem uma só garganta a gaguejar amor,
Sombras de náufragos num mar de nada,
Tu vês, amor, podias-me ter amado
Nesse chão que moldasse nossos corpos
Como um baixo relevo — e nosso ai de orgasmo
Alertasse o ouvido do piloto,
O ouvido de Deus.
Amor, teu nome em casca de árvore,
Dentro de um coração, onde estará?
Onde a tatuagem da nossa eternidade
Senão na imensa nuvem sem céu?
Hiroxima, ferro na ilharga,
Na testa e na alma de cada sobrevivente,
Aqui eu morri.
O amor do próximo
A primeira comunhão
O primeiro amor
O primeiro ciúme
O primeiro ódio
O primeiro cadáver
A primeira covardia

A primeira ambição
O primeiro amigo
O primeiro adeus.
Aqui eu morri.
Amor, balança-me em teu colo
E canta para a minha morte
A morte de Hiroxima.
Fogo inútil
Vulcão de crimes
Música de surdos
Beijo de pedras
Os pombos nos ombros das crianças.
O deus silencioso
O deus sem preces
O riso quieto de Buda
A mão vazia de Jesus
O riso vazio de Deus.
Em teus escombros serpenteiam
Anúncios de Coca-Cola
Como grafites de bravura.
Foram homens que inventaram
Teus homens de mãos decapitadas?
Escuto agora no teu vento
A minha infância: Pátria, latejo em ti,
No chão de carne podre de Hiroxima.
Se um átomo desabrocha em teu pólen
Outro átomo sorve como um tóxico
Então as coisas se tornam relâmpagos
E fecundam os úteros da morte.
Tal é a fórmula do sábio
Que nunca inventou a fórmula do amor.

Perdoa-me, Hiroxima,
A escola que não dei.
Perdoa-me, Hiroxima,
Auschwitz gerada num segundo,
A mão que não estendi,
Buchenwald deflagrada,
Perdoa-me o teto que não te ofereci,
Belsen, chuva de esterco, perdoa

*o copo d'água que neguei,
Incêndio de napalm, bactéria de ódio,
Perdoa a sepultura que neguei,
Deserto de ossos, perdoa
A vida que te goteja
De um coração de plasma.
Amada, perdoa os amantes sem amores
Perdoa, amada, se não fui amado,
Perdoa, mulher sem homens, se não te amei.
Mãe, perdoa se não fui filho
Filho, perdoa se não fui pai.
Aqui seria o meu suicídio
Se eu tivesse coragem.
Estou sentado em teu parque, Hiroxima,
E chovem tantas lágrimas
Que não me deixam ver-te,
Como no dia de tua lágrima
Enorme lágrima goteja
Sobre a tua inocência.
Estou sentado no teu colo, Hiroxima,
Como um órfão
Aspiro o teu hábito de enxofre
Como o último sopro de ar da terra
Estou encravado na tua lava
Como um fóssil.
Hoje eu morri em teu beijo de brasa,
Hiroxima, vomitando a minha crença.
Quero cantar para alegrar-te:
Do que a terra mais garrida
Nossos campos têm mais flores
Nossos bosques, Hiroxima,
Têm mais vida, mais amores,
Têm mais vida, mais amores.
Têm mais vida, mais amores
Como a agulha num disco de um só sulco,
Nossas queimadas, nossos índios
Varados de fogo, Hiroxima,
E as palmeiras onde canta
O sol de nossa terra — viva o sol! —
Que cega como o sol da liberdade*

Em raios fúlgidos como raios de amor.
As árvores de Hiroxima dão adeus
Como folhas de pele humana
Sugam seiva de carne
Em seus troncos de granito
As árvores gorjeiam sangue.
Aqui seria o meu suicídio
Enforcado como um sino
Na caveira do teu Domo
Se eu tivesse coragem
E teus pequenos sinos são risos
Crianças de asas de pombos.
Dorme, dorme, Hiroxima,
Amante, remorso, pesadelo, sonho,
Estrume de paz.

* * *

Não, nunca matei ninguém. A idéia que me perseguiu toda a vida eu a dominei em Hiroxima. E depois de uma operação que me levou a próstata, outra me extraiu um naco de esôfago, outra me decepou um trecho dos intestinos. Tudo feito com extrema sabedoria e delicadeza pelos professores Fernando Vieira, Glauciomar Machado, Celso Portella, todos regidos por meu conselheiro, o professor Aluízio de Salles Fonseca, coadjuvado pelos doutores Flávio Coure Palheiro e Dário Vasconcellos, homens que lidaram com a minha morte com baterias de exames de sangue, urina, olhos, língua, fezes, e mais o colega de colégio, dentista Nelson Attademo, a ver meus dentes de velha cerca. Todos podiam ter contra mim a bala perdida, a que perde todos os homens. Voltei três vezes para casa, mais magro, triste, cercado de piedades e de meteóricas enfermeiras. Elas já sabem o que restara de mim depois desse calvário imoral: nada de sal, nada de álcool, nada de açúcar, nada de fumo, nada de emoções, nada de sustos, nada de insônia, nada de sonhos, nada de correntes de ar, nada de frios, nada de calores, nada de aventuras, nada de vícios, nada de nada... É esperar, na cadeira de balanço, como a da vizinha do andar de cima, a oscilar a sua como passos vilões na madrugada... Aqui está o livro no regaço, a televisão não mais limpa na sua janela de infelizes personagens enquanto vivem, felizes personagens enquanto compram. Dentro de um código a vida pergunta, ou me pergunto à vida: "Você, ainda está aí?". E o médico ressurge de rosto otimista, e esperamos ambos — esperamos o quê? — que Deus apague a luz ou o diabo tome a minha mão e convide: "Por aqui, meu filho..." Meu médico é o ex-presidente da Academia Nacional de Medicina, ex-diretor do Hospital dos Servidores do Estado. Acompanhou meu irmão presidente a se examinar em Cleveland, cercado de um séquito de militares. Quando quiseram entrar na sala de exames para onde João era conduzido, Aluízio lhes falou:

— Desta porta para cá o comandante sou eu. Os senhores não podem entrar.

Com isto cavou sua ruína oficial, mas ganhou minha perene amizade. Há mais de quinze anos Aluízio de Salles Fonseca é meu médico e nunca me cobrou nada, no consultório, em exames, em casas de saúde, sempre me ouviu com paciência, me perguntou com ciência. É quem mais sabe de minha vida, quem mais me receita, quem mais me lê. Da segunda vez que João foi a Cleveland, aí então para ser operado, não o chamaram para acompanhar o presidente. Temiam que vazassem segredos, que o médico se apossasse de sua alma, de sua maçaneta.

Sempre entrei nas UTIs, nos CTIs onde me depositou, e neles acompanhei com os olhos, na tela que registra cada milímetro, cada átomo de vida, em linhas verdes de rápido ziguezague, como o ponteiro do relógio de Baudelaire, *dieu sinistre*... E face comigo mesmo repetem, sílaba a sílaba, o meu Jules Renard: *Quand on est seul, on est en mauvaise compagnie*. Mas há os anjos, as enfermeiras brasileiras, descendentes de mães, de mães-pretas, de amas-de-leite, de amas-secas, que me velam em suaves diminutivos de amor à vida:

— Tome esta pilulazinha... Mostre a lingüinha... Beba um golezinho... Deixe ver o pulsinho... Vire a bundinha...

Nenhuma enfermeira, de nenhum outro hospital do mundo, nos sopra assim, de um longe feliz, a brisa de viver... A solidão flutua ao redor, com meus adeuses não mais correspondidos, e minhas dores que já ninguém sente, e ninguém percebe o beijo que geme no espaço, buscando outro lábio e apenas sugando a última nuvem fugida da gaze embebida em éter.

Quantas vezes disse isso ao meu amigo, meu incitador a escrever estas linhas, cuja fraternidade comigo começou assumindo um gosto de morte? Foi uma vez, na mesa de um bar, com Ênio Silveira. Quis avisar minha mãe que não me esperasse para jantar. Ao telefone me gritaram em lágrimas:

— Dona Valentina estava na calçada da Rua Mariz e Barros, quis afastar-se de um ônibus imprudente... Ao recuar, bateu com a cabeça num poste. Bem em frente ao Hospital Gaffrée e Guinle. O Hospital a recolheu, está esperando o médico.

Disparamos, Ênio e eu. E esse agitador interrompeu tudo na vida para me levar ao Hospital, e de lá só saiu depois que o Dr. Fernando Pessoa, chamado com urgência, nos garantiu que minha mãe se livraria da comoção cerebral. Passado o horror, minha mãe zombava da vida e da morte:

— Imagine, meu filho: eu, aluna do Sion, recolhida num hospital de doenças venéreas...

Depois tocou minha vez de sofrer a solidariedade. Cléo, mulher de Ênio, ao tentar puxar para baixo a guilhotina de vidro da janela, despencou do apartamento ao chão, morreu imediatamente. Eu soube logo, porque me chamaram à Capela de São João Batista, onde recolheram o corpo enquanto procuravam Ênio. Éramos só Zelinda, Alba e eu. O corpo, já num caixão, o rosto irreconhecível. Com as primeiras pessoas a chegar, cobri o rosto de minha amiga com meu lenço e ordenei ao funcionário da Capela que fechasse o esquife. Assim se fez. Cada vez estávamos mais próximos, quanto mais Ênio assumia a ideologia do seu destino, à qual eu não me submetia. Era essa a nossa constante discussão: defender a própria ilusória independência, acreditando-a criadora, ou entregá-la às regras de outro partido, qualquer partido. Andamos juntos assim. Casou-se porque amava o lar. Teve dois filhos, divorciou-se. E muito tempo depois, visitando-me, encontrou em minha casa uma de minhas melhores amigas, filha de um casal de melhores amigos: Irene, com as qualidades macias da Irene do poema de Manuel Bandeira; e escritora, e bem informada, e musicista, e solitária. Precisaram-se, saíram de mãos dadas, e todos gostamos, seria a paz de meu amigo.

Ênio sofreu três operações. O poeta Moacir Félix me chamou. Venceu-as, voltamos às nossas conversas. Pela voz estrangulada de Antônio Houaiss ouvi:

— Ênio morreu.

Por mais que eu leia o que amigos, críticos, admiradores tenham escrito sobre Ênio Silveira, sinto faltar alguma coisa às defesas de tese que exaltam sua cultura, seu amor múltiplo às artes, seu talento de conversador. Falta Ênio Silveira. Ele próprio nos ensinaria a dizer alguma coisa de peculiar sobre Ênio Silveira. O multiplicador de livros, locomotiva de uma indústria e de um comércio mais arriscado que uma roleta russa. O crente nas letras num país sem letras, como sem terra para os sem-terra, tinha o dom misterioso do trabalho.

Lembro-me de quando, numa atividade de propaganda, já tendo exibido algumas travessuras literárias, Ênio me procurou. Estava no Rio, vinha morar no Rio, queria amigos no Rio, buscava amigos no Rio como já os tinha em São Paulo.

— Vim conhecê-lo e quero que você me dê um livro para publicar.

Ênio comigo já levava uma vantagem: arrastara para o Rio um amigo raro, que eu deixara em São Paulo pouco depois de o conhecer. Saberiam eles que seriam meus guias voluntários, para me obrigar a escrever como professores a passar deveres aos alunos? Meus rabiscos teatrais, minhas crônicas do cotidiano, meus suspiros amorosos e meus murros no espaço do ódio teriam mérito para serem explorados ou, melhor, regados com o estilo e a confiança? Depois de um convívio com Mario de Andrade, depois de intensas cartas trocadas em que Macunaíma me corrigia como corrige à palmatória milhares de jovens, desgraça que encerrou minha crítica literária, ficava eu num desvio sem programa, tentando somente, como outros leguleios em férias, soprar a brasa dormida da democracia. Ênio importava de São Paulo o outro amigo-mestre, Mário da Silva Brito... Saudei Silva Brito ao recebê-lo no PEN Clube, perguntando-lhe: "Que lhe posso oferecer em troca de sua amizade, senão a minha inveja?" Mário casou-se na Igreja Católica Brasileira, para satisfazer os desejos cristãos da mãe da noiva, Matilde; e em minha casa, quando o divórcio lhe permitiu casarem-se perante o juiz. Três vezes meu afilhado. Positivamente sou boa mão de abençoar e rico em Mários: Mário Gibson Barboza, Mário Dias Costa, Mário Barata.

Encontrei a prima Zelinda num desses coquetéis em que cada um se atraca a uma bebida à espera da salvação antes de se afogar no copo. É o destino de quase todos os coquetéis: com sua dose de alô, na ânsia de encontrar alguém para ir ao bar mais próximo.

Minha conversa com Zelinda começou mais ou menos assim:

— Você já viu a quantidade de chatos que nos cerca?

Era de fato um curral de chatos. E gentil da parte de minha interlocutora admitir que nós dois não fazíamos parte do time.

— Vamos classificar esses chatos. Cada um de nós escolhe um e lhe dá uma categoria de acordo com a capacidade e modo de chatear.

E começamos a colher chatos como quem cata cogumelos. O diabo é que estávamos, realmente, numa floresta de cogumelos venenosos. A fartura nos indigestava. Ao fim de alguns minutos sitiava-nos uma bela coleção de borboletas.

Foi quando Ênio se aproximou, ouviu, deu um outro palpite com enorme acuidade e depois me perguntou:

— Por que você não escreve um tratado de classificação dos chatos?

Ênio incorporou a idéia, eu furtei alguns chatos da minicoleção de Zelinda. Alberto, seu marido, colaborou; Dinah Silveira de Queiroz se tornou meio reticente. Ênio me ofereceu espécimes pelo telefone, me cobrava páginas e, em pouco tempo, nasceu o *Tratado*.

Mas aí! Os chatos se reproduzem e são mutantes, deslizam como sabonetes e cravam-se como farpas de madeira. A coleção com suas justificativas e teoremas avolumou-se em sete edições, número a encher de orgulho qualquer moedor de *best-sellers*. Ênio e eu já estavamos cruéis como personagens de Shakespeare. Qualquer amigo, qualquer correligionário, qualquer fantasma podia entrar em nossa alça de mira.

E então Ênio Silveira começou a exagerar sua extraordinária faculdade patronal: a arte de mandar como quem pede, arte de inventar um inferno com a graça de quem leva ao céu.

— Vou editar um livro sobre os sete pecados capitais. Escolha o seu. Quero os originais na próxima semana.

Escolhi, dediquei: *De gula ad Aenium Silvarium*. Ou:

— Levarei para o prelo os dez mandamentos. Pegue o seu.

Nossas conversas de almoço e jantar tinham sempre um pedaço assim:

— Você inventou uma história de um homem contaminado pela emanação nuclear, impossibilitado de conviver com o próximo mais do que um minuto. Escreva.

— Aquela história do fazendeiro que, agradecendo ao cachorrinho que o salvou, deu-lhe de prêmio uma viagem a Paris. Escreva.

Era a história de um cãozinho em Paris a observar o comportamento dos brasileiros de Offenbach.

— Você me tem contado coisas curiosas de sua vida e das pessoas ao seu redor. Quero que escreva as suas memórias.

— Depois das memórias, Ênio, a vida acaba: *Ite, vita est*.

— Escreva. Bom título.

— A vida é uma bala perdida.

— Bom título. Escreva.

Como poderia imaginar que o meu doutor em choques elétricos lá se iria antes de mim, ambos saltando por cima de três operações cirúrgicas, mas ele de onze anos menos de idade?

A bala perdida se arrasta de saudade, de tristeza.

*Ocorrem coisas neste mundo imundo
De que, palavra d'honra, me envergonho;
Por isso nestes versos me proponho
A ser um deus mais justo e mais profundo.*

*E assim, bem mais risonho que iracundo,
Decreto ao Céu e à Terra um enfadonho
Trilhar de fomes, dores e me abundo
Em esparzir o que há de mais medonho*

Merda, pus, podridão, vômitos, morte,
Carnes e almas poluídas, mar de lama,
Rajadas de napalm e raios gama,

Megatons de pavor de toda sorte...
Ó Deus de amor, perdoa o vil amante
Que apenas sonha ser teu semelhante!

* * *

  Eva me telefona de Tampa, Flórida: morreu de câncer o marido, Vladimir Hvízdala, o homem mais inteligente, lúcido e amável que conheci. Eu o fiz vir de Praga para Tampa. Ali esse professor universitário faleceu como guarda de cães de proprietários que vão ao cinema ou fazer turismo. A doutora Eva diz que só lhe restam a saudade do esposo, o cuidar dos "seus filhos", isto é, das crianças cancerosas do hospital.
  Morrerei assim? Ou de uma apoplexia que estoura como uma bomba, enquanto alguém sublinha sem susto: "Eu não disse?" Quem sabe quando me arrasto para atravessar a rua, com um saquinho de bombons? E uma buzina explode numa gargalhada, e rodeiam as vozes, e badala a ambulância tardia? Quem sabe quieto, na cama, sem ninguém perceber, como uma luz onde bate um vento intrometido? Quem sabe durante um murro na mesa, quando vou acusar mundo e governo? Quem sabe a bala perdida entra pela janela, como um beija-flor, e me procura, zumbindo dentro do quarto? Ele sabe, ele, o deflagrador, sabe que me busca, totalmente inocente, e nada tem a ver com as vidas alheias. Quem sabe um avião se espatifa e nem ouço o comentário da notícia: "Já vai tarde..." Toda manhãzinha o bem-te-vi me desperta confessando: "Eu ouvi teus sonhos, teus pesadelos, teus pecados..." Quem sabe alguém, balançando os prós e contras, atira sua pá de cal: "Afinal, era um bom sujeito..." Será o meu melhor epitáfio. Mereço-o? Eu o teria merecido, por feito d'armas, bondade da imprensa faltante de assunto, de *matéria* como dizem... Quem sabe eu roube o epitáfio de Eric Bentley: *Exit laughing*? Quem sabe... Encontro na papelada uma tradução de Mallarmé:

Enquanto o sino acorda aos ares a voz clara
No céu límpido e fundo e puro da manhã
E passa sobre o infante a balbuciar-lhe para
Agradá-lo uma prece entre o timo e a lavan-

Da, o sineiro, a aflorá-lo o pássaro que aclara,
Gemendo tristemente, o latim engrolan-
Do, na pedra que prende a corda secular, a
Bater, não ouve mais que um tangido distan-

Te. Eu sou este homem. Ai! Da noite desejosa
Em vão puxo o cordame a tanger o Ideal
Baila no ar pecador a plumagem do mal

E a voz só chega a mim esgarça e cavernosa!
Mas um dia, afinal, cansado do meu ei-
To, ó Satã, tiro a pedra e ali me enforcarei.

Como Mallarmé, não ouso enfrentar Satã. Mas espero, como o poeta, que os suicidas desejosos de salvar o próximo roguem ao Grande Sineiro que soe a Voz de Adeus aos meus sobreviventes: *Ite, vita est.*

Rio de Janeiro, 23 de janeiro de 1997.

Apêndice

ADEUS ÀS ARMAS*

Hoje, 15 de março, eu, jornalista, irmão do Presidente da República, deixo a imprensa. E peço aos seus donos, dos jornais em que escrevo, aos meus colegas, aos meus leitores, que me compreendam e respeitem. Hoje, deixo de ser jornalista.

É um silêncio que me imponho, por vontade própria. A perda da profissão que exerci desde os 18 anos de idade. A profissão que eu amo. O título que levo aonde vou, antes do meu próprio nome, o título que declinaram com orgulho dois colegas ilustres: René Chateaubriand, ao identificar-se na França, e Rui Barbosa. Jornalista por mercê de Deus.

É um adeus às armas.

Quando comecei, a redação tinha um tinteiro em cada mesa, e um contínuo ali derramava tinta Sardinha, de tempos em tempos, como um tratador serve água aos pássaros. Nada de caneta-tinteiro, então distante símbolo de status, mimo para ministros. A minha era de haste de madeira e pena Malat. E, melhor, o lápis. Fui dos primeiros a usar máquina de escrever na redação, sob protestos do pessoal anedotário. Voltei ao lápis, como diz "o lápis de Alvarus", "o lápis de Nássara".

Eram as armas de ombrear co'o sabre e chamá-lo irmão. Fracas. Não podiam vir na cava do colete e muito menos à cinta.

A redação (para ali entrei como revisor, pela mão de João Ribeiro), resumo das misérias humanas e nossas, era o nosso parque, o nosso paraíso. Lá estava o secretário, capaz de farejar a notícia mais importante para a manchete. O novo papa ou o último capoeira, a derrocada de um exército ou o atropelamento em plena Avenida Central. Senhora da sintaxe, de ortografia, da companhia com que fazia descer a matéria. Os jornais do Rio tinham secretários admiráveis, que comiam e dormiam na redação. O meu paradigma foi Frederico Barata. Acima, o chefe trovejava. Durante 30 anos Assis Chateaubriand trovejou sobre mim: era um meteoro inesperado, às

---

* Artigo publicado no *Jornal do Brasil* em 15 de março de 1979.

vezes sem chuvas, mas sempre genial. E tive companheiros que enfeitam minha inteligência e minha vida: Mario de Andrade, Osório Borba, Barreto Leite Filho, Evandro Pequeno, Genolino Amado, Edmar Morel, Clóvis Ramalhete. As omissões são de propósito para valorizar estes.

Debaixo do meu Éden vinha o grilejar dos linotipos, o ronronar sísmico das rotativas e o cheiro de vida a invadir a sala única, cheiro calorento de óleo, chumbo e suor — e ali conviviam a alta política e o crime; as donzelas castamente vestidas da coluna social (ah, Gilberto Trompowsky, ah, Marcos André!...) e os anúncios venéreos apareciam em honrada promiscuidade. E nós, alegres mendigos à cata de notícias e de vales no caixa. E depois de espremer a cabeça em caldo de cana até às duas da manhã, a redação se prolongava no botequim, no bife do Universo (ah, Pompeu de Souza!), na Lapa (ah, Luiz Martins!), na Brahma (ah, Carlos Lacerda!), na Taberna da Glória (ah, Prudente de Morais Neto!). Era o segundo círculo do paraíso, com média e canoa com manteiga, até ver a nossa letra em letra de forma (raio de ortografia!), grito sem som de liberdade, tênue fumaça do braseiro da sempre bruxuleante democracia. O jornalismo me permitiu ser seu humilde aliado contra a ditadura, o Estado Novo, a Associação Brasileira de Escritores (ah, o nosso Primeiro Congresso de Escritores, em São Paulo, ah, o segundo, em Belo Horizonte, onde agradeci ao governador Milton Campos estar tão perto de nós para respeitar nossa independência!).

Foi o que fiz dos 18 anos até hoje. Sujei os dedos na tinta, meu sangue-azul de plebeu, que goteja em cada letra e nobreza do ser livre. E rabisca em efêmero grafite a palavra, essa esperança de eternidade.

Na minha profissão sempre me senti livre. Mesmo com a Censura olhando por cima do meu ombro. Escrevi o que quis. O que riscaram do que escrevi, devolvi sempre em outro escrito, até a minha palavra azul vencer o lápis vermelho. Perdi empregos, sim, mas não perdi a profissão. Nunca recebi um vintém que não fosse a gota de suor. Nunca escrevi o que não quis. Nunca risquei eu mesmo o que quis escrever. Quando errei, corrigi meu erro diante do leitor. Quando ofendi, pedi perdão em público. Revisor, foca, repórter de polícia, noticiarista, topicista, crítico de literatura, música e teatro, cronista, minha carreira foi das mais brilhantes: comecei ganhando 200 mil réis, isto é, 150 dólares; termino ganhando uns Cr$ 4 mil, isto é, 150 dólares. Cumpri deveres duros: na noite em que meu pai foi condenado pelo Tribunal do Estado Novo, fiz a inútil defesa oral e fui para a redação redigir a notícia. Depois, fui dizer à minha mãe que ela se tornara viúva por decreto governamental.

Agora risco tudo. O irmão de um Presidente da República não pode exercer a minha profissão. Não sei de exemplos de quem seja cronista irônico, sarcástico mas em busca de ser justo, enquanto o irmão é o Chefe de Estado. Para mim, digo: não posso, não devo, não quero. Porque devo respeitar meu irmão. E o leitor. E a mim mesmo. E ao próximo, por menos próximo que me seja. Serei, no dia 15 de março, o irmão do Presidente da República João Baptista de Figueiredo, de quem escrevi que levaria este país à democracia. E ele o jurou.

De agora em diante, o que eu escrevesse, amenidade ou libelo, aplauso ou restrição, verdade ou mentira, poderia ferir ou exaltar mais do que seria minha intenção. Minhas entrelinhas — e como eu punha meu sorriso invisível dentro delas! — não seriam mais minhas; meus assuntos poderiam ser julgados de Estado, minhas asserções causariam vantagens imerecidas ou prejuízos injustos. Minha palavra seria um câmbio na bolsa do Poder. O irmão de um Presidente da República não pode ser jornalista: seria um mau jornalista e um mau irmão.

Não me entristeço ao guardar minha arma. Melhor do que vissem em meu gesto um desembainhar de espada para fazer ponta no lápis — ameaça mais ridícula do que sinistra — ou um floretear de faz-de-conta — mais sinistro do que ridículo.

A abertura política por que me bati trouxe a outros a liberdade e me deu ironicamente o silêncio por amor à liberdade. Por amor à liberdade alheia deponho em minha panóplia a minha única arma. Vou ler. Ler e sentir saudades. Ler o que os outros podem e devem escrever. Até que... até o momento de deixar a página dobrando enquanto...

CURRICULUM VITAE

1. DADOS PESSOAIS

    1.1 Nome: Guilherme de Oliveira Figueiredo
    1.2 Filiação: Euclides de Oliveira Figueiredo
                Valentina Silva de Oliveira Figueiredo
    1.3 Nacionalidade: Brasileira
    1.4 Naturalidade: Campinas — São Paulo
    1.5 Data de Nascimento: 13.02.1915
    1.6 Estado Civil: Casado em 19.03.1941 com Alba Lobo de Figueiredo
    1.7 Filhos: Luiz Carlos (01.12.1944) e Marcelo (04.07.1949)

2. DOCUMENTOS DE IDENTIFICAÇÃO

    2.1 Carteira de Identidade: 406.120 – I. F. P. – 30.01.62
    2.2 CPF: 030537847-34
    2.3 Registro Profissional: 77863 – Série 389 – 23.08.73 – RJ
    2.4 Registro na UFRJ: 1.051.109

3. FORMAÇÃO E TÍTULOS

    3.1 Curso Superior
         Faculdade de Direito da Universidade do Distrito Federal
         (hoje Faculdade de Letras da UFRJ)
         Período: 1932 a 1936
    3.2 Graduação
         Curso de Doutorado
         Faculdade de Direito da Universidade do Distrito Federal
         (hoje Faculdade de Letras da UFRJ)
         Período: 1937 a 1938

3.3 Doutorado: Defesa de tese e diploma da Faculdade de Letras da UFRJ — 1980
3.4 Professor Titular da Uni-Rio por "notório saber" conferido pelo Conselho Nacional de Educação do MEC — 1979

4. ATIVIDADES PROFISSIONAIS

4.1 CARREIRA NO MAGISTÉRIO

4.1.1 Professor Contratado de História do Teatro do Conservatório Nacional de Teatro do Serviço Nacional de Teatro do Ministério da Educação (1949).

4.1.2 Professor Titular de História do Teatro do Conservatório Nacional de Teatro, depois transformado em Escola de Teatro da FEFIEG (1969) e finalmente Professor Titular do Curso de Teatro do Centro de Letras e Artes da Uni-Rio.

4.1.3 Professor Adjunto da Faculdade de Letras da UFRJ (Literatura Brasileira)
Período: 1949 a 1979

4.1.4 Professor Adjunto da Faculdade de Letras da UFRJ
Período: 1980

4.1.5 Reitor da Uni-Rio — 1978 a 1988

4.1.6 Tese — Realizada em 1980
Faculdade de Letras da UFRJ — "Sobre a Poética da Tradução do Teatro em Verso de Molière".

4.1.7 Participação em Bancas Examinadoras
Na UFRJ — Defesa de Tese da Professora Maria do Carmo Pandulfo.
Na UFRJ — Defesa de Tese do Professor Eduardo Mattos Portella.
Na Universidade de São Paulo — Defesa de Tese da Professora Waldisa Russio Camargo Guarnieri.

4.2 ATIVIDADES TÉCNICAS E ADMINISTRATIVAS

4.2.1 Advogado-estagiário e depois nomeado advogado da Prefeitura Municipal de São Paulo 1937-1939

4.2.2 Redator da McCann Erickson Publicidade S. A. 1942-1956

4.2.3 Diretor da Televisão Tupi, no Rio de Janeiro 1956-1957

4.2.4 Chefe do Serviço de Relações Públicas da Rio Light S. A. 1957-1964

4.2.5 Adido Cultural junto à Embaixada do Brasil em Paris, França 1964-1968

4.2.6 Secretário Executivo para o Intercâmbio Educacional entre os Estados Unidos e o Brasil (Comissão Fulbright) 1968-1974
4.2.7 Relações Públicas da Carvalho Hosken S. A. Engenharia e Construções 1974-1975
4.2.8 Presidente da FUNARJ 1979-1980

4.3 ATIVIDADES COMO DIPLOMATA

No exterior: 1962 — Membro da Delegação do Brasil junto à Assembléia Geral da ONU, em Nova York
1964-1968 — Adido Cultural junto à Embaixada do Brasil em Paris, França
1967 — Representante do Brasil no Congresso Anticolonialista e Antiapartheid da UNESCO em Zâmbia, África

4.4 ATIVIDADES COMO JORNALISTA

4.4.1 Primeiros trabalhos jornalísticos no *O Jornal* 1932
4.4.2 Redator do jornal *A Nota* 1934-1935
4.4.3 Redator e revisor das revistas *O Cruzeiro* e *A Cigarra* 1939
4.4.4 Colaborações para *Carioca, Vamos Ler, Revista do Brasil* e *Diário de Notícias* 1939
4.4.5 *Diário de Notícias* 1943-1945
4.4.6 *Jornal do Commercio* 1943-1945
4.4.7 *O Jornal* 1960-1961
4.4.8 *Correio da Manhã* 1968-1974
4.4.9 *O Globo* 1985-1997

5. PARTICIPAÇÕES EM CONGRESSOS

Viagens e conferências nas Universidades de Madison, Harvard, New Orleans, New York, New Jersey.
Participação no Congresso do Institute of International Education, em Washington.
Participação na Conferência dos Secretários das Comissões Fulbright, Buenos Aires.
Participação no I Seminário Estadual de Educação, Paraná.
Participação no IV Congresso Nacional de Educação, São Paulo.
Organização e participação no I Seminário de Ensino da Língua Inglesa e Literatura Americana, Faculdade de Letras da Universidade Federal do Rio de Janeiro.

6. ASSOCIAÇÕES CULTURAIS E CIENTÍFICAS

Fundador e sócio benemérito da Orquestra Sinfônica Brasileira
Conselheiro da Sociedade Brasileira de Autores Teatrais
Presidente da Associação Brasileira de Escritores
Presidente do Centro Brasileiro de Teatro do IBECC
Membro da Academia Campinense de Letras
Membro do PEN Clube do Brasil
Membro da Associação Brasileira de Imprensa
Membro do Sindicato dos Jornalistas Profissionais
Membro correspondente do Institut de France
Membro da Hispanic-American Society (New York, Estados Unidos)
Fundador e Membro do Conselho Universitário da Uni-Rio
Fundador e Membro de Curadores da Casa França-Brasil
Vice-Presidente da Sociedade Brasileira de Autores Teatrais

7. DISTINÇÕES: PRÊMIOS E CONDECORAÇÕES

Prêmio Artur Azevedo, Academia Brasileira de Letras	— 1950
Prêmio Artur Azevedo, Academia Brasileira de Letras	— 1959
Prêmio Cidade do Rio de Janeiro, Câmara Municipal	— 1950
Prêmio Cidade do Rio de Janeiro, Câmara Municipal	— 1956
Prêmio da Associação Brasileira de Críticos Teatrais	— 1950
Prêmio da Associação Brasileira de Críticos Teatrais	— 1954
Medaille de la Reconnaissance, Governo Francês	— 1947
Chevalier des Arts et Lettres, Governo Francês	— 1956
Ordre National du Mérite, Governo Francês	— 1968
Chevalier du Mérite Scientifique, Governo Francês	— 1966
Cidadão Honorário do Estado da Guanabara	— 1974
Officier des Arts et Lettres, Governo Francês	— 1980
Oficial del Orden de San Martín, Governo Argentino	— 1980
Gran Cruz del Rei Don Alfonso X, el Sábio, Governo Espanhol	— 1982

8. CONFERÊNCIAS

De 1949 em diante — Conferências sobre literatura brasileira nos seguintes países: Estados Unidos, Argentina, Chile, Peru, Espanha, França, Tchecoslováquia, Romênia, Bulgária, Israel, Japão e China.

Diversas conferências sobre teatro brasileiro, literatura brasileira, música brasileira, no estrangeiro: Buenos Aires, 1957; Lima, Peru, 1957; Bucarest, Sófia, Moscou, Leningrado, Pequim, 1959; Bucarest, Sófia, 1962; Paris, Toulouse, Estrasburgo, Londres, 1964-8; Madison, Boston, Providence, New York, 1968.

Conferência sobre "O Teatro no Renascimento", Museu Nacional de Belas Artes, Rio, 1977.

Aula magna de abertura do ano letivo na Universidade Federal do Rio de Janeiro, 1987.

Discurso de transmissão do cargo de Reitor da Uni-Rio, Academia Nacional de Medicina, 1989.

9. TRABALHOS PUBLICADOS

Um Violino na Sombra, versos, 1936, Irmão Pongetti Editores.

Discurso de orador oficial da turma de bacharéis 1936, juntamente com o discurso do paraninfo, professor Hahnemann Guimarães, 1936, Edições Pongetti.

Trinta Anos sem Paisagem, romance, Ed. José Olympio, 1939.

Chateaubriand, de André Maurois, tradução, Irmãos Pongetti, 1942.

Miniatura de História da Música, divulgação da Ed. Casa do Estudante do Brasil, 1942.

Shostakovich, de Victor Seroff, tradução, Ed. O Cruzeiro, 1945.

História da Liberdade nas Américas, com outros autores, Ed. O Cruzeiro, 1942.

Rondinella, contos, Ed. O Cruzeiro, 1942.

Projeto de Lei de Direito Autoral, da Associação Brasileira de Escritores, 1947.

Tartufo, de Molière, tradução, SNT, 1952.

Viagem a Altemburgo, romance, Ed. Martins, 1955.

Contribuição para a História da Revolução Constitucionalista de São Paulo, juntamente com Euclides de Figueiredo, Ed. Martins, 1965.

Xântias, oito ensaios de redação teatral, Ed. Civilização Brasileira, 1960.

O Outro Lado do Rio, romance, Ed. Civilização Brasileira, 1962.

Os Sete Pecados Capitais e *Os Dez Mandamentos*, com outros autores, Ed. Civilização Brasileira, 1963.

Tratado Geral dos Chatos, Ed. Civilização Brasileira, 1962, 1975.

História para se Ouvir de Noite, novela, Ed. Civilização Brasileira, 1963.

As Excelências, reportagem, Ed. Civilização Brasileira, 1964.

Comidas, Meu Santo, Ed. Civilização Brasileira, 1964.

Variations Sur L'amour, Clube du Livre, Paris, 1967.

Naissance du Brésil, no "Le Miroir de l'Histoire", Paris, 1967.

Servan-Schreiber — *O despertar da França*, trad., Ed. Expressão e Cultura, 1968.

Ação Para o Futuro, P. Mendés — France, trad., Ed. Expressão e Cultura, 1968.

A Arca do Senhor Noé, livro infantil, Ed. Giroflé, São Paulo, 1964.

Pedrinho e Teteca, livro infantil, Ed. Expressão e Cultura, Rio, 1969.

14 Rue de Tilsitt — Paris, romance, Ed. Civilização Brasileira, 1975.

Papai Noel para Gente Grande, contos, Ed. Cátedra, 1976.

A Pluma e o Vento, crônicas, Ed. Cátedra, 1977.

Comes e Bebes, culinária, Ed. Civilização Brasileira, 1978.

Ração de Abandono, poesia, Ed. Cátedra, 1974.

Pássaro Quebrado, poesia, Ed. Cátedra.

Vamos Ler Guilherme Figueiredo, contos, Ed. Cátedra, 1982.

Despropósitos, exercícios de estilo, Ed. Cátedra, 1983.

Cobras e Lagartos, crítica literária, Ed. Nova Fronteira, 1984.

O Homem e a Sombra, contos, Ed. Nova Fronteira, 1986.

A Lição do Guru (cartas de Mario de Andrade), Ed. Civilização Brasileira, 1990.

Presente de Grego e Outros Presentes, crônicas, Ed. Cultural Atheneu, 1990.

Maria da Praia, romance, Ed. Civilização Brasileira, 1994.

Teatro (no Brasil e no Exterior):
  Lady Godiva, revista da SBAT, 1950.
  Um Deus Dormiu lá em Casa, revista *Comédia*, 1952. Tradução inglesa pelo Serviço de Documentação do Ministério da Educação, 1953.

A Raposa e as Uvas, revista *Anhembi*, 1952; Ed. Martins, 1956; Ed. Civilização Brasileira, 1964 (Quatro peças de assunto grego).

Tragédia para Rir, Ed. Civilização Brasileira, 1957.

Tartufo, de Molière, SNT, 1952; Ed. Civilização Brasileira, 1959.

Os Fantasmas, Ed. Dramas e Comédias, 1957.

Balada para Satã, Ed. Dramas e Comédias, 1958.

Além das Forças, de B. Bjornson, trad. Col. Nobel, 1959.

O Asilado, revista da SBAT, 1962.

Os Fantasmas, A Muito Curiosa História da Virtuosa Matrona de Éfeso, Bum! — Tragédia para não Rir, A Menina sem Nome, O Herói, todas na revista *Anhembi*, de 1955 a 1962.

Quatro Peças de Assunto Grego, Ed. Civilização Brasileira, 1963.

Velho Romance, O Princípio de Arquimedes, Maria da Ponte, todas nas revista *Comentário*, de 1959 e 1963.

Seis Peças em um Ato, Ed. Civilização Brasileira, 1967.

Como Escrever Peças de Teatro, Ministério da Educação, 1973.

Um Deus Dormiu lá em Casa, trad. francesa, France Illustration, 1952.

A Raposa e as Uvas, trad. espanhola, Ed. Losange Buenos Aires, quatro edições de 1956 a 1958.

Lady Godiva, trad. espanhola, Ed. Carro de Tespis, B. A., 1958.

Don Juan, trad. espanhola, Ed. Losange, B. A., 1958.

A Raposa e as Uvas e *Um Deus Dormiu lá em Casa*, trad. espanhola, Ed. Losange, B. A., 1965.

A Muito Curiosa História da Virtuosa Matrona de Éfeso, trad. espanhola, revista *Dois Mundos*, B. A., 1959.

O Asilado, trad. espanhola, Ed. Nuevo Mundo, B. A., 1965.

Um Deus Dormiu lá em Casa, Teatro Experimental do Porto, Portugal, 1958.

Um Deus Dormiu lá em Casa e *A Raposa e as Uvas*, Ed. Europa-América, Lisboa, 1967.

A Raposa e as Uvas, ed. russa, teatro Moscou, 1957.

A Raposa e as Uvas e *Tragédia para Rir*, trad. russa, edições estrangeiras, Moscou, 1958.

A Raposa e as Uvas, tradução alemã, Henschelverlag, Berlim, 1957-1960.

O Asilado, trad. alemã, Ed. Universo, Viena, 1965.

A Raposa e as Uvas, Dom Juan, Um Deus Dormiu lá em Casa, Tragédia para Rir, A Muito Curiosa História da Virtuosa Matrona de Éfeso, traduções tchecas e eslovacas, Ed. Dilia, Praga.

A Raposa e as Uvas, trad. japonesa, Universidade de Tóquio.

A Raposa e as Uvas, tradução chinesa, Pequim.

A Raposa e as Uvas, tradução persa, Teerã, Irã.

A Raposa e as Uvas, texto em português para aulas do idioma nos Estados Unidos, com outros autores, organização do Prof. Wilson Martins da New York University, in "Teatro Brasileiro Contemporâneo".

Maria da Ponte, Ministério da Educação, 1970.

A Morte de Sócrates (Os Fantasmas), tradução búlgara, Sófia.

Dom Juan, tradução búlgara, Sófia.

Tartufo 81, 1980.

Tradução do *Teatro de Clara Gazul*, de Prosper Merimée, Teatro Nacional de Comédia, Rio.

Procópio!, teatro, 1985.

NOTA DO EDITOR

Guilherme Figueiredo faleceu em 24 de maio de 1997 sem fazer a revisão final do seu livro de memórias. Escritor exigente, ainda pretendia retocar mais algumas vezes o texto.

Com sua morte — seguida do desaparecimento da esposa, D. Alba, a 8 de agosto do mesmo ano — perdeu-se esta possibilidade. A editora decidiu então submeter o livro a diversos leitores, alguns deles amigos do autor, e desse modo resolveu muitas dúvidas quanto a nomes, datas e parentescos. A Topbooks agradece a ajuda do escritor Homero Senna, dos filhos de Guilherme, Luiz Carlos e Marcelo, da historiadora Marietinha Leão de Aquino e, em especial, da jornalista Christine Ajuz, que trabalhou meses nos originais, cuidando também da preparação dos cadernos de fotos e do índice onomástico.

O texto que agora entregamos ao público é fiel ao desejo do autor. Optamos por manter algumas repetições, visto que se encontram de tal forma entranhadas à narrativa que eliminá-las exigiria cortes, capazes de comprometer o sentido. E é claro que somente o autor tinha o direito de interferir assim na sua obra.

Testemunho de uma época rica em manifestações culturais e políticas, *A bala perdida* chega agora ao público tal qual Guilherme o deixou. Assim procedendo, entendemos respeitar a memória do escritor, cuja contribuição à cultura brasileira todos reconhecem.

José Mario Pereira

Índice Onomástico

A

Aben-Attar Netto, Jacinto — 62, 294
Abougit, Marcel — 310, 451
Abreu, Brício de — 137, 393
Abreu Coutinho — 88
Abreu, Florêncio de — 130
Abreu, Gilda de — 333
Abreu, João Leitão de — 102, 446, 460
Achard, Marcel — 24, 41
Achcar, Dalal — 474
Ackerman, Martin — 164, 165
Adriano (imperador) — 507
Ady (Endre Ady) — 140
Afonso Celso — 147
Agostinho Olavo — 221, 223, 224
Agostini, Angelo — 452, 455, 456
Akihito (príncipe) — 551
Alagemovitz, Nicolas — 179, 180, 181
Alberti, Rafael — 283, 402
Alberto (rei) — 81
Albuquerque Melo — 157, 158
Albuquerque, Luiz Felipe de — 139
Albuquerque, Medeiros de — 30
Alcântara, Pedro de — 324, 390
Aleijadinho — 199, 211, 212, 342, 389
Alemán, Miguel — 284
Alencar Pinto — 285
Alencar, José de — 61
Alesandrova, Zata — 333
Alexandre, o Grande — 507
Alkmin, José Maria — 299

Allard, Pierre — 431
Almeida Prado — 273
Almeida Salles — 164
Almeida, Estêvão de — 32, 120
Almeida, Fernando Mendes de — 98, 120, 122, 237, 393
Almeida, Guilherme de — 32, 100, 118, 120, 148, 261
Almeida, José Américo de — 44, 267
Almeida, Walter Simões de — 112, 280
Almirante — 42, 66, 162
Alves, Chico — 162
Alves, Dario Castro — 474, 489
Alves, Vitalino Tomás — 108, 109
Alvim, Gilda Cesário — 405, 542
Alvim, Jorge Cesário — 405
Alvim, José Augusto Cesário — 405
Amadeo, Mario — 300
Amado, Genolino — 59, 88, 99, 137, 139, 281, 392, 393, 421, 458, 566
Amado, Gilberto — 88, 311, 327, 405, 421
Amado, Giuseppe — 88, 421
Amado, Jorge — 123, 137, 210, 217, 259, 261, 273, 393, 394, 395, 396, 397, 398, 399, 400, 406, 407, 408, 411, 474, 519, 546
Amaral, Amadeu — 148
Amaral, Tarsila do — 157
Ameche, Don — 166
Américo, Pedro — 109
Ana Letycia — 312
Anchieta, José de — 150, 321, 544

Anderson, Marian — 414
Andrade, Aires de — 452, 458
Andrade, Carlos Drummond de — 99, 238, 240, 271, 281, 312, 416, 458, 481, 542
Andrade, Goulart de — 148
Andrade, Mario de — 56, 96, 97, 98, 99, 100, 104, 120, 121, 130, 136, 139, 144, 146, 148, 151, 178, 234, 237, 270, 271, 272, 278, 279, 281, 282, 303, 319, 320, 321, 330, 331, 363, 392, 393, 394, 442, 451, 468, 480, 559, 566
Andrade, Octavio Tyrso Lúcio Cabral de — 131, 281
Andrade, Oswald de — 100, 330
Andrade, Rodrigo Mello Franco de — 199, 211, 320
Andreazza, Mário — 446
Andreiev, Leonid — 333
Angel, Hildegard — 473
Angel, Stuart — 473
Angel, Zuzu — 473
Anjos, Augusto dos — 148
Anjos, Ciro dos — 399
Anna Marly — 97, 98, 421, 422
Anaxágoras — 516
Anouilh, Jean — 136, 429, 430
Ansermet, Eugène — 333
Antístenes — 503
Antônio José (o Judeu) — 173, 402
Antônio Pedro — 141
Aquino (major) — 477, 478
Aquino, João Leão de — 86, 293, 300, 528
Aquino, Regina Leão de — 300
Aquino, Ruth Leão de — 528
Aragão, Augusto César Moniz de — 532
Arago, Jacques — 317
Aragon, Louis — 251, 416, 417
Aranha, Manuel — 126
Aranha, Oswaldo — 34, 126, 201, 202, 265, 295, 296, 297, 298, 299
Araújo Castro — 156, 399, 530
Arbusov — 387
Argezi, Tudor — 222
Aristófanes — 174, 177
Aristóteles — 503

Arletty — 166
Asclépio — 503, 515, 516, 517
Aslan, Ana — 218
Assis (coronel) — 489
Assis Brasil — 68, 107
Assis, Dilermando de — 158
Assis, Machado de — 61, 433, 450, 546
Assunção, Roberto — 112, 384, 403
Asturias, Miguel Ángel — 14
Ataturk, Kemal — 87
Athayde, Austregésilo de — 81, 89, 100, 110, 124, 130, 138, 160, 259, 260, 292, 327, 393, 471
Athayde, Tristão de (ver também Lima, Alceu Amoroso) — 59, 100, 137, 393
Atkinson, Brooks — 166
Attademo, Nelson — 556
Aubreton, Henri — 438
Augustin, Liana — 190
Augusto, Jenner — 312, 464
Auric, Georges — 280
Auriol, Vincent — 406
Austregésilo, Laura — 306
Autran, Paulo — 35, 50, 136, 140, 173, 425
Avelino, Georgino — 117
Azeredo, Magalhães de — 148
Azevedo, Artur — 305
Azevedo, Fernando de — 442
Azevedo, João — 124
Azevedo, Luiz Heitor Corrêa de — 145, 393, 546
Azevedo, Violeta Corrêa de — 145, 271, 405
Aznavour, Charles — 24

B

Bacall, Lauren — 145
Bach, Johann Sebastian — 13, 47, 461
Backhaus, Wilhelm — 88
Baeyens, Jacques — 325
Bagriana, Elisaveta — 183
Bagueira Leal — 176
Baker, Josephine — 402
Balzac, Honoré de — 227

Bandeira, Antônio — 490
Bandeira, Manuel — 57, 88, 95, 96, 97, 98, 99, 238, 247, 271, 281, 312, 328, 416, 417, 421, 458, 482, 485, 542, 558
Bandeira, Octavio de Souza — 286
Barata, Agildo — v. Ribeiro, Agildo Barata
Barata, Frederico — 137, 246, 565
Barata, Mário — 559
Barbey d'Aurevilly — 432
Barbosa, Francisco de Assis — 72, 131, 416
Barbosa, Haroldo — 247
Barbosa, Mário de Lima — 61, 511
Barbosa, Rui — 32, 34, 64, 259, 407, 565
Barboza, Mário Gibson — 20,154, 165, 167, 242, 287, 364, 365, 392, 402, 468, 478, 459
Bardy, Carmen — 465, 466
Barnes, Julian — 438
Baroja, Pio — 399, 540
Barrabás, Paulo — 140, 233, 281, 421
Barrault, Jean-Louis — 50, 135, 136, 139, 144, 219, 220, 303, 362, 402, 404
Barreto, Fausto — 228
Barreto, Isnar Dantas — 105, 295
Barreto Leite (Barreto Leite Filho) — 88, 96, 99, 106, 139, 153, 297, 298, 392, 421, 520, 522, 531, 566
Barreto Lima — 393
Barreto, Mário — 108
Barreto Pinto — 112
Barreto, Tobias — 321
Barros Barreto — 113
Barros, Ademar de — 123, 125, 126, 169, 245, 246, 463, 532, 533
Barros, Jaime de — 228, 322
Barros, Manuel Moreira de — 61, 62, 90
Barros, Rômulo de — 69
Barroso, Ary — 162
Barroso, Gustavo — 107, 109
Barroso, Jurandir — 112
Barroso, Sebastião — 334
Barsacq, André — 302
Bartók, Béla — 13, 320
Bastos, A. T. Tavares — 416, 417, 542
Bastos, Danilo — 393

Bastos, Georgette Tavares — 416, 417, 542
Bat, Alexander — 216, 385
Batista, Mercedes — 113, 464, 540
Batista, Rafael — 112, 130,144,161, 321
Baty, Gaston — 429
Baudelaire, Charles — 62, 100, 148
Bazin, Germain — 199, 211
Beaufils, Marcel — 320
Bechet, Sidney — 405
Becker, Cacilda — 165, 178, 305
Beethoven — 97, 180, 215
Bergerac, Cyrano de — 204
Bell, Marie — 362
Bello, Ruy Presser — 122
Beltrão, Hélio — 256
Benes, Edvard — 389
Benoit, Pierre — 193
Bentley, Eric — 561
Bethlem, Fernando — 65
Béranger — 417
Bergallo, Regina — 403
Bergman, Ingmar — 15
Berkowitz, Marc — 143, 182
Bernard, Jean-Jacques — 412
Bernard, Tristan — 412
Bernardes, Artur — 132, 295
Bernardes, Lolô — 539
Bernhardt, Sarah — 165, 305, 310, 314, 385, 430
Bernstein, Leonard — 145, 228, 322, 324
Bertin, Pierre — 136
Bevilácqua, Clóvis — 118
Bier, Amaury — 226
Bilac, Olavo — 109,148, 178, 194, 273, 292, 382
Billy, Robert de — 414, 542, 543
Bittencourt, Antônio Batista — 463
Bittencourt, Djalma Régis — 108
Bittencourt, Mário Machado — 138, 290
Bizet, Georges — 324
Bloch, Adolfo — 452, 453, 458, 468
Bloch, Miriam — 520
Bloch, Oscar — 470
Bloch, Pedro — 141,155, 257, 282, 285, 344, 382, 387, 519, 520

Boghici, Jean — 310
Boisson, Carmen — 183
Bonaparte, Paulina — 364
Bonfá, Luiz — 323
Bonifácio, José — 109
Bonjean, Sérgio — 112, 467
Bonomi, Maria — 312, 464
Bopp, Raul — 233
Borba, Firmino — 77
Borba, Osório — 137, 139, 160, 179, 181, 392, 393, 566
Borges, Ivo — 89
Borghese, Paulina — 284
Bororó, Chico — v. Mignone, Francisco
Borrás, Eduardo — 49, 141, 283, 349, 374, 402
Bôscoli, Geysa — 171, 172, 219
Boskowsky, Willy — 248
Botticelli — 194
Boucherit, Jules — 279
Bouillon, Gabriel — 279
Boulez, Pierre — 145, 404, 406
Bourbon, Charles de — 419
Bourbonnais, Ded — 405, 406
Braga, Belmiro — 148
Braga, Francisco — 334, 475
Braga, Humberto — 256, 258
Braga, Odilon — 88, 490
Braga, Pedro — 140, 223, 256, 280, 282, 283, 284, 285, 287, 402
Braga, Rita — 287
Braga, Rubem — 393
Braga, Saturnino — 433
Braga, Yedda — 393
Bragaglia — 302
Brahe, Tycho — 26, 212, 386
Brailovsky, Alexander — 294
Brandão, José Vieira — 320
Brandemburg, Alain Erlande — 418
Brandy — 108
Brans, Isolde Helena — 212
Brasil, Zeferino — 147
Brel, Jacques — 417
Breton, André — 331
Breves, Arthur — 530

Brieba, Henriqueta — 305
Brito, Dante de — 531
Brito, Ida Lobo de — 450
Brito, Jaime de — 66
Brito, Mário da Silva — 104, 120, 307, 331, 393, 415, 472, 559
Brizola, Leonel — 461
Brown, Shirley — 164
Browning, Elizabeth — 98
Bruant — 417
Bruegel — 221
Brulé, André — 302
Brzeschwa, Jan — 51, 227
Buchalet, Albert — 412, 414
Buda — 337, 339
Buliciov, Nadina — 452, 455, 456, 457
Buñuel, Luis — 507
Burnay, Henri de — 279
Byron — 503

C

Cabral, Maria de Lourdes — 345
Cabré, Mário — 256, 257, 258
Cabrera, Ana — 333
Cáceres, Julián — 297, 298
Café, Adalberto — 285
Caillet, Gérard — 402, 403
Cal, Ernesto Guerra da — 228, 322
Calábria, Mário — 221, 232
Caldas, Luiz Renato — 450, 451, 460
Caldas, Sílvio — 162
Caldavilla, Raul — 203
Calhern, Louis — 166
Callado, Antônio — 256
Callet — 55
Calmon, João — 150
Cals, César — 460
Calvet, Aldo — 173
Câmara, Dom Jaime de Barros — 341, 545
Camargo, Antônio Pompeu de (tio Totó) — 36, 37, 38, 64, 121
Camargo, Joraci — 172, 174, 176, 177, 178, 219
Camargo, Teresa de Barros — 121, 169

Camerino (soldado) — 69, 70
Cameron, David — 166
Camillión, Oscar — 251, 478
Caminha, Delorges — 304
Camino, Isauro — 182
Camões, Luís de — 109, 178, 402
Campo, Estanislau del — 177
Campos, Eurico — 42, 66
Campos, Francisco — 122,160, 281, 298, 442
Campos, Maria de Lourdes — 405
Campos, Milton — 490, 566
Campos, Molina — 177
Campos, Nair — 67
Campos, Renato — 66, 67
Campos, Roberto — 153, 242, 365
Campos Salles — 35
Camus, Albert — 241
Canaro, Francisco — 248, 253
Candido, Antonio — 393, 464
Caneppa, Vitório — 115, 127, 292
Cañizarez — 284
Canova — 195, 284
Capanema, Gustavo — 279, 298, 319, 321, 442, 445
Capek, Carel — 199
Caragiale, Ian — 218
Cardoso, Dulcídio Espírito Santo — 89, 296
Cardoso, Lúcio — 392
Cardoso, Sérgio — 50, 136, 142, 173, 174
Carillo, Gomez — 396
Carlos IV — 198
Carlos V — 378
Carlos VII — 378
Carneades — 503
Carneiro, Felisberto — 50, 135, 140, 141, 501
Carneiro, Paulo — 53, 286, 312, 384, 391, 392, 402, 414, 471, 475, 477, 531, 544, 545, 546
Caro, Julio de — 248
Carpeaux, Otto Maria — 328, 394
Carpenter — 118, 295
Carreiro, Carlos Porto — 55
Carrero, Hermenegildo Porto — 140, 148

Carrero, Tônia — 35, 50, 59, 136, 140, 142, 173, 280, 286, 305, 365, 402, 405, 464, 544
Carstens, Henrique — 86, 294
Carter, Nick — 85
Caruso, Enrico — 300
Carvalho, Afonso de — 281
Carvalho, Eleazar de — 179, 180, 181, 182, 279
Carvalho, Estevão Leitão de — 450
Carvalho, Joaquim Monteiro de — 461
Carvalho, Milton — 109
Carvalho, Ronald de — 100
Carvalho, Setembrino de — 68
Carvalho, Vicente de — 148
Casona, Alejandro — 14, 51, 141, 211, 387
Cassiano Ricardo — 120, 136, 331
Cassou, Jean — 416
Castello Branco, Carlos (jornalista) — 466
Castelo Branco, Camilo — 463
Castelo Branco, José — 112
Castelo Branco (marechal) — 544
Castro, Aloysio de — 148
Castro Alves — 108, 407, 455
Castro, Américo Fiúza de — 82
Castro, Bebê Lima — 301
Castro, Claudionor Lutgardes Cardoso de — 449
Castro, Fidel — 214
Castro, Fiúza de — 84
Castro, Inês de — 144, 178
Castro, Leite de — 296
Castro Pinto — 112
Castro Rebelo — 118, 295
Castro, Moacir Werneck de — 139,151, 271, 281, 393
Cavalcante, Armando — 91, 294, 395
Cavalcanti, Deschamps — 124, 169
Cavalcanti, Pedro — 395
Cavalcanti, Valdemar — 392
Cavé, René — 306, 307
Caymmi, Dorival — 162
Cearense, Catulo da Paixão — 99, 390
Celi, Adolfo — 365
Celsus — 507

Cendrars, Blaise — 331
Cervantes, Miguel de — 385
Chabrier — 324
Chagall, Marc — 544, 545
Chagas Filho, Carlos — 312, 392, 417, 467, 479, 487, 488
Chagas Freitas (governador) — 453, 466, 468, 471, 475, 476, 477, 479
Chagas, Walmor — 165
Chambry, Émile — 499
Chaney, Lon — 65, 435
Chateaubriand, Assis — 87, 88, 131, 132, 137, 149, 150, 161, 171, 241, 274, 275, 287, 306, 309, 310, 320, 466, 565
Chateaubriand, Fernando — 80
Chateaubriand, René — 565
Chaves, Antenor (inspetor Periquito) — 201, 296, 299
Chaves, Antígones — 396
Chaves, Aureliano — 445, 446, 460
Chaves, Francisco de Paiva — 464
Chaves, João Batista de Paiva — 471
Chermont, Jaime — 251
Chevalier, Étienne — 378
Chevalier, Maurice — 24
Chiafarelli, Liddy — 272, 393
Chiang Kai-Chek — 336, 338, 340
Chico Bóia — 266
Chico Bororó — v. Mignone, Francisco
Chico Diabo — 35
Chirac, Jacques — 417, 433
Chitsu, Felitzia — 218, 221
Chopin, Fréderic — 227, 228
Chou En-Lai — 51, 336, 338, 355
Chou-Té — 336, 338, 355
Chramostová, Vlasta — 200
Clark, Henry — 133
Claudel, Paul — 323, 429
Clouet — 195
Cocteau, Jean — 323, 430
Coelho Neto — 32, 84, 85, 178
Coelho, Olga Praguer — 228, 322
Coelho, Tomás — 41, 250
Coimbra, Marcos — 222
Colé — 172

Collaço, Amélia Rei — 302
Collor, Lindolfo — 77, 90
Colo, Gabriel — 413
Colombo, Cristóvão — 361
Comberrousse — 55, 108
Conde d' Eu — 452
Condé, Elísio — 182
Condé, João — 403, 405
Confúcio — 335, 337, 339
Constantino, Rubem — 85
Cook, James — 200
Copérnico — 26, 212
Copland, Aaron — 145
Coquatrix, Bruno — 542
Corder, Narina — 333
Cordovil, Hervé — 294
Corneille — 432, 438
Corrêa, Gonçalo — 69, 70
Corrêa, Jonas — 130
Cortesão, Jaime — 141
Cortot, Alfred — 279
Cosimo, Piero di — 284, 414, 495
Cosme, Luiz — 144
Costa Cavalcanti — 460
Costa Neto — 113
Costa, Benjamin Ribeiro da — 533
Costa, Canrobert Pereira da — 268
Costa, Dante — 137, 393
Costa, Dias da — 392
Costa, Jaime — 168
Costa, João Frank da — 200, 203, 412, 413, 414, 539
Costa, Lúcio — 98, 165, 271, 319
Costa, Mário Dias — 234, 559
Costa Filho, Odylo — 86, 294
Cotti, Edmur de Castro — 120
Courteline — 196, 412
Cousteau, Jacques — 435
Coutinho (coronel) — 479
Coutinho, Afrânio — 261
Coutinho, Fernando de Abreu — 88
Coutinho, Júlio — 475, 476
Coutinho, Piedade — 81
Couto, Alexandrina da Silva —v. Tivó Tenem

Couto, Armando — 50, 173
Couto, Deolindo — 138, 259, 261, 287
Couto, Miguel — 180
Craig, Gordon — 169
Crocco, Luís — 283
Crosby, Bing — 24
Cruz, Newton — 446
Cruz, Oswaldo — 129
Cunha, Alexandre Ribeiro da — 266
Cunha, Celso — 49
Cunha, Euclides da — 158
Czech, Nepomuk — 199, 212, 213, 387

D

d'Apparecida, Maria — 414, 415, 457, 477, 478, 546
d'Aquitânia, Eleanor — 433
d'Arc, Joana — 401, 408, 409, 438, 439, 545
d'Ávila, Henrique — 119
Dalia, Augusto — 119
Daltro Filho — 266
Daniels, Bebe — 75
Dantas, João — 217, 223, 344, 358, 519
Dantas, Júlio — 68, 330
Dantas, Ondina Portella — 450
Dantas, Orlando — 260, 297, 307, 394
Dantas, Santiago — 260, 465
Dante (Dante Alighieri) — 451
Daudet, Alphonse — 61, 92
Davenport, Marcia — 213, 389
De Bonald — 339
Debret, J.B. — 308
Debussy, Claude — 100, 324
De Gaulle, Charles — 430, 436, 437, 438
Dejuy, H. — 200
Delamare, Alcibíades — 43, 295
Delarue-Madrus, Lucie — 432
Delfino, Luiz — 147
Delgado, Humberto — 51, 529
Demillecamps, Alice — 73, 75
Denis, Ferdinand — 438
Denis, Odilo — 107
Déramont, Francette do Rio Branco — 409, 411, 413, 414

Dermoz, Germaine — 302
Després, Suzanne — 302
Di Cavalcanti — 59, 156, 157, 165, 399, 530
Diaghilev, Serge — 333
Dias, Antônio Caetano — 240
Dias, Marcílio — 281
Dias, Maria Helena — 141, 457
Diba, Farah — 41
Dickinson, Emily — 88
Diedler, Daniel — 457
Dietrich, Marlene — 41, 231
Discépolo, Enrique — 248, 252, 402
Dobrowsky — 198
Dodebei, Vera Lúcia — 451
Doliza — v. Figueiredo, Maria Luiza
Dom João VI — 62,168, 546
Dom Pedro II — 440, 452, 456, 457, 511
Domergue, Jean-Gabriel — 279
Donnat, Robert — 519
Dornelles (família) — 71
Dorziat, Gabrielle — 302
Dostoievski, Fiodor — 182, 405
Dourado (major) — 486, 487
Doyle, Conan — 39, 95
Draper, Dorothy — 117
Drmola, Eugen — 388
Druon, Maurice — 97, 417, 419, 420, 421, 422
Du Bellay — 509
Duarte, Eustáquio — 392, 398
Duarte, Paulo — 37, 89, 118, 120, 123, 237, 266, 412
Duarte, Regina — 35
Dubcek, Alexandre — 389
Dumas, Alexandre — 402
Dumas Filho, Alexandre — 178, 402
Dumesnil, René — 165
Duncan, Isadora — 333, 374, 405
Duran, Dolores — 376
Dusek — 389
Dutra, Benedito — 56, 267
Dutra, Eurico Gaspar — 160, 281
Dutra, Lia Corrêa — 306, 398
Dutra, Waldemar — 104

Dux, Hélène — 349
Dvorak, Anton — 199

E

Éboli (família) — 45
Éboli, Osvaldo — 169
Eckhout, Albert — 195
Eco, Umberto — 418
Eichmann, Adolf — 525, 527, 528
Eichner, Eric — 309
Eisenhower, Dwight — 106, 153, 154, 433
Elis Regina — 464, 542, 546
Elisabeth da Suécia — 543
Elizalde, Elisal Ecisal — 353
Éluard, Paul — 97, 98, 100, 416
Emerenciana (tia) — 42, 66
Emmanuel, Pierre — 416
Eneida (cronista) — 345
Enesco, George — 218, 279, 320
Engels, F. — 339, 340
Epicarmo — 517
Epicuro — 503
Erasmo — 321
Escande, Maurice — 362
Esopo — 51, 173, 210, 213, 215, 230, 284, 348, 349
Ésquilo — 174
Estrela, Arnaldo — 161
Eulenspiegel, Till — 508
Eurípedes — 174, 429, 502, 516
Evans, Arthur — 495

F

Fargue, Jean-Paul — 413
Farhat, Emil — 132, 137, 152, 158, 392
Farhat, Said — 467, 468, 470, 471, 472, 473, 475, 476, 477, 478, 479
Faria Lima — 453
Farias, Guerreiro de — 149
Fauré, Gabriel — 279
Fausta, Itália — 305
Feder, Margot — 229
Fedorova, Eugênia — 381

Félix, Maria — 41
Félix, Moacir — 558
Ferenczi — 171
Fernandes, Aníbal — 62
Fernandez, Lorenzo — 271, 334
Ferraz, Ester de Figueiredo — 273, 444, 446, 451
Ferré, Léo — 247, 417
Ferreira, Ascenso — 234
Ferreira, Bibi — 50, 136, 144, 171, 172, 173, 174, 176, 529
Ferreira, Procópio — 35, 50, 121, 135, 139, 144, 168, 169, 170, 171, 172, 173, 174, 176, 177, 178, 251, 285, 305, 529
Ferrer, Mel — 427
Ferro, Antônio — 177
Feuillère, Edwige — 41
Feydeau — 412
Fídias — 503, 510
Figueira, Ilhantino — 164
Figueira, Zilá — 163, 164
Figueiredo, Alba Lobo de — 15, 39, 64, 118, 172, 173, 176, 181, 190, 209, 213, 214, 216, 225, 229, 230, 233, 234, 240, 242, 243, 267, 269, 338, 342, 353, 358, 372, 384, 395, 408, 413, 452, 465, 467, 480, 530, 531, 535, 536, 558
Figueiredo, Antônio Carlos Bandeira de — 140, 143, 155, 465
Figueiredo, Diogo — 402, 486, 487
Figueiredo, Euclides — 13, 33, 34, 35, 38, 42, 44, 48, 119, 268, 269, 270, 289, 290, 398, 399, 446, 530-536
Figueiredo (família do autor) — 27-36
Figueiredo Filho, Euclides de — 69, 486, 487, 489
Figueiredo, Fidelino de — 141
Figueiredo, Helena Bandeira de — 140, 465
Figueiredo, João Baptista de — 69, 178, 445, 446, 447, 460, 469, 470, 471, 472, 473, 474, 475, 477, 479, 486, 487, 535, 537, 551, 557, 567
Figueiredo, João Batista Leopoldo — 80
Figueiredo, Johnny — 486
Figueiredo, Leopoldina — 41

Figueiredo, Luiz Felipe — 402, 446, 447, 486, 487
Figueiredo, Luiz Carlos — 15, 397, 411, 465, 536
Figueiredo, Marcelo — 15, 397, 411, 465, 536
Figueiredo, Maria Luiza (Doliza) — 36, 44, 69, 402, 486, 487, 535, 536
Figueiredo, Paulo — 486
Figueiredo, Valentina — 28, 29, 31, 34, 446, 530-536
Filiberto, Juan de Diós — 248, 256
Finski, Itzaak — 218
Fischer, Edwin — 465
Fitzgerald, J. Scott — 399, 540
Flaubert, Gustave — 61, 432, 438, 439
Flexa Ribeiro — 545
Flora, Alma — 171, 174, 176
Florence, Hercule — 32, 33
Flores (general) — 77
Foldes, Yolanda — 171
Fonseca, Aluízio de Salles — 96, 556, 557
Fonseca, Gondim da — 281, 289, 290, 292
Fonseca, Lygia — 60, 402
Fonseca, Manuel — 60
Fontoura, João Neves da — 77, 90, 490
Fontoura, Lícia Neves da — 405
Fordham, Merrit — 82
Fostini, John — 519
Foucault, Michel — 53
Fouqué, F. — 511
Fournier, Severo — 78, 79, 82, 124, 125, 126, 127, 169, 266, 392
Fraga, Maria Oliva — 413, 414, 415
Fragoso, Tasso — 77, 296
Franca, João — 396
France, Claude de — 280
Francen, Victor — 302
Franco, Francisco — 113
Franco, Afonso Arinos de Mello — 391, 405, 469, 471
Franco Filho, Afonso Arinos de Mello — 475
Franco, Ary — 43, 86, 111, 112, 118
Franco, Celina Vargas Moreira — 446

Franco, Francisco de Mello — 467, 468, 471, 475, 476, 477
Franco, Virgílio de Melo — 130, 157
Franco, Wellington Moreira — 446
Frazão, Sérgio — 153, 242, 415
Frederico da Prússia — 47
Freitas, Antônio de Pádua — 463
Freitas, Newton — 101, 241, 405
Freitas, Violeta Coelho Neto de — 474
Freitas, Zoé Chagas — 454
Freire, Firmo — 77, 124, 125
French, Graham — 164
Freud, Clement — 243
Freud, Sigmund — 243, 516
Freyre, Gilberto — 147, 327, 328, 329, 391, 396, 451
Frias, Carlos — 299
Frias, Maria — 41, 413, 414, 415, 544
Friedenreich — 64
Fróes, Leopoldo — 40,168
Frontin, Paulo de — 81
Fuego, Luz del — 156
Fulbright, William — 154, 163,165
Furtado, Antônio — 148
Furtado, Celso — 272
Fürtwangler (maestro) — 279

G

Gable, Clark — 24
Gabrinska, Vera — 333, 381
Galeão Coutinho — 59
Galeffi, Romano — 294
Galhardo, Carlos — 376
Gallet, Luciano — 100, 320, 333
Gama, Reinaldo Saldanha da — 120, 266
Gama, Vasco da — 340, 391
Gambardella, Pasquale — 33
Ganns, Cláudio — 392, 398
Garbo, Greta —166
Garcez, Humberto — 111, 112, 280
Gardel, Carlos — 247, 402
Gardner, Ava — 256, 257, 258
Garrick — 169
Gasseau, Jacques — 325

Gattai, Zélia — 395, 397, 398, 400, 406, 407
Gavel, Fernanda — 284
Gavoty, Bernard — 279
Genauer, Beila — 305
Geoffroy, o Plantageneta — 433
George, Loyd F. — 519
Géraldy, Paul — 148
Getz, Stan — 154
Gheorghi, Mircea — 221
Gheorgiescu, Gheorge — 315
Gide, André — 121, 281, 543
Gigli, Beniamino — 301, 302
Gil, Gilberto — 465
Gilda (Mello e Souza) — 393, 464
Ginoux, Hubert — 430
Giordano, Hamilton — 111, 281
Giorgi, Bruno — 98, 237, 238, 271, 330, 457
Giraudoux, Jean — 136, 314, 402, 406, 426, 427, 429
Glenadel, Alphonse — 93, 108, 294
Gluck, Alma — 315, 452
Gluckman — 210
Gnattali, Radamés — 161
Godunov, Boris — 312
Goeldi, Oswaldo — 306, 307, 308
Góes, Coriolano de — 78
Góes Monteiro — 56, 77, 90, 268
Goethe — 229, 451
Golbery (do Couto e Silva, general) — 476, 477, 478
Gomes, Carlos — 35, 85, 180, 232, 270, 301, 328
Gomes de Sá Júnior, José Luís — 200-203, 413
Gomez Carrilo — 283
Gonçalves Dias — 108, 198
Gonçalves, Dercy — 393
Gonçalves, Floriano — 398
Gonzaga, Chiquinha — 31, 323
Gonzaga, Luís — 477
Gonzaga, Wilma — 477
Gorbachov — 448, 449
Gorceix, Claude-Henri — 511, 512
Goulart, João — 156, 325, 399, 530

Gould, John — 274
Gouthier, Hugo — 20, 153, 223, 224, 233, 242, 243, 244, 345, 372, 404
Grau, Jacinto — 14, 283, 402
Greco, Juliette — 405
Gregory, Sérgio — 170
Grimmes — 154
Grotius, Hugo — 229, 231
Grubert, Ottmar — 229, 230, 232
Grünewald, José Lino — 256
Grünewald, Mathias — 196, 221
Guarnieri, Camargo — 238, 271, 279, 320
Guarnieri, Gianfrancesco — 165, 425
Guedes, Jaime — 88
Guerra Peixe — 185, 273
Guerra, Noêmia — 312
Guetzevich, Mirkine — 122
Guilherme (avô) — v. Silva, Guilherme Bastos
Guilherme, o Conquistador, o Ruivo — 433
Guilherme, o Longa-Espada — 433
Guilherme, Olímpio — 132, 150
Guimaraens, Alphonsus de — 148
Guimarães Passos — 147, 292
Guimarães Rosa, João — 187, 198
Guimarães, Argeu — 345, 346
Guimarães, Bernardo — 512
Guimarães, Hahnemann — 43, 118, 463
Guimarães, Luiz — 147
Guimarães, Napoleão Alencastro — 161
Guimarães, Norma — 400, 406
Guinle, Arnaldo — 179
Guitard, Enrique — 257
Guitry, Lucien — 302

H

Haendel — 475
Hahn, Reynaldo — 279
Hammer, Werner — 229, 230, 231
Hayes, Helen — 166
Hemingway, Ernest — 399, 430, 540
Henrique III — 431
Henrique IV — 165
Henrique, Mara — 538
Henrique, Waldemar — 538

Henriques, Maria — 182
Hepburn, Audrey — 427
Herrera, Mário — 60, 250
Herriot, Edouard — 279
Hesíodo — 510
Heymanm, Robert — 310
Hipócrates — 502, 516
Hitler, Adolf — 62, 70, 86, 106, 113, 131, 156, 183, 197, 227, 229, 231, 328, 329, 375, 503
Holanda, Aurélio Buarque de — 219, 261, 392
Holanda, Chico Buarque de — 220
Holanda, Sérgio Buarque de — 100, 220
Homero — 508, 509, 510, 516, 517
Hora, Vintila — 219, 381
Horácio — 509
Horzowsky, Miécio — 179
Houaiss, Antônio — 528, 558
Hugo, Victor — 62, 82, 234, 402, 437, 543
Hull, Melissa — 55, 88, 89, 96, 155, 365
Huss, Jan — 197
Huxley, Aldous — 121
Hvízdala, Vladimir — 49, 211, 212, 214, 231, 342, 353, 384, 385, 386, 387, 389, 561

I

Ibañez, Blasco — 253, 297
Ibert, Jacques — 279
Ingrès — 195, 284
Inojosa, Joaquim — 331
Ionesco, Eugène — 221, 315
Irving, Washington — 206, 207
Isidoro (general) — 43, 77
Isquierdo, Aida — 172
Iswaskiewich, Adam — 228
Itiberê, Brasílio — 334
Ivanov, Angel — 184, 185, 213, 215, 217
Ivo, Lêdo — 122
Izambard, Viviane — 402

J

Jacobbi, Ruggero — 136, 171, 174, 176, 284

Jacobson, Roman — 387
James, Henry — 365
James, Jesse — 231
James, William — 152
Janácek, Leos — 199, 387
Janacópulos, Vera — 450
Jardel Filho — 425
Jardim, Luiz — 392
Jelinek, Herman — 164
Jenner Augusto — 312
Jesus Cristo — 141, 199, 339, 522, 523, 524, 527
João Alberto — 281
João Caetano — 305
João Paulo II — 486
João Sem Terra — 433
Johnson, Samuel — 243, 451
Jones, Daniel — 95
Jorge, J.G. de Araújo — 86, 112, 152
José Américo — 392
José Manuel (tio) — 29
José Maurício (padre) — 545
Josephus, Flavius — 521, 522, 526
Jourdet, Monique — 414
Jouvet, Louis — 50, 136, 170, 171, 302, 303, 360, 362, 426, 427
Joyce, James — 509
Jun Shimaji — 284, 550, 551
Justin, Bebé — 326

K

Kafka, Franz — 199
Kao Ngo — 336, 339
Karabtchevsky, Isaac — 180, 279
Karajan, Herbert von — 233
Kaunda, Kenneth — 390
Keaton, Buster — 55
Keats, John — 496
Kennedy, John F. — 524, 525
Kepler — 26, 212
Kessel, Joseph — 97, 417, 420, 421
King, Victor — 76
Kissimov, Konstantin — 51, 215, 217
Klabin, Israel — 468, 475
Klinger (general) — 77

Knef, Hildegard — 166
Koestler, Arthur — 300
Kolokairinos, Minos — 495
Konn, Victor — 279
Koogan, Abraão — 91
Kosma, Wladimir — 417
Kossovsky, George — 51, 284, 520
Koussevitzky — 182
Krieger, Edino — 273
Krilov — 373
Krishnamurti — 108
Krm, Joseph — 51
Kruschov — 14
Kubitschek, Juscelino — 138, 321, 472, 490
Kubitschek, Sara — 472
Kuchavalek, Jaroslav — 384

L

Labiche — 412
Labisse, Félix — 414, 415, 478
Lacerda, Carlos — 104, 114, 131, 139, 146, 151, 157, 167, 271, 279, 281, 298, 307, 381, 393, 398, 405, 468, 532, 566
Lacerda, Maurício de — 146
Lacombe, Violeta Jacobina — 393
Ladeira, Jorge — 474, 488, 489
Laet, Carlos de — 228
La Fontaine — 173, 349
Lago, Mário — 19
Lainez, Manuel Mujica — 283
Lalo — 324
Lamartine — 82
Landowski, Marcel — 154, 316, 385, 404, 414, 415
Landowski, Paul — 316, 415
Lassus, Orlando de — 379
Lasswell, Harold D. — 341
Lautaru, Barbu — 218
Lay, Francis — 324, 389
Leal, José — 220
Leal, Victor Nunes — 112
Leal, Zeno Estillac — 160
Leão, Emanuel Carneiro — 488
Leão, Ester — 171

Leblanc, Maurice — 402
Lederer, Jiri — 199
Lee, Alonso — 326
Legge, James — 336, 340
Legrand, Michel — 389
Leite Filho, Barreto — v. Barreto Leite
Leite, Aureliano — 146
Lemos Brito — 160
Lemos, Caio Custosa — 92, 108
Lemos, Túlio de — 120
Lenin — 210, 339, 340
Lenormand, Jacques — 399
Léotard, François — 417
Léroux, Gaston — 85
Léry, Jean de — 411, 544
Leskova, Tatiana — 381
Lessa, Orígenes — 177, 398
Letzinsky, Nicolas — 221
Levavasseur, Léon — 291
Levy, Alexandre — 270, 323, 334
Levy, Guilherme — 545
Lévy, Lazare — 277
Lévy-Strauss, Claude — 121
Ling Piao — 338
Lin Yu-Tang — 339
Li Ruzhen — 339
Líbero, Casper — 122
Lícia, Nídia — 50, 136
Lifar, Serge — 303, 334
Lightfoot, Cláudio — 61
Lilar, Suzanne — 258, 378
Lima, Alceu Amoroso (ver também Athayde, Tristão de) — 260, 488
Lima, Artur Moreira — 294
Lima, Hermes — 20, 118
Lima, Jorge de — 330
Lima, Luiz Felipe Moreira — 94
Lima, Margarida Rosa de — 511
Lima, Octavio Moreira — 94
Lima, Sebastião Alves — 79
Lima Sobrinho, Barbosa — 72, 469
Lima, Vivaldo — 147
Liminik, Paulo — 49, 210, 284, 373, 374, 376, 382, 385, 542
Liminik, Sara — 373, 382, 385

Ling Piao — 338
Lins, Álvaro — 51, 52, 177, 261, 529
Lippincott, Leda — 164
Lisícrates — 503
Liszt, Franz — 334
Lobo, Edu — 53, 464
Lobo, Elias — 271
Lobo, José de Figueiredo — 78, 89, 118, 267, 394
Lobo, José Joaquim Pereira — 106, 118
Lobo, Laurinda Santos — 335
Lobo, Luiz Figueiredo — 118
Lobo, Paulo de Figueiredo — 106, 267, 295
Long, Marguerite — 277
Loop, Floyd — 434, 435, 436
Lopes, B. — 147
Lopez, Solano — 35
Lorca, Federico García — 206
Lord Elgin — 503
Lorenzo, Tina de — 302
Lorrain, Jean — 405
Loureiro, Luiz — 201
Lourenço Filho — 442
Ludwig, Rubem — 444, 445, 446, 460
Lugne-Poe — 302
Lu Hsun — 350
Luís XIV — 221
Luiz Heitor — 271, 405
Luo Guandzhong — 339
Lustosa, Caio — 105
Lustosa, Sílvio — 238, 239, 240
Lutz, Berta — 31
Lynch, Marta — 500

M

MacDowell (monsenhor) — 70
Machado, Aníbal — 57, 139, 140, 306
Machado, Cristiano — 490
Machado, Gilka — 334
Machado, Glauciomar — 556
Machado, Maria Célia — 319, 320, 321, 322
Machado, Raul — 113
Macieira, Gil — 460

Maciel, Marco — 451
Maciel, Olegário — 77
Madame Barbe — 23, 409, 411
Madame Bourdillon — 162, 163
Madame Bozon — 75, 82
Madame de Chaminade — 402
Madame de Maintenon — 543
Madame Gibert — 34, 42, 74
Madariaga, Salvador de — 130
Madeira, Marcos Almir — 72
Mademoiselle Alex (ou Quincas Sodré, ou Marquesa de Marilá) — v. Tivó Tenem
Magalhães, Adelino — 99
Magalhães, Aloísio — 473
Magalhães, Basílio de — 32
Magalhães, Dario de Almeida — 150
Magalhães, Fernando Simas — 286
Magalhães, Hélio — 511
Magalhães, Ioná — 155
Magalhães Júnior, Raimundo — 168, 172, 174, 176, 259, 392
Magalhães, Juracy — 44, 267, 269
Magalhães, Paulo — 172, 176
Magno, Paschoal Carlos — 111, 121, 173, 305
Maia, Flodoardo — 126
Maia, João da Rocha — 108
Maia, Jorge de Oliveira (Puck) — 23, 156, 222, 335, 336, 337, 340, 345, 359, 399
Maia, Josephine de Oliveira — 335
Maia, Raimundo Castro — 309, 310
Maisani, Asucena — 248
Malan (general) — 296
Maldonado, Geraldo — 239
Malherbe — 432
Mallarmé, Stéphane — 148, 561, 562
Mallet, Albert — 55, 108
Malraux, André — 149, 304, 399, 400, 543
Maluf, Paulo — 446
Mamet, H. — 511
Mangabeira, Octávio — 106, 122, 146, 398
Maomé — 503, 505
Mao Tsé-Tung — 51, 336, 337, 338, 339, 340, 341, 344, 345, 350, 352, 355
Maranhão, Paulo — 75, 81

Marañon, Gregório — 130
Marchesini, Mima Oswald — 179
Marcos André — 566
Margueritte, Victor — 85, 402
Maria Fernanda — 141, 305
Mariano, Olegário — 148
Mariano, Oswaldo — 120
Marinetti — 331
Marinho, Ivan — 552
Marinho, Roberto — 144, 461, 538
Marivaux — 429
Mariz, Vasco — 51, 52, 138, 156, 232, 291, 312, 320, 364, 392, 399, 417, 528, 529, 530, 542
Marques Rebelo — 388
Martenot, Ginette — 404
Martins Fontes — 148
Martins Júnior — 147
Martins Pena — 305
Martins, José de Barros — 292, 309, 400, 408, 409, 412
Martins, Luiz — 566
Martins, Maria — 345
Martins, Rosendo — 108, 135
Martins, Wilson — 51, 471, 472
Martinu, Bohuslav — 199
Marx, Karl — 337, 339, 340, 407
Marx, Roberto Burle — 98, 271
Marzagão, Augusto — 389
Masaryk, Jan — 213, 389
Masaryk, Tomás — 197
Matarazzo, Ciccilo — 405
Matos, Cleofe Person de — 182, 272, 414, 545
Matos, Gregório de — 31
Matos, Marco Aurélio — 372
Matos, Raul Gomes de — 463
Matos Rodriguez — 248
Maupassant, Guy de — 61, 432
Maura, Regina — 172
Mavignier — 399
Mayer, Rodolfo — 156
Mazon, Paul — 499
Medeiros, Alcides de — 65
Medeiros, Cléa de — 65

Medeiros, Jorge de — 65
Medeiros, Borges de — 68, 107
Medeiros, Emília Figueiredo de — 65
Medeiros, Flávio de — 65
Medeiros, Luiz Antônio de — 40, 42, 64, 65
Medeiros, Luiz de — 65
Medeiros, Octavio Aguiar de — 446
Medeiros, Octavio de — 65, 446
Médina, Albert — 154, 384, 402, 404
Meireles, Cecília — 312, 417, 542
Meirelles, Alberto Soares — 442, 459
Melato, Maria — 302
Melba, Nelly — 202
Melo, Antônio Vieira de — 62
Melo, Arnon de — 222
Melo, Henrique d'Ávila — 37
Melo, Leda Collor de — 222
Melo Neto, João Cabral de — 220
Melo, Washington Vaz de — 37
Memling — 221
Mencius — 336, 337, 339, 340
Mendeleiev — 108
Mendes, Augusto de Lima — 34, 81, 87, 89, 90,107, 128, 266
Mendes, Candelária Coutinho de Lima (tia Candê) — 88, 89,90, 94, 95, 96, 101, 102, 104, 151, 155, 421
Mendes, Murilo — 95, 306, 392
Mendes, Pedro de Lima — 94, 393, 421
Mendonça, Anna Amélia Queiroz Carneiro de — 148
Mendonça, Carneiro de (major) — 150
Mendonça, Lúcio De — 147
Menezes, Amílcar Dutra de — 231, 282
Menezes, Azuir Sotero Valente de — 91, 92, 93, 94
Menezes, Benedito Dutra de — 282
Menezes, Emílio de — 148
Menezes, Theodor Langaard de — 32, 467
Menna Barreto — 78
Menuhin, Yehudi — 145
Merello, Tita — 256, 283
Merquior, José Guilherme — 242, 414, 479, 546
Mesquita, Alfredo — 165, 385

Mesquita Filho, Júlio de — 78,120, 123, 268
Meyer, Augusto — 271
Michailovsky, Pierre — 333, 381
Michiko (princesa) — 51, 551
Mignard — 284
Mignone, Francisco — 13, 14, 98, 100,139, 144, 155, 183, 237, 270, 271, 271, 272, 273, 274, 279, 281, 285, 320, 330, 334, 381, 393, 406, 457, 474, 468, 545
Miguel (padre) — 42, 94, 523
Miguez, Leopoldo — 454, 456
Milhaud, Darius — 271, 273, 279, 323, 324, 382, 474
Milliet, Sérgio — 308, 405
Millioni, Marco — 345
Miranda, Aurora — 121
Miranda, Carmen — 121, 163, 169, 248
Miranda (monsenhor) — 45, 94, 523
Miranda, Murilo —110, 151, 229, 271, 281, 295, 324, 393, 458, 480, 489
Miriam (jornalista holandesa) — 524, 525, 526, 527
Miris, Fátima — 40
Miron, Radu — 218, 219, 222, 223, 315, 519
Mistinguett — 415
Mithois, Marcel — 457
Mitikoff, Mstislav (Sacha) — 182, 183,184, 185, 217, 218
Mofo, Anna — 145
Mohnen, Holgen — 333
Moisés — 339
Molière — 169, 170, 174, 235, 236, 284, 402, 412, 423, 430, 451, 543
Molnar, Gabor — 140, 171
Montalegre, Homer — 392
Montand, Yves — 422
Monteiro, Adolfo Casais — 141, 529
Monteiro, David Augusto — 120
Monteiro, Edith — 300
Monteiro Lobato — 317
Monteiro, Mário — 179
Monteiro, Pedro Aurélio de Góes — 106, 264, 265, 266

Monteiro, Valéria — 35
Montello, Josué — 53, 261, 393, 546
Montenegro, Olívio — 396
Monteux, Pierre — 333
Montfort, Sylvia — 404
Montgomery, Robert — 153
Montiel, Isabel — 347
Moog, Viana — 154, 166, 244
Moore, Colleen — 76
Moraes, Dulcina de — 387
Moraes Neto, Prudente de — 99, 392, 566
Moraes, Rubem Borba de — 311
Moraes, Vinicius de — 405, 464, 544
Moreira, Carlos Alberto de Sá — 310
Moreira, Diogo de Figueiredo — 237, 465, 489
Moreira, Juliano — 443, 459
Moreira, Roberto — 78, 120, 267
Moreira, Thiers Martins — 135, 172, 443
Morel, Edmar — 566
Moreno, Francisco — 171
Moreyra, Álvaro — 100,139, 143, 201
Moreyra, Eugênia Álvaro — 139
Morineau, Henriette Risner — 50, 302, 303, 305
Morlay, Gaby — 302
Moss, Arthur — 152
Mota, Ática Villas-Boas da — 219, 314
Mota, David Silveira da — 153, 242
Mota Filho, Cândido — 20, 331
Motta, Nelson — 464
Moura, Nero (brigadeiro) — 22
Moutinho, Irene — 467
Moutinho, Paulo Celso — 467
Mozart, Wolfgang Amadeus — 39, 100, 180, 199, 215, 248, 430
Muller, Felinto — 56, 267, 269, 281, 282, 283, 285, 287
Müller, Luiza — 312
Muller, Maneco — 335
Munch, Charles — 279
Muralha, Fernando — 141
Muralha, Sidónio — 141
Murat, Luiz — 147
Murray, Gilbert — 500

Murtinho, Vladimir — 403
Musset, Alfred de — 82, 109, 294
Mussolini, Benito — 62, 86, 106, 113, 127
Muzzio, Claudia — 301
Myrdal, Jan — 340

N

Nabuco, Joaquim — 20, 475
Nabuco, José — 475
Nader, Antônio — 446
Napoleão, Aloísio — 112
Napoleão (Bonaparte) — 345, 438
Napoleão, Hugo — 451
Naso, Ovídio — 378, 379, 381
Nat, Yves — 279
Nava, Pedro — 20, 480, 481, 482, 483, 484, 485, 486
Navarro, Olga — 72
Nazareth, Ernesto — 273, 323, 324
Negri, Pola — 75
Nepomuceno, Alberto — 270, 334
Nepomuk, Jan — 199, 212, 389
Neruda, Pablo — 112, 398, 416
Nervo, Amado — 112
Netherland, Sherry — 153
Neves, Eduardo das — 288
Neves, João — 43
Neves, José da Costa — 111
Neves, Tancredo — 299, 446
Nhonhô (tio) — 33
Niccodemi, Dario — 278
Niemeyer, Oscar — 98, 165, 271, 320, 457
Nievenglowsky — 55
Nikolai, Alvin — 334
Niskier, Arnaldo — 477
Nobre, Ibrahim — 80, 90, 120, 124, 253, 254
Nóbrega, Manuel da — 544
Nogueira, Sizínio Pontes — 153, 165, 166, 244, 414, 465, 472
Noronha, Murilo — 474
Novaes, Guiomar — 238, 271, 278, 281, 393, 450
Novotny — 214
Nunes, Vera — 50, 173

O

Octavio, Rodrigo — 20, 467
Octavio Filho, Rodrigo — 32, 259, 260, 467, 490
Oest, Henrique — 550
Ohnet, Georges — 402
Oiticica, Sônia — 50, 173
Oleneva, Ana — 210, 377, 383
Oleneva, Maria — 210, 333, 334, 381, 382, 383
Olinto, Antônio — 35, 192, 242, 243, 365, 372, 456
Olivares, Manuel — 155
Oliveira, Alberto de — 147
Oliveira, Américo Barbosa de — 42
Oliveira, Armando Figueiredo de — 125
Oliveira, Armando Salles de — 122, 124
Oliveira, Fortunato de — 288, 291
Oliveira, João Baptista Figueiredo de — 35
Oliveira, José Barbosa de — 42
Oliveira, Nelson Tabajara de — 345
Oliveira, Pernambuco de — 450
Oliveira, Simeão de — 35, 36
Oliveira, Tarquínio Barbosa de — 42
Olympio, José — 136, 331, 392
Orellana, Hector — 155
Orico, Osvaldo — 100
Ortiz, Cristina — 280, 546
Ortiz, Mecha — 256, 283
Oswald, Henrique — 179
Otaviano, J. — 334
Ouro Preto, Carlos de — 353, 386, 403
Ouro Preto, Gil de — 211, 386
Ovalle, Jaime — 100, 241
Ovídio — 108, 509
Ozeray, Madeleine — 426

P

Pablito — 527
Pacheco, Félix — 147
Paes, Walter Menezes — 83
Paione, José Aloísio — 511
Paiva Chaves (coronel) — 472

Paiva Chaves (marechal) — 465
Paiva, Glycon de — 511
Paiva, Rubem — 77, 126, 266
Palacky, Frantisek — 198
Palheiro, Flávio Coure — 556
Panikkar, K.M. — 340
Paquet, Renato — 90
Parandowsky, Jan — 51, 227, 226
Paray, Paul — 279
Parente, Lauro — 478
Passarinho, Jarbas — 165
Patachou — 24
Patrocínio Filho — 99
Patrocínio, José do — 456
Patti, Francisco — 86
Pavlova, Ana — 333
Pearl, Moshe — 523
Pearson, Drew — 297
Pedro IV — 431
Pedro Moacir — 192
Pedroso, Raul — 146
Peixe, César Guerra — 450
Peixoto Velho — 334
Peixoto, Afrânio — 91, 318
Peixoto, Alzira Vargas do Amaral — 446
Peixoto, Ernâni do Amaral — 269, 446
Peixoto, Luiz — 139, 142,144, 170, 172, 174, 178
Pelé — 210, 214, 217, 399
Pena, José Oswaldo Meira — 164
Penafort, Onestaldo de — 139
Pena Júnior, Afonso — 59
Penha, Carlos — 111, 281
Penteado, Yolanda — 529
Pequeno, Evandro — 44, 88, 139, 140, 233, 234, 238, 241, 271, 281, 421, 566
Pereira Braga — 113
Pereira, Antônio de Sá — 271, 320, 321, 442
Pereira, Astrogildo — 398
Pereira, Henrique — 82
Péricles — 503
Perón, Juan Domingo — 473
Perry, Carlos — 219, 221
Perten, Hans Anselm — 229, 230
Pessoa, Fernando — 99, 416, 529, 557

Petofi (Sandor Petofi) — 140
Petrônio — 379
Peyreffite, Alain — 336
Philippot, Michel — 240
Piaf, Edith — 24
Piazzolla, Astor — 248
Picchia, Menotti del — 41, 68, 100, 120, 136, 137, 148, 237, 261, 271, 278, 330, 331, 332
Pignatari, Baby — 80
Pimentel, Osmar — 120
Pinheiro, Chaby — 167
Pinheiro, Guerra Junqueiro — 40
Pinheiro, João Batista — 145
Pinotti, Mário — 299
Pinto, Aloísio de Alencar — 112, 139, 144, 155, 218, 271, 273, 323, 381, 382, 396, 414, 458, 464, 474
Pinto, Fernando — 396
Pinto, Fernão Mendes — 336, 345, 347, 354, 358, 382, 529
Pinto, Jaime Bastian — 153
Pinto, José Carlos — 39
Pinto, Luiz Bastian — 242
Pinto, Olavo Bilac — 53, 219, 220
Pinzon — 55, 108
Pirandello, Luigi — 86,130, 136, 294, 302, 429
Pires, Cornélio — 121
Pires, Walter — 469, 470
Pisa, Luís — 312
Pitigrilli — 14
Pitöeff, Ludmilla — 302
Pittman, Booker — 464
Pittman, Eliana — 464
Pittman, Ofélia — 464
Pizar, Samuel — 457
Pkicka, Karel — 211
Planudes, Maximus — 50, 140, 173, 174
Platão — 503, 515, 517
Politseimako, Vladimir — 51, 210, 374, 383
Polo, Marco — 336, 345, 347, 354, 358, 382
Polo, Mário — 183
Pompeu, Walter — 151
Ponaiatov, Dmitar — 51, 216

Pongetti, Henrique — 50, 163
Pongetti, Rogério — 149
Ponte, Lorenzo da — 39, 258
Portella, Celso — 556
Portella, Eduardo — 188, 450, 467, 468, 471, 472, 476, 477, 478, 479, 488
Portinari, Cândido — 98, 271, 307, 320, 330, 523
Porto, José Ventania — 112, 118, 280
Porto, Paulo — 280
Portuguesa, Maria — 185
Post, Franz — 316
Pougi, Liane de — 543
Poulenc, Francis — 279
Praxíteles — 510
Prestes, Luís Carlos — 115, 146, 151, 281, 295, 399, 469
Prévert, Jacques — 417
Previn, André — 145
Princesa Bibesco — 405
Princesa Isabel — 452, 456, 457
Proasková, Zdenka — 51
Proust, Marcel — 121
Provenzano, Mário — 467
Prunes, Celestino — 60
Psiu (intérprete) — 358, 359
Puck — v. Maia, Jorge de Oliveira
Pugliese, Osvaldo — 248, 256, 338
Pugno, Raul — 279
Pupo, Celso Maria de Melo — 79
Pupo, Maria Helena — 79

Q

Quadros, Jânio — 242, 243, 325, 326
Queiroz, Dinah Silveira de — 488, 559
Queiroz, Eça de — 118, 156, 335, 356, 413, 451
Queiroz, Euzébio — 43
Queiroz, Maria José de — 236
Quiroga, Rosita — 248, 251, 253
Quitério, José — 203

R

Rabelais — 321

Rabelo, José Francisco — 457
Rabelo, Paulo — 280
Rabelo, Sílvio — 396
Racine — 430
Rafael — 531
Raia, Cláudia — 35
Raleigh, Walter — 258
Ramalhete, Clóvis — 112, 118, 122, 300, 392, 393, 398, 403, 444, 464, 472, 566
Ramalhete, Raquel — 300
Ramalho, Tito — 210, 374, 375, 377
Rameau — 321
Ramos, Arthur — 330
Ramos, Graciliano — 136, 137, 392
Ramos, Nereu — 268
Ramos, Roberto Silva — 156, 162, 167
Rangel, Lúcio — 271
Ras, Norberto — 60
Ravel, Maurice — 173, 279, 324
Reagan, Ronald — 153
Reggiani, Serge — 417
Rego Barros — 160
Rêgo, José Lins do — 306, 392, 394, 398, 405
Reis Júnior, José — 306, 307, 308
Reis, Léa — 468
Reis, Mário — 162, 247
Reis, Nélio — 137, 393
Remarque, Eric Maria — 86, 267
Renan — 284, 504
Renard, Jules — 196, 430, 549, 557
Renault, Abgar — 88, 95
Reynal, Beatrix — 178, 305, 306, 307
Rezende, Leônidas de — 118, 295
Rezende, Palimércio de — 43, 54, 56, 60, 81, 88, 90, 103, 138, 253, 254, 259, 266, 267, 282, 533
Ribeiro, Agildo Barata — 44, 267
Ribeiro, Alexandre — 78, 79
Ribeiro, Alice — 181
Ribeiro, Aristóteles — 266
Ribeiro, Carlinhos — 396, 397
Ribeiro, Darcy — 15, 237, 442
Ribeiro, João Gomes — 43, 77, 138, 290, 565

Ribeiro, Leonídio — 318
Ribeiro, Orlando Leite — 146, 283, 402
Ribeiro, Pedro — 280
Ribeiro, Waldemar — 449
Ricardo Coração de Leão — 433
Ricardo, o Sem Medo — 433
Ricardo II, o Bom — 433
Rimbaud, Arthur — 62, 100, 148
Rinaldi, Susana — 256
Rio Branco, José Paranhos do — 121, 124, 169, 266
Rio, João do — 99, 335
Ripoli, Valdemar — 254
Rivero, Edmundo — 248
Rivière, Claude — 509
Rizza, Gina della — 301
Roberto, o Magnífico — 433
Robin, Solange — 140, 414
Robinson, Edward G.— 527
Rocha, Anísio — 480
Rocha, Daniel — 219, 457
Rocha, Fernando — 144, 393
Rocha, Geraldo — 62, 91
Rocha Maia — 108
Roche, Jean — 465
Rocher, René — 302
Rodgers & Hammerstein — 166
Rodin, Auguste — 144, 434, 436
Rodó — 62
Rodrigues, Augusto — 321
Rojas, Ricardo — 62
Roldán, Belisario — 254, 255, 256
Rolla, Joaquim — 131, 132
Rolla, Mário — 131, 132
Romains, Jules — 360, 362
Romero, Marcos — 322
Roosevelt, Franklin — 472
Rosa, Noel — 42, 66
Rostand, Edmond — 55, 68, 86, 330
Rostand, Jean — 86
Rostropovich, Mstislav — 145, 552
Roulien, Raul — 403
Rouskaya, Norma — 333
Rousseau, Jean-Jacques — 62, 63, 356
Rubinstein, Artur — 19, 20, 179, 320, 322

Rudge, Antonieta — 237, 271, 278, 281, 393
Rudge, Raul Telles — 119
Rufo, Tita — 301
Ruschi, Augusto — 274, 275, 276

S

Sábato, Ernesto — 249, 251, 473
Sabino, Fernando — 101, 240, 241, 372
Sablon, Jean — 389
Sabsay, Fernando — 283
Sá, Estácio de — 544
Saint-Amand — 439
Saint-Just — 525
Saladini, Mário — 72
Salazar, Antonio de Oliveira — 106, 141, 529
Sales, Yara — 173
Salgado, Plínio — 331
Salgán, Horacio — 248
Salles, Antônio — 148
Salles, Herberto — 415, 546
Salles, Walter Moreira — 465, 479
Salusse, Júlio — 147
Salvador, Vicente do (frei) — 458
Sampaio, Gilberto — 124,149
Sampaio, Silveira — 437, 438
Sand, George — 419
Sandwich, John Montagu — 200
Santa Rosa, Tomás — 131, 137, 225, 226
Santa Sofia — 503
Santoro, Cláudio — 273
Santos Dumont — 288, 289, 290, 291, 292
Santos, Hemérito dos — 147
Santos, Labieno Salgado dos — 345
Santos, Turíbio — 240, 300, 320, 450, 464, 465, 546
São João — 549
São João Nepomuceno — 119, 212
São Paulo — 503
São Sebastião — 544
São Vito — 387
Sarment, Jean — 302
Sarmento, Armando — 133,162, 245

Sarmiento, Domingos — 62
Sarney, José — 53, 448, 546
Sarnoff, Serge — 145
Sartre, Jean-Paul — 24, 53
Sauguet, Henri — 280
Sayão, Bidu — 294, 301, 315, 320, 322, 452, 474
Schic, Anna Stella — 35, 240, 320, 399, 414, 546
Schippa, Tito — 257, 301
Schlesinger, Giselle — 417, 542
Schmidt, Augusto Frederico — 92, 229, 275, 299
Schneider, Liliane — 414
Schrödinger — 21
Schumann — 100
Scofield, Paul — 362
Seghers, Colette — 417
Seghers, Pierre — 416, 417
Segismundo, Fernando — 394
Segovia, Andrés — 228, 322
Seifert, Jaroslav — 197, 199, 387
Seljan, Zora — 192, 365, 372
Sena, Jorge de — 141
Sergine, Vera — 302
Serra, Joaquim de Almeida — 84
Serrete, François — 272
Shakespeare, William — 55, 56, 87, 99, 121, 136, 169, 176, 194, 362, 364, 365, 372, 398, 429, 430, 451, 500, 537, 560
Shaw, Bernard — 95, 258, 429, 436
Shiró, Flávio — 377
Sierra, Martinez — 302
Siklová, Jirina — 200
Silva, Agostinho — 141
Silva (família do autor) — 36-42
Silva, Guilherme Bastos da (avô materno) — 29, 32, 33, 34, 36, 42,120
Silva, Hermínia (Quequena, segunda avó materna) — 29, 73
Silva, Hélio — 533
Silva, Luiz Gonzaga do Nascimento e — 112, 415, 477
Silva, Maria Helena Vieira da — 417
Silva, Maria Luiza (avó materna) — 36

Silva, Mauro Lins e — 52, 365, 529
Silva, Orlando — 225, 226, 227
Silva, Orlando (cantor) — 162, 226
Silva, Raphael Pereira da (cunhado) — 35
Silva, Vítor Bastos da — 44
Silva, Yolanda Costa e — 466, 474
Silveira Sampaio — 50, 136, 140, 172, 174
Silveira, Antônio Azeredo da — 474, 490
Silveira, Ênio — 19, 260, 488, 521, 530, 535, 557, 558, 559, 560
Silveira, Joel — 121,147, 392, 393
Silvera, Manuel (Manuelito) de Moura — 60, 250
Sílvio Júlio — 321
Simas, Oto — 91, 121
Simões Filho — 403
Simões, Nuno — 202, 203, 413
Simon, Michel — 426, 427, 542
Simon-Brésil, Michel — 50, 417
Simpson, Robert — 457
Sinatra, Frank — 24
Singerman, Arturo — 373, 374
Singerman, Berta — 118, 143, 201, 256, 284, 373, 374, 382, 385, 402, 473
Singerman, Salomon — 210
Sinhô — 99
Sinnek, Hilda — 182
Sinzing, Pedro — 182
Siqueira, José — 130, 179, 180, 181, 321
Smetana, Bedrich — 199, 212, 213
Snow, Edgar — 336
Soares, Antão — 179, 181
Soares, Eugênio de Macedo — 256
Soares, Jô — 421
Soares, José Carlos de Macedo — 167, 180
Soares, Macedo — 167
Sobral Pinto — 113, 125, 126, 127, 469
Sócrates — 284, 339, 517
Sodré, Nélson Werneck — 109
Sófocles — 169, 174, 429, 502, 516
Sofocleto — 155
Solnado, Raul — 141, 200
Sorel, Agnès — 378
Sorel, Cécile — 110
Souza, Agnelo de — 77, 79, 268

Souza, Alves de — 437
Souza, Artur Paulino de — 109
Souza, Auta de — 147
Souza, Fernando Tude de — 164, 458
Souza, Leal de — 62
Souza, Octávio Tarquínio de — 392
Souza, Pompeu de — 566
Spengler, Oswald — 62, 294
Stalin — 86, 210
Stamick — 389
Stanislavski, Constantin — 169
Stanwick, Barbara — 527
Staton, John — 152
Stecchetti — 294
Stein, Gertrude — 399, 540
Stone, Harry — 256, 258
Stravinsky, Igor — 180, 429
Sturza-Bulandra, Lucia — 218, 221, 305, 314, 315, 316
Sued, Ibrahim — 106, 323, 335
Sun Tzu — 336
Sun Yat-Sen — 340, 345, 348 350, 356
Szenkar, Eugen — 179, 180

T

Tabajara, Nelson — 226
Tagliaferro, Magdalena — 165, 238, 271, 277, 278, 279, 280, 281, 320, 393, 414
Tahan, Malba — 317, 318
Talmadge, Norma — 75
Tang (intérprete), — 346
Tapajós, Paulo — 389
Tarn, Adam — 227
Tarquínio, José — 42
Távora, Juarez — 44, 267
Tavares, Adelmar — 66
Tavares, Aurélio de Lyra — 511
Tavares Bastos — 417, 542
Tavares, Heckel — 176, 334
Tavares, Napoleão — 146, 452
Tavares, Sisson — 81
Taylor, Elizabeth — 145, 154, 453
Tchekov, Anton — 430
Teixeira, Aluízio Maria — 112

Teixeira, Anísio — 321, 442
Teixeira, Maria de Lourdes — 344, 382
Telles, Lygia Fagundes — 122
Teodorini, Elena — 315, 316, 452
Terán, Tomás — 271, 320
Terêncio — 174
Terry, Ellen — 305
Thévet, André — 411, 544
Thibaud, Jacques — 279
Thiélen, Carlito — 334
Thiré, Carlos — 50, 173
Thomas, Ambroise — 454
Thomas, Dylan — 154
Thormes, Jacinto de — v. Muller, Maneco
Tiempo, Cesar — 283, 402, 473
Timberg, Nathalia — 136, 287, 304
Tivó Tenem (Alexandrina da Silva Couto) — 29, 30, 31, 32
Todor, Eva — 171
Tolstoi, Leon — 182, 373
Toporkov — 284, 373, 383
Torloni, Christiane — 286
Torres Homem — 66
Torres, Acúrcio — 118
Torres, Alberto — 112, 118
Torres, Antônio — 81, 405
Torroba — 457
Toscanini, Arturo — 64, 146, 151, 315, 452, 454, 455, 456, 457, 474
Totó(tio) — v. Camargo, Antônio Pompeu de
Tourinho, Antônio Bento Monteiro — 92, 146
Tovstonogov, T. — 50, 284, 373, 552
Tranjan, Alfredo — 86, 111, 112, 113, 114, 121, 136, 139, 280, 300, 463, 540
Tranjan, Gabriel — 112
Trenet, Charles — 417
Tresca, Misko — 223, 225
Triolet, Elsa — 416
Troilo, Aníbal — 248
Trompowsky, Gilberto — 54, 163, 335, 566
Trouin, Duguay — 411
Truman, Harry — 132, 154
Tsao Hsueh-Chin — 336, 339

Tsoundas, Christos — 497
Tupinambá, Marcelo — 323, 324, 334
Tzara, Tristan — 331

U

Ulmann, Chinita — 334

V

Vallin, Ninon — 301
Valverde, Belmiro — 115, 125
Vampré, Leven — 123
Vargas Villa — 85
Vargas, Alzira — 90
Vargas, Benjamin — 114
Vargas, Darcy (Dona Darcy) — 446
Vargas, Getúlio — 113, 122, 124, 129, 146, 147, 151, 161, 167, 281, 319, 321, 477, 532, 533, 536
Vargas, Lutero — 60
Varón, Benjamin — v. Weiser, Benno
Vásary, Gabor — 115, 137, 171
Vasconcellos, Dário — 556
Vasconcellos, Dora — 153, 322
Vasconcellos, Leão de — 147
Vasconcellos, Regina — 405
Vasconcelos, Teófilo de — 131
Vaucaire, Cora — 414
Vaz, Agostinho — 90
Vaz, Nicolina — 31, 32
Vaz, Rubem — 114
Vaz, Zeferino — 471
Vegal, Fernando — 284, 349
Veiga, Beatriz — 305
Velasco, Domingos — 344, 382
Velásquez — 349
Veltchek, Vaclav — 272
Veltri, Nair — 122
Vendromme, Paul — 430
Venturini, Danilo — 446, 478, 487
Verchinina, Nina — 381
Vercors — 416
Verdi, Giuseppe — 453
Veríssimo, Érico — 137

Verlaine, Paul — 100, 148
Verne, Júlio — 39, 42, 294
Vespucci, Simonetta — 195, 284, 414, 496
Vian, Boris — 417
Vianna, Antônio Mendes — 52, 62, 220, 308, 311, 391, 400, 411, 531, 535, 536, 538, 543, 545, 546
Vicente, Gil — 526
Vichnevskaya, Galina — 145, 552
Vidal, Ciro — 253
Vidal-Lablache — 55
Vieira, Antônio — 316
Vieira, Antônio (padre) — 451
Vieira, Fernando — 556
Vieira, José Geraldo — 344, 382
Vilar, Leonardo — 50, 136, 173
Vilches, Ernesto — 302
Villa-Lobos, Heitor — 98, 144, 237, 270, 279, 281, 319-322, 416, 542, 545
Villa-Lobos, Mindinha — 322
Villaret, João — 144, 178, 201
Villegaignon — 411, 540
Villegas (general) — 479
Villon, François — 417, 439
Vinci, Leonardo da — 401
Virgem Maria — 507, 508, 510
Virgílio — 108
Virgulino, Himalaia — 113
Viste, Jean Le — 419
Vivaldi — 429
Vives, Juan Luis — 321
Voicu, Ion — 218
Voltaire — 62, 362, 437, 451, 543
Volter, André — 417
Volúsia, Eros — 334, 381
Vuillermoz, Emile — 279

W

Wainer, Samuel — 344, 382
Walcacer, Hélio — 449
Walcacer, Stella — 239, 243, 364, 365, 413, 449
Warchitz, Jeremias — 182, 183, 185
Warhol, Andy — 551

Watanabe, Kazuo — 550
Weiser, Benno (Benjamin Varón) — 519, 520, 524, 527, 528, 530, 531
Weiser, Miriam — 519, 528
Wieniawsky — 227
Wilde, Oscar — 415
Wirth, Zdenek — 212
Witreagold, Ronald — 341
Wolkoff, Alexander — 143, 182
Woltzenslogel, Celso Porta — 465
Wu-Chen Fu — 346, 347, 348, 358
Wu Cheng — 339

X

Xaver — 389
Xenócrates — 194
Xirgu, Margarita — 256, 283, 305

Y

Yadin, Yagsel — 522
Yupanqui, Atahualpa — 48

Z

Zama, César — 107
Zeffirelli, Franco — 243, 449, 453, 454, 456, 457, 458, 468
Zéfiro — 454
Zé Fogueteiro — 323
Zenon — 503
Zevaco, Michel — 402
Ziembinsky, Zbigniew — 165, 226, 227
Zola, Émile — 61, 92
Zweig, Stefan — 91

Wyasa, Krishna — 330
Wittlin, Bruno *Integracja Vartou* — 518
521, 524, 527, 528, 530, 541
Myrissi, Mihail — 519, 525
Weinrawsky — 237
Wilde, Oscar — 15
Wilda, Zalman — 412
Wilder, Idel, Kantor — 241
Wolgast, Aleksander — 143, 150
Wolgensangel, Celco Puria — 123
Woolf, Daniel — 316, 337, 343, 358
Wu, Cheng — 123

X
Xerxes — 189
Xenocrates — 134
Xingu, Margarita — 255, 283, 305

Y
Yedin, Yigael — 522
Yupanqui, Atauhipa — 38

Z
Zano, Cesar — 107
Zeffirelli, Franco — 242, 449, 542, 624
455, 457, 458, 467
Zorro — 454
ZA Pequeñito — 22
Zenon i, 503
Zeraon, Michal — 307
Zuarkanky, Zbigniew — 165, 266, 227
Zola, Emila — 91, 92
Zweig, Stefan — 91

Este livro foi impresso na Editora JPA Ltda.
Av. Brasil, 10.600 - Rio de Janeiro - RJ